HEYNE
BÜCHER

Curt Hohoff

JOHANN WOLFGANG VON GOETHE

Dichtung und Leben

WILHELM HEYNE VERLAG
MÜNCHEN

HEYNE SACHBUCH
19/669

Umwelthinweis:
Dieses Buch wurde auf
chlor- und säurefreiem Papier gedruckt.

Ungekürzte Taschenbuchausgabe im
Wilhelm Heyne Verlag GmbH & Co. KG, München
http://www.heyne.de

Printed in Germany 1999
Umschlagillustration: Bildarchiv Preußischer Kulturbesitz, Berlin
Umschlaggestaltung: Atelier Bachmann & Seidel, Reischach
Gesamtherstellung: Presse-Druck Augsburg

ISBN 3-453-15531-9

Man muß
eine Sache gefunden haben,
wenn man wissen will,
wo sie liegt.

Goethe, Maximen und Reflexionen
HA Nr. 240

Inhalt

Einleitung

Goethe erscheint als der Gipfel der deutschen Literatur. Nach einer langen Vorbereitungszeit, in der nur wenige Sterne erster Größe leuchteten, vor allem Lessing und Klopstock, trat er aus einer Schar von jungen Autoren wie Lenz, Klinger, Wagner an deren Spitze, übertraf sie alle, wurde durch »Götz von Berlichingen« in Deutschland, durch »Werther« in Europa berühmt und hat sich, nahezu unangefochten, sein Leben lang auf der Höhe dieser Anerkennung halten können. Seine Werke sind Zeugnisse einer deutschen Bildung, die mit ihm Weltgeltung erlangte. Er hat zeitweise berühmtere Zeitgenossen an Wirkung und Geltung übertroffen: Kant, Schiller, Hegel, Hölderlin und Heinrich von Kleist. Von seinen Werken ging und geht eine erhöhende Kraft aus.

Wert und Geltung, auch der Ruhm blieben nicht unbestritten. Goethe meinte, nur wenige Leser verstünden ihn, die Wirkung seiner Schriften lehre, daß er zwar ein treues und begeistertes, aber begrenztes Publikum hätte; nicht mehr als zweitausend Menschen hätten seine »Iphigenie« gelesen. Erst gegen Ende seines Lebens, als die Romantiker ihn als Idol verehrten, nachahmten und sich auf ihn beriefen, wurde er in jener Schicht des Volkes, welche man die Gebildeten nannte, allgemein bekannt und galt als exemplarische Figur. Trotzdem war er unzufrieden: Als Dichter war er anerkannt, vor allem als Lyriker, zögernd als Dramatiker, fast gar nicht als Wissenschaftler. Goethe war der Meinung, die Wissenschaft habe sich aus der Poesie entwickelt, und zwar zuerst bei den Griechen, und betonte, daß sich Wissenschaft und Poesie nach einem Umschwung der Zeiten auf einer höheren Stufe wieder begegnen könnten. In seinen natur- und geisteswissenschaftlichen Arbeiten sah er diese Wiedervereinigung erreicht.

Goethes Dichtungen leben aus der Anschauung der Natur; im Leben seiner Figuren: Frauen, Männer und Kinder, spiegeln sich natürliche und naturgemäße Gesetze, die er auf Urphänomene zurückführte.

Darin lag das Neue, das Unvergleichliche seiner Werke, ihre Wahrheit und Tiefe bei aller äußeren Leichtigkeit, ja Heiterkeit. In Goethes Persönlichkeit kam das als Fülle zum Ausdruck. Da sich aber die Persönlichkeit nur in der Begegnung mitteilt, wollte er als reifer Mann sein Leben als Entwicklung erklären und ein Bild von sich selber geben, wozu niemand sonst imstande sei. So entstand »Dichtung und Wahrheit« (oder »Wahrheit und Dichtung«), seine Lebensbeschreibung, nachdem er etwa zwanzig Jahre früher in »Wilhelm Meister« einen ähnlichen Prozeß des Werdens dargestellt hatte. Nach Grimmelshausens »Simplicissimus« ist »Wilhelm Meister« der größte deutsche Roman. In »Dichtung und Wahrheit« hat Goethe seine Geschichte als ein uomo universale geschrieben, in erster Linie als Autor, aber auch als ein umfassend am Leben interessierter Mensch, als Künstler, Sammler, Naturforscher, Biograph und Verwaltungsbeamter.

Goethes Bildung war in einem spätbarocken Sinn umfassend, er war Polyhistor. Sein berufliches Interesse, als Jurist, war gering. Er las und sprach mehrere Sprachen, verfolgte naturwissenschaftliche Disziplinen, Politik und Krieg. Er lebte im Zeitalter der großen Revolution. Sein größter Zeitgenosse war Napoleon; der faszinierte ihn ebenso wie Shakespeare. Goethe wußte dreitausend Jahre hinter sich und hatte ihre Zeugnisse in sich aufgenommen, in erster Linie die Bibel, dann die Griechen und Römer, das Zeitalter der Renaissance und die europäische Aufklärung. Er wußte, daß *seine* Zeit und nicht die Renaissance den modernen Menschen hervorgebracht hatte, einen Menschen, der sich von der Bindung an die Überlieferungen der Geschichte und Wissenschaften befreit hatte, der alles von sich aus – subjektiv – zu beurteilen die Kraft fand, und für den jene drei Jahrtausende zu einer Last geworden waren, die er abschütteln wollte.

Der revolutionäre Schub erfaßte Goethe vor allem in Straßburg, im Umgang mit dem fünf Jahre älteren Herder. Er wandte sich zurück zu Shakespeare, zur gotischen Baukunst, zu den Liedern der Völker, zu Hans Sachs und der Lebensbeschreibung des Götz von Berlichingen. Er verkehrte mit Medizinern und Soldaten, lernte Bürgersleute und Bauern kennen. Das alles drang auf ihn ein und überschwemmte die in Frankfurt gelegten humanistischen Fundamente. Aber er vergaß sie nicht. Sie kamen wieder zum Vorschein, so wie auch die

Religiosität durch das Studium Hamanns und die Pietisten in veränderter Form erhalten blieb. Später wird alles zusammentreten zum »klassischen« Weltbild, in Italien bestätigt und gereift, und zwar immer doppelt: dichterisch und naturwissenschaftlich. In Sizilien suchte Goethe die Urpflanze.

»Wilhelm Meister« ist nicht nur ein Bildungs-, sondern auch ein Erziehungsroman. Wilhelm steht in der Entscheidung zwischen den Idealen des Humanismus, wo sich die menschliche Natur literarisch verwirklicht, und einem praktischen Leben, einem bürgerlichen Beruf. Die Verwirklichung der Ideale ist in der Enge des Bürgertums schwer möglich; Wilhelm steigt durch Heirat auf zu einer gehobenen Schicht des Landadels, welche wirtschaftlich so gesichert ist, daß sie sich mit Theater, Kunst, Literatur und Wissenschaft beschäftigen kann. Am Ende des »Meister«-Romans wird der christliche Erlösungsgedanke kosmisch überhöht und am Ende des »Faust« wieder aufgenommen.

In Weimar wurde Goethe durch Frau von Stein in seinem Wesen verändert. Sie bewirkte die Lösung vom Sturm und Drang und bereitete die Befreiung in Italien vor. Wäre Goethe mit vierzig Jahren, bevor er nach Süden fuhr, gestorben, stünde er trotzdem da als ein großer, wohl auch als der größte deutsche Dichter. Nach Italien aber setzte ein in mehrere Richtungen wirkender Stoß ein, ihm selbst unerwartet als Bezeugung nicht erloschener Genialität: Er wurde von neuem produktiv als Naturwissenschaftler, als Erzähler seiner Erinnerungen und als Dichter lyrischer Zyklen, vor allem des »West-östlichen Divan«. Daß darüber hinaus »Faust« vollendet werden konnte, wo die Saat der Jugend herrlich aufging, darauf war er nicht gefaßt. Wenn man bedenkt, daß Goethe alle Gefährten seiner Jugend, den zehn Jahre jüngeren Schiller und die meisten Romantiker überlebt hat, und er sein Alter in immer neuen kreativen Schüben erleben konnte, dann begreift man, weshalb er eine in ganz Europa anerkannte und bewunderte Existenz war. Er stellt in seiner Person den Höhepunkt der Aufklärung, des klassischen und romantischen Zeitalters dar.

Zweihundert Jahre trennen uns von Goethes Zeit. Manches an seiner Sprache, seinen Ausdrücken ist so fremd geworden, daß man es übersetzen muß. Trotzdem hat er sich nicht überlebt. Seine Naturwissenschaft ist nicht überholt, vielmehr haben wir den Eindruck, daß sich die von ihm bekämpfte rationalistische Richtung überlebt hat und seine Wegweisung geeignet gewesen wäre, ihre Irrtümer zu vermeiden. Gleiches ist von seinen Schriften zur Kunst und den kulturhistorischen Arbeiten zu sagen. Die Noten und Abhandlungen zum »Divan« und zur »Farbenlehre« sind Muster lebendiger und lesbarer Kulturgeschichtsschreibung. Das gilt auch für die autobiographischen Schriften, die Tagebücher und seine philosophischen Notizen, die erst im zwanzigsten Jahrhundert zu Ehren gekommenen »Maximen und Reflexionen«.

So ist Goethe als Mensch für das Bewußtsein und Selbstbewußtsein der Generationen lebendig geblieben. An der Schwelle von der alten traditionsgebundenen zur zersplitterten modernen Welt ist Goethes Wirkung unermeßlich. Er suchte die Ströme durch neue Formen zu regulieren. Er fand sie in den »Römischen Elegien«, in »Dichtung und Wahrheit«, in Tausenden von Briefen und Gesprächen, in der Lyrik der frühen und der späten Zeit, in den Gedichten und Arbeiten zur »Metamorphose der Pflanzen«, in seiner »Farbenlehre«, in der Altersweisheit der »Wanderjahre« und im zweiten Teil des unvergleichlichsten seiner Werke, im »Faust«.

Herkunft und Familie

Am 20. August 1748 fand in einem Landhaus am Untermainkai, außerhalb der Stadt Frankfurt, ein Hochzeitsfest statt. Das Haus gehörte dem Herrn Johann Michael von Loen, einem als Schriftsteller zu lokalem Ansehen gekommenen Juristen. Er beschrieb seine Heimatstadt, kritisierte das Hofwesen und galt als Vertreter der aufgeklärten Richtung. Er war wohlhabend geworden, frisch geadelt und hatte eine Lindheimer, die Schwägerin des Stadtschultheißen Textor, geheiratet. Für die Hochzeit von deren siebzehnjähriger Nichte, Katharina Elisabeth Textor, mit dem Kaiserlichen Rat Johann Kaspar Goethe, hatte er sein Schlößchen zur Verfügung gestellt. Die Familien Textor und Goethe besaßen Häuser in der Stadt, und weil es im August in Frankfurt unerträglich schwül sein kann, feierte man im Haus des Herrn von Loen draußen am Mainufer.

Auf der andern Seite des Flusses besaß Loen einen Gutshof. An schönen Sonntagen diente er als Ausflugsziel. Bei solchen Gelegenheiten schrieb er, wie das üblich war, anakreontische Verse, und in einem von ihnen wird Goethes Großmutter, seine Schwägerin, als »schönes Weib« gepriesen. Als Loen ein Buch mit dem Titel »Die einzige wahre Religion« veröffentlichte, eine Mahnung zur Toleranz, kam es mit den lutherischen und reformierten Theologen der Universitäten Gießen und Marburg zum Streit. Die Verhältnisse wurden so unangenehm, daß Loen eine von Friedrich dem Großen ausgeschriebene Stelle als Regierungspräsident in Lingen an der Ems annahm. Goethes Vater hatte dazu gemeint, es sei gefährlich, zu einem außerordentlichen Herrn wie dem König von Preußen in ein Dienstverhältnis zu treten. Habe der nicht vor kurzem den berühmten Dichter Voltaire, der so hoch in seiner Gunst gestanden, in Frankfurt verhaften lassen?

Die Loens, die Textors, die Goethes gehörten zu jener ursprünglich handwerklich-kleinbürgerlichen Schicht, die den Dreißigjährigen Krieg überlebt hatte und ein neues Bürgertum und frischen Adel bildete. Verwandtschaftliche Bindungen und Verbindungen waren sehr nützlich, um das Dikicht von Korruption, Bestechlichkeit und Geschäftsinteressen in der Stadt zu durchdringen – wobei man nicht immer die feinsten Methoden befolgte, angesteckt von Handelsgeist, Sippenwirtschaft und Parteinahme. Die Familien Textor und Goethe sind dafür ein Beispiel. Das Hervorheben schmeichelnder und das Verschweigen als peinlich empfundener Züge reichen bis in Goethes Schilderungen seiner Frankfurter Jugend in »Dichtung und Wahrheit«.

So erfahren wir nur in einem Nebensatz etwas über den Großvater Goethe. Der junge Goethe war seinen Spielkameraden durch das Auftrumpfen mit dem mütterlichen Großvater, dem Stadtschultheißen Textor, auf die Nerven gegangen; man hielt ihm vor, daß der väterliche Großvater Gastwirt gewesen sei. Goethe leitet den Leser sogleich auf eine weitaus schmeichelhaftere Theorie seiner, Johann Wolfgangs, Herkunft, wenn sie auch Gerücht war: man flüstere sich zu, sein Vater sei der Sohn eines vornehmen Herrn. Mit geballten Fäusten will sich Goethe auf die Kameraden gestürzt haben. Unter Tränen beteuerte er, sein Großvater, der Gastwirt, sei 1730 gestorben – wie sollte er ihn gekannt haben und was gehe sie das an?

Die Goethes stammten aus Artern in der Grafschaft Mansfeld. Ein Hans Göthe ist dort als Gemeindevorsteher bezeugt. Sein Sohn Christian war Hufschmied und gehörte zum Gemeinderat. Dessen Sohn Friedrich Georg wechselte aus unbekannten Gründen das Handwerk, wurde Schneider und ging auf Wanderschaft. So kam er nach Frankreich und lernte in Paris und Lyon, der Seidenstadt, die Künste der Damenschneiderei. Das Edikt von Nantes, 1685, vertrieb ihn als Protestanten aus Frankreich. Er ließ sich in Frankfurt als Schneider nieder, beschäftigte bis zu sechs Gesellen, und da er das Geschäft durch Handel mit Brokat und Seide erweiterte, kam er zu Ansehen und Vermögen. Als seine erste Frau gestorben war, heiratete er 1705 die Schneiderswitwe Cornelia Schellhorn, Erbin eines Gast- und Weinhauses an der Zeil, Ecke Weidengasse. Der Weidenhof war ein palaisartiger Gasthof mit drei Stockwerken; die Gäste kamen aus den Kreisen des Adels und Geschäftslebens.

Dieser Friedrich Georg Göthé, wie er sich seit Frankreich nannte, wurde durch Hotelbetrieb und Weinhandel ein reicher Mann. Bei seinem Tode hinterließ er Häuser, Grundstücke, Obst- und Weingärten und siebzehn Ledersäcke mit barem Geld. Der Wert betrug 90 000 Gulden. Der Schneider, Gastwirt und Weinhändler Göthé und seine Frau müssen früh erkannt haben, daß ihr Sohn Johann Kaspar zu Höherem berufen sei. Für einen Bürgersohn gab es zwei Wege des Aufstiegs, den theologischen und den juristischen. Sie sandten den Sohn mit vierzehn Jahren auf das berühmte Gymnasium Casimirianum in Coburg. Dort wurde er auf gut altlutherische Art in fast klösterlicher Strenge und Enge, bei lateinischer Schulsprache und gründlicher Unterweisung in der von Dr. Martinus Luther der deutschen Sprache eingeimpften Heiligen Schrift, in den zum späteren Studium geeignetsten und wichtigsten Disziplinen unterrichtet: Lateinisch, Griechisch, Mathematik mit Betonung der historischen und geographischen Kenntnisse. Diese wurden nach humanistischem System nicht als gesonderte Fächer gelehrt, sondern im Zusammenhang des Studiums der antiken Sprachen: Mythologie, Geschichte und Geographie lernte man aus und mit Homer, Vergil, Horaz, Xenophon, Thukydides, Cäsar, Livius und Tacitus. Dort erfuhr man alles über die Völker und Länder Galliens, Italiens, Griechenlands, Spaniens, Englands und Germaniens. Welch ein Stoff zu universalem Wissen, zur nationalen Erbauung und zu tiefgründiger Betrachtung der Welt! Er wurde vertieft und erweitert durch das Studium der Vorzeit, des Orients und des Heiligen Landes, wie sie im Alten und Neuen Testament standen. Die Bibel wurde zu großen Teilen auswendig gelernt. Daran knüpften sich Psalmen und Choräle und die Geschichte der vom Heiligen Geist durch die Person Luthers bewirkten Reformation der Kirche.

1730 begann Goethes Vater ein juristisches Studium in Gießen, ging im Jahr darauf für vier Jahre nach Leipzig und war drei Jahre lang am Reichskammergericht in Wetzlar. 1738 promovierte er in Gießen mit einer Dissertation über den Erbvollzug nach römischem und deutschem Recht zum Doktor beider Rechte. Das Jahr 1739 verbrachte er beim Reichstag in Regensburg und beim Reichshofrat in Wien. Am letzten Tag dieses Jahres brach er auf zu einer Reise durch Italien. Er hat also zehn Jahre lang studiert und an wichtigen Orten die Kenntnis der Verwaltung des Heiligen Römischen Reiches gewonnen. Der Tod seines Vaters, gleich zu Beginn des Studiums, hat ihn nicht davon abhalten können. Auch die Mutter stellte ihm genügend Geldmittel zur Verfügung; er konnte sich die Reise nach Italien im Stil der Kavalierstour leisten, hatte einen Diener und schloß sich gelegentlich adligen Reisenden oder Gesellschaften an. Es war keine Vergnügungs- und Bildungsreise; er wollte das auf der Schule und durch das Studium erworbene Wissen der Geschichte und des Rechts enzyklopädisch erweitern. Er rühmte sich seiner Kenntnis der italienischen Sprache; nur mit ihrer Hilfe könne man sich im Lande und auf dem Lande zurechtfinden und sich mit den „Antiquaren", den lokalen Kennern der Bauten und Kunstwerke, unterhalten und in Landstrichen orientieren, die abseits der Routen lägen. Das war freilich mit vielen Mühen, Verdrießlichkeiten, Kosten und Ärger verbunden.

Was Goethes Vater in diesen acht Monaten sah, notierte und erlebte, war der Höhepunkt seiner sechzehnjährigen Abwesenheit von Frankfurt. Er hatte große Teile des Reiches, Österreich, Italien bis südlich Neapel, auf der Rückreise Frankreich bis Paris kennengelernt und war ein Semester lang an der juristischen Fakultät von Straßburg immatrikuliert gewesen. Ihn interessierte alles: Land und Leute, Sprache, Kirche, Militär, Schiffsbau, Klima, Brauchtum, Reisegelegenheiten, Feste, Schlösser, Fabriken, Akademien, Bäder und Volkstrachten, ebenso Religion, Politik, Dynastien, Päpste und die Größe der Städte. Er brachte nicht nur die Masse seiner Notizen mit, sondern auch Karten, Pläne, Stadtansichten und Kuriositäten. In vielen Jahren arbeitete er, teilweise mit Hilfe des italienischen Sprachlehrers seiner Kinder, die Reise durch Italien zu einem Buch von fast tausend Seiten in zweiundvierzig fingierten Briefen aus.

Sein Eifer galt den Inschriften in Kirchen und Palästen, auf Fresken, an Stadttoren und Mauern. Er schrieb sie sorgfältig ab, und es machte ihm Vergnügen, seinen Reiseführern Fehler nachzuweisen. Im Anfang zum fünften Teil wurde dann ein »Briefwechsel zwischen zwei Personen verschiedenen Geschlechts« mitgeteilt. Unter diesem Titel verbarg sich eine für uns nicht recht durchsichtige Beziehung zu einer Mailänderin; Johann Kaspar Goethe behauptet, er habe sie wohl gesehen, aber nie getroffen. Der Briefwechsel lief über Vertrauenspersonen und erlosch am 17. August 1740. Noch nach Jahren erfreute der Kaiserliche Rat seine Korrespondentin von Frankfurt aus durch Neujahrswünsche und kleine Geschenke.

Man erkennt im Leben des Vaters gewisse Grundlinien, welchen der Sohn gefolgt ist: Das Studium in Leipzig und Straßburg, Reisen durch Süddeutschland und Italien, Beschreibungen von Bildern und Architekturen, ein damals nicht übliches Interesse für das Leben des einfachen Volkes und das Bestehen auf dem Augenschein. Man entdeckt das Verschweigen von wichtigen Ereignissen und Erlebnissen zugunsten einer Ausschmückung des Episodischen. Die höchste Aufgabe der Kunst ist Nachahmung der Natur. Adel und Bürgertum müssen einander beim Aufbau der Gesellschaft ergänzen und durchdringen – das war aufgeklärte Lehre. Das soziale und geistige Gefälle zwischen den Ständen kann und muß durch Vernunft überwunden werden.

In Italien stieß Johann Kaspar auf Schritt und Tritt auf Kirchen, Klöster, Geistliche, Prozessionen, Bildstöcke und andere Zeugnisse der Volksfrömmigkeit. Alle Dörfer, Städte, alle Bilder und Skulpturen trugen – soweit sie nicht antiken Ursprungs waren – den Stempel katholischer Religiosität, und zwar auch in Orten von groß-, ja weltstädtischem Zuschnitt wie Venedig, Rom und Neapel. Für den Gast aus dem deutschen Luthertum waren Heiligen- und Reliquienkult trauriger Aberglaube, war der Einfluß der Mönche rückständiges Mittelalter, waren die Gelassenheit und Heiterkeit der Italiener Ausdruck tückischer Schlauheit, war ihre stolze Armut eine moralische Schuld: Goethes Vater unterlag den Vorurteilen des nordischen Puritaners gegenüber südländischer Lebensart.

Als er in das enge Frankfurt zurückkehrte, war er den Mitbürgern weit überlegen. Goethe deutet an, warum der Vater sich vom öffentlichen Leben zurückhielt: »Mein Vater mochte sich auf Reisen und in der freien Welt, die er gesehen, von einer elegantern und liberalern Lebensweise einen Begriff gemacht haben, als sie vielleicht unter seinen Mitbürgern gewöhnlich war« (HA IX, S. 74). Er wandte sich noblen Passionen zu. Seine Hausgalerie brachte es auf 125 Bilder, seine Bibliothek in fünf Sprachen auf 1800 Bände. Die ererbten Häuser am Hirschgraben baute er nach dem Tod seiner Mutter zu einem noblen Stadthaus um. Mit Frau und Kindern machte er Ausflüge mit dem Wagen in den Taunus, in die Wetterau und entlang dem Main. Einmal besuchte er Darmstadt, bloß um den Seinen eine blühende Aloe zu zeigen – was ihn fünfzehn Gulden kostete.

Nachdem man seine Bewerbung um ein – unbezahltes – städtisches Amt zurückgewiesen hatte, lehnte er es ab, sich der Ballotage durch den städtischen Klüngel zu unterwerfen, und erwarb den Titel eines Kaiserlichen Rats: So war er ein Magistrat des Heiligen Reiches und hielt sich und seine Familie aus dem verfilzten Getriebe der Stadt heraus. Das ist einer der Gründe, weshalb er die Kinder selbst unterrichtete. Er schrieb und sprach gern lateinisch, die Sprache der Bildung und des juristischen Standes. Er war kein Griesgram, aber eigenwillig, manchmal jähzornig, fürsorglich auf Ordnung und Redlichkeit im Sinne aufgeklärter Sittenstrenge bedacht. Er war wie wenige Bürger seiner Zeit ein freier Mann, ein Republikaner, der die Fürsten nicht liebte. Friedrich von Preußen freilich hielt er den Aufschwung des Nationalgefühls zugute.
Dieser Mann warb, als er schon 38 Jahre alt war, um die 17jährige Katharina Elisabeth Textor, Tochter des Schultheißen, des höchsten Beamten der Stadt. Die Textors besaßen ein Haus in der Altstadt, aber kaum Vermögen. Der Schultheiß bekam das höchste Gehalt der Stadt, 1800 Gulden im Jahr; der Prediger erhielt 500 und der Trompeter 300 Gulden. (Der Gulden entspricht etwa 35 Deutschen Mark.) Textor konnte der Tochter eine Aussteuer, aber keine Reichtümer mit in die Ehe geben. Für ihre Bildung hat er wenig getan, sie konnte die Bibel lesen, Choräle singen und ein wenig Klavier spielen. Die Ehe kam wie üblich durch Vertrag zustande; von Liebe, dieser Erfindung der Romantik, war keine Rede. Textor war froh, daß der reiche Junggeselle Goethe seine Tochter nahm.
Seit ihrer Konfirmation stand Katharina Elisabeth unter den Fittichen einer weitläufigen Verwandten, der fromm gewordenen Arzttochter Susanne Katharina von Klettenberg. Frankfurt war eine streng lutherische Stadt, kein Andersgläubiger konnte ein Amt bekleiden, aber seit Jahren wurde die Orthodoxie von Frommen und »Heiligen« aufgeweicht. Die Pietisten hielten Zirkel mit Bibellesung, Gebet und Gesang. Schwestern und Brüder im Herrn gab es in vielen Städten; sie bestätigten sich untereinander in Glauben und Leben. Als der Kaiserliche Rat sein Haus am Hirschgraben mit schönen Zimmern eingerichtet hatte, fanden ihre Zusammenkünfte darin statt, begleitet von Klavier und Flöten; später wurde sogar eine Orgel angeschafft. Dem Rat gefiel das nicht, aber er ließ sie gewähren – war

doch durch die Heirat mit der Schultheißentochter patrizischer Glanz auf sein Haus gefallen.
Der Reichs-, Stadt- und Gerichtsschultheiß Johann Wolfgang Textor war wie sein Schwiegersohn Doktor beider Rechte. Er stammte aus einer Familie von Juristen, die oft Frauen aus gelehrten Kreisen geheiratet hatten. Er war vor seiner Ehe Prokurator beim Reichskammergericht in Wetzlar gewesen und hatte sich im Schlafzimmer eines Wetzlarer Bürgers mit dessen Frau oder Tochter ertappen lassen. Eine liegengebliebene Perücke zeugte davon. Wahrscheinlich hat der Enkel an diese Geschichte gedacht, als er die Verse schrieb:

Urahnherr war der Schönsten hold –
Das spukt so hin und wieder. (HA I, S. 320)

Textors Aufstieg unter den patrizischen Schöffen der Stadt beweist, daß er klug, tüchtig, beredt und fähig war, das Gestrüpp von Eifersucht und Sippenstolz zu durchdringen. Ob er, wie es von Fausts Vater heißt, »ein dunkler Ehrenmann« war, kann man nicht beweisen. Sein Porträt zeigt einen schlauen Kopf mit einem listigen Blick. Er hielt sich jahrzehntelang in seiner Stellung und wurde zweimal zum Bürgermeister gewählt. Als Schultheiß war er der Statthalter des Kaisers und der höchste Gerichtsherr. Auf dem Römer saß er erhöht unter dem Reichsadler und dem Bild der Majestät. Er war eine bedeutende Persönlichkeit und besaß, wie seine Frau, die Lindheimerin, die Gabe des zweiten Gesichts und der Traumdeutung.
Für die Forschung des 19. Jahrhunderts war Johann Wolfgang Goethe ein Halbgott. Sie hat auch die Familie Textor genealogisch untersucht. Während bei den Goethes thüringische Handwerker erscheinen, die nicht viel mehr als hundert Jahre zurückzuverfolgen sind, figuriert der älteste Textor, 1615 gestorben, unter dem deutschen Namen Georg Weber. Er war Bedienter. Der Sohn latinisierte den Namen in Textor. Ganz anders die Vorfahren seiner Frau Anna Margaretha: Hohenloher Rat, Schreiber, Pfarrer, Spitalpfleger, Kupferstecher, Steinmetz, Obervogt und Hochschullehrer. Die Lindheimers waren eine bürgerliche Familie aus Sachsenhausen und Frankfurt. Viele von ihnen waren Metzger gewesen; die Urkunden reichen ins späte vierzehnte Jahrhundert zurück. Der Name könnte von dem Städtchen Lindheim in Oberhessen kommen. Der Ort liegt am Li-

mes; in der Nähe war ein römisches Kastell. Der Schlag der Anna Margaretha mit den stark romanischen Zügen ist heute noch in der Gegend anzutreffen. Der Neffe des Botanikers Ferdinand Lindheimer erregte in seiner Jugend Aufsehen durch seine Ähnlichkeit mit Goethe. Der Vater Anna Margarethas, Cornelius Lindheimer, stammte aus Frankfurt und war Anwalt am Reichskammergericht in Wetzlar, wo die Töchter geboren wurden. Die mütterlichen Vorfahren Anna Margarethas, die Seips aus Hessen, waren Professoren in Marburg und Gießen, aber auch Künstler. Dieser Zweig führt über zehn Vorfahren zu Lucas Cranach, dem Maler und Zeichner des reformatorischen Zeitalters. Er liegt in Weimar begraben. Goethe hat nicht geahnt, daß er sein Vorfahre war. So mischten sich thüringische, hessische und fränkische Handwerker, Naturforscher, Juristen und Künstler auf einer romanischen Basis.

Goethe hat die Mutter als Mittlerin seiner Talente angesehen; das war sie nicht als Tochter ihres Vaters Textor, sondern ihrer Mutter Lindheimer. Das Ölgemälde zeigt diese als stattliche Person mit schönen Augen, einer langen Nase, eingezogenen Wangen und einem geschlossenen Mund, den Kopf bedeckt von einer sorgfältig plissierten Rüschenhaube. Hält man dies Bild neben die Porträts ihres Enkels Johann Wolfgang, dann sieht man, daß er ihr aus dem Gesicht geschnitten ist. Die dunklen Augen, Nase und Mund, die hohe Stirn, Schläfen und Kinn sind die gleichen.

Ihre Tochter, Goethes Mutter, war nicht nur viel jünger als ihr Mann, sie war auch in ihrer Erscheinung und ihrem Wesen das Gegenteil von ihm. Er war kräftig, pyknisch, mit kleinen Augen und einer dicken Nase. Sie war eine robuste Frau, mit festem Mund, üppiger Nase und energischem Kinn: eine Bürgerin, die sich nichts vormachen ließ. Kaum gebildet, aber eine lebenskluge Person, hörte sie zu, wenn ihr Mann sich mit der Bildung und Ausbildung seiner Kinder abgab. Geschrieben hat sie ihr Leben lang in einer grammatisch und orthographisch krausen Willkür. Sie war vollkommen frei von Ansprüchen und unabhängig von den Moden des Zeitgeistes. Empfindsame oder anstrengende Damen wie Elise von der Recke oder Frau von Stein konnte sie nicht ausstehen, wohl aber verstand sie sich mit Johann Kaspar Lavater und ihrer Schwiegertochter Christiane Vulpius. Sie wechselte Briefe mit der klugen Herzogin Anna Amalia und

sogar in Versen mit dem witzigen Weimarer Hoffräulein Luise von Göchhausen.
Im Jahre 1797 hat Goethe die Briefe seines Vaters an ihn verbrannt. Die der Mutter blieben erhalten. In ihnen vernimmt man einen überströmend herzlichen Ton, ein selbstbewußt naives Naturell. Sie selbst rühmte ihre Fähigkeit lebendiger Darstellung aller Dinge und ihre persönliche Ausstrahlung: »Sowie ich in einen Zirkel komme, wird alles heiter und froh.« In »Dichtung und Wahrheit« hat Goethe ein Bild des Vaters entworfen; im achtzehnten Buch seiner Lebensbeschreibung wollte er ein Porträt der Mutter einfügen, und zwar an jener Stelle, wo er vom Besuch der Brüder Stolberg und des Grafen Haugwitz erzählt: »Nicht anders als Frau Aja ward sie genannt, und sie gefiel sich in dem Scherze und ging (um) so eher in die Phantastereien der Jugend mit ein, als sie schon in Götz von Berlichingens Hausfrau ihr Ebenbild zu erblicken glaubte« (HA X, S. 126).
Auf diese Stelle sollte die Verherrlichung, »Aristeia«, der Mutter folgen. Sie umfaßt im Entwurf sieben Doppelblätter in Folio und wurde in der Weimarer Ausgabe als Paralipomenon gedruckt. Die Seiten beruhen auf Bettina von Arnims Nacherzählungen dessen, was Goethes Mutter ihr anvertraut hatte. Bettina hat diese Erinnerungen in »Goethes Briefwechsel mit einem Kinde« veröffentlicht. Sie sind in der Substanz echt, wenn auch – und das ist Bettinas Veranlagung zuzuschreiben – nicht zuverlässig. Da es aber die einzigen Nachrichten über Frau Ajas Jugend und Goethes Kindheit sind, werfen sie aus der Ferne der Erinnerung ein sehr bezeichnendes Licht auf Mutter und Sohn. So gestand die Rätin, zwanzig Jahre nach dem Tod ihres Mannes, ihre erste und einzige Liebe sei kein geringerer als ein Kaiser gewesen, Karl VII. (1742–45), der unglückliche Wittelsbacher als Gegenkaiser Maria Theresias. Da die Österreicher Bayern besetzt hielten, mußte er in Frankfurt residieren, und hier hat Elisabeth Textor ihn häufig gesehen. »Da er einmal offne Tafel hielt, drängte ich mich durch die Wachen und kam in den Saal anstatt auf die Galerie; es wurde in die Trompeten gestoßen; bei dem dritten Stoß erschien er in einem roten Mantel, den ihm zwei Kammerherren abnahmen; er ging langsam mit gebeugtem Haupt. Ich war ihm ganz nah und dachte an nichts, noch daß ich auf dem unrechten Platz wäre; seine Gesundheit wurde von allen anwesenden großen Herrn

getrunken und die Trompeten schmetterten dazu, da jauchzte ich laut mit; der Kaiser sah mich an und nickte mir. Am andern Tag reiste er ab, ich lag früh morgens vier Uhr in meinem Bett, da hörte ich fünf Posthörner blasen, das war *Er*, und so höre ich jetzt nie das Posthorn, ohne mich jener Tage zu erinnern« (WA I, 29. S. 236).
Hier findet man auch den Bericht über Johann Wolfgangs Geburt am 28. August 1749: »Ich war achtzehn Jahre alt, als ich ihn gebar. Er kam wie tot ohne Lebenszeichen zur Welt, und wir zweifelten, daß er das Licht sehen würde. Seine Großmutter stand hinter meinem Bett, und als er zuerst die Augen aufschlug, rief sie hervor: ›Elisabeth, er lebt!‹ Da erwachte mein mütterliches Herz und lebte seitdem in fortwährender Begeisterung bis zu dieser Stunde« (WA I, 29. S. 234).
Das Temperament von Goethes Mutter spiegelt sich nicht nur in ihrem Vergnügen, Geschichten farbig und anschaulich zu erzählen. Sie bezog, ohne daß sie selbst diese Fähigkeit geerbt hatte, auch die Traumgabe und die Wahrträume ihrer Eltern mit ein. Goethe geht ausführlich darauf ein; es ist zu bedauern, daß er diesen Stoff Bettina überlassen hat, deren Text auf Wirkung angelegt wurde.
Das beste Lebenszeugnis der Mutter sind ihre Briefe. Sie spiegeln ihre eigene und ihres Mannes Bewunderung für den »Hätschelhans«, den Sohn, dessen Überlegenheit im Verhältnis zu andern Kindern und jungen Leuten sich früh zeigte. Die Begeisterung für den »lieben Sohn« Lavater, Anna Amalia und andere schlief nach einigen Jahren ein. Sie konnte nämlich auch vergessen. Von dieser Gabe hat Goethe gesagt, sie sei ein großes Geschenk der Natur. Auch er hat sich von Friederike Brion, Lotte Buff, Frau von Stein und den Freunden Lenz, Merck und Tischbein in bestimmten Augenblicken ohne Bedenken getrennt.
Vielleicht hing mit dieser Gabe der Mutter die Frische ihres Wesens und ihre Lust am Wechsel zusammen. Mit fünfzig Jahren hat sie sich, eine eingefleischte Theaternärrin, auf Beziehungen zu Schauspielern und Theaterdirektoren eingelassen. Das Verhältnis zu Karl W. Unzelmann, einem Star der Bühne, ließ sie eine bis dahin kaum gekannte Leidenschaft erleben, eine Verwirklichung sexueller Wünsche, die ihr weder durch den Kaiser noch durch seinen Geheimen Rat zuteil geworden war. Doch auch hier bewährte sich ihre Kraft, das Erreichte wieder aufgeben zu können. Als Unzelmann nach Berlin ging, be-

zahlte sie mit freundlichem Gleichmut seine Frankfurter Schneiderschulden und erbat geliehene Zeitschriften zurück: »Ich verspreche Ihnen hiermit feierlich, ins künftige alle Jeremiaden (über »Träume und Märchen«, die sie sich in den Kopf gesetzt hatte) aus meinen Briefen zu verbannen, zumal da Ihnen Ihre Feinde anstatt böses gutes getan und Sie ins Glück hineingetrieben haben ... Überhaupt scheint mir, daß Berlin der Ort ist wo Sie endlich einmal glücklich sein werden – Ich bitte Ihnen daher um alles was Sie lieben und Ihnen wert ist, stoßen Sie dieses Glück nicht wieder von sich – Das Schicksal ist nicht immer so gut gelaunt, daß wenn eine Tür sich schließt, es gleich wieder eine auftut« (Schüddekopf, S. 126).
Goethes Vater ist 1782 nach mehreren Schlaganfällen gestorben. Unzelmann war 1784 nach Frankfurt gekommen. Daß Elisabeth Goethe den mehr als zwei Jahrzehnte älteren Ehemann nicht geliebt hat, hat sie im Alter mehrfach zu verstehen gegeben, auch im Zusammenhang mit dem Eingeständnis ihrer Schwärmerei für Karl VII. Die Schilderung einer Ehe ohne Liebe findet sich bei Goethe am Anfang der »Theatralischen Sendung«, aber wir wissen nicht, ob er dabei an die Eltern gedacht hat. Das Dilemma altersverschiedener Paare findet sich in fast allen Novellen der »Wanderjahre«.

Erziehung und Bildung

Goethe pries das Klima der Rhein-Main-Gegend, die Gärten und Felder, den Weinbau, den schönen Main und im Hintergrund das Gebirge des Taunus. Ein Teil des Familienvermögens steckte in verpachteten Obst- und Weingärten. Goethe wußte, daß sich die Kultur der Deutschen hier zum ersten Mal städtisch verfeinert hatte. Die Franken an Rhein und Mosel, der vornehmste germanische Stamm, hatten das Christentum angenommen. Zwar konnte sich Frankfurt an kulturellem Glanz nicht mit Augsburg, Bamberg, Nürnberg oder Köln messen; wichtig war es aber als Handels- und Messestadt. Das Schulwesen war kleinstädtisch. Die Beschränkung der Religion auf lutherische Orthodoxie war nicht geeignet, Toleranz zu fördern. Die Katholiken, denen die Kirche des heiligen Bartholomäus, der Dom der Kaiserkrönung, gehörte, wurden geduldet; die reformierten Kaufleute und Bankiers mußten zum Gottesdienst mit ihren Kutschen nach Bockenheim fahren. Die Juden, politisch rechtlos, lebten im Getto, dessen Tore bei Einbruch der Dunkelheit geschlossen wurden. Das Alte Testament hat Goethe sein Leben lang beschäftigt. Die Wanderungen der Juden, ihre Geschichte und ihre geheimnisvolle Verstrickung in das Christentum boten ihm Gleichnisse für die eigene Existenz.

Zu Goethes Zeit hatte eine neue Oberschicht das ältere Patriziat überflügelt. Sie bestand aus Bürgern, die nach dem Dreißigjährigen Krieg zugewandert waren und Anteil am Stadtregiment gewonnen hatten. Mit dem Wohlstand stieg die Geltungssucht: Man sammelte Bilder, Bücher, Handschriften, Waffen, Mineralien und Dinge, die wir Kuriosa nennen würden. Die neue Oberschicht öffnete sich dem Geist der Aufklärung und Toleranz. An den Messewochen spielten Theatertruppen in gemieteten Sälen weltliche Singspiele und Theaterstücke. Die Familien heirateten untereinander, drangen gelegentlich auch in das Patriziat ein oder sogen es auf: Die von Uffenbach, von Loen, Senckenberg, Bethmann, Städel, Textor, in jüngerer Zeit die Goethes, Schönemanns, Schlossers und Brentanos. Alle waren Juristen oder Geschäftsleute, besaßen Häuser in der Stadt und auf dem Lande. Goethe hat gemeint, architektonisch gäbe es in Frankfurt nichts Erhebendes zu sehen: Die Entdeckung des romantischen Zaubers der alten Städte hatte man noch nicht gemacht.

Politisch war man reichstreu, das hieß habsburgisch. Aber Wien war weit und stellte steuerlich und militärisch keine größeren Ansprüche. Als Handelsstadt war Frankfurt auf Frieden bedacht. Bei allen Vorbehalten gegen die Franzosen, die vor zwei Generationen noch Heidelberg zerstört und die Pfalz verwüstet hatten, wirkten französische Sprache und Kultur unwiderstehlich. Die Namen Voltaire, Diderot und Buffon standen für viele andere. Goethe hat den Einfluß der französischen Geistes- und Schreibart auf seine Entwicklung oft betont und Voltaire noch im Alter als eine der wichtigsten Quellen seines Denkens gerühmt. Von Frankreich kam die Aufklärung an Rhein und Main, und in ihrem Gefolge löste sich das Denken von den alten Formen. Auf der andern Seite hielt man um so fester an Brauch, Herkommen, Sitte und Gewohnheit fest. In jüngster Zeit hatten die Siege Friedrichs von Preußen das deutsche und – obwohl er Atheist war – protestantische Hochgefühl gewaltig gestärkt und in Frankfurt Spaltungen entstehen lassen. Die Textors waren reichstreue Beamte und hielten es mit den Franzosen, welche als Verbündete der Kaiserin Maria Theresia in Frankfurt einquartiert waren. Die Goethes hingegen waren »fritzisch«. Bei einem Streit, von dem der Arzt und Naturforscher Johann Christian Senckenberg erzählt, habe Johann Kaspar Goethe seinen Schwiegervater verflucht, weil er die Franzosen gegen Geld in die Stadt gelassen hatte. Daraufhin haben der Schultheiß ein Messer geworfen und der Schwiegersohn den Degen gezogen.

Soziale Spannungen fast revolutionärer Art spiegeln sich in Goethes Erzählung über seine Verbindungen mit einem Kreis junger Leute, welche das Stadtregiment der Patrizier und Zünfte kritisierten. In diese »Verschwörung« scheint Goethe ahnungslos verwickelt worden zu sein. Hier war ein junges Mädchen, Gretchen, aus kleinbürgerlichen Verhältnissen, die erste Lockspeise für Goethes Sinnlichkeit. Sie hat Fausts Gretchen nicht nur ihren Namen, sondern auch Züge von Innigkeit und Anmut gegeben (HA IX, S. 164ff.): »Als Enkel des Schultheißen«, schreibt Goethe, »waren mir die heimlichen Gebrechen einer solchen Republik (Frankfurts) nicht unbekannt geblieben.« Um welche »schlechte Gesellschaft« es sich gehandelt hat, konnte nie festgestellt werden. Goethe liebte es, heikle Episoden kunstvoll zu verschlüsseln.

Goethe hat mit vier Jahren lesen und schreiben gelernt; er war ein hoch begabtes Kind. Der Vater muß begriffen haben, daß der Sohn alles, was er selbst sich mühsam angeeignet hatte, im Fluge erfaßte. Er hat die Erziehung, mit Hilfe ausgewählter Lehrer, bewußt gesteuert. Neun Jahre lang war Johann Heinrich Thym Hauslehrer in den Elementarfächern. Eine öffentliche Schule hat Goethe nur vom April 1755 bis zum Januar 1756 besucht, als das Haus am Hirschgraben umgebaut wurde. »Dieser Übergang hatte manches Unangenehme: denn indem man die bisher zu Hause abgesondert, reinlich, edel, obgleich streng gehaltenen Kinder unter eine rohe Masse von jungen Geschöpfen hinausstieß, so hatten sie vom Gemeinen, Schlechten, ja Niederträchtigen ganz unerwartet alles zu leiden, weil sie aller Waffen und aller Fähigkeit ermangelten, sich dagegen zu schützen« (HA IX, S. 17). Die wichtigste Partnerin aller Studien war die sechzehn Monate jüngere Schwester Cornelia. Schnell hatte sie den Bruder eingeholt und wurde, bei gleicher Begabung, nicht nur Teilnehmerin, sondern auch Vertraute seiner Entwicklung. Während die Eltern den Sohn überschätzten, haben sie die Tochter, dem Vorurteil der Zeit entsprechend, unterschätzt – und förderten dadurch die gegenseitige Anhänglichkeit der Geschwister.

Das wichtigste Lehr- und Lebensbuch war Martin Luthers Bibel. Mehrere Ausgaben standen im Hause. Für die Kinder war die Merian-Bibel mit ihren Kupferstichen wichtig: Eher als den Text »las« man die Bilder. Da sah man die Schöpfung, die Erschaffung des Menschen, den Sündenfall, die Vertreibung aus dem Paradies, den trostlosen Zustand danach, Kain und Abel, die Arche Noahs, die Sintflut, den Bund Gottes mit Noah im Zeichen des Regenbogens, aber auch Noahs Trunkenheit und dann natürlich den Turmbau zu Babel. Merians Stiche sprachen nicht nur eine kindliche Einbildungskraft an. Ihr künstlerischer Wert, geschult an Dürer und Lucas Cranach, machte sie, im Sinne der Renaissance- und Barockpädagogik, zu einer wertvollen Textergänzung.

Luthers Bibel war und blieb für Goethe sein Leben lang eine nährende Speise. Hier waren menschliche und historische Urverhältnisse, unvergleichlich knapp und bündig, in poetischer Form und Sprache dargelegt: »Ich für meine Person hatte die Bibel lieb und wert, denn fast ihr allein war ich meine sittliche Bildung schuldig, und die Begebenheiten, die Lehren, die Symbole, die Gleichnisse, alles hatte sich tief bei mir eingedrückt und war auf die eine oder die andere Art wirksam gewesen« (HA IX, S. 274). Dieser Gedanke wird an vielen Stellen hervorgehoben.

Das häusliche Leben war religiös eingebunden. Tägliche Gebete und sonntäglicher Kirchgang waren selbstverständlich, Predigten mußten nachgeschrieben werden, Kernstellen der Heiligen Schrift, vor allem die Psalmen, wurden auswendig gelernt. Luthers Bibelsprache erhob sich weit über die Sprache des Alltags. Die Zaubermacht ihrer dichterisch flutenden Diktion gab dem Menschen das Gefühl, ja die Gewißheit, am Absoluten teilzuhaben. Die Spiele eines den Kindern von der Großmutter Goethe geschenkten Puppentheaters hatten biblische Themen, etwa Davids Sieg über Goliath, mit einem Ballett von Mohren und Mohrinnen, Schäfern und Schäferinnen. Noch vierundzwanzig Jahre später, als Goethe »Wilhelm Meisters theatralische Sendung« schrieb, ließ er der Mariane erklären, wie die Puppen ausgesehen hatten: König Saul in schwarzem Samtrock mit goldener Krone, Jonathan glatt rasiert, David holzgeschnitzt mit roten Haaren und der Riese Goliath in blecherner Rüstung.

In der Bibel erlebte man rohe und gefährliche Altertümlichkeiten wie die Opferung der Baalspriester oder die Schändung von Jephtas Tochter. Bei Daniel in der Löwengrube fand Goethe den Stoff seiner »Novelle«. Lange hat er sich mit einem Josephsroman beschäftigt, und am Belsazar-Drama hat er noch in Leipzig geschrieben. Die ersten Krisen seiner glücklich verlaufenden Jugend hingen mit Zweifeln nicht so sehr an der biblischen Wahrheit als an den Dogmen von Gnade, Erlösung und Sündigkeit des Menschen zusammen. Von der Sprache der Bibel leben nicht nur das »Jahrmarktsfest zu Plundersweilern«, »Faust«, »Götz«, »Werther« und die meisten Gedichte der titanischen Zeit – trotz ihres antikisierenden Kostüms –, sondern auch »Hermann und Dorothea« und die autobiographischen Schriften. Im Alter kehrte er mit dem »Westöstlichen Divan« zur Welt des Alten Testaments zurück, »Patriarchenluft zu kosten«, und zum

Neuen Testament mit der Novelle »Sankt Josef der Zweite«. Seine Sprache ist von Biblizismen Lutherischer Prägung durchdrungen. Auch in den von Gundolf so genannten heidnischen Jahrzehnten, vor und nach der italienischen Reise, wo er sich vom Christentum entfernt zu haben schien, hat Goethe die Metaphern, Gleichnisse und Wendungen der Bibel beibehalten. Die Bibel hat seine Sprache mehr bestimmt als Homer und Shakespeare, mehr als Lessings schön geschliffene Sentenzen und Wielands zauberhafte Leichtigkeit. Der sonore Ton, Melos und Rhythmus der wissenschaftlichen Prosa Goethes ist nicht von pedantischer Gelehrsamkeit, sondern von biblischer Knappheit und Bildlichkeit bestimmt. Die historischen Teile der »Farbenlehre« sind heute noch lesenswert, ganz zu schweigen von den kulturhistorischen Noten und Abhandlungen zum Divan. Victor Hehn hat 1885 einen seiner schönsten Aufsätze über Goethe und die Sprache der Bibel geschrieben.

Man darf nicht glauben, am Alten Testament habe Goethe das Kulturhistorische mehr angezogen als das Religiöse. Den Glauben an Gott als Schöpfer der Welt und den Menschen als sein Ebenbild hat er nie aufgegeben. Faust spricht es an entscheidender Stelle aus. Die Erzählung von »Wilhelm Meisters Wanderjahren« schließt mit dem Ausruf: »Wirst du doch immer aufs neue hervorgebracht, herrlich Ebenbild Gottes! und wirst sogleich wieder beschädigt, verletzt von innen oder von außen« (HA VIII, S. 460).

Der wichtigste Gedanke des Alten Testaments ist der von Gottes Erwählung. Wahrscheinlich sollte er das ideelle Substrat des Josephsromans werden. Dieser Gedanke liegt Goethes aristokratischem Gefühl, seiner Überlegenheit, zugrunde und bildet den Nährboden auch zweifelhafter Charakterzüge. Der Gedanke spielte eine große Rolle im Pietismus: Die »Frommen« fühlten sich von Gott bevorzugt und entwickelten ein Elitegefühl. Das Gefühl eines außerordentlichen Ranges hat Goethes Genievorstellung gefördert bis zum Titanismus: Die Götter müssen sich von ihren Sitzen erheben, wenn Er kommt, und dem Vater der Götter kann Er zurufen: »Spude dich, Kronos!« (HA I, S. 47)

Die Tendenz der humanistischen Erziehung hing mit der Opposition des Vaters gegen das provinzielle Getriebe der Heimatstadt zusammen. Seine Bedenken gegen die Rokokokultur Frankreichs auf der einen Seite und die Enge der bürgerlichen Gesellschaft auf der andern, die sich nach außen betulich gab, im Innern aber Freiheiten erlaubte – diese Bedenken fanden ihren Ausdruck im Festhalten am evangelischen Lebensstil und im sprachlichen Unterricht. Der Vater sprach und schrieb ein gutes Latein. Die Bibel besaß er in deutscher, hebräischer, griechischer und lateinischer Sprache. Die Vulgata hat Goethe noch in Weimar benützt. Im übrigen lernte er nach den damals üblichen Schulbüchern mit Mustern in Prosa und Versen. Die Klassiker, vor allem Homer, wurden in deutschen und französischen Nacherzählungen gelesen, Homer in Fenelons von Gottsched übertragenem »Telemach«. Während Goethe das Latein schnell lernte, flüssig las und schrieb, gab es mit dem Griechischen Schwierigkeiten. Noch in Leipzig und Straßburg hat er sich um Grammatik und Syntax bemüht, kam aber nie von den Übertragungen los. Der englische Sprachunterricht blieb zufälligen Gelegenheiten überlassen. Schon früh hatte er mit kindlichem Entzücken Defoes »Robinson« und Swifts »Reisen Gullivers« auf deutsch gelesen.

1758 begann der Französisch-Unterricht. Im Jahre darauf kam französische Einquartierung in das Haus am Hirschgraben. Im Umgang mit Soldaten und Küchenpersonal lernten Wolfgang und Cornelia die französische Volkssprache kennen. Als Goethe mit einem Knaben der französischen Schauspielertruppe Freundschaft schloß, durfte er die Bühne von hinten sehen. Anfang 1760 erhielt er mit seiner Schwester italienischen Unterricht bei einem Sprachmeister, den man Giovinazzi nannte: »Auch sang der Alte nicht übel, und meine Mutter mußte sich bequemen, ihn und sich selbst auf dem Klaviere täglich zu akkompagnieren; da ich denn das ›Solitario bosco ombroso‹ (eine beliebte Arie) bald kennen lernte und auswendig wußte, ehe ich es verstand« (HA IX, S. 14). Abermals zwei Jahre später begann der hebräische Unterricht beim Rektor Scherbius.

Zu den Unterrichtswerken gehörten Chrestomathien wie der hundert Jahre alte »Orbis pictus« des Comenius mit seinen Bildern der von Gott geschaffenen Welt mit Himmel, Erde, Pflanzen, Tieren und den menschlichen Berufen. Überhaupt fallen bei Goethes Unterricht die spätbarocken Bücher ebenso auf wie das Fehlen der Naturwissenschaften. In der »Geschichte meines botanischen Studiums« schreibt er, wie sehr alte und neue Sprachen, rhetorische und poetische Übungen zur Bildung gehörten, und fährt fort: »Von dem hingegen, was eigentlich äußere Natur heißt, hatte ich keinen Begriff, von ihren sogenannten drei Reichen (Botanik, Zoologie, Naturgeschichte) nicht die geringste Kenntnis« (HA XIII, S. 149). Die gesellschaftlich wichtigen Künste der Zeit hat er wie jeder Kavalier gelernt: Reiten, Fechten, Klavierspielen, Zeichnen, Malen und Schönschreiben, ein Modefach der Epoche. Während der Einquartierung des kunstliebenden Grafen Thoranc durfte er den Malern der Frankfurter Schule bei ihrer Arbeit zuschauen. Noch in Rom und Neapel hat er sich daran erinnert.

Man hat oft die Vorteile und den Umfang von Goethes Erziehung im Elternhaus betont und darüber die Mängel des Systems außer acht gelassen. Der Unterricht war ohne Zusammenhang, fast sporadisch, abhängig von den Ansichten und Vorurteilen des Vaters. Beide Elternteile waren von den Talenten und dem Temperament des Sohnes begeistert und merkten nicht, welche Fehler sie förderten. Goethe war eine egozentrische Natur. Es gibt eine Reihe von Selbstbezichtigungen, vor allem in »Dichtung und Wahrheit«: Er sei stolz, verwöhnt, vorlaut, störrisch, unruhig, redselig, wirke unerzogen und spiele sich lehrhaft auf. Er habe sich nie einzuordnen brauchen. Es war kein Zufall, daß die Frankfurter Gesellschaft »Philandria« es ablehnte, ihn aufzunehmen. All das hat Joseph Görres in einem scharfen Wort zusammengefaßt: Herrensöhnchen. Es verhält sich komplementär zu dem Namen der zärtlichen Mutter für ihren Sohn: Hätschelhans. Wie bezeichnend, daß Goethe kein Wort über den mit sechs Jahren gestorbenen Bruder Jakob verloren hat, wo kleinere Geschwister doch ein von Eifersucht gestörtes Entzücken im Größeren zu erregen pflegen! Goethe kannte seine Anmut, den Reiz seiner dunklen Augen und der eleganten Kleider. Er litt, weil solche Vorzüge bei denen, die sie nicht hatten, Mißtrauen erregten. Daher die Abwendung von Gleichaltrigen; er hat sich immer zu Älteren hingezogen gefühlt.

Nöte der Pubertät

In »Dichtung und Wahrheit« steht das Märchen »Der neue Paris«. Goethe will es als Zwölfjähriger seinen Freunden so oft erzählt haben, daß er es im Alter von zweiundsechzig Jahren noch nacherzählen konnte. Er hat in verschiedenen Fällen, bedrängt von der Fülle dessen, was die biographische Darstellung nicht vermitteln konnte, die Märchenform benützt. Sie drückt den Gehalt symbolisch und allegorisch aus, nicht daß es sich um »Schlüssel« handelte, sondern weil er ahnte, daß die dem Traum gemäße Form des Märchens Tiefen erschloß, die sich dem wachen Auge nicht preisgeben. Man hat gezweifelt, ob »Der neue Paris« nicht eine Erfindung des alten Goethe sei; aber seit Ernst Beutler die Tapeten wiedergefunden hat, welche der Königsleutnant Thoranc in Goethes Giebelzimmer am Hirschgraben hat malen lassen, wissen wir, daß Motive und Figuren des Knabenmärchens auf diesen Tapeten zu sehen waren: Die Krieger, der Reiterkampf, die Kanonen, der alte Mann im Kaftan und anderes. Der Kern ist also echt.

Der Knabe, ein zweiter Narziß, steht vor dem Spiegel und möchte neue Kleider anziehen, das gelingt aber nicht. Es ist ein pubertärer Wunsch, wenn er die Kleidung des Rokoko ablegen und die neuen Sommerkleider, ein Geschenk der Eltern, anziehen möchte. Da tritt ein Jüngling auf, vom Knaben sogleich als Merkur erkannt, der ihm drei Äpfel reicht, rot, gelb und grün. Er soll sie, wie Paris, den schönsten jungen Leuten der Stadt geben, welche dann die schönsten Mädchen zu Frauen bekommen sollen. Er fühlt sich in seiner Eitelkeit geschmeichelt und bemerkt entzückt, wie sich die Äpfel auf seinen Händen in drei schöne Mädchen verwandeln, die an seinen Fingern hinauf in die Höhe entschweben. Während er ihnen enttäuscht nachblickt, entdeckt er auf seinen Fingerspitzen ein tanzendes Fräulein. Er will nach ihm haschen, doch da bekommt er einen Schlag auf den Kopf und fällt betäubt nieder: Er ist nicht fähig, das zu leisten, was er leisten möchte. Allzuschnell hat er versucht, in das

Reich des Neuen, der Kunst und Poesie, einzudringen: Der Traum ist prophetisch.
Der Knabe geht an die »schlimme Mauer«, um das Fräulein zu suchen. Ein Pförtchen springt auf, und dahinter steht als Führer ein ehrwürdiger Alter, den der Knabe für einen Juden hält, der sich dann aber, da er das Zeichen des heiligen Kreuzes schlägt, als katholischer Christ zu erkennen gibt: Die »alte Religion« führt in das Reich der Künste. Er gerät in eine Art orientalisches Paradies, kann und muß Hut und Degen, die Attribute des Rokoko, ablegen und kommt in Räume mit himmlischer Musik. Hier soll er sich umkleiden – er muß, biblisch gesprochen, einen neuen Menschen anziehen. Er ist so keck, an seidenen Schnüren, die dem, der sie mißbraucht, ein schlimmes Ende bereiten, zu ziehen. Ihm aber, der neu gekleidet mutig weitergeht, werden die martialischen Zeichen des Widerstands zur Brücke auf eine herrliche Insel.
Hier tauchen die schönen Damen auf, er tanzt Ballett mit der reizenden Kleinen. Zwei Heere treten aus Spielzeugkästen auf die Szene und beginnen zu kämpfen. Der Knabe und das Mädchen nehmen Partei und geraten darüber in Streit, denn Liebe ist Kampf der Geschlechter. (Einige Jahre vor der Niederschrift des Märchens hatte Goethe Kleists »Penthesilea« gelesen, das Drama des tödlich endenden Geschlechterkampfes.) Der Knabe spaziert nackt durch das Paradies, von dem Faust einst sagen wird, Gott habe die Menschen hineinerschaffen (HA III, S. 368, Vers 62), und nimmt ein Bad. Ist es der antike Fluß des Vergessens, Lethe, dessen Gabe Goethe gepriesen hat, oder die Erneuerung des sündigen Adam durch Wiedergeburt in der Taufe? Er wird dreist gegenüber dem Alten, und als der fragt: »Wer bist du denn, daß du so reden darfst?« erhält er die Antwort: »Ein Liebling der Götter« (HA IX, S. 63). Da nimmt ihn der Alte bei der Hand, läßt ihn Kleid, Hut und Degen wieder anlegen und führt ihn hinaus: Der Knabe hat das Paradies gesehen, ist aber nicht reif dafür, wie Parzival, der im entscheidenden Augenblick angesichts der Leiden seines Oheims das erlösende Wort nicht findet.
In diesem Märchen hat Goethe einen Schwebezustand von allgemeiner Bedeutung geschildert. Man erkennt pubertäre Energien, einen Schichtenwechsel der Entwicklungskräfte, ein Sich-Häuten der Person und die Verwandlung von einem Zustand in einen andern wie bei

Raupe, Puppe und Schmetterling. Der religiöse Gedanke einer Auserwählung ist deutlich und zugleich das für den Puritanismus bezeichnende Phänomen der Verdrängung.
Schon früh zeigten sich bei Goethe Risse im christlichen Glaubensverständnis. So will er beim Erdbeben von Lissabon an Gottes Güte gezweifelt haben, obgleich er erst sieben Jahre alt war. Die Form des Zweifels läßt jedoch auf die spätere Lektüre Voltaires schließen. Bettina erzählt, Goethes Zweifel seien auf eine Predigt zurückzuführen, wo er gehört habe, das Erdbeben sei ein Strafgericht Gottes an der sündigen Menschheit; dazu habe er in seiner altklugen Art angemerkt, die unsterbliche Seele des Menschen könne durch äußere Ereignisse schwerlich Schaden nehmen. Ein anderer Riß tat sich auf während des hebräischen Unterrichts. Man wies den Knaben auf Widersprüche und Ungereimtheiten in der Tradition der Heiligen Schrift und Buffons Erklärung der Erdentstehung unabhängig vom biblischen Bericht hin. Entscheidend war ein Hinweis während des Konfirmandenunterrichts, daß man, wenn man das Sakrament unwürdig empfange, »sich das Gericht esse«, wie es in Luthers Übersetzung hieß. Darüber fiel er in düsteres Grübeln. Der vom geistlichen Mentor gespendete Trost war kahl und schwach. Goethe flüchtete zum Dictionnaire von Pierre Bayle, aber dessen Lektüre stürzte ihn in ein undurchdringliches Labyrinth.
In dieser Lage machten die naive Frömmigkeit der Mutter und die Gläubigkeit des Fräuleins von Klettenberg Eindruck auf Goethe. Der Pietismus war ein Auffangbecken der religiös verstörten Empfindsamen und Schwärmer. Die herzlich innige Sprache dieser Frommen, die Lieder aus dem Ebersbacher Gesangbuch und die Verse des Grafen Zinzendorf nahmen das Gemüt des jugendlichen Zweiflers gefangen. Diese Beziehungen spiegeln sich in den ersten Versen des jungen Dichters. Sonntags versammelten sich die Frommen und lasen geistliche Poesien. Dem Vater schenkte Goethe einen mit der Hand geschriebenen Quartband unter dem Titel »Vermischte Gedichte«. Er enthielt Oden und Lieder und das Epos über Joseph von Ägypten in Hexametern. Das Konvolut ist nicht erhalten. Goethe schrieb auch Liebesgedichte in anakreontischem Stil, die aber geheimgehalten wurden. Es waren Nachahmungen von Albrecht von Haller, Elias Schlegel und Johannes Andreas Cramer mit den übli-

chen mythologischen Anspielungen, und vielleicht auch Verse in fremden Sprachen, lateinisch und französisch. Teile davon stehen als Zitate in Briefen.

Von dem ganzen Band hat sich nur das Gedicht »Poetische Gedanken über die Höllenfahrt Christi« erhalten. Goethe hat es mit fünfzehn oder sechzehn Jahren geschrieben. Es hat den Eltern und Freunden gut gefallen und auch dem Dichter selbst. Das Eigene ist unter den Formen der damaligen Poesie verdeckt. Das Thema wird orthodox-theologisch abgehandelt: Christus fährt nach seinem Tod zur Hölle nieder. Die abgefallenen Seelen zittern vor seiner Majestät:

Des Menschen Sohn steigt im Triumphe
Hinab zum schwarzen Höllen-Sumpfe
Und zeigt dort Seine Herrlichkeit.
Die Hölle kann den Glanz nicht tragen,
Seit ihren ersten Schöpfungstagen
Beherrschte sie die Dunkelheit. (HA I, S. 10)

Die Prophezeiungen haben sich erfüllt; die Verfluchten bleiben auf ewig eingesperrt, der Gott-Mensch schwingt sich empor und sitzt zur Rechten des Vaters. Die Vorstellungen halten sich im orthodoxen Rahmen und werden rhetorisch reflektiert; es ist ein Rückgriff auf die spätbarocke Ausdrucks- und Bildungswelt, ohne eine Spur von Klopstockschem Gefühlspathos, aber durchdrungen von Anmut und Klarheit, ja Redseligkeit. Die dichterische Kraft richtet sich nicht auf den geistlichen Gegenstand als solchen, sondern sucht ihn mit den Mitteln einer ästhetischen Durchdringung in den Dienst der Glaubensverkündigung zu stellen: Die Theologie soll »gestaltet« werden, um es mit einem Begriff der späteren Zeit zu sagen. Daß die Zeit dafür vorbei war, wußte Goethe, denn nur »auf Verlangen« hat er sich dem Thema zugewandt; das soll doch wohl soviel heißen wie: nicht aus eigenem Antrieb oder gar eigener Glaubensüberzeugung. Den Dogmen von Sünde, ewiger Höllenstrafe, Zorn Gottes und Erlösung durch das Kreuz hatte er sich bereits entzogen.

Vor der Abreise nach Leipzig hat Goethe seiner Mutter fromme Verse in ihr »geistliches Schatzkästlein« geschrieben:

Das ist mein Leib, nehmt hin und esset.
Das ist mein Blut, nehmt hin und trinkt.
Auf daß ihr meiner nicht vergesset,
Auf daß nicht euer Glaube sinkt.
Bei diesem Wein, bei diesem Brot
Erinnert euch an meinen Tod. (WA I, 4. S. 180)

Seinem Freund Friedrich Maximilian Moors hatte er einige Wochen vorher etwas ganz anderes ins Stammbuch geschrieben:

Dieses ist das Bild der Welt,
Die man für die beste hält:
Fast wie eine Mördergrube,
Fast wie eines Burschen Stube,
Fast so wie ein Opernhaus,
Fast wie ein Magisterschmaus,
Fast wie Köpfe von Poeten,
Fast wie schöne Raritäten,
Fast wie abgehatztes Geld
Sieht sie aus, die beste Welt. (WA I, 4. S. 179)

Der Leibniz-Wolffische Glaube an die beste aller Welten wird abgelehnt. Sie ist in Wirklichkeit eine Mördergrube, scheinhaft wie die Oper, eitel wie ein Magisterschmaus, ein Guckkasten mit Raritäten. Die versifikatorische Gewandtheit ist verblüffend. Der Ton stammt aus der moralisierenden Literatur der Zeit. So spricht ein Mensch, der, zu neuen Ufern aufbrechend, die alten hinter sich lassen möchte. Gleichzeitig werden fromme Verse und intellektuelle Zeitkritik konventionell ausgedrückt. Empfindsamkeit und Rationalismus, Gefühl und Verstand liegen zwar nicht auf der gleichen Ebene, wohl aber ist ihre Relativität dem Verseschreiber klar, dem der religiöse Glaube fragwürdig und die Behauptung, diese Welt sei die beste aller Welten, obsolet geworden war. Hier lagen die Voraussetzungen zu einem noch unklaren neuen Weltbild. Ein halbes Jahrhundert später stellte Goethe diesen Vorgang in »Dichtung und Wahrheit« dar. Dort erscheint der Dichter als die Integrationsgestalt eines gewandelten Weltbewußtseins, als ein im Leiden an der Welt, an den Verhältnissen, an sich selbst in Metamorphosen gereifter Mensch – um den

Preis, als Sterblicher unsterblich geworden zu sein. Er hat die Denk- und Lebensformen, aus denen er kam, nie verleugnet und wollte sie in die Zukunft mit hinübernehmen. Es ist erstaunlich, daß sich seine Kritik schon mit fünfzehn Jahren ankündigte, lange vor Kant, Fichte, Hegel und den romantischen Dichtern. Er hatte den Anruf einer neuen Zeit vernommen und suchte Antwort. Etwas Ähnliches gab es zu seiner Zeit nur bei Mozart. Dessen Musik hat Goethe als Lösung von der alten Zeit in neuen Formen begriffen und sein Leben lang verehrt.

Das Klima der Aufklärung

Ungefähr seit dem Jahr 1700 hatte sich in Europa die Aufklärung durchgesetzt. Sie war eine Folge der Erschütterung und Verdünnung des christlichen Glaubens durch die blutigen Verfolgungskriege in England und Frankreich. Neben den Glauben an ein jenseitiges Heil trat die Überzeugung von der Wichtigkeit des diesseitigen Lebens mit ausgesprochen moralischer Begründung. Die Schrumpfung der literarischen Formen nach den historischen Romanen und Tragödien des Barock in Deutschland spiegelt sich in den Schauplätzen der engen Bürgerstube und den Familiensorgen. Das politisch bedeutungslose Bürgertum wandte seine Kräfte den Tugenden der Sicherung, Sparsamkeit, Genügsamkeit, Freundlichkeit und des Gehorsams zu. Der Mensch wurde gut und glücklich durch eine genügsame Moral und durch die Verlagerung religiöser Heilsansprüche in die Innerlichkeit. Diese Tugenden übte man in der Familie und in den Zirkeln frommer Gemeinschaften.

Zur Zeit des jungen Goethe bestimmte diese Haltung das Bürgertum. Die Gebildeten fanden sie in der englischen Romanliteratur von Defoe zu Richardson, Fielding, Goldsmith und Sterne gespiegelt. Den Ruf »zurück zur Natur« hatte man, längst vor Rousseau, auch in Deutschland vernehmen können, aber erst Rousseau gab ihm die larmoyante, demagogisch wirksame Form der Kritik an der städtischen und höfischen Zivilisation. Die Aufrufe zur Vernünftigkeit, zur Kritik an der Phantasie und am Offenbarungsglauben waren in Verbindung mit der Entdeckung unentrinnbarer Gesetze der Natur nur in intellektuellen Kreisen durchgedrungen und versandeten in einem nach unserer Vorstellung banalen Fortschrittsoptimismus.

Goethe hat sich instinktiv gegen die Enge des bürgerlichen Lebens aufgelehnt. Er war froh, aus Frankfurt herauszukommen. Schon in den Jugendgedichten spiegelt sich sein Widerstand gegen didaktische Zwecke der Poesie. Obwohl der Druck der lutherischen Orthodoxie stark war, hatten sich die Ideale der Befreiung von politischer und

religiöser Bevormundung durchgesetzt. Die Geistlichkeit war pietistisch angehaucht, und es ist sehr bezeichnend, daß der Rektor Scherbius Goethe beim hebräischen Unterricht auf Widersprüche in den Büchern Mosis aufmerksam machte. In Gottfried Arnolds »Ketzer- und Kirchengeschichte« konnte man lesen, daß die Ketzer und Mystiker der mittelalterlichen und neuen Zeit Wahrheiten von tiefer Berechtigung hervorgekehrt hatten. »Dieser Mann«, schrieb Goethe in »Dichtung und Wahrheit«, »ist nicht bloß ein reflektierender Historiker, sondern zugleich fromm und fühlend. Seine Gesinnungen stimmten sehr zu den meinigen, und was mich an seinem Werk besonders ergötzte, war, daß ich von manchen Ketzern, die man mir bisher als toll und gottlos vorgestellt hatte, einen vorteilhafteren Begriff erhielt. Der Geist des Widerspruchs und die Lust zum Paradoxen steckt in uns allen. Ich studierte fleißig die verschiedenen Meinungen, und da ich oft genug hatte sagen hören, jeder Mensch habe am Ende doch seine eigene Religion, so kam mir nichts natürlicher vor, als daß ich mir auch meine eigene bilden könne, und dies tat ich mit vieler Behaglichkeit« (HA IX, S. 350).
Arnolds Werk hat nicht nur bei Goethe die Bereitschaft zu einer eigenen Religion bestärkt. Die Wirkung des immer wieder aufgelegten Werkes bestätigte die Tendenz zu einer nicht mehr kirchlich gebundenen Welt der »reinen Liebe«. Dazu paßten zahlreiche Texte katholischer Autoren, die Arnold übersetzte, Schriften von Ruysbroeck, Thomas von Kempen, des Johannes vom Kreuz, der Therese von Avila, des Franz von Sales und der Madame Guyon. Als Zeugnisse lebendiger Innerlichkeit aufgefaßt, gingen sie in den Lehrbestand der deutschen Aufklärung ein und dienten bis zur Romantik der Erschließung des »geheimnisvollen Wegs nach innen«. Sie stellten ein Gegengewicht zu den gleichzeitigen rationalistischen Bemühungen dar und ergänzten sie in paradoxer Weise.
Der am meisten von Goethe bewunderte Schriftsteller war Voltaire. Seine Werke fand er in der väterlichen Bibliothek. Was Goethe im elften Buch seiner Biographie über Voltaire, Diderot, Holbach und die Enzyklopädisten schreibt, ist von seinen späteren Ein- und Ansichten gefärbt. Solchen kritischen Abstand hat er als junger Mensch nicht besessen. Voltaire hatte ihn durch die literarische Form überwältigt; sie stach mit ihrem weltmännischen Glanz von der Umständ-

lichkeit und Pedanterie eines Gottsched oder Thomasius ab. In Voltaires Epos »Henriade« konnte er lesen, wie man gegen Unduldsamkeit, geistliche und weltliche Bevormundung kämpfen könne. Voltaires elegant stilisierte Briefe aus England machten die Philosophie, Literatur – darunter Shakespeare –, Religion und Politik des aufgeklärten England in Europa populär und verbanden damit eine scharfe Kritik an den religiösen und politischen Zuständen Frankreichs. Von ihm hörte Goethe zum ersten Mal die Namen Lockes und Newtons. Durch die frühe Lektüre Voltaires und das Studium Diderots wurde Goethes Neigung und Liebe zu französischem Wesen, französischer Literatur und Kultur begründet. Diderot erschien ihm gerade darin, worin ihn die Franzosen tadelten, wie »ein wahrer Deutscher« (HA IX, S. 487). Freilich ist Goethe nie nach Paris gekommen. In Leipzig hat er die Absicht bekundet, in Straßburg ließ er sie aus verschiedenen Gründen fallen.

Im Bewußtsein der Zeit hatte sich die Entscheidung für Natur und Innerlichkeit durchgesetzt; damit war das Aufgeben der Orthodoxie verbunden. Vor allem zwei Punkte der kirchlichen Lehre erschienen dem jungen Goethe unannehmbar. Wie sollte sich das Dogma von der Erbsünde mit den Postulaten der Freiheit und Güte des Menschen vertragen, und warum war die Erlösung durch Jesus Christus verbunden mit den Schrecken des Kreuzestodes? Die Sündigkeit des Menschen und seine Erlösung durch die Ereignisse des ersten Karfreitags gemäß Luthers Theologie des Kreuzes hat Goethe abgelehnt, nicht weil es Dogmen waren, sondern weil sie ihm innerlich widerstrebten.

Die Aufklärung sah Religion als Privatsache an. Der Glaube an die Polarität von Diesseits und Jenseits, Sünde und Heil verflüchtigte sich nicht, aber er verinnerlichte sich. Die Religion sank in den Augen des Bürgertums zu einem Garanten der öffentlichen Sittlichkeit ab. Das Moralempfinden nahm drückende Formen an, wie es sie in katholischen und altlutherischen Ländern nicht gegeben hatte: Die Fröhlichkeit war dahin. Ein Widerspruch gegen die anerkannte Moral war nicht möglich. (Hier liegt eine Wurzel der Gretchentragödie.) Die kleinbürgerlichen Lebensformen standen in Gegensatz zum Gebaren der Patrizier, reichen Geschäftsleute, Politiker und hohen Beamten. Eine Folge davon war die Auflösung der Ideen von Freiheit und

Toleranz im Zynismus und der Leichtfertigkeit der französisch bestimmten Rokokokultur. In Theologie, Philosophie und Naturwissenschaften kam es zu trivialen und banalen Vereinfachungen. Der große Gedanke einer Veredelung und Verbesserung der Menschheit erstickte im Glauben an den Fortschritt. Die Theologie verfiel bei Theologen wie K. F. Bahrdt einem platten Rationalismus.

Trotz allen pädagogischen Eifers hat die Aufklärung es nicht fertiggebracht, Kinder und Jugendliche in ihrer Eigenart zu erfassen und zu formen. Man weiß, daß Goethe schon als Kind wie ein Mann gekleidet wurde, daß er erzogen war, als vornehmer junger Herr aufzutreten. Wenn man gemeint hat, er sei frühreif und altklug gewesen, so hängt das wohl mit persönlichen Charakterzügen zusammen, war aber weitgehend vom Zeitstil bestimmt: Der junge Mensch der höheren Stände konnte gar nicht früh genug in die Welt der Gesellschaft eingeführt werden. Deutlich erkennt man diesen Ehrgeiz in dem Gesuch des vierzehnjährigen Goethe, in die »Arkadische Gesellschaft zu Phylandria« aufgenommen zu werden. Ursprünglich Lesekränzchen und Tugendbund von Jugendlichen aus wohlhabenden Familien, war die »Phylandria« von dem zwei Jahre älteren Ludwig Ysenburg von Buri soeben in eine Freimaurerloge verwandelt worden. Sie war ein Pseudo-Geheimbund mit exklusivem Zeremoniell wie die Aufklärung sie schätzte in ihrem Wunsch, die Grenzen nach der Seite des Außergewöhnlichen und Geheimnisvollen hin zu überschreiten. So sollten das Bedürfnis nach dem Höheren, nach Befriedigung der Seele, die Freude an Riten und Zauber in der nüchternen Welt Erfüllung finden. Goethes Briefe an Buri, im Frühjahr 1764, sind im spätbarocken Kurialstil verfaßt; sie berufen sich auf Gottlieb Wilhelm Rabeners satirische Briefe mit ihrer gehobenen Moral und enthalten Goethes Selbstcharakteristik als zutraulich, befehlsgewohnt, ein wenig zudringlich und, als Hauptmangel, »daß ich etwas heftig bin« (HA, Br. I, S. 7). Der Antrag wurde aus unbekannten Gründen abgelehnt.

Hier treten früh und im Gegensatz zu den Konventionen der Perükken-Zeit die Goethesche Subjektivität, sein Selbstgefühl und Stolz hervor. Das Ich empfindet sich als selbstbewußtes Glied der Gesellschaft und ist nur unter exklusiven Bedingungen bereit, sich zu unterwerfen. Durch Lektüre, Umgang mit den älteren Verwandten und

durch früh erwachte (oder geweckte) Erwartungen, zu etwas Besonderem geboren zu sein, wurde Goethes Neigung zur Selbstbetrachtung und zum Hervorkehren der Überlegenheit genährt. Schon früh wurde Dichtung für ihn ein therapeutisches Medium, um sich in Zeiten der Krise und Stauung zu entlasten. In »Dichtung und Wahrheit« hat er, unter dem Druck vielfältiger Erinnerungen, diese Bereiche und die Phylandria-Affäre ausgespart. Aber im zweiten Buch von »Wilhelm Meisters theatralischer Sendung« ist er ausführlich darauf eingegangen und schildert, wie der junge Mann, nach der ersten Liebesenttäuschung, Stöße von Dichtungen vernichtet, die er im Überschwang jugendlicher Selbstentlastung verfaßt hatte.
Das Interesse an Geheimgesellschaften, Logen, exklusiven Zirkeln und geheimen Wissenschaften hat Goethe bis an sein Lebensende bewahrt. Die Grenzen der Aufklärung und ihres Menschenbildes sind ihm stets bewußt geblieben. Der greise Goethe hat die Stelle bezeichnet, wo die hohe Aufklärung an die mystischen Gründe des Seins rührt:

> Das Sein ist ewig, denn Gesetze
> Bewahren die lebendgen Schätze,
> Aus welchen sich das All geschmückt. (HA I, S. 369)

Die Toleranzidee der Aufklärung zeigte sich in Frankfurt in der gegenseitigen Duldung der Konfessionen. Mit sozialen Vorbehalten wurde auch das Judentum in diese Entwicklung einbezogen. Ebenso bezeichnend ist die Wirkung der Aufklärung bei dem katholischen Pfarrer und Kanonikus Dumeiz, der Förderer von Ideen war, die von der Amtskirche bekämpft und schließlich indiziert wurden. Damit ist nicht gesagt, daß die konservativen Auffassungen verschwunden waren; sie traten nur im Bewußtsein der Zeit zurück, denn nicht das Vorhandensein der Ideen »zeitigt« das Zeitalter, sondern ihre Ordnung und Rangzuweisung. Welche Wunschbilder, Aufgaben, Ziele und Werte eine Epoche bestimmen, läßt sich bemerken; aber warum das so ist, warum diese Gesetze hervor- und andere zurücktreten, ist in seinen letzten Gründen nie ganz zu erfassen.
Die Kunst- und Literaturlehre entsprach den pädagogischen Antrieben der aufgeklärt-empfindsamen Epoche. Ihr gesellschaftlicher Auftrag waren Belehrung und Sinngebung des Lebens, und zwar in

den Formen des gesunden Menschenverstands und mit Rücksicht auf die Öffentlichkeit. Für das religiöse und sittliche Leben galten nicht mehr überpersönliche Normen, sondern die Tiefe und Echtheit des Erlebens. Man unterlegte sie auch den früheren Epochen. In »Wilhelm Meisters theatralischer Sendung« reflektiert der Held, im Gefolge von Fieldings »Tom Jones«, im dritten Kapitel des zweiten Buchs ausführlich über die Lehre von den drei Einheiten der Tragödie am Beispiel Corneilles: »Sieh die Menschen an, wie sie nach Glück und Vergnügen rennen; ihre Wünsche, ihre Mühe, Geld und Zeit jagen rastlos – und wonach? Nach dem, was der Dichter von der Natur erhalten hat, nach dem Genuß der Welt, nach dem Mitgefühl sein selbst in andern, nach einem harmonischen Zusammensein mit vielen oft unvereinbaren Dingen« (WA I, 51. S. 122).

Hier spricht Goethe mit den Begriffen und in der Ausdrucksweise der Aufklärung. Von den Ideen der Bildung und Humanität ist noch keine Rede, wohl aber vom lösenden Wort. Es ist dem Dichter von der Natur verliehen und begründet seine Stellung als »Lehrer, Wahrsager, Freund der Götter und Menschen«. Die pädagogischen Errungenschaften der hohen Aufklärung kehren in der Turmgesellschaft des endgültigen »Meister«-Romans wieder, und die dort zusammengefaßten Lebensregeln werden in einem Lehrbrief dokumentiert.

Leipzig

Goethe war gerade siebzehn Jahre alt, als er nach Leipzig kam. Äußerlich schienen Frankfurt und Leipzig verwandt zu sein, beide waren Messestädte, beide etwa gleich groß, beide protestantisch geprägt und beide erholten sich vom Siebenjährigen Krieg, der Leipzig allerdings schwerer getroffen hatte als Frankfurt. Der Volkscharakter wies Ähnlichkeiten auf. Die Sachsen waren bildungsbeflissen, zum Plaudern aufgelegt und witzig. Sie liebten die Wirtshäuser und ihre Geselligkeit. Die Oberschicht bestand aus Geschäftsleuten, Bankiers und den Professoren der Universität. Seit einigen Jahren leistete sich die Bürgerschaft ein ständiges Theater.

Sachsen war allerdings nicht nach Wien und dem Reich orientiert, sondern nach Osten. Eine Zeitlang schien die polnische Krone an das sächsische Königshaus kommen zu sollen. Bei den Leipziger Messen sah man Russen, Litauer, Polen, Juden und Galizier. Dennoch hatten französische Bildung, Sprache und Architektur ihren Einzug gehalten; die junge deutsche Literatur hatte in Leipzig ein Zentrum gefunden. Man las Elias Schlegel, Zachariae, Gessner und andere Dichter der anakreontischen, das heißt rokokohaft galanten Dichtung. Auf dem Theater wurde Lessing gespielt, und in Leipzig lebten und lehrten auch die Protagonisten der neuen Richtung, Gellert und Gottsched. Goethe konnte sich über sie lustig machen, weil sie ihm als Greise erschienen, aber sie vertraten eine Epoche, die in Frankfurt noch nicht erreicht war. Es war so, wie der Theaterdirektor Serlo als junger Possenspieler in »Wilhelm Meister« schreibt: Leipzig vertrat den »gebildeten, aber auch bildlosen Teil von Deutschland«, wo man klug und geistreich war und nicht von barocken und mittelalterlichen Traditionen beschwert wurde.

Man liebte klare Verhältnisse und männliche Aufrichtigkeit, das waren die Lessingschen Tugenden. Leipzig gab sich modisch elegant, in erotischen Fragen war man frei bis zum Frivolen. In Dresden residierte der zum Katholizismus zurückgekehrte Hof; hier gab es eine an

Versailles geschulte höfische Architektur und berühmte Kunstsammlungen. In Dresden war Johann Joachim Winckelmann zu sich selbst gekommen. Goethe hat in »Dichtung und Wahrheit« ein sehr stilisiertes Leipzig-Bild entworfen. Im »Faust« nennt er es ein Klein-Paris. Ein größerer Gegensatz zu dem reichsstädtisch biederen Frankfurt war kaum zu denken.
Daß Goethe hier so gut wie nichts galt, muß für den verwöhnten jungen Herrn ein niederschmetterndes Gefühl gewesen sein. Er reagierte mit einer Reihe von teils merkwürdigen, teils hochmütigen Aufspielereien. In Briefen und Gedichten in englischer und französischer Sprache schulmeisterte er die daheimgebliebene Schwester, als habe er seine Kränkungen und Unsicherheiten auf eine weltmännische Ebene projiziert. Stolz vergleicht er sich bei der Versifizierung seines Dramas Belsazar mit Shakespeare: »Dieses, Schwester, ist das Versmaß, das der Brite braucht, wenn er auf dem Kothurn der Trauerspiele geht« (HA, Br. I. S. 21). Die Beschäftigung mit Shakespeare ging auf die Lektüre der englischen Shakespeare-Anthologie von William Dodd zurück. Ebenso wichtig war die Berührung mit französischen Theaterstücken von Voltaire, Molière und Modeautoren jener Jahre. Die Benützung der französischen Sprache sollte zeigen, daß er sich den Ansprüchen der eleganten Welt gefügt hatte. Wie er sich in Wahrheit fühlte, zeigt ein Brief an den in Marburg studierenden Jugendfreund Johann Jakob Riese: »Einsam, einsam, ganz einsam. Bester Riese, diese Einsamkeit hat so eine gewisse Traurigkeit in meine Seele geprägt.« Er fährt in Versen fort. Das anakreontische Motiv, die Ruhe am Bach, läßt einen späteren Goetheschen Ton ahnen:

Es ist mein einziges Vergnügen,
Wenn ich entfernt von jedermann,
Am Bache, bei den Büschen liegen,
An meine Lieben denken kann. (HA, Br. I. S. 24)

Es mag seltsam klingen, daß Goethe schon jetzt, als er in steter Bewegung und Erregung war, einsame Ruhe in der Natur fand, nachdem er soeben die Einsamkeit seiner Seele beklagt hatte. Die Unzufriedenheit mit sich selbst gründete in einer Wachstumskrise und führte zu einer Veränderung des Ich. Wir kennen nur wenige äußere Daten. Man riet ihm, sich den Frankfurter Dialekt abzugewöhnen und mit der Kleidung nach der Mode zu gehen. Auf diesem Ohr war Goethe besonders hellhörig. Er wollte wie ein Herr von Stand auftreten, und da der Vater ihm monatlich hundert Gulden gab, eine ungeheure Summe, etwa dreitausendfünfhundert Mark nach unserm Geld, wundert uns nicht zu hören, daß der Student aus Frankfurt als »sehr reich« galt. Als er, wie es Sitte war, seinen Lehrern, vor allem dem Hofrat Böhme, einen Antrittsbesuch machte, klagte er, es zöge ihn mehr zu Rhetorik und Poesie, er habe eigentlich nach Göttingen gehen wollen. Er mußte sich belehren lassen, daß keine Fakultät mehr geeignet sei, diese Disziplinen zu fördern, als die juristische. Lese und höre man nicht ständig von Cicero, Plato, Livius und Tacitus? Sei die Rechtsgeschichte nicht der vornehmste Spiegel antiker und moderner Kultur?

Das konnte ihn kaum trösten, und so stellte sich ein allgemeines Unbehagen ein. Die Briefe an Cornelia und einige Freunde der Leipziger Zeit, vom Oktober 1765 bis August 1768, bezeugen es. Die Masse der Briefe aus dem Elternhaus und seine Antworten darauf hat Goethe bei einem der großen Autodafés, wie er sie nannte, vernichtet. Als er später seine Leipziger Briefe an den Jugendfreund Horn in die Hände bekam, hat er auch diese verbrannt. Die pädagogischen Mahnungen und Ermahnungen des Vaters mußten ihm um so peinlicher sein, als er sie nicht befolgt hat. Was die Eltern über ihren Sohn hörten, mußte sie aufregen: nicht nur das gesellschaftliche Getändel, der Spieltisch, das französische Singspiel und der Umgang mit den »Mädgen«, sondern auch die Vernachlässigung des juristischen Studiums, der feste Umgang mit »Annette« und einem elf Jahre älteren Freund, Ernst Behrisch. Mit ihm, ließ Goethe wissen, lache er in Auerbachs Keller über Leipzigs sich überlegen dünkende gute Gesellschaft.

Nur durch Zufall sind etwa dreißig Briefe an Cornelia und Behrisch erhalten geblieben. Dazu kommen die Annette-Gedichte, das Schäferspiel »Die Laune des Verliebten« und das Lustspiel »Die Mitschuldigen«. Nicht nur in den Gedichten an Annette hat Goethe konventionelle Barrieren durchbrochen. Was in den Briefen an Cornelia überspielt und in den Gedichten an Annette in tändelnden Formen verhüllt blieb, brach in den Briefen und Gedichten an Behrisch mit überwältigender Kraft hervor. Behrisch, Hofmeister eines Adligen, hochgebildet, klug und skeptisch, ein Mann mit mephistophelischen Zügen, muß auf Goethe wie ein Katalysator gewirkt haben. Ihm konnte er sich anvertrauen. Zu Behrisch wagte Goethe in einer neuen Sprache, ganz frei und wie getrieben von einer Kraft, die ihn mit sich fortriß, die er rational nicht verstand und die ihn erschütterte, zu sprechen. Dieses gesteigerte Gefühl war die positive Kehrseite der Krise, der Veränderung, welche ihre negative Seite im Ausbruch wahrscheinlich tuberkulöser Blutungen fand, jener Krankheit, an deren stoßweise auftretenden Folge- und Nebenerscheinungen Goethe sein Leben lang leiden sollte.

An Behrisch richtete Goethe drei Oden in vierzeiligen Strophen mit einsilbigen Takten von großer Eindringlichkeit. Vom verpflanzten Baum (Behrisch) ist die Rede:

Noch hat seiner Natur Kraft
Der Erde aussaugendem Geize,
Der Luft verderbender Fäulnis,
Ein Gegengift, widerstanden...

Schwebend zieht sich
Von ihrer Taxuswohnung
Die Prachtfeindin herüber
Zum wohltätigen Baum... (HA I, S. 21)

Später wird man diese Verse freie Rhythmen nennen, sie sind es aber nicht, wenn man die einsilbigen Takte richtig zählt. Andreas Heusler hat darüber das Richtige gesagt. Goethe hat die Freiheit der Versmaße aufs äußerste strapaziert. Behrisch scheint der erste gewesen zu sein, der Goethes dichterisches Genie erkannt hat. Er hat ihm den Glauben an seine Überlegenheit wiedergegeben.

Diesem Behrisch konnte Goethe die Liebe zu einem Mädchen gestehen, das nicht »von Stand« war, dessen Namen er deshalb verschweigen mußte. Es war Anna Katharina (Annette, Käthchen) Schönkopf. Der Jurist Johann Georg Schlosser aus Frankfurt, Goethes späterer Schwager, hatte ihn während der Messe in die Schönkopfsche Tischgesellschaft eingeführt. Hier schlug Goethe, fern vom akademischen Betrieb, sein eigenes Feldlager auf. Die Tochter des Hauses, drei

Jahre älter als er, mußte an drangvollen Messetagen bei der Bedienung der Gäste aushelfen. Goethe verliebte sich in sie. Die Gefühle und Regungen waren so heftig, daß sie den galanten Rahmen zu sprengen drohten. In den Briefen klingen Gefühlstöne an, die Goethe später Werther zugeschrieben hat. Cornelia erhielt Bericht über la petite Schoenkopf. Er beschwor die Schwester, seine Annette-Gedichte nicht in falsche Hände fallen zu lassen. An Behrisch schrieb er Notizen brennendster Eifersucht, um gleich darauf mitzuteilen, daß seine Leiden und Erregungen grundlos seien.

Fast zwei Jahre lang hat Goethe bei Schönkopfs verkehrt, bis das Mädchen ihm den Abschied gab. Was in Goethe vorgegangen ist, entnimmt man einem Brief an Ernst Langer aus Frankfurt vom 8. September 1768: »Meine Liebe, diese unglückliche Leidenschaft, die mich zuviel, zuviel gekostet hat, als daß ich sie je vergessen sollte, ist verscharrt, tief in mein Gedächtnis begraben, kalte Zerstreuung drüber geworfen, ich denke manchmal daran, ganz gleichgültig. Nicht rührender ist mir der Gedanke an Ihre C. (Langers Freundin) als an meine Nette (Annette). Ein Glück für meine Situation, und Lieber, ich fürchte es wird nicht lange dauern, die Zerstreuung wird wegfliegen und es wird ganz vor mir offen stehn, das Grab meiner Liebe« (HA, Br. I, S. 67).

In diesem Zusammenhang nennt sich Goethe einen Tantalus. Es ist das erste Mal, daß der Name auftaucht. Er spricht in Bildern, hastig, nervös, zugleich gefaßt und abgeklärt, während in einem Brief an Behrisch vom 2. November 1767 noch die Register krankhafter Empfindsamkeit gezogen wurden: »Es ist auch Wollust das Jücken einer erst zugeheilten Wunde.« Als sich Käthchen später verlobte und verheiratete, schrieb er ihr und war entsetzt, wie kalt ihn das ließ. Ein Hochzeitsgedicht konnte er nicht abschicken: Die Versuche drückten immer zuviel oder zuwenig aus. In den Briefen dieser Zeit hat Goethe den eigenen Ton, die Unmittelbarkeit des Gefühls, gefunden.

Die »Gedichte an Annette« sind Varianten des tändelnden Gesellschaftsliedes. Sie sprechen nicht vom Ich, sondern zu einer andern Person, dem Mädchen oder dem Freund. Das Flüchten in die Einsamkeit, das Schmachten nach der Geliebten, die ständig wiederholten Beteuerungen der Liebe – all das gehört zum Stil: Das Gedicht darf sagen, was in Wirklichkeit verschwiegen werden muß. Dazu gehören der Witz, die Lüsternheit und das Schlüpfrige. Man darf die Gedichte nicht als Bekenntnis lesen. Sie sind Kunststücke eines im Stil der Mode mit seinen Gefühlen kokettierenden Autors. Das Neue ist nicht die Mitteilung, sondern ihre Form. Hier findet man, hinter den Gittern der Konvention, ein ursprüngliches Gefühl. Der Dichter verläßt die »Hütte« seiner Schönen und durchstreift den Wald:

Luna bricht die Nacht der Eichen,
Zephirs melden ihren Lauf,
Und die Birken streun mit Neigen
Ihr den süßten Weihrauch auf. (HA I, S. 18)

Zum ersten Mal spricht durch den Dichter die Natur selbst: »Luna bricht die Nacht der Eichen« ist nicht realistische Notiz, ebensowenig der Satz, »die Birken streun mit Neigen«. Noch einen Schritt weiter geht das Gedicht »Unbeständigkeit« als Ausdruck der Flüchtigkeit, in einem vollen Rhythmus:

Auf Kieseln im Bache, da lieg' ich, wie helle,
Verbreite die Arme der kommenden Welle,
Und buhlerisch drückt sie die sehnende Brust. (HA I, S. 19)

Hier steht auch das erste Mondlied mit Bildbegriffen, die bis dahin niemand vernommen hatte:

Schwester von dem ersten Licht,
Bild der Zärtlichkeit in Trauer,
Nebel schwimmt mit Silberschauer
Um dein reizendes Gesicht. (HA I, S. 20)

Die ersten Zeilen sind Topoi der Weltliteratur; die dritte und vierte lassen sich durch kein rationales Denken aufschlüsseln: Die Natur, gelöst aus dem überkommenen Schema als Spiegel der Seele oder des Ich, wird selbst Sprache. Sie ist Ausdruck des ewig wechselnden Beständigen. Goethe empfand eine Befreiung darin, daß man, in galanter Konvention, von der Liebe zwischen den Geschlechtern reden konnte. Sie wird für ihn hinausgehoben aus der Sphäre von Sittlichkeit und bürgerlichem Herkommen. Sie ist ein Elementarereignis; man flieht vor ihm. Goethes viel spätere Darstellung seiner Leipziger Erlebnisse in »Dichtung und Wahrheit« hat ganz be-

stimmte Akzente gesetzt. Er wollte sich hier der späteren Zeit als epochale Existenz vorstellen.
Erst 1923 kamen in Braunschweig die Briefe an Ernst Theodor Langer ans Licht. Sie korrigieren die Vorstellung von Goethes Heidentum und zeigen, daß Goethe in Leipzig auf einer höheren Spirale als im Elternhaus wieder Umgang mit den frommen Leuten, den Pietisten, aufgenommen hatte. Langer, der auf Behrisch folgende Vertraute des Leipziger Goethe, erreichte, daß der Freund im Trubel von Auerbachs Keller, der Spazierfahrten und Ritte, der Operettenabende und satirischen Possen nicht unterging. In »Dichtung und Wahrheit« wird er nur kurz erwähnt. Dort aber liest man die Abrechnung mit dem lutherischen Glauben und die Hervorhebung der sieben Sakramente des Katholizismus und der Kirche als Heilsinstitution. Sie geht auf Goethes Umgang mit Sulpiz Boisserée zurück. Der hatte ihm, als gläubiger Katholik, im Zusammenhang mit dem von ihm geweckten Interesse Goethes an mittelalterlicher Kunst, Dogmen und Liturgie der alten Religion nahegebracht.
Ähnlich verhält es sich mit der berühmten Darstellung der Literatur im siebenten Buch von »Dichtung und Wahrheit«. Man hat gesagt, Goethe habe die erste deutsche Literaturgeschichte geschrieben. In Wirklichkeit handelt es sich um eine suggestive Darstellung aus persönlicher Sicht: Die deutsche Literatur beginne mit Lessing, Klopstock und den Anakreontikern und werde ihren Gipfel mit ihm, Goethe, erreicht haben. Was vorher war, die Literatur der barocken Epoche, spielt keine Rolle. So hat Goethe Grimmelshausen nur flüchtig gekannt und von Friedrich von Spee den Namen nie gehört. Und was den einzigen »großen« Dichter der Generation vor ihm angeht, Klopstock, sind Goethes Ausführungen ein Meisterstück lobender Diffamierung.
Seine eigenen Dramen dieser Epoche, das Schäferspiel »Die Laune des Verliebten« und das Lustspiel »Die Mitschuldigen«, sind in flüssigen Alexandrinern geschrieben und zeigen, wie ein großes Talent im ersten Anlauf alles erreicht und übertrifft, was die Poeten der Epoche schulmäßig zu schreiben gelernt hatten. Darum kann Goethe den »weinerlichen« Gellert und den Lehrmeister der Rhetorik und Poetik, Gottsched, ironisch abtun und den Stand der Literatur unter dem Gesichtspunkt der Kritik und Satire betrachten. Die wichtigsten

Namen sind Liscow, Zachariae, Rabener, Lichtwer und der unglückliche Johann Christian Günther. Lessing wird hervorgehoben: Goethe sah »Miß Sara Sampson« und »Minna von Barnhelm« auf der Bühne. In einer Liebhaberaufführung der »Minna« hat er den Wachtmeister Just und Käthchen Schönkopf die Minna gespielt. Im allgemeinen beklagt er das Fehlen eines »nationellen Gehalts«.

Goethes Gesichtspunkte sind für die Literaturgeschichte leitend geworden. Im Gegensatz zu älteren »zusammengezimmerten Fächerwerken«, wie Goethe sie nennt, ist seine Darstellung kein Kompendium, sondern eine auf wiederholter Lektüre beruhende und deshalb lebendige Geschichte. Sie ist keineswegs spontan entstanden. Die Weimarer Hofbibliothek bewahrte Goethes Leihscheine auf; sie zeigen, daß er die Werke der Leipziger Dichter für die Abfassung von »Dichtung und Wahrheit« sorgfältig nachgelesen hat. In Leipzig hat Goethe vieles gelesen, was er bisher nur flüchtig kannte, Corneille, Rousseaus »Nouvelle Héloise«, Ariost, Milton und Edward Youngs »Nachtgedanken«. Young und Rousseau haben Goethes Ichgefühle erweckt und bestärkt.

Wir erfahren, daß sich Goethe in Leipzig gründlicher als früher mit dem Griechischen abgab. Auch die in Frankfurt begonnene Beschäftigung mit dem Jiddischen konnte mit Hilfe eines Lehrers und im Umgang mit Handelsleuten geübt werden. Damals entstand die »Judenpredigt« (WA I, 37. S. 59). Die Frankfurter Besucher wollten Goethe in Leipzig kaum wiedererkennen; er sei ein Geck, ein Stutzer, ein Narr. Er sprach und schrieb französisch und englisch, zitierte lateinisch und italienisch und gab sich in Vers und Prosa hochgebildet. Wieder ist nicht die Sache, sondern der Ton des Achtzehnjährigen das Neue. An Cornelia: »Wir Gelehrten achten euch andern Mädchen so – so wie Monaden. Wahrlich, seit ich gelernt habe, daß man ein Sonnenstäubchen in einige 1000 Teilchen teilen könne, seitdem sage ich, schäm ich mich, daß ich jemals einem Mädchen zu gefallen gegangen bin, die vielleicht nicht gewußt hat, daß es Thierchen gibt, die auf einer Nadelspitze ein Menuett tanzen können...« (WA IV, 1. S. 19).

In dem Schäferspiel »Die Laune des Verliebten« benützt Goethe das Schema zweier verliebter Paare, von denen das eine glücklich, das andere durch schikanöse Eifersüchtelei unglücklich ist. Die Liebste wird mit Eifersucht gequält, das kann die Ahnungslose aber nicht täuschen, sie sagt: »Du quälst mich als Tyrann, und ich? Ich lieb dich noch.« Für einen Augenblick taucht ein Motiv der »Wahlverwandtschaften« auf, daß die Umarmung nicht der Umarmten, sondern in Gedanken einer andern gilt. Das lockere Spiel dieser Art stammt von Goldoni, wo eben alles Spiel und nichts als Spiel ist. Nur die feste Form des Alexandriners gibt dem Stück bei Goethe Halt. Ähnlich steht es mit der Unmoral in dem von Goethe so geliebten Lustspiel »Die Mitschuldigen«. Es hatte auf der Bühne keinen Erfolg. Ihm fehlt, was Lessings »Minna von Barnhelm« auszeichnete, der tragische Unterton. Goethe hat das erkannt und später ausgesprochen: »So begann diejenige Richtung, von der ich mein ganzes Leben über nicht abweichen konnte, nämlich dasjenige, was mich erfreute und quälte oder sonst beschäftigte, in ein Bild, ein Gedicht zu verwandeln und darüber mit mir selbst abzuschließen, um sowohl meine Begriffe von den äußeren Dingen zu berichtigen als mich im Innern deshalb zu beruhigen« (HA IX, S. 283).

Goethe hat in Leipzig viele Töne angeschlagen und Motive berührt, die später wichtig wurden. Dazu gehören die Beschäftigung mit Naturwissenschaft und Medizin, die Freundschaft mit der Familie des Buch- und Notendruckers Breitkopf, wo Goethe in Hauskonzerten die Flöte spielte und den Singspielkomponisten Johann Adam Hiller kennenlernte. Als Lessing nach Leipzig kam, ging Goethe ihm aus dem Weg, da er es nicht ertrug, vielleicht nicht von ihm beachtet zu werden, was er später albern nannte. Die Schauspielerin Corona Schröter lernte er kennen und berief sie später nach Weimar.

Im Jahr 1765 nahm Goethe Zeichenunterricht bei Adam Friedrich Oeser. Ähnlich wie bei Breitkopfs und Schönkopfs freundete er sich mit der Familie an. Oeser war 1717 in Preßburg geboren. Seit 1764 war er Direktor der neuen Kunstakademie in Leipzig, ein in allen Techniken gebildeter Künstler. Er wurde von Winckelmann, Wieland und Chodowiecki als einer der Großen angesehen. Sein Einfluß ist kaum zu überschätzen. Im Umgang mit ihm lernte Goethe, das Schöne sei der höchste Ausdruck der in den Dingen liegenden Harmonie. In seinen allegorischen Bildern war Oeser allerdings weit entfernt von diesem Ideal. Er sah in der Antike die Ur- und Vorbilder aller Kunst. Er lehrte, das Ideal der Schönheit sei Einfalt und Stille.

Seine künstlerische Persönlichkeit hat den achtzehnjährigen Goethe überwältigt. Seine Bilderklärungen und Kunsterklärungen wirkten so erzieherisch, daß Goethe ihm aus Frankfurt schrieb: »Den Geschmack, den ich am Schönen habe, meine Kenntnis, meine Einsichten, habe ich die nicht alle durch Sie?« (HA Br. I, S. 77).
Um große Kunst zu sehen, fuhr Goethe für eine Woche nach Dresden, studierte aber nicht die berühmten Antiken, die Abgüsse klassischer Werke, sondern die Bildergalerie, und hier interessierten ihn nicht die Italiener, sondern die aus Frankfurt ihm vertrauten Holländer. Im Jahr 1755 hatte Winckelmann in der Gesellschaft und unter dem Einfluß Oesers seine »Gedanken über die Nachahmung« geschrieben und den Plan zu einer Wissenschaft von der Kunst gefaßt. Oeser verbreitete jetzt unermüdlich die Ideen seines genialen Freundes – um so schrecklicher war die Wirkung der Nachricht von Winckelmanns Tod durch Mörderhand im Juni 1768 in Triest. Sie hat Goethe tief getroffen und erinnerte ihn an das Scheitern seiner Studienpläne und an die durch Langer bewirkte Besinnung auf eine jenseitige Welt. Er fühlte sich nicht in der Lage, Käthchens Drängen auf eine Entscheidung nachzugeben, und als ein Blutsturz ihn in die Nähe des Todes brachte, wollte er nach Hause. Treue Freunde pflegten ihn, so daß er an seinem neunzehnten Geburtstag, als ein Schiffbrüchiger, wie er sagte, zu den Eltern nach Frankfurt zurückkam.

Wieder in Frankfurt

Die Eltern und Angehörigen waren entsetzt über Goethes Aussehen. Selbst die Mutter verlor fast die Fassung. Dann aber machte sie sich mit Cornelia an die Pflege des Kranken, während der Vater seinen Ärger und die Gereiztheit nur schwer verbergen konnte. Es stellte sich heraus, daß die Krankheit tiefer saß und viel schlimmer war, als der Sohn angab. Die Brustschmerzen führte er auf einen Sturz vom Pferd zurück. Das kalte Baden und kühle Schlafen sollten schuld sein; Goethe war den Ratschlägen Rousseaus zu einer gesunden Lebensweise gefolgt. Das Einatmen von Dünsten beim Kupferstechen wurde für das allgemeine Unwohlsein haftbar gemacht. Aber diese Umstände konnten nicht erklären, weshalb ihn ein schwerer Blutsturz buchstäblich umgeworfen hatte. Goethe hat den Blutsturz als Höhepunkt einer körperlich-seelischen Krise verstanden, als Ausdruck von Überempfindlichkeit oder, wie man damals sagte, als hypochondrischen Zug, eine mit Angstzuständen verbundene Depression. Offenbar konnte Goethe die Spanne von Konflikten religiöser, gesellschaftlicher und erotischer Art (die Lösung von Käthchen) nicht aushalten, so daß er zusammenbrach.

Goethe war kein frühreifer Typus. Er hat sich im Gegenteil langsam entwickelt. Da seine natürlichen Anlagen vielfältig, zart und keineswegs drängend waren, hatte Kaspar Goethe den Sohn überfordert und reagierte jetzt enttäuscht. Johann Wolfgang war sich des Zusammenhangs von körperlicher und seelisch-geistiger Krise bewußt, während die Frauen vorerst nur Krankheit, Elend, Zusammenbruch und immer noch steigende Gefahr erkannten. Er wurde in ein Krankenzimmer gesperrt, und der Vater mußte sehen, wie sich das ganze Haus um die Einfälle, Zustände, Wünsche und Launen des Sohnes drehte. Da zu den körperlichen Beschwerden altkluge Äußerungen von Lebensüberdruß kamen, fiel die Stimmung im Hause auf einen Tiefpunkt. Der Vater war um so enttäuschter, als er den Sohn auch mit offenem Geldbeutel gefördert hatte.

Sobald sich der Kranke ein wenig erholt hatte, unterhielt er Mutter und Schwester mit seinen Ansichten über Gott und die Welt, über die »Mädgen«, die Sitten Leipzigs, den eleganten Geschmack, die Singspiele im Theater, mit Geschichten aus dem Milieu der Studenten und Offiziere und nicht zuletzt mit Berichten über die kultivierte Geselligkeit bei den Professoren, bei Oesers und Breitkopfs. Daran gemessen erschien Frankfurt provinziell, ja spießig, und als er anfing, das väterliche Haus zu kritisieren, und vorschlug, die raumgreifende Treppe an die Seite zu verlegen, riß dem Vater die Geduld. Er war stolz auf sein Haus und seine Sammlungen – und nun sollte das alles im Munde dieses Grünschnabels nichts gelten? Seine Pläne und Hoffnungen mit dem Sohn schienen gescheitert zu sein.
Es kam hinzu, daß der Vater sehen mußte, wie die Frauen, unter Leitung des Fräuleins von Klettenberg, neben der körperlichen auch die seelische Wiederherstellung des Sohnes auf ihre Weise betrieben. Johann Kaspar Goethe war ein aufrechter Protestant; aber wir hören nicht, daß er an den geistlichen Übungen seiner Damen teilgenommen hätte, und als nun zu einer tragbaren Orgel fromme Gesänge in seinem Hause angestimmt wurden und er den Sohn in diese Gesänge einfallen hörte, muß sein Gemüt irritiert worden sein – um so mehr als dieser zur Erhöhung der Festlichkeit die Kerzen des Kronleuchters anzündete. Die in Leipzig halb verschüttete christliche Erziehung kam nun zur Geltung, allerdings mit anderen Schwerpunkten und Formen, gelöst vom Dogma und konzentriert auf das Streben nach gnadenhafter Erleuchtung des Ich. Die Briefe an Langer und den Theologen Limprecht in Leipzig bezeugen das. Limprecht war von Goethe unterstützt worden – der erste uns bekanntgewordene Fall von Goethes Hilfe für die Armen und Verlorenen. Es gab übrigens im Elternhaus ein Beispiel stiller christlicher Hilfe: Seit 1758 lebte der Dr. jur. Johann David B. Clauer fünfundzwanzig Jahre lang als Mündel des Kaiserlichen Rats im Verbund der Familie. Die geistige Erkrankung Clauers steigerte sich zu Tobsuchtsanfällen, so daß man Wachen aufstellen mußte. »Dichtung und Wahrheit« schweigt darüber, aber Goethe und seine Schwester haben jahrelang die vom Vater diktierten Berichte geschrieben.
Goethes Krankheit war hartnäckig. Nach Ansicht heutiger Mediziner war es eine Lymphdrüseninfektion mit Geschwülsten am Hals, die

geschnitten werden mußten. Zu der tiefen Erschöpfung kamen entzündete Schleimhäute und Verdauungsbeschwerden. Eine lavierte Tuberkulose auf vermutlich ererbter Grundlage brach aus. Drei Geschwister waren in zartem Alter gestorben, und auch die Goethe so ähnliche Cornelia mußte früh sterben (1777). Man kann die Krankheit, in Verbindung mit depressiven Zuständen, als Wachstumsstauung bezeichnen. Körperliches und Seelisches griffen ineinander: In der Überwindung dieser Zustände, und nicht in unversehrbarer Rüstigkeit hat sich Goethes Lebenskraft bewiesen. Am 7. Dezember, dem Geburtstag der Schwester, erreichte die Krankheit ihren Höhepunkt: Das Verdauungssystem brach zusammen, der Patient schwebte zwischen Leben und Tod. Auf Bitten der Mutter wandte der Hausarzt Dr. Metz ein Geheimrezept an, es war ein dem Arzt nicht gestattetes »chymisches« Mittel eigener Zubereitung. Metz gehörte zu den »frommen Leuten«, er machte eigene Versuche und hatte der Klettenberg die Schriften Wellings und Paracelsus' empfohlen. Tatsächlich ging die Krankheit zurück, und das Jahr 1770 brachte dem jungen Goethe schrittweise die Genesung.

Das Fräulein von Klettenberg, eine entfernte Kusine von Goethes Mutter, war jetzt 45 Jahre alt. Sie hatte in ihrer Jugend noch die höfischen Romane von Andreas Heinrich Bucholtz und Anton Ulrich von Braunschweig gelesen. Auch ihre Frömmigkeit war die einer älteren Generation; sie suchte jedoch den Bruch mit der Amtskirche zu vermeiden. Allerdings klagte sie, daß man Kinder nicht zu ihr lasse, man fürchtete, sie werde sie allzusehr für ihren »unsichtbaren Freund« einnehmen. Ihre Toleranzgedanken schienen den Vorrang der Amtskirche zu gefährden. Die Briefe und Lieder des adligen Fräuleins zeigen, daß ihr Wortschatz und ihre Grammatik vom pietistischen Sprachgebrauch bestimmt waren. Das beliebteste Gesangbuch der Pietisten, das Ebersbacher, wurde in den Erbauungsstunden des Frankfurter Kreises benützt. Goethe ist später zwar dem Herrnhutisch-Zinzendorfer Kreis entwachsen, hat aber die Spuren von dessen innig-persönlicher Sprache nie verleugnet. Man findet sie in Wilhelm Meisters Lehrbrief, in »Makariens Archiv« und vielen der »Maximen und Reflexionen«.

Der Pietismus hatte ganz Deutschland ergriffen. Er ist bezeugt bei Kant, Hamann und Herder in Ostpreußen, bei Bodmer in Zürich, bei

Klopstock und Matthias Claudius in Niedersachsen und besonders in Schwaben, wo die Prälaten der biblisch inspirierten Erweckung, Joh. Albrecht Bengel und Friedrich Christoph Oetinger, auf Hölderlin, Hegel, Schelling und den jungen Schiller epochale Wirkung ausübten. Frankfurt, mit seiner konservativen Grundhaltung, neigte einer Auflockerung der lutherischen Frömmigkeit nur deshalb zu, weil die Geistlichkeit sie förderte. Der aus dem Elsaß stammende Pfarrer Jakob Spener hatte dort in den Jahren 1674–95 eine Verinnerlichung der Orthodoxie eingeleitet. 1736–37 hatte sich Graf Zinzendorf, aus Schlesien vertrieben, in Frankfurt aufgehalten und im nahen Herrnhag mit charismatischem Eifer eine Gemeinde gegründet, die nach Frankfurt übergriff. Seit 1747 hatte Pastor Fresenius eine Gemeinde von Erweckten um sich geschart; zu ihr gehörten Dr. Metz und das Fräulein von Klettenberg. Neben Spener und Zinzendorf wirkten die »Hallischen«, die Schüler von August Hermann Francke, der seit seiner Bekehrung, 1687, zur Gottesgewißheit gelangt war und vor allem Frauen und Studenten überzeugte. Er wollte eine Gemeinde nach urchristlichem Modell, also durchaus reformatorisch. Zugleich aber predigte er die Wichtigkeit der Taten aus christlichem Geist, der guten Werke.

Die Hallischen und die Herrnhuter waren sich einig im gemeinsamen Streben nach einem verinnerlichten Christentum. Daher ihre Neigung zu Konventikeln und einem strengen Lebenswandel. Das ging bis zur Forderung der Keuschheit für Frauen und Jungfrauen; bei festlichen Gelegenheiten trugen sie nonnenähnliche Tracht. (Eins ihrer Bilder zeigt das Fräulein von Klettenberg im Habit.) Was die Pietisten von der Amtskirche trennte, war das Bestehen auf der Notwendigkeit einer persönlichen Bekehrung. Demgegenüber trat das Dogma in den Hintergrund. Die Gewißheit des eigenen Heils machte die frommen Leute tolerant gegenüber andern Bekenntnissen. Die Toleranzidee ist englischen und amerikanischen Ursprungs. Die französischen Aufklärer, vor allem Voltaire und Rousseau, kennen keine Toleranz. Es ist bezeichnend, und man hat es Goethe verübelt, daß er in seinem Knabenmärchen vom neuen Paris einen Katholiken zum Pförtner des Paradieses macht; dieser wird daran erkannt, daß er sich mit dem Zeichen des heiligen Kreuzes segnet.

Die älteren Pietisten suchten, und das lag in der Natur ihrer Lehre, außer der Verbindung des Menschlichen mit dem Göttlichen den Zusammenhang der irdischen Natur mit dem Kosmos. Die zeitgemäße Methode war die alchemistische. Wenn der Mensch ein Ebenbild der Gottheit und der Makrokosmos eine Entsprechung des Mikrokosmos ist, müßten sich in auf- und absteigender Linie die Glieder dieser Kette aufweisen lassen. Die Natur soll und muß ihre Geheimnisse preisgeben. Die Anfänge der modernen Naturwissenschaft haben nichts mit Goldmacherei und Magie zu tun. Sie wollen mit Hilfe der Retorte, des Mikroskops oder der Beobachtung von Widersprüchen in der Natur den Zusammenhängen auf die Spur kommen. So hatte Leibniz, als er im Harz Quellen sah, die auf Bergen entsprangen, erkannt, daß der Wasserhaushalt der Erde ein System kommunizierender Röhren ist. Durch die Entdeckung solcher Tatsachen war man fähig, Bergwerke zu entwässern und Grubenschächte trocken zu halten. Ähnliche Beobachtungen hat Goethe später in Thüringen gemacht, als es sich darum handelte, den Bergbau von Ilmenau wieder in Gang zu bringen.
Unter der Anleitung der Klettenberg machte Goethe chemische und alchemistische Versuche in einem Schmelzofen. Aufbau und Benützung dieser Apparate im oberen Stockwerk seines Hauses mußten den Kaiserlichen Rat erbittern. Es ist merkwürdig, daß Goethe bei dem Versuch, mit Hilfe von Lösungsmitteln und Wärme reine Stoffe zu bilden, auf den Vorgang der Kristallisation stieß, der später sein geologisches Denken bestimmte. Dahinter stand die Überzeugung von der Durchlässigkeit der Materie: Wenn der Mensch ein Mikrokosmos ist und die materielle Seite der Natur teilhat an den Geheimnissen der Schöpfung, dann müssen die Formen der Materie Verwandlungen unterliegen.
Gespräche über Themen dieser Art könnten Goethe bewogen haben, dem Rat der Susanne von Klettenberg zu folgen und Wellings »Opus Mago-Cabbalisticum et theosophicum, darinnen der Ursprung, Natur, Eigenschaften und Gebrauch des Salzes, Schwefels, Mercurii ... beschrieben wird«, Homburg v. d. H. 1735, zu lesen, ferner Werke von Jakob Böhme, Johann Valentin Andreae, des Jesuiten Athanasius Kircher und Paracelsus zu studieren. Das modernste dieser Werke, Wellings »Pansophie«, wollte zeigen, »wie die Natur aus Gott und

wie Gott in derselben möge gesehen und erkannt werden, und wie ferner aus dieser Erkenntnis der Natur der wahre Dienst der Kreatur als ein schuldiges Dankopfer gegen den Schöpfer fließe«. Welling erklärte, allgemeine Prinzipien bestimmten die Natur. In seiner Mythologie mischen sich gnostische und plotinische Überlegungen. Goethe legt den Gedankengang umständlich auseinander. Langsam kristallisiert sich eine Lichtwelt Gottes; in ihr ist Lucifer das herrlichste aller Geschöpfe (HA IV, S. 351). Sein Abfall von Gott gebiert das Reich der Finsternis und Schwere, und aus diesem erschafft Gott das Sonnensystem, wo Adam, der strahlende Erstling, Lucifers Fall wiederholt. In der kosmisch-feurigen Verwandlung des Letzten Gerichts wird dereinst der ursprüngliche Zustand der Schöpfung wiederhergestellt (dazu Erich Trunz, HA IX, S. 749–755).

Daß die Natur eine Erscheinung des göttlichen Lebens sei – diese Idee hat Goethe nie aufgegeben. Sie sollte in den Monologen des »Urfaust«, im »Prolog im Himmel« und im zweiten Teil des »Faust« ihre Darstellung finden. Das Leben wurzelt nicht in Abstraktionen und Lehren, sondern in den Urgründen des Seins. Ähnliche Gedanken wird Goethe drei Jahre später aus Spinoza, der als Atheist verschrien war, herauslesen.

Was Welling so schwerfällig beredt, unter Berufung auf kabbalistische Quellen, Theosophie und Theologie auseinandersetzte, war eine Frucht der deutschen Mystik. Die Naturauffassung ging auf Paracelsus zurück, den Goethe mehrfach erwähnt. Paracelsus hat das Verständnis für die Herrlichkeit der Natur als eines Ganzen und Großen geweckt. Der Sinn für die Details, etwa von Pflanzen und Tieren, ging Goethe allerdings erst viel später auf. Der Vers »Wie herrlich leuchtet mir die Natur« (HA I, S. 30) ist ohne die damals erweckte Einsicht nicht zu begreifen.

Die in Frankfurt begonnenen und in Straßburg fortgeführten Tagebuchblätter der »Ephemerides« enthalten Auszüge aus Paracelsus, Plato, Lessing, Giordano Bruno, Mystikern und »Chymisten«. Was wäre die Einheit im Vielen? Was hielt die Welt im Innersten zusammen? Jedesmal, wenn Goethe auf solche Themen stieß, war er fasziniert und suchte weiter. Gottfried Arnolds »Unparteiische Kirchen- und Ketzergeschichte« wurde aufs neue vorgenommen, schilderte sie doch, auf reformatorischer Grundlage, die religiösen Abweichungen neben und hinter der Orthodoxie. Arnold stand auf der Seite der Unterlegenen und Schwächeren. Als Schüler Speners hatte er sich leidenschaftlich gegen Wittenberg gewandt, hatte es sündhaft, erbärmlich und niedrig gefunden. Die dortige Gelehrtheit erklärte er für heidnische Torheit. Die Hussiten, Paracelsus, Thomas Münzer, Schwenckfeld, die Sektierer von Quedlinburg oder Nostradamus aus dem »Faust«-Monolog waren seine Leute. Das Buch des Engländers William Cave über »Primitive Christianity« hatte ihn erschüttert und zu dem Schluß gebracht, die jetzige Kirche sei nicht die wahre Braut Christi.

Arnolds erstes größeres Werk war 1696 in Frankfurt unter dem Titel »Die erste Liebe, das ist wahre Abbildung der ersten Christen nach ihrem lebendigen Glauben und heiligen Leben« erschienen. Die Kirche des Geistes sei im Kommen: Alle Proteste gegen die offizielle Kirche entstammten seit der deutschen Mystik diesem Gedanken. Goethes Widerstand gegen Luthers Theologie der Sünde und des Kreuzes wurzelt in Arnolds leidenschaftlich vorgebrachter These, die wahre Kirche sei immer eine Kirche der Wenigen und Verfolgten gewesen. Hinter seiner »Kirchengeschichte« (1699/1700) steht die Erkenntnis, daß geistliche Umwälzungen siegreich sind im Unterliegen und daß sie im selben Augenblick, wo sie siegen, selbst zu Unrecht werden.

Wir wissen nicht, welche Bücher außer Welling und Arnold Goethe genau gelesen hat. Die in den »Ephemerides« stehenden Auszüge und Zitate hat man nur zum Teil nachweisen können. Hinter Arnold stand dessen schlesischer Landsmann Jakob Böhme. Bei ihm wird Goethe den Satz gefunden haben: »Wir erkennen die Welt, weil unser Leib ihre Quintessenz ist.« Im Mikrokosmos des Menschen wiederholt sich der Makrokosmos der Schöpfung. Der Seher Böhme, kein Gelehrter, aber ein Dichter, kam aus dem Geist der Mystik des dreizehnten Jahrhunderts. Er war unschuldig-weltfremd. Einer seiner literarischen Vorfahren war Paracelsus. Bei diesem fand Goethe die Verbindung von religiösem Denken und medizinischer Praxis.

Die gewöhnliche Vorstellung von Theophrastus Paracelsus, das Alchemistische, Zänkische und Polemische, das »Bombastische« (Paracelsus hieß Bombastus von Hohenheim) hat die Gestalt verdeckt. Albrecht von Haller hatte immerhin gewußt, daß Paracelsus die Chemie in der Medizin gefördert hatte. In den Kreisen der Leipziger Mediziner könnte Goethe zum ersten Mal von Paracelsus gehört haben. Welling hatte ihn unter seinen Quellen hervorgehoben. Außer Paracelsus nennt Goethe Basilius Valentinus, Helmont Starkey und die »Catena Homeri«, die ihm besonders gefallen habe, »wodurch die Natur, wenn auch vielleicht auf fantastische Weise, in einer schönen Verknüpfung dargestellt wird« (HA IX, S. 342). Das Bild einer vom Himmel herabhängenden goldenen Kette stammt aus Homers Ilias. Sie war für die Naturphilosophen ein Symbol des Zusammenhangs aller Naturwesen vom Himmel bis auf Erden. Eine 1723 erschienene Schrift über die »Catena Homeri« hieß im Untertitel »eine Beschreibung von dem Ursprung der Natur und natürlichen Dingen«. Hier fand Goethe den Gedanken von einem Urstoff, aus dem die vier Elemente entstanden sind. Alles Geschaffene sei miteinander verwandt, Minerale, Pflanzen, Tiere und Menschen.

Bei Paracelsus reicht die Spekulation weit über die Naturforschung hinaus. Sie verbindet plotinische und christliche Gedanken: ein Ausfluß des Seins aus der Gottheit hat zwar stattgefunden, aber es ist durchdrungen vom Sündenfall des Menschen und der Schöpfung. Das Unheil spiegelt sich im religiösen und politischen Verfall der Zeit, in der Lähmung der traditionell gebundenen Wissenschaften und in dem Erlöschen des Lichts der Natur: Dies Licht wieder aufzuhellen, sei eine apostolische Aufgabe, die Heilung des Menschen obliege der ärztlichen Kunst. Paracelsus gehört in die Reihe der Priesterärzte wie Empedokles und Pythagoras. Solche Ärzte gab es in vorchristlicher Zeit. Man hat sie als Magier, Ketzer und Zauberer verschrien. Der Arzt wird zum Märtyrer seiner heiligen Aufgabe, welche eine Sache Gottes ist: Mit der Aufhellung des Lichts der Natur soll der Arzt beginnen und im Licht des Heiligen Geistes soll er enden. Das sei nicht logisch zu erfassen, sondern komme aus dem kosmischen Bewußtsein des von Gott geschaffenen und zu dieser Erkenntnis berufenen Menschen.

Dies Wissen war Paracelsus von dem florentinischen Arzt Marsilius Ficinus vermittelt worden. Der von himmlischen Kräften durchwaltete Leib ist das Objekt medizinischen Handelns; es gilt, das richtige Medikament zu finden, und weil der irdische Mensch verschieden organisiert ist nach Klima, Region, endemischen und epidemischen, stets wandernden Krankheiten und Seuchen, muß auch der Arzt wandern gemäß seiner »Sendung«: Das ist buchstäblich zu verstehen. Wenn Wilhelm Meister, nach Jahren des Irrens, seiner Bestimmung als Wundarzt gewiß wird und auf seinen »Wanderjahren« in die alemannisch-schweizerische Heimat des Paracelsus kommt, spiegelt sich darin Goethes Ahnung von geheimnisvollen Zusammenhängen. Von Ficinus übernahm Paracelsus auch das Verständnis des Menschen als eines »Mittlers«: Der Mensch ist ein Auszug aller Elemente und nimmt als vom Himmel bestimmtes und zur Erkenntnis seiner firmamentischen Struktur befähigtes Wesen eine überragende Stellung in der Schöpfung Gottes ein. Der Leib des Menschen steht zwischen Himmel und Erde und ist stetem Wandel durch Zeit und Raum unterworfen, nicht als passives, sondern als handelndes Wesen.

Die mechanistische Anatomie (anatomia mortis) kann die Wahrheit über den Menschen nicht erfassen. Die Wahrheit geht aus dem Zusammenhang mit dem Urstoff hervor, dem »großen Geheimnis« der menschlichen Existenz. Der Urstoff besteht aus drei Species: Mercur, Sulphur und Sal. Es sind die chemischen Grundsubstanzen der Prima substantia rerum. Sie verteilen sich auf die Elemente Feuer, Wasser, Luft und Erde. Der Mensch nimmt nicht nur teil an der Materie, sondern auch am Geist, am Licht. Sein Anteil an göttlichem Wissen zeigt sich in dem unablässigen Streben nach Wahrheit. Eine fast unmittelbare Umsetzung paracelsischer Lehren findet man in jenen Versen des Faust, im Gespräch mit Wagner vor dem Tor, wo er von den chemisch-alchemistischen Versuchen seines Vaters spricht, der über die Natur und ihre »heil'gen Kreise« mit grillenhafter Mühe sann:

Der, in Gesellschaft von Adepten,
Sich in die schwarze Küche schloß
Und, nach unendlichen Rezepten,
Das Widrige zusammengoß. (HA III, S. 39)

In seiner »Geschichte der Farbenlehre« gibt Goethe, in den Kapiteln über die Alchemisten und Paracelsus, einige Erklärungen. Die frühen Versuche mit den Elementen im Windofen und die Sehnsucht nach einem medizinischen Allheilmittel sind aus solchen Vorstellungen zu erklären. Man muß die Beschäftigung Goethes mit den hermetischen Schriften als Suche eines jungen Menschen nach weltanschaulichem Halt verstehen: Je tiefsinniger sich die Lehre gab, desto faszinierender mußte sie erscheinen. Sie deckte sich freilich nicht mit den Vorstellungen der Stillen im Lande. Die pietistische Frömmigkeit, aus ähnlichen Voraussetzungen entstanden, berief sich eher auf die Überlieferungen der mittelalterlichen Mystik und deren Sonderstellung als eine Beinahe-Ketzerei in den Augen der Kirche.

Für die Formung des Goetheschen Geistes sind zwei Substrate wichtig geworden. Erstens die Entwicklung eines persönlichen Weltbildes, das recht locker mit der christlichen Überlieferung zusammenhing (»Ich mochte mir wohl eine Gottheit vorstellen, die sich von Ewigkeit her selbst produziert...« HA IX, S. 351) und zweitens die von der plotinisch-paracelsischen Lehre geförderte Einsicht in eine ungeahnt mächtige Wirklichkeit der Welt als eines »natürlichen« Zusammenhangs von Kräften. Nicht die von Goethe in Leipzig erfahrene Gesellschaftswelt bestimmt unser Leben. Sie ist nur der Einzelfall, die Oberfläche des Zusammenhangs dessen, was in Goethes Vokabular allmählich den Namen Natur annimmt. Die chemischen Versuche und die alchemistischen Versuche sind *einer* der Schlüssel zu den Geheimnissen. Daß die Welt der Materie auf Ur-Teilchen zurückgeht – diese Ahnung hat die moderne Chemie und Biologie bestätigt. Die Anfänge der exakten Naturwissenschaften hat Goethe in den Schriften des holländischen Chemikers und Arztes Herman Boerhaave studiert (HA IX, S. 344). Der hatte als einer der ersten Menschen Bakterien unter dem Mikroskop gesehen. In Verbindung mit seinen eigenen Versuchen zur Kristallisation ergab sich für Goethe die Gewißheit einer schier unergründlichen Weite und Tiefe des Lebenszusammenhangs. In den »Ephemerides« notiert er die lateinischen Sätze: »Getrennt von Gott und der Natur der Dinge zu sprechen, ist ebenso schwierig und bedenklich, wie wenn wir über Körper und Seele als etwas Getrenntes denken. Die Seele erkennen wir nur vermittels des Körpers, Gott nur durch die Natur« (WA I, 37. S. 90f.). Kurz vorher zitiert er in deutscher Sprache einen Satz, der ihm sehr gefallen haben muß: »Die Kunst ist nichts anderes als das Licht der Natur« (WA I, 37. S. 87).

In »Dichtung und Wahrheit« beschreibt Goethe die magische Weltschöpfungslehre und stellt eine Verbindung zu den Berichten der ersten Kapitel der Genesis her. Die Briefe an den Theologen Langer zeigen aber etwas ganz anderes. Am 24. November 1768 schreibt er aus Frankfurt: »Ich weiß, was in mir Ihre Predigt gewürkt hat, Liebe und Condeszendenz gegen die Religion, Freundschaft gegen das Evangelium, heiligere Verehrung gegen das Wort. Genug alles, was Sie tun konnten. Freilich bin ich mit allem dem kein Christ. Aber ist das die Sache eines Menschen, mich dazu zu machen? ... Ich gehe in die Versammlungen und finde wirklich Geschmack daran. Das ist einstweilen genug. Gott gebe das übrige. Ich schreibe jetzt entsetzlich viel, teils aus Laune, teils für die Langeweile« (HA, Br. I. S. 79). Acht Wochen später heißt es dann: »Mich hat der Heiland endlich erhascht« (HA, Br. I. S. 84). Sei die Kreuzkirche zum neuen Jerusalem, zur Geistkirche geworden? Er überlegt, ob es sündhaft sei, Schriftsteller zu werden, statt sich der Nachfolge Christi zu ergeben. Der Gedanke der Nachfolge, einer Ähnlichkeit seiner leidenden Existenz mit Christus, wird bis in die Briefe an Frau von Stein virulent bleiben. Die Heilwirkung von Dr. Metz' Geheimmedizin ließ den Zusammenhang von Nachfolge Christi und christlicher Magie für den, der glaubte, deutlich werden. »Die Magie ist eine auf die Naturerkenntnis angewandte, mit der Methode der göttlich erleuchteten Erfahrung chemisch-experimentell arbeitende Theologie« (Wachsmuth, 38). Die Natur ist geisterfüllt. In Pflanze, Mineral, Stern und Engel wirkt der Geist der göttlichen Schöpfung. Der stärkste von allen ist der Erdgeist, den Faust beschwören wird. Während sich Philosophie und Naturwissenschaft damals der biblischen Autorität entzogen hatten, hielten die Frommen an der Übereinstimmung mit ihr fest. In diesem Sinne blieb die magische Chemie bis zur Begegnung mit Herder Goethes »heimliche Geliebte«. Es gab sogar Überlegungen, ob die Verwandlung von Wein und Brot in den Leib des Herrn, die Transsubstantiation, so ketzerisch es klang, magisch zu verstehen sei. An einem andern Ideal der Nachfolge Christi hat Goethe sein Leben lang festgehalten: Er ist ein Dichter der weiblichen Unschuld.

In Frankfurt hat Goethe die Leipziger Lieder an Annette zusammengestellt. Er hatte sich weit vom galanten Ton des Rokoko entfernt. An der Wende von 1768 auf 1769 entstand das Gedicht »Das Glück der Liebe« (später mit dem Titel »Glück der Entfernung«). Das Glück der Entfernung bestehe darin, fern von der Geliebten zu sein! In dem sonderbar uneinheitlichen Gedicht klang ein neuer Ton an. Das Ich lebt in Zusammenhang mit dem Kosmos:

Ewge Kräfte, Zeit und Ferne,
Heimlich wie die Kraft der Sterne,
Wiegen dieses Blut zur Ruh.
Mein Gefühl wird stets erweichter;
Doch mein Herz wird täglich leichter
Und mein Glück nimmt immer zu. (WA I, 1. S. 48)

Die Konstellation wird sich bei Lili und Frau von Stein wiederholen: Das Glück liegt in der Entfernung von der Geliebten. Der Mensch darf keine Bindung eingehen, ohne die »ewigen Kräfte« zu verraten. Man kann aber auch von einer frustrierenden Sperre sprechen, wie K. R. Eissler (S. 532) es nennt. Goethe selbst wird, viel später, von Entsagung reden.
Die pietistischen Lieblingsworte von Gefühl, Freude, Kraft, vom Lebensfünklein und Erweckung, von Werden und Sterben wird Goethe immer wieder benützen. Am Schluß des achten Buches von »Dichtung und Wahrheit« gebraucht er gar mystische Begriffe wie verselbsten und entselbstigen (HA IX, S. 353). So bewahrt sich das Ich im Trubel der Welt; so blieb seiner komplizierten Natur die Freiheit gewahrt. Die biblischen Wurzeln der Freiheit der Kinder Gottes sind nicht zu überhören. Vorerst aber wurde der Wunsch wörtlich genommen: Er wollte frei sein von der Enge des Hauses und der Heimatstadt. In den letzten Tagen des März 1770 bestieg Goethe den Eilpostwagen und erreichte einige Tage später das schöne Elsaß.

Straßburg

Am 4. April 1770 kam Goethe nach Straßburg und nahm bei einem Kürschnermeister am Alten Fischmarkt eine Wohnung. Gleich in den ersten Tagen bestieg er die Plattform des Münsterturms und sah das herrliche Elsaß. Immer wieder taucht bei ihm das Adjektiv herrlich in Verbindung mit dem Elsaß auf. Er sah die Stadt mit ihrem Häusergewirr, die Landschaft mit ihren Dörfern und Wäldern, den damals noch ungezähmten Rhein mit seinen Nebenflüssen und Armen. Straßburg war viel größer als Frankfurt, es hatte etwa 50000 Einwohner; die Sprache war deutsch. Vor der Fassade des Münsters gingen Goethe die Worte aus, er wollte nur noch *sehen*. Die Fassade des Münsters überwältigte seine Begriffe von Kunst und überstieg alles, was er bisher gesehen hatte.

Goethe entzog sich dem lauten Treiben der Studenten und hielt sich an einen pietistischen Kreis, dem er empfohlen worden war. Am juristischen Studium fand er Gefallen, es war einfacher als in Leipzig; es gab hier kein Pandektenstudium und nicht die kniffligen juristischen Verhältnisse des deutschen Reiches. Man verlangte praktisches Wissen. Schon nach einem halben Jahr bestand er die Vorprüfung und konnte sich zur Promotion melden. Er wurde von dem Ältesten der Tischgesellschaft, Johann Daniel Salzmann, beraten. Salzmann war Jurist am Vormundschaftsgericht und führte Goethe in die Straßburger Gesellschaft ein. Die Ratschläge dieses achtundvierzigjährigen Mentors hat Goethe gern befolgt. Salzmanns redliche, zurückhaltend-freundliche Art mochte ihn an den Großvater Textor erinnern, der in diesen Monaten starb.

Goethes Dissertation behandelte heikle Fragen des Kirchenrechts, den damals aufgebrochenen Konflikt zwischen staatlicher und geistlicher Gewalt und ihre theologische und fiskalische Begründung. Er vertrat anscheinend die These, der Staat habe das Recht, den Kultus seiner Bürger zu bestimmen. Auch scheint er die zehn Gebote für jüdische Zeremonien, ohne Geltung für das allgemeine Recht, ausgegeben zu haben. Er wagte zu sagen, die zehn Gebote hätten nicht auf den Tafeln gestanden, mit denen Moses vom Berg Sinai herabgestiegen sei. Von Herder stammte die Idee, nicht Jesus Christus habe die Kirche gegründet, sondern Politiker und Gelehrte späterer Zeiten. Damit hatte Goethe den Glauben der Orthodoxie in Frage gestellt. Aus diesen Gründen konnte die juristische Fakultät die Veröffentlichung nicht erlauben. Sie erteilte dem Kandidaten aber ein gutes Zeugnis und erkannte seinen Scharfsinn an. Zur Erlangung des Lizentiats gab es nach französischem Recht die Möglichkeit zur Verteidigung von juristischen Thesen in öffentlicher Disputation. Goethe erhielt ein gutes Prädikat (»cum applauso«) und durfte den Titel eines Lizentiaten führen; nach seiner Behauptung stand er dem Doktortitel gleich. Der Vater war anderer Meinung, war aber mit dem Ergebnis zufrieden. Er verwahrte die Dissertation in seinem Pult, und von dort ist sie nie wieder zum Vorschein gekommen.

Hinter Goethes Ablehnung kirchlicher Ansprüche stand die Idee der Toleranz. Er behandelte sie im Sinn Herders in zwei Aufsätzen: »Zwo biblische Fragen« und »Brief des Pastors zu XXX an den Neuen Pastor zu XXX«. Goethe trat für Religionsfreiheit ein, wobei die Katholiken einbezogen wurden: Es war kein Wunder, wenn sich Goethe nach Verweigerung der Druckerlaubnis für die Dissertation in den darauffolgenden Thesen auf schulmäßige Kenntnisse zurückzog.

Die Tischgesellschaft bestand aus jüngeren und älteren Männern, vor allem Medizinern und Juristen. Der einzige Theologe, Franz Lerse, gefiel Goethe besonders; er hat ihm im »Götz« ein Denkmal gesetzt. Mediziner waren Friedrich Leopold Weyland, der ihn in Sesenheim einführte, und Johann Heinrich Jung, genannt Stilling. Dieser kam aus einem pietistischen Elternhaus in Westfalen und war nach wechselvollen Schicksalen, die er als Prüfungen Gottes gläubig hinnahm und verstand, zum Studium der Medizin nach Straßburg gekommen. Er war ein schüchterner Jüngling und wurde von den andern verspottet. Der redegewandte Goethe nahm ihn in Schutz. Er hat später Jung-Stillings Jugenderinnerungen den Weg in die Öffentlichkeit gebahnt. Moritz Engelbach und Heinrich Leopold Wagner waren Juristen. Im ganzen umfaßte die Tischrunde vierzehn bis zwanzig Personen. Salzmann führte den Vorsitz.

Vor allem das Gespräch mit den Medizinern interessierte Goethe. Ihre realistische, manchmal auch rohe Art, über Menschen und Verhältnisse zu reden, gefiel ihm. Mit ihnen unternahm er größere und kleinere Ausflüge, vor allem einen großen Ritt nach Zabern und ins untere Elsaß. Sie veranlaßten ihn, medizinische und chirurgische Vorlesungen zu hören, anatomische Übungen bei Johann Friedrich Lobstein und klinische bei Johann Friedrich Ehrmann mitzumachen. Er wollte sich gegen zu große Empfindlichkeit abhärten. Das war auch der Grund, weshalb er mehrmals den Münsterturm bestieg, um den Schwindel loszuwerden. Bei Jakob Reinhold Spielmann hörte er chemische Vorlesungen. Das war nicht mehr die Chemie und Alchemie der gottsuchenden Spekulation, sondern fast schon eine Erfahrungswissenschaft. Sie hielt sich an die Elemente Luft, Erde, Wasser und Feuer, verzichtete aber auf kosmologische Theorien. Mephisto wird sich später über die Schulchemie lustig machen.

Jetzt gab Goethe die einst großspurig bekundete Absicht, von Straßburg nach Paris und Rom zu gehen, auf. Der tiefere Grund lag in seiner immer deutlicher hervortretenden Neigung, das eigene Ich zu beobachten. Man bemerkt sie in jedem Brief; sie wird in den Sesenheim-Gedichten einen bis dahin in der Literatur nicht gehörten Ausdruck finden. Er wachte über sich selbst und fürchtete nichts mehr als die Wiederkehr begangener Fehler, denn nur durch diese Selbstbeobachtung kommen wir zu uns selbst, zur »Tugend«, wie er das später nannte.

Von Frankfurt war Goethe an die pietistischen Brüder in Straßburg empfohlen worden. Seine Briefe an Langer, Limprecht und die Klettenberg zeigen sein Bemühen um einen gnädigen Gott, »den wir inzwischen einen Herrn nennen, bis wir ihn *unsern* Herrn betiteln können«. Aus dem pietistischen Vorsehungsglauben nährte sich die Ergebenheit in den Willen des »Allwaltenden«. Doch im August 1770 schrieb er dem Fräulein von Klettenberg, sein Umgang mit den frommen Leuten von Straßburg sei locker geworden, und als Grund führte er ihre Unduldsamkeit und Überheblichkeit an. Seine Charakterisierung trifft einen entscheidenden Zug: »Lauter Leute von mäßigem Verstande, die mit der ersten Religionsempfindung auch den ersten vernünftigen Gedanken dachten, und nun meinen, das wäre alles, weil *sie* sonst von nichts wissen ... Es kommt noch etwas dazu.

Die Vorliebe für unsere eigenen Empfindungen und Meinungen; die Eitelkeit, eines jeden Nase dahin drehen zu wollen, wohin unsre gewachsen ist« (HA, Br. I, S. 115). Am 26. August 1770 spricht Goethe zum letzten Mal von einem Gang zum Abendmahl. Die Lösung von den Straßburger Pietisten bedeutete nicht Gegnerschaft. Zu Jung-Stilling hielt er auch dann, als er dessen Glauben nicht mehr teilte, und in Sesenheim hat er sich in den Geist des christlichen Pfarrhauses gefügt.

Goethe hatte das Ganze, jenseits aller Worte, noch nicht gefunden. Die Straßburger Monate vor Herders Erscheinen waren erfüllt von ständigem Suchen. Er hörte historische Vorlesungen bei Johann Jakob Oberlin und Christoph Wilhelm Koch, staatswissenschaftliche bei dem sehr alten Johann Daniel Schöpflin. Die Straßburger Gelehrten suchten die keltische und deutsche Geschichte des Elsaß und der Stadt Straßburg zu verbinden mit dem (staatsrechtlich noch nicht anerkannten) französischen Protektorat. Kam nicht das Heil der neuen Zeit mit der Aufklärung aus Paris? Die deutsche Gesellschaft Salzmanns vertrat eine andere Richtung. Man konstatierte die Mängel der französischen Verwaltung, die Korruption des Adels und der hohen Beamten und hob demgegenüber deutsches Naturgefühl, die Liebe zu Volk und Volkstum und ihre jugendliche Frische hervor. Holbachs »Système de la nature« mußte Goethe zum Widerspruch reizen. Hier fand er weder das Ganze über die »geschmückte große Welt«, noch eine Erklärung des Zusammenhangs. Für Holbach waren nur die stofflichen Atome wirklich, das Denken wurde aus Atombewegungen im Gehirn erklärt, die Moral werde vom Egoismus bestimmt. Solch ein System mußte Goethe abstoßen. Im Rückblick von »Dichtung und Wahrheit« sprach er von einer »tristen atheistischen Halbnacht« (HA IX, S. 491).

Anders war es mit Diderot. Goethe schätzte dessen Naturburschen, Wilddiebe und Schleichhändler. Ähnlich wie Rousseau hatte er den Ekel in ihm vor der feinen Gesellschaft gesteigert. Goethe fand, Diderot sei den Deutschen verwandt. Weniger gefiel ihm der Denkschematismus in Diderots Enzyklopädie; auch Voltaire, das Wunder seiner Zeit, wurde kritisch gesehen. Mit höchstem Talent habe er ein halbes Jahrhundert bezaubert und beherrscht, durch parteiische Unredlichkeit aber die Sympathien der Jugend verscherzt. Goethe ärgerte sich, daß Voltaire, um die Überlieferung einer Sündflut zu entkräften, alle versteinerten Muscheln leugnete, also nicht zugeben wollte, daß man im Elsaß auf dem Grunde eines ehemaligen Meeres lebte, denn »diese Berge waren einstmals von Wellen bedeckt... das Rheintal war ein ungeheurer See«. Goethe hatte sich die elsässische und lothringische Landschaft auf Wanderungen und Ritten geographisch, geologisch und volkskundlich erklärt. Seine geologischen Neigungen führten ihn in der Nähe von Saarbrücken in Bergwerke. Das ist um so auffallender, als Goethe in seiner Jugend nichts von Natur oder Naturkunde gelernt hatte. Seine naturwissenschaftliche Bildung war alchemistisch und magisch; man wollte geheimen Kräften auf die Spur kommen. Deshalb war Chemie die Grundwissenschaft: sie konnte durch Feuer und Läuterung von der Zufälligkeit der Dinge zu ihrem Wesen führen.

Jetzt ahnte Goethe andere Kontakte mit dem Leben. Er empfand den modischen Rationalismus ebenso ungenügend wie die Verkürzung christlicher Lehren zu Frömmelei und Sündenangst. Er löste sich von den alten Formen der Religion, auch vom Verständnis der Welt durch das Studium der alten Sprachen: Es müßte einen unmittelbaren Zugang zum Sein geben. Beispiele dafür waren die Lieder des Volkes und das Straßburger Münster. Unmittelbaren Zugang zum Sein hatten die Verfasser der Bibel, Homer, Paracelsus und Shakespeare besessen. Schon vor der Begegnung mit Herder gab es Zeugnisse für Goethes Befreiung von der Bildungswelt. Sie finden sich in den Briefen und Sesenheimer Gedichten: Die Natur sei Quelle eines in sich ruhenden kosmischen Glücks. Am 27. Juni 1770 schrieb er an Katharina Fabricius, die Freundin seiner Schwester Cornelia, aus Saarbrücken: »Gestern waren wir (Goethe und Weyland) den ganzen Tag geritten, die Nacht kam herbei, und wir kamen eben auf's Lothringische Gebürg, da die Saar im lieblichen Tale unten vorbeifließt. Wie ich so rechter Hand über die grüne Tiefe hinaussah und der Fluß in der Dämmerung so graulich und still floß, und linker Hand die schwere Finsternis des Buchenwaldes vom Berg über mich herabhing, wie um die dunklen Felsen durchs Gebüsch die leuchtenden Vögelchen still und geheimnisvoll zogen; da wurd's in meinem Herzen so still wie in der Gegend und die ganze Beschwerlichkeit des Tags war im Gedächtnis aufzusuchen.« Und dann folgt der Satz:

»Welch Glück ist's, ein leichtes, ein freies Herz zu haben! Mut treibt uns an Beschwerlichkeit, an Gefahren; aber große Freuden werden nur mit großer Mühe erworben. Und das ist vielleicht das meiste was ich gegen die Liebe habe; man sagt, sie mache mutig. Nimmermehr. Sobald unser Herz weich ist, ist es schwach...« (WA IV, 1. S. 235 f.).
Diese Auffassung von der Liebe wird vier Wochen später in einem Brief an Augustin Trapp wiederholt, der um Rat gefragt hatte, ob er heiraten solle. Goethe weicht aus. Wie solle er in einer Sache raten, die über seine Erfahrung geht? Dann kommen Sätze aus pietistischem Geist, aber voll innerer Freiheit: »Überhaupt ist dies eine von den Gelegenheiten, wo unsre Klugheit, Weisheit, Grübelei oder Unglauben – wie Sie es nennen wollen – am wenigstens ausrichtet. Wer nicht wie Elieser, mit völliger Resignation in *seines* Gottes überall einfließende Weisheit, das Schicksal einer ganzen zukünftigen Welt dem Tränken der Kamele überlassen kann, der ist freilich übel dran, dem ist nicht zu helfen. Denn wie wollte dem zu raten sein, der sich von Gott nicht will raten lassen.« (WA IV, 1. S. 240).
Die Verbindung des Naturerlebnisses mit religiöser Ergebenheit bezeichnet die Form Goethescher Frömmigkeit, ein neues Weltgefühl, wo der Blick unverstellt ist von Konventionen, Bildung und Rücksichten. Es ist ein dunkler, instinktiv geleiteter Sinn für das Richtige. Diesem Sinn vertraute sich Goethe um so lieber an, als er merkte, daß es mit seinem Ich, dem Schöpferisch-Unmittelbaren, eng zusammenhing. Herder wird ihm das Stichwort dafür geben: Genie.

Herder in Straßburg

Goethe hatte Herder durch einen Zufall kennengelernt. Als er, um jemanden zu treffen, im Gasthof Zum Geist die Treppe hinaufging, stieß er auf einen Mann mit gepudertem Haar, schwarzer Kleidung und einem langen, gleichfalls schwarzen seidenen Mantel, und dachte, das müsse der berühmte Herder sein. Er begleitete ihn zu Professor Lobstein, den Herder wegen einer schmerzhaften Erkrankung am Auge in Straßburg aufgesucht hatte.

Herders berühmtes »Journal meiner Reise im Jahr 1769« ist erst nach seinem Tode stückweise bekannt gemacht worden. Er hatte es auf der Seefahrt von Riga durch die Ostsee und Nordsee, mit Stationen in Kopenhagen und Hamburg geschrieben. Die Reise endete im Juli 1769 in Nantes. Das »Journal« wurde in Form flüchtiger Notizen abgefaßt. Es ist kein Tagebuch und erst recht keine Reisebeschreibung, sondern eine Zusammenstellung wechselnder Eindrücke bei Russen, Balten, Dänen, Deutschen, Holländern und Franzosen. »Mein Geist ist nicht in der Lage zu bemerken, sondern eher zu betrachten, zu grübeln«, schrieb Herder; er gebe »Tristramsche Meinungen« von sich. Die Anspielung auf Laurence Sternes Roman ist bezeichnend für den assoziativen Denk- und Schreibstil. Ungeordnet aus seinem Innern hervorquellende Ideen, literarische und politische, Ängste und Träume wurden durch eine Menge von Büchern genährt, welche er schon in Riga und in den vier Monaten seines Aufenthalts in Nantes las, ja verschlang: Französische, spanische, englische und deutsche Werke aus Literatur und Wissenschaft. Dazu kamen die Ergebnisse seiner Königsberger Studien und die Erinnerungen an den Umgang mit Kant und Hamann.

Wie Herder waren auch diese Büchernarren, besessen vom Drang zu lesen, zu kombinieren, zu ordnen. Herder hatte ursprünglich nach Riga zurückkehren wollen, wo er fünf Jahre lang als Prediger große Erfolge gehabt hatte. Er war aus Ostpreußen, seiner Heimat, aus persönlichen Gründen weggegangen, unter anderm, um dem Militär

zu entgehen. In Rußland hatte er ein neues Vaterland gefunden; er verehrte die Kaiserin Katharina, die eine Deutsche war, und dachte an kulturelle und politische Reformen. Er wollte ein Gesetzgeber für Fürsten und Könige sein und das Bildungswesen reformieren. Er entwarf eine Schulordnung bis in die Details der Stundenpläne. Die in Leibeigenschaft und Unbildung vegetierenden Völker des russischen Reiches seien zu befreien. Die Träume betreffen die slawischen Völker: »Die Ukraine wird ein neues Griechenland werden: Der schöne Himmel dieses Volks, ihr lustiges Wesen, ihre musikalische Natur, ihr fruchtbares Land usw. werden einmal aufwachen: Aus so vielen kleinen wilden Völkern, wie es die Griechen vormals auch waren, wird eine gesittete Nation werden. Ihre Grenzen werden sich bis zum Schwarzen Meer hinstrecken und von da hinaus durch die Welt. Ungarn, diese Nationen und ein Strich von Polen und Rußland werden Teilnehmerinnen dieser neuen Kultur werden; von Nordwest wird dieser Geist über Europa gehen, das im Schlafe liegt, und dasselbe dem Geiste nach dienstbar machen. Das alles liegt vor, das muß einmal geschehen. Aber wie, wann und durch wen? Was für Samenkörner liegen in dem Geist der dortigen Völker, um ihnen Mythologie, Poesie, lebendige Kultur zu geben...«
Keimhaft enthält Herders »Journal« die Kulturkritik seiner späteren Schriften, die Liebe zur Jugend, zum Lied, zur Urzeit, zur Volkspoesie und zur Bildung aus dem Geist der Humanität. Wie er im Osten die slawischen Völker aufstehen sieht, stellt er im Westen die Vergreisung der französischen Literatur fest. Die überkommenen Religionen hält er nicht mehr für fähig, aus dem Schlaf ihrer historischen Befangenheit zu erwachen. Er will ein besserer Calvin und Zwingli werden: Die neue Religion wird geboren aus dem Geist der Toleranz.
Herder dachte an die Zukunft. Das erklärt sich aus seinem Herkommen. Er hatte Angst vor den Wäldern seiner Heimat, vor dem Meer und dem Elementaren. Ihn schauderte vor dem Dunklen. »Schaudern« war sein Lieblingswort, mit dem er das Dunkle abwehrte. Er wollte schlichte und klare Verhältnisse. Darum liebte er das erhaben Gefühlvolle bei Ossian, die Einfachheit der Ilias, das Märchenhafte der Odyssee, den festlichen Gesang eines Pindar. Die Klassik Athens und Roms lehnte er ab. Sie war durch Verfeinerung entartet. Das edle Christentum sei durch dogmatische Streitigkeiten entweiht. Shake-

speare sah er als Heldendichter der Vorzeit in ossianischem Licht. Die ersten Bücher der Bibel seien die älteste Urkunde des Menschengeschlechts. Er spricht von der Schönheit des biblischen »Parallelismus der Glieder«, wie schmal die grammatische und verbale Basis der hebräischen Sprache sei – aber »welche Poesie!« Die Wortschöpfung des Orients sei sinnlicher, voller, sie komme nicht von Buchstaben, sondern vom Hören. Das Klima des Morgenlands wird dem rauhen des Nordens gegenübergestellt. Es erkläre den Gegensatz nördlicher und südlicher, rauher und lieblicher Dichtung. »Der Orient holt die Töne tiefer aus der Brust, aus dem Herzen hervor.«

Diesem Herder ist Goethe in Straßburg begegnet. Er wurde überwältigt von der Fülle seiner Einsichten, und immer wieder begeisterte und überzeugte ihn Herders Hinweis auf die Poesie als Muttersprache des Menschengeschlechts, wie Hamann gesagt hatte, auf die Ursprünge und die Idee einer Moralisierung der Völker durch die Heilige Schrift. Das Alte Testament war die Offenbarung von Empfindungen, welche der Mensch als göttlichen Hauch in sich trägt. Patriarchen und Propheten waren dieses Geistes voll. Es lag nahe, dies Ursprüngliche als Genie zu bezeichnen. Der nächste Schritt war dann nicht weit: Was in alten Zeiten die Propheten waren, sind in neuen Zeiten die vom Geist Gottes erfüllten Genies.

Herder litt an einer Fistel des Augentränenkanals und war nach Straßburg gekommen, um sie operieren zu lassen. Die Heilung mißlang. Herder, von Natur ungeduldig und aufbrausend, war an seine Krankenstube gefesselt. Er fand Trost im Umgang mit Bekannten, denen er sich mitteilen konnte. Er sprach und redete schon damals besser als er schrieb. Er faszinierte die Hörer mit seinen kohlschwarzen Augen und seinem angenehmen Tonfall. Der Vorgang blieb einseitig. In Herders Briefen und Notizen des Straßburger Herbstes 1770 wird Goethe nie erwähnt. Dieser aber schrieb über Herder: »Was in einem solchen Geiste für eine Bewegung, was in einer solchen Natur für eine Gärung müsse gewesen sein, läßt sich weder fassen noch darstellen« (HA IX, S. 405 f.). Er rät, wenn der Leser wissen wolle, was Herder in Straßburg mit ihm geredet habe, solle er dessen Aufsätze über Ossian und Shakespeare lesen.

Im Ossianaufsatz heißt es: »Wissen Sie, warum ich ein solch Gefühl teils für Lieder der Wilden, teils für Ossian insonderheit habe? Ossian

zuerst habe ich in Situationen gelesen, wo ihn die meisten, immer in bürgerlichen Geschäften und Sitten und Vergnügen zerstreuten Leser als bloß amusante, abgebrochene Lektüre kaum lesen können. Sie wissen das Abenteuer meiner Schiffahrt; aber nie können Sie sich die Würkung einer solchen, etwas langen Schiffahrt so denken, wie man sie fühlt. Auf einmal aus Geschäften, Tumult und Rangespossen der bürgerlichen Welt, aus dem Lehnstuhl des Gelehrten und vom weichen Sofa der Gesellschaften auf einmal weggeworfen, ohne Zerstreuungen, Büchersäle, gelehrten und ungelehrten Zeitungen, über einem Brette, auf offnem allweiten Meere, in einem kleinen Staat von Menschen, die strengere Gesetze haben als die Republik Lykurgus', mitten im Schauspiel einer ganz andern lebenden und webenden Natur, zwischen Abgrund und Himmel schwebend, täglich mit denselben endlosen Elementen umgeben, und dann und wann auf eine ferne neue Küste, auf eine neue Wolke, auf eine ideale Weltgegend merkend – und nun Lieder und Taten der alten Skalden in der Hand, ganz die Seele damit erfüllet, an den Orten da sie geschahen... glauben Sie, da lassen sich Skalden und Barden anders lesen als neben dem Katheder des Professors.« In Parallele dazu werden Homer (»auf den Trümmern Trojas«), die »Argonauten«, die »Odyssee« und die »Lusiaden« des Camoes gelesen. Was ist diese Literatur gegen die Menuette und »Reimlein« der französischen Literatur? Vor Herders Enthusiasmus flog die humanistisch-traditionelle Bildung Goethes wie Spreu im Winde davon. Alles, was er gelernt und studiert hatte, das biblisch-mystisch-chymische Gebäude der Spekulation, die Begeisterung für klassische Antike und französische Dramatik lösten sich auf. An ihre Stelle trat die Befreiung durch die Inspiration des Gefühls: Das Genie war entbunden und konnte auf sich selbst, auf die Stimme des Innern vertrauen. Goethes Sesenheimer Gedichte und die Briefe der Straßburger Zeit sprechen eine herzlich-offene, überlegen-ironische Sprache. Herder hat diese Sprache gesucht, aber nicht gefunden. Als Lyriker blieb er dem Duktus Klopstocks verhaftet. Wenn Herder den Genius besingt, stellt er ihn in Klopstocks Tönen dar: »Was, ich bin Geist! ich Geist! – so bin ich Gott! Ich denk, ich will, ich bins...« Doch in der Übertragung aus fremden Sprachen, der Volkslieder und Balladen, riß er seine Grenzen auf.
Herder hielt Macphersons Ossianische Gesänge für gälische Origi-

nale aus alter Zeit. Auch Goethe hielt sie dafür, entsprach doch die ossianische Schwermut dem Gefühl der Zeit, so daß er seine Übertragungen in »Werthers Leiden« einfügen konnte. Als man Macphersons Gedichte als Fälschung erkannt hatte, hielt Herder an seiner Überzeugung von ihrem Wert fest. Selbst Shakespeare sah er in ossianischer Stimmung: »Hoch auf einem Felsengipfel sitzend! zu seinen Füßen Sturm, Ungewitter und Brausen des Meeres; aber sein Haupt in den Strahlen des Himmels!« Wie anders war dies Bild des englischen Dichters als das, welches Goethe aus Wielands Prosaübersetzung in Leipzig empfangen hatte!
Ähnlich wie Ossian hatten Herder Thomas Percys »Reliques of ancient English Poetry«, 1765 in drei Bänden, ergriffen. Die schottischen und englischen Balladen erregten in ganz Europa Stürme der Begeisterung. Auch hier war es das Schauderhafte, was Herder faszinierte. Seine Übersetzung ist bis auf den heutigen Tag lebendig geblieben:

Dein Schwert, wie ists von Blut so rot?
Edward, Edward!

Neben schottischer Volkspoesie, nordischen Götterliedern, litauischen, lettischen und jenen englischen Liedern, die Shakespeare in seinen Stücken den Narren und Mädchen in den Mund legt, entdeckte Herder das Zarte, die Unschuld, das Schaurige und Holde des deutschen Volkslieds. (Goethe eignete sich das »Heiderösle in« durch geringe Umarbeitung an.) Die deutsche Kunstdichtung wurde von Herder kritisch betrachtet; eigentlich kann bei ihm nur Klopstock bestehen, vor und neben ihm Albrecht von Haller, Ewald von Kleist und Johann Wilhelm Ludwig Gleim, obwohl er dessen anakreontische Freunde ablehnte. Höchstes Lob erhält Lessing, bei dem er in Hamburg vierzehn glückliche Tage verbracht hatte.
Herders literarische Bildung war weit gefächert, die theologische eher mäßig: Die Theologie Königsbergs stand zwischen Offenbarungsglauben und kritischer Aufklärung, und über diesen Zwiespalt ist Herder nie hinweggekommen. Mehr als theologische Fragen fesselten ihn Naturwissenschaften und die Anfänge experimenteller Erfahrungen auf dem Gebiet des Magnetismus und der Elektrizität. Dann wurde Immanuel Kant sein Lehrer, der frühe, skeptische, vorkritische

Kant. Herder schrieb von ihm: »Ich habe das Glück gehabt, einen Philosophen zu kennen, der mein Lehrer war. Er in seinen blühendsten Jahren hatte die fröhliche Munterkeit eines Jünglings... Die gedankenreichste Rede floß von seinen Lippen, Scherz und Witz und Laune standen ihm zu Gebote, und sein lehrender Vortrag war der unterhaltendste Umgang. Mit eben dem Geist, mit dem er Leibniz, Wolff, Baumgarten, Crusius, Hume prüfte, und die Naturgesetze Keplers, Newtons, der Physiker verfolgte, nahm er auch die damals erscheinenden Schriften Rousseaus, seine ›Emil‹ und ›Heloise‹, sowie jede ihm bekannt gewordene Neuentdeckung auf, würdigte sie und kam immer zurück auf unbefangene Kenntnis der Natur und auf moralischen Wert des Menschen. Menschen-, Völker-, Naturgeschichte, Naturlehre, Mathematik und Erfahrung waren die Quellen, aus denen er seinen Vortrag und Umgang belebte; nichts Wissenswürdiges war ihm gleichgültig... Er munterte auf und zwang angenehm zum Selbstdenken« (zit. Kantzenbach, 19). Kant behandelte alle Gebiete mit weltmännischer Offenheit und erschloß dem Studenten aus den ostpreußischen Wäldern die Welt. Kam Kant jedoch von den »Realien« auf metaphysische Fragen, dann flüchtete Herder zu Bacon und Rousseau. Zur Theologie als Wissenschaft hat Herder nie zurückgefunden – ein Mangel, der ihm später in seinen geistlichen Ämtern noch lästig werden sollte.

Kants Antipode, damals noch sein Freund, war Johann Georg Hamann. Herder war ihm im Jahre 1764 bei einem Gottesdienst begegnet. Hamann witterte die Talente des Studenten, er brachte ihm die englische Sprache bei – und zwar an Hand von Shakespeares »Hamlet«. Gemeinsam studierten sie Italienisch. Hamann war durch seine »Sokratischen Denkwürdigkeiten« (1759) bekannt geworden. Jüngst waren die »Kreuzzüge eines Philologen« erschienen. Er kannte die philosophische, theologische und schöngeistige Literatur Englands, Frankreichs und Deutschlands. Er hat in Herder das enzyklopädische Interesse geweckt, und zwar im Gegensatz zu den methodisch angelegten Sachwörterbüchern der Franzosen. Hamann verwarf die rationalistische Deutung und hatte die Forderung nach Verständnis für die irrationalen Kräfte erhoben: In den Dichtern wirke die Natur mit den Kräften des Herzens und der Phantasie. Sie ahmten die Schöpfung Gottes nach, die eine »Rede Gottes an die Kreatur« sei. Goethe waren diese Vorstellungen nicht ungewohnt; er legte sie im Sinne einer Entsprechung von Mikrokosmos und Makrokosmos aus. Später hat er, zum Verdruß Herders, sogar behauptet, was ein vorzügliches Individuum hervorbringe, sei doch auch Natur. Unter allen Völkern, frühern und spätern, sei nur der Dichter schöpferisch. Er sah und empfand künstlerisch, während Herder geschichtlich fühlte und dachte.

Hamanns Schriften wurden damals viel gelesen, seine christliche Entscheidung wurde aber verdrängt zugunsten einer Anerkennung des Genies. War der Geist bei Hamann der Paraklet im Sinne des Johannesevangeliums, die Treibkraft aller schöpferischen Bewegung, so war es jetzt das Genie. Goethe hat sich sein Leben lang für Hamann interessiert, klagte aber, daß es schwer gewesen sei, Hamanns Schriften und Flugblätter aufzutreiben. Jahrzehnte später, bei der Fürstin Gallitzin in Münster, kam er noch einmal mit Hamanns prophetischem Geist in Berührung. Aus der Erinnerung an diese Tage ist zu erklären, daß Goethe in »Dichtung und Wahrheit« schrieb: »Man ahndete hier einen tiefdenkenden gründlichen Mann, der, mit der offenbaren Welt und Literatur genau bekannt, doch auch noch etwas Geheimes, Unerforschliches gelten ließ und sich darüber auf eine ganz eigene Weise aussprach. Von denen, die damals die Literatur des Tags beherrschten, ward er freilich für einen abstrusen Schwärmer gehalten...« (HA, IX, S. 512). In Straßburg haben wohl die meisten so gedacht; daß jenes Geheime und Unerforschliche bei Hamann sich auf die übernatürliche Wirklichkeit und die göttliche Gnade im Sinne der christlichen Orthodoxie bezog, blieb der Zeit verborgen. Es bedurfte des selbstbewußten Glaubens der Epoche an die »Natur«, um Hamanns Geist zu einer Verkündigung des Genies umzudeuten.

Noch freilich schienen Hamann und Herder gleichen Sinnes zu sein. Im Oktober 1772 schrieb Hamann an den ihm aus den Augen geratenen Herder: »Ich lache jetzt selbst über meinen sokratischen Gram, daß ein Jüngling wie Herder schwach genug sein sollte, den schönen Geistern seines Jahrhunderts und ihrem bon ton nachzuhuren. Meine Freude ist aber jetzt so irrig wie St. Paulus seine, da er sich über die Korinther und sie umsonst betrübt hatte. Wir wollen uns beide in Apoll aufmuntern und stärken, unsern Lauf mit Freude zu vollenden und darin nicht müde zu werden« (Hamann, Br. II. 16). Hamanns Stil ist nicht dunkel, er ist facettenreich und verlangt genaue Leser.

Die Operation an Herders Auge mißlang auch beim zweiten Versuch. In einem verdunkelten Zimmer leistete Goethe dem Unglücklichen Gesellschaft. In »Dichtung und Wahrheit« schrieb er, ihm sei bewußt gewesen, daß diese Begegnung für die Geistes- und Literaturgeschichte bedeutende Folgen haben werde. Herder hat Goethe von seinem Hermetismus, von Magie und dem Koloß der Überlieferung befreit, der wie ein riesiger Schneeball durch die Jahrtausende gewälzt worden sei.

Gewiß hatte Goethe von Rousseau, Leibniz und Buffon gehört, hatte Homer und Shakespeare in französischen und deutschen Übertragungen gelesen, hatte für Winckelmann, Lessing und Klopstock geschwärmt. Bei Herder traten diese Sterne jetzt zu leuchtenden Bildern zusammen und wurden durch Montesquieus »Gesetze«, David Humes philosophisch-moralische Essays, durch Shaftesbury, Mendelssohn und Nicolai ergänzt. Von Herder hörte Goethe, daß Klopstock weit mehr sei als der Dichter des Messias, nämlich der erste moderne Dichter überhaupt. Martin Luther habe die deutsche Sprache, einen schlafenden Riesen, aufgeweckt. Auch war Herder der Ansicht, das Buch Genesis der Bibel enthalte keine Dogmatik, sei vielmehr ein poetischer Bericht aus der Urzeit. Herder bestärkte Goethe in seiner Bewunderung für Leibniz. Bei diesem fand Goethe eine in ihm selbst erst keimende Idee entwickelt, den Gedanken vom individuellen Existieren alles Lebendigen und von der Bedeutung des Werdens, der Entwicklung. Herder sprach von Newton und Leibniz als Boten der Gottheit, von Linné und Buffon als Erklärern der Zwecke und Systeme der Natur. Er sagte, daß Rousseaus Forderung »Zurück zur Natur!« weit mehr sei als eine Aufforderung, die Konventionen der Gesellschaft, die Vorurteile der Stände, der dynastischen Politik, Zopf und Degen, Perücken und seidene Kleider aufzugeben, nämlich eine Forderung zur Rückkehr des Menschen zu den Ursprüngen seiner Natur.

Herder scheint die rasche, vorlaute und naive Selbstsicherheit, das »Spatzenmäßige« des Charakters seines Schülers in ihre Schranken gewiesen zu haben, und Goethe ließ es sich gefallen. Zu staunenerregend war das meiste, was Herder vortrug. Über den Ursprung der Sprache hatte er nie gegrübelt. Nun mußte er vernehmen, Sprache und Dichtung hätten keinen Ursprung, sie seien mit dem Menschen dagewesen in dem, was den Menschen vom Tier scheide. Seine Kenntnis des Hebräischen war viel zu gering, als daß er über das reziproke Verhältnis von verbaler und grammatischer Beschränktheit und geistigem Gehalt hätte nachdenken können.

Wochenlang hat Goethe Herders geistreiche, witzige, bissige, oft polternde und verdrießliche, dann wieder liebenswürdig werbende Art ertragen. Aber Ende 1771 schrieb er an ihn, nachdem er Hamanns »Sokratische Denkwürdigkeiten« studiert hatte, er wolle einen »Sokrates« dichten und sich so »zu der wahren Religion hinaufschwingen..., der statt des Heiligen ein großer Mensch erscheint« (HA, Br. I., S. 130). Große Menschen waren Prometheus, Caesar und Mohammed. Es ist kein Zufall, daß von solchen Plänen nur Bruchstücke realisiert wurden. Als lutherischer Theologe konnte Herder diesen Vorstellungen nicht folgen. Darüber sollte es später mit Goethe zu Streitigkeiten und fast zum Bruch kommen.

Goethe hatte auch in den Wochen der Faszination Vorbehalte gegen Herder. In »Dichtung und Wahrheit« steht der Satz: »Am meisten aber verbarg ich vor Herdern meine mystisch-kabbalistische Chemie und was sich darauf bezog« (HA IX, S. 414). Herder hielt Goethes Chemie für eine überholte Form der Naturwissenschaft. Im Verhältnis zu Friederike sah er eine Verirrung; warum sollte sich ein junger Mensch den Weg in die Zukunft durch eine unüberlegte Bindung verbauen? Im übrigen aber sollte Herder Goethes Zentralgestirn bleiben und in die Gestalt des Faust eingehen. Im Herbst 1771 schrieb er aus Frankfurt, nachdem Herder Hofprediger in Bückeburg geworden war: »Herder, bleiben Sie mir, was Sie *mir* sind. Bin ich bestimmt, Ihr Planet zu sein, so will ichs sein, es gern, es treu sein. Ein freundlicher Mond der Erde. Aber das – fühlen Sie's ganz – daß ich lieber Merkur sein wollte, der letzte, der kleinste vielmehr unter siebnen, der sich mit Ihnen um Eine Sonne drehte, als der erste unter fünfen, die um den Saturn ziehn. Adieu, lieber Mann. Ich lasse Sie nicht los. Ich lasse Sie nicht! Jakob rang mit dem Engel des Herrn. Und sollt' ich lahm drüber werden!« (HA, Br. I., S. 128).

Friederike und Lenz

Goethes Liebe zu Friederike Brion, der 19jährigen Pfarrerstochter von Sesenheim, hat sich seinen Lesern unvergeßlich eingeprägt. Friederike ist die lieblichste, reinste und wahrste Gestalt unter den Frauen und Mädchen, die Goethe beschreibt. Sie erschien ihm in zauberhafter Anmut und Unschuld, in ihrer volksmäßigen Tracht und ländlichen Umgebung unbefangener als unter gebildeten Städtern. Sie war Goethes erste große Liebe, und diese Liebe nahm ihn, der eben zu sich selbst erwachte, völlig gefangen. Friederike war von der jugendlich-kecken, übermütigen, geistreichen, selbstbewußten und ihre Kräfte fühlenden Persönlichkeit Goethes überwältigt. Sie hat ihn zu den Sesenheimer Liedern inspiriert, wo er zum ersten Mal ein großer Dichter und Lyriker ist. Da kommen Töne aus seinem Innern, die so nie vorher vernommen worden waren, und die auch bei Goethe später verstummt sind. Es sind die Gedichte »Jetzt fühlt der Engel, was ich fühle«, »Kleine Blumen, kleine Blätter«, »Erwache Friederike« und das »Maifest«, wo sich die Motive verbinden: Die Natur, der Frühling, die Freude am Dasein, die Liebe als Erfülltsein, wie die Lerche erfüllt ist von Gesang und Luft. Und dann ein Gedicht, dessen Frische heute noch wirkt. Es beginnt mit den einfachen Zeilen »Wie herrlich leuchtet mir die Natur!« Vielleicht steckt ein biblisches Motiv dahinter: »Die Nacht leuchtet wie ein Tag« (Ps. 139,12). Die Natur spricht selber: Blüten dringen aus jedem Zweig und tausend Stimmen aus dem Gesträuch...

Das Neue daran ist nicht die Erregung durch atmosphärisches Wohlbehagen und das Glück der Liebe. Das gab es in der europäischen Lyrik seit Petrarca. Die Begeisterung für die Schönheit und die in sich bewegte und in Bewegung gesetzte Natur, für die kristallenen Wasser, spiegelklaren Lüfte, für Blüten und Blumen, für Tage und Nächte gab es bei Friedrich von Spee, bei Grimmelshausen und Johann Christian Günther. Aber bei diesen Dichtern ist das Lob der Natur Lob der Schöpfung, dient die Liebe der Verherrlichung der

Geliebten. Das gilt für Goethe nur bedingt. Gewiß ist Friederike, das Mädchen im Zauber ihrer Unschuld, Gegenstand des Gedichts, wenn der Dichter wartet, daß die Schlafende erwacht. Während des Wartens schreibt er sein Gedicht »Erwache, Friederike!«. Die Erwartung erfüllt das Gedicht, übrigens mit Resten galanter Koketterie, wenn Friederike die schönste seiner Musen genannt wird. Doch ist hier ein Mehr, das dem Autor nicht bewußt war und das Signal einer neuen Epoche der Dichtung ist. Alles, was hier gesagt wird und sich leicht und fast spielerisch vorträgt, neue Lieder zu neuen Tänzen, alles einzelne in diesen Liebesgedichten ist von Konventionen gelöst.
Die Herzensempfindung für die Natur und die Liebe kommt nicht von oben aus den Sphären des Himmels: Sie kommt aus dem Glück des Augenblicks, durch kein Begreifen gebrochen; sie ist so selbstverständlich »wie der Vogel singt, der in den Zweigen wohnet«. Hatte das barocke Gedicht in der Reflexion, das galante in der Huldigung seine Erfüllung gefunden, so ist das Neue bei Goethe die Aufhebung jeder Distanz zwischen Erlebnis und Wortklang. Die maienhaft geschmückte Natur saugt das Ich in sich hinein:

Und Freud und Wonne
Aus jeder Brust.
O Erd, o Sonne,
O Glück, o Lust. (HA I, S. 30)

Goethe hat sich als erster moderner Mensch in den Quellbereich des Lebens hineingefühlt, in das liedhaft Schlichte, Natürliche, Einfache und Jugendliche. Was in Leipzig angeklungen war, ein gesteigertes Lebensgefühl, fand in den Sesenheimer Gedichten seinen Ausdruck. Sie wurden vorerst nur im Freundeskreis mitgeteilt, einige standen in den verlorenen Briefen an Friederike. Alle Sinne waren beteiligt. Die leidenschaftlich-unmittelbare Sprache ließ die Person des Mädchens fast verschwinden. Das schönste dieser Gedichte ist »Willkommen und Abschied«, halb Ballade, halb Lied. Hier zeigt sich der Dichter in neuen Bildern, Metaphern und Wortfügungen.
Es ist wohl das letzte der Sesenheimer Lieder, im Frühjahr 1771 entstanden. Goethe hat die Gedichte, übrigens ohne seinen Namen, 1775 auf Bitten Jacobis in dessen »Iris« drucken lassen – wie sich später herausstellen sollte, in einer redigierten Fassung.

Die Öffentlichkeit wurde im Jahre 1835 durch ein Konvolut von Gedichten aufgestört, das der Student Heinrich Kruse aufgezeichnet hatte, als er Goethes Spuren in Sesenheim nachging. Friederike war gestorben, aber ihre Schwester Sophie zeigte ihm Gedichthandschriften, welche Goethe und Lenz ihren Briefen an Friederike beigelegt hatten. Es waren elf Gedichte, Kruse durfte sie abschreiben; es ist das »Sesenheimer Liederbuch«. Im 19. Jahrhundert hielt man Goethe für den Autor aller Gedichte. Später entdeckte man, Lenz habe einen Teil von ihnen geschrieben. Der Streit blieb unentschieden. Heute schreibt man Goethe nur jene Gedichte zu, die er in seine eigenen Ausgaben übernommen hat, darunter »Willkommen und Abschied«. Die Sesenheimer Abschriften enthalten keine Namen der Autoren unter den Gedichten, sie zeigen aber Abweichungen von den in der »Iris« gedruckten Stücken. Ganz sicher ist Goethes Autorschaft für das Maifest von 1771:

Wie herrlich leuchtet
Mir die Natur!
Wie glänzt die Sonne!
Wie lacht die Flur! (HA I, S. 30)

Landschaft und Liebe, das Mädchen und der Kosmos werden eins im Jubel eines in sich bewegten, werdenden Seins. Das Lebensgefühl ist überwältigend. Goethe erscheint als der Dichter einer Generation, die sich freimachte vom Spiel und den Bildbegriffen des galanten Rokoko. Das innig-schlichte Volkslied ist das Vorbild. Im Auftrag Herders sammelte Goethe elsässische Volkslieder. Auch Lenz hat diesen Ton beherrscht, vielleicht von Goethe übernommen.
Schon die Zeitgenossen hatten Schwierigkeiten, Goethe und Lenz auseinanderzuhalten. Als Persönlichkeit war der junge Lenz, reizbar und sensibel, dem unbeständigen und übermütigen Studenten Goethe überlegen. Ein Lied wie »Erwache Friederike« soll mit Strophe 1, 3 und 6 Goethe, mit den andern Lenz gehören. Heute glaubt man, die Gedichte »Wo bist du izt, mein unvergeßlich Mädchen« und »Ach bist du fort« seien von Lenz. Das balladenhafte Lied auf den Pfarrer »Der hat ein Kind« ist wahrscheinlich von Lenz; nur er hat die Verlassene, welche beschrieben wird, in diesem Zustand gekannt.
Das kleine Gedicht »Ach, wie sehn' ich mich nach dir« stand zwar

anonym in Jacobis »Iris«, wurde aber von Goethe in keine seiner Sammlungen aufgenommen. Das gilt auch für das wohl erst 1772 in Frankfurt entstandene dreistrophige Gedicht »Ein zärtlich-jugendlicher Kummer«, wo Friederike-Motive anklingen, aber merkwürdig uneinheitlich übergehen in ein Lob des Landlebens.

Mit den Sesenheimer Liebesgedichten nimmt Goethes Lyrik Töne und Motive auf, die bis in die Zeit der Frau von Stein reichen. Ihr Gegenstand ist die Geliebte als Befreierin aus Not und Bedrängnis; daher die immer wiederkehrenden Worte von Glück und Freude, die Erhöhung der Frau zur Göttin und Heiligen. Die vier Strophen von »Willkommen und Abschied« sind balladische Szenen; in der ersten Fassung heißt es, der Dichter reite »wild wie ein Held zur Schlacht«. In wenigen Worten werden Ritt, Szenerie, Charakter und Leidenschaft deutlich. Das Motiv des Ritts durch Nacht und Wald zur Geliebten, zum ersten Mal in der hohen Literatur, stammt wohl aus Herders litauischen Volksliedern. Nacht und Nebel verschlingen den Reiter in Bildern von ossianischer oder Shakespearescher Naturanschauung. Die Nacht »hängt« an den Bergen, die Eiche steht im Nebelkleid, ein aufgetürmter Riese, da. Finsternis sieht aus dem Gesträuch mit hundert schwarzen Augen, und dann eine typisch Goethesche Erfindung:

> Der Mond von einem Wolkenhügel
> Sah kläglich aus dem Duft hervor. (HA I, S. 28)

Zartheit und Schmelz unterscheiden die Goethesche Sprache von der seiner Zeitgenossen. Erst Mörike findet ähnliche Töne. Die Nacht, schauerlich und leise, schafft tausend Ungeheuer, doch frisch und fröhlich ist der Mut; die Leidenschaft durchdringt die Handlung von Aufbruch, Empfang und Abschied. Alles dreht sich um die Gestalt der Geliebten. Das Entzücken findet den Höhepunkt in konzentrierten Bildbegriffen: »Ein rosafarbnes Frühlingswetter« umgab das liebliche Gesicht, »und Zärtlichkeit für mich«! Einen Augenblick scheint es dem Liebenden die Sprache zu verschlagen. Dann kommen der Abschied, der Jammer der Trennung. In der ersten Fassung klingt es wunderbar inspiriert:

Du gingst, ich stund und sah zur Erden
Und sah dir nach mit nassem Blick.

In der späten Fassung werden die Aktion und das Motiv verkehrt:

Ich ging, du standst und sahst zur Erden
Und sahst mir nach mit nassem Blick. (HA I, S. 28)

In diesem Gedicht steckt weit mehr als ein Erlebnis. Die Begegnung ist die Vision einer Verschmelzung von Natur, den Empfindungen von Freude und Wehmut mit der Erzählung. Herder hatte Goethe gelehrt, mit ursprünglichen Augen und selbständig zu sehen, nicht anders als ein Wilder, der einen hohen Baum bewundert und den Wipfel rauschen hört. Das Verbum mache die Kraft der Dichtung aus: Der Abend wiegt die Erde, die Nacht hängt an den Zweigen, die Finsternis sieht aus dem Gesträuch, die Winde schwingen die Flügel. Herder hatte Goethe veranlaßt, die Natur nicht als Literat zu sehen, sondern wie der anonyme Dichter des Volkslieds. In diesem Paradies war Goethe Friederike begegnet.

Demgegenüber sind die Szenen in »Dichtung und Wahrheit« ein Jahrzehnte später entstandener Roman. Sie spiegeln immer noch den Zauber der Liebe und gehören zu den schönsten Episoden der Autobiographie. Die Schilderung wird durch die verfehlte Liebschaft mit den Töchtern des Straßburger Tanzlehrers und Lucindes Fluch vorbereitet. Sie wird beendet durch die Vision der Rückkehr Goethes nach Sesenheim in einem hechtgrauen Gewand. Zu den novellistischen Zügen kommen die Details der Sesenheimer Idylle, die Verkleidungsszene mit George, die Beschreibung des Festes und der Ritt durch Drusenheim. Die Darstellung wird mit diesen Mitteln dichterisch gesteigert. In Wirklichkeit verlief alles einfacher, unbefangener und herzlicher. Das Erlebnis der Liebe war tiefer als bei Käthchen Schönkopf in Leipzig. Damals war Goethe, wie er an Frau von Stein schrieb, ein Knabe gewesen. Jetzt war er ein junger Mann.

Als sein Tischgenosse Weyland ihn bei der Pfarrersfamilie Brion in Sesenheim einführte, sah sich Goethe in ein Erlebnis verstrickt, das er nicht erwartet hatte. Die Begegnung war literarisch vorgeprägt durch die Lektüre von Goldsmith' »Pfarrer von Wakefield«. In Briefen an Salzmann hat Goethe seinen Liebeskummer mit Friederike zur Sprache gebracht. Wir wissen jedoch nichts Genaues. Nicht nur Goethe hat alle Zeugnisse unterdrückt, sondern auch die Familie Brion. Sie bewog später sogar einen Straßburger Bibliothekar zum Verbrennen der in Frage kommenden Briefe. Sie hatte wohl Gründe, die Spuren zu verwischen, denn Goethe war, nachdem er Friederike verlassen hatte, mit dem »Götz« berühmt und mit »Werther« ein Weltautor geworden. So wie sich Freunde und Andenkenjäger auf das Frankfurter Elternhaus zu stürzen begannen, fürchtete man im Pfarrhaus von Sesenheim, gewarnt durch Lenz, eine Invasion von neugierigen Schnüfflern. Friederikes Schwester Sophie hat die nachgelassenen Briefe der Toten vernichtet und nur jene Gedichte aufbewahrt, die sie Kruse dann sehen ließ.

Man weiß nicht, weshalb und mit welchen Gründen Goethe sich von Friederike verabschiedet hat. Am einfachsten ist die Annahme, er habe sich mit seinen zweiundzwanzig Jahren nicht binden wollen. In »Dichtung und Wahrheit« deutet Goethe jedoch an, er sei von jener Lucinde der Tanzmeisterepisode »verwünscht« worden und habe sich vorgenommen, kein Mädchen mehr zu küssen, »weil ich solches (das Mädchen) auf eine unerhörte geistige Weise zu beschädigen fürchtete« (WA I, 18. S. 13). In einem Leipziger Gedicht mit dem Titel »Wahrer Genuß« hatte es geheißen: »Ich bin genügsam und genieße / Schon da, wenn sie mir zärtlich lacht, / Wenn sie bei Tisch des Liebsten Füße / Zum Schemel ihrer Füße macht« (WA I, 4. S. 90). Daß Goethe Angst vor Frauen hatte und die Ehe fürchtete, hing mit dem oft hervorgehobenen Gedanken der Reinheit und seinem Schamgefühl zusammen. Es waren moralische und religiöse Gründe, Enthaltsamkeit als Tugend der Frommen.

Als er 1779 Friederike besuchte, dürfte der Grund gewesen sein, zu hören, was Lenz in Sesenheim gewollt und erreicht hatte. Er wußte, daß Lenz krank war. Alles, was er später, in »Dichtung und Wahrheit« und andern Aufzeichnungen, über ihn geschrieben hat, klingt voreingenommen und gereizt. Lenz hatte in seiner überschwenglichen Art geglaubt, Friederike liebe ihn, was sicher nicht der Fall war. Goethe schrieb in einer Notiz über den Besuch von 1779 in Sesenheim: »Der größte Teil der Unterhaltung (mit Friederike) ging über Lenzen. Dieser hatte sich nach meiner Abreise im Hause introduziert, von mir was nur möglich war zu erfahren gesucht, bis sie

(Friederike) endlich dadurch, daß er sich die größte Mühe gab, meine Briefe zu sehen und zu erhaschen, mißtrauisch geworden ...« (HA X, S. 537).
Lenz hat nach den Sesenheimer Ereignissen, bei Goethe in Weimar, 1776, eine Ballade »Die Liebe auf dem Lande« vollendet. Sie befand sich bei Goethes Akten und wurde nach dem Tod von Lenz, 1792, mit andern Lenziana Schiller übergeben, der sie in seinem Musen-Almanach auf das Jahr 1798 druckte. Der Mann, dem in diesem Gedicht eine verlassene Pfarrerstochter nachtrauert, ist Goethe.

Der hatt' ein Kind, zwar still und bleich
Von Kummer krank, doch Engeln gleich. –
Sie hielt im halberloschnen Blick
Noch Flammen ohne Maß zurück,
All itzt in Andacht eingehüllt,
Schön wie ein marmorn Heiligenbild.
War nicht umsonst so still und schwach,
Verlaßne Liebe trug sie nach.
In ihrer kleinen Kammer hoch
Sie stets an der Erinnrung sog;
An ihrem Brotschrank an der Wand
Er immer, immer vor ihr stand,
Und wenn ein Schlaf sie übernahm,
Im Traum er immer wieder kam.
Für ihn sie noch ihr Härlein stutzt,
Sich, wenn sie ganz allein ist, putzt.
All ihre Schürzen anprobiert
Und ihre schönen Lätzchen schnürt,
Und von dem Spiegel nur allein
Verlangt, er soll ein Schmeichler sein.

Denn immer, immer, immer doch
Schwebt ihr das Bild an Wänden noch,
Von einem Menschen, welcher kam
Und ihr als Kind das Herze nahm.
Fast ausgelöscht ist sein Gesicht,
Doch seiner Worte Kraft noch nicht

Und jener Stunden Seligkeit
Ach jener Träume Wirklichkeit
Die, angeboren jedermann,
Kein Mensch sich wirklich machen kann.

Man hat das Gedicht, des dichterischen Ranges wegen, Goethe zugeschrieben. Aber nur Lenz hat die Verlassene in diesem Zustand gesehen. Während Goethe unter dem Einfluß der Frau von Stein zur »Mäßigung« gelangt war (»tropftest Mäßigung dem heißen Blute«), hatten Klinger und Lenz durch überspannte Einseitigkeit die Tendenzen des Sturm und Drang fortgebildet. So auch dies Gedicht: In Empörung gegen den Egoismus des Mannes verlockte es zu Parodien von unbekannter Hand:

Ein wohlgenährter Kandidat,
Der nie noch einen Fehltritt tat...

Mit diesen Zeilen beginnt eine der vielen Fassungen. In August Bürgers »Lenore« hat das Motiv seine großartigste Ausformung erfahren. In welchem Verhältnis Lenz zu Friederike stand, wissen wir im einzelnen genau so wenig wie bei Goethe. Seine bald darauf in mehreren Schüben deutlich werdende Geisteskrankheit hat die Meinungen über Lenz ebenso negativ beeinflußt wie Goethes unfreundliche Äußerungen. In Lenz sind nicht nur die Tendenzen des sogenannten Sturm und Drang deutlich, sondern eine Anlage, in der er Goethe überlegen war, die dramatische. Er hat die Antriebe und Lehren Herders von der Verwurzelung des dramatischen Geschehens in menschlichen Urbildern verwirklicht. Er läßt die Menschen Natur sein. Ihre großen und kleinen Leidenschaften, beschränkt auf die konkrete Gesellschaft seiner Zeit, können tragisch oder komisch sein. Wenn Lenz die Komödien des Plautus übersetzte, übertrug er sie in die Gegenwart. Shakespeare und Laurence Sternes »Tristram Shandy« sind für ihn Zeugnisse der scheinbar willkürlich schweifenden Produktion der Dichter. Seine theologischen Schriften aus der Straßburger Zeit benützten Herdersche Ideen als Ausweg aus qualvoller Melancholie. Lenz hatte sich nicht wie Goethe einer humanistischen Bildung zu entwinden und fand später auch nicht dorthin. Die Zusammenhänge zeigen, daß Goethe innerhalb der Phalanx des Sturm und Drang keineswegs als Neuerer allein stand. Wagner, Lenz, Klinger und er bilden zwar keine Gruppe, gehören aber zusammen, während Bürger und der Schiller der »Räuber« aus andern Voraussetzungen zu ähnlichen Figuren und Motiven kamen.

Ende August 1771 war Goethe ins Elternhaus nach Frankfurt zurückgekehrt. Erst jetzt schrieb er den Brief des endgültigen Abschieds an Friederike. Ihre Antwort zerriß ihm das Herz. Daß er sich nicht binden könne und dürfe, hatte er von Anfang an gespürt. Friederikes Auftreten in der Straßburger Gesellschaft hatte ihn darin bestärkt. In ihm blieb jedoch immer, sein Leben lang, das Gefühl, schuldig geworden zu sein, ohne eigentlich Unrecht getan zu haben. Man braucht sich nur vorzustellen, Goethe hätte Friederike geheiratet: Die Ehe wäre schon im Beginn zerstörerischen Kräften ausgesetzt gewesen. Das haben beide geahnt, und hier liegt der Grund für Friederikes Resignation.

Goethe aber begriff, als er dem Drang seiner Natur folgte, daß das Rechte falsch und Rechttun auch Wehtun sein kann. Das ist der eigentliche Grund für sein Gefühl einer Schuld. Im Rückblick von »Dichtung und Wahrheit« sagt er: »Ich hatte das schönste Herz in seinem Tiefsten verwundet.« Wir wissen nicht, ob Friederike diesen Satz noch gelesen hat.

Hier liegt eine der Wurzeln für das Gretchendrama im »Faust«. Goethe war bei der Begegnung mit Friederike zum ersten Mal und aus einem scheinbar kleinen Anlaß schuldig geworden. Nicht die Größe, sondern das Wesen der Schuld im menschlichen Leben wurde zu einem symbolischen Fall: Wie lebt der Mensch weiter mit solcher Schuld? Die religiöse Lösung einer Sühne gab es nicht für Goethe. Schuld aber war eine Erfahrung, welche sein Bild von Frauen und Mädchen in Zukunft bestimmte. Die edle Frau taucht immer wieder in Goethes Dichtungen auf. Ihr Gegenpart ist der Mann, welcher wissentlich oder unwissentlich Unrecht tut. Claudine von Villa Bella, Stella, Klärchen im »Egmont«, Proserpina, Iphigenie, Mignon, Nausikaa, Helena in »Faust II« und Suleika bezeugen es. Goethe geht aus von der Unschuld der Frau. Ihre Zerstörung, mit oder gegen den Willen von Mann und Frau, ist eine Grunderfahrung. Aus ihr begreift und erfährt er Mädchen und Frauen. Wenn seine schönsten Gestalten nicht Männer, sondern Frauen sind, wenn er der größte und einer der wenigen Kenner des Naturgeheimnisses der Frau in unserer Literatur ist, so begann das mit dem Gefühl der Schuld an der Verlassenen von Sesenheim.

Shakespeare

In Straßburg, erzählt Goethe, habe er einen ganzen Abend lang einer Gesellschaft, an der Friederike teilnahm, unter großem Beifall »Hamlet« vorgelesen. Überhaupt habe Shakespeare, übersetzt und im Original, auszugs- und stellenweise, so gewirkt, daß die Freunde, so wie man bibelfeste Männer kenne, shakespearefest geworden seien. Man habe sich über seine Person, die Zeit, Historien und Märchenspiele unterhalten, habe die Vorzüge und Mängel der Epoche erwogen, habe Narrenszenen und Wortspiele zu übersetzen und mutwillig mit ihm zu wetteifern versucht. Er nennt Herders Aufsatz über Shakespeare, Lenz' Anmerkungen übers Theater und dessen Übersetzung von »Love's labour's lost« und zitiert Lenz' Epitaph auf den von der Prinzessin geschossenen Hirsch als eins der Wortkunststücke des Sturm und Drang.
Die Zeitgenossen hatten Shakespeare durch Wielands und Eschenburgs Übersetzungen in Prosa kennengelernt. Bei Herder überstrahlte Shakespeare Homer, Ossian und alle Lieder der Völker. So wurde Shakespeare »Stern der höchsten Höhe« für Goethe, während die andern Dichter mehr einen Rohstoff für seine Einbildungskraft darstellten. Anfangs liefen die »vaterländischen Altertümer« parallel mit dem Studium Shakespeares. Unter den historischen Werken fesselte Goethe die 1768 erschienene »Osnabrückische Geschichte« des »unvergleichlichen« Justus Möser. Die patriotische Begeisterung erreichte ihren Höhepunkt mit dem Dithyrambus »Von deutscher Baukunst, D. M. (divis manibus, dem Andenken) Ervini a Steinbach« (HA XII, S. 7–15) auf das Straßburger Münster und seinen Erbauer. Später hat Goethe gemeint, er habe seine Gedanken und Betrachtungen, nach dem Beispiel Herders und Hamanns, in einer »Staubwolke von seltsamen Worten und Phrasen« verhüllt. Von der Neigung zu »vaterländischen Altertümern« sei er jedoch abgelenkt worden durch biblische Studien und die Beschäftigung mit Luther – der zu den Idolen des protestantischen Deutschland gehörte. Noch einmal wird

die Bibel in Schutz genommen. Bei aller Berechtigung der Kritik im einzelnen, an inneren und äußeren Widersprüchen der Heiligen Schrift, gelte das von Lessing betonte Wort: »Die Evangelisten mögen sich widersprechen, wenn sich nur das Evangelium nicht widerspricht.«

Hamann und Herder hatten Shakespeare hervorgehoben, und zwar durchaus polemisch: Gegen die erste Hochblüte des antiken griechischen Dramas, welche aus ihren historischen Zusammenhängen erklärt wird, und gegen deren künstliche Puppe, jenes »gleißende klassische Ding, was die Corneille, Racine und Voltaire gegeben haben«. Herder stellt Shakespeare als den größten Dramatiker, den Äschylos und Sophokles unserer Zeit dar: »... wie weit von Griechenland weg! Geschichte, Tradition, Sitten, Religion, Geist der Zeit, des Volks, der Rührung, der Sprache – wie weit von Griechenland weg!« (Herder, Schriften, S. 53). Shakespeare ist der Antike überlegen, auch dem Homer, denn er verkörpert das christliche Welt- und Menschenbild. Selbst im »Lear«, aus heidnischer Vorzeit, gibt Shakespeare »dunkle kleine Symbole zum Sonnenriß einer Theodizee Gottes« (ebda 55). Herder nennt den englischen Dramatiker einen Göttersohn, begabt mit Götterkraft (S. 53).

In seinem Hymnus »Zum Shakespeares-Tag« (1771) sagt Goethe: »Die erste Seite, die ich in ihm las, machte mich auf zeitlebens ihm eigen« (HA XII, S. 224). Es sei ihm gewesen wie einem Blindgeborenen, dem ein Wunder das Augenlicht geschenkt habe. »Ich erkannte, ich fühlte aufs lebhafteste meine Existenz um eine Unendlichkeit erweitert.« Die Faszination hat nie nachgelassen. »Götz« ist unter dem Einfluß Shakespeares entstanden. Im 5. und 6. Buch von »Wilhelm Meisters Theatralischer Sendung« stellte Goethe sein Shakespeare-Erlebnis dar. In »Dichtung und Wahrheit« wird »Hamlet« als Einzelwerk und Charakterfigur interpretiert. Im Alter, 1813, erschien der Aufsatz »Shakespeare und kein Ende«, wo es heißt, Shakespeare geselle sich zum Weltgeist (HA XII, S. 289). Shakespeare tritt also neben die Bibel. Er ist Vorbild für die Umsetzung der Stoffe in Dichtung. Durch Shakespeare wurde Goethe befreit von den Fesseln der Regeln, der literarischen Konvention, vom Zopf und Gestus der französischen Umschnürung, aber auch vom Gestammel der Urtöne und der sentimental schlichten und kraftlosen Modedichtung, die wir

nicht mehr kennen, die das große Publikum aber beherrschte: Friederike hat sie gelesen und im »Werther« wird darauf angespielt.
Bei Shakespeare schien der Gegensatz von Natur und Kunst aufgehoben zu sein. Der Sturm und Drang hatte eine engere Beziehung des Dramas zur sozialen und sittlichen Welt herstellen wollen. Wagner, Klinger und Lenz schrieben ihre Dramen in dieser Absicht. Sie entledigten sich der Vorschriften der Kunstliteratur und erreichten eine verblüffende Unmittelbarkeit. Die sozialen Zusammenhänge, die unteren Stände, Dienstmädchen und Soldaten, das Verhältnis von Herren und Dienern – all das wurde ebenso wirkungsvoll wie polemisch dargestellt. Die Aufbruchbewegung der Stürmer und Dränger wollte ihr Publikum politisch und sozial überzeugen. Aber ihre meisten Autoren blieben in Handlung, Charakterisierung und Sprache roh. Wenn sie sich auf Shakespeare beriefen, meinten sie ihre Kraftgebärden und sahen in seinen Schöpfungen ein Vorbild genialischer Willkür.
Lessing hatte die Erscheinung des Geistes im »Hamlet« verteidigt. Er sah bei Shakespeare eine tiefere Anwendung der aristotelischen Regeln. Demgegenüber hatte Hamann das Schöpferische hervorgehoben und seine Genielehre darauf gegründet. Was die Franzosen betraf, betonten Lessing und Hamann, daß der englische Geschmack dem deutschen näher stehe als der französische.
Herder hatte Shakespeare aus dem Bezugssystem der antiken Dramaturgie gelöst. Shakespeare stehe unserer Zeit, unserm Denken, der europäischen Geschichte und ihrem christlichen Ethos nahe. Daß er nicht veraltet sei, wird mit dem Begriff des Schöpferischen erklärt: Shakespeare schaffe in Analogie zu Gott und der Natur, er sei ein »dramatischer Gott« und »Dolmetscher der Natur«. Herders Stichwörter weckten bei Goethe Assoziationen. Für ihn wird Shakespeare ein Bruder, ein prometheischer Geist, ein »großer« Dichter.
Shakespeare hat das Ritterliche und Heroische, den Zusammenhang des Volkes mit seiner Vorzeit bewahrt, und zwar nicht aus romantischer Rückwendung, sondern durch Einbeziehung in die Gegenwart. Der zerrissene und in seiner Menschlichkeit enttäuschte und geschändete Lear ist ein heute noch verstehbarer Mensch. Die Liebesgeschichte von Romeo und Julia, im italienischen Mittelalter spielend, ist das Trauerspiel junger Liebe in einer ihrer Liebe entgegen-

gesetzten Welt, wo in kunstvoll überhöhten Bildern die Sprache des Herzens gesprochen wird. Die Geschichte von Macbeth spielt in nordischer Vorzeit; ihre Männer und Frauen greifen zu Gift und Schwert, kämpfen mit Hexen und Wundern, gegen düstere Prophezeiungen und mörderische Versuchungen; sie erliegen – aber Macht, Liebe, Gier, Verbohrtheit in diesem Drama spiegeln die gleichen Leidenschaften wie Homer, das Alte Testament, die schottischen Balladen und die Historien der Tudor- und Stuart-Dynastien bis ins siebzehnte Jahrhundert. Hamlet, der Held aus nordischer Vorzeit, ist ein Mensch mit spezifisch modernen Problemen und Leiden, mit Erschütterung des Bewußtseins, Zerrissenheit des Ich und halb wahnsinniger Erregung – nicht anders als Faust und Werther.

Goethe war von Shakespeare überwältigt. In der »Theatralischen Sendung« sagt Wilhelm, der in diesem Stadium Goethe ist, nichts im Leben habe so große Wirkung auf ihn ausgeübt wie die Werke dieses wunderbarsten aller Schriftsteller, eines himmlischen Genius: »Es sind keine Gedichte, man glaubt vor den aufgeschlagenen ungeheuern Büchern des Schicksals zu stehen, in denen der Sturmwind des bewegten Lebens saust und sie mit Gewalt rasch hin und wider blättert. Ich bin über die Stärke und Zartheit, über die Gewalt und Ruhe gleich erstaunt und so außer aller Fassung gebracht, daß ich nur mit Sehnsucht auf die Zeit warte, da ich mich in einem Zustande befinden werde, weiter zu lesen« (5. Buch, 10. Kap., WA I, 52. S. 160). Eine von Haus aus zarte übersensible Natur wie Goethe entdeckte, daß alles, was er aus der Bibel, Homer und den Autoren der griechischen und römischen Antike als humanistischen Stoff aufgenommen hatte, bei Shakespeare Wirklichkeit und wahre Existenz war. Bei Shakespeare fand er die Sprache in allen Graden leidenschaftlicher Erregung, aber auch brutaler und kalter Überlegung, ein erstaunliches Wissen um Fürsten, Minister, Damen, Bürger, Könige und Königinnen, Diener, Kinder, Soldaten und Narren. Er bemerkte die Allwissenheit des Dichters und eine tiefe Bescheidenheit gegenüber den Gesetzen des Seins, eine schicksalhafte Verfallenheit des Menschen und pathetischen Einsatz für heldische oder familiäre Ideale und zugleich ihre Gegenteile, Treue und Verrat, Liebe und Abweisung, Glauben und Unglauben, Wahrhaftigkeit und Lüge, Seelenstärke bei lächelnder Souveränität. All das erscheint als Spiel, Shakespeare besitzt die Fähigkeit, es mit starren Gesetzen, Bräuchen und Forderungen in eins zu bringen, die Lösungen gegen alle Wahrscheinlichkeit als selbstverständlich hinzustellen. Hier entdeckte Goethe, was er selber suchte und erstrebte: Den Menschen darzustellen als eine Entsprechung zu den Gesetzen des Kosmos, erhaben über die Grenzen jeweiliger Bräuche und Sitten, aber in Übereinstimmung mit den Gesetzen des Alls, in Anerkennung der Geheimnisse der Schöpfung, und zugleich den Versuch, den Menschen sich als Menschen im Kosmos behaupten zu lassen, und zwar nicht titanisch – das blieb für Goethe ein Durchgangsstadium –, sondern im Einklang mit der sozialen und politischen Sphäre, in welcher man lebte und leben mußte.

Durch eine solche Verbindung von Stärke und Zartheit war Goethe tatsächlich aus aller Fassung gebracht, er war hingerissen. Er sah und erlebte bei Shakespeare zum ersten Mal, auf einer seither verlorengegangenen Stilhöhe, die Resistenz gegen den von ihm selbst bemerkten Verwilderungsprozeß der Kultur in den zurückliegenden zwei Jahrhunderten. Die englische Entwicklung war der deutschen voraus, die Profanierung des Lebens war dort viel weiter fortgeschritten – und doch hatte der einzelne, als den Goethe seinen Shakespeare sehen mußte, mit den Mitteln seiner Kunst Charaktere und Ereignisse in große Zusammenhänge einbinden können, und zwar artifiziell, episch beredt, oft lyrisch, kraftvoll bis zum Derben, witzig bis in die Wortspiele. Die historischen Dimensionen waren zugleich Gegenwart, ob es Caesar und Brutus oder Falstaff und Heinrich waren. Überall herrschte ein künstlerisch entschwertes Klima, die Atmosphäre der Überlegenheit, eine Optik lächelnden Wissens – und all das ohne Ideologie oder Programmatik, aber mit einer vornehmen Rücksicht auf die Wahrheit des Evangeliums und einer unbekümmerten Akzeptanz der römischen oder englischen Geschichte als Welthorizont. Da konnte Böhmen ruhig am Meer liegen; das Geisterreich hatte genau den gleichen Einfluß auf Personen und Elemente wie ein zu unrechter Zeit verlorenes Taschentuch oder eine in ihrer Unglaubwürdigkeit mißverstandene Voraussage wie die Bewegung des Waldes gegen eine Festung. Goethe sah, wie große und kleine Ereignisse ineinandergreifend dargestellt werden konnten, wie persönliches Schicksal und politische Eigentümlichkeit in konkreter

Lage aufeinander wirkten. Im »Götz« hat er mit Shakespeareschen Mitteln gearbeitet und sie auch später, vor allem im ersten und zweiten Teil des »Faust«, beim »Egmont« und in den individualisierenden Charakterschilderungen der »Iphigenie« und des »Tasso« benützt, um eine scharf angeschaute Welt theatralisch in Szene zu setzen. Shakespeare hat ihn frei gemacht, dem eigenen Talent zu folgen. Bereits unter seinem Einfluß entstanden die größten unter den Sesenheimer Gedichten und bald darauf die Hymnen und Künstlergedichte des Jünglings, »in himmlischer Gesundheit schwimmend« (HA I, S. 39).

Von Straßburg nach Frankfurt

Wenn Goethe zu Anfang seiner Straßburger Zeit geschrieben hatte, er wolle nach Paris gehen, so war das eine jugendliche Behauptung gewesen; jedenfalls ist das Vorhaben sang- und klanglos untergegangen. Der Aufenthalt in Straßburg und der Umgang mit den Freunden der deutschen Gesellschaft Salzmanns, alles was er über französische Präpotenz und Mißwirtschaft gehört und vor allem die von Herder verkündete These vom Niedergang, der »Vergreisung« der französischen Kultur, hatten Goethes Begeisterung für die Grande Nation abgekühlt. Sein Weltbild und der Fundus seiner Bildung waren jetzt verändert. Geschichtliche, auch rechtsgeschichtliche Studien lenkten seine Aufmerksamkeit auf die deutsche Vergangenheit des Elsaß. Er interessierte sich für Sage, Volkslied, Brauchtum und den tieferen Gehalt des Aberglaubens, unternahm Ritte durch das Land und beschäftigte sich mit Wirtschaft und Bergbau. Erwin von Steinbach, der Erbauer des Münsters, wurde gegen italienische und französische Verachtung der gotischen Kunst in Schutz genommen (HA XII, S. 8).

Im April 1771 hatte Herder Straßburg verlassen, um eine Stellung als Hofprediger in Bückeburg anzutreten. Goethe blieb brieflich in Verbindung und sammelte Volkslieder für ihn. Seine Bildung hatte durch Ossian, Shakespeare, Sterne, Swift, Fielding, durch die Vermittlung der Kunstlehre Shaftesburys, durch nordische Literatur, die Skalden der Edda, und nicht zuletzt durch Justus Möser eine neue Richtung genommen. Er begriff »das Tüchtige des Volkes«. In Straßburg war er auf die Geschichte des Götz von Berlichingen mit der eisernen Faust gestoßen und hatte auf dem Marionettentheater vielleicht ein Spiel vom Doktor Faustus gesehen. So entstanden erste Skizzen einer Dramatisierung. In Goethes Gepäck befanden sich, als er nach Frankfurt zurückfuhr, kleine Gedichte, Aufsätze, Entwürfe, Notizen, die Teile eines Romans in Briefen und des Caesardramas in Prosa.

Auf der Heimreise machte er in Mannheim Rast. Er war im Oktober

1769 schon hier gewesen und hatte die berühmten »Abgüsse« gesehen. Oeser hatte ihn in Leipzig darauf aufmerksam gemacht, die Mannheimer Antiken böten das bedeutendste und reichste Anschauungsmaterial klassischer und klassizistischer Skulptur nördlich der Alpen. Originale gab es fast nirgends. Jetzt sah er also wieder jene Statuen, nach denen Winckelmann seine Lehre von »edler Einfalt und einer stillen Größe« gebildet hatte. An der Laokoon-Gruppe war von Lessing der Unterschied zwischen redender und bildender Kunst, der Gesetze von Plastik und Dichtung, unwiderstehlich überzeugend dargelegt worden. Die bisher gültige Lehre von einer »malenden« Funktion der Literatur war ein für allemal erledigt. Schon beim ersten Besuch in Mannheim hatte Goethe geahnt, daß hinter der Winckelmannschen Formel mehr stecken müsse als das Ideal vom »natürlichen Menschen«: Winckelmanns Griechen waren freie Persönlichkeiten. Sie hatten sich nach ihren eigenen Gesetzen, als Entelechien, entwickelt. Man sah selbst den bleichen Gipsabgüssen noch das Leben, der äußeren Gestalt die innere Schönheit an. Der Eindruck war so mächtig, daß Goethe sich nicht gleich Rechenschaft geben konnte. Immerhin fand er drei Höhepunkte, den »Apoll von Belvedere«, den »sterbenden Fechter« und die »Laokoon«-Gruppe. Erst viel später, in den Propyläen, konnte er die sinnlichen Eindrücke Mannheims an seine Erfahrungen und Überzeugungen anschließen. Nach vielen Jahrzehnten meinte er in »Dichtung und Wahrheit«, daß der Abguß eines Kapitells aus dem Pantheon seinen Glauben an die nordische Baukunst jetzt schon ins Wanken gebracht hätte (HA IX, S. 502).

In Frankfurt hatte sich wenig verändert. Der Großvater Textor war gestorben. Der Vater interessierte sich lebhaft für die Dissertation »De Legislatoribus« und verwahrte, wie gesagt, den Traktat in seinem Schreibtisch. Er ließ den Sohn beim Frankfurter Magistrat den Antrag auf Zulassung als Anwalt beim Schöffengericht stellen. Nach drei Tagen wurde sie erteilt. Goethe hat im Lauf seiner Frankfurter Zeit achtundzwanzig Prozesse geführt. Die Voruntersuchungen und schriftlichen Arbeiten dazu leistete der Vater mit seinem juristischen Helfer. Die Mutter freute sich, daß der Sohn körperlich und geistig gesund, seelisch gelöst, froh und geistsprühend zurückgekommen war – ganz anders als drei Jahre vorher. Unter den mitgebrachten

Büchern und Manuskripten befand sich auch eine gälische Ossianausgabe, aus welcher er zu übersetzen versuchte. Proben davon sandte er Herder, aber auch an Friederike. Ein wenig verändert wurden sie später in »Werthers Leiden« aufgenommen. Goethe hatte Friederike von Straßburg aus noch einmal besucht, aber keinen endgültigen Abschied genommen. Vielleicht ist die Strophe »Ein zärtlich jugendlicher Kummer« damals entstanden. Man hat sie mit einem Mädchen in Zusammenhang gebracht, das »fühlt und hofft«, also wohl Friederike. Allerdings kann man sich Goethe nur schwer als einen Mann denken, der pflügt und sät – es sei denn, man verstände das Gedicht ganz allegorisch (HA I, S. 32).

Die Lektüre der »Lebensbeschreibung des Herrn Götzens von Berlichingen, zugenannt mit der Eisernen Hand« veranlaßte ihn, der Schwester Cornelia dramatische Szenen aus dem Stegreif vorzutragen. Sie drängte ihn, die Szenen als Schauspiel niederzuschreiben, was im November und Dezember 1771 innerhalb von sechs Wochen geschah. Die Schnelligkeit der ersten Niederschrift ist für Goethe bezeichnend und sollte sich wiederholen. Am 14. Oktober, dem »Schakspears Tag«, hielt Goethe im Elternhaus eine Rede, die für Salzmanns Deutsche Gesellschaft in Straßburg bestimmt war. Eigentlich hätte Herder einen Shakespeare-Vortrag halten sollen, aber der war schon in Bückeburg. Goethe wiederholte hier die Absage an das französische Theater und berief sich auf die Ursprünglichkeit und »kolossalische Größe« des Genies; es sei, nach Gott, ein zweiter Schöpfer.

Im Dezember 1771 machte Goethe die Bekanntschaft von Johann Heinrich Merck und trat in einen neuen Lebenskreis. In Straßburg hatten Herder und Goethe einander glücklich ergänzt, vielleicht weil sie in ihrer Arbeit grundverschieden waren. Herders Kräfte waren intuitiv; er konnte, was er aufnahm und anstrebte, in untrüglichem Gefühl für das Richtige und Wichtige ordnen und verbinden. Da er beim Sprechen ungleich glänzender war als im Schreiben, hielt er den Jüngeren im Bann seiner Ausstrahlung. Er brachte es fertig, daß Goethe seinen Hauptsinn, das Sehen, zurückdrängte und das Fühlen, die Empfindung als Organ des Aufnehmens, pries. Herder konnte ihm vorwerfen: »Alles ist so Blick an Euch!« Das Lebhafte, Unruhige, nach allen Seiten Ausschau Haltende hat er getadelt, ohne daß er begriff, wie sehr der Schüler alle Sinne gemeinsam auszubilden bestrebt war, daß er die Welt nicht in Begriffe fassen, sondern in Erscheinungen (»Phänomenen«) von Lebensgesetzen erfassen (»organisieren«) wollte.

Das war einer der Gründe, weshalb Goethe seine dichterischen Entwürfe sorgfältig geheimhielt, nicht nur vor Herder. Er schützte die Keime des Werdens ebenso wie den Drang nach »Taten und Lebenssturm« aus den Quellen und Ursprüngen in der Tiefe der Natur und des göttlichen Lebens. Dichterische Antworten hatte er bei Homer, Ossian und Shakespeare gefunden; er hatte gemerkt, wie sehr die eigene Sprache an das rationalisierte Deutsch der Epoche gebunden war, und daß es eines größeren Wortschatzes, freierer Grammatik und kühnerer Syntax bedurfte. In Straßburg entstanden keine Werke. Vielleicht hat er an sein Gelübde gedacht, die Dichtung der Nachfolge Christi aufzuopfern. Doch die Keime des »Götz« und des »Faust« entwickelten sich. Die Scheu, das Keimende zu berühren, ging so weit, daß er die Entwürfe in seiner Brust bewahrte, ohne sie aufzuschreiben. So ist zu erklären, daß er den »Götz«, »Werther«, »Urfaust«, »Clavigo« und »Stella« in wenigen Wochen niederschreiben konnte – oder daß er von seiner Nausikaatragödie auf Sizilien mit Ausnahme einer kurzen, einzigen Szene überhaupt nichts niederschrieb, obwohl das Ganze in allen Einzelheiten fertig war.

In seinen »Anmerkungen übers Theater« hatte sich Lenz deutlicher und schärfer als Goethe programmatisch ausgesprochen. Die Gedanken kommen aus der gleichen Quelle wie die Überlegungen Herders. Er wirft den französischen Schauspielen und Romanen eine gewisse Ähnlichkeit der Fabeln und Handlungsstränge vor. Wenn man viele Stücke gesehen und viele Romane gelesen habe, entdecke man ein raffiniertes Handwerk. Die Quellen großer Literatur seien aber der Atem der Natur und der Funke des Genies. Man möge doch den »Ödipus« Voltaires gegen den des Sophokles halten! Die Grenzen des deutschen Trauerspiels würden nicht durch die Regeln des Aristoteles bestimmt, sondern vom »Volksgeschmack der Vorzeit und unsers Vaterlandes, der noch heutzutage Volksgeschmack bleibt und bleiben wird«. Darum plädiert Lenz für Gestalten aus dem Volk: »Das ist ein Kerl! das sind Kerls!« soll man bei Tragödien und Komödien sagen. Was Volksgeschmack sei, was im Gegensatz zur gelehrten Ge-

schichtswissenschaft mit ihrer teils dynastischen, teils verfassungsgeschichtlichen Beschränkung »Geschichte unseres Volkes« sei, hatte Goethe bei Justus Möser gelesen. Seine Wirkung auf Goethe ist mit der Homers, der Bibel und Shakespeares zu vergleichen. Er hatte Goethe die Augen für das Patriotische, im Gegensatz zum bloß Nationalen, geöffnet. Das Studium Mösers deckte sich mit seiner Suche nach einem vaterländischen Helden. Das Ergebnis war die Niederschrift der ersten Fassung des »Götz« im November/Dezember 1771. Im »Götz« ging die Herdersche und Mösersche Saat auf.
Justus Mösers Aufsätze, später als »patriotische Phantasien« gesammelt, waren Goethe in Straßburg bekannt geworden, darunter der über das Faustrecht. In der Gestalt Mösers finden sich Züge, die auch bei den Familien Textor, Lindheimer und Goethe in Frankfurt zu finden sind. Wie diese gehörte er zur aufsteigenden und aufgestiegenen Schicht eines nach der Katastrophe des 30jährigen Krieges neu sich bildenden Bürgertums. Er kam aus einer ursprünglich ländlichen Familie von Verwaltungsjuristen. Wie Goethe stand Möser in den familiären, kirchlichen und politischen Überlieferungen der Heimatstadt, Osnabrück. Seine Mutter war die Tochter des Bürgermeisters, der Vater Konsistorialpräsident. Auch im Bildungsgang gibt es Parallelen zu Goethe. Er lernte Lateinisch und Französisch bis zur Geläufigkeit, außerdem Englisch und Italienisch. Da Möser ein Riese von Gestalt – mehr als zwei Meter groß – war, wollte der Vater ihn nicht an einer preußischen Universität studieren lassen, wo der Soldatenkönig alle »langen Kerls« zu seinen Grenadieren einzog. Als Justus zwanzig Jahre alt und der Soldatenkönig gestorben war, 1740, begann er in Jena ein Studium der Rechte. Jena gefiel ihm nicht, darum ging er nach Göttingen, kam jedoch ohne Examen nach Hause, wo er durch den Einfluß der Familie Sekretär der osnabrückischen Ritterschaft wurde. Er wurde bald Syndikus und »Advocatus Patriae«, Rechtsvertreter des Fürstbistums in Finanzangelegenheiten, und Justitiar beim Kriminalgericht. Praktisch war er Regierungschef und oberster Richter seines Landes. Er hat das Fürstbistum bis zu seinem Tode, 1794, regiert.
Dies Fürstbistum Osnabrück war als Ergebnis des Westfälischen Friedens ein kompliziertes, auch damals ungewöhnliches und bestauntes Gebilde, nur historisch zu erklären und Gegenstand von

Mösers »Osnabrückischer Geschichte«. Die Regierung lag bei vier Instanzen: dem Domkapitel, der bischöflichen Regierung, den Ständen und der Stadt. Auf dem Bischofssitz wechselten katholische und evangelische Repräsentanten, die fremde Fürsten waren und sich durch Weihbischöfe oder Residenten vertreten ließen. In Mösers erster Zeit war es Clemens August von Wittelsbach, Erzbischof von Köln, in der zweiten Hälfte ein Nachkomme aus dem protestantischen Haus Braunschweig-Lüneburg, Friedrich Herzog von York, zweiter Sohn des englischen Königs Georg III., dessen Dynastie das Königreich Hannover gehörte. Friedrich war bei seiner Ernennung sechs Monate alt – Möser wurde für ihn zum »Konsulenten« der Krone von England ernannt, das heißt, er war Regent. Daneben gab es die alten Stände, die Ritterschaft, deren Leiter Möser war, und den Rat der Stadt, bestehend aus sechzehn Mitgliedern der Bürgerschaft, wobei, ähnlich wie in Frankfurt, nur grundsteuerzahlende Bürger wählbar waren. Im Fürstentum mit überwiegend katholischer Bevölkerung mischten sich also geistliche, monarchische, aristokratische und demokratische Züge. Es war schwer zu regieren, doch eben darin bewährte sich Möser kraft seiner Persönlichkeit und der Verbindung zu Adel, Bürgerschaft, Klerus und Ritterschaft. Ständig gab es Auseinandersetzungen mit dem Kaiser in Wien, dem Reichstag in Regensburg, dem Reichskammergericht in Wetzlar, mit dem Papst, dem Kölner Erzstuhl, dem englischen Königshaus, den preußischen Generalen des Siebenjährigen Krieges und zahlreichen eifersüchtigen Nachbarn.

Möser ist einer der großen deutschen Prosa-Autoren. Dadurch ist sein Werk politisch und literarisch wirksam geworden. Im Wien Josephs II. wurde er ebenso studiert wie in Berlin. Friedrich Nicolai war sein Freund und erster Biograph. Bei ihm hatten Goethe und Herder ihre anti-rationalistischen Ideen wiedergefunden wie ihre Vorliebe für englisches Wesen und englische Literatur, die niederdeutsche Abart des englischen common sense, bei aller Aufklärung und Toleranz das Bestehen auf der Bedeutung des Herkommens und der alten Rechte. Möser war ein Feind aller Ideologien, des Militär-Unwesens und Krieges, aber nicht der persönlichen Tapferkeit und des Kampfes: »Wir sind nicht in Amerika, wo man sich mit der Ehre der bloßen Menschheit begnügen muß und, so lange es dauert, so wenig ein Edelmann als ein Graf sein darf. Wir sind auch keine Wiedertäufer, daß wir alle Freuden wie alle Güter gemeinsam haben müssen; und wenn dies nicht ist, wenn einer Feldmarschall sein darf, obgleich Hunderttausend für (als) Gemeine dienen müssen, wenn einer eine Million Pistolen (Golddukaten) besitzen darf, obgleich eine Million Menschen nicht soviel Heller zählt, so denke ich auch, ich dürfe satt Pasteten essen, wenngleich alle meine Nachbarn nur grob Brot zu kosten kriegen.«

Das Demokratische ist bei Möser nicht egalitär, wie das Republikanische nie plebejisch werden darf. Den größten Eindruck machte auf Goethe Mösers Theorie vom Recht des einzelnen Mannes auf das ihm Zustehende, wenn die Obrigkeit es ihm nicht verschaffen kann, das Faustrecht, das wiederum gebunden ist an die Innehaltung von Fristen und Freizeiten und einer Fülle von ritterlichen Vorschriften unterliegt; Schulung in Turnieren, und sorgfältige Schonung für Landwirtschaft und Verkehr – die Fehde wird nur unter den Beteiligten und nicht auf dem Rücken des Volkes ausgetragen. Dies Rechtssystem ist dem modernen Völkerrecht weit überlegen, das Völker und Territorien, die schuldlos sind an dem, was ihre Regenten und Politiker miteinander austragen, mit Krieg überzieht.

Goethe war von dem westfälischen Patriarchen stark beeindruckt und hat es sein Leben lang bezeugt, nicht nur im »Götz«, »Egmont« und »Faust II«, in »Wilhelm Meisters Wanderjahren«, sondern bei der eigenen staatsmännischen Tätigkeit in Weimar. Ein poetisches Denkmal hat er ihm im »Märchen« der »Unterhaltungen deutscher Ausgewanderten« gesetzt.

Götz von Berlichingen

Zu den Straßburger Plänen Goethes gehörten »Götz« und »Faust«, »Prometheus«, »Mahomet« und »Sokrates«. Es sind Dramenentwürfe der genialen Frühzeit. In Briefen an Salzmann und Herder spiegelt sich die leidenschaftliche Konzentration auf die Dramatisierung der Geschichte »eines der edelsten Deutschen«: Das Schauspiel rettet das Andenken eines braven Mannes. Von seinem schöpferischen Furor sagte Goethe, sein ganzer Genius liege auf dieser Arbeit, und er vergesse darüber nicht nur Sonne, Mond und Sterne, sondern auch Homer und Shakespeare. Da er mit der Rechtsanwaltspraxis wenig zu tun habe, sei die Dramatisierung sein wahrer Zeitvertreib, und den habe er nötig, »denn es ist traurig, an einem Ort zu leben, wo unsre ganze Wirksamkeit in sich selbst summieren muß«. Frankfurt sei ein Nest, gut um Vögel auszubrüten, »sonst auch figürlich spelunca, ein leidig Loch. Gott helf aus diesem Elend, Amen.« So scharf wie hier hat sich Goethe erst im Alter wieder über Frankfurt, als Stadt der Geldsäcke, geäußert. Der Brief schließt mit einem neuen Ton: »Mein nisus (Drang) vorwärts ist so stark, daß ich selten mich zwingen kann, Atem zu holen und rückwärts zu sehen, auch ist mirs immer was Trauriges, abgerissene Fäden in der Einbildungskraft anzuknüpfen.« (Alle Stellen im Brief vom 28. November 1771 an Salzmann; HA Br. I, S. 128.)

Götz von Berlichingen ist ein deutscher Held; in anarchischer Zeit geht er an Bosheit und Intrigen zugrunde. Diese Tendenz hat die späteren Deutungen bestimmt. Das patriotische Empfinden sei der Hauptantrieb des Stückes. Goethe habe das Motiv besser getroffen als Klopstock mit seinem Hermanndrama, besser auch als die Bardenpoesie der Epoche und natürlich viel besser als Gleim mit seinen preußischen Grenadierliedern. Tatsächlich hat Goethe das vaterländische Gefühl tiefer als jene angerührt. Er hat die Ereignisse besser aktualisiert als Klopstock und die germanisierende Bardendichtung. So wurde »Götz« ein Lieblingsstück der Deutschen, ein Pflichtstück

der Schullektüre. Es bot sich dem bürgerlichen, aufgeklärten und christlichen Verständnis als Paradebeispiel an. Die Wirkung ging noch weiter, war erzieherisch-bildend im Sinne eines Aufbruchs. Das Drama sprengte nicht nur die Regeln des Aristoteles – die berühmten Einheiten von Ort, Zeit und Handlung –, das Schema der französischen Römerdramen und Gottscheds Empfehlungen, sondern es zeigte eine neue Welt, Völkerjugend und alternde Gesellschaft an einer Fülle von Personen, Szenen und Handlungssträngen: Höfische Gesellschaft, Liebesaffären, die Gerichte der Feme, Bauernkrieg, Zigeunerlager, Feld, Wald, Gebirge, Burg, Stadt, Kirche, Kampf, Gefängnis, Verrat, Familienidylle, Reichstag – kein Stand oder Zustand war ausgelassen. Diese Welt fand ihren Inbegriff in dem Reichsritter Götz von Berlichingen mit der eisernen Hand. Götz ist eine kraftvoll jugendliche und zugleich schwankende deutsche Natur.
Herder hatte Goethe gelehrt, in Shakespeares Dramen, die er als Historien bezeichnete, habe die Natur ihren vollendeten Ausdruck gefunden: »Natur, Natur! Nichts so Natur als Shakespeares Menschen!« Das war ein Programm, und wir wundern uns, daß ein Mann wie Herder den hoch artifiziellen Charakter der Shakespeareschen Dramatik, die Kunstform, dermaßen verkannte. Goethe hat sie allerdings dunkel empfunden. In der Shakespearerede heißt es: »Seine (Shakespeares) Plane sind, nach dem gemeinen Stil zu rechnen, keine Plane . . ., aber seine Stücke drehen sich alle um den geheimen Punkt, in dem das Eigentümliche unseres Ichs, die prätendierte Freiheit unseres Willens, mit dem notwendigen Gang des Ganzen zusammenstößt« (WA I, 37, S. 133). In diesen Worten hatte Goethe die eigene Auffassung vom Wesen des Dramas deutlicher ausgesprochen als die Shakespeares. Zu seiner Weltauffassung gehört der Satz: »Das was wir bös nennen, ist nur die andere Seite vom Guten.«
Nur auf den ersten Blick ist Götz eine geschlossene Gestalt. Er ist Held und Antiheld, strahlendes Vorbild und zugleich ein Unglücklicher, der im Elend welkt und stirbt. Lenz sprach bald darauf, in seinen »Anmerkungen übers Theater«, von der Mumie des alten Helden, die der Biograph einsalbe mit Spezereien, in welche aber nun der Dichter seinen Geist gehaucht habe, und daß der edle Tote nun wieder aus den Geschichtsbüchern auferstehe in verklärter Schönheit und mit uns lebe.

Dies Mit-uns-leben ist nicht die Frucht von Goethes Lektüre der Autobiographie des Götz, seiner Begeisterung für alte Rechtsformen oder von Herders Idee einer ewig-jugendlichen Natur des Volkes. Götz lebt »mit uns« als Gestalt aus dem Geist des Dichters, als Kunstwerk. Die Szenen und Gestalten ergeben sich nicht aus einer Idee, etwa der Gegenüberstellung von guter Vergangenheit und schlechter Gegenwart oder heiliger Frühzeit und heilloser Spätzeit oder aus dem Gegensatz von höfischer Kultur und anarchischem Chaos, obwohl das alles ja gezeigt wird. In Goethes ursprünglicher Konzeption war Götz ein einzelner, eine geschlossene »Natur«, gegen seine Zeit, ein Stürmer und Dränger. Aber im Lauf der Arbeit am Drama wurde er immer mehr zu einem Typus des Volksgeistes, zur Gestalt einer Zeit, aus deren Kräften der Recke gespeist wird. Um ihn herum stehen Ritter, Pfaffen, Bürger, Bauern, Freunde und Feinde. Sie bilden sein Milieu, und so wird Götz schließlich ein Opfer jener Verhältnisse, gegen die er ursprünglich hatte auftreten wollen.
In einem Gespräch mit Eckermann am 26. Februar 1824, ein halbes Jahrhundert später, sagte Goethe, es sei ein Irrtum, anzunehmen, daß dem Dichter die Kenntnis der Welt angeboren sei und er zu ihrer Darstellung keine Erfahrung brauche; aber die Grundprinzipien menschlicher Erfahrungen müssen in ihm schon angelegt sein. Daher fährt er fort: »Ich schrieb meinen ›Götz von Berlichingen‹ als junger Mensch von zweiundzwanzig Jahren und erstaunte zehn Jahre später über die Wahrheit der Darstellung. Erlebt und gesehen hatte ich bekanntlich dergleichen nicht, und ich mußte also die Kenntnis mannigfaltiger menschlicher Zustände durch Antizipation besitzen.« Zehn Jahre früher, im dreizehnten Buch von »Dichtung und Wahrheit«, hatte er die Entstehung des Dramas beschrieben: Sein Interesse habe sich während der Beschäftigung mit dem Stoff von Götz auf Adelheid verlagert. In diese Figur habe er sich regelrecht verliebt. *Ihre* Geschichte sei in den Mittelpunkt gerückt worden. Tatsächlich spielt Adelheid in der ersten Fassung eine größere und andere Rolle als in der endgültigen Fassung von 1774. Anfang 1772 hatte er Herder das Drama geschickt und schrieb, es sei eine Skizze mit einem Pinsel auf Leinwand und an einigen Stellen sogar ausgemalt, und doch sei es nichts weiter als eine Skizze. Aber er hätte mit Zuversicht gearbeitet und die beste Kraft seiner Seele daran gewendet.

Goethes Urteile über »Götz« sind also recht unterschiedlich, und das erklärt sich daraus, daß in diesem Drama mehrere Keime zur Blüte drängten, von denen sich einige voraus-, andere bis zum Schwinden zurückentwickelten. Die neunundfünfzig Bilder sind durch die üblichen fünf Akte gegliedert. Anfangs treten Weislingen und Götz einander als Freunde, ja Brüder gegenüber, wie zwei Prinzipien, höfisch-feudale und ritterlich-freie Sphäre. In den folgenden Akten verzweigt sich die Handlung in mehrere Äste. Im bischöflichen Bamberg wird Adelheid wichtiger als der Bischof mit Liebetraut, seinem Hofnarren. Das Ritterstück versinkt in einer Fülle von historischen Bildern. Götz' Schicksal wird relativiert und endet als wortkarges Sterben. Er ist ein Gescheiterter. Das ist er eigentlich schon von Anfang an. Der Titel sagt, es sei ein Schauspiel über Götz von Berlichingen mit der eisernen Hand: Der Held ist ein Krüppel, wie auch sein Freund, Hanns von Selbitz. Dem fehlt ein Bein. Götz' mit Schienen angeschraubte rechte Hand deutet auf einen Mangel des Ritters hin. Weislingen aber, der Verräter, ist weit mehr als der Bösewicht. Er ist Götz' »Bruder«, ein anderes, erfolgreicheres und politisch glücklicheres Ich des Helden: Beide zusammen ergäben das Ideal eines Mannes. Solch ein Ideal wird nur einmal sichtbar, wenn Götz, im tiefsten Elend, Sickingen zuruft: »Deine Seele fliegt hoch« (HA IV, S. 151). Obwohl Sickingen historisch und politisch eine größere Bedeutung hatte als Götz, spielt er eine Nebenrolle; wichtig ist er im Ablauf des Stückes nicht für Götz, sondern für Götz' Schwester Maria und deren Verkörperung der unglücklich Liebenden.
Herder hat Goethe vorgeworfen, er sei in der Nachahmung der Freiheiten Shakespeares, bei Szenenwechsel und freiem Aufbau, zu weit gegangen. Auch sei das Stück zuviel »gedacht«, mit Ideen wie Rechtsgeschichte, Niedergang des Rittertums und des Reiches, Aufkommen der religiösen Neuerung, des Bauernkriegs gegen die Herrschaft des Adels überfrachtet. Das Stück sei nicht mehr die Tragödie eines großen einzelnen, sondern die Auseinandersetzung Goethes mit der politischen Welt. Goethe hat den historischen Fächer aufgerissen, indem er Menschen des achtzehnten Jahrhunderts in das Netzwerk aus Figuren der Lutherzeit stellte, gefühlvoll und doch von des Gedankens Blässe angekränkelt: Die Liebesleidenschaften der Adelheid, Weislingens und des brünstigen Franz sind die Leiden-

schaften seiner eigenen Zeit. Man entdeckt Schuldkomplexe Goethes aus dem Friederike-Erlebnis in dem untreuen Weislingen. Die Resignation der Treuen, Georgs und Lerses, die Zigeuner und das Porträt des Kaisers sind Symbole eines kraftlos gewordenen Reiches.

Handlungen und Figuren sollen aber bewußt Gegenwart sein; auch die Gestalt des Götz und seine Freunde, Selbitz und Weislingen, sind Gegenwart. Goethe empfand Luthers Sprache, die Geschichte des Rechts und des Reiches, Hans Sachs' Spiele und deren Kunstform, den Knüppelvers, als Zeugnisse einer Welt, in welcher er, als Reichsstädter, großgeworden war. Aktuell war die Atmosphäre deutscher Wiedergeburt nach der Katastrophe des Dreißigjährigen Krieges, das Erwachen des Nationalgefühls durch den Stolz auf die Siege des Preußenkönigs. Seit Klopstock und seinen norddeutschen Anhängern und Schülern war das Bewußtsein von Rang und Würde, Ausdruckskraft und Schönheit der deutschen Sprache wieder aufgelebt. Ähnliches hatte Lessing mit »Miß Sara Sampson« und »Emilia Galotti« bewirkt, so sehr, daß Lessing nicht widersprochen werden durfte, während Klopstocks Ruhm im Sinken war und kritisiert werden konnte. Die selbstbewußte neue Sprache wurde bei Goethe angereichert mit Ausdrücken aus dem Dialekt und der Umgangssprache. Der ungezwungene Ton erhob den »Götz« über die Dramen der Generation Gottscheds und Elias Schlegels, aber auch über die Stürmer und Dränger – mit Ausnahme von Lenz. Das wird deutlich an den Szenen aus dem Bauernkrieg, in den Feldlagern der Soldaten und bei den Zigeunern, welche die unterste soziale, aber nicht unterste moralische Stufe spiegeln.

Weil wir Goethes Quelle kennen, die Autobiographie des Götz von Berlichingen, müssen wir das Schauspiel eine seiner größten Erfindungen nennen. Goethes Leistung war die Verwandlung eines historischen Stoffes in ein Drama frischer Jugend in »ewigen, alle Welt durchklingenden Worten« (Tieck). Die erste Fassung zeigt das besser als die endgültige. Vor allem die Zigeunerszenen sind ursprünglicher, wilder und roher: Nicht Götz fällt in die Hände der Zigeuner, sondern Adelheid. Die Bande kocht am Feuer. Die Stamm-Mutter murmelt Hexenverse wie aus dem »Macbeth«. Sie gehören zum Bedeutendsten, was Goethe geschrieben hat, ebenbürtig den titanischen Hymnen der folgenden Monate. Sie redet nicht in der Hochsprache, sondern in den beschwörenden Parallelismen schottischer Balladen, mit Syntax und Grammatik der Volkssprache, mit den Kürzeln der Frauennamen im Dialekt:

Im Nebelgeriesel, im tiefen Schnee,
Im wilden Wald, in der Winternacht,
Ich hör der Wölfe Hungergeheul,
Ich hör der Eule Schrein.

Mein Mann, der schoß ein' Katz am Zaun.
War Anne der Nachbarin schwarze liebe Katz.
Da kamen des Nachts sieben Werwölf zu mir,
Warn sieben sieben Weiber vom Dorf.

Ich kannt sie all, ich kannt sie wohl,
S war Anne mit Ursel und Kett
Und Reupel und Bärbel und Lies und Gret
Sie heulten im Kreis mich an.

Da nannt ich sie all beim Namen laut:
Was willst du Anne, was willst du Kett?
Da rüttelten sie sich. Da schüttelten sie sich.
Und liefen und heulten davon. (HA IV, S. 525)

Die Namen der Söhne sind kultisch-magisch: Brauner Sohn, schwarzer Sohn; der kleinste heißt Wolf. Die Zigeuner dieser Szene gehören einer Kultur der Beschwörung an, einer Jägerwelt matriarchaler Prägung. Die Natur ist unheimlich. Der Jäger sagt: »Das Irrlicht saß im Sumpfgebüsch, ich schwieg und schaudert nicht und ging vorbei.« Darauf die Mutter: »Du wirst dein Vater, Junge. Ich fand dich hinterm dürren Zaun im tiefen November im Harz.« Das sind Töne, welche Goethe auch in der Hexenküche des »Faust« benützt und viel später, in der »Walpurgisnacht im Harzgebirg« und in der »klassischen Walpurgisnacht«, aufnehmen wird.
Im »Götz« ist der Wolf der germanischen Sage das Totem einer Sippe, in welche Adelheid, allein zu Pferd, auf der Jagd gerät. Die Zigeunerin erkennt und benennt die Dame als »blanke Mueter«. Während das Gebell der Wölfe, der Unterirdischen, durch die Sturmnacht heult, wird Adelheid angeredet: »Es friert uns nicht, gingen wir

nackend und bloß ... Blanke Mueter, schöne Mueter, du bist in guter Hand« (HA IV, S. 526f.). Als sich der Sohn an die schöne Beute heranmachen will, hält die Mutter ihn zurück mit den Worten, die in der Geisterszene des Erlkönig wiederkehren: »Er tut dir kein Leids.« Sie gibt Adelheid zauberische Ratschläge und Prophezeiungen: »Wer dir im Weg steht, er muß sich verzehren, und verzehren und sterben.« Das gilt für die Buhlen – Franz, Sickingen und Weislingen. Adelheid wird von Sickingen und Franz aus dieser Gesellschaft befreit, doch Franz fällt, in einer Mischung von Entsetzen und Freude, in Ohnmacht.

In der 6. Szene der Urfassung, nachts in Adelheids Zimmer, bewahrheitet sich die Handlesekunst der Zigeunerin vor den drei Männern. Sickingen kommt nicht von ihr los: »Wende deine Augen, sonst komme ich nicht von der Stelle.« Sie erwidert: »Möge jeder von meinen Gedanken, die ich euch nachsende, ein Engel sein und euch geleiten und beistehn.« Weislingen muß sich sagen lassen: »Du bist von jeher der Elenden einer gewesen, die weder zum Bösen noch zum Guten einige Kraft haben.« Sie wirft ihm Flüche nach, doch ihm wird deutlich: »Die himmlische Weisheit bildete diesen englischen Körper und beschenkte ihn mit einem übermenschlichen Genius ...« In der elften Szene sehen wir Franz in Adelheids Armen, und er drückt in schwärmerischen Worten den Zusammenhang des holden Augenblicks mit dem Kosmos aus: »Oh, ich würde an deinem Busen der ewigen Götter einer sein, die in brütender Liebeswärme in sich selbst wohnten, und in einem Punkte die Reime von tausend Welten gebaren, und die Glut der Seligkeiten von tausend Welten auf einen Punkt fühlten« (HA IV, S. 536). Das ist die Sprache des »Prometheus«, des »Wanderers«, des »Urfaust«. Hier bricht etwas auf, dessen Kühnheit uns nicht mehr so umstürzlerisch klingt wie dem Zeitgenossen: Die deutsche Literatur hat sich seit dem jungen Goethe an diesen Tönen gebildet. Die Spuren seiner Sprache gehen bis Grabbe, Büchner, Nietzsche und zu den Expressionisten.

So viel genialischen Überschwang suchte Goethe in der neuen Fassung zu mildern. Die Zigeunerepisode wurde knapper. Der Charakter Adelheids gleicht Shakespeares Kleopatra und Marwood aus Lessings »Miß Sara Sampson«. Als das Stück 1774 in Berlin von der Kochschen Theatertruppe gespielt wurde, vermutlich stark gekürzt,

gefielen dem Publikum die sentimentalen Szenen, vor allem Weislingens letzte Zusammenkunft mit Maria und die Verurteilung Adelheids durch das Femegericht. Mit einem Ballett, Musik und Tanz, wurde der dämonische Charakter der Zigeuner überspielt. Niemand scheint bemerkt zu haben, daß Goethe den Übergang zwischen zwei Zeiten und Staatsformen schilderte. Auch wollte das fortschrittliche Publikum nicht sehen, daß die untergehende Welt edler und besser und die Zukunft hassenswert oder utopisch war. Goethe meinte, er habe den historischen und nationalen Gehalt betonen und das, was »bloß leidenschaftlich« war, auslöschen wollen. Trotzdem konnte er die ursprünglichen Züge nicht aufheben. Adelheid blieb Inbegriff einer die Männer in ihren Bann schlagenden erotischen Strahlung, sie ist eine Mischung von Dame, Buhlerin, Engel und Satan. Während in der zweiten Fassung Adelheids Tod von der Feme beschlossen wird, kommt der Mörder in der ersten Fassung in ihr Schlafzimmer (wo Franz ihr als Geist erscheint) und erliegt ihrem Reiz.
Goethe läßt seine Gestalten wissen und sagen, daß sie ihrer selbst nie sicher sind. In der Sexualität wird diese allgemeine Einsicht aufgehoben und zugleich gesteigert; in der geschlechtlichen Vereinigung, der Gleichzeitigkeit von Lust und Begehren, in welcher die Paare versinken, wo die Zweiheit aufgehoben und der Engel im Menschen sichtbar wird – in diesem Moment ist der Mensch nicht mehr er selbst. Das nützt Adelheid aus. Ihr Stich sitzt nicht und versetzt den Mörder in Raserei. Er erdrosselt und erdolcht sie mit den Worten: »So bezahlt sich dein blutig Gelüst. – Du bist nicht der erste. – Gott, machtest du sie so schön, und konntest du sie nicht gut machen?« (HA IV, S. 539). Auch diese Szene fiel in der zweiten Fassung weg. Sie zeigt die dramatische Kraft des zweiundzwanzigjährigen Autors auf einer Höhe, die er nie wieder erreicht. Er vermag die verschiedenen Aspekte des rätselhaften Wesens Frau in ihrer Mannigfaltigkeit und Verwobenheit, als Teile einer Totalität, zu zeigen.
Diese Gabe bewährt sich auch anderswo, wenn eine Lebensfrage aktuell wird. Solch eine Situation ist Georgs Frage nach dem Zustand der Welt, wenn diese so sein wird, wie sie sich die Männer utopisch ausmalen: »Würden wir hernach auch reiten?« Kann die Zeit der Idylle Leute wie Götz und Georg, die sich im Kampf bewähren, noch

brauchen? Götz antwortet darauf etwas verlegen, man werde dann gegen die Türken kämpfen. Das wölfische Zeitalter, in dem man lebt, dessen Produkt man ist, wird anderswo weiterleben. Wenn es, im vierten Akt, nichts mehr zu kämpfen gibt, muß Georg Jäger und Götz Schriftsteller werden: Von ihrem Standpunkt aus sind das eines Ritters nicht würdige Tätigkeiten. Die Tragödie ist zu Ende. Mit dem Schluß kehrt Goethe zu mittelalterlich-christlichen Lösungen zurück. Wahre Freiheit gibt es nur im Tod oder, wie Elisabeth es fromm ausdrückt: »Nur oben bei dir.« Bei Gott, im Himmel ist Freiheit. Die gleiche Elisabeth, seine beste Ratgeberin, weiß den Götz in seinem Elend in Heilbronn, nachdem die Seinen gefangen und erstochen sind, mit biblischen Zitaten und Halbzitaten zu trösten: »Lieber Mann, schilt unsern himmlischen Vater nicht! Sie haben ihren Lohn, er ward mit ihnen geboren, ein freies edles Herz. Laß sie gefangen sein, sie sind frei!« (HA IV, S. 145). Wenn Götz auf die Erlösung anspielt: »Himmlische Luft! – Freiheit! Freiheit!« erwidert sie: »Die Welt ist ein Gefängnis.« Da klingt Hamlets melancholische Bemerkung in Wieland-Eschenburgs Übersetzung nach: »Dänemark ist ein Kerker. – So ist die ganze Welt einer.« (Hamlet II, 2.)
In Parallele zu Gott steht der Kaiser als Symbol der ewigen Ordnung. Daß die Reichsherrlichkeit mit dem Kaiser erlischt, ist die politische Ursache für Götzens Untergang. So erscheint der Charakter des Protagonisten und des Schauspiels immer mehrdeutig: Götz preist das Alte als das Gute und Wahre; zugleich will er es überwinden, indem er, jenseits des Sumpfes des gegenwärtig Bösen, den Enkeln die Aussicht auf eine bessere Zukunft eröffnet. Darum rufen Maria und Lerse am Schluß: »Edler Mann! Edler Mann! Wehe dem Jahrhundert, das dich von sich stieß« und: »Wehe der Nachkommenschaft, die dich verkennt!« (HA IV, S. 175).
Mehrdeutigkeit gilt auch für zweitrangige Personen. Sie sind scharf und sicher zugeschnitten wie Bruder Martin, Karl, Lerse, Georg, die Anführer der rebellischen Bauern, die Reiter und Stadtbürger. Wie sie auftreten, was sie tun und sagen, drückt nicht bloß ihre Rolle aus; sie sind Zeugen für Goethes Auseinandersetzung mit der Welt und leuchten verschiedene Aspekte an. Auch von den Zigeunern gilt das, die zwar, wie auch Götz, Freibeuter sind, zugleich aber das Land von Ungeziefer reinigen; sie essen Hamster und Mäuse. Wenn ihre

Weiber bei der Beschwörung von Hühneraugen und Warzen den Aberglauben ausnützen oder aus der Hand lesen, sagen sie »die Wahrheit, die gute Wahrheit«. Das Wahrsagen ist buchstäblich gemeint.

Elisabeth und Maria sind ideale Frauen. Elisabeth ist tüchtig, kraftvoll, eine Helferin ihres Mannes. Maria gibt sich hin, wird enttäuscht und bleibt als Unglückliche zurück. Ausdrücklich werden ihre Reinheit und Unschuld bezeugt. Marias letztes Wort, als sie mit Lerse aufbrechen will, ist von tragischer Ironie: »Wir haben einen schönen Tag zu gewarten« (HA IV, S. 173).

Die von den Zeitgenossen kritisierte Komposition von sprunghaft knappen Szenen und jähen Übergängen wurde von Lenz und Büchner übertroffen. Sie ist uns unter dem Begriff der offenen Form geläufig geworden, und das gilt auch für die frische, zarte und nach Stand, Alter, Beruf und Stimmung abgetönte Sprache des »Götz«. Wir sind an sie gewöhnt worden, weil Goethe in »Clavigo«, »Stella«, den »Geschwistern« und »Egmont« die gleiche Sprache redete. Auch die erste Fassung der »Iphigenie« wurde in solcher Prosa geschrieben.

»Götz von Berlichingen« ist ein Schauspiel des Lebens in einer neu empfundenen Freiheit. Weil Götz und seine Familie im zweifelhaft werdenden Glauben an Gott und das Christentum verharren und von der heraufkommenden profanen Welt ohne religiöse und sittliche Bindungen überwältigt werden, erfüllt uns das Drama mit Spannung und Bangigkeit. Götz' so gar nicht zu der wölfischen Zeit passender, weicher und fast empfindsamer Charakter, seine faktische und symbolhafte Verkrüppelung, läßt ihn leiden und vermittelt das Weltgefühl des modernen Menschen, der keine Heimat findet und sich in die Utopie einer zweifelhaften Zukunft rettet. Wenn die Welt ein Gefängnis ist, wird die Umkehrung aller Werte schmerzlich deutlich, und das ist bei Goethe, anders als bei Shakespeare, kein durch den dramatischen Verlauf gegebenes Stichwort, sondern ein Gefühl der Trauer, der »Unerkennbarkeit« des Seins. Dafür gab es keine Lösung als die christliche, aber diese war mit dem heiligen Reich im Versinken. Das Empfinden für die Doppeltragik des himmlischen und irdischen Reiches ist Goethes epochales Erlebnis. Nicht mit der Reformation oder der italienischen Renaissance, nicht mit dem Rationalismus, sondern mit dem Goethe des »Götz«, der Hymnen und »Werthers«, wird ein neues Zeitalter, der Sieg der profanen Welt, sichtbar. Im Jahre 1803 hat Goethe eine Umarbeitung des Dramas für das Weimarer Theater begonnen und im Jahr darauf fortgeführt, so daß die Aufführung im September stattfinden konnte. Sie dauerte sechs Stunden und mußte gekürzt werden, darum entfielen die Szenen am Bamberger Hof. Auch kleinere wichtige Episoden wie die Geschichte vom frommen Kind, welche Maria dem kleinen Karl erzählt, fielen weg. Später hat Goethe das Schauspiel in zwei Stücke geteilt. Das erste, »Adelbert von Weislingen, Ritterschauspiel in vier Aufzügen«, wurde am 23. Dezember 1809 gespielt und das zweite, »Götz von Berlichingen, Ritterschauspiel in fünf Aufzügen«, am zweiten Weihnachtstag, also drei Tage darauf. Goethe hatte ein ungutes Gefühl und entschuldigte sich mit dem theatralischen Zweck. Diesem Zweck dienten opernhafte Einfügungen mit Musik und Chor. Die Fassung wurde zu Goethes Lebzeiten nicht gedruckt, da er meinte, die sinnliche Gegenwart der Bühne und des Schauspiels müsse das ersetzen, was dem Stück auf der anderen Seite entzogen werden mußte. Bedeutung hat diese Fassung als ein Versuch Goethes, seine Idealtheorie vom Theater an einem dichterischen Schauspiel auszuprobieren.

Die Sprache der neuen Dichtung

Als Anwalt hat Goethe, wie gesagt, in Frankfurt 28 Prozesse geführt. Im ersten vertrat er den Sohn eines Glasermeisters gegen dessen Vater. Die Prozesse verteilten sich auf die Jahre 1771 bis 1775, als er nach Weimar ging. In diesen Jahren hat er mit Ausnahme der vier Monate in Wetzlar und der Reisen an den Rhein und in die Schweiz in Frankfurt gelebt. Da die juristische Kleinarbeit vom Vater und dessen Gehilfen, Johann Wilhelm Liebholdt, seinem Faktotum, verrichtet wurde, hat die Juristerei ihn kaum beschäftigt. Es mag sein, daß die Lebenserfahrung zunahm und die Notwendigkeit, den juristischen Jargon zu benützen, seine sprachliche Virtuosität reizte. Das zeremonielle Juristendeutsch und der barocke Amtsstil der Sprache scheinen Goethe verleitet zu haben, seine Schreibart zur »Verbitterung der ohnehin aufgebrachten Gemüter« zu mißbrauchen. Innerlich ließen die behandelten Fälle ihn wohl kalt. *Ein* Prozeß jener Jahre hat ihn freilich sehr erregt, das war der gegen die Dienstmagd und Kindsmörderin Susanna Margarethe Brandt im Jahre 1772. Die Juristensippe Lindheimer-Textor-Goethe war auf vielfältige Weise am Prozeß und der Hinrichtung der armen Person beteiligt.
Goethes Vater mochte hoffen, Johann Wolfgang werde in die Fußstapfen seines kürzlich gestorbenen Großvaters Textor treten oder er könne zumindest die von ihm selbst vergebens angestrebte Stelle im Stadtrat erreichen. Goethe hat sicherlich nie daran gedacht. Als er eine Aufforderung des Pedells der Straßburger Universität erhielt, nachträglich auch noch den juristischen Doktorgrad zu erwerben, schrieb er sofort ab. Er wußte, daß seine Kenntnisse und die Aussprache des Französischen für eine Juristenlaufbahn in Frankreich nicht ausreichten. (Es war ja auch nichts mehr von einer Verlegung seines Studiums nach Paris zu hören.) An Salzmann schrieb er: »Es ist mir vergangen, Doktor zu sein. Ich hab so satt am Lizentieren, so satt an aller Praxis, daß ich höchstens nur noch des Scheins wegen meine Schuldigkeit tue, und in Teutschland haben beide Gradus gleichen

Wert« (WA IV, 2. S. 1). Die Verbindung zu Salzmann wurde brieflich aufrechterhalten, während die zu andern Straßburger Freunden, wie Lenz und Jung-Stilling, absichtlich vernachlässigt wurde. Am Kontakt mit Herder hielt er hingegen eifrig, ja flehentlich fest. Anfang 1772 konnte er ihm mitteilen: »Vor einiger Zeit bracht' ich auch einen reichen Abend mit Mercken zu, ich war so vergnügt als ich sein kann, wieder einen Menschen zu finden, in dessen Umgang sich Gefühle entwickeln und Gedanken bestimmen« (HA Br. I, S. 131).

Johann Heinrich Merck war Darmstädter; er hatte einen unbedeutenden Posten bei der Landesregierung und erhielt später den nichtssagenden Titel eines Kriegsrats. Als solcher erledigte er kleinere diplomatische, manchmal geschäftliche Aufträge des Hofes und hatte Not, seine wachsende Familie zu ernähren. Ursprünglich studierte er Theologie, entdeckte dann aber seine Neigungen zu Literatur, Rhetorik und Juristerei und suchte Anerkennung als Schriftsteller. Merck war belesen, geistreich, witzig und scharfzüngig, ein Mensch mit kühlem Kopf und warmem Herzen, acht Jahre älter als Goethe. Als beide sich Ende 1771 in Frankfurt kennenlernten, fand Goethe an ihm einen Ersatz für die Straßburger Freunde, einen Mann, mit dem er sich über Pläne und Projekte unterhalten konnte und der in der Lage war, sein Temperament zu ertragen: Von Merck hat sich Goethe Dinge sagen lassen wie sonst nur von Herder. Merck hat vorübergehend dessen erzieherischen Einfluß übernommen – und Goethe brauchte Kritik. Merck hatte sich mit Mineralogie und Chemie beschäftigt und begegnete darin Goethes Interessen. An Merck richtete Goethe in der Zeit der Entstehung des »Urfaust« ein Briefgedicht. Dort hieß es:

> Ich fühl, ich kenne dich, Natur
> Und so muß ich dich fassen. (WA IV, 2. S. 212)

Als Mensch hat Merck zur Figur des Mephisto einiges beigetragen. Goethes Mutter sprach in späteren Jahren, in ihren Briefen an die Herzogin Anna Amalia, von Merck als ihrem Mephisto.

Goethe hatte freilich mit »Wissenschaft als Wissenschaft« nicht viel im Sinn. Er glaubte, man müsse die Natur »fühlen«. Natur war das Schlagwort der Zeit. Die Popularphilosophie, die Literatur, die politische Demagogie und sogar die Theologie, wenn sie eine heitervernünftige Moral predigte, sprachen von einer natürlichen Frömmigkeit. Von der Natur-Wissenschaft seiner späteren Jahre war Goethe noch weit entfernt.

Seltsamerweise hatte Merck Beziehungen zur Darmstädter »Gesellschaft der Heiligen«, einem Zirkel pietistisch angehauchter Damen und Herren, dem Karoline Flachsland, Herders Braut, angehörte. Die religiöse Kultfigur war nicht Jesus, sondern Klopstock. In diesen Kreis führte Merck den »Wanderer« Goethe ein. Karoline gab Herder am 9. März 1772 einen Bericht: »Ich habe vor einigen Tagen Ihren Freund Goethe und Herrn Schlosser, von dem ich Ihnen schon geschrieben, kennen gelernt. Sie haben Merck besucht auf etliche Tage, und wir waren zwei Nachmittage und ich beim Mittagessen beisammen. Goethe ist so ein gutherziger munterer Mensch, ohne gelehrte Zierart, und (hat) sich mit Mercks Kindern so viel zu schaffen gemacht, und eine gewisse Ähnlichkeit im Ton oder Sprache oder irgendwo mit Ihnen, daß ich ihm überall nachgegangen« (Gespr. I, S. 55). Es gab eine Beziehung der Frommen von Frankfurt zu den Heiligen von Darmstadt; auch der Name des katholischen Dechanten von St. Leonhard in Frankfurt, Dumeiz, taucht in diesem Zusammenhang auf. In diesem Kreis las »der Große Goethe«, wie Karoline ihn nennt, Laurence Sterne und eigene Gedichte vor.

Für Goethe war die Mitarbeit in den von Merck redigierten »Frankfurter Gelehrten Anzeigen« wichtiger. Durch Schlosser als Redakteur, durch Herder, Goethe, Merck und andere Mitarbeiter wurde das bis dahin bedeutungslose Blatt das Rezensionsorgan der revolutionären Jugend. Die Buchbesprechungen und kleinen Aufsätze erschienen ohne Namen der Verfasser. Anlässe und Gegenstände zeigen, wie weit das literarische und gelehrte Spektrum von Goethes akademischen Jahren war. Die Zeitung war gefürchtet und wurde gehaßt, weil die Urteile ungerecht und boshaft seien. Freilich hat sich Goethe nicht an die Idole und den Stil der Mode gehalten; der Zwang zur kritischen Auseinandersetzung hat seine Sprache bereichert. Sein erster Beitrag galt Johann Georg Sulzers Theorie der schönen Künste, die veraltet war. Gelehrte Bücher zur antiken Literatur wurden verworfen. Man hatte die Absicht, alles Flache und Falsche zurückzuweisen und an ihrer Stelle das Positive der jüngeren Autoren hervorzuheben.

Goethe zeigte sich als ebenso geschickter wie hintersinniger Autor, der Lob und Tadel zu mischen verstand: Der Freundin Wielands, Sophie von La Roche, machte er über ihren Roman, die Geschichte des Fräuleins von Sternheim, das Kompliment, es sei kein Buch, sondern eine Menschenseele, und diese gehöre nicht vor das Forum des Kritikers und Ästheten. Gellert wird verteidigt, er habe gute Kirchenlieder geschrieben und Einfluß auf seine Generation, aber keinen Begriff von höherer Dichtkunst gehabt, die aus vollem Herzen und wahrer Empfindung ströme. Eine »empfindsame Reise« durch Deutschland wird an Yoricks »empfindsamer Reise« von Laurence Sterne gemessen und als dessen Nachahmung verworfen. Er lobt Wieland, den Verfasser des »Agathon« und der »Musarion«, wegen seiner menschenfreundlichen Moral. In einer neuerlichen Besprechung Sulzers reizte dessen altmodische Ansicht, die Künste dienten zur Verschönerung der Dinge um uns und sie täten das nach dem Beispiel der Natur, Goethe zu der Bemerkung: »Was wir von Natur sehen ist Kraft, die Kraft verschlingt, nichts gegenwärtig, alles vorübergehend, tausend Keime zertreten, jeden Augenblick tausend (Keime) geboren, groß und bedeutend, mannigfaltig ins Unendliche; schön und häßlich, gut und bös, alles mit gleichem Rechte neben einander existierend. Und die *Kunst* ist gerade das Widerspiel; sie entspringt aus den Bemühungen des Individuums, sich gegen die zerstörende Kraft des Ganzen zu erhalten« (WA I, 37. S. 210). Hier hat Goethe in unvergleichlicher Kürze seine Ansicht von der Polarität von Leben und Kunst dargelegt, eins der Themen seiner Entwicklung.

Bei Gelegenheit der Gedichte des polnischen Juden Isaschar Falksohn entwirft er das Bildnis eines Jünglings, der durch sein Mädchen zum Dichter wird. Falksohn habe diese Naivität nicht besessen und darum sein Ziel verfehlt. Goethe schlägt Töne seines »Werther« an: »Laß, o Genius unsers Vaterlands, bald einen Jüngling aufblühen, der, voller Jugendkraft und Munterkeit, zuerst für seinen Kreis der beste Gesellschafter wäre, das artigste Spiel angäbe, das freudigste Liedchen sänge, im Rundgesange den Chor belebte, dem die beste Tänzerin freudig die Hand reichte, den neuesten mannigfaltigsten Reihen vorzutanzen, den zu fangen die Schöne, die Witzige, die Muntre alle ihre Reize ausstellten, dessen empfindendes Herz sich auch wohl fangen ließe, sich aber stolz im Augenblicke wieder losrisse, wenn er, aus dem dichtenden Traume erwachend, fände, daß seine Göttin nur schön, nur witzig, nur munter sei.« In dem Riesensatz werden alle grammatischen und syntaktischen Register gezogen. Etwas kokett endet Goethe: »Doch obs solche Mädchen gibt? obs solche Jünglinge geben kann?« (WA I, 37. S. 223 und 225).

Goethe dringt in allen Beiträgen auf das Charakteristische, auf den Naturgebrauch der Kräfte. In diesem Sinne tritt er für Homer, Shakespeare und die Volkspoesie ein. Auf seinen Wanderungen zwischen Darmstadt und Frankfurt suchte er, mehr träumend als denkend, die Ergebnisse seiner Erfahrungen zu einem neuen Weltbild zu formen. Weder metaphysisch noch theologisch konnte er die Widersprüche seines Lebens und das Friederike-Erlebnis klären. Er ahnte mehr als er es wußte, daß ein neues Zeitalter kam, und daß dessen sprachlicher Ausdruck sich vom rationalen Zeitstil der Literatur und den konventionellen Wendungen der religiösen Frömmigkeit lösen müsse. Es war nicht mehr möglich, mit den Mitteln der Rhetorik über die Liebe, und von der Liebe, zu reden wie Shakespeare in »Romeo und Julia«. Goethe will aus dem Herzen sprechen, in einer bis dahin kaum vernommenen inneren Wahrhaftigkeit. Von Shakespeare hatte er gelernt, wie man, nach den Gesetzen der Renaissance-Poetik, zwei Qualitäten verbinden kann, sinnliches Adjektiv und abstraktes Hauptwort: der kalte Tod, glühende Weihe, scharlachne Entrüstung, mattes Flimmern. »Drum hat der Mond, der Fluten Oberherr, vor Zorne bleich, die ganze Luft gewaschen«, heißt es im »Sommernachtstraum« (II, 1), oder daß »Vom üpp'gen Spiel des Windes der Segel schwangerer Leib zu schwellen schien«. Solche Zusammenstellungen sprechen nicht zum Verstand, sind dem Gefühl aber klar: Fetter Galgen, süßes Mondlicht, des schnellsten Lebens lärmende Bewegung.

Diese Assoziationsfähigkeit der Sprache hat Goethe, unter Herders Anleitung, als den künstlerischen Reiz von Shakespeares Diktion erkannt und virtuos variiert: »Der Mond von einem Wolkenhügel sah kläglich aus dem Duft hervor«, oder: »Ein rosenfarbnes Frühlingswetter umgab das liebliche Gesicht« (HA I, S. 28). Neu ist bei Goethe die Benützung von Verben und Adjektiven, welche nicht einen Zustand, eine Eigenschaft, ein Sein, sondern, mit den Mitteln der Partizipialadjektive, ein Werdendes oder Gewordenes bezeichnen: Schwebender Riese, glühende Natur, beizender Sturm, überfließend' Maß, Reisefreuden wähnend, schlotterndes Gebein, rollender Triumph, silberprangend, dämmernder Lenz. Aus dem Wortgebrauch spricht ein neues Weltfühlen und -denken. Goethe hat es für die deutsche Literatur erobert.

Er entwickelt adverbiale Ergänzungen: himmelhoch jauchzend, herzaufquellende Tränen, überschwellen, nachquellen, vorbeiquellen, sich aufruhn, grüne herauf, abgelebte Zeiten. Es ist, sagt Gundolf, als habe sich die gestaltete Welt in ein flutendes, wogendes Chaos aufgelöst. Auf der andern Seite erfindet Goethe Verbindungen von Worten und Begriffen, die für uns im Lauf der Zeit nicht mehr künstlich und gewaltsam, sondern natürlich klingen. Als grammatische Einheiten sind sie, wenn nicht in den allgemeinen Gebrauch, so doch in das allgemeine Verständnis übergegangen: Nebeltal, Wolkensteg, Scheideblick, Rettungsdank, Traumglück, Traumgefahr, Wechselwinde, Blütenträume; so auch die Verbindungen von Verb und Präposition: anglühn, aufregen, hintrauen, entlangrauschen, umsäuseln.

Solche Erweiterungen der Sprache und die grammatischen, manchmal auch syntaktischen Neuerungen sind seit Straßburg zu bemerken. Aus der Masse der Wörter und Begriffe wird eine bewegliche Ordnung gemacht. Sie spiegelt sich in den Briefen, in den Sesenheimer Gedichten und im »Götz«. Sie tritt als etwas ganz Neues im »Werther« an die Öffentlichkeit und erreicht ihren Höhepunkt in den Hymnen und Dithyramben der Frankfurter Geniezeit. Man muß die Befreiung Goethes von den Konventionen des Denkens und der Literatur im Zusammenhang mit seiner Suche nach einem Lebenssinn deuten. Bei seiner ersten Rückkehr nach Frankfurt, von Leipzig, wurde das überkommene Christentum unter dem Einfluß des Elternhauses und der pietistischen Zirkel aufgefrischt und befestigt. Aber in Straßburg wurde die Bindung wieder aufgegeben. Hier war man aufgeschlossener und aufgeklärter. Straßburg stand kulturell und politisch unter französischem Einfluß und hatte in den Kreisen der Regierung und Universität die Lösung von den christlichen Überlieferungen mitgemacht. Wie sich die Malerei der Epoche vom biblisch-allegorischen Hintergrund befreit hatte und die Motive in einer antikheidnischen Schäferwelt mit amoralischen Szenen findet, z. B. bei

Boucher, so hatte die Literatur bei Voltaire, Rousseau und Diderot den religiösen Hintergrund des Lebens durch eine nichtchristliche, oft antichristliche Szenerie ersetzt.
Ähnliches hatte sich in England vollzogen. Fielding und Sterne schildern Liebesszenen in Lüsternheit und Sinnenfreude ohne metaphysischen Hintergrund. Wenn die Literatur bei Goldsmith ein christliches Milieu benützt, wird das Leben doch von sehr natürlichen Gefühlen geleitet, von Titelsucht, Besitzgier, Eitelkeit, sexuell aufgefaßter Liebe und politisch-militärischem Karrieredenken. Noch bleibt die Welt des Bürgers ausgespart, die Personen sind von Adel. Bürger, Bauern und Soldaten, die bei Shakespeare eine so große Rolle spielen, kommen in der höheren Literatur kaum vor. Bei Richardson dringen sie in die Literatur ein, und religiöses Brauchtum, Volksfrömmigkeit, ein durch Gottesdienst und Gebete geregeltes Leben, die es doch gab, spielen in Kunst und Literatur keine Rolle mehr.
Diese Schriftsteller hat Goethe in Straßburg und Frankfurt mit Vorliebe gelesen und als Schnittmuster für eigene Dichtungen benützt: Rousseau, Diderot, Sterne, Fielding, Goldsmith, Ossian, die Edda und schottische Balladen der Vorzeit. Aus dieser im protestantischen Europa durchdringenden Profanierung des Lebens geht die neue Kultur hervor. Katholische Länder wie Spanien und Italien, Österreich und Süddeutschland bleiben vorerst ausgeschlossen. Zögernd hat Goethe in Frankfurt Kontakte zum katholischen Leben aufgenommen, denn er brütete ja über einem mittelalterlichen Stück, dem »Faust«.
Mit der Profanierung war eine Veränderung im Denken und Fühlen verbunden. Sie vollzog sich in der Ablehnung der adlig gebundenen Gesellschaft, der galanten Literatur und der dynastisch bestimmten Politik. Nicht mehr die pathetischen Affekte bestimmen Kunst und Dichtung, sondern die Emotionen. Die Verfeinerung löst den von Moral und Religion gesteuerten Mechanismus der Leidenschaften ab. Das Individuum und seine Gefühle werden interessant, und damit verändert sich nicht nur das gesellschaftliche Bezugssystem, sondern die Qualität der Gefühle: Sie richten sich auf das Private, das individuelle Glück oder Unglück. Man spricht nicht mehr von Himmel und Erde, erst recht nicht von der Hölle: Das neue Individuum stellt sich in arkadisch getönter Landschaft unter flutenden Eindrücken dar. Goethes Unrast, seine in diesen Jahren fast pathologische Unausge-

glichenheit, der Wechsel zwischen Jubel und Niedergeschlagenheit, spiegelt eine an Verzweiflung grenzende Einsamkeit. Darüber kann der prometheische Trotz nicht hinwegtäuschen.

Goethes Weg war lang und schwierig, er wurde immer wieder abgelenkt, unterbrochen oder schien ins Unwegsame zu führen. Ein entschiedener Ton findet sich am ehesten in den Briefen, wo er Fakten mitteilt. Da spürt man, über das Detail hinaus, eine unbekümmerte Laune. Er schreibt an Herder: »Ich habe noch aus Elsaß zwölf Lieder mitgebracht, die ich auf meinen Streifereien aus den Kehlen der ältesten Mütterchen aufgehascht habe. Ein Glück! Denn ihre Enkel singen alle: Ich liebe nur Ismenen (ein Schlagerlied der Zeit)... Von keltischen gälischen Sachen soll nächstens was folgen, es fehlen mir noch gewisse Bücher, die ich aber bald kriegen muß« (HA, Br. I. S. 126 f.). Im September 1771 brachte Goethe eine Sendung mit gälischen, englischen und eigenen deutschen Texten auf die Post. Da heißt es:

Puail teud, a mhic Alpin na mfón,
Ambail solas o nclarsich na nieöl
Taom air Ossian, agus Ossun gu tróm
Ta anam a snamh a nceö.

Son of Alpin strike the string. Is there ought of ioy in the Harp? Pour it then, on the Soul of Ossian: it is folded in mist.

Rühr Saite du Sohn Alpins des G'sangs
Wohnt Trost in d'n Harfen der Lüffte.
Wälz über Ossian, zu Ossian dem traurgen.
Seine Seel ist gehüllt in Nebel. (WA I, 53. S. 152)

Die Volkslieder und Ossian zeigen, wie sehr sich Goethe dem Bildungspathos der Zeit entzog und was er unter »Natur« verstand. Die Volkslieder zeugen von den Ursprüngen der Poesie im eigenen Volk. Ossian wurde als Dichter wilder Ur-Natur empfunden. Goethes Übertragung ist ein Versuch, in Wortwahl, Rhythmus und Syntax aus dem Text ein deutsches Original zu machen. In der kurz darauf in Frankfurt gehaltenen Shakespeare-Rede wird das große Publikum, welches dumpf seinen Beschäftigungen nachgeht, der »neugebornen Jugend« gegenübergestellt. Die Rede hat weniger mit Shakespeare als mit dem jungen Goethe zu tun: »Die erste Seite, die ich in ihm las, machte mich auf zeitlebens ihm eigen, und wie ich mit dem ersten Stücke fertig war, stund ich wie ein Blindgeborner, dem eine Wunderhand das Gesicht in einem Augenblicke schenkt. Ich erkannte, ich fühlte aufs lebhafteste meine Existenz um eine Unendlichkeit erweitert, alles war mir neu, unbekannt, und das ungewohnte Licht machte mir Augenschmerzen« (HA XII, S. 224–25).

Den adlig-bürgerlichen Gärten steht die Landschaft einer kosmisch dampfenden All-Natur in den Hymnen und Dithyramben der Wanderergedichte und des »Ganymed« gegenüber. Doch bevor Goethe sie dichten konnte, bedurfte es stärkerer Muster als Ossian und das Volkslied. Er brauchte Sprachmuster, die ihrerseits, um Natur auszudrücken, nicht selbst Natur, sondern geradezu manieristisch gesteigerte Kunstpoesie waren.

Pindar und Klopstock

Der Vorwurf Herders, Goethe habe im Götz zuviel »gedacht«, hat eine tiefe Berechtigung. Nicht als ob das Drama konstruiert wäre, im Gegenteil, es zeichnet sich aus durch eine Fülle von Schwingungen und Gemütsverfassungen; alle Personen und Ereignisse sind ungedanklich-dichterisch gesehen. Sie spiegeln den Wechsel von Lebensrhythmus und Druck der Verhältnisse: Auch der große, der hervorragende Mensch muß sich dem in ihm selbst angelegten Wachstumsgesetz, dem Schicksal fügen. Diese Spannung wird sich durch alle Goetheschen Dichtungen ziehen und die Hauptwerke bestimmen. Herder meinte, daß Goethe *an* zu vieles gedacht habe, an alles, was er in Straßburg gehört hatte. Die Herderschen und Hamannschen Ideen hatten seine Dimensionen unendlich erweitert, die Gegensätze von Völkerjugend und Vergreisung, das von Möser geweckte Rechtsverständnis und die politischen Fragen nach dem Verhältnis des Reiches, des Kaisers und der Fürsten, der Territorien, waren ihm bewußt geworden. Der Vorwurf lief darauf hinaus, daß die Masse der im Drama erscheinenden Fragen die Einheit des Stückes sprenge.

Goethe hat sich Herders Kritik sehr zu Herzen genommen. Sie betraf den Kern seiner Überlegungen, was eigentlich zur Fügung eines Kunstwerks gehöre, was die literarische Form im Gegensatz zu gedanklicher Überlegung bedeute, und warum die Bildungsvorgänge in seinem Innern nicht Schritt halten konnten mit dem, was ihn bedrängte, der Fülle der Themen, der Masse der Eindrücke und Projekte. Wo war das Zentrum, jenes alle Eindrücke Bindende, das er später mit dem Begriff der Persönlichkeit andeutete? Während der ersten Frankfurter Jahre wußte Goethe noch nichts von dem Prozeß des Werdens, in dem sich die eigene Entwicklung vollziehen sollte. Er mußte sich erst ein Vokabular dafür schaffen. Dies Wortfeld besteht vor allem aus Begriffen des Wachsens, Schwebens, Schwingens, Summens, Drehens, Spannens, Leidens, Spürens, Schwimmens, Schwankens, Schwellens: Es sind Wortbegriffe einer neuen

Anschauung nicht nur der Natur, sondern der gotthaltigen Schöpfung, Begriffe eines nicht mehr seinshaft, sondern werdehaft bestimmten Universums.
In der ganzen bisherigen Literatur aus Antike und Gegenwart, von Homer bis Voltaire, wird die Dichtung als Zeugnis und Ausdruck des Seins aufgefaßt. Daß dies Sein selbst eine Bewegung ausdrückt, daß sich das Sein im Werden verwirklicht und, hegelisch zu reden, im Geist zu sich selbst kommt, ist das Neue bei Goethe. Es hatte sich überquellend zuerst im »Götz« ausgeformt und kommt in der Fülle dieses Stückes zum Ausdruck. Goethe spürte aber auch einen Mangel an dem, was man bisher unter der *Form* der Dichtung und in ihrer Theorie unter den Regeln begriff. Dies Formgesetz hatte er gesprengt und durch eine freiere, die innere Form ersetzt. Die Spannung liegt nun nicht mehr in der Polarität von Gott und Mensch, Schöpfer und Geschöpf, Ordnung und Widerspruch, Person und Gesellschaft – sie liegt im Menschen selbst. Ein bis dahin nie vernommenes Ichgefühl spricht aus Goethes Briefen der Frankfurter Zeit, und zwar zeitlich noch eher als aus den Gedichten und Stücken. Hier ist die Rede vom Genius. Er ist die schöpferische Kraft im Innern, göttlich beflügelt wirkt er als Eingießung des Geistes, als Inspiration.
Daß Goethe der antike Begriff des Genius geläufig war als eine dem Mann einwohnende Zeugungskraft, ist ebenso deutlich wie der Zusammenhang mit dem Begriff der Theologie von der Einhauchung eines göttlichen Wesens. Sie wird von Juden und Christen, aber auch von den Griechen und Römern, für Propheten und Sibyllen vorausgesetzt. In dem größten der Lieder dieser Epoche, »Wandrers Sturmlied«, wird der Genius siebenmal angerufen: »Wen du nicht verlässest, Genius!« Die Zeile ist das Leitmotiv für den Sieg des unglücklich im Regen wandernden Dichters über Unrast, Leid und Verzweiflung (HA I, 33). Als Goethe am 28. November 1771 Salzmann den »Götz« ankündigte, hieß es: »Mein ganzer Genius liegt auf einem Unternehmen, worüber Homer und Schäkespear und alles vergessen worden« (HA Br. I, S. 128).
Kaum hatte er den »Götz« fertig, schrieb er, Anfang 1772, Herder von seinem Plan, ein Sokrates-Drama zu schreiben: »Jetzo studir ich Leben und Tod eines andern Helden, und dialogisier's in meinem Gehirn.« Interessant ist nicht nur, daß Goethe von seinem Sokrates-

Plan spricht, sondern *wie* er darüber schreibt, in Anlehnung an Hamanns Stil, und erfüllt von einer Sprachgewalt, die erst in den Hymnen dichterischen Ausdruck findet: »Und dann weiß ich noch nicht, ob ich von der Seite mit Aesopen und la Fontainen verwandt bin, wo sie nach Hamannen mit dem Genius des Sokrates sympathisieren; ob ich mich von dem Dienste des Götzenbildes, das Plato bemahlt und verguldet, dem Xenophon räuchert, zu der wahren Religion hinaufschwingen kann, der statt des Heiligen ein großer Mensch erscheint, den ich nur mit Lieb (liebendem?) Enthusiasmus an meine Brust drücke, und rufe: mein Freund und mein Bruder.« Wenige Zeilen weiter geht er auf Herders Kritik an »Götz« ein und sagt, daß »gewisse Striemen zu jucken anfingen wie frisch verheilte Wunden bei Verändrung des Wetters ... und streichelte meinen Genius mütterlich mit Trost und Hoffnung« (HA, Br. I, S. 130 f.).

Goethe las Plato, Xenophons Erinnerungen an Sokrates, Theokrit und die griechischen Anakreontiker. Sie sollten ihm das Lokalkolorit auf dem Hintergrund des Volksmäßigen vermitteln. Bei Hamann tritt Sokrates, weil er für seine Sache den Urteilsspruch ungerechter Richter widerspruchslos auf sich nimmt, in Parallele zu Leiden und Tod Christi. In »Dichtung und Wahrheit« erinnert sich Goethe: »Sokrates galt mir für einen trefflichen weisen Mann, der wohl, in Leben und Tod, sich mit Christo vergleichen lasse« (HA IX, 221 u.). Der Plan wurde fallengelassen, da Goethe durch die Freundschaft mit Merck und die »Frankfurter Gelehrten Anzeigen« in Anspruch genommen wurde. Wahrscheinlich aber wurde er mit dem, was er im Brief als Plan formulierte, als Dichter nicht fertig: »Den Sokrates, den philosophischen Heldengeist, die Eroberungswut aller Lügen und Laster, besonders derer, die keine scheinen wollen, oder vielmehr den göttlichen Beruf zum Lehrer der Menschen, die Macht des ›Tuet Buße‹ (im Original griechisch nach dem Ruf Johannes des Täufers), die Menge, die gafft, die wenigen, denen Ohren sind, zu hören, das pharisäische Philistertum der Meliten und Anüten (der Ankläger des Sokrates), die Ursache nicht, die Verhältnisse nur der Gravitation und endlichen Übergewichts der Nichtswürdigkeit: Ich brauche Zeit, das zum Gefühl zu entwickeln« (HA, Br. I, S. 130). Solche Sätze beleuchten schlaglichtartig die Vorgänge des dichterischen Bildens. Es ist der Weg von Götz' Kämpfertum des deutschen Faustrechts zu einem

allgemein menschlichen Heldentum. Zugleich bewegte Goethe der Faust-Stoff, ohne daß er schon sprachliche Form annahm.
Beim Studium der griechischen Literatur stieß Goethe auf Pindar, und zwar auf das griechische Original. Bisher hatte er die antiken Dichter vor allem in Wielands Übertragungen und Nachahmungen kennengelernt und den Gedanken vom Modellcharakter der griechischen Literatur übernommen, so wie er durch Oeser erfahren hatte, daß Winckelmann in der klassischen Skulptur ein zeitloses Vorbild aller bildenden Kunst sähe. Der spätere Wieland hatte Romane, Versepen und Dramen in griechischem Kostüm geschrieben, etwa das Lehrgedicht »Musarion« und den Bildungsroman »Agathon«. Wielands Deutsch war hell, heiter, grammatisch leicht und manchmal platt. Seine Auffassung der Welt galt als leichtfertig, stach jedoch wohltuend von der Tugendschwärmerei seiner Zeitgenossen ab. Durch Wieland war Goethe auf Pindar gekommen und entdeckte, als er sich in die Originale vertiefte, den Ton und die Form des Dithyrambus.
Pindar benützt die Sprache wie ein Seher, als Prophet. Er erhebt die Helden seiner Gesänge zu Halbgöttern. Das Pindarerlebnis im Frühjahr und Sommer 1772 bestätigte nicht nur Goethes Kraftgefühl, sondern verhalf ihm zur Artikulation. Er beruft sich auf eine Stelle in Pindars neuntem Neméischen Gesang und zitiert griechisch: epikratein dynasthai, herrschen können: »Wenn du kühn im Wagen stehst, und vier neue Pferde wild unordentlich sich an deinen Zügeln bäumen, du ihre Kraft lenkst, den austretenden herbei-, den aufbäumenden hinabpeitschest, und jagst und lenkst und wendest, peitschest, hältst, und wieder ausjagst, bis alle sechzehn Füße in einem Takt ans Ziel tragen: Das ist meisterhaft, epikratein, Virtuosität...« (HA, Br. I, S. 132). Man hat gesagt, Goethe habe Pindar verkannt, die Ode sei ein Gebet des Dichters an Zeus. Das ist nicht so wichtig.
Pindar wirkte befreiend, weil Goethe seine ekstatische Kraft sah; er hielt die scheinbare Befreiung von den Regeln für eine Legitimation des Genius. Der größte Goethe-Interpret des neunzehnten Jahrhunderts, Victor Hehn, spricht vom titanischen Menschengefühl des jungen Goethe, und Gundolf, nicht minder wichtig für das zwanzigste Jahrhundert, sprach vom Urerlebnis eines sich von den Göttern befreienden Ich. Allenfalls gestand man Goethe ein spinozistisches All-

Erlebnis zu, das Jacobi vermittelt hätte. In Wirklichkeit spricht Goethe aber von Lenken, Zügeln, von der Notwendigkeit, alle sechzehn Füße in *einen* Takt zu bringen. Die Worte Virtuosität und Meisterschaft sprechen von Kunst. Es war vielmehr so, wie Goethe am Schluß des Absatzes sagt: »Ich möchte beten wie Moses im Koran: Herr, mache mir Raum in meiner engen Brust.«
Goethe war nicht der erste Dichter, den Pindar berührt und inspiriert hatte. Klopstock war ihm vorausgegangen im Stil seiner Oden und Hymnen. Klopstock hatte die Literatur von bürgerlich-aufgeklärter Verständigkeit und Enge befreit. Sein Protestantismus war weit genug, ihm einen hohen Flug, einen die Schöpfung umspannenden Schwung und die Lösung der Sprache von der Innigkeit der Sentimentalität zu erlauben, weil er die Schöpfung als Abglanz Gottes verstand und sich als Führer zum Erhabenen, als Priester des Höchsten fühlte. Klopstock hat eine befreiende Wirkung ausgeübt, in der Jugend durch den »Messias«, jetzt durch seine Oden.
Diese dithyrambische Sprache findet man in »Wandrers Sturmlied«, in »Der »Wandrer«, »Pilgers Morgenlied«, »Feldweihegesang an Psyche«, »Elysium«, »Prometheus«, »Ganymed« und der »Harzreise im Winter«. Es sind die größten Gedichte deutscher Sprache in einer scheinbar ungebundenen Form, mit Bildern und Gesichten, einem neuen Blick auf die Natur, im Ton revolutionären Aufbruchs des Geistes:

Wen du nicht verlässest, Genius,
Nicht der Regen, nicht der Sturm
Haucht ihm Schauer übers Herz.
Wen du nicht verlässest, Genius,
Wird der Regenwolke
Wird dem Schloßensturm
Entgegen singen
Wie die Lerche
Du dadroben. (HA I, S. 33)

Klopstocks Oden aus der Mitte des Jahrhunderts haben stofflich und formal Goethesche Dichtungen vorweggenommen. Er besingt seine Freunde in Tönen höchster Begeisterung und stellt in der Wingolf-Ode von 1747 sein Lied, die Ode des deutschen Barden, neben Horaz und Vergil. Seine Vorbilder waren die Psalmen, Milton und Pindar. Kopstock, dem Schüler von Schulpforta, waren die Psalmen der Bibel, die griechischen und lateinischen Klassiker in der Ursprache nahegebracht worden. Seine Oden auf den Zürchersee, den Eislauf, die »Frühen Gräber« und die »Frühlingsfeier« hatten Themen und Töne angeschlagen, die sich teilweise wörtlich bei Goethe finden. In der Ode »Der Erbarmer« stehen Zeilen aus den Psalmen, wenn es von der Mutter des Säuglings heißt: »Vergäße sie sein, / Ich will dein nicht vergessen!« (Klopstock, Werke IV, 123) und in der gleichen Ode stehen Zeilen, die Goethe aufnahm:

Vater, Vater! So soll meine Seele dich denken,
Dich empfinden mein Herz, meine Lippe dich stammeln.

Die Andacht Goethe-Werthers zu den kleinsten der Lebewesen hat Klopstock schon 1759 in der »Frühlingsfeier« artikuliert:

Lüfte, die um mich wehn und sanfte Kühlung
Auf mein glühendes Angesicht hauchen,
Euch wunderbare Lüfte,
Sandte der Herr, der Unendliche!

Fünf Strophen weiter heißt es über die Nacht:

Sie kommt, Erfrischung auszuschütten
Über den stärkenden Halm,
Über die herzerfreuende Traube.

Die Metaphern in Partizipialkonstruktionen gehen bis zu Hölderlin und Schiller in den antiken Ton der Dichtungen ein. Das erste Gedicht in freien Rhythmen hat Klopstock 1754 geschrieben, »Die Genesung«; es ist ein Dithyrambus des Dankes in Pindarschem Duktus. Der Dichter ist der von Gott in seine Geheimnisse eingeweihte Priester. Daher der erhabene Ton, nicht im devoten Sinn des Pietismus, sondern in der Freiheit des von Gott angenommenen Sohns der Schöpfung, dem nach schwerer Krankheit das Leben wiedergegeben wird:

Genesung, Tochter der Schöpfung auch,
Aber auch du der Unsterblichkeit nicht geboren,
Dich hat mir der Herr des Lebens und des Todes
Von dem Himmel gesandt.

Bei Klopstock finden sich denn auch Entsprechungen zu Macphersons »Ossian«. Selma und Selmar sind heidnische Heilige des Nordens. An die Stelle der antiken tritt eine von Klopstock in die deutsche Literatur eingeführte keltisch-germanische Mythologie höchst eigenwilliger Erfindung. Der Göttinger Dichterbund des Hains fand seine Gründungsurkunde in der Ode »Der Bach« von 1766:

Bekränzt mein Haar, o Blumen des Hains,
Die am Schattenbach des bardischen Quells
Nossa's Hand sorgsam erzog, Braga mir
Brachte, bekränzt, Blumen, mein Haar!

Ohne Klopstock ist Goethes Naturlyrik nicht zu denken. Klopstocksche Wendungen erscheinen bis in die Weimarer Zeit in Goethes Lyrik.

Für den schwärmerisch-empfindsamen Zug der Zeit waren die Klopstockschen Gedichte bezeichnend. Man reichte sie im Kreis der Freunde und Freundinnen weiter. Man war glücklich, durch Abschreiben in den Besitz eines Klopstocktextes zu kommen. Zu dem Kreis um die Landgräfin Karoline von Hessen-Darmstadt gehörten Merck als leitender Geist, Herders Braut Karoline Flachsland, der Minister von Moser, der sonderbare »Gottesspürhund« Leuchsenring und adlige Verehrerinnen. 1771 hatte die Landgräfin Klopstocks Oden und Elegien gesammelt und in 34 Exemplaren drucken lassen. Goethe lernte die bahnbrechenden Dichtungen im Kreis der Darmstädter Gemeinde kennen. Auf seinen Wanderungen zwischen Frankfurt und Darmstadt dichtete er Gesänge in freien Strophen. In diesen Zusammenhang gehören »Mahomets Gesang«, »Prometheus«, »An Schwager Kronos«, in der Postkutsche geschrieben am 10. Oktober 1774, »Seefahrt« und die 1777 entstandene »Harzreise im Winter«.

Die inspirierende Nähe Pindars und Klopstocks hat Jahre lang angehalten und wurde noch beflügelt durch das Erscheinen von Klopstocks genialer Poetik »Die deutsche Gelehrtenrepublik«. Trotz ihrer damals wie heute befremdlichen Einkleidung (»auf Befehl der Aldermänner durch Salogast und Wlemar«) wurde sie von Goethe enthusiastisch begrüßt. Am 10. Juni 1774 schrieb er an Gottlob Fr. Ernst Schönborn: »Klopstocks herrliches Werk hat mir neues Leben in die Adern gegossen. Die einzige Poetik aller Zeiten und Völker, die einzigen Regeln, die möglich sind!... Das alles aus dem tiefsten Herzen, eigenster Erfahrung, mit einer bezaubernden Simplizität hingeschrieben« (HA Br. I, S. 163). In der Tat ist die »Gelehrtenrepublik« eine Dichtungslehre über Größe und Selbständigkeit des Dichters und vom Kult der Genialität. Klopstock hat seine Metrik, Rechtschreibung und Verslehre unermüdlich ausgebildet und in Gesetze gefaßt. Wie mußte Goethe das Herz schlagen, wenn er las: »Vortrefflichkeit hat Falkenauge und Adlerflug, und ist mit nichten ein Schmetterling, der nur so eben ein wenig überm Geschmeiß umherflattert« (Werke VIII, 35).

Klopstocks Eintreten für die deutsche Sprache (wo Leibniz getadelt wird, da er französisch schrieb), die Entschlackung von Moden und Abhängigkeiten – das alles wurde in humoristischer Einkleidung, voll Verachtung des Sekundären und der »Knechte«, in einem kraftvollen Stil vorgetragen. Das Werk war durch Subskription auf einen engen Kreis von Schülern und Verehrern beschränkt. Wegen seiner pseudomythologischen Kostümierung brachte es sich um eine größere Wirkung. Der eigentliche Grund des Mißerfolgs lag aber am Stoff: Wen interessierten Fragen des Stils und der Sprache, zumal Klopstock alles getan hatte, um den Abstand der Elite vom großen Publikum zu betonen? So kam es, daß die Anhänger und Schüler in Norddeutschland, der berühmte Gleim, die Hamburger und die Mitglieder des Poetenbundes Der Hain in Göttingen jubelten. Mit Abstand folgten die Gießener, Homburger und Darmstädter Verehrer – und Goethe. Er erkannte, daß Klopstock, der Schöpfer der neuen Dichtungssprache, mit der »Gelehrtenrepublik« eine seiner Poesie ebenbürtige Theorie geschrieben habe. An dieser Ansicht konnten Mercks Sottisen, Schillers böse Urteile und Eckermanns Voreingenommenheiten auch später nichts ändern.

Auf dem Wege von Hamburg zum Markgrafen von Baden machte Klopstock in Goethes Vaterhaus in Frankfurt Station und hörte Szenen aus dem »Faust«. Anschließend begleitete Goethe ihn nach Darmstadt. Man kam sich jedoch nicht nahe, und beide spürten Verschiedenheiten ihrer Talente und ihrer Auffassungen. Goethe stand, auf dem Höhepunkt der Zerrissenheit, zwischen Prometheus' genialischem Trotz und Zweifeln an der Richtigkeit seines Weges. Klopstock fühlte sich als Herold, Zeuge und Bote Gottes, in einer Disposition, die er bei Pindar, Horaz und Vergil gefunden hatte. Wie die antiken Dichter empfand er sich nicht einsam, sondern von der Hochflut der Literatur getragen. Sie beflügelte das schöpferische Individuum, das Originalgenie. Als Dichter fühlte er sich vollkommen sicher in der Tradition seiner Vorbilder; Klopstock setzte fort oder erneuerte, was Horaz für seine Epoche getan hatte: Im Auftrag Gottes schlug er seine Harfe.

Goethe will weder Herold noch Priester sein, er hört auf den Genius in seinem Innern. Er singt nicht für eine Gemeinde, sondern für sich. Das Große und Erhabene der Hymnen wird ihm verbürgt durch den Ton aus der eigenen Brust. Er korrespondiert nicht mit Pindar und Horaz im Hochgefühl des Dichtens, sondern mit der Harmonie der Sphären. Diese Harmonie spürt er jedoch nur augenblicksweise, auf Wanderungen und Spaziergängen oder im Wagen. Das Alltagsleben, der gewöhnliche Gang der Dinge hindern die Erkenntnis und das Dichten. Mit Anstrengungen und Wünschen kann nicht geholfen werden. Aber in glücklichen Augenblicken (den »Momenten«) ist der Schleier wie fortgehoben. Der Dichter gewahrt das Göttliche in sich selber. Sein »Götterselbstgefühl« genießt den Tag:

> Voller Keim, blüh' auf,
> Lieblich dämmernden Lenzes Schmuck,
> Scheinend vor deinen Gesellen!
> Und welkt die Blütenhülle weg,
> Dann steig' aus deinem Busen
> Die volle Frucht und reif' der Sonne entgegen. (HA, I, S. 40)

Zwei Jahre später schrieb Klopstock einen Brief an Goethe in Weimar, nachdem er gehört hatte, der Herzog betrinke sich. Klopstock meinte es ehrlich, wenn er Goethe vorhielt: »Die Deutschen haben sich bisher mit Recht über ihre Fürsten beschwert, daß diese mit ihren Gelehrten (gemeint sind Künstler und Denker) nichts zu schaffen haben wollen« (HA Br. an Goethe I, S. 58). Goethe antwortete: »Verschonen Sie mich ins Künftige mit solchen Briefen, lieber Klopstock« (HA, Br. I, S. 215). Klopstock fühlte sich als moralische Autorität beiseite geschoben. Er hat Goethes weitere Entwicklung kritisch verfolgt und nicht gespart mit bösen Urteilen: »Iphigenie« sei eine steife Nachahmung der Griechen, »Hermann und Dorothea« nicht erhaben genug, Vossens »Luise« sei besser, und die »Farbenlehre« hielt er für ein Plagiat des französischen Newtongegners Marat. In Dingen des Ruhms war Klopstock eifersüchtig – ein großer Dichter braucht kein großer Mensch zu sein.

Der Frankfurter Wanderer

Mit den Verträgen von Paris, 1763, hatte eine Jahrzehnte lange Zeit des Friedens für die meisten Länder Europas begonnen. Nach langen und verlustreichen Kriegen kam es zu einer Erholung der Länder, Herrschaften und Städte des Heiligen Reiches. Nach dem Untergang jeder bürgerlichen und adligen Zivilisation durch den Dreißigjährigen Krieg konnten die Ansätze eines Wiederaufbaus jetzt zur Entfaltung kommen. Im katholischen Süden entstand eine fürstlich-zölibatäre Klosterkultur mit einer architektonischen und musikalischen Hochblüte. Man braucht nur die Namen Würzburg, Bamberg, Vierzehnheiligen, Banz, vom Westen her Weingarten, Dillingen, Freising, Passau, Salzburg und die Reichsklöster an der Donau – St. Florian, Melk, Klosterneuburg – mit ihren zahlreichen Filialen zu nennen. Die kirchlich geprägte Kultur verband sich auf einmalige Weise mit der Volksfrömmigkeit und entging so der in den protestantischen Teilen des Reiches viel mächtigeren Profanierung.

In den Städten war, auf handwerklicher Basis, ein neues tüchtiges, fleißiges, religiös gebundenes Bürgertum entstanden. Neue Familien brachten es zu Wohlstand, ja Reichtum. Neben dem alten entstand ein neues Patriziat. Der Aufstieg der Familie Goethe ist dafür ein Beispiel. Das Bürgertum von Hamburg, Danzig, Königsberg, Köln, Mainz, Straßburg, Nürnberg, Augsburg und Leipzig konnte sich zwar nicht mit dem der vorreformatorischen Renaissancekultur messen, denn die Internationalität der Beziehungen zu Italien und Burgund war dahin. Aber die politische Ruhe, das Aufhören der Kriege, der Aufschwung der Höfe, Handel und Schiffahrt der Seestädte, die Gesundung der adligen Gutsherrschaften und freien Bauern, die geselligen Vorzüge der Rokoko-Kultur und die bürgerlichen der Theater- und Musikkultur verbanden sich, im Namen der englischen und französischen Aufklärung, zu jenen Punkten gesellig-gesellschaftlichen Lebens, das sich in Goethes Werken spiegelt.

Als er aus Straßburg nach Frankfurt kam, mußte er einen neuen Sinn des Lebens finden. Das Leben in Frankfurt beengte ihn, und so war er froh, in Merck einen Freund gefunden zu haben, der ihn weit herumführte. Durch Merck kam Goethe nach Homburg. Die Höfe von Darmstadt und Homburg waren verwandtschaftlich und gesellschaftlich verbunden. In Homburg lebte Luise von Ziegler (»Lila«), die Freundin Karoline Flachslands (»Psyche«) und der Henriette von Roussillon (»Urania«). An diese Damen richtete Goethe einige seiner Gedichte. Durch Merck lernte er die Dichterin Sophie von La Roche kennen. Man wollte sie zur Mitarbeit an den »Frankfurter Gelehrten Anzeigen« gewinnen. Sie war durch ihren gefühlvollen Brief-Roman »Das Fräulein von Sternheim« bekannt geworden und wohnte in Ehrenbreitstein. Goethes possierliche Schilderung der Familie La Roche eröffnet das 13. Buch von »Dichtung und Wahrheit« und leitet über zur Entstehungsgeschichte des »Werther«.

Den Taunus kannte Goethe seit seiner Kindheit; er war »das Gebirge« am nördlichen Horizont. Mit dem Vater war er in Homburg und Kronberg gewesen und hatte den Feldberg bestiegen. Über Wiesbaden und Schwalbach war er an den Rhein gekommen und hatte Mainz und Biebrich kennengelernt. Überall hatte er gezeichnet. Der Vater versprach sich von dieser Neigung eine Beruhigung der wilden unsteten Natur des Sohnes.

Von den Streifpartien seiner Jünglingszeit wurde Goethe immer wieder nach Hause gezogen durch einen Magneten, wie er erzählt, der von jeher stark auf ihn wirkte. Das war seine ein Jahr jüngere Schwester Cornelia. Sie war mit ihm großgeworden, hatte sein »bewußtes Leben« und seine Neigungen geteilt und war die erste Zeugin seiner dramatischen und lyrischen Versuche. Sie hatte ihn gedrängt, den »Götz« niederzuschreiben, und ist vermutlich auch die erste Zeugin einer vorsprachlichen Gestaltung des Fauststoffs gewesen. Im September 1771 hatte er mit Cornelia der Hinrichtung Susanna Margarethe Brandts beigewohnt.

Cornelia war dem Bruder in mancher Beziehung ähnlich. Sie war hochbegabt, empfindlich, leidenschaftlich, nicht schön, eher häßlich – und litt darunter. Goethe schrieb, sie sei eigentlich geeignet, Äbtissin zu werden; damit meinte er den Status einer unverheirateten Stiftsdame. Cornelia hatte keine Beziehung zur Natur, darin unterschied sie sich von ihm, und auch kein Verhältnis zur Religion. Sie

war wie die Therese im »Wilhelm Meister« »ohne Glaube, Liebe, Hoffnung«, die christlichen Kardinaltugenden. Goethe hat sie in alle seine Arbeiten eingeweiht. Nur Cornelia hat gewußt, was in den verbrannten frühen Dichtungen »Belsazar«, »Isabel«, »Ruth« und andern »Jugendsünden« gestanden hat. Sie hat in Leipzig und Straßburg Briefe an ihren Bruder geschrieben, doch fielen sie den Verbrennungsaktionen zum Opfer. Mit ihren Freundinnen korrespondierte sie in französischer Sprache, wie es unter Damen der Gesellschaft üblich war. Da Goethe den Vater pädagogisch eifrig, wohlgesinnt, aber auch streng in seinen Anforderungen fand, und die Mutter »fast noch ein Kind« war und in intellektueller Hinsicht ein Kind blieb, schlossen sich Bruder und Schwester eng aneinander. Sie teilten ihre Spiele und ihre Bücher, wuchsen zwillingsartig auf und übernahmen gemeinsam den Lehrstoff. Als der Bruder nach Leipzig ging, blieb Cornelia als Opfer der pädagogischen »Lawine« ihres Vaters zurück.
Noch mehr als die Mutter wurde Cornelia in der Jahrzehnte später verfaßten Autobiographie von »Dichtung und Wahrheit« ausgespart; viele versteckte Hinweise hängen mit Goethes Scheu zusammen, Unaussprechliches zu berühren. Hier setzt Eisslers Deutung des Tabus inzestuöser Beziehungen der Geschwister an. Sie hat neue Aspekte eröffnet, indem sie die Nachrichten über Cornelia psychoanalytisch auswertet. Cornelia korrespondierte mit Salzmann, Herder und dessen Frau, mit Lenz, Lavater und Merck. Goethe ermunterte seine Bekannten, zuletzt noch Frau von Stein, ihr zu schreiben; er fühlte sich mitschuldig an Cornelias Vereinsamung. Warum hat er ihre Briefe verbrannt? Das Schicksal der hochbegabten, schwierigen und verklemmten jungen Frau wäre wohl auch im Zeitalter der mit der Romantik beginnenden Emanzipation unerbittlich gewesen.
Goethes Depressionen, Ängste, Schwankungen wechselten mit kraftgenialischer Überschwenglichkeit. Den Minderwertigkeitskomplexen standen Selbstbewußtsein, Hochmut und Vertrauen gegenüber. In einer paradox erscheinenden Verbindung von Entspanntheit mit Konzentrationskraft entstanden auf stundenlangen Wanderungen Gedichte, welche oft als enggeführte Konzentrate von Dramen erscheinen, so »Prometheus«, »Mahomets Gesang«, »Ganymed« oder das Zwiegespräch des Wanderers mit der jungen Frau. Im »Sturmlied« wird dem rettenden Genius der Bauer als Typus des Alltägli-

chen gegenübergestellt. Goethe vermag disparate Klänge, Stimmungen und Eindrücke so zu verbinden, daß sie eine neue Ordnung bilden. So auch »Ganymed«, in freien Rhythmen:

Wie im Morgenrot
Du rings mich anglühst,
Frühling, Geliebter!
Mit tausendfacher Liebeswonne
Sich an mein Herz drängt
Deiner ewigen Wärme
Heilig Gefühl,
Unendliche Schöne! (HA I, S. 46)

Goethe befand sich, nachdem er von Straßburg zurückgekommen war, in einem drangvollen, ja unerträglichen Zustand. Er war zwar Lizentiat und ging auf die väterlichen Wünsche nach einem geregelten Berufsleben ein. Aber das vertrug sich schlecht mit den mancherlei »Störungen«, der Bedrückung durch die Frankfurter Enge und den Erwartungen an sein »Genie«. Einige Jahre später, aus Weimar, schrieb er hellsichtig an die Mutter, ohne Weimar wäre er »in einer ewigen Kindheit geblieben«!

Die Beruhigung suchte er unter freiem Himmel, in Tälern, auf Höhen, in Feld und Wald, auf Wegen, die er drei Jahre vorher mit dem Vater oder der Familie gefahren oder gewandert war. Die Lage Frankfurts zwischen Darmstadt und Homburg erlaubte ihm, »auf der Straße zu leben, und wie ein Bote zwischen dem Gebirg und dem flachen Lande hin und her zu wandern« (HA IX, S. 521). In der Stadt nahm er an Gesellschaften teil, bemerkte (oder bemerkte auch nicht), daß sich Damen und Mütter für ihn interessierten, nahm Anteil an den Verwirrungen und Nöten anderer und wurde, wie er sagt, ihr Vertrauter. Aber sein Herz blieb ungerührt und unbeschäftigt: »Ich vermied gewissenhaft alles nähere Verhältnis zu Frauenzimmern« (ebda).

In dieser Lage suchte und fand er Entlastung bei der Dichtkunst: Die beiden Marien des »Götz« und »Clavigo« und die schlechte Figur, welche ihre Liebhaber spielen, sind Resultate reuiger Betrachtungen. Nicht nur als Wanderer entspannte und spannte er sich. Goethe rühmte seine körperlichen Übungen. Durch Klopstock waren Reiten,

Laufen, Schlittschuhfahren und Schwimmen zu Beispielen dessen geworden, was man später Sport nennen sollte. Das Reiten verdrängte bald das mühselige Fußwandern. Goethe hat den Eislauf in Frankfurt eingeführt und für sich und seine Freunde das Vergnügen entdeckt, einen herrlichen Wintertag auf den zu Eisfeldern überfrorenen Wiesen zu verbringen. Die Anstrengung gab dem Körper Schwungkraft. Man dehnte den Eislauf bis in die Nacht aus und genoß den Vollmond ebenso wie das Krachen des bei abnehmendem Wasser sich senkenden Eises. Klopstock wurde zitiert:

Und sollte der unsterblich nicht sein,
Der Gesundheit uns und Freuden erfand,
Die das Roß mutig im Lauf niemals gab,
Welche der Ball selber nicht hat?

So hat sich Goethe von »Grillen« befreit und körperliche Mängel kompensiert. Seiner kränklichen Schwester war die Teilnahme unmöglich. Goethe hätte ihr gern geholfen, denn er wußte, daß sie den gleichen Druckverhältnissen wie er unterlag, daß sie aber nicht die Kräfte zur Überwindung besaß. Sie konnte die Hemmungen ihrer frigiden Natur nicht überwinden. Zwar heiratete sie den tüchtigen Johann Georg Schlosser, scheint den Widerwillen gegen den Vollzug der Ehe aber nie überwunden zu haben. Sie bekam zwei Kinder, deren Weinen sie schreckte. Beide haben wie Goethes Brüder nur wenige Wochen gelebt. Cornelias Konstitution konnte sich von den Schwangerschaften und Geburten nicht erholen; sie ist vier Wochen nach Geburt der zweiten Tochter gestorben. Goethe erfuhr die Nachricht in Weimar, war tief betroffen und zog sich ins Schweigen zurück, »ich kann nun weiter nichts sagen«. Am Tag darauf, am 17. 7. 1777, schrieb er an seine Brieffreundin Auguste Stolberg, die er nie gesehen hat, tieftraurige Verse:

Alles gaben Götter, die unendlichen,
Ihren Lieblingen ganz,
Alle Freuden, die unendlichen,
Alle Schmerzen, die unendlichen, ganz. (HA I, S. 142)

Das Bild der kranken Cornelia hat Goethe bis ins Alter nicht verlassen. Die Bezeichnung und Anrede einer Schwester hat er auf Frau von Stein übertragen. Das Bild der Schwester als Frau, Gefährtin und Geliebte deutet hin auf Goethes Scheu vor einer Ehe, auf das Zurückschrecken vor der Liebe, auf die Zurückhaltung gegenüber vielen Frauen, die er verehrt und geliebt hat. Man braucht das nicht für eine sexuelle Störung zu halten. Als Dichter hat er Keuschheit und Reinheit der Mädchen und Frauen als engelgleiche Tugenden gepriesen. Gretchen, Mignon, Iphigenie und Ottilie sind die höchsten Beispiele. Von Cornelia schuf er kein dichterisches Porträt, es sei denn, daß man in der Ballade »Die Braut von Korinth« ein dunkles Bild der Schwester erkennen will.

Auf den langen Wanderungen im Taunus, die seine Gesundheit festigten, formten sich Dithyramben, Hymnen und Pläne zu Dramen. Wir wissen, daß er seine Pläne Jahrzehnte mit sich herumgetragen hat, ohne daß er sie niederschrieb. Anderes wurde sofort in fliegender Hast notiert. Auf diese Weise ist manches Fragment geblieben. Die Wanderergedichte benützten die antike Mythologie. Zu Goethes Zeit war sie als Staffage der Natur allgemein bekannt. In mythischen Gestalten spricht er aus, wie es dem Genie zumute ist:

> Dem Geier gleich,
> Der auf schweren Morgenwolken
> Mit sanftem Fittich ruhend
> Nach Beute schaut,
> Schwebe mein Lied.
> Denn ein Gott hat
> Jedem seine Bahn
> Vorgezeichnet ... (HA I, S. 50)

Der Dichter fühlt sich eins mit der Natur. Sein Gott ist nicht der trinitarische Gott Klopstocks, auch keine Person, sondern ein Bildbegriff für den Makrokosmos. Der Dichter trägt den göttlichen Funken in sich, er ist göttergleich, wie die Künstlergedichte sagen. Es geht nicht um Handlung und Gestalt, sondern um die Seelenverfassung des bei Nacht und Sturm durch die Gegend wandernden, fahrenden, reitenden Dichters. Goethe wählt repräsentative Figuren und Situationen, den Adler, die Seefahrt. Zeus, Prometheus und Ganymed sprechen ihre Gedanken im Kosmos aus. Das Erstaunliche ist die sprachliche Kraft. Sie sprengt die grammatischen und syntaktischen Bindungen, benützt oder schafft kaum bekannte und neue Wörter, bezieht die germanische Mythologie vom wilden Jäger ein, zieht Zusammengehöriges mit weit gespannten Inversionen auseinander: »O leite meinen Gang, Natur, den Fremdlingsreisetritt, den über Gräber heiliger Vergangenheit ich wandle« (HA I, 42). Immer ist der Blick weit, hoch und herrlich.

Nach Klopstocks Vorgang und dem Beispiel der in Versen abgesetzten Psalmen bildete Goethe freie Rhythmen. Pindars strophische Oden las er als Zeugnisse eines Genies über die Empfindungen seines Ich. Wie Goethes freie Rhythmen zu lesen sind, soweit es nicht jambische Madrigalverse sind wie in »Adler und Taube« oder das trochäische Madrigal von »Pilgers Morgenlied«, ist eine alte Streitfrage. »Wandrers Sturmlied« kann man auf zwei Arten lesen:

> Wèn du nìcht verlăssest, Génius,
> Nìcht der Régen, nìcht der Stúrm
> Hàucht ihm Schàuer übers Hérz . . .

oder aber:

> Wen dú nicht verlăssest, Génius,
> Nicht der Régen, nìcht der Stúrm
> Haucht ihm Schàuer übers Hérz . . . (HA I, S. 33)

Nach dem ersten Schema sind es trochäische Madrigalverse, nach dem zweiten liegen sie in der Linie von Klopstocks Hymnen. »Der Wandrer« und »Prometheus« akzentuieren noch freier. Viele Zeilenschlüsse sind nur fürs Auge. Manche Gedichte haben liedhafte Vierzeiler, etwa der Felsweihegesang. Man hat gemeint, Parallelen zum althochdeutschen Stabreimvers zu vernehmen, wo die stabenden Halbzeilen je zwei Akzente haben, während es bis zu vier unbetonte Silben geben kann. Mancher Leser wird die dynamische Betonung nicht unangemessen finden:

> Wíe im Mórgenrot – dú rings mich ánglühst,
> Frühling, Gelíebter – mit táusendfacher Líebeswonne
> Sích an mein Hérz drängt – deiner éwigen Wärme

Héilig Gefühl – unéndliche Schöne! (HA I, S. 46)

Die Hamburger Ausgabe bezeichnet diese Möglichkeit für ein viel späteres Gedicht:

Édel sei der Ménsch, – hílfreich und gút,
Denn dás allein – unterschéidet íhn
Von állen Wésen – díe wir kénnen. (HA I, S. 548)

Es ist möglich, daß Goethe diesen Rhythmus Herders Edda-Übertragung entnommen hat, obwohl weder ihm noch Herder das Gesetz des Stabreims der nordischen Dichtung klar war. Da er sich aber als dichtendes Genie eins wähnte mit Pindar, Ossian und der »Edda«, sie als Dichter einer vermeintlich wilden Ur-Zeit las, war der Zusammenhang mehr gefühlsmäßig. Im Alter hat Goethe die Gedichte mit Kopfschütteln gelesen und »Wandrers Sturmlied« als Halbunsinn bezeichnet.

Den titanischen Menschen, der sich gegen die Götter auflehnt, kannte man aus den Dramen Äschylos' und Sophokles'. Sie gehen zugrunde. Bei Shakespeare müssen sich die Größten einfügen in den Zusammenhang der Geschichte und göttlichen Weltordnung. Othello, Lear und Macbeth sind weder Halbgötter noch Übermenschen. Ein Ausscheren aus dem religiös bestimmten Weltbild ist ihnen schon deshalb nicht möglich, weil Shakespeares Welt nicht die moderne, sondern die antik-mittelalterliche ist. Gegen diese Welt lehnen sich Goethes Titanen auf. Sie drohen selbst Göttern. Im Erdgeistmonolog, der in diesen Jahren entstanden ist, tritt Faust der Gottheit gegenüber und verbindet sich mit den Mächten der Unterwelt. Weit entfernt sind diese kraftgenialen Aufrührer von der Einsicht der Prinzessin im »Tasso«, daß wahre Größe in der Erfüllung des als richtig erkannten Bindenden, der Gesetze der Gesellschaft und des Staates liegt.

Von Gretchen zu Werther

Im September 1771 begann in Frankfurt der Prozeß gegen die Dienstmagd Susanna Margarethe Brandt wegen Kindsmords. Er endete am 14. Januar 1772 mit der Hinrichtung des Mädchens. Goethes Vater, beschäftigt mit Vorarbeiten zur Geschichte Frankfurts, hat Papiere über diesen Prozeß aufbewahrt, die erst in der Mitte unseres Jahrhunderts ans Licht gekommen sind. Nach der Verkündigung des Urteils war die Delinquentin auf dem Frankfurter Römer ohnmächtig zusammengebrochen. Der Henker wurde befragt, ob er sich getraue, die Exekution mit dem Schwert »glücklich und auf einen Streich« auszuführen. Diese Frage stellten der Bürgermeister Reuß und der Senator Johann Jost Textor, der Bruder von Goethes Mutter. Der Scharfrichter antwortete am Tag darauf mit dem Gesuch, man möge die Hinrichtung durch seinen Sohn vollziehen lassen. Dies Schreiben hat Dr. Johann Georg Schlosser eingereicht und unterzeichnet, Goethes Teilhaber als Anwalt und einige Monate später sein Schwager.

Susanne Brandt war 15 Jahre alt, als sie ins Gerede der Leute kam. Aus Scham floh sie aus der Stadt. Daraufhin wurden Haftbefehl und Steckbrief ausgeschrieben, unterzeichnet von Johann Heinrich Thym, der neun Jahre lang Hauslehrer von Johann Wolfgang und Cornelia Goethe gewesen war. Die Schwangere wurde gefaßt und ein Vierteljahr lang im Turm der alten Katharinenpforte, am Ausgang des Hirschgrabens, eingesperrt, 200 Meter von Goethes Elternhaus. »Jeder Weg zur Zeil, zum Haus der Textors, zur Klettenberg, jeder Kirchgang« der Familie Goethe, sagt Ernst Beutler, führte unter dem Turm des Gefängnisses hindurch. Der erste Arzt des Mädchens war Dr. Johann Friedrich Metz. Er hatte dem schwerkranken Goethe im Dezember 1768 die rettende Geheimmedizin gegeben und ihn zum Studium von Paracelsus, Helmont und Welling angeregt. Der zweite Arzt war Dr. Burggrave, Hausarzt der Familien Textor und Goethe. Der Vater des Kindes war ein geflüchteter Goldschmiedegeselle; Susanne Brandt sagte, er habe sie durch Zauberei in seine Gewalt

gebracht, Satan habe sie zum Selbstmordversuch und Kindsmord verleitet. Das Gutachten darüber verfaßte der Ratssyndikus Dr. jur. Georg Wilhelm Lindheimer aus der Sippe der Großmutter Textor.
Die Hinrichtung wurde im zeremoniellen Stil der Reichsstadt öffentlich vollzogen. Seit fünf Uhr früh war alles auf den Beinen: Wachen, Zimmerleute, Garnison und Geistlichkeit. Die Henkersmahlzeit bestand aus mehreren üppigen Gängen; zu ihr hatten Richter, Scharfrichter, Wächter, Geistliche und die Verurteilte Platz zu nehmen. Die Delinquentin nahm nur einen Schluck Wasser zu sich. Alle Viertelstunde läutete die Glocke. Dann wurde das Mädchen in geistlicher und militärischer Prozession unter Singen und Beten, Trommelschlag und Glockenläuten über die Mainbrücke nach Sachsenhausen und zurück geführt. Um zehn Uhr war man am Schafott nahe der Hauptwache. Dort wurde ihr »durch einen Streich der Kopf glücklich abgesetzt«. Teile der Akten des Gerichtsverfahrens haben sich in Goethes Besitz befunden, geschrieben von Johann Wilhelm Liebholdt, Kanzlist und rechte Hand des Kaiserlichen Rats Goethe. In »Dichtung und Wahrheit« widmet Goethe ihm zwei Seiten und rühmt seine schöne Handschrift. Auch den Obduktionsbericht hat Goethes Vater von Liebholdt abschreiben lassen.
In vielen Fällen, wo es um Nachtseiten des Lebens ging, hat Goethe geschwiegen. Der Prozeß der Susanna Brandt muß nicht nur die Stadt Frankfurt, sondern vor allem die Familie Goethe-Lindheimer-Textor wochenlang in Aufregung gehalten haben. Der Obristrichter und sein Gehilfe waren Goethe bekannt. Sie treten in der vielleicht erdichteten Gretchenaffäre des jungen Johann Wolfgang auf. Wahrscheinlich war Goethe, ohnehin als Anwalt auf dem Römer tätig, bei den Verhören der Kindsmörderin anwesend.
Eine alte Vermutung, daß die Schlußszene des »Urfaust« – nicht in Versen, sondern in naturalistischer Prosa – schon damals entstanden sei, erhält durch diese Akten eine neue Stütze. In ihrer Mischung aus Grauen, Wahnsinn und Süße und mit einem vor Entsetzen zitternden und wankenden Faust, steht diese Szene einsam in Goethes Werken. Als Schrei der verlassenen Kreatur ist sie der Gegenpol des titanischen Übermuts im Faust-Monolog. Die Tragödie der Susanna Brandt wurde zum Keim der Faustdichtung, vor- und rückwirkend auf den Verlauf des Doppel-Dramas von Faust und Gretchen. In ihm

fand das seit Jahren wortlos herangereifte Melodram der verlassenen Braut seinen Ausdruck: Goethe rettete sich in Bilder der abgründigen Licht-Finsternis des Lebens, schauerlich in den mit untrüglichem Stilgefühl eingefügten Volksliedstrophen des niederdeutschen Märchens vom Machandelboom. Das ermordete Kind singt aus Gretchens Mund:

Die Mutter, die Hur',
Die mich umgebracht hat!
Mein Vater, der Schelm,
Der mich gessen hat... (Vers 3412–15)

Das Motiv des Kindsmords hatte die Sturm- und Dranggeneration heftig erregt. In ihm verbanden sich religiöse und juristische Fragen im Sinn der Aufklärung mit dem Interesse für das einfache Volk und seine Moral. Mit dem Volk meinte der Sturm und Drang nicht die Bauern, Kleinbürger und Soldaten, nicht das erdgeborene Urvolk im Sinne Rousseaus oder Herders, auch nicht die Massen der großen Städte oder den Pöbel, wie Goethe ihn in seinen Farcen, besonders im »Satyros«, darstellte. Das Volk dieser Dramen bildet den Gegensatz zum entarteten Hofadel, zum kommerzialisierten Bürgertum und den Gelehrten. Dies Volk leidet an den Paragraphen des römischen Rechts, am Übermut der Ämter und der Verschwendung der Fürstenhöfe. Nach aufgeklärter Ansicht wurde das Übel durch den Mangel an Bildung verschlimmert.
Goethe rühmt die vielen Theaterstücke der Zeit über die Probleme der »mittleren und unteren Stände«, wie er sich ausdrückt. Zu diesem Volk gehören Goethes Frauen und Mädchen, das rätselhafte Gretchen aus Goethes Knabenzeit, die Sesenheimer Friederike, Susanna Brandt als Modell für das Gretchen im »Faust«, Charlotte Buff in Wetzlar, Klärchen im »Egmont« und Mignon im »Wilhelm Meister«. Im ersten »Meister«roman, den Goethe selbst nicht veröffentlichte, der »Theatralischen Sendung«, reflektiert Goethe, etwa zehn Jahre nach der Hinrichtung der Susanna Brandt, über grausame Schauspiele mit tödlichem Ausgang und Exekutionen auf dem Markt. Die Öffentlichkeit zittere für einen Übeltäter und wünsche, daß ihm der Kopf abgeschlagen wird. »Das sprudelnde Blut, das den bleichen Nacken des Schuldigen färbt, besprengt die Einbildungskraft der

Zuschauer mit unauslöschlichen Flecken; schaudernd, lüstern blickt die Seele wieder nach Jahren zu dem Gerüste hinauf, läßt alle fürchterlichen Umstände wieder vor sich erscheinen und scheut es sich selbst zu gestehen, daß sie sich an einem gräßlichen Schauspiele weidet« (WA I, 51. S. 150).

Weshalb stellt der harmlose Wilhelm Meister, ein eher langweiliger Jüngling, solche Überlegungen an? Er will Schauspieler werden, noch lieber Tragödiendichter, und, wenn es geht, der Protagonist einer künftigen deutschen Nationalbühne. Deshalb fragen sich Goethe und Wilhelm, was es mit dem Vergnügen des Theaterbesuchers am Gräßlichen, Schaurigen und Bösen auf sich hat. Das Theater darf nicht von diesen Motiven gereinigt werden. »Es scheint mir«, schließt der Schreiber, »wenn ich ein Gleichnis brauchen darf, wie ein Teich zu sein, der nicht allein klares Wasser, sondern auch eine gewisse Portion von Schlamm, Seegras und Insekten enthalten muß, wenn Fische und Wasservögel sich darin wohl befinden sollen« (WA I, 51. S. 152). Schon die Antike hat über die Wirkung des Schreckens in der Tragödie nachgedacht und darauf eine berühmte Antwort gegeben: die Katharsis, die Reinigung des Zuschauers von den sadistischen Trieben in der eigenen Brust.

Goethe hat diese Verhältnisse oft zur Sprache gebracht. Er war sich seiner Kräfte bewußt geworden. Die Mehrschichtigkeit seiner Anlagen verschärften ein Gefühl der Ungewißheit, das Grübeln über seine Bestimmung, und erzeugten eine proteushafte Verteilung. In den Monaten vor der Abreise nach Wetzlar wird sie ganz deutlich und kommt in einem fast hektischen Bewegungsdrang zum Ausdruck. Im Januar besuchten ihn Mitglieder der Brüdergemeine zu Marienborn in Frankfurt. Im Februar kam er durch Merck mit der Gemeinschaft der Heiligen von Darmstadt in Berührung, kurz darauf mit dem Landgrafen von Hessen und dem Zirkel seiner Damen. In seiner längsten Hymne stellt er sich als bürdenbeladenen Wanderer dar; über Gräber heiliger Vergangenheit und durch eine herrlich blühende und wuchernde Natur sucht er seinen Weg. Von der jungen Mutter wird er durch einen Trunk Wasser erquickt. Die Hütte der Frau ist aus den Trümmern eines alten Tempels gebaut. Das Gedicht schließt mit den Zeilen:

Laß mich empfangen solch ein Weib,
Den Knaben auf dem Arm. (HA I, S. 42)

In Ehrenbreitstein besuchte er Sophie von La Roche, Wielands einstige Geliebte, doch galt seine Teilnahme weniger dem Kongreß der Empfindsamen in ihrem Hause als der sechzehnjährigen Tochter, der zierlichen Maximiliane. Es ist bezeichnend für Goethes neue Wachstumsphase, daß er in den Mädchen und Frauen kosmische Phänomene zu sehen begann, nicht nur Individuen für den erotischen Augenblick. Wahrscheinlich begann hier ein Sublimierungsprozeß, eine Verflüchtigung des Erlebnisses in den Aggregatzustand dessen, was er später als das Ewig-Weibliche besingen wird. Anders ist die Bemerkung kaum zu verstehen, mit welcher er im Rückblick von »Dichtung und Wahrheit« von jener Frau spricht, deren Begegnung sein Lotte-Bild in »Werthers Leiden« vielleicht noch mehr als Charlotte Buff bestimmt hat: »Es ist eine sehr angenehme Empfindung, wenn sich eine neue Leidenschaft in uns zu regen anfängt, ehe die alte noch ganz verklungen ist. So sieht man bei untergehender Sonne gern auf der entgegengesetzten Seite den Mond aufgehen und erfreut sich an dem Doppelglanze der beiden Himmelslichter« (HA IX, S. 561). Sehr geschickt weiß Goethe das Interesse an der hübschen Maximiliane abzulenken, indem er eine ausführliche Schilderung der Familie und ihrer geschäftlich-literarischen Betriebsamkeit entwirft und nebenbei bemerkt, daß ihm, Goethe, die Unterhaltung mit der Tochter zugefallen sei.

In diesen Monaten erhielt sein Aufsatz über Erwin von Steinbach und die deutsche Baukunst die endgültige Gestalt. Er arbeitete an der Neufassung des »Götz«, am »Prometheus«, las indische Erzählungen, Plato, Spinoza und Swedenborg, beteiligte sich an Mercks mineralogischen Erörterungen und frischte seine alchemistischen und chemischen Kenntnisse auf. Aus den im Elsaß gesammelten Volksliedern gingen eigene Fassungen wie das »Heideröslein« hervor. Die sehnsüchtigen Gesänge Selmas aus »Ossian«, die etwas verändert in den Schluß des Wertherromans aufgenommen wurden, sandte er Friederike in Sesenheim. Wenn Faust von zwei Seelen in seiner Brust sprach, war das eine poetische Verkürzung für Goethes eigenen Seelenzustand, die Mannigfaltigkeit seiner Anlagen und Talente und die

Ungewißheit über den künftigen Weg. Die Möglichkeiten seiner Natur ließen zu, daß er sowohl sentimental-empfindsam wie geistreich-satirisch schreiben konnte. Nichts ist bezeichnender, als daß er zur Zeit der dithyrambischen freien Rhythmen in der Lage war, innerhalb einer Woche ein Trauerspiel im französisch-gottschedischen Geschmack wie »Clavigo« zu schreiben, und zwar wegen einer galanten Wette.

Im »Werther« wird das Eintauchen in eine schwärmerisch-religiös als Makrokosmos empfundene Natur gefeiert. Doch zugleich will Werther den beseligenden Augenblick der Liebe verewigen: »Ein großes dämmerndes Ganze ruht vor unserer Seele, unsere Empfindung verschwimmt sich darinne, wie unser Auge, und wir sehnen uns, ach! unser ganzes Wesen hinzugeben, uns mit all der Wonne eines einzigen großen herrlichen Gefühls ausfüllen zu lassen... und ach, wenn das Dort nun Hier wird, ist alles vor wie nach, und wir stehen in unserer Armut, in unserer Eingeschränktheit, und unsere Seele lechzt nach entschlüpftem Labsal« (Migge, S. 45). Werther gehört in die Nachbarschaft der Titanen. Weil er aber ein moderner Mensch ist, gezwungen wird, die Grenzen und Konventionen der Gegenwart zu achten, greift er zur Pistole – ein Ende, das Goethe als nur »stofflich«, nicht künstlerisch richtig empfand. Er persönlich hat den Knoten des Schicksals in Wetzlar auf andere Weise gelöst: Durch Flucht.

Goethe war auf Wunsch des Vaters nach Wetzlar gegangen. Das hing mit der Familientradition zusammen. Er sollte Einblick nehmen in die Rechtsmaschinerie des Reichskammergerichts. Goethe beschreibt und kritisiert sie in »Dichtung und Wahrheit«. Wie die Kleinstadt Wetzlar hat das Gericht ihn kaltgelassen. Wichtig wurden ein paar Bekanntschaften aus dem Kreis der Gesandtschaftssekretäre: Friedrich Wilhelm Gotter, August Siegfried von Goué, Carl August von Hardenberg, Christian Albrecht von Kielmannsegg, Karl Wilhelm Jerusalem und Johann Georg Christian Kestner, Lotte Buffs Verlobter. Es waren Norddeutsche, die Goethe zum ersten Mal in ihrer Eigenart, in ihrer Mischung aus Zuverlässigkeit, Umständlichkeit, Langsamkeit, Treue und Fleiß kennenlernte. Unter dem Scherznamen Götz von Berlichingen der Redliche wurde er in eine Tafelrunde aufgenommen, wo man sich mit feierlichem Unsinn am schwerfälligen Gang der Rechtsgeschäfte schadlos hielt.

Durch Gotter, Mitherausgeber von Heinrich Christian Boies »Göttinger Musenalmanach«, kam Goethe mit den Klopstockverehrern des Göttinger Hains in Verbindung. Es waren die Grafen Friedrich Leopold und Christian zu Stolberg, Johann Heinrich Voß, Ludwig Heinrich Christoph Hölty, Johann Martin Miller und Philipp Hahn. Gottfried August Bürger war den Göttingern freundschaftlich verbunden. »Mahomets Gesang«, »Der Adler und die Taube« und »Sprache« waren Goethes Beiträge zu ihrem Musenalmanach.
In »Dichtung und Wahrheit« hat Goethe darüber in gesetztem Stil berichtet. In Wirklichkeit vollzog sich alles in polemischer Auseinandersetzung. Goethe verkündete, die neue Dichtung müsse aus der Verbindung eines stürmischen Jünglings mit einem schönen Mädchen Wahrheit und Schönheit gewinnen: Nach diesem Wunschbild malte er sich und Charlotte Buff. Goethes leicht erregbare Natur hatte sich heftig in die schön gebaute, anmutige und gesunde Charlotte verliebt. Mit Rousseaus Neuer Heloise konnte er sagen: »Zu den Füßen seiner Geliebten sitzend, wird er Hanf brechen, und er wird wünschen, Hanf zu brechen, heute, morgen und übermorgen, ja sein ganzes Leben.« Lotte hat ihn angenehm gefunden, zumal er ja aus andern Kreisen kam, aber nie daran gedacht, ihren Verlobten aufzugeben. Die Briefe Kestners an Goethe zeigen eine schöne Unbefangenheit. Goethe hat an der Hoffnungslosigkeit seiner Liebe gelitten. Er erkannte die Gefahren des Überdrusses bei wechselnden Liebesverhältnissen. Erst die Niederschrift im Roman hat ihn wie eine Beichte befreit. Er begriff das Phänomen der Qual-Liebe bei den englischen Dichtern. Von Milton bis Gray und Young hätten sie die Melancholie einer Liebe beschrieben, welche zum Lebensüberdruß führen könne. Im 13. Buch von »Dichtung und Wahrheit« kritisiert Goethe das Mißverständnis des »Werther« durch das Publikum und spekuliert über die »Grille des Selbstmords« bei einer in herrlichen Friedenszeiten müßigen Jugend (HA IX, S. 585).
Im September 1772 kam er nach Frankfurt zurück. Zahlreiche neue Bekanntschaften lenkten ihn ab. Er nahm teil an Ausflügen, Festen, Hochzeiten und wurde in vielen Häusern ein gern gesehener Gast. Er ritt und wanderte nach Darmstadt und Homburg, fuhr mit einer Yacht von Koblenz auf dem Rhein bis Mainz. Dabei zeichnete er Landschaften, aber auch Porträts. Mit Merck wandte er sich dem

Kupferstechen zu, besuchte die Bildersammlungen der Frankfurter Kaufleute, begann zu malen und legte sich eine Sammlung antiker Gipsabgüsse zu. Fast zufällig erfahren wir, daß er dem durchreisenden dänischen Konsulatssekretär Gottlob Friedrich Ernst Schönborn zwei Akte eines im Sommer 1773 entstandenen Prometheusdramas vorgelesen hat, das Fragment geblieben ist.

Die Antike ist hier, wie im »Wandrer«, ein Kostüm, in dem sich Goethe versuchte. Wohler fühlte er sich bei »Götz« und »Faust« und in der jetzt erwachenden Lust an Parodie, Satire und derber Anspielung. Sie wirkten befreiend, denn noch hatte er weder das klassische Maß der Antike, die Bindung durch Ämter oder die entsagende wissenschaftliche Arbeit entdeckt. Er hielt sich an das Volk, wie er es bei Hans Sachs, ebenso drastisch wie unkünstlerisch, vorzufinden meinte. Wenn Goethe jetzt Figuren des Volkes darstellen wollte, griff er auf die Reformationszeit zurück. Die Sprache von Luthers Bibel war ihm von Kind auf vertraut, Götz und Faust lebten in dieser Zeit. Die Universitätssatire Faustens und der Satan Mephisto, in dem sich nicht nur Herder und Merck, sondern gröbere Wesenszüge Goethes verbergen, sind betont volkstümlich. Zu dieser Zeit und diesem Stil passen seine Farcen »Satyros«, »Pater Brey«, »Das Jahrmarktsfest zu Plundersweilern« und andere, zum Teil verlorengegangene Stücke. Goethe spricht von »genialisch-leidenschaftlich durchgesetzten Übungen« in »poetischer Denkweise« (HA IX, S. 595).

Die letzten Straßburger Projekte wurden zu Ende gebracht, so der »Brief des Pastors zu +++ an den neuen Pastor zu +++« und der Aufsatz »Zwo wichtige unerörterte biblische Fragen« mit ihren Mahnungen zur Toleranz der Konfessionen untereinander. Kleinere Arbeiten wurden in dem Bändchen »Von deutscher Art und Kunst« gesammelt. Er las und beschäftigte sich mit Bildungsfragen, der Reform des Theaters und der Emanzipation der Juden. Zu den neuen Bekannten gehörte der Gießener Jurist Ludwig Julius Friedrich Höpfner, ein Mitarbeiter der »Gelehrten Anzeigen«.

Goethe war eitel genug, durchblicken zu lassen, daß er in diesen Jahren mehreren Damen, wie man damals sagte, nicht gleichgültig war. Er betont, daß zu der Romanfigur Lotte in »Werthers Leiden« »mehrere hübsche Kinder« Pate gestanden hätten. Das schönste Kind blieb die zierliche Maximiliane La Roche. Sie war mit ihrer empfindsamen Mutter in Frankfurt gewesen, und man wußte, daß sie die Frau des verwitweten Peter Brentano, eines reichen Kaufmanns, werden sollte. Fragen des Vermögens spielten ebenso eine Rolle wie die katholische Religion. In den ersten Januartagen 1774 war es so weit, sie heirateten. Sophie von La Roche sprach von einer nicht sehr glücklichen Ehe. Das Alter des Mannes, die Kinder der ersten Frau, das dunkle Haus Zum Kopf und der Handelsgeist des Eheherrn konnten die junge Frau wohl erschrecken. Goethe war oder wurde ihr Vertrauter. Dem Alter nach paßten sie gut zueinander. Goethe sprach von einem geschwisterlichen Verhältnis. Von ihr hat Werthers Lotte die schwarzen Augen bekommen.

Erst jetzt, nach »so langen und vielen geheimen Vorbereitungen«, begann die Niederschrift des »Werther«. Goethe hatte große Mühe gehabt herauszufinden, wie dem Stoff eine poetische Einheit zu geben sei. Jerusalems Tod brachte die Lösung: Selbstmord als Schluß der Tragödie. Die Niederschrift dauerte vier Wochen. Niemand hat davon erfahren.

Werthers Leiden

Im Jahre 1774 erschienen in der Weygandschen Buchhandlung in Leipzig zwei kleine Bändchen von zweimal 111 Seiten in Oktav, »Die Leiden des jungen Werthers«. Der Autor wurde nicht genannt. Da das Buch beim Publikum Erfolg hatte, folgten im gleichen Jahr zwei weitere Ausgaben. 1775 erschien bei Himburg in Berlin der erste Raubdruck. Himburg hat das S hinter Werther weggelassen. Als Goethe 1781 eine Ausgabe seiner Werke vorbereitete, besaß er keine Erstausgabe, korrigierte »Werthers Leiden« nach Himburgs Druck und übernahm dessen Fehler. Nach dieser Ausgabe wird bis heute zitiert und gelesen. Textgeschichtlich gehört diese Fassung zu den schwierigsten Werken, die es gibt, heißt es im Kommentar der Hamburger Ausgabe (Bd. VI, S. 602). Die Urfassungen bedeutender Werke haben etwas geheimnisvoll Anziehendes. Das gilt für »Ur-Götz«, »Ur-Faust«, die Prosa-»Iphigenie« und »Wilhelm Meisters theatralische Sendung«.

»Werthers Leiden« ist die Geschichte der unglücklichen Liebe eines jungen Mannes zur Verlobten eines anderen. Es ist ein Roman in Briefen. Goethes Schnittmuster war Rousseaus »Neue Heloise«. Die Briefform war Mode. Im alten Abenteuer- und Schelmenroman waren Lockerung des Gemüts und eine Entfaltung der Innerlichkeit kaum möglich; in Briefen hingegen verbanden sich moralische Erwägungen, pädagogische Ratschläge und politische Erörterungen in vertraulichen Tönen. Mösers »Patriotische Fantasien« und Herders »Betrachtungen über Ossian« und die alten Balladen hatten die Form von Briefen; Lessing veröffentlichte »Briefe, die neueste Literatur betreffend«. Die Publizistik des erwachenden Bürgertums benützte die Briefform nach französischem (Voltaire: »Lettres Philosophiques«) und englischem Vorbild (Swift: Drapier's Letters). Auch Zeitschriften erschienen in Briefform. August Ludwig Schlözer nannte seine Periodika »Briefwechsel«. Sie brachten es auf zehn Bände und dienten der Volksaufklärung. Richardson gab seinen Romanen die

Form von Briefen. Als subjektivste Form der Prosa erlaubten sie eine Verbindung von Gefühlen und Belehrungen. »Pamela« und »Clarissa Harlowe« behandeln die Verführungsversuche adliger Herren bei jungen Mädchen: Die Nerven der weiblichen Leserschaft reagierten mit Tränen, wenn die Unschuld vom Lande sich dem Verführer nur im Stand der Ehe ergab. Mit Rousseaus »Neuer Heloise« errang die Gattung weltliterarische Anerkennung.

In Deutschland kam die Briefform der religiösen Lockerung durch den Pietismus nicht nur entgegen, sondern stand in enger Verbindung mit den dort geäußerten Gefühlen, daß der liebe Gott uns nahe sei, menschlich sei, auf uns warte und uns entgegenkomme. Die erotische und die religiöse Sprache begegneten einander wie in der Mystik. Für den Austausch zärtlicher Gefühle zwischen den Geschlechtern war der Brief das ideale Mittel. Nicht die Ehe, sondern die Liebe wird behandelt; wenn die Ehe das Ziel der Verbindung ist, erscheint diese nicht mehr als Sache der Familie und ihrer Vermögenspolitik. Die Liebe wird nicht standespolitisch oder im Sinne der religiösen Konvention reguliert, sondern durch Moral. Die Sexualität tritt als mächtigste Energie der Seele hervor, kann und darf aber nicht praktiziert werden; das ist ein unverrückbares Tabu der Bürgertugend – lieber erschießt man sich. Goethes »Werther« stellt diese Fragen in radikaler Schärfe. Daß sich Werther aus unglücklicher Liebe erschießt, traf den Nerv der empfindsamen Zeit. Diese Konsequenz, und nicht etwa der literarische Rang, machte »Werthers Leiden« weltberühmt. Noch im gleichen Jahr erschien eine französische Übersetzung, und ihr folgten alle europäischen Sprachen.

Der Roman beginnt nicht mit der Liebe, sondern ihrem kosmischen Quellgrund. Werther, Angestellter bei einer Gesandtschaft in Wetzlar, erlebt die Landschaft erotisch: Die Natur ist nicht Staffage, Rankenwerk oder ein polemisch der Zivilisation gegenübergestelltes Paradies, sondern das All. Es wird enthusiastisch bejaht: »Eine wunderbare Heiterkeit hat meine ganze Seele eingenommen, gleich den süßen Frühlingsmorgen, die ich mit ganzem Herzen genieße. Ich bin so allein und freue mich meines Lebens in dieser Gegend, die für solche Seelen geschaffen ist wie die meine. Ich bin glücklich, mein Bester, so ganz in dem Gefühle von ruhigem Dasein versunken, daß meine Kunst darunter leidet...« (HA VI, S. 9). Werther malt und zeichnet die Natur. Wir spüren in seinem Hymnus auf die Natur, daß nicht der Angestellte einer Gesandtschaft redet, sondern der Dichter selbst: »Wenn das liebe Tal um mich dampft und die hohe Sonne an der Oberfläche der undurchdringlichen Finsternis meines Waldes ruht, und nur einzelne Strahlen sich in das innere Heiligtum stehlen, ich dann im hohen Grase am fallenden Bache liege, und näher an der Erde tausend mannigfaltige Gräschen mir merkwürdig werden; wenn ich das Wimmeln der kleinen Welt zwischen Halmen, die unzähligen, unergründlichen Gestalten, der Würmchen, der Mückchen näher an meinem Herzen fühle, und fühle die Gegenwart des Allmächtigen, der uns all nach seinem Bilde schuf, das Wehen des Alliebenden, der uns in ewiger Wonne schwebend trägt und erhält, mein Freund, wenn's dann um meine Augen dämmert, und die Welt um mich her und der Himmel ganz in meiner Seele ruhn wie die Gestalt einer Geliebten, dann sehne ich mich oft und denke: Ach, könntest du das wieder ausdrücken, könntest du dem Papiere das einhauchen, was so voll, so warm in dir lebt, daß es würde der Spiegel deiner Seele, wie deine Seele ist der Spiegel des unendlichen Gottes. Mein Freund – Aber ich gehe darüber zu Grunde, ich erliege unter der Gewalt der Herrlichkeit dieser Erscheinungen« (ebda.). Die Natur wird nicht gartenmäßig gesehen wie in Leipzig und im Elsaß, sondern als blühende Landschaft mit Dörfern und Wäldern auf der einen Seite, mit Gräsern und Kleintieren auf der andern. Die Naturseligkeit Goethes findet im »Werther« einen Ausdruck, wie das bisher nie der Fall war. Richardson und Gellert verharren im moralischen Bereich. Bei Klopstock ist Natur eine Metapher für Gottes Schöpfung und wird zu deren Lob besungen. Für Rousseau ist Natur ein antigesellschaftliches Ideal, fern von den Reizen der Stadt und des fürstlichen Hofes. Werther aber lebt in und mit der Natur, sie ist nicht Gegenstand der Reflexion, sondern der Begeisterung. Immer wieder preisen Werthers Briefe die Verbundenheit des Ich mit dem Überschwang des Wachsens und Blühens, des Fühlens mit dem All bis ins mikroskopische Detail der Moose und Insekten. Enthusiastisch preist Werther die Wälder, die Wolken, die Berge, die stürzenden Bäche und strömenden Flüsse.

Das Naturgefühl verliert sich in einer flutenden Empfindsamkeit, und gerade das hebt Werthers Liebe hinaus über triviale Liebesgeschichten. Damals und immer wieder haben sich junge Leute in Werther erkannt, nicht weil sie Werther oder Goethe »sind«, sondern weil Goethes Werther ihren Gefühlen, dem Flug in die Höhe, Worte gegeben hatte. Sie erfuhren, was Empfinden ist; das in der Liebe pathologisch gesteigerte Leiden am Fühlen, bis an die Grenze des Wahnsinns, ist das, was man seit der Romantik große Liebe nennen wird. Das hatte es vorher nicht gegeben, es sei denn in der Übersteigerung von verfeindeten Familien in Shakespeares »Romeo und Julia«, doch das war nicht jedermanns Sache. Werther und Lotte aber sind von Haus aus Bürgerkinder, Menschen wie du und ich.

Die Welt der Bildung wird von Werther ironisch abgelehnt. Auch die »verzerrten Originale« des Sturm und Drang sind ihm unerträglich. Seinen Homer liest er als Zeugnis urtümlich-schlichten Lebens. Nur bei *einem* Dichter treffen Lottes und Werthers Herz zusammen, bei Klopstock. In seinem Namen verständigte sich die Generation Werthers, von ihm hatte sie patriotisch und religiös fühlen gelernt. Im Zeitalter des Rationalismus waren seine Naturbilder eine Offenbarung. Klopstock hatte Keime zum Blühen gebracht, die im Werther-Roman entwickelt und gesteigert wurden zu einem Menschen, der sich als »Halbgott« empfindet.

Dieser Werther lernt Lotte kennen, die mit einem andern Mann versprochen ist. Seine Liebe zu der anmutigen Amtmannstochter, in rührenden Details gesteigert und von Albert, dem Verlobten, mit Gleichmut ertragen, treibt ihn bis an die Grenze des Wahnsinns. Er greift zur Pistole und erschießt sich. Kein Detail bleibt dem Leser erspart: »Als der Medikus zu dem Unglücklichen kam, fand er ihn an der Erde ohne Rettung, der Puls schlug, die Glieder waren alle gelähmt; über dem rechten Auge hatte er sich durch den Kopf geschossen, das Gehirn war herausgetrieben« (HA VI, S. 124).

Sicher hat die stoffliche Sensation auf die damaligen Leser eine größere Wirkung ausgeübt als die künstlerische Darstellung. Zu Anfang und Ende von »Werthers Leiden« spricht der Autor und schafft einen Rahmen, in welchen die Briefe und Teile von Briefen eingesetzt werden. So entsteht eine Tiefendimension, und in ihr gewinnen die seelischen Vorgänge besondere Leuchtkraft. Mit einer Sicherheit, die den großen Dichter verrät, stehen die ersten Sätze da: »Was ich von der Geschichte des armen Werther nur habe auffinden können, habe ich mit Fleiß gesammelt und leg es euch hier vor und weiß, daß ihr mir's danken werdet.« Das ist sowohl Captatio benevolentiae wie auch eine Anrufung dessen, was man früher als Muse bezeichnete, der dichterischen Inspiration; sie enthält neben der Fiktion einer Dokumentation den Appell an die Tränen des so gern weinenden Zeitalters. Gewiß war Jerusalems Pistolenschuß die Vorbedingung für den Erfolg von Werthers Selbstmord. Wobei zu bedenken ist, daß es sich um ein pathetisches Kostüm handelt und Goethe, als er die Nachricht von Jerusalems Tod vernahm, sozusagen aus der Erschütterung der Zeitgenossen einen Schluß auf die künstlerische Verwendbarkeit des Motivs für seine Wertherhandlung zog. Ohne Jerusalems Tat wäre Goethe wohl kaum darauf gekommen; dergleichen Drastik lag ihm nicht. Daß Jerusalem, den er flüchtig kannte, der entsetzten Welt vormachte, was möglich sei, eine aus allen Liebesromanen bekannte Drohung in die Tat umsetzte, erschien den Zeitgenossen als kriminell und sündhaft.

Die große Liebe, der tränenreiche Abschied, der heroische Verzicht, der freiwillige Untergang, hat immer als etwas Besonderes gegolten. Die Hingabe von Leib und Seele erscheint großartig und schaurig, jedenfalls für Zeiten, die durch religiöse Bindung oder vernünftiges Denken bestimmt werden. Man kann an die klassischen Liebespaare denken, Hektor und Andromache, Dido und Aeneas, Dante und Beatrice oder an Shakespeare: Die Liebe als das Nicht- oder Außerordentliche muß die Liebenden vernichten. Es ist Goethes Absicht, auf solche Trostlosigkeit hinzuweisen. Deshalb wird Ossians Gesang von Selmas Einsamkeit in den Schluß des Romans eingefügt.

Im Mittelalter waren die Paare überdimensioniert worden, zurückgespiegelt in eine graue Vorzeit wie Tristan und Isolde oder sublimiert zur Minne im weltlichen und religiösen Sinn. In der Renaissance wurden sie scharf persönlich gefaßt, bei Petrarca und Boccaccio. Diese Richtung reichte bis zur »Prinzessin von Clèves« der Madame De la Fayette und, gefühlvoll aufgeweicht, zur »Manon Lescaut« des Abbé Prévost. Diese Bücher hat Goethe gekannt. Rousseau hatte in Verbindung mit den Freiheitsideen der Aufklärung gelehrt, der ursprüngliche Mensch habe aus dem Gefühl auf die Reize und Nöte der Welt reagiert, dies Fühlen sei das Charakteristikum des ursprünglichen Menschen: Aus seiner Ahnenreihe kommt Werther.

Aber so zu lieben, seine Existenz an die Bedingung der Gegenliebe zu hängen, der Mann bei der Frau und schließlich auch, im Fall Lottes, der Frau beim Mann, wobei es nie zu sexuellen Handlungen kommt, obwohl die Sphäre und Atmosphäre das denk- und wünschenswert macht – so zu lieben hat zugleich etwas Verstiegenes, Überspanntes und Krankhaftes. Es wäre unnatürlich und unverständlich, wenn sich bei Werther nicht bemerkbar machte, daß er ein frommer Mensch und sein Gefühl durch den Pietismus religiös verfeinert war. Das spielt im Werther eine große Rolle. Schon der Titel, von den »Leiden« eines Menschen, ist eine christliche Metapher. Später werden die Leiden Werthers in Parallele gestellt zum Leiden Christi. Am 15. November schreibt Werther an Wilhelm: »Ich ehre die Religion, das weißt Du, ich fühle, daß sie manchem Ermatteten Stab, manchem Verschmachtenden Erquickung ist. Nur – kann sie denn, muß sie denn das einem jeden sein? Wenn Du die große Welt ansiehst; so siehst Du Tausende, denen sie's nicht war, Tausende, denen sie's nicht sein wird, gepredigt oder ungepredigt, und muß sie mir's denn sein? Sagte nicht selbst der Sohn Gottes, daß die um ihn sein würden, die ihm der Vater gegeben hat? Wenn ich ihm nun nicht gegeben bin! Wenn mich nun der Vater für sich behalten will, wie mir mein Herz sagt... Was ist's anders als Menschenschicksal, sein Maß auszuleiden, seinen Becher auszutrinken? Und ward der Kelch dem Gott vom Himmel auf seiner Menschenlippe zu bitter, warum soll ich groß tun und mich stellen, als schmecke er mir süß?« Der Brief schließt mit dem Wort Christi am Kreuz: »Mein Gott, mein Gott, warum hast du mich verlassen?« (HA VI, S. 86). Weitere Anspielungen beziehen sich auf Christi Grab und das Gebet des verlorenen Sohnes.

Als Werther diese Zeilen schreibt, befindet er sich in einem Zustand hochgradiger Erregung. Er verwahrt sich gegen die Annahme des Spottes oder der Blasphemie, die in Frankreich üblich waren. Der deutsche Pietist nimmt das Fühlen für die Vorbilder der Religion, die Nachfolge Christi, genau so ernst, ja noch ernster als die Ergriffenheit seiner Seele vor der Natur und die Verblendung durch die Liebe. Was konventionelles Christentum ist, wird sichtbar in der armseligen Gestalt des alten Geistlichen und den von Goethe betonten Parallelen seiner Idyllen mit Goldsmith' Landprediger von Wakefield und dem Lehrgedicht »The Deserted Village«.

Die Darstellung des Helden in eigenen Zeugnissen, den Briefen, schloß die Darstellung des Todes naturgemäß aus. Wenn der Autor dann als Herausgeber in den Vordergrund tritt, kann er gelegentlich noch Briefe Werthers und Aussagen des Bedienten einfügen. Da die Briefform hier ihre Grenze hat, wird die Gattung aufgehoben und weicht einer schein-objektiven Schilderung, welche sich unmittelbar an den Leser wendet. Die Beziehung Werthers zum Leser, die schreckliche Spannung in dem Schicksal des in seinem Ich gefangenen Helden, löst sich im epischen Bericht. Dieser Umbruch ist von größter Wirkung. Der Leser wird aus der Brieffiktion entlassen und vertraut sich einem Erzähler an, der auf wenigen Seiten das Ende bringt. So werden auch Lotte und ihr Mann entlassen; sie können ihre Ehe führen wie sie wollen, ungestört, durch eine Erinnerung mit Werther verbunden, durch einen Selbstmord in ihrem Gefühl, mitschuldig zu sein, entlastet. Lotte ist nämlich, und das gehört zu ihrem Wesen, moralisch und sexuell unschuldig. Ruhig und vernünftig geht sie ihren Aufgaben als Stellvertreterin der toten Mutter nach und erinnert Werther an die Aufgaben der Frau im Rahmen der Familie. So sehr sie berührt, ja ergriffen wird von seiner Werbung, kann sie darauf nicht anders reagieren als durch Zurückhaltung und Freundlichkeit. Während seine von ihrer anmutigen Gestalt infizierte Einbildungskraft widerstandslos nachgibt, und er jede Spur wahrer Männlichkeit vermissen läßt, bewahrt Lotte keusche Zurückhaltung: »Die Reinheit ihres Herzens gab ihr eine Festigkeit... sich gelassen zu Werther'n auf's Canapee zu setzen (Migge, S. 192). Sie ist weder kühl noch spröde, sondern lebensfroh und freundlich. Wir wissen nicht, ob Werthers Raserei sie mit Schrecken oder Mitleid erfüllt oder gar, ob jenes Dunkle, Gewalttätige und Quälende seines Wesens sie verletzt. Daß Lotte unschuldig ist, macht sie zu einer Schwester Gretchens und Dorotheas wie auch Mignons und Iphigenies. Jungfräulichkeit wirkt unter den Urbildern sexueller Anziehung am stärksten. Darin liegt Lottes Sicherheit und Anmut. Daran scheitern alle unbeherrschten Träume Werthers.

In ihm spiegeln sich Wesenszüge Goethes, das Fahrige, Egoistische, der Mangel an Selbstbeherrschung, die Kehrseite des Genialisch-Wilden dieser Jahre und das Ungenügen an den sozialen und politischen Verhältnissen. Im übrigen sollte man sich aber nicht darauf einlassen, in Werthers Verhältnis zu Lotte eine Schilderung der vergeblichen Neigung Goethes zu der Tochter des Wetzlarer Amtmanns zu sehen. Nur wenige Szenen des Romans hatte Goethe in Wetzlar selbst erlebt: Das Treffen auf dem Ball, die Mitteilung, daß Lotte mit Kestner verlobt sei, die Begegnung mit den Kindern, Spaziergänge und das, was unter die Stichworte Homer und Ossian fällt. Schon nach vier Monaten war Goethe, ohne Abschied zu nehmen, nach Frankfurt abgereist. Zu der Erinnerung an Lotte Buff kam hier der viel stärkere Eindruck der Maximiliane Brentano. Goethe, selbstbewußt und als Autor des »Götz« berühmt, machte ihr in einer Art und Weise den Hof, daß Peter Brentano ihm das Haus verbieten mußte. Die Erinnerungsbilder Maximilianes und Lottes hatte er ununterbrochen in seinem Innern bewegt und verändert.

Noch im Februar 1774 hatte Goethe, wie er an Maximilianes Mutter schrieb, nicht daran gedacht, aus der Wertheraffäre »ein einzelnes Ganze zu machen«. Dann aber kam es wie ein Rausch über ihn. Er schrieb das »Ganze« in einem Zug herunter und gab ihm den durch Jerusalems Selbstmord, am 30. Oktober 1773, angebotenen Schluß. Wäre er aber fähig gewesen, sich umzubringen? Goethe hat solche Versuchungen im Werk erledigt. Die Dichtung spiegelt eine Krise, ein Leiden, einen Wachstumsruck.

Parodie und Satire

Der junge Goethe war nicht nur der Dichter titanischer Hymnen, des elegischen Trauerspiels »Götz« und des sentimentalischen Wertherromans, sondern gleichzeitig der Autor witziger Possen, Schwänke, ironischer Briefe und Briefgedichte. Das wird leicht übersehen; in die Schul- und Festausgaben seiner Werke hat man allenfalls die Literatursatire auf Wieland, das »Jahrmarktsfest zu Plundersweilern« oder das Gedicht »Lilis Park« aufgenommen. Wenn man sie aus dem Bestand der Hanswurstiaden und der kritisch-ironischen Theologumena über Gott und die Welt herauslöst, haben sie kein Eigengewicht, zeigen nicht jene Seite, wo es nicht um All und Ewigkeit, göttliche Natur und das Leiden des Ich an der Flucht der Erscheinungen geht. In den Satiren und Possen behandelt Goethe das Vergnügen am Augenblick, das Gemeine, die Banalität, die sexuelle Lust – im Gegensatz zur Schwärmerei der großen Gefühle, zum Rationalismus der Zeit, zum bloß Schöngeistigen in Literatur und Kunst und zu den privaten Formen der Frömmigkeit in den Zirkeln von Darmstadt, Ehrenbreitstein und Elberfeld.
Goethe konnte sehr derb sein. Im »Concerto dramatico«, in deutscher, italienischer, französischer und Dialektsprache, »aufzuführen in der Darmstädter Gemeinschaft der Heiligen«, wird die betuliche Keuschheit rabelaisisch hochgenommen:

Machst Jungfrau zu Frauen,
Gesellen zum Mann,
Und wärs nur zum Scherze,
Wer anders nicht kann.
Und sind sie verehlicht,
Bist bald wieder da,
Machst Weibchen zur Mutter,
Monsieur zum Papa. (WA I, 38. S. 3)

Zur Gemeinschaft dieser »Heiligen« gehörten Merck und Leuchsenring, der schwärmerische Proselytenmacher, von Goethe mit abgründiger Ironie (»Glorie, die von ihm ausging«) in »Dichtung und Wahrheit« charakterisiert. Goethe wurde der Doktor genannt. Es ging nicht nur fidel zu, mit Wein, Gesang und Tanz. In einem »Allegro con furia« findet sich eine Parodie des Weltuntergangs:

> Weh! weh! Schrecken und Tod.
> Es droht
> Herein der Jüngste Tag. Im Brausen
> Des Sturms hör ich die Not
> Verdammter Geister sausen ... (WA I, 38. S. 4)

Ähnliche Stimmungen gibt es im »Jahrmarktsfest zu Plundersweilern« und in der Szene mit dem Wilden Jäger im »Götz«. Goethe dürfte sie schon im Straßburger Faust-Puppenspiel verspürt haben. Wie sehr die entstehende Faust-Dichtung Goethe in den Frankfurter Jahren beanspruchte, wie sie ihn erfüllte und beschäftigte, läßt sich aus Hunderten von Stellen in den Satiren und Gedichten belegen, und zwar durchweg in Form von Selbstparodien. Sie waren den Freunden – Merck, Gotter, Heinrich Leopold Wagner, Lavater, Cornelia und den norddeutschen Verehrern, selbst Klopstock – verständlich. Goethe hat im Freundeskreis vorgelesen, ganz im Sinne des genialischen Treibens: So wälz ich ohne Unterlaß / Wie Sankt Diogenes sein Faß ... (WA I, 2. S. 272). Er hatte das Empfinden von der Mehrschichtigkeit und Mehrdeutigkeit seiner Talente und spielte oft mit dem Gedanken, sich von der Literatur abzuwenden und zu malen und zu zeichnen. Aus diesem Wunsch spricht nicht nur eine zweifellos vorhandene Doppelbegabung, sondern auch das Schwanken über die Bestimmung und ein Zweifel an der literarischen Begabung. Er brauchte fast vier Jahrzehnte, bis Rom, um in der ihm so verdächtigen Traumsicherheit seiner literarischen Hervorbringungen sich seines wahren Genius bewußt zu werden. In den Künstlergedichten heißt es: »Mein Busen war so voll und bang, von hundert Welten trächtig« (WA I, 2. S. 188).

Beim Durchstreifen privater Galerien studierte er den Geschmack des Publikums und fand, daß überall gemault und gemäkelt werde. Der Meister werde gestört durch Kindergeschrei und Haushaltssorgen:

Wie vertragen sich solche Bedrängnisse mit der Göttlichkeit des Talents? Die schöpferische Potenz ist identisch mit dem, »was bei meinem Weibe ich / animalisch kann und muß« (WA I, 2. S. 186). Die Parallele künstlerischer und sexueller Potenz wird in den Satiren und Parodien nicht nur humoristisch hochgespielt. Wenn die Natur Urquell des Lebens ist, muß das Hervorbringen eines Kunstwerks genau so triebbedingt sein wie das Kinderzeugen. Als Gotter, Genosse der Wetzlarer Rittertafel, 1773 Direktor eines Liebhabertheaters in Gotha geworden war, sandte Goethe ihm den »Götz« mit einem Briefgedicht. Er zweifelt darin, ob sich das derbe Stück für die Damen von Gotha eignet und rät: »Mußt alle garstgen Worte lindern, aus Scheißkerl Schurken, aus Arsch mach Hintern« (WA IV, 2. S. 95). Gotter reagierte in einem ähnlich witzigen Gedicht mit der Bitte um den »Doktor Faust, sobald Dein Kopf ihn ausgebraust«.
In den Briefen an die Freunde finden sich regelrechte Selbstparodien Goethescher Werke. Sehr witzig und selbstironisch sind Goethes Briefe an Kestner, etwa der vom Januar 1773 in juristischem Jargon: »Dienet sodann zur freundlichen Nachricht, daß wegen gestern abendigen unmäßiglicher Weise zu uns genommenem Wein die christliche Nachtruhe durch mancherlei so seltsamlich als verdrüßliche Abenteuer genecket und gestört worden. Versetzte uns nämlich ein guter Geist zuerst nach Wetzlar in den Cronprinzen zwischen gesprächige Tischgesellschaft, die der leidige Teufel auf die noch leidigere Philosophei zu diskurieren brachte und mich in seine Schlingen verwickelte, bald darauf fiel mir schwer aufs Herz, ich habe Lotten noch nicht gesehn, eilte zu meiner Stube, den Hut zu holen, die ich denn nicht finden konnte, sondern durch Kammern, Säle, Gärten, Einöden, Wälder, Bilderkabinette, Scheuern, Schlafzimmer, Besuchzimmer, Schweineställe auf eine unglaublich wunderbare Weise mit geängstigtem Herzen herumgetrieben wurde, bis mich endlich ein guter Geist in Gestalt des Cronprinzen Caspars (gemeint ist der Hausknecht Caspar im ›Kronprinzen‹ zu Wetzlar) an einer Galanteriebude antraf und über drei Speicher und Kornböden vor mein Zimmer brachte, wo denn zum Unglück sich kein Schlüssel fand, daß ich mich resolvierte, über ein Dach und Rinne zum Fenster hineinzusteigen. Gefahr und Schwindel und Fallen und was folgt. Genug, ich habe Lotten nicht zu sehn gekriegt« (WA IV, 2. S. 53).

Hier sieht man die witzige Kehrseite von Goethes Lotte-Erlebnis, eine Befreiung durch Lachen. Ähnlich wie Götz und Faust wird Werther bloßgestellt, wird der modisch-sentimentale Tonfall ironisiert. Im »Concerto dramatico«, der übermütigsten Farce dieser Zeit, wird gesungen und gesprungen, geküßt und getanzt. Das Singspiel hat Einschüsse aus dem Dialekt:

Auf Schlittschuh wie Blitze
Das Flüßli hina,
Und sind wir nun droben,
So sind wir halt da.
Und muß es gleich wieder
Nach Heimä zu geh
Und tut eim das Hüftli
Und Füeßli so weh. (WA I, 38. S. 5)

Goethes erstes Knittelversdrama war das »Jahrmarktsfest zu Plundersweilern«, Anfang 1773. Hans Sachs bot das Schnittmuster dafür. In seinem Hans-Sachs-Gedicht erfindet Goethe das Bild unseres »teuren Meisters«, wie er als biederer Schuster sonntags von der Muse besucht wird. Das Gedicht nennt die biblischen Szenen – Gott Vater Kinderlehre haltend, Adam und Eva, Sodom und Gomorrha, Sankt Peter mit der Geiß – und die Figuren Historia, Ehrbarkeit und Narr. Hans Sachs war für Goethe ein Vertreter des Volkes in seiner ursprünglichen Kraft, in Fleiß und Gewissenhaftigkeit, ohne schwärmerische und rationalistische Entartungen, eine republikanische Gegenwelt zu den italienisch und französisch überfremdeten Höfen. Über diesen Vorzügen hat Goethe verkannt, daß Hans Sachs nur ein mittelmäßiger Vertreter bürgerlicher Freiheit und meistersingerischer Kunst war.

Das »Jahrmarktsfest zu Plundersweilern« benützt den Jahrmarkt als Metapher des Lebens. Er bot Gelegenheit, alle Stände des Volkes mit Reden, Liedern und Arien wie in einer Oper auftreten zu lassen: Marktschreier, Doktor, Bediente, Bauern, das Fräulein, die Gouvernante, den Amtmann, Bänkelsänger, Hanswurst, die Zigeuner, Nürnberger Spielzeugverkäufer, ein Pfefferkuchenmädchen, die Tirolerin mit Kurzwaren und den Drehorgelmann. Zum Jahrmarkt der Goethezeit gehörte die Schaubude mit volksmäßig vereinfachten

Theaterstücken aus biblischen Szenen, in diesem Fall die Geschichte der Esther. Das Drama soll den Kontrast der geistlichen Welt zum Jahrmarkt weltlicher Eitelkeiten betonen; hier liegt Goethes Absicht. Er karikiert als Hauptströmungen des damaligen Protestantismus Schwärmerei und Rationalismus. Beide führen vom wahren Christentum weg und geben dem Volk Steine statt Brot.

Mit seiner Kritik hatte Goethe Leuchsenring und den Gießener Theologen Karl Friedrich Bahrdt im Auge. Er hatte Bahrdts naiv-rationalistische Betrachtungen über das Paradies schon 1772 in den »Frankfurter Gelehrten Anzeigen« ironisch besprochen: »Es gehört diese Schrift zu den neuern menschenfreundlichen Bemühungen der erleuchteten Reformatoren, die auf einmal die Welt von dem Überrest des (christlichen) Sauerteigs säubern... wollen« (WA I, 37. S. 250). So wie Leuchsenring für ihn ein Prototyp betörender Schönrednerei war, ist Bahrdt (»Prolog zu Bahrdts neuesten Offenbarungen« – über Bahrdts platte Übersetzung des Neuen Testaments) ein kaum ernst zu nehmender Literat.

Obwohl das Esther-Stück aus dem Alten Testament stammt, ist das neue Christentum gemeint. Der Hamann des Esther-Stücks ist stolz:

> Bis wir es haben so weit gebracht
> An Herrn Kristum nicht zu glauben mehr
> Wie's tut das große Pöbels-Heer. (WA I, 16. S. 401)

Hamann/Bahrdt hatte herausgefunden, die Bibel sei ein schlechtes Buch, ein Kindermärchen. Das interessiert freilich Ahasverus/Xerxes wenig, er sieht das Volk als Produzenten von Soldaten und sagt, man lasse sie fleißig bei ihren Weibern liegen, damit wir tapfre Kinder kriegen. Mordechai/Leuchsenring will ein Allerweltschristentum auf niedrigstem Nenner, aus Römern, Korinthern, Herrnhutern und Herrnhagern, wo das reformierte Urchristentum und die Brüdergemeine des Grafen Zinzendorf übertroffen werden. Mordechais Rede ist eine Offenbarung sprachlichen Übermuts des jungen Goethe. Der Hans-Sachs-Vers dient, mit freier Füllung der vierhebigen Zeilen und im Verbund metaphorischer Anspielungen, der Verurteilung religiöser Konventikel:

Wem aber am Herzen tut liegen,
Die Menschen in einander zu fügen
Wie Krebs und Kalbfleisch in ein Ragu
Und eine wohlschmeckende Sauce dazu,
Kann unmöglich gleichgültig sein
Zu sehn die Heiden wie die Schwein
Und unser Lämmelein Häuflein zart
Durcheinander laufen nach ihrer Art.
Möcht all sie gern modifizieren;
Die Schwein' zu Lämmern rektifizieren
Und ein Ganzes draus kombinieren.
Daß die Gemeine zu Korinthus,
Und Rom, Koloss und Ephesus
Und Herrenhut und Herrenhag
Davor bestünde mit Schand und Schmach. (WA I, 16. S. 404)

Im »Jahrmarktsfest« hat Goethe seine religiösen Erfahrungen kritisch zusammengefaßt. Sie gehen auf die Jugend zurück, wo die Erlebnisse gefühlsmäßig vermittelt wurden. Jetzt aber, in der bewußten Auseinandersetzung, im fast schon großstädtischen Milieu mit Theologen und Predigern, wo auch Lavater eine Rolle spielen wird, weitet sich sein Unbehagen und führt praktisch zur Lösung vom Protestantismus. Das Fräulein von Klettenberg, die er menschlich geschätzt und religiös als Heilige verehrt hat, kann ihm nicht mehr helfen. Ihr Tod wird zum Sinnbild für die verlorene Bindung.
Die Possen und Satiren dieser Jahre reiben sich an der Enge der religiösen Formen, an der Gleichgültigkeit des städtischen Bürgertums gegenüber der Kultur. Sie setzen sich mit der Kritik an »Götz« und »Werther« auseinander und werden von der Klage begleitet, das Publikum habe die Absicht des Dichters ebenso mißverstanden wie die Bedeutung der dichterischen Formkraft: Das Publikum verkenne den Unterschied von Was und Wie, von Stoff und Form. Goethe betont seine Lust an der Auseinandersetzung in dramatisch-satirischer Form. »Die Komödien belangend«, schrieb er an Salzmann, »geht ja alles nach Wunsch« (HA, Br. I, S. 142). Sie ergaben sich aus dem Gesprächscharakter vieler Auseinandersetzungen im Freundeskreis.

Ursache und Absicht seiner Posse über »Götter Helden und Wieland«, »jenes famose Stück«, hat Goethe erzählt. Sie entstand an einem Sonntagnachmittag bei einer Flasche guten Burgunders und ist, über den aktuellen Anlaß hinaus, eine polemische Auseinandersetzung mit dem Zeitgeist der Verzärtelung, der gefühlvollen Verlogenheit in Sachen Liebe und Sexus, des Mißverständnisses der heroischen Antike durch einen galanten Hofrat und Prinzenhofmeister (Wieland), den Freund eines bedeutungslosen Anakreontikers, nämlich Georg Jacobi, Bruder des Philosophen Fritz Jacobi. Goethe war empört, weil Wieland die »Alkestis« des Euripides zu einem galanten Singspiel verdünnt hatte. Er läßt Euripides und Herkules, Alkestis und Admet gegen engbrüstige Einbildungskraft und Vernünftelei opponieren. Er stellt Wielands Klischee nicht nur den genialischen Überschwang der Kraft, sondern die Größe der antiken Charaktere gegenüber. Die Antike wird als ebenso großartig wie wahr hingestellt, weit entfernt von Voltairescher Zierlichkeit und der Einengung durch Regeln: »Ein junger blühender König, ersterbend mitten im Genuß aller Glückseligkeit. Sein Haus, sein Volk in Verzweiflung, ihn zu verlieren und über dem Jammer Apoll bewegt, den Parzen einen Wechseltod abdringend. Und nun – alles verstummt. Und Vater und Mutter und Freunde und Volk – alles – und er, lechzend am Rande des Tods, umherschauend nach einem willigen Auge – und überall Schweigen. Bis *sie* auftritt, die Einzige, ihre Schönheit und Kraft aufzuopfern dem Gatten, hinunterzusteigen zu den hoffnungslosen Toten« (HA IV, S. 208).

Welch kühne Syntax und welche Konzentration des Sinnes auf das Wesentliche! Hier werden die Kraft des Urtümlichen, promethëischer Trotz und innigste Bereitschaft zum Opfer, wie Euripides' Drama sie den Zuschauern ins Gemüt dringen läßt, als ein Urverhängnis aufgefaßt, das ein Halbgott lösen muß, Herkules. Dagegen steht Wielands Armseligkeit. Wenn dieser meint: »Das hab ich alles auch«, sagt Euripides: »Nicht gar. Eure Leute sind erstlich alle zusammen aus der großen Familie, der Ihr Würde der Menschheit, ein Ding, das Gott weiß woher abstrahiert ist, zum Erbe gegeben habt, ihr Dichter auf unsern Trümmern. Sie sehen einander ähnlich wie Eier, und Ihr habt sie zum unbedeutenden Brei zusammengerührt« (HA IV, S. 208). Antike Größe steht gegen die modernen Worthülsen von

Tugend und Menschenwürde. Goethe sieht die Gesellschaft seiner Zeit in reduzierter Bürgerlichkeit. Gottscheds und Wielands Zeitalter meinte alle Fragen der Geschichte gelöst zu haben und fühlte sich der Antike überlegen. Deshalb läßt Herkules deftige Sprüche gegen die Abstraktion des tugendhaften Zeitalters los: »Bei uns (in der Antike) wohnte sie (die Tugend) bei Halbgöttern und Helden«, und höhnt: »Hättest du (Wieland) nicht zu lang unter der Knechtschaft deiner Religion und Sittenlehre geseufzt, es hätte noch was aus dir werden können« (HA IV, S. 213).

Goethe bedient sich der Form der Lukianischen »Totengespräche«. Wieland hatte sie in ein flüssiges Deutsch übertragen. Goethe aber fand Wielands Übertragungen, seit er die Originale zu lesen begonnen hatte, platt und harmlos – daher die Seitenhiebe und Sticheleien. Wieland hat sich übrigens elegant aus der Affäre gezogen, indem er Goethes Posse in seinem »Merkur« empfahl: Der Verfasser des »Götz« habe bewiesen, daß er auch ein Aristophanes sein könne. Ein schmeichelhafteres Lob war kaum vorstellbar. Wieland hob den geistreichen Witz in »pasquinischer Manier« als Meisterstück von Persiflage hervor. Mit dem Begriff der pasquinischen Manier traf Wieland die Goethesche Absicht.

Goethes Wielandposse ist singulär. Sie übertrifft Lessing und Klopstock an Witz und Würze und wurde von Späteren nie erreicht. Sie ist auch deshalb bemerkenswert, weil Goethe Wieland ein Verhältnis zur griechischen Antike vorwarf, in das er später mit »Iphigenie« selbst eintrat, allerdings auf dem unvergleichlich festeren Boden einer neuen und edlen Humanität.

Mit Ausnahme des »Satyros« und der Wielandsatire sind Goethes Spottgedichte sekundäre Werke. Er hielt sie der Veröffentlichung nicht für würdig. Es waren Gelegenheitsdichtungen, rasch hingeworfen, oft in Weinlaune, in Mercks Gesellschaft, wo zotige Stücke wie »Hanswursts Hochzeit« mit Verzeichnissen von obszönen Namen entstanden. Der Jux ist von Christian Reuters grobianischem Singspiel »Harlekins Hochzeitsschmaus« angeregt worden. Goethes Hanswurst trotzt dem Zwang zur Triebverkleidung. Das »mikrokosmische« Drama beginnt mit dem Auftritt Kilian Brustflecks, Hanswursts Vormund. Er klagt, daß Hanswurst sich seinen Erziehungsversuchen entzieht:

Hab ich endlich mit allem Fleiß
Manchem moralisch-politischen Schweiß
Meinen Mündel Hanswurst erzogen
Und ihn ziemlich zurechtgebogen ... (WA I, 38. S. 47)

Das ist eine Travestie auf den Eingangsmonolog des »Urfaust« mit seinen rauhen Knittelversen: Hab nun, ach, die Philosophei ... (HA III, S. 367).

»Satyros« ist die bedeutendste unter Goethes Farcen. Sie entstand 1773, im gleichen Sommer wie »Prometheus« und der »Urfaust«. Man hat gerätselt, wen Goethe karikiert haben könnte, man riet auf den fromm schwätzenden Leuchsenring, auf Herder, sogar auf Hamann, den Goethe nie gesehen hat, und viele andere. Literarische Anregungen kamen von Wieland und Hans Sachs, wohl auch von John Miltons mythologischem Maskenspiel »Comus« und Georg Philipp Harsdörffers barocker Oper »Seelewig«, wo Satyr und Psyche miteinander streiten. Goethes Waldschrat offenbart die Kehrseite einer vergöttlichten Natur, das Animalisch-Wilde, Dreiste, die Kraft der Roheit, welche sich dem konformen Denken und den Konventionen der Gesellschaft entzieht, betörend in jeder Form, redend wie singend: Er ist unwiderstehlich.

Der einleitende Akt zeigt einen Zivilisationsflüchtling, den Einsiedler. Doch der ist keineswegs ein Biedermann; er weiß, daß sein Evangelium vom zeugend-animalischen Prinzip der Natur durchaus nicht das ist, was Barthold Hinrich Brockes ein »Irdisches Vergnügen in Gott« genannt hatte, einen Gegenstand rationaler Betrachtung, etwa daß Gott dem Ziegenbock die Hörner für die Spazierstöcke der Menschen so schön gekrümmt hätte. Solche Naivität verhöhnt der Einsiedler. Aber er hat nicht die Überlegenheit einer Pansfigur wie Satyros. Der weiß, wo man ansetzen muß, um ein Mädchen wie Psyche, die zum Schwärmen bereite Seele, zu verführen. Sie lechzt nach seinem Gesang und schreibt dem Verführer mit den langen Ohren ein »göttlich hohes Angesicht« zu. Während sie, als er sie mächtig umfaßt, noch schaudert, stöhnt sie im nächsten Augenblick vor Lust: »O Gott im Himmel, ich vergeh.« Dann verführt Satyros das Volk mit Rede und Gesang und suggeriert ihm rohe Kastanien als herrliche Speise. Selbst der Priester sagt, dieses Mannes Geist sei aus Göttern entsprungen. Als der Einsiedler schimpft, der hinkende Teufel habe ihn bestohlen, will das Volk ihn in blutrünstigem Taumel steinigen. Schon wird er auf den Altar gezerrt, da schreit aus dem Innern der Höhle Eudora, die Frau des Priesters, um Hilfe. Satyros will sie vergewaltigen; sie wehrt sich: »Da seht ihr euren Gott!« Und das Volk, genau so schnell ernüchtert wie begeistert, ruft: »Ein Tier, ein Tier!« Satyros wird aber keineswegs bestraft; er verzieht sich, »edlere Sterbliche« suchend. Psyche folgt ihm in die Tiefe des Waldes.

Die unheimliche Szenenfolge ist zwiespältig und vieldeutig. Der naive Naturkult der Jünger Rousseaus wird ebenso verhöhnt wie die philiströse Naturfrömmigkeit. Christliche Gebetsformeln werden parodisch benützt: »O Engelskind! Dein himmlisch Bild!« Der christliche Hintergrund wird zu einem heidnischen. Die Zeugungskräfte der Natur werden sexualisiert; der Liebesakt, konzentriert auf den Orgasmus, bewirkt, daß die Seele dem Teufel verfällt. Was sich im Kleinen zeigt, wiederholt sich im Großen: Das zum Denken nicht fähige Volk wird blutdürstiger Pöbel. Das geschieht durch demagogische Rede und betörenden Gesang. Satyros bezaubert seine Gemeinde mit einem kosmogonischen Hymnus:

> Vernehmt, wie im Unding
> Alles durcheinander ging;
> Im verschlossnen Haß die Elemente tosend,
> Und Kraft an Kräften widrig von sich stoßend.

Das Volk, immer gieriger, will hören und hört:

> Wie im Unding das Urding erquoll,
> Lichtsmacht durch die Nacht scholl,
> Durchdrang die Tiefen der Wesen all,
> Daß aufkeimte Begehrungsschwall
> Und die Elemente sich erschlossen,
> Mit Hunger ineinander ergossen,
> Alldurchdringend, alldurchdrungen. (WA I, 16. S. 94 f.)

Das ist nahe beim Erdgeistmonolog des »Urfaust«, nahe bei »Prometheus«, »Mahomet« und »Ganymed«. Die Verse haben den Klang und Schimmer einer großen Botschaft, nur daß hier alles übertrieben, vergröbert und frech wird, was Faust vom schönen Augenblick erwartet (»Verweile doch, du bist so schön...«). Die Vergöttlichung der Natur erscheint in der Parodie des Fauns. Kraftstrotzend, unbefangen, seiner selbst gewiß, hält sich der vergötterte Waldteufel an kein Tabu und keine Sitte. Die Gewißheit entstammt seinem Wesen, denn er ist Sohn eines Gottes und mehr als Mensch, ein Genie! Er weiß, daß seine Rede verführt, sein Gesang betört, daß man seine Häßlichkeit für Schönheit hält: Satyros ist kein Abbild von Goethes Freunden, sondern seiner selbst, von außen gesehen, mit einem Wesen, das er später dämonisch nennen wird.

Der Ruf nach Kraft und Urnatur entspricht den Programmen der Stürmer und Dränger. Ihr Pathos erscheint freilich lächerlich. Zugleich aber hat Goethe seine Freude am Grobianisch-Lehrhaften des späten Mittelalters. Aus ihm sind Götz und Faust genommen; sie waren kraftvolle einzelne, welche sich über das Behagen am Derben und Vierschrötigen erheben konnten. Die Farcen kehren nun dies Volkstümlich-Naive heraus, die Freude an der Wirklichkeit in greifbaren Formen. Damit wandte sich Goethe gegen die schöngeistige Tändelei und Vernünftelei seiner Zeit. Er konnte leicht über diesen Geschmack hinwegkommen, sein Kraftgefühl trug ihn – es hat ihn ja auch über den Verlust Friederikes und Lottes hinweggetragen. Darum konnte er die Propheten, bei aller Schätzung ihrer Vorzüge, lächerlich finden, ob es die großen wie Lavater oder Basedow waren oder die Protagonisten der kleinen Zirkel in Städten oder an Höfen. Die Verschiedenheit der Stoffe bot zahllose Ansätze zur Karikatur, zum Gelächter, zu Witz und Ironie. Sie kamen ebenso wie der Überschwang des Gefühls bei »Werther«, des Titanentums bei »Prometheus« und »Mahomets Gesang«, aus der Tiefe seines Wesens. Später hat Goethe diese Eigenschaften zurückgedrängt, hat klassisches Maß angenommen, aber sie sind nie verschwunden. In Weimar hat er diese Zeit im »Triumph der Empfindsamkeit« verspottet und im »Jahrmarktsfest zu Plundersweilern« die Rollen des Hamann und Mordechai auf dem Theater gespielt. In den Walpurgisnächten des »Faust« kommt dann all das verwandelt und verfremdet wieder zum Vorschein.

Urfaust

Goethes frühe Faustszenen stellen sich dem Leser als eine Folge lose verbundener Skizzen dar. Sie dürften in den Jahren 1773–74 in Frankfurt notiert worden sein. Er hat sie den Freunden in Frankfurt, Wetzlar, Darmstadt, Elberfeld, auf der Rhein- und Schweizerreise gelegentlich aus dem Kopf vorgetragen, immer ein bißchen anders, je nach Laune. Sätze in den Briefen der Freunde zeugen davon. In den Farcen und Satiren jener Jahre finden sich ähnliche Figuren, verwandte Szenen, Begriffe und Wortfolgen. Je intensiver sich der Dichter mit dem Stoff beschäftigte, desto weniger hat er darüber gesprochen – so wenig wie sein Zeitgenosse W. A. Mozart über »Figaros Hochzeit« und »Don Giovanni« gesprochen hat, während er innerlich damit beschäftigt war. In Weimar hat Goethe die herrliche Mischung von Komödie und Doppeltragödie Fausts und Gretchens der Gesellschaft vorgetragen und einer Hofdame der Herzogin, dem Fräulein von Göchhausen, zur Abschrift überlassen. Diese Abschrift hat ihr Entdecker Erich Schmidt im Jahre 1887 »Urfaust« genannt.
Goethe hat in »Dichtung und Wahrheit« auf das Volksbuch, die Historia von D. Johannes Faustus, und auf das Straßburger Puppenspiel hingewiesen. Er kannte Lessings Faustfragment und Marlowes »Faust« aus der Shakespearezeit. Größere Betrachtungen über das Drama stellte er viel später an, als das Stück und die Figur des Faust ihm zum Problem geworden waren und er nur mit Mühe zurechtkam. Der Reiz der Tragödie besteht nicht zuletzt in der Unklarheit und Vieldeutigkeit, in dem Schillern der Charaktere von Faust und Mephisto, in den Widersprüchen des Erdgeistmonologs. Es gab Versuche, in Faust Goethe und in Mephisto Spiegelungen Herders oder Mercks zu sehen. Goethe läßt Mephisto mit seinen geistreichen Scherzen und Sottisen eine Doppelrolle spielen zwischen Freund und Verführer, Herr und Knecht, zynischem Dämon und vertrotteltem Professor. Nicht Faust, sondern Mephisto ist die auf dem Theater wirksame Gestalt; die Undurchschaubarkeit seines Wesens liegt nicht

in der Tiefe, sondern darin, daß er ein Komödiant ist. Er weiß sich auf jeden einzustellen, auf den Schüler, Frau Marthe, Gretchen und Faust selbst. Er glaubt, Faust zu kennen, und doch mißtraut er ihm. In der Szene »Straße« ist nicht Mephisto der Verführer, sondern Faust muß ihn zwingen, ihm das Mädchen zu verschaffen.
Der Urfaust kennt noch nicht den Pakt mit dem Teufel. Mephisto tritt in Schlafrock und Perücke aus den Kulissen. Er spricht von oben herab mit dem Studenten und gibt ihm seriöse Ratschläge. Studienplan, Logis und Geld kommen zur Sprache, doch plötzlich ist er den Professor satt (Vers 403) und will den Teufel spielen. Auf die Universitätssatire folgt eine Weibersatire:

> Besonders lernt die Weiber führen!
> Es ist ihr ewig Weh und Ach
> So tausendfach
> Aus *einem* Punkte zu kurieren. (Vers 413 ff.)

Mephisto gibt sich als Weltmann, der die Wirklichkeit, den Alltag, das Gewöhnliche und das Gemeine kennt und nennt – nicht weil er darüber steht, sondern weil er teil daran hat. Alles Große und Bedeutende zieht er herunter, ob es der Professor Faust ist oder das unschuldige Mädchen: Alles, was über das menschlich Übliche hinausgeht, bleibt ihm fremd. Faust wirft es ihm vor, und Gretchen kann nicht beten, wenn er da ist. Um so besser paßt zu ihm Frau Marthe, bei der er sich als Schmeichler und Kuppler einführt. Ihre Trauer um den Mann durchschaut er ebenso gut wie ihre Geilheit und nützt sie aus. Es ist bezeichnend, daß er nichts mit dem Teufel des Volksbuchs und des Mittelalters zu tun hat, sondern als »Weltmann im Stil des Rokokos« eingeführt wird. Wendig, verbindlich, geschmeidig, galant, als Chevalier fast, gebärdet er sich (E. Staiger I, 221). Sein Witz erinnert nicht an die grobianische Sphäre der Faustzeit, sondern an Lichtenberg, Friedrich den Großen und Lessing, wo die negativen Seiten der Aufklärung, Hohn und Zynismus, deutlich werden. Liebe kennt Mephisto nur als Lüsternheit. Auch wird das Phallische hervortreten, und eben das gefällt Frau Marthe.
Mephisto ist im »Urfaust« noch nicht das Prinzip des Bösen. Er ist reduziert auf Unglauben, Skepsis und die Sucht, das Unedle im Menschen zu wecken. Er ist kein Zauberer und Giftmischer, sondern

lustige Figur, wie der schlaue Diener der Commedia dell'arte. Viele seiner Dicta sind sprichwörtlich geworden: Der Geist der Medizin ist leicht zu fassen, Die Kirche hat einen guten Magen, Ihr sprecht schon fast wie ein Franzos. Er spricht aller Rhetorik mit ihrem Metaphernprunk Hohn:

Grau, teurer Freund ist alle Theorie
Und grün des Lebens goldner Baum. (432)

Mit einer scheinheiligen Lüge berichtet Mephisto der Frau Marthe von ihrem Mann:

Er liegt in Padua begraben
Beim heiligen Antonius,
An einer wohlgeweihten Stätte
Zum ewig kühlen Ruhebette. (778)

Eine ganze Szene hindurch wird dies Motiv durchgehalten und dient der Verführung. Goethe hat nicht das Kleinbürgertum karikieren wollen, sondern fromme Rede im Dienst der Triebnatur, auf die sich Mephisto so geschickt versteht, daß Faust sich von ihm abgestoßen fühlt. Gretchen lehnt ihn instinktiv ab, aber Marthe Schwertlein geht ihm auf den Leim. Als eleganter Plauderer ist Mephisto die beherrschende Gestalt der Gartenszene mit Marthe, Faust und Gretchen. Seine raffinierte Gesprächsführung ist eines Shakespeareschen Bösewichts wie König Richard der Dritte würdig, von Goethe ins Milieu des deutschen Bürgertums verlegt. Seine schmeichlerische Verlogenheit ist der Gegenpol zu Gretchens verschämter Einfalt.

Die Historia von D. Johannes Fausten, dem weitbeschreiten Zauberer und Schwarzkünstler, erschien 1587 in Frankfurt und fand reißenden Absatz. Erst die Aufklärung machte dem Erfolg ein Ende. Faust durchzog als Zeitgenosse Luthers und Huttens Süddeutschland als Quacksalber, Astrologe und Scharlatan. Er war Marktschreier und Aufspieler, Alchemist und Geisterbeschwörer, »Freigeist« und Teufelsbündler. Schon im Volksbuch disputierte er mit Mephisto über Himmel und Erde, die Entstehung der Welt und den Teufelspakt. Er prahlte mit seinen Erfolgen an Fürstenhöfen und einer Buhlschaft mit der schönen Helena. Dieser Faust war in Wittenberg gewesen und wurde für das protestantische Deutschland eine Warnfigur: Allzu

leicht könne das Individuum durch seine Autonomiegelüste in Sünde fallen und sich von Gott abwenden. Christus hätte den Teufel zwar überwunden, doch bliebe er auf Erden allgegenwärtig.
Dieser Volksbuch-Faust war für den jungen Goethe kaum brauchbar, wenn man von der Zeit, dem späten Mittelalter, absah, einer Zeit, die ihm durch die Lektüre des Paracelsus, des Götz-Stoffs und der Hans Sachsischen Fastnachtsspiele lieb geworden war, einer Zeit der kräftigen Volkssprache und der Lutherbibel. Die Person des Scharlatans war wenig dienlich. Allenfalls konnte der Alchemist Goethe fesseln, doch auch das nur in Verbindung mit Pansophie, Kosmologie und den »chymischen« Rezepten der »frommen Leute«, der Erweckten seiner Zeit. Daß alles Teufelswerk ein Blendwerk der Hölle war, mußte dem aufgeklärten Goethe selbst dann unbrauchbar erscheinen, wenn er sein titanisches All- und Ichgefühl als übermenschlich empfand.
Die Umbildung der Faustbuch- und Puppenspielfigur in eine Gestalt des Bühnenstücks war in Christopher Marlowes »Tragischer Geschichte von Doktor Faustus«, gedruckt 1604, vorbereitet. Marlowes Faustdrama agiert im Stil der Mysterienspiele und Jesuitendramen mit guten und bösen Geistern, Luzifer, Beelzebub und Mephisto, mit warnenden Freunden, mit Papst, Kardinal, Kaiser und Fürsten, mit Narren und den Geistern von Alexander dem Großen, dessen Buhlen und der Helena. Faust ist ein Renaissancegelehrter, der Aristoteles und Galenus zitiert. Er strebt nach Kenntnis der Welt, Macht und Ehre, um göttergleich zu werden. Schon wird die Lessingsche Frage gestellt, ob Faust nicht erlöst werden könne: Gott kann dem Menschen doch den edelsten der Triebe, den Wissensdrang, sagt Lessing, nicht zu seinem Verderben gegeben haben! Hier also fand Goethe die Voraussetzungen, um Faust von den hochmütig-bösen, gaunerischen Zügen zu befreien oder diese Züge zu überdecken und aus Faust ein »edles Glied« (Faust II, Vers 11934) der Menschheit zu machen.
Marlowes und Lessings »Faust« sind aus dem Widerstand gegen das mittelalterliche Faustbild hervorgegangen. Goethe geht einen Schritt weiter; sein Faust versteht sich als Ebenbild der Gottheit und als solches leitet er sein Recht ab:

Ich fühle Mut, mich in die Welt zu wagen,
All Erden Weh und all ihr Glück zu tragen. (Vers 111–112)

Er wendet sich nicht an den Himmel, zu Gott und den Heiligen, sondern zu einer auf spekulativen Wegen erschlossenen Gestalt, dem Erdgeist: Du Geist der Erde bist mir näher. (108)
Der Erdgeist ist Inbegriff des Werdens und Wachsens aller Lebenskräfte, der Natur als Geschehnis-Zusammenhang, einer nicht erdachten und erlittenen, sondern wesenhaften Veränderung und Verwandlung aller, auch der kosmischen Kräfte:

In Lebensfluten, im Tatensturm
Wall ich auf und ab ...
So schaff ich am sausenden Webstuhl der Zeit
Und würke der Gottheit lebendiges Kleid. (149–156)

Faust kann die Erscheinung nicht ertragen, sie blendet und schreckt ihn, denn er lebt und wirkt nicht im Einverständnis mit den Mächten, sondern steht als Zuschauer und Wissender abseits. Fausts Wissen ist aber nicht das der barocken Universität, sondern ein intellektuell schwer oder nicht erfaßbares Fühlen, ein instinkthaftes Begreifen, welches vor dem Erkennen liegt und am ehesten biologisch zu nennen ist: Faust will die Natur mit Händen greifen, an ihren Brüsten trinken. Dahin »drängt« es ihn. Der Faust dieser Szenen spiegelt das Zufällige, nicht schulmäßig Geregelte der Bildung Goethes, den autodidaktischen Zug. Dieser Faust ist jugendfrisch und bedarf nicht, wie der spätere, einer schwindelhaften Verjüngung, bevor er sich an Gretchen heranmacht.
Faust hat zur Natur im ursprünglichen Sinn, zu Landschaft, Mondschein, Berg und Flur eine sentimentale Beziehung; er steckt in seinem Mauerloch mit staubigen Büchern, Instrumenten und Urväter-Hausrat. Er will fliehen, aufs Land – ein höchst moderner Zug –, doch im nächsten Augenblick sucht er Trost bei fragwürdigen Büchern und den Praktiken einer ominösen Geisterwelt. In ihr sollen sich ihm die Kräfte der Natur enthüllen. Doch weiß er, wie jeder vernünftige Mensch, daß Ideen dieser Art ein Blendwerk sind, ein Schauspiel, ach ein Schauspiel nur. Er wagt das Irrationale zu beschwören: »Es weht/ ein Schauer vom Gewölb herab/ und faßt mich

an./ Ich fühls, du schwebst um mich,/ erflehter Geist! Enthülle dich!« (Vers 119–124) Der Geist in der Flamme, in widerlicher Gestalt, antwortet Faust mit einer Frage, die von den Mächten der Tiefe gestellt wird:

Du hast mich mächtig angezogen,
An meiner Sphäre lang gesogen ... (131–132)

Der Erdgeist ist Personifikation dessen, was der junge Goethe, als er krank von Leipzig zurückgekommen war, in seinem knabenhaften Suchen von magischen Rezepten und Praktiken erwartet hatte. In Fausts Monolog, der Erdgeistbeschwörung und in den Worten des Erdgeists selber hat Goethe die Kräfte einer paracelsisch-göttlichen Natur als die des Alls mit inbrünstiger Leidenschaft beschworen. Alles was die barocke Mikrokosmos-Makrokosmos-Lehre erfassen wollte, die Einheit des Mannigfachen, das was die Welt im Innersten zusammenhält, was der Sturm und Drang ohne Rücksicht auf die herkömmlichen Lebensformen in einem Gewaltakt der Gefühle und des Intellekts ins Bewußtsein heben wollte, und alles, was ihm Herder im Gegensatz zum Rationalismus der Aufklärung und der Universität als einen neuen Kontinent aus der Masse der geschichtlichen Phänomene in Andeutungen vorgestellt hatte, ist in Goethes »Faust« Gestalt geworden, in flutenden Bildern und Metaphern, bestätigt durch einen unwiderstehlichen Rhythmus und den schlagend treffenden Vers: Die Einheit der Welt wird in der Dichtung Ereignis.

Faust ist beschränkt auf zwei Sphären. Sie werden im »Urfaust« dargestellt in der Universität und in der Liebe. Zugleich ist die Szenenfolge ein Ausdruck für die Ausweitung des modernen Ebenbilds der Gottheit zum Übermenschen: Das Wort erscheint hier nicht zum ersten Mal. Faust ist eine Schlüsselfigur des neuen Weltverständnisses. Wagner, der »trockene Schwärmer«, ist Philologe. Er liest Dichtung mit kritischem Verstand und hat den Ehrgeiz, die Literatur museal einzuordnen. Wagner möchte sich in den Geist der Zeiten, in die Vergangenheit versetzen, und dies Verstehen verläuft im Schema des Fortschritts, damit wir, nach Fausts höhnischem Wort, erkennen, wie wir's denn zuletzt so herrlich weit gebracht haben (220). Zum Fortschritt gehören die Rhetorik und der Nutzen für die Gesellschaft. Faust sagt, die blinkenden Reden seien »unerquicklich wie der

Nebelwind, der herbstlich durch die dürren Blätter säuselt« (203). Die Wagnersche Methode gilt damals wie heute; Faust höhnt:

> Was ihr den Geist der Zeiten heißt,
> Das ist im Grund der Herren eigner Geist,
> In dem die Zeiten sich bespiegeln. (224–6)

Faust gibt sich titanisch; tatsächlich aber taumelt er, seiner Jugend entsprechend, zwischen Begierde und Genuß. Er ist nicht im geistigen, sondern nur im technischen Sinne produktiv. Dies Technische läßt den bramarbasierenden Zauberkünstler von den Jahrmärkten durchscheinen: Nicht Mephisto, sondern Faust zaubert den Studenten in Auerbachs Keller den Wein aus dem Bohrloch. Man kann sich nicht vorstellen, daß Faust lacht, und Mephisto bringt es nur zu einem Grinsen. Fausts Liebesgeschichte mit Gretchen zeigt die verzehrenden Kräfte seiner Natur. Er vermag in Gretchen durchaus ein »holdes Himmelsangesicht« (1030) zu sehen, und Gretchen gewahrt mit schaurigem Entsetzen, wie sie ihm verfällt:

> Mein Schoß, Gott! drängt
> Sich nach ihm hin.
> Ach dürft ich fassen
> Und halten ihn... (1098–1102)

Die Gretchentragödie prägt sich dem Leser und Theaterbesucher unauslöschlich ein. Sie hat, neben »Werther«, Goethe als Dichter weltberühmt gemacht. Gretchen steht zwischen den Frauen und Mädchen der Weltliteratur, Dantes Beatrice, Petrarcas Laura, Shakespeares Julia. Sie behauptet sich neben Homers Nausikaa und Vergils Dido. In der deutschen Literatur gibt es keine weibliche Figur ihres Ranges. Da sie keine Gestalt des Mythos oder der Bildung, sondern des Volkes ist, wirkt sie herzbewegend und rührend im höchsten Sinn. Die Susanna Margarethe Brandt des Frankfurter Prozesses war ein dumpfes Wesen. Das Gretchen im Faust hat etwas Helles, in sich Vollkommenes. Ihre Liebe gibt Faust Seligkeit, die Seligkeit eines Augenblicks, der sich nicht verewigen läßt, und insofern ist das Scheitern Fausts *seine* Tragödie. Es ist Gretchens Unglück, an Faust geraten zu sein. Ihr Schicksal ist nicht nur die Tragödie der verlassenen Mädchen, der Kindsmörderinnen-Dramen des Sturm und Drang

mit sozialen Anklagen und dem Haschen nach Mitleid. Diesen Dramen liegt der Rousseausche Gegensatz von Natur und Gesellschaft zugrunde, ein Intellektuellen-Traum.
Gretchens Tragik entsteht nicht aus sozialen und gesellschaftlichen Gegensätzen, etwa weil Faust ein Gebildeter und sie ein Kind des Volkes ist, oder weil er mit Mephistos Hilfe reich ist und sie ein armes Mädchen. Ihre Tragik entsteht aus einer notwendigen, ja kosmischen Unmöglichkeit: Die Liebe, welche Faust für sie empfindet, hat keine Ewigkeit. Aber daß Gretchen im Augenblick der Hingabe, gleich nach dem Religionsgespräch, von Faust ein Kind empfängt, beweist ihr und der Welt, daß der Augenblick mehr als augenblickliche Folgen hat; das Kind erhebt Anspruch auf Leben, auf seine Existenz. Dies Gesetz »läßt den Armen schuldig werden«, wie der Harfner in »Wilhelm Meister« singt; Faust vergleicht das, was er bei Gretchen angerichtet hat, mit einer Naturkatastrophe:

> Ha! bin ich nicht der Flüchtling, Unbehauste,
> Der Unmensch ohne Zweck und Ruh,
> Der wie ein Wassersturz von Fels zu Felsen brauste,
> Begierig wütend nach dem Abgrund zu? (1414 ff.)

Lieschen, am Brunnen, sieht Gretchens Fall mit den Augen der Kleinbürger. Für Mephisto war alles nur »ein bißchen Rammelei« (1407). Im Prozeß gegen Susanna Brandt war mehrfach jenes Wort gefallen, wie Ernst Beutler nach den Akten berichtet, das Mephisto ausspricht: »Sie ist die erste nicht.« Faust will Gretchen mit Dämonengewalt aus dem Kerker befreien. Für einen Augenblick sehen wir ihn und Mephisto nachts auf offenem Feld auf schwarzen Pferden daherbrausen, sechs Zeilen nur: Die Hexen am Rabenstein erinnern, wie im »Götz«, an »Macbeth« von Shakespeare. Dann kommt die Kerkerszene in Prosa, Gretchen geschützt durch Wahn, Faust ausgesetzt einer Qual, die sein Leben als Schuldgefühl belasten wird.
Gretchens Welt ist »reinlich«, ruhig, gefaßt, die gute alte Zeit als Lebensraum der kleinen Leute. Dazu gehören Heiligenverehrung und der Goldgrund der römischen Liturgie. Haus und Kirche sind Stätten des Friedens mit Gott. In diese Welt einzubrechen wie Faust, ist eine Gemeinheit, um so mehr als Gretchen nichts von Trieb und böser Absicht weiß. Goethe gibt ihr den Reiz des holden Geschöpfs in

paradiesischer Unschuld. Faust aber weiß das Paradies hinter sich, er kennt Verzweiflung und Sünde. Wenn er vor Gretchens Unschuld auf den Knien liegt, ist ihm jedes Mittel recht. Er gibt ihr Schlaftropfen für die Mutter.

Gretchens Anmut, ihr fromm in sich ruhendes Wesen stellt Goethe nicht mit den Mitteln der realistischen Kunst eines Lessing oder Lenz dar, sondern zarter und mächtiger, mit atmosphärischem Zauber. Sie spricht:

> Ich gäb was drum, wenn ich nur wüßt,
> Wer heut der Herr gewesen ist... (529–530)

Dem Ansturm seines Wesens, seines Feuers, seiner Leidenschaft ist sie nicht gewachsen:

> Bin doch ein arm unwissend Kind,
> Begreif nicht, was er an mir findt. (1064–65)

Ihr Lied und ihr Gebet sind sicher im Ton: Meine Ruh ist hin, und: Ach neige, du Schmerzensreiche, dein Antlitz ab zu meiner Not. Um so grausamer ihr Lied im Kerker: Meine Mutter die Hur. Es zeugt von ihrer geistigen Zerstörung. Die Exposition wird in Liedern, Bildern und Anrufen, also lyrisch und märchenhaft gegeben. In der Prosa der Kerkerszene hat Goethe wilde Töne für Liebe, Verzweiflung und Wahnsinn gefunden wie keiner vor und nach ihm. Sie sind nicht realistisch anklägerisch, sondern biblisch mit Anspielungen auf die letzten Dinge: Erbarme dich mein! Heulen und Zähneklappern! Da sitzt meine Mutter auf einem Stein und wackelt mit dem Kopf! Der Hochzeitstag ist der letzte Tag, Gericht Gottes! Im Dialog Gretchens mit Faust fallen Sätze, die Gretchen sonst nie gefunden hätte: »Wie sonst ein ganzer Himmel mit deiner Umarmung gewaltig über mich eindrang! Wie du küßtest, als wolltest du mich in wollüstigem Tod ersticken« (HA III, S. 419).

Vokabular und Syntax stammen aus Goethes neuer Sprache, wo geheime Lebenszusammenhänge und bisher ungreifbare Sinneseindrücke elementaren Ausdruck finden. Goethe besaß schon damals eine objektivierende Kraft des Ausdrucks: Gretchen besitzt wie Faust ein Allgefühl, das Goethe freilich als Selbsttäuschung durchschaut. Geburt und Grab sind nah beieinander, wie der Erdgeist gesagt hatte.

Die Natur zeugt und tötet zugleich: Das ist die ungeschminkte Wahrheit einer bloß biologisch gefaßten Natur, die Grenze des menschlichen Lebens. Faust muß, gegen seinen Willen, diese Einsicht mit ins Leben nehmen, und damit beginnt die große Relativierung, deren Vollzug Jahrzehnte später in den mehr als zwölftausend Versen der Faustdichtung Ereignis wird.

Vom Faust zum Ewigen Juden

Man hat sich gewundert, daß in der Faustdichtung der frühen wie der späten Zeit Unvereinbares nebeneinander steht und besteht. Im Sinne der aristotelischen Einheit ist das Drama nicht zu begreifen. Die Einheit liegt im dichterischen Ergebnis: Jeder Impuls ist so stark, daß er überzeugt. Goethes Sprache ist in ihrer Spontaneität produktiv. Die Einheit liegt also nicht in der Handlung, in der Befolgung von Regeln oder in der kunsttheoretisch damals so wichtigen »Nachahmung der Natur«. Die aus der Inspiration genährte Sprache der Poesie war von Hamann als Muttersprache, als Ursprache bezeichnet worden. Herder hatte Hamanns biblische Spekulation über das Wort, Gottes Rede an die Menschen, nie recht verstanden und auch nicht nachvollziehen können. Aber er hatte von ihr gelernt, daß Sprache und Poesie in abstrakten Schemata nicht zu fassen seien. Am Volkslied, an der Bibel und Shakespeare erkannte er, daß die dichterische Sprache weit mehr vermittle als jede Theorie: Die Poesie war Muttersprache des Menschengeschlechts. Bei Goethe kam etwas hinzu, was Hamann in gelegentlichen enthusiastischen Aufschwüngen, Herder aber nie besessen hatte, das war die von Herz zu Herzen gehende unmittelbare Wirkung der Sprache. Man kann sie auch dann verstehen, wenn das Gesagte rational fremd oder dunkel bleibt. Goethes Gedichte besaßen diese Qualität: Das »Mailied« und »Der König von Thule« sind dichterisch vollkommen deutlich. Goethe hat dieser Wirkung um so mehr vertraut, als er sie auch in Sagen, Legenden und Märchen entdeckte. Er empfand die Sprache, da sie selbst Natur ist, als Ausdruck des universalen Zusammenhangs.
Goethe hat behauptet, er habe damals keine eigene Schreibweise, keinen Stil gehabt. Man darf diese Äußerung nicht überbewerten; er hat in seiner Lyrik und Dramatik das erreicht, was er wollte, eine Durchdringung des Augenblicks mit vollkommener Innigkeit; sie geht aus jeweiliger Ergriffenheit hervor, das Wort wird mit seinem Gehalt zugleich erschaffen: Goethe war zeitlebens auf die Gunst des

Augenblicks angewiesen. Selbst lange lyrische und dramatische Texte entstanden im Traum oder wie im Traum. In den Briefen an Frau von Stein und im Tagebuch hat Goethe davon berichtet. In Sizilien hat er das Drama »Nausikaa« in wenigen Stunden konzipiert und später Teile davon aus dem Gedächtnis niedergeschrieben. Ähnlich war es beim Tasso; den 30. März 1780 hat er als »erfindenden Tag« bezeichnet.

Beim Drama erscheint die Niederschrift als Folge des schöpferischen Einfalls. Beim »Faust« zog sich die Ausarbeitung mit Unterbrechungen über Goethes ganzes Leben hin. Der Zusammenhang von Erlebnis und Dichtung ist zwar deutlich, aber keineswegs immer gegeben. Oft ist es schwer, die Verbindung nachzuweisen, etwa mit Alchemie, Hermetik und religiösen Erinnerungen. In den Dichtungen dieser Jahre findet man verschiedene Aspekte der Persönlichkeit ihres Dichters, Anmut und Unmut, Pathos und Skepsis: Faust und Mephisto sind nur die deutlichsten Figurationen einer Fülle, die sich polarisiert. Der gleiche Stoffbereich besitzt entgegengesetzte Aspekte; aufeinander angewiesen spiegeln sie das Ganze. Im »Götz von Berlichingen« geht frohe Hoffnung unter in düsterem Pessimismus.

Goethe hat die Erlebnisdichtung begründet und in »Dichtung und Wahrheit« zahlreiche Selbstzeugnisse für die Jugendwerke beigebracht. Die Rezeptionsweite ist erstaunlich. Aber nicht immer ist er mit den Spannungen fertiggeworden; dann blieben die Entwürfe liegen. Ein Beispiel dafür ist »Der ewige Jude«. Im 15. Buch von »Dichtung und Wahrheit« berichtet Goethe über die Entstehung. Sie steht im Zusammenhang mit der Erzählung, wie er sich von der Gläubigkeit der frommen Leute, der Pietisten, löst und den Vorwurf des Pelagianismus auf sich zieht. Der Mönch Pelagius hatte im Rom des fünften Jahrhunderts die Lehre von der totalen Verderbtheit des Menschen durch die Erbsünde bekämpft und die Willensfreiheit hervorgehoben. Der Mensch habe die Fähigkeit zum Guten nicht verloren. Sein großer Gegner war Augustinus. Im Rahmen der lutherischen Orthodoxie war die Behauptung des Pelagius Ketzerei; die Verdorbenheit des Menschen durch die Erbsünde war Voraussetzung für die Erlösungstat Christi. Goethe geht auf den jahrhundertelangen Streit um die Fähigkeit zum Guten und Verderbtheit durch die Erbsünde ein, und da fällt ein Wort, in dem sein neuer Glaube sich ausspricht: »Nach allen Seiten hin war ich an die Natur gewiesen, sie war mir in ihrer Herrlichkeit erschienen. Ich mußte also auch aus dieser Gesellschaft (der Pietisten) scheiden, und da mir meine Neigung zu den Heiligen Schriften sowie zu dem Stifter und den frühern Bekennern nicht geraubt werden sollte, so bildete ich mir ein Christentum zu meinem Privatgebrauch, und suchte dieses durch fleißiges Studieren der Geschichte ... zu begründen und aufzubauen« (HA X, S. 44f.).

Schon im »Brief des Pastors« hatte Goethe ähnliche Ansichten durchblicken lassen; er berief sich auf den Gedanken der Liebe und Toleranz, die Lieblingsthesen der Neologie, jener Richtung der aufgeklärten protestantischen Theologie, zu der Herder, Johann Gottfried Eichhorn in Göttingen und Johann F. W. Jerusalem in Braunschweig gehörten. Goethe fährt dann fort: »Weil nun aber alles, was ich mit Liebe in mich aufnahm, sich zugleich zu einer dichterischen Form anlegte, so ergriff ich den wunderlichen Einfall, die Geschichte des ewigen Juden, die sich schon früh durch die Volksbücher bei mir eingedrückt hatte, episch zu behandeln« (HA X, S. 45).

Das Epos in Knittelversen ist um 1774 entstanden. Es hat alle Anzeichen des spontanen Einfalls. Wenn Goethe es der Weimarer Gesellschaft vorlas, hat es nicht nur dem Herzog großen Spaß gemacht, sondern Wieland zu dem Mißverständnis verführt, es handle sich um ein persiflierendes Werk. Die Eingangsverse spiegeln sehr deutlich die jähe Erfindung:

Um Mitternacht wohl fang ich an,
Spring aus dem Bette wie ein Toller;
Nie war mein Busen seelenvoller,
Zu singen den gereisten Mann. (WA I, 38, S. 55)

Der weit gereiste Mann ist Ahasver, ein Schuster. Er gehört zu den von den Hohenpriestern gegen Jesus aufgehetzten Juden. Als Christus mit dem Kreuz auf den Schultern an seinem Haus vorbeikommt und für einen Augenblick Ruhe sucht, jagt er ihn fort. Jesus sagt im Volksbuch: »Ich will stehen und ruhen, du aber sollst gehen, bis an den jüngsten Tag.« Der Schuster sieht Jesu Kreuzigung, dann treibt die Unrast ihn fort. Er kommt durch die ganze Welt und sehnt sich vergeblich nach dem Tod.

Goethe verbindet die Sage mit dem Glaubenssatz von der Wiederkunft Christi auf Erden. Gottes Befehl zur Rückkehr auf die Erde gibt sich in einer saloppen Form:

> Der Vater saß auf seinem Thron,
> Da rief er seinem lieben Sohn,
> Mußt' zwei- bis dreimal schreien.
> Da kam der Sohn ganz überquer
> Gestolpert über Sterne her
> Und fragt, was zu Befehlen ... (WA I, 38, S. 58)

Der Ton soll, wie in der »Legende vom Hufeisen«, volkstümlich sein. Er enthält also schon durch die Sprache Goethes Kritik an der theologisch gelehrten Auslegung des Glaubens. Als letzter hatte Klopstock versucht, den Messias dichterisch darzustellen. Von seinen volksfremden Hexametern wollte sich Goethe absetzen, und da bot sich ihm das Hans-Sachs-Modell an, ein treuherziges Deutsch im Ton populärer Legenden. Goethe wollte in alltäglicher Weise »von heiligen Sachen« sprechen. Es waren die Jahrzehnte eines immer deutlicher werdenden Abdriftens aus einem christlich geprägten Lebenszusammenhang. Die intellektualisierte Theologie sprach lateinisch oder einen aus dem Latein übersetzten Jargon. Sie hatte sich von der sinnenfreudig-anschaulichen Sprache der Bibel gelöst. Elisabeth sagt im Entwurf zum »Götz«: »Was ist heilig? Wenn ich mich erst putzen und in die Kirche gehn soll, um mit Gott und von Gott zu reden, wenn er nicht an jeder Kleinigkeit teilnimmt, die mir wichtig vorkommt, wenn er nicht so gut Spaß als Ernst vertragen kann, wenn beides aus einem treuen, liebevollen Herzen kommt, so ist er mein Gott nicht. Und doch weiß ich, daß er mein Gott ist« (Morris II, 188; zit. bei Staiger I, 127).
In diesem naiven Stil beginnt »Der ewige Jude«. Dann aber wechselt der Ton. Jesus schwingt sich vom Himmel zur Erde. Seine Erinnerungen erwachen:

> Er fühlt in vollem Himmels Flug
> Der irdschen Atmosphäre Zug,
> Fühlt wie das reinste Glück der Welt
> Schon eine Ahndung von Weh enthält.

Er denkt an jenen Augenblick,
Da er den letzten Todesblick
Vom Schmerzenshügel herab getan,
Fing vor sich hin zu reden an:
›Sei, Erde, tausendmal gegrüßt!
Gesegnet all ihr meine Brüder...‹ (WA I, 38, S. 59)

Jesus will sich der Menschen erbarmen. Und dann folgen Verse, in denen sich Goethes Sprache hinausschwingt über die legendären Partien. Sie gehören zum Berückendsten, was er geschrieben hat:

O Welt voll wunderbarer Wirrung,
Voll Geist der Ordnung, träger Irrung,
Du Kettenring von Wonn und Wehe,
Du Mutter, die mich selbst zum Grab gebar!
Die ich, obgleich ich bei der Schöpfung war,
Im ganzen doch nicht sonderlich verstehe.
Die Dumpfheit deines Sinns, in der du schwebtest,
Daraus du dich nach meinem Tage drangst,
Die schlangenknotige Begier, in der du bebtest,
Von ihr dich zu befreien strebtest,
Und dann befreit dich wieder neu umschlangst,
Das rief mich her aus meinem Sternensaal,
Das läßt mich nicht an Gottes Busen ruhn.
Ich komme nun zu dir zum zweiten Mal,
Ich säte dann und ernten will ich nun. (WA I, 35, S. 60)

Was das Ganze des nur in Fetzen, wie Goethe sagt, überlieferten Gedichts angeht, so ist die Wiederkunft des Herrn auf Erden der Höhepunkt. Sie bestätigt, was der ewige Jude auf seiner Wanderung durch die Länder und Zeiten immer wieder feststellen muß, daß Christi Lehre nicht befolgt wird, daß sie entstellt wurde, daß die »Pfaffen« der alten Zeiten von den »Oberpfarrern« der Reformation abgelöst wurden, deren ironisch so bezeichnete Convente, wie sich Christus aufklären lassen muß, im ehelichen Bett stattfinden. Die Enttäuschung des Heilands über das von ihm gestiftete Reich Gottes kommt in den Versen zum Ausdruck:

Wo, rief der Heiland, ist das Licht,
Das hell von meinem Wort entbronnen!
Weh und ich seh den Faden nicht,
Den ich so rein vom Himmel 'rab gesponnen.
Wo haben sich die Zeugen hingewandt,
Die weis' aus meinem Blut entsprungen,
Und ach, wohin der Geist, den ich gesandt –
Sein Wehn, ich fühls, ist all verklungen. (WA I, 38, S. 60)

Goethe hat die Teile des Epos, deren Zusammenhang nicht deutlich ist und deren Sinn oft dunkel bleibt, in Italien wieder vorgenommen. Noch 1808 sagte er zu Riemer, er wolle ein Gedicht »Maran Atha« schreiben oder »Der Herr kommt«. Daraus wurde freilich nichts. Man kann sich auch schwer vorstellen, wie sich die von Goethe gegen die Theologen aufgerichtete Christusgestalt der menschgewordenen Liebe hätte behaupten können. Die irdischen und himmlischen Töne, Kritik und Verherrlichung, historische Einsicht und zeitlose Bedeutung fielen allzuweit auseinander. Sobald Christus zu reden aufhört und die Erzählung der Erlebnisse Ahasvers weitergeht, fällt der Text in die Hans Sachsische Einfalt zurück. Goethe mochte fühlen, daß die Hoheit seines Christusbildes in den Nöten und Ängsten, dem Mißbrauch und Mißverständnis einer Welt, wo der Geist der Finsternis, »der Herr der Alten Welt«, herrscht, keine angemessene Form finden konnte: »Christus kam ihnen ein Fremdling vor«, heißt es, und wenn Jesus sagt: »Kinder, ich bin des Menschen Sohn«, versteht ihn niemand; ein versoffener Korporal meint, Jesu Vater habe wohl Mensch geheißen.

Goethe hatte sich seit den Knabenjahren immer wieder mit christlichen und biblischen Dichtungen abgegeben, so die »Patriarchade« Joseph, Isabel, Ruth und Selima. In Briefen erwähnt er ein Werk »Der Thronfolger Pharaos«. Ausgearbeitet und gedruckt wurden die »Poetischen Gedanken über die Höllenfahrt Jesu Christi«. Sie stammten aus der verlorenen handschriftlichen Sammlung geistlicher und biblischer Gedichte. Mehrmals wird das Belsazar-Drama erwähnt; daraus hat sich eine Seite in Hexametern erhalten. Dazu kommen »Salomons, Königs von Israel güldne Worte von der Ceder bis zum Ysop.« Es sind ineinander übergehende Parabeln nach dem

Buch der Sprüche Salomos: »Eine Zeder wuchs auf zwischen Tannen, sie teilten mit ihr Regen und Sonnenschein. Und sie wuchs, und wuchs über ihre Häupter und schaute weit ins Tal umher. Da riefen die Tannen: Ist das der Dank, daß du dich nun überhebst, dich die du so klein warst, dich die wir genährt haben!? Und die Zeder sprach: Richtet mit dem, der mich wachsen hieß« (WA I, 37, S. 295). Bezeichnend für Goethes Parabeln ist die Konzentration des Sinnes: »Ha, sagte die Zeder, wer von meinen Zweigen brechen will, muß hoch steigen! Ich, sagte die Rose, habe Dornen« (ebda. S. 298). Die Parabeln hatte Goethe Sophie von La Roche geschenkt. Aus deren Besitz kamen sie an Clemens Brentano, ihren Enkel. Er ließ sie 1808 in Arnims »Zeitung für Einsiedler« mit kleinen Varianten drucken. Goethe hatte sie vermutlich schon früh vergessen.

Anders stand es mit der Übersetzung des Hohen Liedes. »Ich habe das Hohelied Salomons übersetzt«, schrieb er im Oktober 1775 an Merck, »welches ist die herrlichste Sammlung Liebeslieder, die Gott erschaffen hat« (WA IV, 2, S. 299). Goethe hat den Text nach der Vulgata und Luthers Übersetzung in dreißig Absätze zerlegt. Einige Verse des Originals fehlen. Die Handschrift stammt aus dem Besitz der Klettenberg. Es ist eine Übersetzung in freien Rhythmen: »Schwarz bin ich, doch schön, Töchter Jerusalems. Wie Hütten Kedars, wie Teppiche Salomos. Schaut mich nicht an, daß ich braun bin, von der Sonne verbrannt. Meiner Mutter Söhne feinden mich an, sie stellten mich zur Weinberge Hüterin. Den Weinberg, der mein war, hütet ich nicht« (HL. I, 5–6, WA I, 37, S. 301).

Unter den vielen Dichtungen und Entwürfen des jungen Goethe war der ewige Jude mit der Figur des Heilands wohl ähnlich gedacht wie die Tragödien des Religionsstifters Mahomet, des Titanen Prometheus, des weisesten aller Menschen, Sokrates, und des mächtigsten, Caesars. Der »Ewige Jude« konnte nicht vollendet werden, weil er und Christus außer Zeit und Raum stehen, weil des Heilands göttliche All-Liebe an der Beschränktheit der Menschen scheitern muß. Während jene historisch faßlich waren, mußten Gestalten vom Rang des ewigen Juden und des Welterlösers die Goetheschen Möglichkeiten und seine Auffassung der innerweltlichen Natur sprengen.

Mit »Faust« hatte Goethe die Tragödie des Genies zeigen können,

und es ist kein Zufall, daß nur dies Drama ausgeführt wurde. Der moderne Begriff des Genies stammte von Shaftesbury. Herder und Goethe nennen das Genie göttlich, eine zweite Gottheit. Damit war das schöpferische Original gemeint, der Ausnahmemensch. Im Sturm und Drang war der Begriff rhetorisch gesteigert worden, aber es zeigte sich, daß er nur in einer einzigen Persönlichkeit Erfüllung finden sollte, das war Goethe. Sein Faust spiegelt Größe und Tragik des einzelnen; er scheitert, weil er sich über die sozialen und moralischen Werte hinwegsetzt. Seine Gegenspielerin ist Gretchen, und von ihr sagt der böse Geist im Dom ein Wort, das dichterisch unendlich viel mehr ausdrückt als jede Theorie: »Halb Kinderspiel / Halb Gott im Herzen« (Urfaust 1316).
Man kann nicht sagen, Faust sei Goethe. Der konnte zur gleichen Zeit, als er »Faust« und den »ewigen Juden« schrieb, im »Concerto dramatico« polemische und witzige Attacken gegen die Darmstädter »Heiligen« reiten. Jene Urkraft der Natur steht beim Künstler in Korrespondenz zur Sexualität. Im Göttinger Musenalmanach von 1776 konnte man ein schockierendes Gedicht lesen:

Wo ist der Urquell der Natur,
Daraus ich schöpfend
Himmel fühl und Leben
In die Fingerspitzen hervor!
Daß ich mit Göttersinn
Und Menschenhand
Vermöge zu bilden,
Was bei meinem Weib
Ich animalisch kann und muß. (WA I, 2. S. 186)

Die Frankfurter Gesellschaft bestand aus Kaufleuten und Geistlichen, Juristen und Beamten. Mit dem einfachen Volk kam Goethe durch seine Praxis als Anwalt zusammen. In »Dichtung und Wahrheit« deutet er, ohne Namen zu nennen, Beziehungen mit Mädchen und Frauen an, aus denen er sich jeweils rasch wieder zu lösen verstand. Die Schönemanns und Brentanos gehörten zu den Vornehmsten seiner Gesellschaft. Unter den Geistlichen war der Dechant Dumeiz der interessanteste. Von ihm hat sich Goethe die Elemente katholischer Volksfrömmigkeit und der Meßliturgie erklären lassen. Die wichtigste Lektüre jener Jahre waren Swedenborg und Spinoza. Er las sich stückweise in sie hinein, wie es seine Art war. Aus protestantischen Kreisen stießen Lavater und Jacobi jetzt auf Goethe: Aus Jacobis Nachlaß stammt das »Concerto dramatico«. Die frommen Freunde müssen also, wie auch sonst berichtet wird, Spaß verstanden haben.

Geistliche Bekanntschaften

Über das größte Werk der Frankfurter Jahre, den »Faust«, hat Goethe sich am wenigsten geäußert. Die dichterische Kraft trug den Entwurf über alle Zerrissenheit des Autors und die Widersprüche der Figuren hinweg. Litt »Götz von Berlichingen« noch unter Aufrufen zur Besinnung auf deutsches Wesen und deutsche Einheit, so gehen der Zynismus Mephistos, der Bewegungsdrang Fausts und die Innigkeit Gretchens ganz aus dem Konzept des Stückes hervor. Fausts Spekulationen über Gott und die Welt mögen in sich widersprechend sein – innerhalb des dramatischen Gefüges sind sie vollkommen richtig. Mephisto ist eine Mischung aus Kavalier und Teufel; seine Kraft liegt in der Beredsamkeit. Und Gretchen, das Mädchen aus dem Volk, die größte Liebende unserer Literatur, wird gegen alle psychologische Wahrscheinlichkeit eine Mörderin. Innerhalb des Dramas, ihrer Tragödie, rührt sie uns mit unwiderstehlicher Gewalt.

Welche Fülle von Plänen Goethe in den Jahren 1773–75 beschäftigte, ist den Berichten in »Dichtung und Wahrheit« zu entnehmen. »Mahomet« sollte ein fünfaktiges Drama werden; davon ist nur der machtvolle Strom-Gesang erhalten geblieben. Die zwei Akte des »Prometheus« blieben liegen, ebenso die »Fetzen« des »Ewigen Juden«. Die Knittelversszenen des »Jahrmarktfests zu Plundersweilern« entstanden neben der Neufassung des »Berlichingen«. Im gleichen Sommer schrieb Goethe das Satyros-Spiel. Zu Herders Hochzeit in Darmstadt, am 2. Mai 1773, brachte Goethe, wohl als Hochzeitsgeschenk, das »Fastnachtsspiel vom Pater Brey« mit. Die Wieland-Farce hatte er, bei einer Flasche Wein, in einem Zug zu Papier gebracht.

Damals sah Goethe die Natur mit den Pietisten als eine Gabe des göttlichen Geistes. Hier hatten sich Grundvorstellungen der Kabbala und des Neuplatonismus mit den Geheimlehren Helmonts, Paracelsus', Jakob Böhmes und Wellings durchdrungen. Nach Arnolds »Ketzergeschichte« hatte Goethe zwei in »Dichtung und Wahrheit« nicht erwähnte Autoren gelesen, Johann Conrad Dippel und Friedrich Christoph Oetinger. Dippel war Schüler Arnolds, und Oetinger setzte das Werk des Schwabenvaters Johann Albrecht Bengel fort. Dippels und Oetingers Werke standen in der Bibliothek des Kaiserlichen Rates und später in Weimar. Dippel, ein frommer »Frey-Geist«, lief im Namen der Bibel und der christlichen Magie Sturm gegen die unlebendige Kirche, die rationalistische Philosophie und die »Grillen- und Staub-Physik« von Materialisten und Atomisten. Er sagte: »Die Natur wird in ihrem Innersten erkannt als im Licht dessen, der sie geschaffen hat.« (Dies alles bei Wachsmuth S. 36–48) Es ist jener Geist, der zu Faust spricht: »Du gleichst dem Geist, den du begreifst, nicht mir« (Vers 512) und von sich sagt: »So schaff ich am sausenden Webstuhl der Zeit / Und wirke der Gottheit lebendiges Kleid« (508–9). Oetinger bekämpfte Leibniz und Wolff in der Beurteilung der Materie. Die Erscheinung des Leiblichen in der Wirklichkeit sei zu erforschen. Goethe ist wahrscheinlich durch Oetinger auf Spinoza und Newton gebracht worden.

In Anspielung auf Hamann wurde Oetinger der Magus des Südens genannt. Goethes große Wandererhymnen feiern die Natur in diesem Sinne. Für ihren Rhythmus fand Goethe bei Shaftesbury den Ausdruck »innere Form« und das faszinierende Wort, der Dichter sei »a second maker, a just Prometheus«. Und noch einen Satz von Shaftesbury notierte er in englischer Sprache: »The most ingenious way of becoming foolish is by a system.« Demgegenüber pries er »Dumpfheit bei innerer Fülle«, die »Ahndungen« des übervollen Herzens und die »magische Gabe« des Genies (zit. Wachsmuth S. 51 und 162).

In die Reihe der gotttrunkenen Theosophen, die Goethe im Elternhaus las, gehört Emanuel Swedenborg, ein Universalgelehrter im Stil seiner Zeit. Er schrieb über Münzen, Algebra, Bergkunde und gab 1734 in Dresden und Leipzig seine »Opera Philosophica et Mineralia« in drei Bänden heraus. Man verglich ihn mit Leibniz und Linné. Er reiste durch England, Holland, Frankreich, Italien und Deutschland. Zehn Jahre später begann er jedoch, an der Lösung der großen Fragen durch die Wissenschaft zu zweifeln und schrieb »De Cultu et Amore Dei«. Thematisch war er nicht weit von Spinoza entfernt und wie dieser von der Methode der Mathematik begeistert. Eines Tages in London, beim Mittagessen, hatte er eine Vision: Gott der Herr offenbarte sich ihm als Schöpfer und Erlöser der Welt und verkündete ihm seine Berufung, den Sinn der Heiligen Schrift so zu deuten, wie er, Gott, es ihm in die Feder diktieren werde. Das Ergebnis sind Swedenborgs Mitteilungen aus der Welt der Gestirne, aus Himmel und Hölle, mit einer Dantesken Phantasie. Bei den Mystikern des Reiches Gottes seiner Zeit fand er Zustimmung, so daß Oetinger sein Werk aus dem Latein ins Deutsche übertrug. So hat Swedenborgs Theosophie die Überlieferung der Schwabenväter befruchtet.

Dies Werk studierte Goethe. Wie müssen ihn Swedenborgs Spekulationen angeregt haben, wenn er las: »Was geht nicht alles bei den Raupen vor, die doch die Verachtetsten im Tierreich sind? Sie wissen sich mit dem Saft ihrer Blätter zu ernähren, um dann, wenn die Zeit gekommen ist, sich gleichsam vermummt in einen Mutterleib zu legen, aus dem sie als Sproß ihres Stammes ausschlüpfen. Manche von ihnen verwandeln sich erst in Larven und Puppen, spinnen Fäden und werden nach vollbrachter Arbeit mit einem neuen Körper geschmückt; in einem Flügelkleide fliegen sie in die Luft als flögen sie in ihren Himmel. Dann feiern sie das Fest ihrer Begattung, legen Eier und sorgen für ihre Nachkommenschaft« (Swed. 88). Die Metamorphose der Tiere ist hier entwickelt, und zwar wie bei Goethe in dichterischer Sprache. Herder hatte Swedenborg neben Leibniz und Newton, Montesquieu und Zinzendorf gestellt; alle seien Baumeister am Reich Gottes im Himmel und auf Erden. In den »Frankfurter Gelehrten Anzeigen« feierte Goethe Swedenborg im Gegensatz zu Lavater in fast überschwenglicher Weise: »Der gewürdigte Seher unserer Zeiten, rings um den die Freude des Himmels war, zu dem Geister durch alle Sinnen und Glieder sprachen, in dessen Busen die Engel wohnten...« (WA I, 37. S. 261). Goethe kam später oft auf Swedenborg zurück; daß Geister sich durch Sehen gewahren und einander in sich aufnehmen, gilt nicht nur für seine Ideen über Optik, sondern auch für die gegenseitige Durchlässigkeit der Formen der Natur. Sie stehen in geheimnisvoller Beziehung zueinander, und zwar nicht nur als Schöpfungswerke Gottes, sondern auch als dessen Ausdruck und »Wort«. Bis in die späten Teile des »Faust« hat Goethe Swedenborgs Gedanken von den durch das Feuer der himmlischen Liebe sich verklärenden Ideen festgehalten.

In diese Zeit fällt auch die nähere Beschäftigung mit Spinozas Ethik.

Leben und Wirken des Philosophen waren ihm schon länger bekannt, doch im April 1773 bedankte er sich bei seinem neuen Bekannten, dem Gießener Juristen Ludwig Julius Friedrich Höpfner, für das durch Mercks Vermittlung entliehene Hauptwerk Spinozas und bat, das Buch einige Zeit behalten zu dürfen (Br. I, 148). Es entsprach nicht Goethes Ungeduld, philosophische Bücher im Ganzen oder systematisch zu lesen, aber er kehrte zu ihnen zurück. In den Gesprächen mit Merck, Lavater und Fritz Jacobi fällt immer wieder der Name Spinozas. Die Gedanken der Toleranz, der Uneigennützigkeit, Liebe und Gerechtigkeit als Früchte des Heiligen Geistes, über die Einheit Gottes und die Attribute seiner Existenz, soweit der Mensch sich ihnen mit seiner Einsicht zu nähern vermag, und sein Gedanke von der Einheit unseres Geistes mit den Herrlichkeiten der Natur – all das mußte Goethe in seinem eigenen Wesen berühren und bestätigen. Die Natur, oder Gott, kann bei Spinoza nicht sündigen und fehlen; nur der Mensch kann gut oder böse sein; und wenn die großen Fische die kleinen fressen, stimmt das Recht dazu überein mit der Kraft der Natur.

Spinozas Ruhe war ein Gegengewicht zu Goethes stürmischem Wesen; die mathematische Denkweise verstand er als genau so richtig und berechtigt wie seine eigene, die poetische Sinnes- und Darstellungsweise. Da Goethe in diesen Jahren das vom Alten Testament geprägte Gottesverständnis aufgab, erschien ihm Spinozas Lehre von Gott als denkendes, aber zugleich ausgedehntes Wesen, als Ursache aller Ideen und Dinge um so annehmbarer, als hier alles als aus Gott entspringend dargestellt wurde: Die Ideen gehen aus Gottes Denken, die Dinge aus seiner Ausdehnung hervor. Der menschliche Geist, soweit er die Dinge wahr erfaßt, ist nach Spinoza ein Teil des unendlichen göttlichen Intellekts. Die noch höhere scientia intuitiva erkennt, daß alle Dinge in Gottes ewigem Wesen gründen. Spinoza hatte als frommer und uneigennütziger Geist alle Voraussetzungen zu einer natürlichen Heiligkeit entwickelt. Ob das Pantheismus war, wie die Philosophen des bald aufflammenden Spinozastreits meinten, hat Goethe wenig berührt. Ihm gefiel diese Philosophie, in ihr fand er die eigenen Vorstellungen ausgesprochen.

Im Versuch einer Witterungslehre, ein halbes Jahrhundert später, schrieb Goethe einen Satz, der aus Spinozas Vorstellungen stammt:

»Das Wahre, mit dem Göttlichen identisch, läßt sich niemals von uns direkt erkennen, wir schauen es nur im Abglanz, im Beispiel, Symbol, in einzelnen und verwandten Erscheinungen; wir werden es gewahr als unbegreifliches Leben und können dem Wunsch nicht entsagen, es dennoch zu begreifen. Dieses gilt von allen Phänomenen der faßlichen Welt« (HA XIII, S. 305). Goethes frühe Ahnungen fanden in Spinoza ihren Evangelisten. In einem späteren Brief, nachdem Jacobi Spinoza als Atheisten hingestellt hatte, schrieb Goethe schroff, er nenne Spinoza theissimum, den Gläubigsten von allen. Sein Leben lang hat er Spinozas Philosophie als seine Heilslehre erklärt. Spinoza hatte ihm begrifflich klar gemacht, was er als Fühlender erfaßte und als Dichter darzustellen sich bemühte: Daß die Welt göttlich sei. Es ist Aufgabe des Denkens und der Naturwissenschaften, aber auch der Künste und der Musik, das Chaos zu ordnen, es dem Ich faßlich zu machen. Das Chaos der Welt und das Chaos des Ich, Makrokosmos und Mikrokosmos, stehen in Entsprechung zueinander. Goethes tiefe Unrast wurde durch Spinozas Philosophie beruhigt; das Weltgesetz war im Ich zu erkennen. Jacobi war der erste, den er in sein Inneres hineinblicken ließ (HA X, S. 35), und er war dankbar, daß Jacobi ihm Spinozas Denken erklären konnte. Der Zwiespalt von Welt und Ich war durch die Luthersche Lehre von der Verlorenheit des Sünders und Notwendigkeit der Erlösung vertieft. Bei Spinoza war der Dualismus in der Einheit göttlicher Natur und natürlicher Göttlichkeit aufgehoben. Spinoza hatte von der Einheit der Substanz gesprochen: Die Ordnung und Verbindung der Dingwelt ist die gleiche wie die Ordnung und Verbindung der Ideen. Ob Spinoza mit diesen Sätzen was anderes gemeint hat, ist gleichgültig: Goethe nahm sie für Erklärungen seiner Ahnung.

Die frühen Naturgedichte Goethes lassen die tiefe religiöse Wunde, die sich nicht schließen ließ, kaum erkennen. Die Liebesgedichte beschwören das Mädchen, treu zu sein, wenn der Liebste an mancher Klippe vorbeifahre (»An die Erwählte«, WA I, 1. S. 55). Wußte der berühmte Lavater eine Lösung? Die erste Berührung Johann Kaspar Lavaters mit Goethe deutete auf Gegnerschaft. In den »Frankfurter Gelehrten Anzeigen« hatte Goethe Lavaters »Aussichten in die Ewigkeit« kritisiert, und es ist bezeichnend, daß er sich gegen Lavaters Anspruch wandte, daß sein religiöser Glaube für alle Menschen stimme. »Herr Lavater wird uns verzeihen, wenn wir seinen Plan zur Ewigkeit, den er, nach sich berechnet, freilich für allgemein halten muß, nur für einen spezialen und vielleicht den spezialsten ansehen können« (WA I, 37. S. 256). Mit seinen »Physiognomischen Fragmenten« hatte Lavater eine schon in der Antike betriebene Disziplin der Charakterdeutung belebt, und zwar in rousseauischem Widerstand gegen die »seelentötende« Pedanterie der Aufklärung. Man kann das Genie schon an seinem Gesicht erkennen! Diesem Versuch verdanken wir viele hundert Zeichnungen der Köpfe hervorragender Zeitgenossen. Goethe gehörte zu denen, welche keinen rechten Glauben an die Physiognomik hatten und geneigt waren, Lavater damit zu necken. Auf der andern Seite hatte Goethes »Brief eines Pastors« großen Eindruck auf Lavater gemacht.

Im Sommer 1774, als Goethe seine großen Hymnen schrieb, besuchte Lavater Frankfurt und gewann im Fluge alle Herzen, vor allem die der Damen. Er war seiner religiösen Lehre ebenso gewiß wie seiner physiognomischen Methode. Als erfahrener Seelsorger wußte er, daß durch Abwarten und Milde mehr erreicht werden konnte als durch Überrumpelung. Goethe wurde von seinem Charakter, seinem Wissen und der republikanisch-schweizerischen Überzeugung, in Verbindung mit dem »Freiheits- und Naturgeist der Zeit« (HA X, S. 17), förmlich ergriffen. Geistliche und weltliche Pflichten standen bei Lavater in glücklicher Übereinstimmung, und so kam es, im Zeichen des Geniekults, zu einer enthusiastischen Freundschaft. Goethe sah in Lavater den von seinem Glauben an Christus durchdrungenen selbstlosen Menschen, wenn ihm auch die gelegentlichen Bekehrungsversuche auf die Nerven gingen. »Er ist der beste, größte, weiseste, innigste aller sterblichen und unsterblichen Menschen, die ich kenne«, schrieb er noch 1779 an Frau von Stein (HA Br. I, S. 285), und etwas später aus Schaffhausen: »Es ist mit Lavater wie mit dem Rheinfall, man glaubt auch, man habe ihn nie so gesehen, wenn man ihn wiedersieht, er ist die Blüte der Menschheit, das Beste vom Besten« (WA IV, 4. S. 153). Die physiognomischen Versuche fesselten Goethe nicht im Zusammenhang mit Lavaters Begeisterung zur »Beförderung der Menschenkenntnis«, sondern mit der Beobachtung der Natur. Seine Beiträge zur Physiognomik sind Marginalien zur eigenen Knochenlehre.

Lavater plante eine Deutschlandreise, und Goethe begleitete ihn und den geistlichen Pädagogen Johann Bernhard Basedow, einen als Person nicht minder stürmischen und skurrilen Prediger als Lavater, von Ems über die Lahn und den Rhein bis Elberfeld und Düsseldorf. Lavaters Tagebücher erwähnen Goethes Zeichnungen, die Sammlungen des Vaters, die chemischen Versuche und die Besuche bei vielen Freunden und Bekannten. Er notiert: »Goethe rezitierte auswendig mit der natürlichsten kräftigsten Deklamation Satire(n) auf verschiedene. Ein Genie ohne seines Gleichen.« Auf der Reise plauderte Goethe über Spinozas Leben, seine Briefe und die Ethik, erzählte seinen Begleitern den Inhalt der »Ilias«, las Stellen aus einer lateinischen Übersetzung vor, aber auch aus seinem Singspiel »Erwin und Elmire«. Man war bester Stimmung. Wenn Basedow und Lavater missionarisch tätig waren, hatte Goethe Zeit für sich selber. Zu seiner Überraschung konnte er feststellen, daß sein literarischer Ruhm schon nach Norddeutschland gedrungen war und er an manchen Orten als der bedeutendere Gast aufgenommen wurde. Koblenz, Andernach und Köln wurden besichtigt. In Jung-Stillings ärztlicher Praxis in Elberfeld führte sich Goethe maskiert ein, und als er sich zu erkennen gab, fielen sich die Straßburger Freunde um den Hals.
Wilhelm Heinse, Schüler Wielands und Gleims, Redakteur der »Iris«, hat Goethes Auftreten im Elberfelder Kreis beschrieben: »Denket euch indessen nur: Von ungefähr in eine Stube zusammengeführt, (zuerst Goethen, den wilden Verfasser von ›Göttern, Helden und Wieland‹), Heinsen (den Verfasser des ›Petron‹ und der ›Laidion‹), Lavatern den Ausseher darauf, nach diesem den größten Pietisten unsrer Gegend Hasenkamp...; dann Teschenmachern, auch einen berühmten Pietisten, und meinen Fritz Jacobi; und einen Maler, Goethens Freund; und sechs Damen und Herrn, auch Pietisten, die uns zusammen zu sehn kamen, und höret Goethen Klopstocks ›Messias‹ gegen Hasenkamp verteidigen und Herders ›Urkunde‹; und höret ihn mich loben; und seht ihn dann Lavatern zärtlich küssen, und seht die Gesichter voll Verwunderung und Erstaunen darob; und seht uns dann alle friedlich zusammen ein Glas Wein trinken, und unserer Pferde Sattel besorgen, wieder zurückkehren, und Lavatern schon eine Betstunde halten sehen« (Gespr. I, S. 113).

Goethe wurde wie ein Wundertier gefeiert, um so erstaunlicher, als man in dieser Gesellschaft reicher Geschäftsleute auf distanzierte Formen der Geselligkeit hielt. Man sprach hier anders über Religion und Literatur als im Süden Deutschlands. Goethes stürmisches Temperament erregte Verwunderung. Die Possen und Streiche wurden seinem Genie zugute gehalten. Das Verhältnis zu Lavater und Basedow fand einen ironisch-freundlichen Ausdruck in dem Vers:

Prophete rechts, Prophete links
Das Weltkind in der Mitten. (HA I, S. 90)

Der wichtigste unter den neuen Bekannten sollte Fritz Jacobi werden. Die feurige Verbrüderung fand ihren Höhepunkt in ihrem Spinozagespräch. Jacobi hat diese Tage sein Leben lang nicht vergessen, und noch 1812, als sie sich längst auseinandergelebt hatten, schrieb er an Goethe: »Ich hoffe, Du vergissest nicht des Schlosses zu Bensberg und der Laube, in der Du über Spinoza, mir so unvergeßlich, sprachst« (Gespr. I, S. 117). Aber auch Johann Georg Jacobi, der Lyriker, den Goethe durch eine Kritik beleidigt hatte, war überwältigt: »Wir gaben uns die Hand. Ich sah einen der außerordentlichsten Männer, voll hohen Genies, glühender Einbildungskraft, tiefer Empfindung, rascher Laune, dessen starker, dann und wann riesenmäßiger Geist einen ganz eigenen Gang nimmt« (Gespr. I, S. 115).
Die Rheinreise hat sich Goethe tief eingeprägt. Bis nach Westfalen, Göttingen und Hamburg war er als Dichter des »Götz« und »Werther«, aber auch als Satiriker und Lyriker zu einem festen Begriff geworden. Von sich selbst sagte er, das produktive Talent hätte ihn in diesen Jahren keinen Augenblick verlassen. Der überwältigende Eindruck seiner Persönlichkeit trat um so deutlicher an den Tag, als im niederdeutschen Sprachgebiet ein oberdeutscher Dichter ungewohnt war. Klopstock war im Medium einer anfangs griechisch, später germanisch stilisierten Dichtung nur als Protestant anerkannt, und Männer wie Lessing, Lichtenberg und Bürger fanden zu Lebzeiten wenig Echo.
Die konfessionellen Bindungen waren wichtig, daran konnten die Toleranzideen der Aufklärung vorerst nur wenig ändern. Immerhin hatte Goethe in Frankfurt eine katholische Bekanntschaft gemacht. Friedrich Damian Dumeiz (Du Meiz oder Du Meix) war 1729 in

Malmedy als Sohn eines belgischen Vaters und einer deutschen Mutter aus dem Rheingau geboren und war Stiftsdechant an St. Leonhard. Sein Name findet sich bei Goethe, Merck, Wieland, Sophie La Roche, Bettina Brentano und vielen andern. Er war der erste katholische Geistliche, zu dem Goethe in nähere Beziehung trat. Von ihm erhielt er »über den Glauben, die Gebräuche, die äußeren und inneren Verhältnisse der ältesten Kirche hinreichende Aufschlüsse« (HA IX. S. 586). Er faßte Vertrauen, ja Freundschaft zu Dumeiz und hat ihn geradezu als »hellsehend« bezeichnet.
Dumeiz, ein aufgeklärter Theologe, hatte den Druck des von der Kirche indizierten Werkes über den Febronianismus gefördert. Hinter Febronius steckte der mit Dumeiz befreundete Trierer Weihbischof Nikolaus Hontheim. In einem lateinisch geschriebenen Werk war er, nach französischem Vorbild, für die Stärkung der Amtsgewalt der Bischöfe gegenüber dem Papst eingetreten. Dumeiz stand der Familie La Roche in Ehrenbreitstein nahe und vermittelte die Heirat Maximiliane La Roches mit Peter Brentano. Er war ein ebenso geselliger wie geschickter Seelsorger. Cornelia Goethe berichtet in einem Brief an Sophie La Roche, der Dechant habe ein Gartenfest veranstaltet. Die dunklen stillen Gänge waren illuminiert, die Lichter durch Traubenblätter versteckt. Die Zweige der Obstbäume hingen von oben herein und die Musik tat schon von weitem die angenehmste Wirkung. »Es gab einen mit erquickender Speise und Getränken beladenen Tisch.« Der Abend sei einer der schönsten ihres Lebens gewesen, schrieb Goethes sonst so ernste Schwester und vermerkt, »daß unser lieber Dechant das ganze Fest selbst zubereitet hatte, und nach seiner angewandten Bemühung mit uns genoß und mit uns sich freute« (zit. Nicolay, 23). Dumeiz war ein Gartenfreund. Goethe hat den Garten mehrere Male besucht und vermutlich an diesem Fest teilgenommen. Er schenkte ihm ein Exemplar des »Briefs eines Pastors an seinen Kollegen«. Dumeiz besaß eine Bibliothek mit Schriften über Okkultismus, Alchemie und Goldmacherei. Sie interessierten Goethe sehr, weil er noch vor kurzem chemische Versuche in seinem Vaterhaus angestellt hatte.
Goethe mußten die Ansichten seiner christlichen Freunde nicht mehr verbindlich erscheinen. Wenn sie persönlich zusammenkamen, erwachten die alte Freundschaft und Vertraulichkeit. In der Sache aber

stießen ihn Jacobi und Lavater immer mehr ab. Wenn die beiden lasen, was ihr Freund schrieb, taten sich Abgründe auf. Lavater ließ mit seinen Bekehrungsversuchen nicht nach. Jacobi lehnte Teile des »Faust« und den »Wilhelm Meister« aus moralischen und religiösen Gründen ab. Die »Braut von Korinth« nahm er Goethe besonders übel, weil das Heidentum als die edlere Religion dargestellt wird als das Christentum. Goethes Gottesvorstellung hatte sich vom Bild eines redenden, zürnenden und rächenden Gottes gelöst; er fand es anthropomorph. Im ersten Teil von Spinozas Ethik hatte er gelesen: »Manche stellen sich Gott wie einen Menschen vor, aus Körper und Geist bestehend und den Leidenschaften unterworfen.« Oder: »Ich weiß nicht, weshalb die Materie der göttlichen Natur unwürdig sein sollte, da es doch außer Gott keine Substanz geben kann, von der sie leiden könnte.« In Spinozas »Zusätzen zur Ethik« stand, daß Gott die Ursache aller Dinge ist, welche der unendliche Verstand erfassen kann. Für Spinoza war Gott die absolut erste Ursache seiner selbst und von allem, was existiert. Hinter diesen Sätzen steht nicht so sehr Descartes »geometrische« Methode, sondern die Scholastik des Mittelalters.
Bei Spinoza sah Goethe Leitthemen des eigenen Nachdenkens gleichsam aphoristisch formuliert. Das wichtigste Motiv trat immer deutlicher hervor, die Überzeugung, daß Geist und Materie, Gott und Natur zwar nicht identisch, aber Attribute der gleichen Substanz seien. Kann man sagen, Goethe habe die Abgründe der atomaren Voraussetzungen der Materie geahnt? Geist und Seele müssen, wenn sie das Ewige erkennen wollen, an der Substanz des Ewigen teilhaben. Diesen platonisch-scholastischen Satz hat Goethe 1805 gefaßt in die Zeilen:

Wär nicht das Auge sonnenhaft,
Die Sonne könnt es nie erblicken;
Läg nicht in uns des Gottes eigne Kraft,
Wie könnt uns Göttliches entzücken? (HA, I, S. 367)

Dumeiz hat sich mit Goethe sicherlich nicht über Spinoza gestritten, und was er von seinen Dichtungen hielt, wissen wir nicht. Während es mit Jacobi und Lavater zu bösen Auseinandersetzungen kam, hat er Dumeiz im Pfarrherrn von »Hermann und Dorothea« ein herrliches Denkmal gesetzt.

Durch Jung-Stilling und Lavater war Goethe auf seiner Reise zum Niederrhein und nach Westfalen mit pietistischen Zirkeln noch einmal in engere Berührung gekommen. Im Februar–März 1775 kam Jung als angesehener Augenheilkundiger und Spezialist für Star-Operationen auf vier Wochen nach Frankfurt und fand in Goethes Elternhaus freundliche Aufnahme. Die Operation an einem erblindeten Frankfurter Patrizier mißlang, während sie an einem armen Juden gut ausging. Jung war in seinem ärztlichen Selbstbewußtsein tief getroffen und muß der Familie Goethe durch Selbstanklagen zugesetzt haben. Es war das letzte Mal, daß sich Goethe mit dem Straßburger Jugendfreund in Fragen der Person wohlwollend und nachsichtig, aber kritisch gegenüber dessen Gottvertrauen auseinandersetzte. Ein Mißlingen im Berufsleben mußte ja zu wirtschaftlichen Nachteilen und religiösen Anfechtungen führen. Nicht unbeabsichtigt läßt Goethe in diesem Zusammenhang den Namen des biblischen Dulders Hiob einfließen. Er fand es anmaßend, alles Gute einer unmittelbaren Eingebung Gottes zuzuschreiben, aber auch alles, was aus Ungenauigkeit oder Leichtsinn verfehlt wurde, für göttliche Pädagogik zu halten. Goethe meinte, daß Sorge und Fürsorge seiner Eltern für ihren Gast übel belohnt wurden.
Die Charakterbeschreibung Jungs war freilich nicht Goethes letztes Wort über die Bewegung der Nachfolger des Grafen Zinzendorf. Die »Bekenntnisse einer schönen Seele«, im sechsten Buch des Meister-Romans, stellen die christliche Seelenhaltung, wie er sie in den Jahren 1768 bis 1775 kennengelernt hatte, dem säkularisierten Weltbild von »Wilhelm Meisters Lehrjahren« entgegen. Goethe hat die christliche Überlieferung als Teil seiner Welt nie verleugnet. Einer Zeichnung der kranken Susanne von Klettenberg hatte er 1774 eine Widmung beigelegt, worin sein Respekt und seine Verehrung sich spiegeln:

Sieh in diesem Zauberspiegel
Einen Traum, wie lieb und gut
Unter ihres Gottes Flügel
Unsere Freundin leidend ruht. (HA I, S. 89)

Frankfurter Begegnungen

Mitte August 1774 war Goethe, nach einem Zwischenaufenthalt in Ems an der Lahn, wieder in Frankfurt. Die Beziehungen zu den neuen Freunden, vor allem den Brüdern Jacobi, wurden brieflich bestätigt. Während Lavater Goethe durch sein schwärmerisches Christentum auf die Nerven ging und sich Basedow gegenüber ein »didaktischer Widerspruch« ergab, blieb die Freundschaft mit den Jacobis auf der Ebene eines enthusiastischen Gefühls erhalten. In der Nacht auf den 14. August schrieb Goethe: »Ich träume, lieber Fritz, den Augenblick, habe deinen Brief und schwebe um dich. Du hast gefühlt, daß es mir Wonne war, Gegenstand deiner Liebe zu sein. – O das ist herrlich, daß jeder glaubt, mehr vom andern zu empfangen als er gibt. O Liebe, Liebe! Die Armut des Reichtums – und welche Kraft würkts in mich, da ich im andern alles umarme, was mir fehlt und ihm noch dazu schenke, was ich habe« (HA, Br. I, S. 165). Eine große Rolle bei der Überwindung der Anfangsschwierigkeiten mit den Brüdern hatten Jacobis Tante Johanna Fahlmer gespielt, die zeitweise in Frankfurt lebte, und Friedrich Jacobis Frau Betty. Die Freundschaft mit Fritz wurde bei dessen Besuch in Frankfurt im Winter 1774/75 beglaubigt.

Die Verbrüderung der Seelen, im Zeichen des ebenso modischen wie gefährlichen Gefühlskults, war um so erstaunlicher, als tiefe Unterschiede des Temperaments und des Denkens Goethe von Jacobi trennten. Aber das war bei allen Freunden so. Im ersten Überschwang duzten sie sich und schrieben feurige Briefe; sie begeisterten sich für Goethe als Dichter und Menschen, doch bald gab es Schwierigkeiten. Im Herbst des gleichen Jahres war Klopstock zu Gast. Goethe schreibt sehr freundlich über den Eisläufer, Sportsmann, Pferdekenner und Weltmann Klopstock – als ob sie nicht auch über Literatur geredet hätten. Ähnlich war es vorerst bei Zimmermann, dem Schweizer Pädagogen Karl von Salis und den Brüdern Stolberg. Johann Georg Sulzer, Verfasser jener alphabetisch geordneten

»Theorie der Schönen Künste«, die Goethe zu spöttischem Widerspruch gereizt hatte, verkündete in seinem Reisetagebuch das Lob des genialen Goethe in den höchsten Tönen. Sie alle suchten den Dichter des »Götz« und »Werther«.
Einzelne Gedichte, anonym in der »Iris« oder im »Göttinger Musenalmanach« erschienen, brachten neuen Ruhm. Der »Brief eines Pastors an seinen Kollegen« hatte nicht nur bei Geistlichen ein Echo gefunden. Die Hymne auf Erwin von Steinbach und die gotische Baukunst war in Koblenz, Köln und Düsseldorf bekannt geworden. Dazu kamen die Satiren, vor allem die auf Wieland. Und nicht zuletzt war da der Ehrgeiz der frommen Leute: sie hofften in Goethe einen der Ihren zu sehen. Jeder Verehrer, Besucher und Briefschreiber fand seinen Goethe, aber die wenigsten wurden mit dessen mehrschichtiger Person fertig. Alle suchten Anschluß und Zuspruch und hielten sich für Seelenverwandte. Klopstock hatte gehofft, in ihm einen Schüler zu finden. Peinlich entwickelte sich die Beziehung zu Heinrich Leopold Wagner. Er war Frankfurter, machte die Bekanntschaft Goethes aber erst in Straßburg. Arglos hatte dieser ihm von seinem Plan eines Gretchen-Dramas erzählt, und nun schrieb Wagner selbst ein naturalistisches Kindsmörderin-Drama. Als Wagner Goethe in Frankfurt auch satirisch nachahmte, schüttelte dieser ihn ab.
Bedeutsam wurde die literarische und persönliche Begegnung mit dem Schweizer Arzt Johann Georg Zimmermann. Er hatte Lavater zu den physiognomischen Betrachtungen angeregt, aber auf andere Weise, als der sie dann in seiner begeisterten Religiosität betrieb. Zimmermanns Buch »Von der Erfahrung in der Arzneikunst« hatte Goethe, nachdem er sich von der magisch-alchemistischen Betrachtung frei gemacht hatte, auf die Notwendigkeit einer neuen Naturanschauung aufmerksam gemacht und die alte Methode, das spätbarocke »Altertum«, verworfen. Goethe suchte eine Antwort, wie Faust sie suchte und nicht gefunden hatte. Seine chemischen Experimente waren im Sande verlaufen, und Herders Auffassung – in der Anlage genial, im einzelnen aber vage –, daß der Mensch überall in der Natur Ähnlichkeiten mit sich, mit seinem Wesen »fühle«, hatte auch nicht zum Ziel geführt, es sei denn, daß Goethe wie Ganymed die Einheit von Gott, Natur und Welt als heiliges Gefühl empfand:

Ach, an deinem Busen
Lieg ich, schmachte,
Und deine Blumen, dein Gras
Drängen sich an mein Herz.
Du kühlst den brennenden
Durst meines Busens,
Lieblicher Morgenwind,
Ruft drein die Nachtigall
Liebend nach mir aus dem Nebeltal. (HA I, S. 46)

Goethe hat dies Gefühl mit nachtwandlerischer Sicherheit als Gebet zum alliebenden Vater ausgesprochen. Aber wie konnte dies Gefühl im Fall der konkreten Natur, der Pflanzen oder Gesichtsbildung des Menschen, beschrieben werden?

Zimmermann sagte: »Wenige suchen die Natur in der Natur, wenige folgen dem einsamen Pfad, der in ihr Heiligtum leitet.« Als neue Methode nannte er das Verfahren, das Allgemeine, das Gesetz, nicht vorauszusetzen, sondern es aus dem einzelnen, aus Reihen von Erfahrungen und Beobachtungen zu gewinnen und durch Experimente bestätigen zu lassen. Man müsse vom Bekannten auf das Unbekannte, von der Wirkung auf die Ursache schließen. Was Goethe bei Swedenborg und Oetinger in spekulativer Verhüllung angedeutet, bei Boerhaave als »Anfangsgrund« der Chemie gefunden hatte und was bei dem berühmten Naturforscher, Arzt und Dichter Albrecht von Haller bewundert wurde, war bei Zimmermann im Sinne der modernen Naturwissenschaft formuliert worden: »Die Induktion ist also die königliche Straße, auf welcher ein scharfsinniger Geist in das Innerste der Natur dringt; sie führt viel gewisser als die Analogie, viel weiter als die Sinne« (Wachsmuth, S. 53). Nach Andreas B. Wachsmuth ist hier der methodische Charakter von Goethes naturkundlichen Arbeiten zum ersten Mal ausgesprochen. In den nächsten zehn Jahren führten sie zur Entdeckung des menschlichen Zwischenkieferknochens und zur Metamorphose der Pflanzen und Tiere.

In »Dichtung und Wahrheit« hat Goethe eine ausführliche Schilderung des ungewöhnlichen Menschen Zimmermann gegeben und gesagt, ihre Unterhaltungen wären um die Themen des Buchs von der Arzneikunst gekreist. Er glaubte endlich festen Boden unter den

Füßen zu haben. Erfahrung wurde sein Losungswort; vor allem die Ärzte hätten Ursache, auf Erfahrung zu dringen. Bezeichnenderweise ist der erste Arztname, den Goethe hier nennt, der des Hippokrates. Zugleich merkt er an, wie schwer es sei, eine neue Erkenntnis durchzusetzen, da das Gewicht der Vielwisserei, der schwerfälligen Gelahrtheit und Scharlatanerie so groß sei, daß es wie Wasser hinter einem fahrenden Schiff wieder zusammenflösse. Zimmermann, sonst so sicher im Urteil, wollte das nicht einsehen, und so kam es zur Trennung.

Neben vielen angenehmen Besuchen gab es auch solche, die man lieber abgelehnt hätte, Abenteurer und Neugierige, auch Schnorrer, die Goethes Zutraulichkeit ausnützten, um Geld zu borgen. Eine Einladung Kestners aus Hannover, an den dortigen Hof zu gehen, wurde abgelehnt. Die Einladung des Weimarer Hofes, durch Knebel überbracht, wurde zum Ärger des Kaiserlichen Rates ernster genommen. Der Vater widersetzte sich aus reichsbürgerlichen Gründen allen Versuchungen zum Fürstendienst. Er hätte dem Sohn am liebsten eine Stelle als Konsul oder diplomatischer Resident in Frankfurt verschafft. Goethe hatte aber keine Neigung dazu. Solche Stellungen hätten ihn in gesellschaftliche Zerstreuungen und Verpflichtungen hineingezogen. Es war unausbleiblich, daß eine Heirat als das beste Mittel angesehen wurde, ihn zu binden. Goethes Mutter wäre die sechzehnjährige Tochter Zimmermanns, Katharina, willkommen gewesen. Noch besser gefiel den Eltern Susanne Magdalene Münch. Aus einer Wette mit ihr entstand »Clavigo«: Goethe hatte sich verpflichtet, innerhalb von sechs Tagen ein Drama zu schreiben.

Jacobi hatte Teile der Memoiren des Pierre de Beaumarchais übertragen und ihnen entnahm Goethe den Stoff. Clavigo ist Schriftsteller und will die Gunst der Madrider Öffentlichkeit mit einer Wochenschrift gewinnen, allerdings weniger um der Belehrung und Bildung als um seiner Karriere willen. Er hat sich in Marie, die schlichte Schwester des Beaumarchais verliebt, will sie jetzt aber dem Beifall des Publikums opfern: »Ich wäre nichts, wenn ich bliebe, was ich bin! Hinauf, hinauf... Und die Weiber, die Weiber! Man vertändelt gar zu viel Zeit mit ihnen« (HA IV, S. 261). Der empörte Beaumarchais will sich an dem untreuen Liebhaber rächen, und es gelingt ihm. Am Ende sind Marie und Clavigo tot. Das Drama, in Prosa geschrieben,

teils im Ton gewandter Konversation, teils im Stil der Kraftmeierei des »Sturm und Drang«, ist von großer Wirkung. Es gehört mit den Singspielen und »Stella« – im Gegensatz zu »Werther«, »Götz« und »Egmont« – zu den »kleineren faßlichen Produktionen, besonders fürs Theater«. Der Schmerz über Friederikens Lage, erklärte Goethe, habe ihn Zuflucht zur Dichtung nehmen lassen. Die schlechten Rollen der Liebhaber Weislingen und Clavigo seien die Resultate solch reuiger Betrachtungen gewesen.
Die Gestalt des feurigen Rächers beleidigter Frauenehre stammt aus der Gattung des Mantel- und Degenstücks: Der Tod des Verführers stellt die gestörte Ordnung wieder her. Die Beredsamkeit, die rasche Handlung und der opernhafte Schluß bei Fackelbeleuchtung und offenem Sarg können als ein Rückfall in das Regeltheater verstanden werden. So handeln und sprechen die Theaterhelden bei Voltaire. Merck tat »Clavigo« mit dem Wort »Quark« ab, und der Autor meinte, Dramen dieses Stils hätte er serienweise schreiben können. Erstaunlicherweise ist »Clavigo« aber nach »Faust« das am meisten gespielte Trauerspiel Goethes. Es bietet den Schauspielern glänzende Rollen und den Zuschauern spannende Unterhaltung.
Die Figur des Clavigo, ein Literat und Journalist, der seiner Karriere alles opfert, ein Mann mit bedeutenden Anlagen und edlen Zügen, der Großes will, aber am Karrieredenken scheitert, ist in manchen Zügen ein Bildnis des Dichters. Allerdings fehlt ihm die emotionale Fülle von Götz und das Strahlende des Egmont. Glänzend im Dialog, manchmal noch im heftigen Ton des »Sturm und Drang«, werden Gefühle zur Schau gestellt, während der Hof, die Gesellschaft und die Politik ausgespart bleiben. So steht das Drama zwar tief unter Goethes größeren Entwürfen, ist aber doch ein Stück seiner selbst.
Außer Katharina Zimmermann und Susanne Münch gab es eine ganze Reihe von »Frauenzimmern«, deren Namen wir aus Cornelias Tagebuch (Bode I, S. 13–15) und Goethes Liedern kennen, wobei nicht sicher ist, ob diese Theresen und Liesln echte oder vorgegebene Namen sind. Die Lieder, Chöre und Balladen der ersten Singspiele, »Erwin und Elmire« und »Claudine von Villa Bella«, 1773 und 1774 angefangen und später nach italienischen Vorbildern vollendet, sind bei aller Bindung an die Gattung der Operette, wie Goethe sie in Leipzig kennengelernt hatte, nicht nur literarische Spielerei. Sie ste-

hen in Verbindung mit Tönen, welche Goethe in Leipzig zuerst angeschlagen hatte und jetzt wieder aufnahm. Gemeinsam ist ihnen die erotische Linie, heiterer Liebesgenuß und sinnliche Drastik. Die Chöre und Lieder aus »Erwin und Elmire« und »Claudine von Villa Bella« gehören hierher und die Kontrafakturen italienischer Liebeslieder. Es gibt Gedichte an eine Mamsell N. N., eine Meyerin und eine schöne Liesl. Sehr bezeichnend ist die Huldigung an eine unbekannte Christiane R. (»Christel«):

Hab oft einen dummen düstern Sinn,
Ein gar so schweres Blut,
Wenn ich bei meiner Christel bin,
Ist alles wieder gut. (HA I, S. 90)

Das Gedicht fand sich in der handschriftlichen Sammlung für Frau von Stein und in Boies Nachlaß, wurde 1776 in Wielands »Teutschem Merkur« gedruckt, aber erst 1815 in die Werke aufgenommen. Es spiegelt die Überwindung einer dumpfen Gemütsverfassung durch Teilnahme an einem ländlichen Fest.
Goethes schauspielerisches Wesen zeigt sich in vielen Szenen und Auftritten. Er gefiel sich als Wanderer, Eisläufer, Reiter, Gelehrter oder Vorleser. In altdeutscher Tracht besuchte er ein Maskenfest. In den Briefen an Auguste Stolberg gab er sich im Stil der Wertherbriefe. Als der Dichter Gottfried August Bürger »Werthers Leiden« rühmte, erwiderte er, die ersten drei Viertel des Jahres 1775 seien die »zerstreutesten, verworrensten, ganzesten, vollsten, leersten, kräftigsten und läppischsten« seines Lebens gewesen (HA Br. I, S. 197).
Solche Mitteilungen, kokett gemeint, lassen ahnen, daß hinter den Gedichten und Dramen oft nur momentane Entspannungen steckten. Die Widersprüche lösten sich nur für Augenblicke auf, auch wenn diese Augenblicke an sinnlicher Vorstellungskraft nichts zu wünschen ließen:

Das läuft mir durch das Rückenmark
Bis in die große Zeh,
Ich bin so schwach, ich bin so stark,
Mir ist so wohl, so weh. (HA I, S. 91)

Der neckische Ton wechselt mit treuherzigen Versicherungen. Die Formulierung des Gedichts fesselt Goethe mehr als das zugrundeliegende Erlebnis. Für ihn sind Mädchen und Frauen Anlässe zu Gedichten. An Lottchen (»Mitten im Getümmel mancher Freuden ...«) bezieht sich auf Lotte Nagel aus Offenbach, ein Mädchen, mit dem er »ein paar Stunden verliebelte«. Goethe weiß den Vorgang mit gespreizter Wortgebärde in Trochäen auszudrücken:

Wohl ist mirs, daß ich dich nicht verkannt,
Daß ich gleich dich in der ersten Stunde,
Ganz den Herzensausdruck in dem Munde,
Dich ein wahres gutes Kind genannt. (WA I, 1. S. 76)

Der Gegensatz des Herzens zur Welt verstört den Autor. Der Wechsel von Leid und Freude irritiert ihn. Unser Herz möchte gekannt sein; es möchte »überfließen in das Mitempfinden einer Kreatur«. Statt dessen taumelt er suchend und enttäuscht umher: Lottchen aber, das einfache Mädchen, zeigt ihm ein »tätiges Leben«. In der Landschaft am Fluß, im Schoß der herrlichen Natur hat sie ihm die Hand gereicht. Der Ton ist elegischer als bei Christel. Später hat Goethe ihr noch ein Gedicht gesandt, wo er auf Lavaters Physiognomik anspielt, »Das garstige Gesicht« (HA Br. I, S. 153). Er beschreibt seine eigene Stirn, das blitzende Auge, die stolze Frisur. Dies genialische Aussehen wird von vielen Zeitgenossen bezeugt. Wie wenig er auf die Liebe selbst gab, entnimmt man einem Satz an Auguste Stolberg, die er nie gesehen hat: »Es hat mich doch kein weiblich Geschöpf so lieb wie Gustchen« (HA Br. I, S. 192). Er brauchte zur Liebe keine Gegenwart; er fühlte sich glücklich, wenn er verstanden wurde.
In den Liligedichten findet die Verbindung von Liebe und Wehmut ihren Höhepunkt. Eine Entsprechung von irdischer und himmlischer Liebe wird nur in einem einzigen Gedicht bezeugt, »Sehnsucht«; es ist eine Kontrafaktur auf das Kirchenlied »O Vater der Barmherzigkeit«. Die Liebe zu Gott kann Schmerzen bereiten wie die Liebe zu einem Mädchen, ein altes Motiv der christlichen Mystik:

Dies wird die letzte Trän' nicht sein,
Die glühend Herz-auf quillet,
Das mit unsäglich-neuer Pein
Sich schmerzvermehrend stillet.

O laß doch immer hier und dort
Mich ewig Liebe fühlen,
Und möcht' der Schmerz auch also fort
Durch Nerv und Adern wühlen.

Könnt' ich doch ausgefüllt einmal
Von dir, o Ew'ger, werden!
Ach, diese lange tiefe Qual,
Wie dauert sie auf Erden! (HA I, S. 97)

Das Gedicht ist in der Lilizeit entstanden, wurde aber erst 1793 gedruckt. Da es im Zusammenhang der Gedichte an Lili erschien, wurde das Motiv der Sehnsucht auf sie bezogen (so noch Conrady I, S. 277), während es mit Goethes verlorenem religiösen Glauben in Zusammenhang steht. Die letzte ihm vertraute Gestalt religiöser Ergebenheit in Schmerz und Leiden, Susanne von Klettenberg, war im Dezember 1774 gestorben. Ihr Tod gab zu wehmütigen Betrachtungen Anlaß, aber nicht zu Fatalismus. Seine kräftige Natur hatte die Schmerzen überwunden, die Gefühle von Schuld und Reue sublimierten sich in den Dichtungen. Max Kommerell sagt von »Sehnsucht«, es sei »ein Gedicht, das die Liebe mitten in der Qual der Liebe und im Wissen um die Wiederkehr dieser Qual segnet, das in der menschlichen Liebeskraft ein Darben nach Gott entdeckt« (Gedanken, S. 80).

Die Manier des Werther-Stils läßt sich aus den Briefen Goethes an Auguste Gräfin zu Stolberg herauslesen, die zweiundzwanzig Jahre alte Schwester der Brüder Stolberg. Im Stil der Zeit hatte sie sich anonym an den Liebling der literarischen Intelligenz gewandt. Goethe antwortete ebenso schwärmerisch, auch nachdem er die Identität der Schreiberin erkannt hatte. Die geistvolle Deutung dieser Briefliebe durch Eissler, als Gegengewicht zu Lili und Ersatz für die Schwester Cornelia (Eissler I, S. 165), verkennt, daß die Benennungen Augustes durch Goethe als »Freundin, Schwester, Geliebte, Braut, Gattin« (HA Br. I, S. 176) zum Zeitstil des Pietismus gehören. Auch die Eitelkeit des sich selbst vorführenden Ich ist so zu erklären: »Wenn Sie sich, meine Liebe, einen Goethe vorstellen können, der im galonierten Rock, sonst von Kopf zu Fuß auch in leidlich konsistenter Galanterie, umleuchtet vom unbedeutenden Prachtglanze der

Wandleuchter und Kronenleuchter, mitten unter allerlei Leuten, von ein Paar schönen Augen am Spieltische gehalten wird, der in abwechselnder Zerstreuung aus der Gesellschaft, ins Konzert, und von da auf den Ball getrieben wird, und mit allem Interesse des Leichtsinns einer niedlichen Blondine den Hof macht; so haben Sie den gegenwärtigen Fastnachts-Goethe« (HA Br. I, S. 176).

Der Schreiber will der Dame im fernen Holstein die Werther-Schicht seiner Existenz präsentieren. Alle Welt war ja von Werther begeistert, schrieb Briefe wie er, las mit ihm Homer und Ossian, und manche, die den Roman nicht als Dichtung, sondern als Lebenshilfe lasen, brachten sich zu Goethes Entsetzen um. Seine Feststellung, das egozentrische Ich suche ein Du, blieb irreal: Goethe und Auguste haben einander nie gesehen. Der Briefwechsel endete 1782. Vierzig Jahre später versuchte sie dann, inzwischen als Gräfin Bernstorff verwitwet, Goethe zu ihrem Christentum zu bekehren; er antwortete mit dem Hinweis auf das Wort Jesu, daß im Hause seines Vaters viele Wohnungen seien.

Balladen und Lieder

Durch Lavater war Goethes Neigung zum Zeichnen wieder angeregt worden. Lavater hatte ihn zur Mitarbeit an den »Physiognomischen Fragmenten« gewinnen können. Diese Arbeiten beschäftigten Goethe bis in die Weimarer Jahre. Wenn man bedenkt, daß er schon als Kind dabeigewesen war, als die Frankfurter Maler in seinem Vaterhaus hunderte von Bildern für den Grafen Thoranc malten, kann dies Interesse nicht wundernehmen. Jetzt nahm er bei Johann Andreas Nothnagel Stunden in Malerei. Auf der Schweizer Reise hatte er das Gebirge gezeichnet, wobei er sich freilich des Dilettantismus bewußt war, zumal das Zeichnen nach der Natur Probleme mit sich brachte, denen Goethes Talent nicht gewachsen war. Die Frankfurter Freunde zeichnete er im Profil mit weißer und schwarzer Kreide auf graues Papier, wobei er sich vorlesen ließ oder auch diktierte, doch dann »griff ich wieder zu Sprache und Rhythmus, die mir besser zu Gebote standen« (HA X, S. 50). Gewöhnlich arbeitete er bei abgeblendetem Licht in seinem Zimmer. So trafen ihn Friedrich Wilhelm Gotter, Fritz Jacobi, Jung-Stilling, der Schweizer Maler Georg Friedrich Schmoll, der Major von Knebel, der Schriftsteller Clemens Werthes und andere. Es war die Zeit der »herrlichen Entfaltung« aller Kräfte.

Die thematische Vielfalt der Dichtungen ist erstaunlich. Fast allen Stoffen konnte Goethe künstlerische Gestalt geben. Zu den Massen an sich formloser Stoffe gehörten die Substrate der historischen Stücke wie »Götz«, »Faust« und »Egmont«. Schon beim Lesen der Quellen formten sich charakteristische Züge, seelische Zustände, die Handlungsstränge und Gegenspieler heraus. Zu den Fastnachtsspielen, Farcen und Satiren boten sich antike und spätmittelalterliche Vorbilder an. Dagegen sind die Singspiele dieser Jahre eine zeitgenössische Gattung. Die Oper »Erwin und Elmire« entstand nach einer Romanze in Goldsmith' »Landprediger von Wakefield«. Von Christian Felix Weißes Singspielen, mit der Musik von Johann Adam

Hiller, hatte sich Goethe in Leipzig begeistern lassen. Beide hatte er persönlich kennengelernt. Die italienische Opera buffa und die französische Operette wurden in Frankfurt gespielt. Goethe übernahm ihre Technik der Binnenreime, Schlagreime und fortlaufenden Reime. Sie entsprachen seiner virtuosen Begabung. Die Singspiele boten Gelegenheiten, Lieder und Arien einzustreuen. Eine Reihe der schönsten Gedichte standen zuerst in diesen Opern. Hier ließ sich die Gattung des deutschen Volkslieds und der Ballade erneuern. Sie entsprangen Goethes »Natur«, womit er den halb unbewußten schöpferischen Vorgang, im Gegensatz zur Kunstdichtung für die Gesellschaft, zu bezeichnen pflegte. Der Begriff Natur ist uns heute geläufig; damals war er in der Anwendung auf geistige Hervorbringungen neu.

Die Gabe der Natur war keine Quelle, die man anzapfen mußte; im Gegenteil, ihre Gabe trat am freudigsten und reichlichsten unwillkürlich, ja wider Willen hervor: Sie überfiel ihn. Er zitiert für dies Empfinden das Gedicht »Der Musensohn«:

Durch Feld und Wald zu schweifen,
Mein Liedchen wegzupfeifen,
So geht's von Ort zu Ort!
Und nach dem Takte reget,
Und nach dem Maß beweget
Sich alles an mir fort. (HA I, S. 243)

Das Lied wird einem Musiker in den Mund gelegt und hat nichts von den titanischen Untertönen der Frankfurter Künstlergedichte. Es ist vielmehr »romantisch« und hat auf die Generation bis Eichendorff gewirkt. Wenn Goethe es als Modell plötzlicher Intuition für die Frühzeit anführt, will er sagen, daß der innere Drang ihn zu jeder Zeit, wider Willen, aber mit nachtwandlerischer Sicherheit überkam. Er sagt, er habe die Zeilen oft in aller Hast mit dem Bleistift quer auf den Bogen gekritzelt – weil das Schnarren und Spritzen der Schreibfeder das kleine Produkt schon in der Geburt erstickt hätte.

Goethe ist der erste Dichter unserer Literatur, der die Entstehung der Lyrik und der dramatischen Entwürfe aus dem Unter- und Unbewußten an vielen Stellen beschrieben hat. Der Gegensatz ist das kunstgerecht gemachte Gedicht der Renaissance, des Barock und

Rokoko. Man berief sich zwar auf die Muse oder die göttliche Inspiration, aber das Gedicht behielt den Charakter der Kunstübung und Belehrung, als Lobpreis der Geliebten oder des Fürsten. Goethes Lyrik kennt keine Zwecke. Die hervorbringende Natur, sagte er, wirke nach ewigen und notwendigen Gesetzen. Sie sei so göttlich, daß Gott selbst daran nichts ändern könne. Der Gedanke kam von Spinoza. Eine Natur, die auf Absicht, Verstand und Willen deute, müsse Erstaunen, ja Abscheu erregen. Könne man sich einen Löwen mit Hörnern oder die Bananenstaude mit den Bewegungen der Mimose vorstellen? In sich trug Goethe die »dumpfe Idee« von den Gesetzen der Natürlichkeit, und diese Idee sah er literarisch in der Volksdichtung am Leben. Percys Balladen, die Gedichte der nordischen Skalden, das Hohelied Salomonis, die Lieder der Slawen, welche Herder sammelte, und die anonymen Volkslieder galten als Naturdichtung. Ihr gegenüber stand die Kunstdichtung für die höfische und städtische Gesellschaft. Gleims Grenadierlieder waren mehr künstlich als künstlerisch. Wielands Dichtungen wirkten unterhaltend und belehrend, aber für den Salon. Klopstocks Lyrik war mythologisch so befrachtet, daß sie auf die Gebildeten beschränkt blieb. Sie wurde auf den Schlössern des Adels und von der langsam sich bildenden Schicht von Liebhabern, Sammlern und Kennern gelesen. Dagegen boten die im Elsaß gesammelten Lieder Muster von deutscher Art und Kunst. In Goethes Sesenheimer Gedichten hatte das Volkslied kaum eine Rolle gespielt. »Es schlug mein Herz ...«, »Ach, wie sehn ich mich nach dir«, das »Maifest« und »Kleine Blumen, kleine Lieder« sind, trotz ihrer Anklänge an volkstümliche Reiter- und Blumenmotive, von Goethe erfundene Kunstlieder. Das »Heideröslein« war von Herder als ein »kindisches Fabelliedchen« bezeichnet:

Es sah ein Knab ein Röslein stehn,
Ein Röslein auf der Heiden.
Er sah, es war so frisch und schön,
Und blieb stehn, es anzusehn,
Und stand in süßen Freuden. (zit. HA I, S. 509)

Goethe hat den freien Auftakt fortgelassen und das Versmaß in Trochäen verwandelt. Durch kaum merkliche Kunstgriffe hat er ein Lied daraus gemacht, das ein Volkslied geworden ist:

Sah ein Knab ein Röslein stehn,
Röslein auf der Heiden,
War so jung und morgenschön,
Lief er schnell, es nah zu sehn,
Sahs mit vielen Freuden. (HA I, S. 78)

Goethe hat das Gedicht erst 1789 drucken lassen, es stand in der Handschrift mit den elsässischen Volksliedern für Herder (1771). 1773/74 entstand ein Gegenstück, »Das Veilchen«, für das Singspiel »Erwin und Elmire«. Beide Lieder sind innig, einfältig und in vielen Melodien vertont. Beide verherrlichen die Liebe in Gleichnissen und Allegorien, die unmittelbar einleuchten. Das »Veilchen« ist Sinnbild der unendlichen tiefen Liebe, welche die Lust des Untergangs für den Geliebten als Wonne erlebt. Während der allegorische Sinn oft ein Bild bleibt oder eine Hülle ist, die auf eine bestimmte Bedeutung hinweist, haben die Bilder der Blumen bei Goethe selbständiges Leben. Sie existieren als Wesen: In den Liedern stecken die Geschichten eines wirklichen Heiderösleins und Veilchens; sie haben den Gehalt einer erzählenden Ballade.

Mehrere frühe Lieder und Balladen stehen im »Urfaust«. Gretchen singt die Ballade vom König in Thule; in ihr sieht sie ihr tragisches Schicksal gespiegelt. Sie spricht den Monolog »Meine Ruh ist hin«, das Gebet »Ach neige, du Schmerzensreiche« und, in tiefster Verzweiflung, »Meine Mutter, die Hur«. Mephisto singt »Es war einmal ein König«. Die Lieder gehen auf Volks- und Kirchenlieder, Gebete und Trinklieder zurück. Das Gedicht »Meine Mutter, die Hur«, war Goethe, ebenso wie das Flohlied, durch zeitgenössische Zeitschriften bekannt geworden.

Das Bauernlied »Der Schäfer putzte sich zum Tanz« ist in seiner Art ein Meisterstück. Es kommt aus dem Leben des Volkes. Man sieht die Bänder und Jacken der Burschen, das Fliegen der Röcke der Mädchen. Man hört die Fiedel, vernimmt den Rhythmus des Tanzes und das Jauchzen der Burschen und Mädchen. Auch dies Tanzlied ist balladisch: Ein Bursche stößt das Mädchen mit dem Ellenbogen an, das Mädchen dreht sich um und sagt: »Das find ich dumm ... Seid nicht so ungezogen!« Die Werbung der Burschen wird zurückgewiesen, denn mancher hat seine Braut belogen und betrogen – worin man

eine Anspielung auf Gretchens Schicksal sehen kann. Auch Klärchens Lieder im »Egmont« sind verfeinerte Stücke der Volks- und Soldatenpoesie, wie »Die Trommel gerührt« und »Freudvoll und leidvoll« mit dem sprichwörtlichen Kern: Himmelhochjauchzend, zu Tode betrübt. In tiefer Bewegung spiegelt Klärchens Lied das glückliche Versunkensein der Liebenden im alltäglichen Leben. Die Liebe trägt über alle Höhen und Tiefen des Lebens hinweg. Die Qualen, die Spannung, das Versunkensein, die Störung tragen bei zu dem jubelnden Grundakkord: Glücklich allein ist die Seele, die liebt.
Die Quellen der Goetheschen Lieder und Balladen lassen erkennen, wie weit gefächert seine Interessen waren. Auf seiner Frankfurter Studierstube erhielt er im Oktober 1774 den Besuch des Schriftstellers Clemens Werthes. Der übersetzte ein französisches Buch über die Sitten der Morlacken, eines slawischen Volksstamms in Istrien. Hier fand Goethe den Stoff der Volksballade »Klaggesang von der edlen Frauen des Asan Aga«. Sie stammte aus der mündlich überlieferten Volksepik. Goethe mochte ahnen, daß aus solchen Liedern die Gesänge Homers, die schottischen Balladen und die Lieder der nordischen Skalden und das germanische Volksepos hervorgegangen sein könnten! Herder hatte ihm die Augen geöffnet. Goethe hat die Roh-Übersetzung Werthes' in fünffüßigen Trochäen, ähnlich wie das »Heiderösslein«, verfeinert, tragisch akzentuiert und berühmt gemacht. Die Ballade wurde 1778 von Herder in seinen »Liedern der Völker« ohne Goethes Namen, von Goethe selbst erst 1789 in den »Schriften« als eigenes Werk gedruckt. Das Gedicht gab Anlaß zu zahlreichen Übertragungen, zur Erforschung der serbischen und kroatischen Volkspoesie und zu ihrer Einreihung in die Weltliteratur. 1821 hat sich Goethe in »Kunst und Altertum« zur Form der Ballade geäußert. Er sagt, an einer Auswahl solcher Gedichte »ließe sich die ganze Poetik gar wohl vortragen, weil hier die Elemente noch nicht getrennt, sondern wie in einem lebendigen Ur-Ei zusammen sind, das nur bebrütet werden darf, um als herrlichstes Phänomen auf Goldflügeln in die Lüfte zu steigen« (HA I, S. 400).
Der »König in Thule« hat einen liedmäßig lockeren Bau, ist aber kein Lied, sondern eine Ballade. Sie ist 1774 entstanden (DuW 14. Buch), wie auch »Meine Ruh ist hin« und das »Flohlied« (Es war einmal ein König), von Mephisto in Auerbachs Keller gesungen.

Goethes damals dunklem, ihm selbst rätselhaften, wunderbar erregten Gemütszustand entsprach die Stimmung des »König in Thule«. Die Ballade ist von höchster Einfachheit, tiefsinnig, schwungvoll, pathetisch und ernst. Trotz der wenigen Züge ist die Szene für die Phantasie reich ausgeschmückt. Alles, was berichtet wird, ist von einer ergreifenden Wahrheit: Das Königtum im nordischen Land, der Tod der Geliebten, der goldene Becher, das Trinken des Zechers und die Rittertafel im Vätersaal auf dem Schloß am Meer. Der Becher wird in eine schauerliche Tiefe geworfen, wo er für immer versinkt. Schier unfaßlich gehen Laut, Klang, Bild, Gleichnis und die Handlung ineinander über zu einer Strophe von mythischer Größe:

Er sah ihn sinken und trinken
Und stürzen tief ins Meer.
Die Augen täten ihm sinken,
Trank keinen Tropfen mehr. (HA I, S. 80)

Die Erinnerung an die durch Herder vermittelte Skaldendichtung, der bei Vergil und Seneca aufbewahrte Name Thule für ein Reich im äußersten Norden, der Gebrauch von Wörtern der Luthersprache (Die Augen täten ihm sinken), alte grammatische und syntaktische Formen, die Reihung mit Und, Parataxe, Nachstellung (Den Becher nicht zugleich) – sie vermitteln einen Ausdruck vielstimmig wahren Lebens. Das Grunderlebnis ist hier, wie in den Blumenliedern, das Gefühl einer zum Tod bereiten Treue. Das Hinabwerfen des Bechers in die See stammt aus der Edda. Das Metrum wird bloß durch Hebungen bewegt, spiegelt also Formen der altgermanischen Dichtung.

Ein Gegenstück ist das Lied von dem untreuen Knaben (»Es war ein Buhle frech genug«). Es wird in der Oper »Claudine von Villa Bella« von einem Räuber gesungen. Die Schauerballade sollte die damals beliebten Mord- und Gespensterromanzen parodieren. Durch die feste Füllung des Versmaßes in Jamben wird die Ironie über den greulichen Stoff nur noch deutlicher. Das Volkslied vom Soldaten, der sein Mädchen verlassen hat, gab es in etlichen Varianten. (Bürgers Ballade »Lenore« hatte Goethe mit Begeisterung gelesen.) Die Züge des Schreckens und Gespensterhaften werden so gehäuft, daß sich die Handlung überstürzt und am Höhepunkt abbricht. Im Zusammenhang des Operntextes wird das Abbrechen dadurch motiviert, daß die zuhörende Heldin, Claudine, in Ohnmacht fällt. Auch hier hat Goethe Worte, Begriffe, Klischees, grammatische Verkürzungen und Wendungen aus der Volkssprache benützt. So gleich zu Anfang:

Es war ein Buhle frech genug,
War erst aus Frankreich kommen,
Der hat ein armes Maidel jung
Gar oft in Arm genommen,
Und liebgekost und liebgeherzt,
Als Bräutigam herumgescherzt,
Und endlich sie verlassen. (HA I, S. 81)

In mancher Hinsicht hat sich Goethe mit seinen Liedern und Balladen dem Rousseauschen Naturkult genähert, nicht ideologisch, sondern in der Grundhaltung, wie er sie seinem Freund Friedrich Maximilian Klinger zuschreibt. Klinger war der Sohn eines Frankfurter Stadtsoldaten, vier Jahre jünger als er; seiner einfachen Herkunft wegen war Klinger für Goethe »ein Kind der Natur«, das sich gegen viele Widerstände emporarbeiten mußte. Goethe hat ihn in Frankfurt mit hundert Gulden unterstützt, eine Summe, von der Klinger, wie er dankbar bekannt hat, ein Jahr lang hat leben können. Diesem Klinger schreibt Goethe das Bekenntnis zu: »Alles ist gut, wie es aus den Händen der Natur kommt!«, aber auch den Nachsatz: »Alles verschlimmert sich unter den Händen der Menschen« (HA X, S. 13). Der Verherrlichung des Natürlichen beim Volk steht die Kritik des gleichen Natürlichen zur Seite. Das Volk ist das Personal der meisten Singspiele Goethes; sie stammen aus italienischen, französischen und englischen Quellen. Dies Volk ist weit weg von Titanismus, modernem Selbstbewußtsein und verstandesgemäßer Aufklärung. Es berührt sich mit dem Volk von Mozarts Singspielen – nur daß Goethe Mozart erst später entdeckte.
In den Singspielen gibt es locker-beschwingte Lieder, etwa in »Erwin und Elmire« (Ihr verblühet, süße Rosen), in »Jery und Bätely« (Es war ein fauler Schäfer), die Tanzlieder aus dem Feenspiel »Lila« und die von Herder übernommenen Volkslieder in der Buffo-Oper »Die Fischerin«, wo der »Erlkönig« steht. In diesen Liedern findet man dunkle Züge, das Leben der Elemente, Aberglaube und Gespenster,

die Nachtseiten des menschlichen Charakters. Der Ausdruck ist gewollt altertümlich, immer sinnlich und anschaulich, oft gleichsam unbewußt oder wie aus dem Traum: Die Natur ist eine elementare Kraft, und der Mensch steht in Korrespondenz zu ihrem Untergründigen und lebendig Drängenden. Nicht der Verstand, sondern das einfache Gemüt wird angesprochen. Die Hebungen und Senkungen beim Sprechen organisierte Goethe mehr gefühlsmäßig als bewußt. Die Reime sind eingängig und volkstümlich: An die Stelle gelehrter Metrik oder pathetischer Hymnik tritt die Musikalität.
Das Jahr 1774 bezeichnet den Höhepunkt dieser Gedichte. Es ist das Jahr der Farcen und Singspiele, des »Urfaust« und des »Egmont«. Goethe hat diese Töne immer wieder aufgenommen. Zu den Gedichten dieses Stils gehören »Christel« (auf Christianen R.), »Vor Gericht«, »Epiphanias« (Die heilgen drei König mit ihrem Stern), »Der Müllerin Reue«, »Das Blümlein Wunderschön«, das »Stiftungslied«, und aus den letzten Jahren »Altschottisch« (Gutmann und Gutweib). Auch im »Divan« gibt es, trotz dem orientalischen Kostüm, Lieder in diesem Ton und Stil. In Clemens Brentano, Matthias Claudius, Eichendorff, Uhland und Heine hat diese Kunst Nachfolger gefunden. Aber nur bei Goethe erhält das balladische Lied seine Bedeutung nicht von einem Vorher oder Nachher oder aus einer zu bestimmter Wirkung erfundenen Szene. Bei ihm hat jede Gestalt, jede Blume, jede Handlung ihr eigenes, in sich beschlossenes Recht und Wesen, in den Blumengedichten rein lyrisch, mythisch im »König in Thule«, gespenstisch im »Erlkönig«. Die Gestalten tauchen aus dem Dunklen in das Licht der Goetheschen Sprache mit dem Urerlebnis von Trauer und Treue, Weib und Wein, Tod und Jenseits, Jubel und Untergang – und all das natürlich, anschaulich, zart oder bedrohlich.
Man braucht nicht zu fragen, ob das, was Goethe in diesen Liedern gefunden hat, auch von andern hätte gefunden werden können. Erst bei ihm und durch ihn hat die Gattung des Liedes eine klare Form bekommen, und das in einer Zeit, wo er in allen Gattungen die entscheidenden Schritte tat aus der Fülle subjektiven Erlebens. Als schöpferischer einzelner konnte er leisten, was die zerfallende oder zerfallene Gesellschaft nicht mehr leisten konnte. Das Wort »natürlich« ist seither fast gleichbedeutend mit »Goethesch«. Als das Humanitätsideal im neunzehnten Jahrhundert verblaßte, blieb die

Form, welche Goethe den Gedichten und Dramen gegeben hatte, bestimmend bis in die Zeiten Hugo von Hofmannsthals. Die Erneuerung der Kunstdichtung durch Stefan George und der Naturdichtung durch den Expressionismus griffen auf die gleichen Bestände der Bildung und des Volkes zurück, aus denen Goethes Dichtungen hervorgegangen waren. Als erster Dichter hat Goethe die außerkirchlichen Bildungselemente zu organischen Kunstformen vereinigt: Antike, Deutschtum, Aufklärung, Sentimentalität, Philosophie, Naturwissenschaft, autonome Natürlichkeit und Leidenschaft der Seele. Es ist kein Zufall, daß Goethes Lyrik als Ganzes erst in den »Schriften« von 1787–90 veröffentlicht wurde. Er glaubte sie dem Publikum nicht zumuten zu können. Nur in Zeitschriften wie der »Iris«, dem »Göttinger Musenalmanach« und »Teutschen Merkur« hatten einzelne Stücke gestanden, anonym wie es dem Brauch entsprach. In den Singspielen waren lyrische Gedichte versteckt. In den Liedern an Lili tritt der neue Typus zurück zugunsten persönlicher Huldigung, fast in anakreontischem Sinn (»An Belinden« und »Neue Liebe, neues Leben«). Mit der Flucht von Lili weg ist ein neues Eingehen auf die Natur verbunden. Das geschieht in Liedern wie »Auf dem See«, »An ein goldenes Herz« und »Jägers Abendlied«. Das Ich ist ein Glied der Natur: Die Welle wieget unsern Kahn / im Rudertakt hinauf (HA I, S. 102). So auch in dem großartigen »Fetter grüne, du Laub« (Im »Herbst«, oder auch »Herbstgefühl«) aus der »Iris«. Es hat den Ton und die Stimmung der Wanderergedichte, entstand aber vom Gartenzimmer des väterlichen Hauses aus, mit dem Blick auf die fruchtbare Ebene mit Gärten und Mauern, gegen die untergehende Sonne, an der sich schon der Knabe nicht hatte sattsehen können. Die Unendlichkeit des Ich- und Naturgefühls werden eins vor der Fülle der herbstlichen Früchte, verbunden mit den Gefühlen der Sehnsucht und Einsamkeit. Die Natur durchdringt förmlich jedes Wort. Der Einsame entdeckt sich in der Natur im Medium einer neuen Lage: Der Mensch ist selbst Natur.

Lili und die erste Schweizer Reise

Goethes Bedeutung und Überlegenheit waren seit 1774 allgemein anerkannt. Man sprach von ihm als einem Genius, einer überragenden Gestalt der Literatur; man stellte ihn neben Klopstock und Lenz, der als sein kleinerer Zwillingsbruder galt. Carl August von Sachsen-Meiningen schrieb an seine Schwester, Lavater habe gesagt, Goethe sei lauter Kraft, Empfindung, Imagination, ein Strom, der ihn (Lavater) fortgerissen habe, ein Originalgenie (Gespr. I, 122). Klinger schrieb an Lenz, Goethe habe ihm, dem armen Teufel, hundert Gulden förmlich aufgedrängt. Der Frankfurter Theologiekandidat Jakob Ludwig Passavant hatte dem alten Johann Jakob Bodmer in Zürich geschrieben, Goethe sei »von mächtigem Feuer« und man fürchte, dies Feuer werde ihn verzehren (Gespr. I, 123). Boie notierte im Oktober 1774 in seinem Reisetagebuch, er habe einen ganzen Tag mit Goethe zugebracht. Dessen Herz sei so groß und edel wie sein Geist, er sei bei allem Sonderbaren und Unkorrekten vom Stempel des Genies geprägt. In Weimar konnte Knebel nach seinem Besuch in Frankfurt berichten, alle müßten empfinden wie er; Goethe sei »eine der außerordentlichsten Erscheinungen meines Lebens« (ebda. I, 127). In ähnlichen Tönen schrieben Herzog Carl August von Sachsen-Weimar an Wieland und der Arzt Zimmermann an Charlotte von Stein.

Diesen Goethe lernte Anna Elisabeth (Lili) Schönemann, die sechzehnjährige Tochter eines kürzlich gestorbenen reichen Bankiers, im Salon ihrer Mutter, als sie am Flügel phantasierte, kennen. Sie war in der Rokokogesellschaft aufgewachsen und hatte gelernt, sich als Dame aufzuführen, obwohl sie ein kindhaft reines unberührtes Mädchen war. Die Stellung Lilis in der Welt des Reichtums hat Goethe um so mehr in Verwirrung gestürzt und Qualen bereitet, als er ihre liebliche Gestalt, ihren »Blick voll Treu und Güte« und die Koketterie des »lieben losen Mädchens« geliebt hat. Im Haus Schönemann ahnte man nicht, welch einen Sturm sie in ihm erregte.

Daß der berühmte Dichter, den Ellbogen auf den Flügel gestützt, von ihrem Spiel hingerissen war, mußte ihr schmeicheln. Sicher fühlte sie sich wie alle jungen Mädchen durch die Verse ihres Verehrers geehrt. Daß Goethes Lili-Gedichte eine weit über ihre Person hinausreichende Bedeutung hatten, konnte sie nicht ahnen. Die Goethe-Philologie hat sich hundertfünfzig Jahre lang in den Bekenntnischarakter seiner Werke verbissen. Durch Bemerkungen in Briefen und Gesprächen, vor allem in »Dichtung und Wahrheit«, hat Goethe diesen Eindruck gefördert. Tatsächlich war die Wahrheit seiner Dichtungen ja durch die Persönlichkeit des Dichters gedeckt. Darüber hat man die Stilisierung, den hoch literarischen Charakter, die Steigerung des Ausdrucks durch künstlerische Imagination, übersehen. So schien Goethe auch jetzt sein Talent dem Augenblick zu unterwerfen. Darum entstanden jene kleinen Opern, dekorative Unterhaltungsstücke zur Musik des mit den Schönemanns befreundeten Komponisten Johann André: »Erwin und Elmire« und »Claudine von Villa Bella«. Im allgemeinen haben die Lili-Gedichte den Ton der Gesellschaftsdichtung, teilweise mit anakreontischen Motiven (»An Belinden«, »An ein goldenes Herz«, »Herz mein Herz, was soll das geben«) oder im Erzählstil der Farcen und Satiren (»Lilis Park«). Man darf sich nicht täuschen lassen durch die Töne der Wehmut oder des Glücks. Als Goethe Jahrzehnte später, in »Dichtung und Wahrheit«, die Bekanntschaft mit Lili zu einem Liebesroman stilisierte, hat er der Deutung dieser Gedichte als Bekenntnisse noch einmal Vorschub geleistet. In Wirklichkeit waren Lili und die Mädchen und Frauen früherer und späterer Zeit Anlässe, aber nicht Ziel der Liebesgedichte. Sie enthalten nicht autobiographische Beschreibungen, sondern Stilisierungen in der Überlieferung der europäischen Liebeslyrik seit Petrarca.

Goethe machte aus den Frauen Idole und an diese richten sich die Gedichte. Er fingiert also eine bestimmte lyrische Sprechsituation, und zwar bis zur Selbstironie: Das Gedicht »Lilis Park« zeigt, wie bewußt Goethe seine Rolle als Bär in der Menagerie Lilis und ihrer Freunde empfand. Dazu gehört auch die Verdrängung aller andern Liebesverhältnisse durch dies neue; es ist ein uralter Topos der Liebeslyrik, die Geliebte des Tages für zeitlos zu erklären. In diesem Sinne kann man sagen, Lili sei Goethes erste und vielleicht einzige große Liebe gewesen. Tatsächlich hat er sie als Person genau so vergessen oder »verdrängt« wie Friederike. Nur der lyrische Ausdruck ist neu, unverwechselbar, als persönliche Leidenschaft fingiert, Zeugnis einer neuen Art, Liebe auszusprechen als verzehrende und verdrängende Leidenschaft. Alle Gedanken an Sesenheim und Wetzlar sind verdrängt. Ein Zauber hat ihn erfaßt; vergebens sucht er sich zu ermannen, er sucht die Einsamkeit, aber jeder Weg, auch der Fluchtweg, führt zu ihr zurück. In »An Belinden« klagt der Dichter, daß Lili ihn in den Kreis einer ihm unerträglichen Gesellschaft zieht. Er sieht sich, wie er heimlich in seinem kleinen Zimmer, vom Mondlicht umflossen, von goldenen Stunden ungemischter Lust träumt. Sie zieht ihn, der nicht spielen mag, an den Spieltisch des Salons. Liebe, Güte und Natur findet er jetzt nur da, wo Lili ist. Auch die Gedichte aus der Schweiz zeugen von der Macht, welche ihr Traumbild über ihn hat. Sie war ihm so ans Herz gewachsen, daß er sich nicht von ihr entfernen zu können glaubte.

Zu dieser Reise in die Schweiz hatten ihn die Brüder Stolberg und ihr Begleiter Graf Haugwitz überredet. Sie waren begeisterte Wertherianer und verbrachten einige Tage in Frankfurt. Sie lebten im Gasthof, aßen aber in Goethes Elternhaus, und hier war es, wo Goethes Mutter von den begeisterten jungen Leuten den Ehrennamen Frau Aja aus dem Volksbuch von den Haimonskindern erhielt. Bestärkt vom Vater, der gegen die Verbindung mit Lili war, benützte Goethe die Gelegenheit, in die Schweiz zu reisen. Aber aus Lilis Nähe zu fliehen, gelang nicht: Die erotische Lockung war stärker. In Zürich und auf dem See entstanden die Gedichte »Ich saug an meiner Nabelschnur / Nun Nahrung aus der Welt« und »Holde Lili, warst so lang / All meine Lust und all mein Sang« (HA I, S. 102 u. 104). In Emmendingen bei Cornelia, in Karlsruhe bei Klopstock, in Zürich bei Lavater, Passavant und dem alten Bodmer und auch in den Schluchten und auf den Bergen der Schweiz konnte Goethe die Zauberfäden nicht zerreißen, welche ihn an das Mädchen banden. Weder Erneuerung der Freundschaft mit Lavater noch die Reise in die Zentralschweiz vermochten die Sehnsucht zu löschen. Vom Gotthard, im Angesicht des Landes der Sehnsucht, Italien, kehrte Goethe nach Frankfurt zurück.

Das Erlebnis der katholischen Welt von Einsiedeln – das erste Mal, daß Goethe mit dem Volkskatholizismus in Berührung kam – und des Hochgebirges mit seinen Naturformationen konnte Goethe nicht fesseln. Der Vater hatte gehofft, daß der Sohn bis Mailand käme und von dort nach Neapel, das man gesehen haben müsse, um glücklich zu sein – auch das konnte Goethe nicht locken, er kehrte nach Frankfurt zurück. Er befand sich immer noch in einer gärenden Periode und konnte die Masse der Stoffe nicht zugleich bewältigen: »Prometheus«, »Faust«, »Der ewige Jude«, »Egmont« und der neue Plan eines Tell-Epos beschäftigten ihn gleichzeitig. Noch lag, ganz abgesehen von Lili, seine geistige Welt an Main und Rhein. »Die Lombardei und Italien«, sagte er, »lag als ein ganz Fremdes vor mir, Deutschland als ein Bekanntes, Liebwertes, voller freundlichen einheimischen Aussichten« (HA X, S. 150).

Bei einer Fahrt auf dem Zürcher See mit Passavant wurde das Gedicht »Auf dem See« (Und frische Nahrung, neues Blut) (HA I, S. 102) in das Tagebuch gekritzelt. Es ist eine Improvisation, »worin der verfliegende Duft der Dinge glücklich aufgefangen und in ewiger Frische bewahrt ist« (V. Hehn, Gedichte 112). Der Dichter fühlt sich eins mit der Natur und empfindet die goldenen Träume der Liebe als Glück. Das Bild des Sees mit Nebel und Sternen, mit den wolkig himmelan steigenden Bergen, öffnet ihm den Liebestraum der Erinnerung. Das Auge sinkt nieder, es verliert sich bei wechselndem Rhythmus der dritten Strophe in immer knapperen Versmaßen bis zur Koda:

Morgenwind umflügelt
Die beschattete Bucht,
Und im See bespiegelt
Sich die reifende Frucht. (HA I, S. 103)

In der ersten Fassung hatte das Gedicht formlos und subjektiv begonnen: »Ich saug' an meiner Nabelschnur« (HA I, S. 102), und sich dem Gefährten der Kahnfahrt zugewandt. Der Dichter gibt sich dem Augenblick hin. Doch dann werden das Ich und Wir, die konkrete Situation und die Erzählung aufgegeben. Nur die Landschaft ist da, vom Morgenwind umflügelt, Nähe und Ferne zugleich. Das Licht spielt mit den Formen der Berge, der Bucht, des Sees, »zuletzt ist die Landschaft ganz innerlich und vollendet sich im Symbol der reifen-

den Frucht, die im See gespiegelt wird – Spiegelung ist seliges Fürsichsein« (Kommerell, Gedanken 90).
Die Einheit von Liebesstimmung und Naturstimmung muß scheitern, wenn die Geliebte eine Dame der großen Welt ist. Als Goethe nach Frankfurt zurückkam, war die Entscheidung gefallen. Beide Familien hatten sich gegen die Verbindung erklärt. Goethe mußte einsehen, daß er seinen Eltern die Staatsdame, wie Lili vom Vater bezeichnet wurde, nicht zumuten konnte und daß Lili die Verhältnisse des Hauses am Hirschgraben als Beengung empfinden würde. Den Brüdern Schönemann erschien die Verbindung nicht gewinnbringend, zumal sie, wie sich bald zeigen sollte, nicht tüchtig genug waren, das Erbe zu halten. Goethe mußte bemerken, daß Lili auch andere Bewerber hatte, und hinzu kam der konfessionelle Gegensatz von Reformierten und Lutheranern. Ob es stimmt, daß Lili bereit war, mit Goethe nach Amerika zu gehen, um in der Natur des neuen Erdteils ein neues Leben anzufangen, darf man bezweifeln. Wie soll ein siebzehnjähriges Mädchen dazu fähig sein? Und was sollte ein deutscher Dichter in der Neuen Welt? Erst Jahrzehnte später wird Amerika, und nur in den Dichtungen, für Goethe eine schillernde Bedeutung bekommen.
In seinem »Schauspiel für Liebende«, »Stella«, hat man Goethes Spiegelung seines Alptraums von der großen Liebe sehen wollen. Er hat Lili in das Exemplar der »Stella« eine Widmung geschrieben:

Empfinde hier, wie mit allmächt'gem Triebe
Ein Herz das andre zieht,
Und daß vergebens Liebe
Vor Liebe flieht. (HA I, S. 105)

Klar und zart wird in diesem Drama der große, immer gleiche, und doch jeweils als persönliches Glück und individuelle Qual empfundene Mechanismus der Liebe dargestellt. Das Stück ist beschränkt auf die Darstellung dieses Themas. Die Liebe verdunkelt den Blick der Leidenden und steigt wie eine Welle heißen Bluts in ihnen hoch. Goethe hat gesagt, »Clavigo« und »Stella« stellten eine Systole dar gegenüber der Diastole von »Götz«, »Faust« und »Egmont«. (Das medizinische Bild von Zusammenziehung und Ausdehnung des Herzmuskels hat Goethe mehrfach benützt.)

Clavigo und Fernando sind von Haus aus bedeutende, ja edle Gestalten, aber ihnen fehlt der Sinn für die Bindung an eine geliebte Frau. Ihr Gewissen schlägt vernehmlich, zumal sie wie die Frauen Figuren einer empfindsamen Szene sind. Fernandos Freiheitsbedürfnis gehört zu seinem Wesen, während Cäcilie und Stella die Trennung von ihm als Katastrophe empfinden. Beide sind durch die Liebe zu einem glänzenden Glückssucher zu sich selbst gekommen. Sie sind von ihm als Frauen erweckt und beglückt worden und lieben den Mann so sehr, daß sie trotz seiner Treulosigkeit keinen andern Wunsch haben, als mit ihm leben zu dürfen.

Ihr Gegengewicht ist die Postmeisterin, deren Existenz in Lebenstüchtigkeit aufgeht. Sie vermißt das Glück der Liebe nicht und braucht deshalb auch nicht unter den Qualen der Wehmut und Verlassenheit zu leiden. Ihr Typus tauchte schon im Offenbacher Lottchen auf, deren Anmut und innere Freiheit Goethe bewundert hatte. Auch Gretchen lebt in einer Welt der treuen Arbeit. Später wird er solch eine Frau in der Therese des »Wilhelm Meister« darstellen. Die Dechiffrierung der Anspielungen des Dramas auf die Verhältnisse im Hause Jacobi, auf Swifts Stella-Vanessa-Doppelliebe, der Goethe den Namen Stellas entnahm, auf Chr. F. Weißes »Amalia« und Lessings »Miß Sara Sampson« ist wenig nützlich. Goethe hatte mit den Konventionen der Gegenüberstellung tugendhafter Frauen und des Mannes als Bösewicht gebrochen. Seine Männer und Frauen sind lebenswahr; die Kategorie der Moral entfällt. Der erste Schluß mit dem Verhältnis zu Dritt (ein Tisch, ein Bett, ein Grab) ist ebenso theatralisch wie der zweite mit Tod und Selbstmord. Goethe hat kaum zwei Frauen nebeneinander oder gleichzeitig geliebt. Seine Strahlung richtete sich immer nur auf *eine*. Der Unterschied von Cäcilie und Stella liegt im wehmütigen Verzicht der einen und glühendem Nichtvergessenkönnen der andern.

Nicht die Frauen, sondern Fernandos Schwanken war Goethes Problem. Es spiegelt sein Schwanken zwischen Lili, der großen Liebe, und Lili als Salondame der eleganten Gesellschaft. Sollte er seiner Natur als Dichter, seiner höheren Bestimmung folgen oder als Bär in Lilis Menagerie leben, wo seine Talente der Gesellschaft zur Unterhaltung dienten? Goethe löste den Konflikt wie bei seinen früheren Affären durch abschiedlose Flucht. Als Dichter stellte er höchst

glaubhaft, höchst wirkungsvoll nur dar, »wie mit allmächtgem Triebe ein Herz das andre zieht, und daß vergebens Liebe vor Liebe flieht« (HA I, S. 105).
Das Verhältnis zu Lili war unleidlich geworden, und so nahm Goethe die Einladung nach Weimar an. Bei der ersten Begegnung mit dem jungen Herzog Carl August hatte zufällig ein Buch auf dem Tisch gelegen, das ihrer Unterhaltung eine vertrauenerweckende Basis gegeben hatte, Mösers »Patriotische Phantasien«. Der Kaiserliche Rat sah es nicht gern, daß der Sohn an einen Fürstenhof ging. Noch einmal bot er ihm die Mittel zu einer Italienreise, und als Mißverständnisse die Abreise nach Weimar verzögerten, verfehlte er nicht, auf die Unzuverlässigkeit fürstlicher Versicherungen hinzuweisen. Während Goethe Wochen und Tage auf den herzoglichen Wagen wartete, machte er sich an die Ausarbeitung der Hauptszenen des »Egmont«. Der Vater hoffte auf einen Erfolg wie bei »Götz« und »Werther«. Doch plötzlich stand ein Kurier vor der Tür: Der Beauftragte des Herzogs, der Kammerjunker von Kalb, erwartete Goethe. Am 7. November 1775 morgens um neun Uhr kamen sie in Weimar an.
In sein Reisetagebuch schrieb Goethe: »Lili adieu, Lili zum zweitenmal! Das erstemal schied ich noch hoffnungsvoll, unsere Schicksale zu verbinden! Es hat sich entschieden – wir müssen einzeln unsre Rollen ausspielen. Mir ist in dem Augenblick weder bange für dich noch mich, so verworren es aussieht! – Adieu –« (WA III, 1. S. 8). Am Schluß von »Dichtung und Wahrheit« hat Goethe den Abschied von Lili und Frankfurt antikisch, nach Pindar, gesteigert im Bild des olympischen Wagenlenkers, der auch bei rasender Fahrt die Herrschaft über die Rosse behält. – Lili hat nie am Schicksal ihres einstigen Verlobten gezweifelt. Sie hat an ihn und seine Zukunft geglaubt und Goethe gegen alle Vorwürfe in Schutz genommen, ganz anders als zehn Jahre später Frau von Stein in Weimar. Man dürfe einen Dichter wie ihn nicht mit andern Männern vergleichen, er gehöre seinem Genius.
Sie hat ihn nie vergessen und versucht, was er ihr an Ideen und Bildung vermittelt hatte, in ihrer Familie weiterzugeben. Schwere Erfahrungen standen ihr bevor. Ein erster Heiratsplan scheiterte unter grotesken Umständen. Die Ehe mit dem Straßburger Bankier Bern-

hard Friedrich von Türckheim war gut, Lili litt aber unter der Abhängigkeit von nicht eben wohlgesinnten Schwiegereltern. Das Bankhaus Schönemann in Frankfurt ging unter Leitung ihrer Brüder nach wenigen Jahren unrühmlich zugrunde. Während der französischen Revolution verlor Türckheim Amt und Vermögen. Lili mußte mit ihren fünf Kindern, verkleidet als Bäuerin, bei Nacht über die französische Grenze fliehen. Später ging es der Familie wieder gut, aber die Heiterkeit der Jugend war vergangen und Trübsal überschattete Lilis Leben. Ihre fast verzweifelten Briefe an Lavater zeigen, daß sie tapfer und gefaßt war in einer tiefen, von reformierter Frömmigkeit getragenen Religiosität. Nach Jahrzehnten, 1807, wagte sie Goethe zu schreiben. Er antwortete höflich steif, aber auch gerührt »in Erinnerung jener Tage, die ich unter die glücklichsten meines Lebens zähle. Leben Sie wohl und ruhig nach so vielen äußern Leiden und Prüfungen, die später zu uns gelangt sind (gemeint sind die Tage von Jena und Auerstädt) und bei denen ich oft Ursache habe, an Ihre Standhaftigkeit und ausdauernde Großheit zu denken. Nochmals ein Lebewohl mit der Bitte meiner zu gedenken. Ihr ewig verbundener Goethe« (HA Br. III. S. 59).

Der Hof von Weimar

Über die ersten elf Jahre Goethes in Weimar gibt es, im Gegensatz zu allen andern Epochen seines Lebens, keine unmittelbaren Zeugnisse. Seine Jugend und die Sturm und Drang-Zeit hat er in »Dichtung und Wahrheit« beschrieben, die italienische Reise lebt weiter in der Komposition seiner Berichte. Die späteren Jahrzehnte wurden in autobiographischen Aufzeichnungen und Annalen festgehalten. Über das erste Weimarer Jahrzehnt gibt es nur verhaltene, zweckbestimmte oder dichterische Briefe und die zart umschreibenden Huldigungsgedichte an Frau von Stein. Wie sollte es anders sein? Mit den für ihn wichtigsten Gestalten, Frau von Stein und dem Herzog Carl August von Sachsen-Weimar, war er ständig zusammen. Die Briefe geben nur ein Echo dessen, was man erlebt und gesprochen hatte. Immerhin gibt es das jetzt einsetzende Tagebuch; seine Stichworte sind aber für den privaten Gebrauch bestimmt, mit schwer verständlichen Zeichen verschlüsselt. Ein Kreis mit Punkt, die »Sonne«, bedeutet Frau von Stein, ein Halbmond die Herzoginmutter Anna Amalia, ein Stern die Herzogin Louise; ein Quadrätchen bedeutet die Freimaurerloge Amalia; ein verschnörkeltes J (Jupiter) ist der Herzog. Manche Zeichen hat man bis heute nicht erklären können. Die Notizen sind ganz kurz, etwa zum 8. Oktober 1776: »Die ⊙ weg.« Drei Tage später steht da: »Regen. Conseil. Mit J Wedel Eins(iedel) (ge)gessen mit Eins. bey Herder / im Garten mit Eins. und J den Abend. Clarinette« (WA III, 1. S. 23).

Immerhin erfährt man aus den Stichworten, daß Goethe auf die Jagd ging, mit dem Herzog speiste, bei Frau von Stein viele Abende verbrachte. Im Winter lief er Schlittschuh und weckte die Begeisterung des Herzogs für diesen Sport. An den bescheidenen Vergnügungen der Hofgesellschaft, Konzerten, Feuerwerk, Liebhaberaufführungen und deren Proben nahm Goethe gelegentlich teil, aber eher störend, indem er das Konzert vorzeitig verließ oder in der Maske eines Bauern am Tanz teilnahm. Das Wort Possen fällt oft, aber ohne nähere

Angaben. Mit dem Kammerherrn Karl Siegmund von Seckendorff wird über ein Drama gesprochen, er arbeitet an »G« – das sind »Die Geschwister«. An anderer Stelle taucht der Name eines nicht erhaltenen Stücks auf: »Der Falke«. 1778 liest man plötzlich: »Egmont war mir wieder in Sinn gekommen.« Selten wird der Conseil berührt, wie man den aus vier Personen, dem Herzog, Fritsch, Kalb und Goethe, bestehenden Staatsrat nannte. Von häufigen Bränden in Stadt und Land ist die Rede. Oft wiederholen sich die Ortsnamen des nahen Jena und des Hofgutes Tiefurt. Goethe empfand die meisten Menschen hier, auch die jungen, als »fertig wie Dresselpuppen, wo höchstens noch der Anstrich fehlt« (WA III, 1, S. 88). Den Herzog hingegen fand er, wie sich selbst, nicht einfach, denn »den Punkt der Vereinigung des Mannigfaltigen zu finden, bleibt immer ein Geheimnis« (ebda. S. 89).

Es sah so aus, als hätte Goethe nicht an einen Daueraufenthalt in Weimar gedacht. Und der Herzog, der den Dichter des »Götz« und »Werther« eingeladen hatte, war zwar begeistert von Goethes Persönlichkeit, aber wie sollte er wissen, ob sich Goethe wohl und frei fühlte? Der Charakter ihrer Freundschaft wurde von Ähnlichkeiten der Gefühle, des Temperaments, der Generation bestimmt, aber ebenso groß waren die Unterschiede des Herkommens, der Erziehung, der Ansprüche und Aufgaben.

Goethe ahnte jedoch, daß er hier einen neuen Spielraum für seine Kräfte fand, einen Spielraum, den ihm Frankfurt nicht geben konnte. An der Seite eines absoluten Herrschers über einen kleinen Staat konnte er die führende Gestalt werden – aber eben nur als der sieben Jahre ältere Gefährte einer unbändigen Natur, die noch wenig von Literatur und Kunst wußte oder wissen wollte, sondern die Freiheit benützte, um sich auszuleben: Reiten, Jagen, Trinken, Tanzen, Feste feiern, im Wald übernachten, Baden, mit den Dorfmädchen schäkern und mehr – das war der Herzog. Zum ersten Mal in seinem Leben lernte Goethe eine Sturm-und-Drang-Natur kennen, die nicht literarisch überspannt war, sondern vom Temperament her heißblütig, willensstark und intelligent, ein Tatmensch. In dieser Beziehung hat Goethe ihn gelegentlich neben Napoleon gestellt: Beide seien dämonische Gestalten gewesen. Er sagte: »Der Großherzog war ein geborener großer Mensch, womit alles gesagt und getan ist«, und: »Er war

ein Mensch aus dem Ganzen und es kam bei ihm alles aus einer einzigen großen Quelle« (Eckermann, 23. Okt. 1828).
Im Herzog hat Goethe eine »Natur«, den ursprünglichen Menschen erkannt und begriffen. Das zerstückelte Herzogtum Sachsen-Weimar und Eisenach mit etwa hundertzwanzigtausend Einwohnern war ein viel zu kleines Gebiet, um aristokratischem Tätigkeitsdrang Raum zu geben. Die Bewohner waren arme Bauern, schlecht bezahlte Beamte und ein armseliger Adel. Die Staatseinkünfte betrugen etwa 60 000 Taler. Weimar war eine Kleinstadt von ländlichem Charakter mit einstöckigen Häusern; Hühner und Schweine liefen über die ungepflasterten Straßen. Zwar berief sich das Haus Sachsen-Weimar auf große Ahnen und verstand sich, nachdem die Dresdner Wettiner katholisch geworden waren, als Träger der lutherischen Überlieferung und hätte gern den alten kursächsischen Rang und Ruhm erneuert, es war aber auf das thüringische Becken um Weimar und Eisenach beschränkt. Politisch konnte es keine Rolle spielen. Der junge Herzog war ein Naturbursche und verließ sich auf die von seiner Mutter mit sicherem Blick ausgewählten Ratgeber. Als Goethe nach Weimar kam, war der Herzog achtzehn Jahre alt und hatte soeben die Regentschaft übernommen. Ihn zu besänftigen, von Äußerlichkeiten abzulenken, Interesse für höhere Aufgaben zu wecken, war die Absicht der Mutter, als sie erst den Grafen Görtz, dann Wieland und jetzt Goethe an den Hof berief. Sie wußte, daß ihr Sohn nur auf diese Weise den negativen Möglichkeiten und Verführungen eines absoluten Herrschers entzogen werden konnte.
Seine Gemahlin, Prinzessin Louise von Hessen-Darmstadt, war eins von fünf Geschwistern, nicht schön und sehr arm. Ihr Vater stand in preußischem Militärdienst. Ihre Mutter, von Goethe gelegentlich die »große Landgräfin« genannt, hatte Klopstock, Sophie von La Roche, Wieland und – als Prediger in ihrer Schloßkirche – bisweilen Herder eingeladen. Schöngeistige und religiöse Neigungen wurden gepflegt. Drei ihrer Töchter hatte sie auf Einladung der großen Katharina von Rußland zur Brautschau nach Moskau reisen lassen. Louise wurde nicht genommen und mußte mit der dritten Schwester zurückfahren – ein niederschmetterndes Erlebnis der psychisch gehemmten Sechzehnjährigen. Goethe hat sie sympathisch gefunden. Frauen ihrer Art, schüchtern, zurückhaltend, asexuell und, wie man von der Her-

zogin annahm, frigid, gefielen ihm. Der Herzog kam nach anfänglicher Begeisterung nicht mit ihr zurecht. Für seine vitalen Bedürfnisse wie Trinken, Jagen, Reiten und Abenteuer mit den Töchtern der Förster hatte sie kein Verständnis. Beide Gatten leiteten hohe Ansprüche von ihrer fürstlichen Herkunft ab. Goethe war klug genug, des Herzogs »herrliche neue Gemahlin«, wie er an Auguste Stolberg schrieb, zu respektieren. Er hat sie wohl auch bemitleidet, zumal er, der bekannte Dichter und Mentor ihres Mannes, für sie eine Art Vaterfigur war. In Briefen und Tagebüchern spricht Goethe von ihr als Louise, während er ihren Mann den Herzog nennt. Seine Verehrung für die junge Frau war vielleicht Liebe, die sich nicht äußern durfte. Frau von Stein wird ihn gewarnt haben. In dem Einakter »Die Geschwister« könnte sich Goethe, wie Eissler meint, von diesem Erlebnis befreit haben.

Carl August war eine gefährdete und gefährliche Persönlichkeit. In ihm hat Goethe ein Gegenstück seiner Wünsche und Erwartungen sehen können. Die Genies, Lenz, Klinger, Herder, die Brüder Stolberg und Wieland nannten sich Brüder; der Herzog mochte sich geschmeichelt fühlen, auch Bruder zu werden und bot Goethe das Du an, nicht für die höfische Gesellschaft, aber im Freundeskreis. Er hoffte, Goethe werde Licht, Luft und Ideen in die langweilige Residenz bringen. Unter dem Einfluß Goethes, der die deutsche Sprache geadelt hatte, sprach der Hof jetzt deutsch, nicht nur mit ihm, sondern auch untereinander. Der Herzog sollte sich nicht getäuscht haben, er erkannte die Zuständigkeit und Überlegenheit des sieben Jahre älteren Mentors an, und auch Goethe konnte jetzt dem in Frankfurt gehemmten Drang nach Bewegung nachgeben beim Reiten, Eislaufen, zahlreichen Reisen in Thüringen, Jagen, Tanzen und im schäkernden Umgang mit den »Miseln«, wie er seit Straßburg die Mädchen nannte; es ist ein Dialektwort für Mäuschen oder Mietzchen. Zum ersten Mal erlebte er die Natur als Gegenstand von Garten-, Obst- und Gemüsebau. Als ihm der Herzog ein Häuschen an der Ilm schenkte, entwarf er den Garten und kümmerte sich um Blumen, Büsche und Bäume, nicht aus Rousseauscher Schwärmerei, sondern als Objekte fleißiger, saurer, oft unbelohnt bleibender Arbeit. Diese Interessen erweiterten sich im Lauf der Jahre zu volkswirtschaftlichen Kenntnissen auf zahlreichen Gebieten.

Goethe verlor bei allem Feuer, mit dem er sich auf die neuen Aufgaben stürzte, nie die Angst vor dem Verlust der »Reinheit«. Der Begriff findet sich immer wieder und bedeutet Klarheit, Lauterkeit des Gefühls, ungetrübte Existenz und Freiheit von Schuld. Die Stimmung ist ambivalent, etwa im Februar 1778: »Diese Woche viel auf dem Eis, in immer gleicher, fast zu reiner Stimmung... Fortwährende Freude an Wirtschaft, Ersparnis, Auskommen. Bestimmteres Gefühl von Einschränkung und dadurch der wahren Ausbreitung... Fortdauernde reine Entfremdung von den Menschen« (WA III, 1, S. 61). Solche Reinheit bestimmt Aktivität und Passivität von Wilhelm Meister, der Iphigenie und Egmonts. Wie sehr ihm seine neue Rolle zusetzte, ist einem Brief vom 22. Januar 1775 an Merck zu entnehmen: »Ich bin nun ganz in alle Hof- und politische Händel verwickelt und werde fast nicht wieder weg können. Meine Lage ist vorteilhaft genug und die Herzogtümer Weimar und Eisenach immer ein Schauplatz, um zu versuchen, wie einem die Weltrolle zu Gesichte stünde. Ich übereile mich drum nicht, und Freiheit und Genüge werden die Hauptkonditionen der neuen Einrichtung sein, ob ich gleich mehr als jemals am Platz bin, das durchaus Scheißige dieser zeitlichen Herrlichkeit zu erkennen« (HA, Br. I, S. 205).
Goethe hat sich auf Land und Leute eingestellt. Er ritt im Sommer wie Winter, fuhr in Wagen und Schlitten, übernachtete in Amts- und Forsthäusern, in Gesellschaft der Kammerherren Friedrich Hildebrand von Einsiedel, Otto Joachim Moritz von Wedel, Karl Alexander von Kalb und des herzoglichen Sekretärs Friedrich Johann Justin Bertuch, eines in vielen Dingen gewandten Unternehmertyps. Bei diesen Fahrten lernte Goethe die Verhältnisse und Nöte des kleinen Landes kennen. Noch im Alter erinnerte er sich an die abendlichen Gespräche über Holzwirtschaft, Wildschaden, Wegeverbesserung, Wirtschaft und Verwaltung, Bergbau und Flußregulierung. So entstand fast zwangsläufig aus dem genialischen Treiben ein Verantwortungsbewußtsein des Älteren für den Herzog. Er übernahm die Führung, um dem unausgegorenen Temperament des Herzogs Richtung und Stetigkeit zu geben.
Das Vertrauen war so groß, daß Goethe dem Herzog sagen konnte, wie sehr er unter der Trennung von Lili litt. In einem Brief an ihn stehen die Verse: »Holde Lili warst so lang / All meine Lust und all

mein Sang...« (HA, Br. I, S. 201). Doch bald darauf tauchte ein neuer »lieber Engel« auf, Charlotte von Stein. Sie sollte ihn stärker als je eine Frau beeinflussen – bis er auch sie verlassen mußte.

Im April 1776 schrieb er böse Sätze an Johanna Fahlmer: »Von Lili nichts mehr, sie ist abgetan; ich hasse das Volk (gemeint sind Lilis Brüder) lang im tiefsten Grunde... Hol sie der Teufel. Das arme Geschöpf (Lili) bedaure ich, daß sie unter so einer Rasse geboren ist« (HA, Br. I, S. 212).

Auch gegenüber dem Vater fallen harte Worte. Der war gegen den Fürstendienst gewesen und mußte nun sehen, daß sich der Sohn wohl befand, obwohl die äußeren Verhältnisse nicht angenehm waren. Goethe hatte anfangs beim Kammerpräsidenten von Kalb Logis genommen, dann mietete er eine kleine Wohnung beim Hofkassier König, gegenüber der herzoglichen Unterkunft im Amtshaus (das Schloß war kürzlich abgebrannt). Am 6. März 1776 schrieb er an »Tante« Fahlmer: »Der Vater ist mir *Ausstattung* und *Mitgift schuldig*. Das mag die Mutter nach ihrer Art einleiten, sie soll nur kein *Kind* sein, da ich *Bruder* und *alles* eines Fürsten bin. Der Herzog hat mir wieder 100 Dukaten geschenkt, *gegeben*, wie ihr wollt...« (HA, Br. I, S. 209). Der Vater hat sich zur Zahlung bequemt, und zwar, wie es seine Art war, reichlich, tausend Taler im Jahr, auch nachdem Goethe im Juni 1776 das Gehalt eines Legationsrats bekommen hatte. Die feste Anstellung mag den Ausschlag gegeben haben, daß sich Goethe zum Bleiben entschloß.

Er wuchs erstaunlich rasch in die neuen Aufgaben hinein. Seine Kräfte teilten sich. Sie führten nicht weg von der Dichtung, aber vorerst zu alltäglichen Beschäftigungen: Das Sturm-und-Drang-Genie gefiel sich in der Rolle eines Verantwortung übernehmenden, mit Sachfragen sich plagenden Normalmenschen, eines Beamten, Erziehers und Forschers. Damals entstand die Hymne »Seefahrt« (Taglang, nachtlang stand mein Schiff befrachtet) mit ihrem festen trochäischen Gang, wo der Schiffer im Sturm männlich am Steuer steht. Er »vertraut, scheiternd oder lachend, seinen Göttern« (HA I, S. 49).

Schwierigkeiten kamen vom Widerstand der Hofkreise und Beamten gegen den bürgerlichen Außenseiter. Sie kamen aber auch vom Unfrieden in der herzoglichen Familie. Frau von Stein klagte in einem

Brief an Zimmermann, der Herzog sei unzufrieden mit sich und aller Welt, auch die Gattin sei unzufrieden und die Mutter verärgert; denn »in dieser unglücklichen Familie will nichts zusammenstimmen« (Bode I, S. 181). Goethe versuchte das Herzogpaar mit den Schauspielen »Lila« und »Triumph der Empfindsamkeit« zur Versöhnung anzuregen, hatte aber keinen Erfolg. Die Spiele eröffneten einen Reigen von Gelegenheitsdichtungen für den Hof und die Weimarer Gesellschaft.

Es ist erstaunlich, daß Goethe sich in diesem weltlichen Treiben nicht nur die Reinheit seiner Gefühle und die Zeit für seine Dichtungen, vor allem für den stoffreichen Roman der »Theatralischen Sendung«, bewahren konnte, sondern wie er auch die Gründe seines Unmuts analysierte: Die Kosten des Hofes und der Regierung überstiegen bei weitem die Erträge des armen Landes. Industrie gab es kaum, die ehemals reichen Silberbergwerke von Ilmenau waren abgesoffen, die Finanzverwaltung lag im argen. Auf allen diesen Gebieten hat Goethe eine Wende einzuleiten versucht. Er sah, daß sich das politische System überlebt hatte, aber eine revolutionäre Umwälzung war ihm in tiefster Seele zuwider.

Die Mutter des Herzogs, Anna Amalia, hatte den Übeln nicht beikommen können, aber aus Weimar hatte sie einen Musenhof gemacht. Im März 1756 war sie, sechzehn Jahre alt, an der Seite eines achtzehnjährigen Mannes als Herzogin in das armselige Landstädtchen gekommen. Kaum wird sie ihre Enttäuschung haben verbergen können. Sie war Angehörige eines der vornehmsten Geschlechter des Heiligen Römischen Reiches Deutscher Nation, der in Braunschweig residierenden Welfen der Linie Braunschweig-Lüneburg-Wolfenbüttel. Ihr Bruder war ein berühmter General, ihr Onkel war Friedrich der Große. Anna Amalia hat behauptet, sie sei von Haus her nicht auf eine Stellung als Herzogin vorbereitet worden. Man habe sie verheiratet, wie eben Fürstenkinder verheiratet wurden. Die Eltern hätte sie nicht geliebt, sie sei ihren Geschwistern in allen Dingen nachgestellt worden, man habe sie »den Ausschuß der Natur« genannt, habe sie geschlagen und an den Rand der Verzweiflung gebracht, so daß sie sich schon das Leben nehmen wollte. So erklärte sie ihre Standhaftigkeit, ihren Starrsinn und ihre Geduld.

Die Wirklichkeit muß anders gewesen sein, denn Braunschweig und

Wolfenbüttel waren die ersten Zentren der neudeutschen Bildung, durch Lessing und eine Generation vorher mit Leibniz bezeugt. Am Hof ihres Vaters hatte die schöngeistige Erziehung den Vorrang vor der religiös-moralischen. Nach dem Vorbild der englischen Colleges und als Schüler Gottscheds in Leipzig hatte der Abt (Propst) Johann Friedrich Wilhelm Jerusalem, der Vater des unseligen Werther-Vorbilds, im Auftrag des Herzogs Karl I. das Collegium Carolinum in Braunschweig errichtet. An ihm wirkten der Klopstock-Freund und Young-Übersetzer Johann Arnold Ebert und der Shakespeare-Übersetzer Johann Joachim Eschenburg. Der Herzog, schrieb Jerusalem, könne als der erste Lehrer am Carolinum angesehen werden, »so wie er überhaupt in seinem Lande der erste ehrliche Mann ist«. An diesen Zeugnissen erkennt man, daß der Geist der Aufklärung voll zur Wirkung gekommen war. Karls Nachfolger, der Vater Anna Amalias, hatte zu Ebert ein Verhältnis, das man mit dem des Herzogs Carl August zu Goethe verglichen hat. In dieser Welt wuchs Anna Amalia auf. Sie sollte Gelegenheit haben, sich zu bewähren.

Mit achtzehn Jahren war sie zum zweiten Mal Mutter, Vormund ihrer beiden Söhne und Regentin geworden. Die Zeiten waren schlecht, der Siebenjährige Krieg verwüstete das Land und nur mühsam gelang eine wirtschaftliche und finanzielle Konsolidierung. Ihre Hauptsorge war die Erziehung der schwierigen Söhne im Sinn einer aristokratischen Aufklärung: Der Herrscher sollte der erste Diener seines Volkes sein, aber nichts aufgeben von seinen Ansprüchen und Rechten. Nach der Konfirmation Carl Augusts, 1771, suchte sie Jerusalem für seine Erziehung und Ausbildung zu gewinnen, wählte dann den von Jerusalem empfohlenen Wieland und den von Ebert empfohlenen Karl Ludwig von Knebel. Der war auf eigenen Wunsch aus dem preußischen Militärdienst, der ihm wenig lag, ausgeschieden und wurde Erzieher des Prinzen Konstantin. Knebel hatte dem Herzog Goethe in Frankfurt vorgestellt, wo sie sich über Mösers »Patriotische Phantasien« eines Geistes gefunden hatten. Es sollte freilich noch lange dauern, bis der Herzog Mösers Gedanken folgte; im Grunde seines Herzens blieb er dynastischem Denken verhaftet. Nur in der Verwaltung des Landes suchte er Mösers hausväterlichen Ideen zu folgen. – Anna Amalia hatte die Gabe, tüchtige Leute zu berufen. Auch mit ihren hohen Beamten, den Herren von Bünau, Greiner und

Fritsch, hatte sie Glück. So konnte sie dem Sohn, als er achtzehn Jahre alt geworden war, ein solides Regiment hinterlassen. Sie hoffte, daß seine großen Gaben mit der Zeit in die richtigen Bahnen gelenkt würden.

Anna Amalia war erst sechsunddreißig Jahre alt, als sie sich in das Wittumspalais an der Esplanade zurückzog und sich später im Gutshaus von Tiefurt an der Ilm ein Refugium schuf. Sie war unverbraucht, keineswegs bitter und sammelte einen Kreis von Männern und Frauen um sich, wo man konzertierte, Theater spielte, vorlas, plauderte, Tee trank, sich an Bildern, der Landschaft und auch Geschwätz erfreute, wie Schiller etwas boshaft meinte. Die Herzoginmutter kannte weder Standesdünkel, noch hatte sie Vorurteile. Ihre Briefe an Merck und Goethes Mutter in Frankfurt bezeugen das. Mit Wielands Hilfe lernte sie Latein und Griechisch und war stolz, als sie Aristophanes lesen konnte. Aus Leipzig ließ sie Oeser kommen, Winckelmanns Freund und Goethes Zeichenlehrer in Leipzig, damit er sie im Malen und Zeichnen unterrichte. Sie spielte Klavier, Laute und Harfe und komponierte die Melodien für »Erwin und Elmire«. Den Traum ihres Lebens verwirklichte sie mit einer Italienreise auf Goethes Spuren. In ihrer Begleitung war das kluge, witzige, etwas hinkende Fräulein Luise von Göchhausen, ihre Hofdame, eine glühende Bewunderin Goethes. Lange nach ihrem Tod (1807) schrieb Goethe von Anna Amalia, sie sei »eine vollkommene Fürstin mit vollkommen menschlichem Sinn« gewesen.

Das literarische Weimar

Im März 1779 hat Goethe in einem Brief an den Herzog bemerkt, er habe seine Talente als Dichter »zu kavalier« behandelt. Es sei an der Zeit, sich ihnen entschiedener zuzuwenden und hausväterlicher mit seinen Gaben umzugehen. Bemerkungen solcher Art häuften sich und führten schließlich zu dem Entschluß, nach Italien zu gehen. Man hat gemeint, in den zehn Jahren bis zur italienischen Reise habe Goethe die Dichtung vernachlässigt, habe sich nur mit praktischen Fragen beschäftigt und Anteil am Regiment genommen; er habe bei seinen Beschäftigungen mit Natur, Wirtschaft und Landeskunde viel gelernt und sich als Künstler höchstens mit dem Theater und seinen Möglichkeiten beschäftigt – denn das Theater war die einzige Kunstgattung, die den Herzog interessierte. Er hätte die Luft von Frankfurt mit der Sphäre eines ländlichen Kleinstaats vertauscht.
Ferner glaubte man, daß Goethe sich in Weimar nicht mehr mit Alchemie, Theosophie, Theologie und Pietismus, diesen Ausgangspunkten seiner Weltanschauung, befaßt habe und allmählich das geworden sei, was Gundolf Goethe als einen notorischen Heiden bezeichnen ließ. Es sei der Weg zur Anlehnung an die homerische Welt der Antike, zu einer religiös indifferenten Bildung und der Ersetzung christlicher Leitideen durch humanistischen Klassizismus gewesen.
Der Advokat Goethe hatte in Frankfurt nicht heimisch werden können. Obgleich er sich intensiver mit der Juristerei abgab, als er es später darstellte, konnte er sich innerlich mit der Bürgerstadt, ihrer zivilen, religiösen und gesellschaftlichen Gebundenheit, nicht abfinden. Eine Fülle von Plänen und Entwürfen bedrängte ihn. Nicht nur »Götz« und »Werther« sind damals entstanden, sondern Singspiele, Einakter, dramatische Possen, Gedichte, Rezensionen, Aufsätze über Deutsche Baukunst und die Entwürfe zu »Faust«, »Egmont«, »Prometheus«, »Mahomet« und »Proserpina«. Aber das geschah in der Stille, nur Cornelia, Merck und Schlosser, der Kollege und künftige

Schwager, wußten davon. Sonst gab es kaum Freunde. Wagner und Klinger schieden aus. Der Versuch, sich in den »Frankfurter Gelehrten Anzeigen« ein literarisches Organ zu schaffen, war am Widerstand der Theologie und Administration gescheitert. Literarisch gesehen war Frankfurt tiefste Provinz.

Weshalb aber Weimar? Die großen Residenzen fürstlichen Lebens waren damals Mannheim, Würzburg, Dresden, Hannover, München und Wien. Einladungen, nach Hannover oder Mannheim zu kommen, hatte Goethe abgelehnt. Es ist merkwürdig, daß ihn die barocke Welt nicht interessiert hat. Sie lag erst eine Generation zurück; es spielte wohl eine Rolle, daß die Höfe von Würzburg, Mannheim und Dresden katholisch waren und Hannover seinem süddeutschen Temperament nicht entsprach. Diese Höfe besaßen architektonische und musikalische Traditionen, aber kaum literarische. In diesem Punkt sollte Weimar die Ausnahme werden und das Eindringen bürgerlicher Kräfte in die Hofgesellschaft spiegeln, was bisher als unmöglich galt. Das gelang Wieland, Goethe und Herder. (Lenz sollte an dieser Klippe scheitern.) Für Goethe war die Generationsfrage entscheidend. Als der Herzog mit seiner Begleitung auf seiner Brautfahrt in Frankfurt Station machte, war Graf Görtz, der Prinzenerzieher, mit vierunddreißig Jahren der Älteste der Delegation. Carl August und Konstantin waren junge Burschen. Die Herren von Knebel und der Stallmeister Josias von Stein waren einige Jahre älter als Goethe: Man gefiel sich, wie sich junge Leute zu gefallen pflegen. Die Schwierigkeiten mit dem von Goethe gekränkten Wieland hatte dieser selbst geschickt durch eine freundliche Besprechung des »Götz von Berlichingen« überspielt. Er hatte sich im Lauf der Jahre vom empfindsam seraphischen Selbstgefühl frei gemacht und die Griechen entdeckt. Man hat Wielands Griechen in Rokokokleidung belächelt, auch Goethe hatte sich ja darüber lustig gemacht. Aber sind die Griechen Winckelmanns oder der Goetheschen »Iphigenie« echtere Griechen als Wielands empfindsame Helden, sein Cyrus oder Agathon? Die schöne Musarion heilt ihren Freund vom Wahn der Askese und führt ihn dem Genuß des Lebens zu. Das hatte in Leipzig großen Eindruck auf Goethe gemacht.

Wieland war nicht nur ein kluger, sondern ein überlegener Geist. Er saß nicht wie Klopstock auf dem hohen Roß der Selbstsicherheit, sondern hatte das Verhältnis von Tugend und Lebenslust, Geist und Sinnlichkeit mit dem Mittel der Ironie bewältigt. An seinen Freund, den Schweizer Arzt J. G. Zimmermann, hatte er im März 1759 geschrieben: »Ich gleiche zu meinem Leidwesen einem Chamäleon. Ich scheine grün gegenüber grünen Gegenständen, und gelb gegenüber gelben, ich bin aber weder gelb noch grün, ich bin durchscheinend oder weiß.« So konnte Wieland einander widersprechende Positionen einnehmen; er durfte Bodmer, Klopstock, den Sturm und Drang, Voltaire, Goethe, Lenz und Heinrich von Kleist anerkennen, loben und verteidigen. Goethe hat Wielands Beweglichkeit bewundert, und als sich zeigte, daß der alte Herr (der erst dreiundvierzig Jahre alt war) persönlich freundlich, aufgeschlossen und von ihm begeistert war, konnte Goethe an Herder schreiben, daß sie zu dritt den »Teutschen Merkur« zu einem Organ neuen literarischen Lebens machen würden. Wieland interessierte Goethe auch menschlich. Wie dieser mit einer großen Familie und dem Hauswesen zurechtkam, hat er bewundert. Auf der andern Seite wurde Goethe von Wieland geradezu schwärmerisch in Schutz genommen. An Merck schrieb er 1776: »Goethe hat freilich in den ersten Monaten die Meisten (mich niemals) oft durch seine damalige Art zu sein skandalisiert und dem Diabolus prise über sich gegeben«, d. h. sich dem Teufel überlassen (Bode I, S. 194). Später kühlte sich allerdings Wielands Goethe-Begeisterung ab. Goethe aber hatte so großes Vertrauen zu ihm, daß er ihn zum Zeugen der Verbindung mit Frau von Stein machte. –

Herders Hoffnungen auf die Superintendentur in Livland hatten sich zerschlagen, eine Professur in Gießen lockte ihn nicht, und so war er als Konsistorialrat nach Bückeburg an der Weser gegangen. Der dortige Graf war ein aufgeklärter Fürst mit Neigungen zu den Künsten und vor allem für das Militär. Er hatte sich mit Herder einen berühmten Mann verschaffen wollen, auch wenn der als Freigeist galt. Die religiöse Bedeutung interessierte ihn nicht. Um so freundlicher war Herders Beziehung zur Gräfin Maria; sie war herrnhutisch fromm erzogen und schätzte ihn als Prediger. Herders Schrift vom Ursprung der Sprache war freilich unfreundlich aufgenommen worden, vor allem grämte Herder eine ablehnende Rezension Hamanns in Königsberg. Doch riß die Verbindung mit seinem Meister nicht ab, im Gegenteil: Herder muß Ende 1772 eine Art Bekehrung erlebt haben, eine Rückkehr zur Bibel, einen Verzicht auf die Eitelkeit dieser Welt. Darunter litt die Beziehung zu Merck und Goethe, während Hamann versöhnt war und sich die Verbindung Herders mit Lavater in eine tiefe Freundschaft verwandelte.

An Lavater, Hamann und Matthias Claudius pries Herder die Wahrheit des Herzens. Es war die neue Phase der Aufklärung. An die Stelle des Kults der Rationalität und Vernunft trat die Heiligkeit des Fühlens, des tiefen Empfindens. An Hamann schrieb Herder am 2. Januar 1773: »Ihr Sokratischer Dämon hat Ihnen nicht so gar unrecht gewinkt, daß ich auf dem Rande gewesen bin, mich in das Labyrinth aller unserer schönen Geister u. Garköche des Jahrhunderts mit hineinzutummeln. Eine gewisse Schwäche des Temperaments, frühzeitige Bewundrung in Livland, ein gewisser eitler Hang zum Nichtstun u. Raisonnieren, den Sie lang in mir bemerkt u. gestraft, sodann Reisen, das Sehen aller der Menschenkinder von Angesicht, die man meistens größere Sünder findet als sich selbst; sodann endlich die weichen Kleider, Liebkosungen u. Vergötterungen einer von Herzen kleinen Hofwelt – kann das alles nicht ein unfestes Gehirn ziemlich schwindelnd, dumm und dreist, witzig und alles machen?« (Hamann Br. III, S. 28)

Erst jetzt konnte Herder seine geliebte Karoline heiraten. In einer atemlosen Herzensergießung schrieb er die »Älteste Urkunde des Menschengeschlechts« nieder, wo er die Bibel als Zeugnis der menschlichen Urgeschichte versteht und jede dogmatische Deutung des Schöpfungsberichts ablehnt. Er entdeckte den Glauben an Gott, der selbst unerkennbar bleibt, sich in der Bibel aber durch seine Taten für den Menschen offenbart. Die Bücher der Genesis seien nicht Zeugnisse wörtlicher Inspiration, sondern die Quelle der Uroffenbarung Gottes als Schöpfer der Welt. Die Bibel wende sich nicht an ein einzelnes Volk, die Juden, sondern an die Menschheit. Goethe schrieb über dies enthusiastisch-dunkle Buch seines Lehrmeisters: »Er ist in die Tiefen seiner Empfindung hinabgestiegen, hat drinne all die hohe heilige Kraft der simplen Natur aufgewühlt und führt sie nun in dämmerndem, wetterleuchtendem, hier und da morgenfreundlich lächelndem, orphischen Gesang vom Aufgang herauf über die weite Welt, nachdem er vorher die Lastbrut der neueren Geister, De- und Atheisten, Philologen, Textverbesserer, Orientalisten mit

Feuer und Schwefel und Flutsturm ausgetilget« (HA Br. I, S. 162; Juni 1774, an Schönborn).

Goethe hat besser als Kant und Nicolai das Anliegen Herders verstanden. Auch Hamann war versöhnt und konnte von Herder vernehmen, daß er literarisch »hervorbrechen« werde. Im Jahr darauf, 1774, erschien »Auch eine Philosophie zur Geschichte der Bildung der Menschheit«. Beide Werke, gleichzeitig entstanden, überwanden den Rationalismus der Aufklärungstheologie. Sie sind Werke des theologischen Sturm und Drang. Die Geschichte, liest man hier, sei weder ein stetes Hinauf noch ein stetes Hinab. Ihr Plan ist nur der Vorsehung bekannt. Gut und Böse gehören ebenso dazu wie das Kleine und das Große. Im Sturm des Handelns vollzieht sich die Geschichte kraft der wirkenden Leidenschaften. In seinen Predigten sprach Herder über das Leben Jesu, so daß selbst die Bauern in die Stadtkirche kamen. Leider starb jetzt die Gräfin Maria und mit dem Grafen verstand sich Herder nicht.

Die Freunde in Hannover und Göttingen wollten ihn, gegen den Widerstand der Orthodoxie, als Professor der Theologie nach Göttingen holen. Das gelang auch, aber auf Befehl des Königs in London sollte er sich vor der Fakultät einem Rechtgläubigkeitsexamen unterziehen. Herder war empört. In dieser Lage erhielt er das Angebot, als Oberpfarrer nach Weimar zu gehen. Goethe hatte im Dezember 1775 angefragt: »Lieber Bruder, der Herzog bedarf eines Generalsuperintendenten. Hättest Du die Zeit deinen Plan auf Göttingen geändert, wäre hier wohl was zu tun. Schreib mir ein Wort« (HA Br. I, 639). Wenige Tage später schrieb Goethe aus Erfurt, Wieland habe die Idee zu Herders Berufung gehabt und deutete die Motive an: »Der Stadthalter von Erfurt hat das beste (zum Herzog) von dir gesagt und bestätigt dem jungen Fürsten deinen Geist und Kraft; ich habe für deine politische Klugheit in geistlichen Dingen gut gesagt, denn der Herzog will absolut keine Pfaffen-Trakasserien (Schikanen) über Orthodoxie und den Teufel, und da haben die Bahrdte euer Geschlecht stinkend gemacht. – Ich wünsche dich meinem Herzog und ihn dir...« (HA, Br. I, 204)

Ähnlich wie in Bückeburg hatte es in Weimar vonseiten der Orthodoxie Widerstände gegen Herders Berufung gegeben; aber Goethes Einfluß war stärker, so daß der Herzog zustimmte. Am 1. Oktober

1776 kam Herder mit seiner Familie in Weimar an. Goethe selbst hatte geholfen, das alte Pfarrhaus hinter der Stadtkirche herzurichten. Hier hat Herder bis zu seinem Tode, 1803, gewohnt. Anfangs schien alles gut zu gehen. Herder und seine Frau fanden Freunde an der Herzogin, an Anna Amalia, dem Grafen Görtz, Wieland, Knebel, Einsiedel und Sophie von Schardt, einer Schwägerin der Frau von Stein, in die sich Herder verliebt haben soll. Seine größte Stütze war seine Frau Karoline. Sie half bei den verhaßten Verwaltungsarbeiten. Taufen, Trauungen, Konfirmationen, Beichten und Beerdigungen wurden als Last empfunden. Ein schwieriges Ressort war der Religionsunterricht, zumal das Geld für die Schulen fehlte. Gottesdienst und Predigt nahm Herder sehr ernst. Er fühlte sich religiös verantwortlich. Während Bürger und Gewerbetreibende mit der Zeit an seinen Predigten Gefallen fanden, hielt sich der Hof fern. Der Herzog ging nur einmal im Jahr, um das Dekor der Obrigkeit zu wahren, zum Abendmahl. Das Leben und Denken der höfischen Gesellschaft widerstrebte Herders republikanischen Idealen.

Goethe half Herder bei seinen Arbeiten an den »Ideen zur Geschichte der Menschheit«. Durch sie ist Herder, wenn nicht als Dichter so doch als Denker, neben Wieland, Goethe und Schiller ein Klassiker geworden. Die Nachricht vom Musenhof in Weimar, der mäzenatischen Herzoginmutter, von einem Ort genialisch freier Geister aus dem Bürgerstand, hatte sich rasch in Deutschland verbreitet. Man zog Vergleiche mit dem Florenz der Medici. Und weil Goethe als das Haupt der Generation galt, wirkte er wie ein Magnet. Viele junge Dichter hofften in Weimar Zuflucht, Protektion und Stellungen gewinnen zu können. Es gab aber auch Einwände. Über das genialische und »gottlose« Treiben in Weimar erregten sich die Frommen. Als Fritz Stolberg als Kammerherr nach Weimar gehen sollte und sich dort umschaute, fand er alles längst nicht so schlimm, wie der vergrämte Seckendorf es geschildert hatte. Beruhigende Berichte gingen an Stolbergs Freund Heinrich Voß und die Mitglieder des Göttinger Hain. Aus der Kammerherrnstelle wurde allerdings nichts.

Wieland erklärte, Goethe spiele seine Rolle groß und edel, ja meisterhaft. An Gleim schrieb er, die Fama sei eine Betrügerin; man möge selber kommen und sehen, was in Weimar geschehe. Auch Frau von Stein durchschaute das Treiben und schrieb an Zimmermann, das Jagen, scharfe Reiten und Klatschen mit der Peitsche müsse Goethe treiben, um den Herzog zu gewinnen und Gutes zu stiften: Dadurch erkläre sich sein »wildes Wesen«. Zu den Bewerbern um eine Stelle in Weimar gehörte auch Jakob Michael Reinhold Lenz. Was Goethe später in seinen Erinnerungen über Lenz geschrieben hat, ist von Ablehnung und Empörung gefärbt. Tatsache ist, daß er Lenz sehr freundlich in Weimar aufgenommen und ihm mit Fürsprache und Geld geholfen hat. Lenz' überschwengliche Begeisterung suchte er zu dämpfen. In Dichtungen und Briefen benützte Lenz das Adjektiv göttlich für Goethe. Das Wortspiel war Lenz' Variante der damals über Goethe umlaufenden Meinungen, er sei ein herrlicher Mensch, ein überlegener Geist, ein Genie, dem nichts widerstehen könne. »Er könnte König sein. Er hat nicht nur Weisheit und Bonhomie, sondern auch Kraft«, schrieb Lavater (Gespr. I, S. 121). Alle rühmten Goethes Freundlichkeit und Güte, eine überströmende Fülle des Herzens.

Lenz' Bedeutung hängt mit dem Sturm und Drang zusammen. Er war neben Goethe sein bedeutendster Autor. Er nahm die Bezeichnung »Bruder« wörtlich und wollte es ihm gleichtun. Deshalb begab er sich zu Friederike in Sesenheim, zu Cornelia in Emmendingen und Lavater in die Schweiz. Man nahm in überall teils freundlich, teils mitleidig auf. In Frankfurt ritten ihm Maximilian Klinger und sein Freund Schleiermacher in blauen Fräcken und gelben Westen, der Mode gewordenen Werthertracht, entgegen. Goethes Eltern gewährten ihm freundlich Quartier. Anfang April 1777 traf Lenz in Weimar ein. Die Gesellschaft war neugierig; Wieland bemerkte, Lenz sei eine seltsame Komposition von Genie und Kindlichkeit. Goethe führte ihn bei Frau von Stein und dem Herzog ein, der ihn auf seine Kosten im Hotel Erbprinz unterbringen ließ. Lenz genoß die Anerkennung. Konnte er auf eine Anstellung als Vorleser beim Herzog oder Anna Amalia hoffen?

Man wußte nicht, daß Lenz an einer schweren Psychose litt. Er machte ununterbrochen Projekte, um den Armen, den einfachen Leuten, den »Kleinen«, wie er sie nannte, zu helfen. Er fühlte sich als Mann aus dem Volk. Man tuschelte über ihn. Uneingeladen erschien er auf dem Hofball und forderte eine adlige Dame zum Tanz auf. Der Herzog zog die Brauen hoch. Goethe ärgerte sich. In stundenlangen

Gesprächen über Gott und die Welt und Lenzens Weltverbesserungsvorschläge begriffen sie ihre Verschiedenheit. Lenz wollte jäh weg, wollte aufs Land und wanderte wie er ging und stand nach Berka. Goethe mußte ihm Geld und Wäsche nachschicken. Seine Manuskripte nahm er in Verwahrung.

Lenz sagte, er arbeite an militärischen Projekten für den König von Frankreich. Er schrieb an Frau von Stein, er habe es satt, in Weimar den Narren zu spielen. Mitleidig lud sie ihn ein, nach Kochberg auf ihr Gut zu kommen. Er solle ihr die englische Sprache beibringen, sie würden zusammen Shakespeare lesen. Lenz war so taktlos, Goethe zu berichten: »Mit dem Englischen geht es vortrefflich, die Frau von Stein findet meine Methode besser als die deinige« (Lenz Br. II, 31). Zum dritten Mal mischte sich Lenz in Goethes intime Verhältnisse ein. Goethe war nicht eifersüchtig, aber verärgert. Seine Beziehung zu Frau von Stein war heikel und schwankend, das hing nicht mit ihr, sondern ihm, seinem protëischen Charakter, zusammen. Er schwankte zwischen rasender Liebe und freiwilligem Verzicht. Frau von Stein fand Lenz liebenswert und sagte, er sei wie Goethe – aber eben kein Goethe. In Kochberg machte Lenz die persönliche Bekanntschaft Herders. Als der Herzog bei einem Besuch von einem Floß ins Wasser fiel, half Lenz ihm, aufs Trockene zu kommen. Könnte der Herzog ihm vielleicht eine Offiziersstelle in seiner 600 Mann starken Armee geben? Er schrieb an Salzmann in Straßburg: »Vielleicht sehen Sie mich einmal in herzoglich-sächsischer Uniform wieder« (HA, Br. II, S. 42). Nach sechs Wochen kehrte Lenz mit Frau von Stein, den Kindern und deren Hauslehrer nach Weimar zurück. Er schrieb ein Gedicht »Abschied von Kochberg«, das erst 1957 auf einer Autographen-Auktion ans Licht kam. Es schließt mit den Zeilen: »Ich aber werde dunkel sein / Und gehe meinen Weg allein.«

Goethes Tagebuch bringt im November 1776 nur Stichworte: Abendessen mit Frau von Stein, oder: Nachts Tanz bis früh 3. Lenz und ich. Mit Lenz im Garten gegessen. Dann überschlugen sich die Ereignisse. Was geschehen ist, weiß man nicht. Goethe notierte »Lenzens Eselei« (WA III, 1. S. 28). Es könnte sein, daß Lenz ein Spottgedicht über Goethes Verhältnis zu Frau von Stein geschrieben hat. Er war ja genau im Bilde. Goethe war tödlich verletzt und ließ beim Herzog die sofortige Ausweisung aus Weimar verfügen. Lenz suchte sich zu rechtfertigen, schrieb ein paar »dumme Briefe«, erreichte aber nur einen Tag Aufschub. Am 1. Dezember 1776 verließ Lenz die Stadt; es war eine Katastrophe. Das Thema Lenz blieb für Goethe tabu. Als ein Jahr später Lenz' Schizophrenie manifest wurde und man in Weimar davon erfuhr, wagte niemand, es Goethe zu sagen.

Hatte sich Goethe gegenüber Lenz fürsorglich bemüht und hilfreich erwiesen, so ist er mit seinem Frankfurter Freund Friedrich Maximilian Klinger, als dieser im gleichen Sommer in Weimar ein Unterkommen suchte, viel schneller fertig geworden. An Lavater schrieb er im September 1776: »Lenz ist unter uns wie ein krankes Kind, und Klinger wie ein Splitter im Fleisch, er schwürt (schwärt) und wird sich heraus schwüren leider« (HA, Br. I, S. 229). Die Freunde hatten sich auseinandergelebt. Die alte Vertraulichkeit war nicht herzustellen. In Frankfurt hatte Goethe Klinger angenehm gefunden, er sah gut aus, hatte eine hübsche Schwester und einen soliden Charakter. Er stammte aus dem Volk, sein Vater war Stadtsoldat, die Mutter Waschfrau, und Goethe rechnete ihm hoch an, daß er nach dem Tod des Vaters für Mutter und Schwester sorgte. Lange Zeit hat er ihn im stillen, wie es seine Art war, mit Geld unterstützt.

Klingers dichterische »Produktionen« rühmte er viel später, Ende 1811, nachdem ihm dieser seine Werke Band um Band geschickt hatte. Jetzt aber, als er berufslos in Weimar auftauchte, als Autor der Dramen »Zwillinge« und »Sturm und Drang«, war Goethe unangenehm berührt. Er hatte sich von den kraftgenialischen Anfängen entfernt – darum sprach er von einem im Fleisch schwärenden Splitter. Klinger wurde abgewiesen und hat, als tüchtiger Mensch, der er war, in Rußland als Hofgeneral und Autor sein Glück gemacht. In dieser Hinsicht glich er also Goethe, und das war der Grund, weshalb Goethe ihn 35 Jahre später so wohlwollend in »Dichtung und Wahrheit« erwähnte.

Unter vielen Bittstellern, die sich an Goethe wandten, war im Jahre 1781 Gottfried August Bürger. Er befand sich dienstlich und menschlich in schwierigen Verhältnissen und hätte gern »unter einem andern Himmel« eine Stelle im juristischen Dienst angenommen. Goethes Antwort war zurückhaltend; er riet Bürger, sein Glück als Professor der Literatur und Ästhetik zu versuchen. Bürger hörte natürlich die Ablehnung heraus. Einige Jahre später hat er ohne Goethes Hilfe eine Professur in Göttingen bekommen. Als er Goethe 1789 in Weimar persönlich kennenlernte, kamen sie sich nicht näher. Zu verschieden waren die Naturen, die Temperamente, die soziale Stellung und die literarische Entwicklung. Wie Goethe Bürger behandelt hat, ist noch glimpflich, wenn man bedenkt, wie er einige Jahre später seinen besten Jugendfreund, Johann Heinrich Merck aus Darmstadt, nachdem er sich jahrelang auf dem Gebiet der Naturwissenschaften von ihm hatte unterrichten lassen, kalt abwies, worüber noch zu sprechen sein wird.

Charlotte von Stein

Etwa dreißig Kilometer südlich von Weimar, im Herzen des Thüringer Landes mit seinen Tälern, Schluchten, langen Steigungen, Hügeln, Wäldern und Äckern liegt das Wasserschloß Kochberg, ein Wehrbau mit meterdicken Mauern, Tonnen- und Kreuzgewölben. Über die Gräfte führten damals zwei Brücken. Kochberg ist der Stammsitz der Familie von Stein; zwei Dörfer, drei Vorwerke, Jagdreviere und Wälder gehörten zu der Gutsherrschaft mit eigener Kirche und Gerichtsbarkeit. Das Schloß war von Scheunen, Ställen, Speichern und allem, was zu einem Gutshof gehört, umgeben. Hier hätte es sich für eine adlige Familie gut leben lassen, aber sowohl Josias von Stein wie seine Ehefrau Charlotte, geborene von Schardt, hatten gesellschaftliche und höfische Ambitionen. Herr von Stein war Oberstallmeister des Herzogs von Sachsen-Weimar und leitete den Marstall. Ihm unterstanden vierzig Reitknechte, Kutscher und Hilfspersonal. Er besaß Pferdeverstand, war ein guter Reiter und hatte den Ehrgeiz, edle Pferde und Equipagen für den Hof bereit zu halten. Dieser Ehrgeiz nahm gelegentlich skurrile Züge an. Wir hören, daß Stein in seinem Laboratorium mit Farben und Lacken für die Kutschen der allerhöchsten Herrschaften experimentierte. Als Reisemarschall des Herzogs und auch sonst war er viel unterwegs. Das Gut Kochberg unterstand einem Verwalter und scheint dem Grundherrn vor allem wegen der Einkünfte wichtig gewesen zu sein. Er sprach französisch, sah gut aus, war bei Hof beliebt, konnte sich gewandt unterhalten und trat selbstsicher auf. In den Berichten wird er ein Beau genannt, ein schöner Mann. Geistige Interessen und Bedürfnisse kannte er nicht.

Im Jahre 1764 hatte Stein die damals zweiundzwanzigjährige Charlotte geheiratet, die Tochter des Hofmarschalls von Schardt. Seit ihrem achtzehnten Jahr war sie Hofdame der Herzogin Anna Amalia gewesen. Sie bekam sieben Kinder, von denen die vier Töchter bald nach der Geburt starben. Die Ehe war konventionell. Frau von Stein war nach Erziehung und Temperament vor allem Hofdame, eine zarte, etwas leidende Erscheinung, elegant mit Simplizität, wie es heißt, aber nicht schön. Sie liebte sich weiß zu kleiden und war gewandt in allen Formen des Benehmens bei Hofe. Obwohl von der Mutter aus schottischer puritanischer Familie streng erzogen, war Charlotte religiös indifferent. Wenn sie an Sonntagen den Gottesdienst besuchte, geschah es, um bei den Bauern kein Ärgernis zu erregen. Als sie Goethe kennenlernte, war sie dreiunddreißig Jahre alt und schien resigniert zu haben. Todesfälle, Krankheiten und Sorgen um die Kinder, wohl auch eine gewisse Enttäuschung durch den Ehemann, hatten sie gelehrt, vom Leben mehr Leiden als Freuden zu erwarten.

Und nun trat Goethe in ihr Leben, entbrannt in wahnsinniger Liebe, so daß sie erschrak. Er war ein wilder Mensch, ein tobendes Genie, ein noch jugendlicher Mann mit zwiespältigen Empfindungen, der über sich selbst im unklaren war. Dieser Mann hat ihr im Lauf der Jahre eintausendsiebenhundert Briefe und Zettel geschrieben. Ihre Gegenbriefe sind verloren. Nur zufällig haben sich Notizen aus ihrer Hand erhalten. Erst im Alter, lange nach der Katastrophe, hat Goethe Briefe von ihr aufbewahrt. Alles was wir von ihr wissen, wissen wir von ihm.

Der Anfang war ganz romanhaft. In Straßburg hatte J. G. Zimmermann, der Anreger Lavaters und Leibarzt des Königs von Hannover und England, dem jungen Goethe Hunderte von Schattenrissen vorgelegt. Goethe griff den der Weimarer Hofdame Charlotte von Stein heraus und sagte: »Es wäre ein herrliches Schauspiel zu sehen, wie die Welt sich in dieser Seele spiegelt. Sie sieht die Welt wie sie ist und doch durch das Medium der Liebe.« Zimmermann war überrascht und schrieb Frau von Stein: »Niemals hat man, nach meiner Meinung, von einem Schattenrisse mit mehr Genie geurteilt, niemals über Sie, Madame, mit mehr Wahrheit gesprochen« (Gespr. I, S. 154). Als Charlotte einige Jahre später, nach der Lektüre des »Werther«, fasziniert und tief betroffen, die Bekanntschaft Goethes zu machen wünschte, schrieb Zimmermann ihr: »Arme Freundin, Sie bedenken es nicht! Sie wünschen, ihn zu sehen, und Sie wissen nicht, bis zu welchem Punkte dieser liebenswürdige und bezaubernde Mann Ihnen gefährlich werden könnte« (Gespr. I, S. 174).

Kaum ein Jahr später ritzte Goethe in Kochberg seinen Namen in Charlottes Schreibtisch, bis heute sichtbar: »Goethe, den 6. Debr. 75«. In seinem Drama »Die Geschwister« stehen Sätze, aus denen Charlotte zu sprechen scheint: »Die Welt wird mir wieder lieb, ich hatte mich so los von ihr gemacht, wieder lieb durch Sie. Mein Herz macht mir Vorwürfe, ich fühle, daß ich Ihnen und mir Qualen zubereite. Vor einem halben Jahr war ich so bereit zu sterben, und ich bins nicht mehr« (HA IV, S. 355).

Es war das erste Mal in Goethes Leben, daß nicht ein Mädchen, sondern eine reife und obendrein verheiratete Frau, leidenschaftlich von ihm geliebt, begehrt, verehrt, ja angebetet wurde. Nicht von ihr, sondern von ihm ging die Beziehung aus. Sie suchte sich zu wehren, aber Zimmermann hatte recht: Er bezauberte sie, und schon nach einem halben Jahr erlitt sie mehr, als daß sie beglückt wurde, die große Liebe ihres Lebens. Es war von beiden Seiten ein ständiges Für und Wider, Annahme und Verzicht, Annäherung und Flucht. Tage, Wochen und Monate lang war man zusammen; und dann kamen Goethes Reisen, erzwungene und freiwillige Trennungen. Charlottes Liebe zu Josias von Stein war leidenschaftslos gewesen, und er, der Oberstallmeister, hatte keine Ahnung, welcher Tiefe des Empfindens die von ihm in Ehren gehaltene Frau fähig war. Unbefangen scheint er Goethes Gegenwart, selbst nachts in Kochberg, registriert zu haben. Er vertraute auf Charlottes Urgefühl von »Reinheit«, so wie auch sie, obwohl Ehescheidung damals eher möglich war als im bürgerlichen neunzehnten Jahrhundert, keine Scheidung gewollt zu haben scheint, und zwar aus dem Gefühl menschlichen Anstands: Um einer Leidenschaft willen auseinander zu laufen, blieb der nächsten Generation, den Romantikern, vorbehalten.

Nachdem Goethe Ende Mai 1776 das vom Herzog geschenkte Gartenhaus an der Ilm wohnlich gemacht hatte, gingen Briefe der Zufriedenheit an Auguste Stolberg: »... ein trüber, aber herrlicher Tag. Ich habe lange geschlafen, wachte aber gegen vier auf. Wie schön war das Grün dem Auge, das sich halbtrunken auftat. Da schlief ich wieder ein... Ging um elf heute früh in die Stadt, steckte mich in ehrbare Kleider, machte eine Visite, ging zum Herzog, einen Augenblick zur Herzogin-Mutter. Wir haben Italiener hier, die uns gute (Ab-)Güsse der Antiken schaffen. Dann bei Fr. v. Stein zu Tisch. Wir hatten Lust uns zu necken. Um vier zu Wieland in Garten, wo der Maler Krause (Georg Melchior Kraus) dazukam. Beide mit mir in meinen Garten. Sie verließen mich. Las Guiberts Taktik (ein Buch des französischen Generals Guibert). Da kam der Herzog und der Prinz (Konstantin) mit noch zween guten Geistern (vermutlich Einsiedel und Knebel). Wir schwatzten und trieben allerlei. Fr. v. Stein mit ihrer Mutter kam von Oberweimar herunter spazieren. Wir begleiteten sie, kehrten um, der Prinz verließ uns auch. Ich erzählte dem Herzog eine Geschichte eines meiner Freunde (vermutlich Jung-Stilling), begleitete ihn nach der Stadt und kam allein zurück« (HA, Br. I. S. 217).

Der Brief ist typisch für Goethes Tageslauf und die Form des Umgangs mit der höfischen Gesellschaft. Frau von Stein scheint nur *eine* der Figuren zu sein, und doch erschien sie ihm als Engel; er dankte dem Schicksal, daß es ihm Lili zwar genommen, aber Charlotte gegeben habe. Dieser Schicksalsglaube beherrschte ihn, bis er später vom Glauben an das Gesetz, das Nichtzufällige, abgelöst wurde. Kurz darauf notierte er, er habe an seinem »Falken« geschrieben, einem Drama nach Boccaccios Falkenmotiv in der neunten Novelle des fünften Buchs des Decamerone. Hier sollten die »verklungenen Leiden« der Liebe zu Lili dem entsagenden Verzicht auf Frau von Stein gegenübergestellt werden (HA, Br. I, S. 655). Das Drama ist nie vollendet worden. Daß Lilis Brüder sie zu einer reichen Ehe drängen wollten, hat Goethe tief bewegt. Daher sein Zorn auf die Brüder: »Hol sie der Teufel!« Beutler hat nachgewiesen, daß der Brief in der Weimarer Ausgabe irrtümlich auf den 10. April datiert wurde. Er gehörte in den Juli, vor den Plan zum Falkendrama. Goethe hat Lili weder jetzt noch später vergessen.

Goethes Briefe und Zettel an Frau von Stein berichten Tausende von Details über sein Tun und Lassen, die Beziehungen zum Hof, die Tätigkeit als Beamter und Politiker, über seine literarische Arbeit und persönlichen Verhältnisse. Wir hören von Reisen, Forschungen, Studien, Lektüre, vom Theater, das Frau von Stein wenig interessierte, von Streitigkeiten der Freunde, dem Herzog, von Besuchen und Empfängen, Begegnungen mit allen möglichen Leuten – doch über den zentralen Punkt, die Liebe, erfahren wir nur, daß sie ihn tiefer als alles andere bewegte: »Seit meinem Erwachen bin ich mit dir beschäftigt und muß dir einige Zeilen schreiben, damit ich zu etwas andrem geschickt (fähig) werde. Ich will heute (ein Mittel gegen Grippe) einnehmen. Sag mir, ob du in die Gesellschaft gehst. Und dann, Lotte, ich habe eine Sorge auf dem Herzen, eine Grille, die mich plagt und schon lange ängstigt. Du mußt mir erlauben, daß ich dir sie sage, du mußt mich aufrichten. Mit Schmerzen erwart ich die Stunde, da ich dich wiedersehe. Du mußt mir verzeihen, Gespenster, die mir furchtbar sind, und die nur du zerstreuen kannst« (18. Febr. 1782, HA, Br. I, S. 382).

Goethes Mitteilungen sind immer wieder auch Zeugnisse seiner Lebensweise. Er schreibt aus den Wäldern und Revieren, aus Forsthäusern und Rentämtern, Schlössern und Burgen, aus Ilmenau, wo ein Lieblingsprojekt des Herzogs, die Wiederaufnahme des Bergbaus betrieben wurde, aus Manövern mit den Husaren, von einsamen Ritten in Begleitung seines Dieners und Schreibers Philipp Seidel, den er aus Frankfurt mitgebracht hatte, von einer ihm widerwärtigen vierwöchigen Dienstreise durch das ganze Land zur Aushebung von Soldaten. Mit dem Zeichenstift hält er Natur, Wald, Teiche, Parks, Felder, Flüsse und Wehre fest: Ein großer Teil von diesen Zeichnungen war für Frau von Stein bestimmt und wurde den Briefen beigelegt. Er schildert Theaterproben, von denen sie sich zurückhielt, und deutet gelegentlich seinen Umgang mit Misels (Mädchen) an. Er berichtet ihr seine Träume, von Nachtgespenstern, die ihn bedrängen, auch von politischen Dingen, von einem Wasser- und Erdbeben in Kreta.

»Du einzige, unaussprechlich Geliebte« (HA, Br. I, S. 414) – solche Stellen gibt es zu Hunderten. Damit nähert man sich dem Kern des Verhältnisses: Daß Frau von Stein seine erste – wie er meint – erfüllte Liebe sei, die von Jugend auf ersehnte Gesuchte, daß sie die Erflehte ist, das »Ewig-Weibliche« in einer konkreten Person. Frau von Stein besaß manche Voraussetzungen für sein Bild von ihr, Lebenserfahrung, Geduld, natürliche Klugheit, Formen des Umgangs und der Sitte, Wissen um gesellschaftliche Normen und, als Maß der ruhigen Lebensführung, Reinheit. Damit ist nicht so sehr, obgleich es mitspielt, moralische Reinheit als Gegensatz zur Unreinheit gemeint, sondern Reinheit des Herzens und Wahrhaftigkeit, begriffen als Gegensatz zu genialischem Überschwang und erhitzter Schwärmerei. Aus diesem Gefühl heraus war ihr Goethes »Werther« als bedrükkend und bei aller Macht der Darstellung verlogen erschienen. Reinheit tritt bei Goethe an die Stelle seiner Lieblingswörter unendlich und Unendlichkeit.

War es schon merkwürdig, daß Goethe in Straßburg Charlottes Wesen aus einem bescheidenen Scherenschnitt deuten konnte, so ist noch merkwürdiger, daß er, als er das Prometheus-Drama schrieb, 1773, die Vorahnung seines weiblichen Ideals dichterisch erfaßt hat. Prometheus spricht zu seinem Geschöpf:

Und du, Pandora,
Heiliges Gefäß der Gaben alle,
Die ergötzlich sind
Unter dem weiten Himmel,
Auf der unendlichen Erde,
Alles, was mich je erquickt von Wonnegefühl,
Was in des Schattens Kühle
Mir Labsal ergossen,
Der Sonne Liebe jemals Frühlingswonne,
Des Meeres laue Welle
Jemals Zärtlichkeit an meinen Busen angeschmiegt,
Und was ich je für reinen Himmelsglanz
Und Seelenruhgenuß geschmeckt –
Das all all – – Meine Pandora! (HA IV, S. 180)

Diese Frau, den höchsten Gegenstand seiner Sehnsucht, sagt Walter Hof, Spenderin aller Gaben, Muse und Anregerin, habe Goethe in Frau von Stein gefunden. Später hat Goethe in den Stanzen der »Zueignung«, welche ursprünglich die Einleitung zu dem Zyklus »Die Geheimnisse« bilden sollte, diese Frau als »Wahrheit« auftreten lassen, als jene Frau, aus deren Hand er »der Dichtung Schleier« empfangen habe:

Kennst du mich nicht, sprach sie mit einem Munde,
Dem aller Lieb und Treue Ton entfloß,
Erkennst du mich, die ich in manche Wunde
Des Lebens dir den reinsten Balsam goß?

Du kennst mich wohl, an die, zu ewgem Bunde,
Dein strebend Herz sich fest und fester schloß.

Sah ich dich nicht mit heißen Herzenstränen
Als Knabe schon nach mir dich ewig sehnen? (HA I, S. 150)

Und er, der Dichter, erwidert:

Ja, rief ich aus, indem ich selig nieder
Zur Erde sank, lang hab ich dich gefühlt:
Du gabst mir Ruh, wenn durch die jungen Glieder
Die Leidenschaft sich rastlos durchgewühlt... (ebda)

Frau von Stein hat Goethe von seinen utopischen Träumen befreit. Sie hat ihn dazu gebracht, den promethëischen Trotz aufzugeben und Frieden zu schließen mit der Realität, die ihm verhaßt war, weil das Genie in ihr nicht atmen könne. Man darf nicht übersehen, daß Pandora ein lebloses Bildnis aus Ton, des Prometheus Geschöpf ist, das mit Hilfe der jungfräulichen Göttin Minerva-Athena in diesem antikisch kostümierten Schöpfungsmythos belebt wird. Die Beziehung von Pandora zu Frau von Stein, ihre Epiphanie als Muse, als Erzieherin zum Leben, wurde in diesen Jahren in zahllosen Briefen, Notizen, Zetteln und Gedichten bekräftigt, am deutlichsten in einem der ersten und vieldeutigsten Gedichte: »Warum gabst du uns die tiefen Blicke«, wo ahnende Vergangenheit und erträumte Zukunft eins zu werden scheinen. Goethe kann es sich nicht anders erklären als durch einen Satz aus den pythagoreischen Wiedergeburtslehren. Er taucht auch in einem Brief an Wieland über sein Verhältnis zu Charlotte auf. Tief ergriffen ist der Ton:

Ach, du warst in abgelebten Zeiten
Meine Schwester oder meine Frau. (HA I, S. 123, Vers 27–28)

Die Biographie Goethes dehnt sich hier, im Sinne seiner früheren Annäherungen an die Makrokosmos-Mikrokosmos-Lehre, auf Ahnungen einer entgrenzten Lebenszeit aus. Die Reise nach innen war eine Erfahrung der Mystik. Sie vermittelte Erinnerungen an Zeiten und Räume, wo das Bewußtsein des Informationsträgers und seine Identität überschritten wurden. Solche Gesichte hat Goethe seinen Großeltern Textor zugeschrieben. Aus Traum-Schichten stammen Goethes Inspirationen vieler Gedichte und Dramen: »Heil den unbekannten / höhern Wesen / die wir ahnen« (HA I, S. 147).

Ihr Verhältnis zu ihm, schrieb er im August 1776 an Charlotte, sei so heilig sonderbar, daß es nicht mit Worten ausgedrückt werden könne, »Menschen können's nicht sehen« (HA, Br. I, S. 224). Von entnervender Ungewißheit spricht das Bekenntnis:

Ach wenn du da bist
Fühl ich, ich soll dich nicht lieben.
Ach wenn du fern bist
Fühl ich, ich lieb dich so sehr. (HA Br. I, S. 224)

Er empfing durch sie ein erhöhtes Selbstgefühl im Sinne der Aufrichtigkeit seiner Absichten. Damals entstand »Wandrers Nachtlied« (HA I, S. 142). Es bezieht sich auf die Wanderungen in Thüringen und unterscheidet sich von den Frankfurter Wanderergedichten durch den »süßen Frieden«, den ihm Charlotte gegeben hatte. Zur gleichen Zeit aber wurden Goethes Beziehungen zu Frau von Stein, die Süßigkeit des Wechsels zwischen Sehnsucht und Getrenntheit, durch Corona Schröter irritiert. Charlotte war eifersüchtig; er mußte sie mit der Versicherung, die Schröter sei »ein Engel«, beruhigen – was doch wohl heißen sollte, daß Corona unberührbar war.
Durch Frau von Stein wurde Goethe auf den organischen Zusammenhang der Kräfte hingewiesen. Sein Verhältnis zur Natur wandelte sich; sie wurde nicht mehr gefühlt, sondern begriffen. Er, der nie auf dem Lande, sondern nur in Städten gelebt hatte, genoß die Natur in seinem Garten. Er schlief in den Sommernächten im Freien und badete in der Ilm. Zu Fuß und zu Pferd durchstreifte er die Landschaft. Damals entstand »Jägers Nachtlied«, das in der zweiten Fassung »Jägers Abendlied« heißt:

Im Felde schleich ich still und wild,
Lausch mit dem Feuerrohr,
Da schwebt so licht dein liebes Bild,
Dein süßes Bild mir vor. (HA I, S. 121)

Mit der Freude am Zeichnen erwachte die Freude am Darstellen des Konkreten, des Faßlichen. Das Erzählgedicht mit dem umständlichen Titel »Erklärung eines alten Holzschnittes, vorstellend Hans Sachsens poetische Sendung« stellt den Meistersinger beim Zurechtbosseln der Figuren seiner »kleinen Welt« in kunstvollen Knittelversen dar. Aus Hans Sachs wird unversehens der Dichter Goethe. Hier findet sich für die Gestalt der beflügelnden Muse zum ersten Mal eine sinnlich pralle Figur. Ihre Erscheinung erinnert an Dürersche Frauengestalten:

> Da tritt herein ein junges Weib,
> Mit voller Brust und rundem Leib,
> Kräftig sie auf Füßen steht,
> Grad, edel vor sich hin sie geht,
> Ohne mit Schlepp' und Steiß zu schwänzen
> Noch mit'n Augen 'rum zu scharlenzen. (HA I, S. 135)

Es war ein entscheidender Schritt vom Menschenbildner Prometheus zum Figurenbildner Hans Sachs. In der »Zueignung« wird die Frau eine Göttin sein, und im ersten Meisterroman, der »Theatralischen Sendung«, wird sie als berittene Amazone auftreten und Wilhelm in seinen Tag- und Nachtträumen verfolgen.

Goethes Liebe zu Frau von Stein äußerte sich in bestürzender Intensität: Erwachend nennt er als erstes Wort ihren Namen; in der Frühe erkundigt er sich nach ihrem Befinden und ihren Plänen; mittags will er bei ihr essen, und abends freut er sich, mit ihr den Sonnenuntergang bewundern zu können. Wenn er nach Jena fährt – und das tut er ziemlich häufig, um seinen Freund Knebel, später Schiller zu besuchen –, beteuert er, ohne sie nicht leben zu können und wie er die Rückkehr ersehne. Er schenkt weiße Handschuhe, gering von Wert, wie er schreibt, er dürfe sie nur ein einziges Mal verschenken: Es sind die Handschuhe des Logenbruders für die Dame seines Lebens. Waren die Beteuerungen echt oder brauchte sie ständige Schmeicheleien? Seine Liebe nahm verzehrende Formen an, er bezeichnet sich als ihren Leibeigenen, ja Sklaven (WA IV, 5. S. 185). Charlotte hat seine Sinnlichkeit gezähmt und durch stete Verweigerung zugleich gesteigert. In einem französisch geschriebenen Brief vom August 1784 beteuert er, seine Liebe sei mehr als Leidenschaft, sie sei eine Krankheit (WA IV, 6. S. 350). Liegt hier der wahre Grund für die Flucht nach Italien? Floh er nicht vor ihrer Liebe, sondern vor der Gefahr einer Erstickung seiner künstlerischen Potenz?

Kein Wunder, daß sie annehmen mußte, die einzige Frau zu sein, an die er sich binden wollte, obgleich sie, aus puritanischen Gründen, nicht zur Hingabe bereit war. Sie durfte wohl erwarten, daß er ihr treu bleiben würde. Als Dank für ihr Geständnis, daß sie ihn und nur ihn liebe, kam es zu einer Art Verlobung, einem »Gelübde«, das beide zwar nicht rechtlich und sakramental, aber insgeheim und deshalb um so unverbrüchlicher aneinander binden sollte. Sie kannte ja seine Abneigung, seine Ehescheu und seinen tief sitzenden Angstkomplex vor naher Berührung. Ihren Sohn Fritz versprach er zu erziehen und zu seinem Erben zu machen. – Viel später, nach dem Bruch, hat sie in ihrem Drama »Dido« die Tragödie der vom Vergilischen Aeneas verlassenen Frau geschrieben (Hof, S. 172 ff).

Charlotte von Stein, hört man oft, sei das Ur-Bild der Iphigenie und der Prinzessin im Tasso gewesen. Goethe hat gesagt, Lida, wie er sie nannte, habe auf seine Produktion den gleichen prägenden Einfluß gehabt wie William Shakespeare, der Stern der höchsten Höhe. Aber es wäre nicht richtig, in Iphigenie und der Prinzessin Figurationen Charlottes zu sehen. Sie war weder eine griechische Heroine noch eine Dame der Renaissance. Doch sie hat Goethes dichterische Phantasie auf eine menschliche und sittliche Höhe gehoben, wo solche Frauen mit dem Adel einer rührenden Reinheit in sein Gesichtsfeld gerieten, zu einer von uns klassisch genannten und fast schon wieder verblassenden Idealität. Daß ihr beides möglich war, Goethe an das konkrete Leben und das idealische Bild dieser Gestalten zu binden, machte Charlottes Bedeutung in diesem kritischen Jahrzehnt von Goethes Leben aus. Nur sie hat ihn seelisch und geistig auf Italien vorbereiten können, wo er das homerische Bild des Lebens als Natur vor Augen hatte.

In den Jahren der engen Verbindung mit Herder und Charlotte entwarf Goethe den Plan zu dem religiösen Epos »Die Geheimnisse«. Herders »Ideen« enthielten eine Darstellung der Weltreligionen; im Christentum seien alle Lehren der Humanität zusammengefaßt. Goethe hatte großen Anteil daran; wahrscheinlich wäre das Werk ohne ihn nie so weit gediehen. In den »Geheimnissen« wollte er die Mysterien der Religionen dichterisch darstellen. Hier verbanden sich Gedanken Lessings von der verlorenen Urreligion der Menschheit mit Johann Valentin Andreaes Vorstellungen einer christlichen Republik und Ideen des legendären Christian Rosenkreuz, der die Entsprechung von Mikrokosmos und Makrokosmos bei den Weisen Asiens

kennengelernt haben wollte. Goethe paßte den Stoff seinen Vorstellungen einer spinozistisch-leibnizischen Universalreligion an. 1780 war er Logenbruder geworden, 1783 hatte er sich in den Orden der Illuminaten aufnehmen lassen: Die Zeit liebte Geheimgesellschaften, welche elitäres Wissen versprachen. Zahlreiche Gelehrte, Künstler und Adlige waren ihre Mitglieder.
Was die Kunstform, die Technik des Mysterienepos, angeht, sollen Goethe Heinses Roman »Laidion oder die eleusinischen Geheimnisse« (1774), wo eine Hetäre aus der Unterwelt berichtet, und die angehängten erotischen Stanzen vorgeschwebt haben. Jedenfalls berichtete Heinse, Goethe sei begeistert gewesen. Tatsächlich schrieb Goethe sehr ironisch, »Laidion« sei »mit der blühendsten Schwärmerei der geilen Grazien« (WA IV, 2. S. 176) geschrieben, die angehängten Stanzen überträfen an Schmelz und Farbe alles Bisherige. Goethes fünfundvierzig Stanzen der »Geheimnisse«, in der Art Ariosts und Tassos, blieben Fragment. Der Stoff wuchs Goethe über den Kopf. Sie spiegeln jedoch in großartigen Bildern seine Religionsvorstellung:

Er fühlet neu, was dort für Heil entsprungen,
Den Glauben fühlt er einer halben Welt;
Doch von ganz neuem Sinn wird er durchdrungen,
Wie sich das Bild ihm hier vor Augen stellt:
Es steht das Kreuz mit Rosen dicht umschlungen.
Wer hat dem Kreuze Rosen zugesellt?
Es schwillt der Kranz, um recht von allen Seiten
Das schroffe Holz mit Weichheit zu begleiten

(HA II, S. 273, Vers 65–72)

Die Gedanken eines Geheimordens der Reinen und Reifen sind später in die Turmgesellschaft des »Wilhelm Meister« eingegangen. Wie wichtig Goethe den Komplex der »Geheimnisse« nahm, zeigt sich schon daran, daß er die Einleitung des Epos, die »Zueignung«, dem Gesamtwerk seiner Schriften von 1787 voranstellte.

Wilhelm Meisters Theatralische Sendung

Das umfangreichste Werk aus den Jahren mit Charlotte von Stein war der Roman »Wilhelm Meisters Theatralische Sendung«. Mit einer erstaunlichen perspektivischen Kunst hat Goethe die Laufbahn eines Schauspielers so dargestellt, daß man die ganze Welt der Jahrzehnte 1760–80 daraus erkennt. Was er in Frankfurt, Leipzig, Straßburg und auf der Weimarer Liebhaberbühne gesehen, erlebt und erlitten hatte, bildet den Rohstoff auf der Vorderbühne der Ereignisse, und ihr Protagonist, der pedantische Wilhelm, hat durchaus nicht den Glanz und die Fülle eines Helden. Viel interessanter und im Sinne der Zeit rührender sind die aus einer traumhaften Tiefe dichterischer Inspiration stammenden Figuren seiner Umgebung.

Den Briefen und Tagebüchern ist zu entnehmen, daß Goethe in den Jahren der »Theatralischen Sendung«, 1777–86, im Beamtendienst eingespannt war. Er kümmerte sich um Wasser- und Wegebau, die Belebung der Textil- und Porzellanindustrie von Apolda, die Wiederaufnahme des Bergbaus in Ilmenau, um Militärverwaltung und Rekrutierung (um Schlimmeres, den Einbruch preußischer Werber, zu verhüten), um die wissenschaftlichen Institute der Universität Jena, die Schwierigkeiten mit landsmannschaftlich aufgehetzten Studenten, um den Aufbau der Verwaltung und schließlich auch um das mühsamste aller Geschäfte, die Finanzen des durch Mißwirtschaft fast bankrotten Staates. Dazu kamen Reisen in die Schweiz, zum Harz, in Begleitung des Herzogs nach Leipzig und Berlin, Besuche bei befreundeten und verwandten Fürstlichkeiten, so daß man sich wundert zu hören, daß er am »Egmont« arbeitete, in wenigen Tagen »Die Geschwister« verfaßte, den »Tasso« entwarf und im Rekrutierungsbüro an der »Iphigenie« schrieb. Dazu kamen höfische Verpflichtungen, Aufführungen seiner eigenen Stücke, Festspiele und Maskeraden mit literarisch läppischen, theatralisch aber wirksamen Allegorien der Weimarer Verhältnisse und die immer weiter ausgreifenden Beschäftigungen mit den Naturwissenschaften. Zwischendurch hört man, daß Goethe aus »Iphigenie«, »Tasso« und dem entstehenden Roman, der »Theatralischen Sendung«, vorlas. In einer der nicht seltenen depressiven Phasen, am 5. Mai 1785 an Knebel, fällt dann, ohne nähere Erklärung, der Satz: »Ich flicke an dem Bettlermantel, der mir von den Schultern fallen will« (WA IV, 7. S. 51).

Goethes Verhältnis zum Theater war von Jugend auf zwiespältig. Das Puppenspiel hatte ihn als Kind fasziniert. Daß die Welt edler Personen, Könige und Helden, daß die Dramen von Racine, Corneille und Shakespeare von mittelmäßigen Ensembles auf die Bühne gebracht wurden, hat ihn verdrossen. Sollte das Theater nicht zu verbessern, sollten die Schauspieler nicht zu bilden sein? Gottsched hatte es versucht, und Caroline Neuber hatte als Theaterleiterin großes Ansehen genossen. Bedeutende Bühnen gab es in den siebziger Jahren in Hamburg, Mannheim, Stuttgart und Wien. Schauspieler zu werden, auf der Bühne zu stehen, war der Wunsch vieler junger Leute, die sich entfalten wollten. Karl Philipp Moritz' »Anton Reiser« und die Lebensbeschreibungen vieler Schauspieler zeigen, wie stark der Drang nach den Brettern, die die Welt bedeuten, geworden war.

In Leipzig hatte Goethe zum ersten Mal modernes Theater aus eigenem Erleben kennengelernt. Die berühmte Corona Schröter, eine Sängerin, holte er jetzt nach Weimar und führte sie dem Liebhabertheater als Berufsschauspielerin zu. Goethe hat sie geschätzt, vielleicht auch geliebt. Es kam zu Eifersuchtsszenen mit Frau von Stein und dem Herzog. Corona war und blieb unberührbar – wie es Goethes Frauenideal entsprach (Beutler II, 180). Was Goethe auf Bühnen erlebt und gesehen hatte, bildet den Rohstoff des neuen Romans, überaus farbig und anschaulich, oft drastisch. Gegenwelt ist das bürgerliche Leben in seiner geistigen Öde. Wilhelms Eltern leben in Unfrieden, die Mutter ist eine leichtlebige Person, der Vater denkt nur an sein Geschäft. Die Verhältnisse sind also anders als in den »Lehrjahren« und völlig verschieden von der Darstellung des eigenen Elternhauses am Hirschgraben in »Dichtung und Wahrheit«.

Wilhelm verachtet das Geld; seine Neigungen richten sich nicht auf die Natur, den Adel und die Wissenschaften, sondern auf die Lust am ungebundenen Leben und Abenteuer. Wilhelm idealisiert das Theater; es verbinde Zuschauer, die an den Worten des Schauspielers hängen, zu Brüdern. Nicht beim gedrückten Bürger und seinem meist schmutzigen Gewerbe sei die Tugend zu vermuten, sondern beim Schauspieler, »dessen Kunst, die ihm Brot gibt, zugleich die edelsten größten Gefühle der Menschheit durchdringt, der Tugend und Laster täglich in seiner Blöße studiert und darstellt und die Schönheit und Häßlichkeit am lebhaftesten fühlen muß, eh' er sie andre so lebhaft empfinden lassen kann« (WA I, 51. S. 51). Die Schauspieler wundern sich über Wilhelms Idealismus, denn seine Apologie will nicht zu den realen Verhältnissen ihres Standes passen.

Das erste Buch schildert Wilhelms jugendliche Begegnung mit dem Puppentheater und die daraus entspringende Begeisterung für den Beruf des Schauspielers, verbunden mit Reflexionen über den Sinn der Tragödie. Er macht die Bekanntschaft der Schauspielerin Mariane. Daß sie ihn betrügt, wirft ihn aus der Bahn und verwickelt ihn in eine langwierige Krankheit. Die Genesung begreift er als eine Rückkehr von Körper und Seele zu gesunden Verhältnissen. Hier spiegelt sich Goethes Rückkehr als Kranker aus Leipzig ins Elternhaus, allerdings ohne die pietistisch-magischen Hintergründe der Wiederherstellung, wie der Roman überhaupt das religiöse Moment ausspart. Alles Gewicht liegt auf Wilhelms sehr langsam sich entwikkelndem Charakter. Weil ein verständnisvoller Schwager, Werner, sich in langen Diskussionen seiner annimmt, kann er ins normale Leben zurückfinden, aber es bleiben Ungenügen am »gleichgültigen Zustand« und »eine Art Lüsternheit nach dem Übel und eine dunkle Sehnsucht nach dem Genusse des Schmerzens« (WA I, 51. S. 149). Sie erklären das rätselhafte Vergnügen der Menschen am Trauerspiel.

Wilhelm scheint sich in das bürgerliche Leben einzufügen und geht auf eine Geschäftsreise. Wieder gerät er an Schauspieler, Herrn Melina und seine Frau, die ihn mit der Truppe der Madame Retti bekannt machen. Hier lernt Wilhelm Mignon kennen, ein Mädchen, das halb Knabe ist. Als sich zeigt, daß Wilhelm ein Stück geschrieben hat, »Belsazar«, will die Truppe es aufführen. Wilhelm schießt Geld zu, führt Regie und hat in der Rolle des Darius großen Erfolg, der freilich am nächsten Abend, als der Liebhaber der Madame Retti die Rolle spielt, in das katastrophale Gegenteil umschlägt. Da zu dem künstlerischen Mißerfolg der Truppe der finanzielle kommt, wird

Melina Direktor und man will sein Glück in einer andern Stadt versuchen. Doch inzwischen ist Krieg ausgebrochen, es gibt kein Engagement, bis ein Graf und eine Gräfin sie zu einer Vorstellung auf ihrem Schloß einladen, wo ein fürstlicher Armeeführer als Gast erwartet wird. Wilhelm hat eine rätselhafte Zuneigung zu Mignon gefaßt und bleibt um ihretwillen bei der Truppe, zumal jetzt zwei neue Figuren auftauchen, Philine, eine verführerische Schauspielerin, und ein alter Harfner, dessen dunkle Gesänge eine rührende Anziehungskraft auf Wilhelm ausüben. Auf dem Schloß des Grafen erscheint, aus der Umgebung des Prinzen, eine bedeutende Persönlichkeit, Jarno. Er veranlaßt Wilhelm, Shakespeare zu lesen.

Nachdem die Schauspieler das Schloß verlassen haben, geraten sie zwischen die Armeen und werden von Räubern überfallen. Wilhelm wird niedergeschlagen und Mignon und Philine bemühen sich um ihn. In dieser Lage werden sie von einer kleinen Gesellschaft überholt, einer Dame mit ihrem Onkel; es stellt sich heraus, daß der Überfall nicht den armen Schauspielern, sondern diesen gegolten hatte. Die schöne Dame zieht ihren Überrock aus und deckt Wilhelm damit zu: »In diesem Augenblick würkte der lebhafte Eindruck ihrer Gegenwart so wunderbar auf seine schon angegriffenen Sinnen, daß es ihm auf einmal vorkam, als sei ihr Haupt mit Strahlen umgeben, die sich nach und nach über ihr ganzes Bild ausbreiteten« (WA I, 52. S. 200).

Im sechsten Buch, dem letzten der »Theatralischen Sendung«, kommt Wilhelm durch Fürsorge der schönen Unbekannten und Philines Pflege zu Kräften. In Begleitung Mignons studiert er Shakespeares »Hamlet«. Ein Brief Melinas bringt das Kleeblatt Wilhelm, Philine und Mignon zu dem großstädtisch-modernen Theaterdirektor Serlo, der Wilhelm mit offenen Armen aufnimmt. Sie wollen »Hamlet« aufführen, und Serlos Schwester Aurelie, eine hypochondrische Schöne, soll die Ophelia spielen. Mit den Vorbereitungen der Aufführung schließt das Buch.

Teile des Romans hatte Goethe während der Entstehungszeit der Hofgesellschaft von Weimar vorgelesen. Der Herzog, Anna Amalia und Frau von Stein hatten besonderen Anteil genommen. Goethe überließ das Manuskript stückweise seiner Züricher Verehrerin Barbara Schulthess zur Einsicht, und diese hat es, ebenfalls stückweise, vor der Rücksendung, nach nicht unerlaubtem Brauch, gemeinsam mit ihrer Tochter abgeschrieben. Das Ur-Manuskript ist verloren. Die Abschrift wurde 1910 im Archiv der Familie Schulthess entdeckt und bald darauf veröffentlicht; es war eine der größten Sensationen der Goethe-Philologie.

Die unmittelbare Wirkung der »Theatralischen Sendung« bestand darin, daß sich die Weimarer Gesellschaft in ihr wiedererkannte. Die mittelbare Wirkung bestand in der poetischen Form, der künstlerischen Darbietung, und diese ist für uns, wenn auch auf andere Weise, nachzuvollziehen; das gilt auch für jene Teile, die inzwischen historisch geworden sind, für die Struktur der Gesellschaft, ihre Moral und die Rechtsformen, für die Auffassung von der Bedeutung des Theaters und die sozialen Bindungen. Der lockeren oder gelockerten Welt verstoßener Töchter, verlorener Söhne (auch Wilhelm gehört dazu), fast vogelfreier Rechtloser und illegitimer Verhältnisse steht die adlige und bürgerliche gegenüber. Die Weimarer Gesellschaft hat natürlich begriffen, daß Goethes Roman weit mehr als ihr Abbild war, daß es sich um Literatur im Sinne von Poesie handelte. Das äußert sich in seiner gehobenen, hellen, vertraulichen Sprache, wo sich der Leser angenehm berührt fühlt, eine Sprache, die weit entfernt war vom empörten Schrei des Sturm und Drang und ebenso weit vom späteren sogenannten Realismus. Ihre Wahrheit wurde durch die Persönlichkeit des Dichters garantiert: Er spricht vom Standpunkt einer durch die hohe Aufklärung verbürgten Humanität.

Der Roman ist nicht nur als Erzählung einer künstlerischen Laufbahn angelegt. Diese Grundstruktur wird überlagert und teilweise verdeckt von einer Familiengeschichte und einem auf verschiedenen Ebenen spielenden Liebesroman des auf diesem Gebiet ganz unerfahrenen Helden. Dieser »Roman« trägt, wenn man an Mignon und die Amazone denkt, mythisch-märchenhafte Züge. Auch die andern Figuren verweisen auf teilweise zurückliegende, teilweise künftige Geschichten. Da es sich ferner um einen Reise- und Abenteuerroman handelt, wo die Muster von Fieldings »Tom Jones« und Prévosts »Manon Lescaut« durchschimmern, die Goethe mit großem Beifall gelesen hatte, muß man die schon von den Zeitgenossen und fünfzehn Jahre später von der Romantik bewunderte komplexe Struktur des Werkes gut durchschauen.

Der Held, Wilhelm, ist gutmütig-schüchtern. Er ist als Kind von der Poesie des Puppentheaters unwiderstehlich angerührt worden, und daher kommt sein Wunsch, Schauspieler zu werden. Er verkennt seine Anlagen, wie es vielen geht, denn daß Wilhelm eben nicht die Begabung und Fähigkeit eines Künstlers besitzt und erst auf langen Wegen, die sich fallweise als Irrwege erweisen, zu einem durchaus bürgerlichen Beruf kommt, ist eine der pädagogischen Tendenzen des Romans. Auch die Liebe des Jünglings zu Mariane entspringt einem jugendlichen Idealismus, der dann grausam enttäuscht wird. Goethe macht dem Leser den Charakter dieses jungen Mannes, von dem man ahnt, daß er nie was Besonderes sein oder leisten wird, anziehend durch seine Naivität. In Wilhelm liegen viele Schichten und Möglichkeiten übereinander, durchdringen sich und erwecken den Eindruck einer grenzenlosen Offenheit für die in außerordentlicher Vielfalt geschilderte Welt.
In den folgenden Büchern wird die Poesie der Kinderträume enttäuscht, und Wilhelm, mit freundlicher Ironie als unbelehrbar geschildert, wird ausgenützt. Wenn er für einen Augenblick Erfolg hat, wird er im nächsten Augenblick vom Schicksal zurückgestoßen. Seine Lebenstüchtigkeit bewahrt ihn vor dem Zerbrechen, und gerade dies macht ihn für Mignon, den Harfner und Philine anziehend und für die Schauspieler nützlich. Was von Wilhelm gilt, kann vom Roman überhaupt gesagt werden: Seine Welt wird in ihrer Vielfalt von einer unscheinbaren Mitte her organisiert. In der »Theatralischen Sendung«, wo man noch nichts über Mignons, des Harfners, Jarnos und der Amazone weitere Schicksale erfährt, bleibt diese Tiefenperspektive unangerührt von den späteren Rationalisierungen.
Goethes dichterische Inspiration läßt Mignon und den Harfner weltfremd erscheinen; sie reden nicht, weisen aber in tiefsinnig-klaren Gedichten auf eine eigene Welt hin. Ihre Herkunft bleibt ebenso unklar wie ihre Stellung in der Gesellschaft. Sie verkörpern die älteste Schicht der Erzählkunst, den Mythos. In einer Welt, deren Sprache sie weder reden noch verstehen, können sie nur singen. Auch vom Theaterbetrieb können sie nicht integriert werden. Mignons Eiertanz ist keine künstlerische Leistung, sondern eine mit der Peitsche erzwungene Dressur. Daß sich Wilhelm von Mignon und dem Harfner fasziniert zeigt, spricht für seine idealistische Anlage, die den durch

Geldgier korrumpierbaren Schauspielern fehlt. Mignon, der Harfner und Philine bilden Wilhelms »Familie«, so daß Wilhelm mit seinen reichen Mitteln Mignon und dem Harfner als Beschützer erscheint – auch das ist ein epischer Zug: Der Schutzherr ist Protektor der Künste.

Mignon zuliebe bleibt Wilhelm bei der Truppe. Sie ist ihrer körperlichen Erscheinung nach mehr Knabe als Mädchen; erst allmählich wird der weibliche Charakter deutlich: Sie verliebt sich auf scheue Art in ihn, während er ihr gegenüber väterliche Gefühle hat. Er möchte ihre Herkunft klären, hat aber keinen Erfolg. Was wir über Mignon und den Harfner erfahren, steht in ihren Gedichten; es sind nicht Tatsachen, sondern Gefühle der Qual, einer dunklen Schuld, tiefer Einsamkeit, Ahnungen eines kosmischen Zusammenhangs und der Sehnsucht nach einem fernen Land. Es sind Verse von einer süßen Dichte ineinander verflochtener Motive:

> Kennst du das Land, wo die Citronen blühn,
> Im grünen Laub die Gold-Orangen glühn,
> Ein sanfter Wind vom blauen Himmel weht,
> Die Myrthe still und froh der Lorbeer steht,
> Kennst du das wohl?
> Dahin, dahin
> Möcht ich mit dir, o mein Gebieter, ziehn! (WA I, 52. S. 3)

Das Lied steht am Anfang des vierten Buches und ist wahrscheinlich in der Zeit vom November 1782 bis November 1783 entstanden. Später hat Goethe es etwas verändert, z. B. wird aus dem »Gebieter« ein »Geliebter« (HA III, S. 145). Es ist eines seiner bekanntesten Gedichte; nicht zuletzt auf ihm beruht Goethes internationaler Ruhm als Lyriker. Lord Byron hat es übersetzt (»Know Ye the Land«). Goethes Motive vom arkadischen Italien und den rauhen Alpen finden sich vom »Tasso« bis zu den »Wanderjahren« in vielen seiner Dichtungen.

An vielen Stellen der Tagebücher bezeugt Goethe »Lieblingssituationen«: »Wie ich besonders in Geheimnissen, dunklen imaginativen Verhältnissen eine Wollust gefunden habe« (WA III, 1. S. 93). Niemand wisse, was er hervorbringe. Das Beste sei die tiefe Stille, in der er in der lauten Welt lebe und wachse. Auf den Roman fiel in einem

vertrauten Brief an Frau von Stein vom 5. Juni 1780 abends ein besonderes Licht: »...zuletzt führte ich meine Lieblingssituation im Wilhelm Meister wieder aus. Ich ließ den ganzen Detail in mir entstehen und fing zuletzt so bitterlich zu weinen an, daß ich eben zeitig genug nach Gotha kam... Ich wollt gern Geld drum geben, wenn das Kapitel von Wilhelm Meister aufgeschrieben wär; aber man brächte mich eher zu einem Sprung durchs Feuer« (HA Br. I, S. 304).
Wir wüßten gern, welche Lieblingssituation Goethe gemeint hat, über die er in Tränen ausbrach. War es Mignon – oder die Amazone? Da er allein zu Pferd war und einige Monate vorher an der gleichen Stelle einen Reitunfall erlebt hatte, möchte man annehmen, daß ihn ähnliche Empfindungen bewegten wie Wilhelm Meister, als er verwundet am Boden lag und unter den Händen Mignons, Philines und zugedeckt vom Mantel der Amazone wieder zu sich kam. Von Wilhelm heißt es nämlich: »Unaufhörlich rief er sich jene Begebenheit zurück, welche einen unauslöschlichen Eindruck auf sein Gemüte gemacht hatte. Er sah die schöne Amazone reitend aus den Büschen hervorkommen, sich ihm nähern, absteigen, sich bemühen, hin und wieder gehen, er sah das umhüllende Kleid von ihren Schultern fallen, ihr Gesicht, ihre Gestalt glänzen und verschwinden. Tausendmal wiederholte seine Einbildungskraft die Szene, tausendmal rief er sich den Klang ihrer süßen Stimme zurück« (WA I, 52. S. 216).
Man braucht kein Tiefenpsychologe zu sein, um zu bemerken, daß »dieses monotone Wiederholen für starke sexuelle Tagträume charakteristisch ist« (Eissler S. 1028). Viel bedeutsamer ist, daß die Amazone als dichterische Erfindung ähnlichen Rang hat wie Mignon und der Harfner; sie ist mythisch. Weil sie keinen Namen hat und als Unbekannte durch Wilhelms Träume reitet, bleibt sie in einem »dunklen imaginativen Verhältnis« zum Ganzen des Romans.
Die Männer, der Vater, Werner, Melina, Serlo, der Graf und der Prinz, in mancher Hinsicht auch Jarno, stehen im Licht des Tages und üben scharf umrissene Tätigkeiten aus. Die Frauen aber vertreten im symphonischen Aufbau der Meisterromane bestimmte Charaktere. Philine und Aurelie stehen uns näher als die rätselhafte Mignon und die Amazone. Gleichwohl darf man Philine nicht falsch auslegen. Hinter ihr steckt nicht der Typus der griechischen Hetäre, sondern der Wille zu einer durch ihr Wesen bedingten Freiheit der

weiblichen Natur: Die Natur ist etwas Göttliches. Philine spricht ein berühmt gewordenes Wort: »Was geht es dich an, wenn ich dich liebe«, nicht aus Leichtfertigkeit. Goethe hat dem Puritanismus mit ihr freilich ein Ärgernis gegeben.
Der Typus Philine wird vorbereitet durch Madame Melina, die mit ihrem Mann durchbrannte. Philines Gegenbild ist Aurelie, Serlos temperamentvolle Schwester. Großgeworden unter dem Einfluß eines nichtsnutzigen Frauenzimmers, wurde sie eine haltlose Person, gespalten zwischen Hingabe und Freiheitsverlangen. In künstlich gesteigerter Hysterie kann sie als Schauspielerin jede Rolle spielen – aber eben nur spielen. Schon zu Anfang des Romans taucht ihr Typus in Madame B. auf, welche Wilhelm verführt. Man kann sich denken, daß Frau von Stein unangenehm berührt war, als sie diese Sätze las: »Ein Mädchen, das zu mehrern Liebhabern, die es unter sich gebracht hat, noch einen frischen gewinnt, gleicht der Flamme, wenn auf bald verzehrte Brände ein neu Stück Holz gelegt wird. Geschäftig schmeichelt sie dem ankommenden Liebling, leckt sich an ihm betulich hinauf, rings um ihn herum, daß er in vollem herrlichem Glanz leuchtet...« (WA I, 51. S. 55)
Aurelie stellt sich zur Schau. Ihre überspannten Reaktionen sind ein Fall für die Psychiatrie. Während sich Philine zu ihrer Natur bekennt und sie genießt, ergeht sich Aurelie in hemmungslosen Bekenntnissen und Klagen über die Gemeinheit der Männer. Goethe hatte solche Frauen in ihrem Verhältnis zum Prinzip der Lust an der Gräfin Werthern und Frau von Branconi studieren können. So attraktiv sie waren und so sehr sie ihr Glück bei Goethe versuchten – er fühlte sich abgestoßen und hielt ihre Begründung, alles sei eitel, für Gotteslästerung. Später wird sich zeigen, daß einer von Aurelies Liebhabern Lothario war, der Bruder der Amazone, der sie, wie auch Therese, verlassen hat. Wenn die Amazone, Natalie, Wilhelms Frau wird, ergibt sich ein Band von Verschwägerungen durch den ganzen Roman. Für Aurelie enden sie mit dem Tod, für Philine mit Schwangerschaft und Ehe. Aurelies Schicksal ergreift Wilhelm, ohne daß er Zärtlichkeit für sie empfindet: Ihr leidenschaftlicher Verstand rief »seine Gutmütigkeit aus ihrem kindlichen Taumel zurück und leitete ihn aus der idealischen Welt in die wahre hinüber« (WA I, 52. S. 266).

Anfänge der Naturforschung

Über seine naturwissenschaftlichen Studien hat Goethe mehrfach und ausführlich geschrieben. Diese Abhandlungen stammen jedoch aus späten Jahrzehnten. Man merkt, daß er sich nur mühsam an die Anfänge erinnern konnte. Er hatte darunter gelitten, daß seine Forschungen nicht anerkannt wurden, daß man sie für nicht-zünftig oder dilettantisch hielt. Die Phantasie des Dichters galt als unvereinbar mit der Wissenschaft. Goethe hatte sich durch Studien auf vielen Gebieten vorbereitet und nicht nur Ideen gehabt, sondern auch Kenntnisse erworben, die dem Stand der damaligen Forschung entsprachen oder überlegen waren. Den Wert seiner Beschäftigung mit den Naturwissenschaften in Leipzig und Straßburg, mit Medizin, Chemie, Anatomie und Physik, darf man vielleicht nicht besonders hoch anschlagen. Was er dort gehört hatte, war nicht methodisch erweitert worden, und so haben sich manche Kenntnisse wieder verloren. Viel größeren Einfluß hatte die Beschäftigung mit den Praktiken der Magie während des Frankfurter Krankheitsjahres; hier wurzelte der Gedanke von der Einheit der Natur, vom Hervorgehen des einzelnen aus einem Urgrund, Natur als »Kleid« der Gottheit, und daß in der Natur ein geistiges oder wie Goethe sich ausdrückte, ein mentales Moment wirksam sei, das mit dem göttlichen Ursprung zusammenhing.

Goethes Auffassung unterschied sich vom deistischen Verständnis der Natur als einer vom Meister in Gang gesetzten Apparatur, von der Natur als seelenloser Maschine. Diese Überzeugung stand für ihn fest, bevor er die modernere Fassung bei Spinoza fand: Deus sive natura. Der junge Dichter des »Faust« hat diese Überzeugung und sein Mißtrauen gegenüber den Fachwissenschaften ausgesprochen. Faust will wissen, was die Welt »im Innersten« zusammenhält, und das wollte auch Goethe. Seine erste Bemerkung über eigenes Naturdenken hatte magischen Charakter. Sie steht in einem Romanfragment der Straßburger Zeit: »Was nicht lebt, hat keine anziehende

Kraft, es fließt keine Atmosphäre von ihm aus, deren Wirbel uns hinreißen könnte« (zit. Wachsmuth, S. 48). Es ist bezeichnend, daß Goethes Denken über die Natur vom Lebendigsein ausgeht. »Atmosphäre« ist ein Element wirbelnder Ausflüsse, die sich ohne Unterlaß um das lebendige Geschöpf drehen. Er spricht am Ende des achten Buches von »Dichtung und Wahrheit« über »gewisse mystische chemisch-alchemistische Bücher« und nennt Welling, während er Arnold, Dippel, Swedenborg und Oetinger verschweigt. Wahrscheinlich wollte er, da er das Buch in der Zeit der Romantik schrieb, den engen Zusammenhang zwischen Magie und der christlichen Frömmigkeit seiner Jugend nicht aufdecken.

In Weimar hat Goethe die Natur in einer neuen Weise erfahren. Während er an der Seite des Herzogs das Land durchstreifte, beschäftigte er sich mit Pflanzen und Tieren. Auch die Weimarer Parkanlagen beschäftigten ihn. Im Sommer 1776 kam er nach Ilmenau. Der Herzog sollte den verfallenen Bergwerksbetrieb aufnehmen, um den Untertanen Arbeit zu verschaffen. Da Goethe die Ausführung des Plans nicht den Beamten überlassen wollte, beschäftigte er sich mit Geologie und Gesteinskunde. Er ging vom Einzelnen aus, von den Namen der Pflanzen, ihren Blüten und Wurzeln. Bald hatte er sich mit dem Pflanzenbestand und dem geologisch-mineralogischen Aufbau des Herzogtums vertraut gemacht. Auf der ersten Harzreise, 1777, besuchte er die Gruben der dortigen Bergwerke, um ihre technische Einrichtung zu studieren. Im September 1778 wollte er sich über Steine und Pflanzen in Jena unterrichten. Im Oktober ließ er durch einen Schäfer Moose mit ihren Wurzeln suchen, um sie zu pflanzen.

In der Geschichte seines botanischen Studiums nennt Goethe die geselligen Freuden der Jagd im ersten Weimarer Winter, »von welchen ausruhend man die langen Abende nicht nur mit allerlei merkwürdigen Abenteuern der Wildbahn, sondern auch vorzüglich mit Unterhaltung über die nötige Holzkultur zubrachte« (HA, XIII, S. 150). Die thüringischen Wälder waren vermessen; in den Revieren wurde der Holzeinschlag geplant und kontrolliert. Goethe rühmt die »trefflichen Forstmänner« der Jagdreviere. Er lernte die Baumarten kennen, die Waldpflanzen mit ihren Aromata und die verschiedenen Luftarten – es ist die erste Berührung mit den später behandelten

Phänomenen der Witterung. Die Naturaliensammlungen und Herbarien der Städte und Schlösser und die vom Herzog angelegten Treibhäuser hielten das Interesse auch im Winter wach. Die Heilpflanzen und Balsamträger der Apotheken erregten Goethes Aufmerksamkeit.

Um die Wirkung des Lichts auf die Pflanzen kennenzulernen, ließ er ein Gewächshaus erhellen oder verfinstern. Dabei machte er Versuche mit farbigen Glasscheiben. So gewann er die Fertigkeit, das »organische Wandeln und Umwandeln der Pflanzenwelt in den meisten Fällen zu beurteilen, die Gestaltenfolge zu erkennen und abzuleiten« (HA XIII, S. 60). Hier kündigt sich das an, was er später als Metamorphose bezeichnen sollte. Das Bilden und Umbilden, der Wechsel der Gestalten, war ihm zuerst an selbst gezüchteten Seidenwürmern klar geworden. Er verfolgte die Entwicklung vom Ei zum Schmetterling. Neben Linnés systematischer Pflanzenbeschreibung las er Buffons glänzend geschriebene Naturgeschichte der Tiere; dessen geistvoll unterbaute Naturphilosophie stand seinem Empfinden näher als Linnés etwas trockene Systematik. Er nennt Buffons »Epochen der Natur« vortrefflich und wehrt sich gegen die Behauptung, es handle sich um Hypothesen. Bedeutsam ist, daß Goethe in diesem Zusammenhang sagt, Buffons Thesen seien weniger hypothetisch als das erste Buch Mosis. Herder hatte behauptet, exakte Begriffe von der Natur finde man bei Newton, Linné und Leibniz, sie seien »Boten der Gottheit« in unserer Zeit, während die Bibel und Aristoteles veraltete Modelle der Naturerklärung geboten hätten. Die Herderschen Ideen und Zimmermanns Buch »Von der Erfahrung in der Arzneikunst« hatten Goethe vom Ahnen und Wittern der Natur, vom Fühlen zur praktischen Anwendung bekehrt.

Im Umgang mit Lavater und dessen Physiognomik hatte sich Goethe, irritiert durch Lavaters gefühlvolle Ausdrucksweise, näher mit der Knochenlehre beschäftigt. Lavaters Schlüsse vom Aussehen des Gesichts auf den Geist des Menschen gingen von den weichen Teilen des Kopfes und dem Blick des Auges aus. Goethe wollte Lavaters Lehre auf etwas Festes, auf den Knochenbau des Gesichts und Schädels gründen. Dadurch erhielt die verschwommene Theorie ein osteologisches Fundament. Er verglich den Schädel von Tieren mit denen des Menschen und ging über den damals behaupteten grundsätzlichen Unterschied des menschlichen und tierischen Knochenbaus hinaus. Er hatte die Sache aber nicht methodisch betrieben, und so wurden die Anfänge nicht weitergeführt. In Weimar begann er sich, scheinbar unvermittelt, wieder mit der Lehre vom Knochenbau zu beschäftigen. Und nun zeichneten sich Gesetzlichkeiten ab. Wenn es nämlich stimmte, daß die Natur die Verkörperung eines Geistigen sei und Gesetzen folge, dann mußten sich diese Gesetze auch beim Menschen zeigen und damit unter den größeren Begriff des Lebens treten: Körperliches und Geistiges korrespondierten miteinander.

Im September 1777 hatte Goethe im Auftrag des Herzogs in Eisenach zu tun und wohnte auf der Wartburg. Manche seiner Briefe dieser Zeit an Frau von Stein sind Hymnen auf die Landschaft. (Das wird sich in der Schweiz wiederholen): »In dem grausen linden Dämmer des Monds die tiefen Gründe, Wiesgen, Büsche, Wälder und Waldblößen, die Felsenabgänge davor und hinten die Wände, und wie der Schatten des Schloßbergs und Schlosses unten alles finster hält und drüben an den sachten Wänden sich noch anfaßt, wie die nackten Felsspitzen im Monde röten und die lieben Auen und Täler ferner hinunter, und das weite Thüringen hinterwärts im Dämmer sich dem Himmel mischt! Liebste, ich hab eine rechte Fröhlichkeit dran ... mit dem echten Gefühl von Dank, wie der Durstige ein Glas Wasser nimmt und die Heiligkeit des Brunnens und die Liebheit der Welt nur nebenweg schaut« (HA, Br. I, S. 236). Die Landschaft Thüringens gibt ihm ein religiöses Heimatgefühl.

Damals lebte Goethe mit der Natur. Er schlief in den Sommernächten im Freien unter Mond und Sternen und »vermählte« sich der Erde. Zum ersten Mal lebte er im gezeitenhaften Rhythmus der Natur und erlebte ihren Wechsel als einen Ablauf unverbrüchlicher Gesetze. Die Natur hatte ihre unfaßbaren Gegebenheiten und gerade diese schienen einen verführerisch saugenden Einfluß auf den Menschen zu nehmen. Das Element des Wassers hat es Goethe in den frühen Weimarer Jahren besonders angetan. Nicht nur, daß er in der Ilm badete und im Winter Schlittschuh lief. Auf der Reise in die Schweiz entstand in Lauterbrunnen vor dem Wasserfall des Staubbachs der »Gesang der Geister über den Wassern«:

Des Menschen Seele
Gleicht dem Wasser:
Vom Himmel kommt es,
Zum Himmel steigt es ... (HA I, S. 143)

Noch schien Goethe, im Gefolge der barocken Vielwisserei und seiner Lieblings-Vorstellung von der Welt als Raritätenkasten, an der Masse der Data und Details sich zu freuen. Dabei spielt der vom Vater ererbte museale Trieb eine Rolle. Aber wenn er seine Interessengebiete ausweitete, unter Loders Anleitung anatomisch zeichnete, Mineralien sammelte – was später zu einem Tick wurde – und Spekulationen über den geologischen Aufbau und die Entstehung der Erde anstellte, so blieb die Idee von der Einheit einer selbständig denkenden und sinnenden Natur in ihm lebendig. In diesen Zusammenhang gehören die vielen Reisen. Die Harzreise im Dezember 1777 schlug sich nicht nur im Gedicht nieder. Sie führte zu eindringlichen Naturbeobachtungen und Erlebnissen mit Sturm, Regen, Nässe, Kälte und Schneefall. Dazu kam das Behagen, anonym, als Maler, allein auf dem Pferd durch die Gegend zu reiten, lange zu schlafen, sich »tollen Ideen« hinzugeben, sich in Goslar in ein mittelalterliches Stadtbild zu versenken, zu schreiben, zu zeichnen, sich des Elends seiner Krankheit vor neun Jahren zu erinnern und sich der jetzigen Gesundheit zu freuen, aber auch die »schöne Philisterei« eines Wirtshauses und die Gesellschaft der Leute zu genießen. »Wie sehr ich wieder«, schreibt er an Frau von Stein, »auf diesem dunklen Zug Liebe zu der Klasse von Menschen gekriegt habe, die man die niedre nennt, die aber gewiß für Gott die höchste ist« (HA, Br. I, S. 242). Der abenteuerliche Zug seines Wesens gipfelte in dem Wunsch, den Brocken im Winter zu besteigen, was damals für unmöglich gehalten wurde. Die auf der Harzreise wahrgenommenen farbigen Schatten hat er dreißig Jahre später in einem der schönsten Paragraphen der »Farbenlehre« beschrieben.

Goethe hat seine wissenschaftlichen Erkenntnisse durch Erfahrung gewonnen. Er ging nie von Thesen, einer Idee oder gar von einem System aus. Nicht eine abstrakte Formel war das Ziel seiner Mühen. Ihr Kriterium ist die Wahrheit der Erkenntnis für das Leben. Wenn er von der Vollkommenheit der Naturdinge spricht, meint er, daß sie, in sich ruhend, ihr eigenes Gesetz zum Ausdruck bringen. Darin besteht ihre Schönheit. Weil Frau von Steins Wesen und Erscheinung in sich ruhten, erschien sie Goethe liebenswert. Bei ihr war die Körperlichkeit ein Ausdruck des Geistes. Die Liebe zur Frau und die Betrachtung der Dinge zeigen ihm verschiedene Aspekte des Lebens. »Ich bin vergnügt«, schrieb er ihr, »weil ich mitten durch die vielerlei fremden Menschen mich an dem Faden der Liebe zu dir sachte und sicher winde. Wie die Muscheln schwimmen, wenn sie ihren Körper aus der Schale entfalten, so lern ich leben, indem ich das in mir Verschlossne sacht auseinander lege. Ich versuche alles, was wir zuletzt über Betragen, Lebensart, Anstand und Vornehmigkeit abgehandelt haben, lasse mich gehen und bin mir immer bewußt« (HA, Br. I, S. 386).

Auf Reisen zu auswärtigen Gütern und Ämtern des Herzogs befaßte sich Goethe mit Fragen der Entwässerung, Vermessung, Besteuerung und vor allem mit Mineralogie, der er sich, wie er an Merck (HA, Br. I, S. 328) schreibt, mit völliger Leidenschaft ergeben habe. Wie ein Hirsch habe er, ohne Rücksicht auf das Territorium, seine Ausflüge bis ins Würzburgische, Fuldische, Hessische und Kursächsische nach Eisenach und Gotha, bis über die Saale und nach Coburg getrieben. Nach den Reisen las er, wie es seine Art war, die Literatur zum Thema. Er traue sich zu, einen Roman über den Erdball zu schreiben. Ein Jahr später schrieb er, er plane einen »Roman über das Weltall«. Ein Teil dieses Romans ist der Aufsatz über den Granit vom Jahre 1784. Der Granit sei die Unterlage (das Fundament) aller geologischen Bildungen. Schon die Ägypter hätten aus ihm ihre Säulen und Sphinxe gebildet. Jeder Weg in unbekannte Gebirge bestätige dem Forscher eine alte Erfahrung, daß das Höchste und Tiefste unserer Erde, die Grundfeste, der Granit sei: »In den innersten Eingeweiden der Erde ruht sie unerschüttert, ihre hohen Rücken steigen empor, deren Gipfel nie das alles umgebende Wasser erreichten« (HA XIII, S. 254).

Goethes Drang, eine Grundfeste zu finden, fand hier einen Höhepunkt. Wie eng die wissenschaftliche Auffassung der dichterischen verwandt war, zeigen die gepreßten Sätze: »Man gönne mir, der ich durch die Abwechselungen der menschlichen Gesinnungen, durch die schnellen Bewegungen derselben in mir selbst und in andern manches gelitten habe und leide, die erhabene Ruhe, die jene einsame, stumme Nähe der großen, leise sprechenden Natur gewährt, und wer eine Ahnung hat, folge mir« (HA XIII, S. 255). Es war das Jahr der romantisch-humanitären Stanzen der »Geheimnisse«, nachdem schon vorher die Entwürfe für »Iphigenie« und »Tasso« Goethes Einsichten in die gesetzhaften Verhältnisse und Verhängnisse für das Menschenleben angedeutet hatten. Daß nun auch Rousseau ein Buch über Pflanzen schrieb, hat Goethes Bemühungen unerwartet bestätigt.

Neben Knebel, Loder und Lavater war Merck Goethes wichtigster Korrespondent. Goethe hat ihn regelrecht benützt und ausgenützt, wenn es um Auskünfte, Bücher und Literatur ging. Über Merck lief in diesen Jahren die Verbindung zur Mutter in Frankfurt. Während sich das Verhältnis zu Lavater und Jacobi löste, schien die Freundschaft mit Merck noch einmal aufzuflammen; aber es läßt sich nicht übersehen, daß es Goethe nicht um die persönliche Bindung, sondern um die Vielseitigkeit und den Eifer Mercks in mineralogischen, osteologischen und zoologischen Fragen ging. Als Merck es wagte, den einflußreichen Minister in menschlichen und wirtschaftlichen Fragen um Hilfe anzugehen, als ihm der geschäftliche Bankrott seiner Baumwollfabrik und der Ruin seiner Stellung drohte und er in Weimar Zuflucht suchte, fühlte Goethe sich überfordert und hat ihm nicht helfen können. Merck wurde krank und setzte seinem verdüsterten Leben nach langen Leidensjahren 1791 selbst ein Ende.

Im Jahr 1783 erschien in dem handschriftlich zirkulierenden »Tiefurter Journal« der Weimarer Gesellschaft unter dem Titel »Die Natur« eine Reihe aphoristischer Aussprüche, die man lange Zeit für authentisch hielt. Noch Goedeke glaubte, das Fragment sei aus Notizen hervorgegangen, die sich Frau von Stein über ein Gespräch mit Goethe gemacht hat. Tatsächlich stammt die enthusiastische Aufzeichnung von dem Theologen Georg Christoph Tobler, einem Lavaterschüler, der Goethe in Weimar besucht hatte. Goethe veranlaßte die Veröffentlichung, ein Verfasser wurde, der Sitte der Zeit entsprechend, nicht genannt. Das Fragment spiegelt eine frühe, gleichsam wertherhafte Naturschwärmerei: »Natur! Wir sind von ihr umgeben und umschlungen – unvermögend, aus ihr herauszutreten, und unvermögend, tiefer in sie hineinzukommen. Ungebeten und ungewarnt nimmt sie uns in den Kreislauf ihres Tanzes auf und treibt sich mit uns fort, bis wir ermüdet sind und ihrem Arme entfallen. Sie schafft ewig neue Gestalten; was da ist, war noch nie, was war, kommt nicht wieder – alles ist neu und doch immer das Alte« (HA XIII, S. 45).

Im März 1784 gelang Goethe die Entdeckung des Zwischenkieferknochens beim Menschen. Damit wurde sein Grundgedanke bestätigt, daß der Gattung der Säugetiere ein einziger Bauplan zugrundeliege und auch der Mensch in dies Schema gehöre. Bisher hatte man angenommen, der Mensch stelle osteologisch einen besonderen Typus dar. Goethe fühlte sich wiederum bestätigt durch Spinoza. Seine naturphilosophische »Studie nach Spinoza« beginnt mit den Worten: »Der Begriff vom Dasein und der Vollkommenheit ist ein und ebenderselbe.« Wichtig erscheinen Goethes Bemerkungen, daß alle lebendig existierenden Dinge ihr Verhältnis in sich haben. Darin besteht ihre Wahrheit: »Wenn dieses Dasein teils auf eine solche Weise beschränkt ist, daß wir es leicht fassen können..., daß wir es gern ergreifen mögen, nennen wir den Gegenstand schön« (HA XIII, S. 7 u. 9). Bei einem Besuch Jacobis schienen die Freunde sich wieder näher zu kommen, es entwickelte sich jedoch eine neue Spannung aus dem Streit um Spinoza; Jacobi hatte ihn einen Atheisten genannt, Goethe war vom Gegenteil überzeugt. Herder und Frau von Stein waren seiner Meinung, und in dieser Lage diktierte Goethe der Frau von Stein seine Gedanken über Spinoza.

Wenn Dasein und Vollkommenheit dasselbe sind, ist die Beschäftigung mit Steinen und Kräutern ein Weg zum Göttlichen. Goethe schrieb im Juni 1785 an Jacobi: »Vergib mir, daß ich so gerne schweige, wenn von einem göttlichen Wesen die Rede ist, das ich nur in und aus den rebus singularibus (den Einzeldingen) erkenne, zu deren nähern und tiefern Betrachtung niemand aufmuntern kann als Spinoza selbst, obgleich vor seinem Blicke alle einzelnen Dinge zu verschwinden scheinen« (HA, Br. I, S. 476). Im gleichen Brief hatte Goethe, in polemischer Kühnheit, behauptet, der Spinozismus beweise nicht das Dasein Gottes, sondern »das Dasein ist Gott« (ebda. S. 475).

Goethe reiste damals in Begleitung Knebels zum ersten Mal zur Kur nach Karlsbad, und nur in Stichworten sei erwähnt, was ihn gleichzeitig beschäftigte: Das sechste Buch des Wilhelm-Meister-Romans, Shakespeares »Hamlet«, ein Besuch Loders aus Jena und Herders aus Weimar, der bevorstehende Besuch der Fürstin Gallitzin, der Aufsatz über den Granit, die Beobachtung der Tänze der Infusionstierchen unter dem mitgebrachten eigenen Mikroskop (»Sie haben mir schon großes Vergnügen gemacht« HA, Br. I, S. 480) und nicht zuletzt die Damen der Karlsbader Gesellschaft. Einem Brief an Frau von Stein legte er sein neuestes Gedicht bei, Mignons »Nur wer die Sehnsucht kennt...«

Naturformen des Menschenlebens in der Lyrik

Goethes Lyrik zeigt den Menschen in der Natur. Die Beschäftigung mit den Realitäten des Lebens hatte ihn gelehrt, in der Gestalt des Menschen und einfachen Lebensformen das Gesetz zu sehen. Der Mensch ruht in der Natur, und es ist Aufgabe des Dichters, das Subjekt dadurch, daß es spricht, aus der Verschlossenheit zu befreien. Diese Auffassung widersprach den überkommenen Vorstellungen von Aufgabe und Sinn der Dichtung. Für Goethe ist die Natur alles andere als pastorale Idylle. Von den Vorstellungen des Rokoko, der Schäferpoesie und der Lehrdichtung mit ihren theologischen und philosophischen Absichten hatte er sich frei gemacht. Auch das zuletzt von Klopstock mit unerhörter Überzeugungskraft aufgestellte Bild des Menschen als Krone der Schöpfung, als Herr der Natur, in freier Verantwortung vor Gott, war jetzt veraltet. Hätte Klopstock nicht den Rückhalt der Religion besessen, hätten seine von nordischer und griechischer Mythe inspirierten Oden und Gesänge als Stilversuche und nicht als Weltanschauungsdichtung gegolten.

Die mehr dramatischen als lyrischen Leistungen der Sturm- und Drangperiode hatte Goethe überwunden. Auch die Gefühle Werthers erschienen ihm, zumal sie der Mode entsprachen, nicht mehr als gültig. Seine Vorstellungen von der Natur schlossen das Wilde, Zerstörerische, Grausame ein. Die Forderungen der Gesellschaft und Moral gehören zwar zum Prozeß des Lebens, sind aber sekundär. Goethe greift zurück auf Urverhältnisse, Geburt und Tod, die Bedeutung von Mann und Frau, Kind und Großeltern, das Leben der Familie in Haus und Garten, in der Landschaft und unter dem Himmel. Er begreift die Urbeschäftigungen des Menschen in Wald und Flur, auf der Weide, auf der Jagd; er schildert die den Menschen begleitenden Tiere, Pferd und Rind, Hund und Schaf; er nennt den Pflug und die Sense, den Fischer am Wasser mit Angel und Netz, das Treiben und Blühen der Pflanzen, die Stände des Bauern und Handwerkers, des Arztes und Schiffers, die Stimmungen der Natur, die

Ahnung des Göttlichen: Das wird jetzt Gegenstand seiner Gedichte. Er sieht ab von allem, was sich von der Natur entfernt, von Stadt, Politik und gesellschaftlichem Zwang. Die Religion und die Künste, zu den Ur- und Naturformen des Lebens gehörend, werden in idealen Steigerungen genannt und angerufen, so in »Grenzen der Menschheit«:

Wenn der uralte
Heilige Vater
Mit gelassener Hand
Aus rollenden Wolken
Segnende Blitze
Über die Erde sät,
Küss' ich den letzten
Saum seines Kleides,
Kindliche Schauer
Treu in der Brust. (HA I, S. 146)

Aus der Zeit der Wanderungen über die Höhen und durch die Täler des Thüringer Waldes stammen die Gedichte »Wandrers Nachtlied« (»Der du von dem Himmel bist«), »Meine Göttin« (»Welcher Unsterblichen...«), »Die Zueignung« (»Der Morgen kam, es scheuchten seine Tritte«) und »Das Göttliche« mit den unvergeßlich schlichten Zuschreibungen der Überlegenheit des Menschen über das Tierreich:

Edel sei der Mensch,
Hilfreich und gut!
Denn das allein
Unterscheidet ihn
Von allen Wesen,
Die wir kennen. (HA I, S. 147)

Das Menschengeschlecht ist solidarisch, das Verhältnis unter den Menschen freundschaftlich und gesellig. Da verbinden sich Forderungen der hohen Aufklärung mit der Einsicht in die Natur: Liebe und Freiheit des Menschen stehen den Notwendigkeiten der Elementarmächte gegenüber. Alle Dinge der wachstümlichen Welt unterliegen unverbrüchlichen Gesetzen: Nur der Mensch kann diesen

Nexus durchbrechen, kann edel, hilfreich und gut sein. Die Natur selbst ist »unfühlend«; die Sonne leuchtet über Gute und Böse, »und dem Verbrecher glänzen wie dem Besten der Mond und die Sterne«. Die Elemente kümmern sich nicht um Glück und Unglück, Schuld und Unschuld. Allein der Mensch kann unterscheiden und richten. Vorsichtig deutet der Dichter hin auf die »unbekannten höhern Wesen, die wir ahnen«. Damit ist nicht ein religiöser Zweifel angedeutet, wohl aber der Glaube an die Existenz einer mit unsern Mitteln nicht zu erfassenden göttlichen Welt. Frau von Stein hat Goethe unablässig auf diese Verhältnisse hingewiesen, mit der Maßgabe, daß der Mensch, wenn er selbst Natur sei, die Weltgesetze erkennen könne und anerkennen müsse. Es ist ein Weg, der schließlich zu dem umfassenden Begriff der Bildung führen wird.

Während die Tiere und Pflanzen gefesselt sind in den Banden der Natur, bewußtlos in ihrem jeweiligen Zustand, gebeugt unter das Joch, kann die Phantasie dem Menschen ein freies Reich erschließen. Die Tiere unterliegen dumpf der Herrschaft der ihre Art und ihr Wesen bestimmenden Gesetze. Goethe formuliert sie antik-mythisch:

Alle die andern
Armen Geschlechter
Der kinderreichen Erde
Wandeln und weiden
In dunklem Genuß
Und trüben Schmerzen
Des augenblicklichen
Beschränkten Lebens,
Gebeugt vom Joche
Der Notdurft. (HA I, S. 145)

Wird der Mensch in diesen Gedichten von der Natur abgesetzt und über sie erhoben, so ist das unterscheidende Merkmal der Gattung nicht der Gebrauch der Sprache, der Besitz eines reflektierenden Selbstbewußtseins oder die unsterbliche Seele – was alles man als typisch menschlich zu bezeichnen gewöhnt und gelehrt war. Der Begriff des Menschen ist bei Goethe Geist, und man solle sich nicht dadurch verwirren lassen, daß dieser Mensch auf zwei Beinen geht. Die Freundschaft mit Charlotte von Stein war der konkrete Brenn-

punkt dieser Erkenntnis. Indem die inbrünstig geliebte und begehrte Frau sich ihm körperlich verweigerte und ihm gebot und forderte, sich mit solcher Beschränkung zufrieden zu geben, hatte sie ihm eine neue Sphäre erschlossen. Goethe empfand das überaus qualvoll, was ihn sagen ließ, er liebe sie um so mehr, je entfernter er von ihr sei, etwa auf der Wartburg bei Eisenach oder im Harz, wo er allein war. Dort fesselten ihn Bauernhöfe, Handwerkerstuben und Gasthäuser mit ihren einfachen Menschen. Er schrieb ihr, daß er in ihnen – unter biblischer Anspielung – die wahren Freunde Gottes sehen könne.
Bei Frau von Stein hatte er erlebt, daß der Geist alles das, was nicht Geist ist, von sich ausschließt, daß es sich aber um so besser in einem geistig bestimmten Medium ausdrücken läßt, in der Sprache. Bald darauf redete die Fürstin Gallitzin von geistiger Liebe, womit sie freilich die platonische meinte. Rousseau hatte in der »Nouvelle Héloïse« die Erziehung des Mannes zur wahren, das heißt geistigen Liebe proklamiert. Goethe war anderer Meinung; er wollte das Ganze, Körper und Seele. Alles Leiden der Liebe zu Charlotte ging aus dieser Qual hervor. Im Gedicht läßt sich mehr über die Liebe sagen, als die Liebe unmittelbar weiß. Die Gedichte an Lida, zum Teil erst später bekannt geworden, spiegeln das dialektische Verhältnis von Leiden und Lieben, von Glück und Qual, von Nähe und Ferne. In »Rastlose Liebe« heißt es:

Dem Schnee, dem Regen,
Dem Wind entgegen,
Im Dampf der Klüfte,
Durch Nebeldüfte,
Immer zu! Immer zu!
Ohne Rast und Ruh! (HA I, S. 124)

Goethe möchte lieber leiden an der Liebe als die Freuden des Lebens ertragen. Die Liebe bereitet Schmerzen; Blumen sind »verwelkliche Zeichen« der ewigen Liebe. Man muß sich Goethes Liebe zu Charlotte in steter Spannung denken. Er will fliehen und zugleich anwesend sein:

Wie soll ich fliehen?
Wälderwärts ziehen?
Alles vergebens!
Krone des Lebens,
Glück ohne Ruh,
Liebe, bist du! (ebda.)

Es genügt nicht, diese Lieder biographisch zu deuten, wenn der Einfall und die Stimmung auch dem Augenblick abgewonnen sein mögen. In der Imagination eines süßen Friedens durch die Liebe erwacht eine Sehnsucht nach Leiden, Schmerzen und Kämpfen. Der Liebende stürmt im Vollgefühl seiner Kraft den Elementen entgegen und kühlt das von Freuden ebenso erfüllte wie ermattete Herz am Schnee und Nebel des Berges. Er möchte in die Tiefe der Wälder fliehen, in die erbarmungslose Natur. Aber es ist vergebens, weil die Liebe allmächtig ist. In dem Lied von der rastlosen Liebe sind die Widersprüche, Irrungen, Verwirrungen des Gemüts und die für Goethe selbst geheimnisvollen Verwicklungen der Empfindung auf unnachahmliche Weise in Worte gefaßt. Sicher ist sich Goethe der formalen Mittel hier nicht bewußt. Es gibt Schlußreime, Binnenreime, Stabreime (Lieber durch Leiden..., Schaffet das Schmerzen) und Elemente eines gleichmäßigen Gruppenbaus.

Der feste Taktrahmen mit beweglicher Füllung hat Anklänge an das Volkslied. Schon im »Urfaust« gab es solche Lieder (»Meine Ruh ist hin«, »Es war einmal ein König«). In den Weimarer Jahren finden sich volksliedmäßige Formen in etlichen Liedern und Balladen: »Christel«, »Vor Gericht«, »Epiphaniasfest«, »Erlkönig«, Verse in der »Fischerin«, in den Mondgedichten, »Menschengefühl« und in frei gebauten, den Rhythmen der Frühzeit nahen Gedichten wie »Gesang der Geister über den Wassern«, »Ein Gleiches« (»Über allen Gipfeln ist Ruh«), »Meine Göttin« und in der Ballade vom Sänger (»Was hör ich draußen vor dem Tor?«), wo ein wichtiges Stichwort fällt: »Ich singe, wie der Vogel singt, der in den Zweigen wohnet« (HA I, S. 156).

In Zusammenhang mit diesen Liedern und Balladen stehen die beiden großen elegischen Gedichte »Auf Miedings Tod« (1782) und »Ilmenau« (1783). So sehr sie sich biographisch geben, als Antwort auf den plötzlichen Tod des in Weimar als Handwerker und Mensch so hochgeschätzten Theatertischlers Mieding und in Erinnerung an die glücklichen und unbeschwerten Anfänge des Verhältnisses Goethes zum Herzog, also Personengedichte sind und in Weimar von der Hofgesellschaft als solche erkannt und bewundert wurden, gehen die Schilderungen der Anlässe und Personen weit über das Individuelle, über den konkreten Ort und die fixierte Zeit hinaus. Ähnlich wie in »Hans Sachsens poetischer Sendung« wird das biographische Detail liebevoll aufgenommen. Die Gedichte nehmen vorweg, was Jahre später in »Euphrosyne«, »Amyntas« und »Hermann und Dorothea« »klassisch« genannt werden sollte, das Klassische als das seine Gattung Vollendende. Kommerell sagt über »Miedings Tod«: »Das Gedicht ist ein poetischer Nachruf und gehört als solcher einer Konvention an. Welch zauberhaftes Kunstwerk geht hier aus dem sonst fürchterlichen Genre hervor« (Gedanken, 177 f.). Erinnernd, sinnend und betrachtend erschließt das Gedicht die Wahrheit einer bescheidenen Existenz. Nicht dadurch, daß die Technik hier im Dienst der Bühnenkunst steht, dient sie einem Höheren, wird sie geadelt, sondern dadurch, daß der Dichter mit einer Exaktheit, die Homer benützt, wenn Odysseus bei Kalypso sein Floß baut, das Einfache und Natürliche zum Thema eines langen Gedichts macht. Der Staatsmann wird herbeigerufen, an der Bahre dieses Mannes zuzugeben, daß er ein schweres Geschäft mit Lust zum Werk, nicht zum Gewinn geleistet habe. Der Thespiskarren der Theaterleute wird beschworen, die Welt der »Theatralischen Sendung«, die menschlich-allzumenschlichen Bedingungen der Kunst:

> Ihr Schwestern, die ihr bald auf Thespis' Karrn,
> Geschleppt von Eseln und umschrien von Narrn,
> Vor Hunger kaum, vor Schande nie bewahrt,
> Von Dorf zu Dorf, euch feilzubieten, fahrt;
> Bald wieder, durch der Menschen Gunst beglückt,
> In Herrlichkeit der Welt die Welt entzückt:
> Die Mädchen eurer Art sind selten karg,
> Kommt, gebt die schönsten Kränze diesem Sarg! (HA I, S. 117)

Im September 1783 entstand das Gedicht »Ilmenau«, ein Rückblick auf die Weimarer Jugend, dem Herzog zum Geburtstag gewidmet und zugleich ein Rückblick auf die eigenen Weimarer Jahre, die

Entwicklung von wildgenialischem Sturm und Drang zum tätig-ruhigen Leben. Goethe erinnert an frühe Jagderlebnisse mit dem Herzog, an seine Lehrjahre mit Landwirtschaft, Hausindustrie und Bergbau, an die Jahre, in denen seine Kraft die rechte Richtung gefunden hatte. Der Berg, an dessen Fuß der Ort liegt, ist der Gickelhahn, der höchste des Reviers, den man, wie er an Frau von Stein schrieb, »in einer klingenden Sprache Alecktryogallanx nennen könnte« (der Hahn, der die Morgenfrühe verkündet). In seiner Nähe befand sich in einer Höhle das von Goethe in den Porphyr geritzte große S, das er beim Wiedersehen »geküßt und wieder geküßt« hatte. Doch nicht sie, Frau von Stein, ist der Gegenstand des Traums, der ihn an den flüchtigen Herzog in Shakespeares »Wie es Euch gefällt« erinnert; *sein* Herzog ist es, der dort, im Zigeunerlager unter freiem Himmel, behaglich rauchend vor dem Feuer sitzt. Ihn grüßt der Dichter. Dann folgt ein großes Traumbild seiner selbst, von fremden Zonen hierher verschlagen, aber durch die Freundschaft fest gebannt. »Wer kennt sich selbst? Wer weiß, was er vermag?« Unwägbar sind die Kräfte, die unwiderstehlich auch im Kleinsten wirken:

Wer kann der Raupe, die am Zweige kriecht,
Von ihrem künft'gen Futter sprechen?
Und wer der Puppe, die im Boden liegt,
Die zarte Schale helfen durchzubrechen? (HA I, S. 111)

Der letzte Teil des Gedichts ist der Dank an die Tätigkeit im neuen »Vaterland«, wo er, in Verbindung mit dem Fürsten, den Bergleuten von Ilmenau, den Webern von Apolda, den Bauern und Forstleuten im Rahmen des Möglichen geholfen hat. In den Schlußversen klingt mit der Betonung von Entbehrung, Pflicht, Einschränkung und Verzicht das Lebensthema des späteren Goethe an mit Versen, die in ihrer gnomischen Gefaßtheit von Schiller sein könnten:

Nein! streue klug wie reich, mit männlich steter Hand,
Den Segen aus auf ein geackert Land;
Dann laß es ruhn: die Ernte wird erscheinen
Und dich beglücken und die Deinen. (HA I, S. 112)

Was Goethe in dem Gedicht auf Ilmenau rühmt, die praktische Tätigkeit, wird in seiner Rede bei Eröffnung des neuen Bergbaus zu Ilmenau am 24. Februar 1784 bestätigt. Nach langen Vorarbeiten und mit großen Kosten wollte man das Silberbergwerk wieder in Gang bringen. Die wichtigsten Partner waren Nürnberger Kaufleute gewesen. In der Nähe des vor fünfzig Jahren abgesoffenen Schachtes sollte ein neuer niedergebracht werden. Seit acht Jahren, »solange ich diesen Landen angehöre«, sagte Goethe, habe man den Augenblick mit Sehnsucht erwartet. Die Festrede im Amtshaus wurde an eine draußen wartende Menge verteilt. Sie ist ein Muster Goethescher Beredsamkeit, einfach gehalten, und mit Betonung der sozialen Bedeutung des Bergbaus für die Region. Sie schließt mit einem Aufruf zum Gottesdienst: »Lassen Sie uns IHN bitten, daß er unserm Vorhaben beistehe, daß er uns bis in die Tiefe begleite, und daß endlich das zweideutige Metall, das öfter zum Bösen als zum Guten angewendet wird, nur zu Seiner Ehre und zum Nutzen der Menschheit gefördert werden möge« (WA I, 36. S. 372).
Auf seinen Harzreisen hatte Goethe den Goslarer Silberbergbau im Hinblick auf Ilmenau geologisch, technisch und wirtschaftlich studiert. Der Herzog und er hofften, der Bergbau werde die thüringische Wirtschaft fördern. Der Hinweis auf den zweideutigen Charakter des Silbers läßt eine Warnung und ein Schuldgefühl erkennen. Es bezieht sich weniger auf das geprägte Silber als auf eine Beraubung und Verletzung der Natur. Dieser Gedanke wird sich in den kommenden Jahrzehnten verstärken und zu düsteren Ahnungen über das Industriezeitalter steigern. Merkwürdig sind zeitgenössische Berichte über eine Stockung in Goethes Rede, als habe er den Faden verloren oder sei plötzlich durch einen anderen Gedanken abgelenkt worden. Mit Ilmenau verbanden ihn ja intensive Erinnerungen. Auf dem Gickelhahn hatte er »Über allen Gipfeln ist Ruh« geschrieben, und bei Betrachtung des thüringischen Berglands überwältigte ihn die Vorstellung, daß vor Zeiten hier ein Meer gewesen sei, sich Walfische in den Tälern getummelt hätten und hier dereinst wieder Möwen fliegen könnten. Ich sehe, sagte Goethe aus viel späterer Erinnerung an Ilmenau, in dem großen Gespräch mit Eckermann am 26. September 1827, »man mag in die Natur eindringen, von welcher Seite man wolle, man kommt immer auf einige Weisheit«.

Volk und Despotie, Egmont

Mehr als fünfzehn Jahre hat die Gestalt des Egmont Goethes Einbildungskraft bewegt. Der erste Entwurf entstand im Elternhaus in Frankfurt. Goethes Vater nahm großen Anteil; er mochte auf einen zweiten »Götz von Berlichingen« hoffen. Egmont galt als Verkörperung des Freiheitskampfes der Niederländer gegen die katholische Vormacht Spanien, als tragischer Held im Kampf gegen die Despotie. Die Arbeit war jäh abgebrochen, als der Sohn auf den Wagen des Herzogs Carl August von Sachsen-Weimar wartete, also in jenen für Vater und Sohn qualvollen Tagen, in denen sich Goethe entschlossen hatte, gegen den Rat des republikanisch denkenden Vaters in fürstliche Dienste zu treten.

Gerade in Weimar hatte Goethe, durch seine Stellung als Freund und Berater eines Fürsten, immer wieder Gelegenheit, sich mit dem Volk zu beschäftigen, jener Klasse, die man, wie er Frau von Stein schrieb, für die niedere hält, »die aber gewiß für Gott die höchste ist«. So hat er in Weimar gleich ein Drama mit kleinbürgerlichen Personen geschrieben, »Die Geschwister«, dessen Heldin, Marianne, ein Naturkind ist wie Gretchen und Klärchen. Das Werk ist an vier Oktobertagen des Jahres 1776 entstanden.

Goethe hat sein Verhalten zum Volk in Weimar nicht geändert. In diesem Sinne ist das Trauerspiel »Egmont« auch eine Auseinandersetzung mit der politischen Welt. Die Natur des naiven, in der Anlage wohlmeinenden und treuherzigen Volkes steht in polarem Verhältnis zur modernen Staatsmacht. Auch wenn der Staat das Beste will, stört er die alten Privilegien des Volkes. Als leitender Beamter hatte Goethe Erfahrungen in diesen Fragen sammeln können. Der fürstliche Absolutismus war im Jahrhundert Goethes im Guten wie im Bösen auf dem Höhepunkt seiner Entwicklung. Der Herrscher verstand sich in der Theorie als Diener und Vater des Volkes; in der Praxis regierte er absolut bis zur Rücksichtslosigkeit. Ein Hof wie der Weimarische gab sich und war aufgeklärt, volksfreundlich und fürsorglich. Man ahnte aber wohl nicht, wie das Volk die höfische Lebensweise, den Müßiggang des Adels und den krassen Abstand der sozialen Stellung aus der Perspektive seiner Armut und politischen Rechtlosigkeit sah.

Ursprünglich war »Egmont« ein Freiheitsdrama. Aber Goethes Ansichten über die Freiheit des Volkes wandelten sich. So wird gezeigt, daß die Niederländer zwar auf ihren hergebrachten Rechten bestehen, im Augenblick des Handelns aber ängstlich und feige versagen. Darum muß auch Klärchens Versuch, die Massen für die Befreiung des einst umjubelten Egmont aus dem Kerker zu begeistern, kläglich scheitern. Egmonts politischer Kampfgefährte Oranien ist zu klug, um die Realitäten falsch einzuschätzen. Es kommt dann so weit, daß Freiheit zur Traumvision wird; der träumende Egmont wurde von Goethe ein schlafender Held genannt. Von Rom aus hat er die höhere, die »poetische« Wahrheit seiner Lösung verteidigt, nachdem er beim Volk von Rom und Neapel einen anderen, unbeschwerten Genuß der Volksfreiheit kennengelernt hatte. Aber weder die Weimarer Freunde noch die mit Schiller einsetzende literarische Kritik haben sich mit Goethes visionärem »Egmont«-Schluß abfinden wollen.

Während des zweiten römischen Aufenthalts ließ Goethe Angelika Kauffmann die künstlerische – also nicht biographische – Ökonomie seines Stückes aussprechen, »daß der, welcher durch sein ganzes Leben gleichsam wachend geträumt, Leben und Liebe mehr als geschätzt, oder vielmehr nur durch den Genuß geschätzt, daß dieser (Egmont) zuletzt noch gleichsam träumend wache und uns still gesagt werde, wie tief die Geliebte (Klärchen) in seinem Herzen wohne und welche vornehme und hohe Stelle sie darin einnehme« (HA XI, S. 459). Egmont bewahrt sein freundliches und ungezwungenes Wesen. Darum liebt ihn das Volk: Seine Freiheit wird nicht deklamiert, sondern gelebt. Der Dichter will die Probleme »poetisch« darstellen, während der »unpoetische, in seinem bürgerlichen Behagen bequeme Kunstfreund« Anstoß nimmt.

Das Volk ist gutwillig, nicht aufsässig und im Augenblick der Despotie ängstlich und unterwürfig. Daß Goethe die Dialektik von Herrscher und Beherrschten souverän vorführen konnte, zeigt, daß er seiner Zeit nicht weniger voraus war als Mozart mit seinen Opern »Don Giovanni« und »Figaros Hochzeit«. Was Mozart, und später Beethoven, in der Musik ausdrückten, hat Goethe in Figuren dargestellt, einen neuen vielschichtigen Menschen, der die polaren Spannungen in sich selbst austragen muß, nachdem die alten Ordnungen, das Heilige Reich und die Religion abgestorben waren. Den Stoff entnahm Goethe seiner Lieblingszeit, der Mitte des sechzehnten Jahrhunderts. Mit dem historischen Egmont hat Goethes Held wenig gemeinsam. Er ist der Bezugspunkt für alle Figuren und Szenen. Er und Alba, sein Gegenspieler, sind immer gegenwärtig. Es gibt keine Nebenhandlungen wie im »Götz«. Der vierte Akt, wo sich Egmont und Alba gegenüberstehen, hat Goethe die größte Mühe gemacht. Die Einheit des Dramas liegt darin, daß gegensätzliche Charaktere das gleiche Prinzip repräsentieren: Egmont ist der lichte, Alba der finstere Vertreter politischer Hoheit.

Meisterhaft gegliedert ist die Einführungsszene des Armbrustschießens mit Typen aus dem Volk, mit der treuherzigen und zugleich demagogisch angeheizten Kritik, endend in dem wie einen Kanon angestimmten Ruf Ordnung und Freiheit. Das sind nicht nur im Sinne des bürgerlichen Ruhe-Ideals Stichworte des Problems; sie stehen im Widerspruch zu den anderen Grundneigungen des Volkes, Anarchie und Chaos. Wie das gemeint ist, die verführerische Polarität von Chaos und Freiheit, zeigt der Bericht Machiavells. Aber auch die Ordnung, welche die Regentin auf Befehl des Königs herstellen soll, hat zwei Seiten, die tyrannische der Unterdrückung und das Gewährenlassen der neuen Lehre, damit diese, in sich eingekapselt, zur Ruhe kommt. Aus Erfahrung weiß sie, wie man der Revolution begegnen, ihr den Schwung des brutalen Aufruhrs nehmen kann. Die Regentin charakterisiert Egmont mit zwei Worten: Gleichgültigkeit und Leichtsinn. Egmont geht zugrunde, weil er gleichgültig und leichtsinnig ist. Diese Bezeichnungen, politisch als Tadel gemeint, enthalten ein Lob des Mannes, der etwas anderes für lebenswert hält als ideologische Beschränktheit, nämlich die Freiheit, so zu leben, wie er will, sich selbst zu verwirklichen, einen frohen Sinn zu behalten, die Freude am Leben sich nicht verderben zu lassen. Das ist Egmont, und deshalb fällt er. Macchiavell sagt: »Egmont geht einen freien Schritt, als wenn die Welt ihm gehöre« (HA IV, S. 381). Darauf erwidert die Regentin: »Er trägt das Haupt so hoch, als wenn die Hand der Majestät nicht über ihm schwebte« (ebda).

Ähnlich doppeldeutig und ausgesprochen dialektisch verhält es sich mit Klärchen. Sie hätte Brackenburg heiraten können; sie hatte ihn gern und »will ihm wohl in der Seele«, doch auf den Vorwurf der Mutter, sie wäre mit ihm glücklich geworden, antwortet sie lakonisch und ohne Benützung des Personalpronoms: »Wäre versorgt und hätte ein ruhiges Leben« (HA IV, S. 385). Sie liebt nur Egmont. Er hat etwas Unwiderstehliches, das Volk hängt an ihm, alle Herzen fliegen ihm zu: Dieser Zug ist in Klärchen personalisiert. Sie ist seine Geliebte, doch im Gegensatz zu Gretchen ist sie selbstbewußt, stolz im Hochgefühl seiner Liebe zu ihr. Die Stube, darin sie wohnt, ist ihr und Egmonts Himmel. Sie setzt sich hinweg über die Sorge der Mutter und kümmert sich nicht um ihren Ruf bei den Nachbarinnen. In der Unbefangenheit ist sie Egmont ähnlich. Sie möchte ein Mann sein, ihm die Fahne in der Schlacht vorantragen, sie will nicht an Stand und Geschlecht gebunden sein, darum singt sie:

Welch Glück sondergleichen
Ein Mannsbild zu sein! (HA IV, S. 384)

Klärchen ist eine leidenschaftlich-heftige Natur. Der Bürgersohn Brackenburg kann sie weder begreifen, noch kann er sich entschließen, sie aufzugeben. Seine Anhänglichkeit ist Schwäche.

In der Exposition des ersten Akts werden alle Motive sorgsam ausgespielt, nicht nur angeschlagen. Die politischen Vorstellungen von der Aufgabe der Herrscher, Fürsorge der Oberen für das Volk, Bewahrung aller Privilegien und gegenseitigem Vertrauen stammen von Justus Möser. Sie sind also nicht, wie moderne Feinde Goethes sagen, reaktionäre Relikte und Revolutionsfeindschaft. Es sind Forderungen der Volksherrschaft durch die Besten, das Verlangen nach gerechtem Anteil aller Stände am Regiment des Landes. Die ersten drei Akte führen die Strukturen sorgfältig aus. Im vierten Akt wird die Korrumpierung des Volkes durch die Despotie deutlich; Sorge und Angst lähmen Willen und Denken. Vansen, ein schillernder, in solchen Zeiten nach oben kommender Typus, verbreitet Nervosität und Angst vor Verrat.

Mit Silva, Gomez und Alba treten die Vertreter des Gesetzes, der Maschinerie der Staatsmacht auf. Egmont ist ihrer Praxis politisch nicht gewachsen. Alba, der harte Vollstrecker vergangener und künftiger Gewalten, setzt sich durch. Tugenden gelten nichts; was Egmont sagt, wird negativ ausgelegt. Klärchen spricht es aus: »Die Tyrannei ermordet in der Nacht den Herrlichen.« Egmonts Glaube an sein Glück, an den Sieg des Dämons seines privaten Lebens provoziert das Ende. Musik ertönt, Egmont schläft ein. Hinter seinem Ruhebett erscheint die Freiheit in himmlischem Gewand mit Klärchens Zügen. Hoch theatralisch schließt die Szene mit Waffen und Trompeten, es ist eine Siegessymphonie. Goethe hatte Philipp Kayser gebeten, Noten zu Egmont zu schreiben, doch erst Jahre später kam das Trauerspiel mit Beethovens Musik zu großem Erfolg: Sie verherrlicht den heroischen Menschen, der im Glauben an sich selber fällt.

Erst nach dreizehn Jahren, während des zweiten römischen Aufenthalts, wurde »Egmont« beendet. Daraus erklärt man die angeblichen Widersprüche der Konzeption. Wenn auch Alba jetzt auf seine Weise recht hat, so spiegeln sich darin Goethes Erfahrungen. Von einer Änderung der Substanz kann keine Rede sein. Man gewahrt die dichterische Einheit, wenn man das Stück in einem Zug liest oder das Glück hat, es in einer guten Aufführung zu sehen. Wie alle Entwürfe Goethes ist »Egmont« aus einer Inspiration spontan entstanden; es hat Monate gedauert, bis die Niederschrift der Hauptszenen auf Drängen des Vaters in Frankfurt erfolgte. Die Ergänzung durch Nebenszenen unterlag freilich Wandlungen. Sie lagen in Goethes Entwicklung vom Stürmer und Dränger zum Klassiker. Stets aber hat sein Bewußtsein den Hauptzug Egmonts festgehalten, das Heitere, die edle Sorglosigkeit, das Hochgemute einer ritterlichen Seele, den sozusagen göttlichen Leichtsinn (im Gegensatz zum tatsächlichen Leichtsinn des historischen Egmont in Verwaltung und Politik) und das, was Klärchen an ihm liebt, weil sie in der Welt der Frau die gleiche Unbedenklichkeit und Unbedingtheit repräsentiert.

Schiller hat betont, Goethes »Egmont« sei die erste deutsche Tragödie eines ganzen Menschen, wie Shakespeares »Macbeth« und »Richard III.«. Auch hat er gemeint, Egmonts Liebe zu Klärchen sei eine Schwachheit. Er übersah, daß Egmonts Liebe zu Klärchen ein Zug ist, der zu seinem Charakter als »fröhliches Weltkind« paßt. Egmont ist, mit andern Worten, ein Spiegelbild Goethes selbst, seines Vertrauens in die Fügung, des Glaubens an sich selbst und seines manchmal leichtsinnig wirkenden Überlegenheitsgefühls. Goethe meinte immer, im Recht zu sein, und er vertraute wie Egmont auf die

Wirkung des Strahlenden seiner Person. Egmonts Charisma wirkt auf das Volk, auf Klärchen, auf Brackenburg und Ferdinand, die es nicht besitzen und ihm neiden. Auch der mißtrauisch kluge Oranien besitzt es nicht. Nur auf Alba wirkt es nicht, denn der besitzt als Person und Fürst eine andere, ebenfalls betörende Aura, die der unbedingten Treue zu seinem Herrn, dem König, und eine Witterung für die seinem Herrn und König feindliche Sphäre der niederländischen Bewegung. Goethe spart den Kern der beiden Welten aus, die Religiosität sowohl des Königs wie der Protestanten. In Weimar hatte er sich weiter als je in seinem früheren und späteren Leben vom Christentum entfernt. Das hing mit der areligiösen Haltung des Herzogs und des Hofes zusammen und war eine der Vorbedingungen für die Rezeption der lateinischen und griechischen Antike. Der Kern der Persönlichkeit ist nicht mehr die Religion, sondern die Humanität im Sinn der hohen Aufklärung.

Egmont besitzt eine individuelle Qualität. Das Strahlende, Unwiderstehliche wird Goethe im Alter als das Dämonische definieren. Es durchdringt die Schichten von Egmonts Existenz und fesselt das Volk, die Soldaten, die Fürstin, Klärchen und Oranien. Egmont trägt als Symbol einer dem menschlichen Urteil nicht unterworfenen Desinvolture das Goldene Vlies. Er ist Reiter und das Pferd fügt sich ihm. Als Feldherr hat er Siege über die Elemente des Wassers und Wetters errungen. Doch dieser Charakter führt auch seinen Untergang herbei. Er fühlt sich so sicher, daß er im Umgang mit Alba die Gefahr nicht begreifen kann oder will. Er ist verblendet. Er selbst muß tun, was ihm Unglück bringt. Blind läuft er in das klug gespannte Netz der Spanier. Doch auch Alba ist nicht mehr souverän, seit er erfahren hat, daß der Plan nur halb gelang, weil Oranien sich entschuldigte.

Erst angesichts des Todes gerät Egmonts Selbstgefühl ins Wanken. Die Sorge lähmt ihn, er schläft ein; aber so wie Orest in »Iphigenie« im Heilschlaf neue Kraft gewinnt, erwacht Egmont gestärkt; er fühlt sich frei von Sorgen und Schmerzen. Vielleicht ist die heilende Wirkung des Schlafs eine Goethesche Lebenserfahrung, vielleicht aber nur Vorbereitung auf den Traum von der himmlischen Vision der Freiheit auf Wolken, auf Klärchens symbolische Handlungen, den Siegeskranz, das Licht und die Musik. Diese viel getadelte Szene, das

»Opernhafte«, entsprach dem Charakter Goethes, dem Theatralischen seines Wesens, seiner Neigung zum Bühnenhaft-Pathetischen, zur schauspielhaften Darbietung. Es war naiv und bewußt zugleich, da der große Auftritt zur Natürlichkeit des großen Herrn gehört. In Italien wurde Goethe dieser Zug seines eigenen Wesens und die Beschränktheit des deutschen Bürgers auf das, was »man« tut, immer deutlicher. Egmont bezaubert alle, die ihm begegnen, so wie Goethe in Weimar eifersüchtige Beamte und die neidische Hofgesellschaft bezauberte. Auch Iphigenie besitzt jene innere Hoheit, die am Schluß Heiligkeit genannt wird.

Klassische Formen – Iphigenie

In Weimar hat Goethe vor der italienischen Reise eine Reihe von Dramen mit antiken Gestalten begonnen, »Proserpina«, »Prometheus« und »Iphigenie«. Die Stoffe waren ihm von Jugend auf vertraut. Er suchte eine neue sprachliche Form, nicht mehr Prosa und freie Rhythmen, sondern Verse. Das Prometheus-Drama war ein Versuch, das titanische Weltgefühl rhythmisch auszusprechen. In dem Fragment »Proserpina« gibt es acht oder neun verschiedene Versmaße, die meisten sind der Prosa nahe. Es entstand in Anlehnung an Rousseaus »Pygmalion« als Einpersonenstück mit dem Thema vom Feuerstrom und dem Tränenfluß der in die Unterwelt Verdammten. Proserpina erhebt Klage gegen das Schicksal, die unsichtbar bleibenden Parzen. Im Stil einer Beschwörung wendet sie sich an Jupiter, ihren Vater:

> Vater der Götter und Menschen!
> Ruhst du noch oben auf deinem goldenen Stuhle,
> Zu dem du mich Kleine
> So oft mit Freundlichkeit aufhobst,
> In deinen Händen mich scherzend
> Gegen den endlosen Himmel schwenktest,
> Daß ich kindisch droben zu verschweben bebte?
> Bist du's noch, Vater? – (HA IV, S. 459, Vers 141–48)

Auch die Einordnung ist bezeichnend: Goethe hat das Monodrama ursprünglich in die Szenenfolge des »Triumph der Empfindsamkeit«, die Satire auf »Werther«, eingebaut. Man hat ihm das damals und auch nachher noch übelgenommen, so Gundolf: Das erhabene Stück erscheine in falscher Beleuchtung. Später hat Goethe die »Proserpina«, mit Corona Schröter allein auf der Bühne, zu großem Erfolg gebracht.

Im Jahre 1776 hat er den Plan zur »Iphigenie« gefaßt, aber erst drei Jahre später entstand das Drama, dann allerdings innerhalb von zehn

Wochen. Am 28. März 1779 notierte er im Tagebuch, »Iphigenie geendigt«, nachdem er siebzehn Tage vorher die ersten drei Akte vorgelesen hatte. Die lange Inkubationszeit und die plötzliche Fertigstellung sind typisch, und sie weisen auf ein Reifen des Werkes unterhalb des Bewußtseins hin, wo eine Fülle von Motiven verarbeitet wurde. Dazu gehören die Liebe zu Frau von Stein, über die sich Goethe nie ganz klar hat aussprechen können. Von ihr existiert kein literarisches Bildnis wie von der Mutter, Cornelia, Friederike oder Lili. Nur in der dichterischen Verwandlung einer Iphigenie oder der Prinzessin im »Tasso« wird sie uns deutlich, »geschützt durch die Freiheit des dichterischen Spiels« (Staiger). Ob und wieweit Iphigenie, die Jungfrau und Priesterin, Frau von Stein »ist«, darüber haben sich ganze Generationen den Kopf zerbrochen. Aus einem alten Vers zitiert Goethe: »Bin so in Lieb zu ihr versunken, / Als hätt' ich von ihrem Blut getrunken« (WA IV, 6. S. 99). Das steht auf einem der zahlreichen Blättchen seiner Mitteilungen.
Das Blut spielt in »Iphigenie auf Tauris« eine abgründige Rolle. Verwandtenblut, Geschwisterblut, Blutrache, blutige Opfer und blutige Mordtaten sind der schauerliche Anlaß dieses Dramas! Auch Iphigenie war zum blutigen Opfer auf dem Altar bestimmt. Motive des antiken Dramas, der »Iphigenie« des Euripides in der Prosa-Übertragung des französischen Jesuiten Pierre Brumoy, mischen sich mit christlichen Vorstellungen einer Schuldvergebung und Entsühnung durch Barmherzigkeit und Liebe. Diese Verbindung wird gewöhnlich als Höhepunkt aufgeklärter Humanität gedeutet. Das Thema wird zu »höheren Sphären« emporgeläutert, entsprechend dem Rat der Himmelskönigin im »Faust«. Iphigenie erlöst den Jüngling Orest, an dessen Händen und Kleidern, wie er glaubt, die Spuren blutiger Schuld kleben. Auch ihn verzehrt die Sehnsucht nach dem Reinen. Diese Idee hat Goethe sein Leben lang bewegt. Sie geht zurück auf den neutestamentlichen Gedanken der Reinheit von Sünde, Reinheit des Herzens und der Gesinnung.
Zweifellos hat Goethes »Iphigenie« in der erst in Italien vollendeten Versgestalt etwas Überspanntes. Weder in der Antike noch im Christentum hat es solch eine Gestalt gegeben. Sie ist, wie Goethe einige Jahre später zu Schiller gesagt hat, »verteufelt human«. Man kann auch sagen, sie sei, wenn man die sprachliche Form der satirischen

Jugenddramen und des »Götz« primär nennt, ein sekundäres, sprachlich künstlich gesteigertes Werk. Diese Charakteristik trifft für die ganze klassische Periode zu. Die ersten Fassungen von »Wilhelm Meister«, »Götz« und »Faust« wurden jetzt geschliffen, poliert und verfeinert. Prosa wurde in Verse umgegossen und dadurch dem Ideal auch formal angenähert. So gleich zu Anfang: »Heraus in eure Schatten, ewig rege Wipfel des heiligen Hains, wie in das Heiligtum der Göttin, der ich diene, tret ich mit immer neuem Schauer, und meine Seele gewöhnt sich nicht hierher!« (WA I,39. S. 323) In der Endfassung heißt es dann:

Heraus in eure Schatten, rege Wipfel
Des alten, heilgen, dichtbelaubten Haines,
Wie in der Göttin stilles Heiligtum,
Tret ich noch jetzt mit schauderndem Gefühl,
Als wenn ich sie zum ersten Mal beträte
Und es gewöhnt sich nicht mein Geist hierher. (HA V, S. 7, Vers 1–6)

Der Rhythmus der Prosafassung hatte etwas Gesteigertes und Pathetisches. Der Text schrieb sich nicht wie der des »Götz« wie von selber hin. Er steht unter dem Druck der Suche nach einem neuen, dem fremden Stoff gemäßen Stil. Zum ersten Mal geht Goethes Sprache wie das klassizistische Drama der Franzosen auf dem Kothurn. In einem Brief an Jacobi erwähnt Goethe das fremde Gewand und die ungewohnte Sprache des Schauspiels. Dalberg gegenüber nannte er es »viel zu nachlässig geschrieben«. Mit dieser künstlich gesteigerten Prosa beginnt, sieben Jahre vor Italien, Goethes Klassizismus.

Wie schwer muß diese Sprache den Laienschauspielern in Weimar gefallen sein! Knebel spielte den Thoas, Sekretär Seidler den Arkas, Prinz Konstantin den Pylades. Nach der zweiten Vorstellung gab Konstantin auf und wurde von seinem Bruder, dem Herzog, ersetzt. Die Titelrolle spielte die Berufsschauspielerin Corona Schröter. Die Wirkung der Aufführung war außerordentlich. Das Künstliche der Sprache, so anstrengend es war, empfand man, geschult am französischen Klassizismus, als gehoben, als dichterisch. Zugleich spürte man etwas Fremdes, Neues. Der Stil war weit weg von der Natursprache des »Götz« und den Knittelversen des »Faust«, weit weg auch von den Singspielen und gereimten Huldigungen, mit denen Goethe den Hof

zu unterhalten wußte. Vielleicht erklärt sich der Stil aus den vielen, oft polar einander entsprechenden Möglichkeiten Goethes, zu denen ihn jeweils die »Stunde«, der »Augenblick« inspirierten. Von allen Zuhörern hat wohl nur Frau von Stein den Zusammenhang des antiken Stoffes mit Goethes persönlichen Anliegen begriffen und durchschaut. Bei Lesungen außerhalb des Weimarer Freundeskreises, auch in Rom, blieben die Hörer kühl.
In der Prosafassung der »Iphigenie« gibt es Stellen, die ohne Rücksicht auf den Rhythmus, in einer spröden, sogar hölzernen, manchmal schwülstigen Sprache geschrieben sind, offenbar in dem Bemühen, knapp und streng zu sein, den dithyrambischen Stil der Jugend zu vermeiden, die schöne Biegsamkeit des Goetheschen Sprachflusses einer abweisenden Diktion zu opfern. Im dritten Auftritt des ersten Akts sagt Iphigenie in der ersten Prosafassung zu Thoas, nachdem er ihr einen Heiratsantrag gemacht hat: »Wie darf ich diesen Schritt, o König, wagen. Hat nicht die Göttin, die mich rettete, ein ganzes Recht auf mein geweihtes Leben? Sie hat für mich den Schutzort ausgesucht, und einem Vater, den sie durch den Schein nur strafen wollte, mich gewiß zur unverhofften Freude seines Alters aufbewahrt. Vielleicht bereitet sie mir Verlassenen frohe Rückkehr, und ich indes auf ihre Wege nicht achtend, hätte mich ihr wider Willen hier angebaut?« (WA I,39. S. 337) In den Blankversen der endgültigen Fassung heißt es dann:

Wie darf ich solchen Schritt o König wagen?
Hat nicht die Göttin, die mich rettete
Allein das Recht auf mein geweihtes Leben?
Sie hat für mich den Schutzort ausgesucht
Und sie bewahrt mich einem Vater, den
Sie durch den Schein genug gestraft, vielleicht
Zur schönsten Freude seines Alters hier.
Vielleicht ist mir die frohe Rückkehr nah?
Und ich auf ihren Weg nicht achtend, hätte
Mich wider ihren Willen hier gefesselt. (HA V, S. 19, Vers 437–446)

Aus der Zeit, als die Prosafassung der »Iphigenie« entstand, gibt es mehrere Zeugnisse für eine gewisse Sprachverdrossenheit Goethes. Sie bekunden sein Empfinden für das Ungenügende der rauhen,

kratzenden deutschen Sprache und eine Begeisterung für die Melodie und Klangfülle des Italienischen. Er versuchte sich an Singspielen, also Libretti, welche der Ergänzung des Textes durch Pantomime, Musik und Gesang bedürfen, etwa »Scherz, List und Rache«. Er hoffte, mit Hilfe Kaysers eine deutsche Oper zu schaffen; aber Kaysers Talent reichte nicht aus, ähnliches zu leisten wie Mozart mit der »Entführung aus dem Serail«. In diesem Ungenügen an einer deutschen Kunstsprache liegt der Grund, weshalb sich Goethe dem französischen Regeldrama und Euripides zuwandte.
Schon in Karlsbad begann Goethe den Text zu veredeln. Erst in Italien gelang es. Die endgültige Fassung mit den klingenden und melodischen Versen hat sich nicht nur aus äußeren Gründen behauptet. Sie hat mit den leichten Änderungen von Verben und Adjektiven und dem Fluß der damals in Deutschland noch ungewohnten Blankverse den grauenhaften Stoff, das Barbarische der Handlung erträglich gemacht und verfeinert. Die Akzente wurden auf die psychologische Charakterisierung gelegt. Damit hat das Stück eine innere Wahrheit und Hoheit gewonnen wie vorher nur Lessings »Nathan der Weise« – um den Preis der Entfernung vom körnigen Realismus. Schiller tadelte denn auch, bei aller Bewunderung für die »Iphigenie«, Goethe habe sich mit vielen Schmuckworten des Dialogs und der Neigung zu Sentenzen mit den Griechen messen wollen. Er hatte nicht unrecht.
Sehr merkwürdig und nur aus Goethes Vorstellungen einer sittlichen Ordnung zu verstehen ist die Behandlung des Drohenden, der Zerstörung, Roheit, Wildheit und Leidenschaft. Sie stehen in Iphigenies Erzählung von ihrer Herkunft wie Gewitter an einem fernen Horizont. Der Wahnsinnsanfall des Orest läßt diese Mächte wohl erscheinen, aber als Imaginationen; Orest sinkt in tiefe Betäubung. Man kann sich wundern, daß Orest erwachend feststellt, »der Krampf des Lebens sei aus dem Busen hinweggespült« (HA V, S. 41, Vers 1260). Dahinter steckte die Goethesche Erfahrung von der heilenden Wirkung des Schlafes. In Traum und Wahnsinn gelangt Orest zu Eltern und Geschwistern im Totenreich. Er sieht, daß seine Eltern versöhnt sind, und glaubt, Verzeihung gefunden zu haben. Wie das gemeint ist, spricht er in den letzten Versen aus:

Es löset sich der Fluch, mir sagt's das Herz.
Die Eumeniden ziehn, ich höre sie,
Zum Tartarus und schlagen hinter sich
Die ehrnen Tore fernabdonnernd zu. (HA V, S. 44, Vers 1358–1361)

Ob eine humane Schwester in Wirklichkeit den Muttermörder durch ihr Gebet entsühnen und die Rachegeister vertreiben kann – diese Frage bleibt offen. Für Goethe sind Mord und Entsühnung Bilder aus der Vorzeit; die Schuldgefühle des Orest sind psychologischer Art wie die Goethes gegenüber den Frauen. Die Ereignisse der Mythe sind Gleichnisse. Mit der Beschränkung auf die Psychologie der Individuen hängt zusammen, daß es in diesem Drama kein Volk, keine Natur und keine Politik gibt. Daher das poetisch Schwebende und die Realitätsferne der »Iphigenie auf Tauris«.

Das lange Heranreifen und die dann eruptiv verlaufende Niederschrift der ersten Fassung zeigen, ebenso wie das Unbehagen Goethes an der Prosafassung, daß hier ein Prozeß in Gang gekommen war, der erst in Italien seinen Abschluß fand. Der Sturm- und Drangdichter wurde zum »Klassiker« einer antikisch-christlich getönten Norm. Daß es auch andere Lösungen und Möglichkeiten der deutschen Entwicklung gab, zeigen Jakob M. R. Lenz, Heinrich von Kleist, Jean Paul und die Romantiker und schließlich Georg Büchner. Goethe fand wie Orest Heilung für das Schweben der Seele zwischen Finsternis und Licht. Die Sprache zeugt davon, wenn auch manches unter der Bewußtseinsschwelle blieb. Die antike Patina der »Iphigenie«, ihre verinnerlichte Sprache, machen den Zauber dieser großen Dichtung aus.

Goethe hat mehrere ähnliche Versuche unternommen. Das antike Gleichnis ließ ihn nicht los. Euripides hatte seiner »Iphigenie« eine »Elektra« folgen lassen. Elektra wird mit Pylades vermählt und entgeht so dem Fluch der Tantaliden. Goethe hat sich mit entsprechenden Gedanken getragen. Ein zweites Drama wollte er der Elektra widmen. Am 18. Oktober 1786 schrieb er in Bologna im Tagebuch für Frau von Stein: »Heute früh hatt' ich das Glück, zwischen Schlaf und Wachen den Plan zur ›Iphigenie auf Delphos‹ rein zu finden. Es gibt einen fünften Akt und eine Wiedererkennung, dergleichen nicht viel sollen aufzuweisen sein. Ich habe selbst drüber geweint wie ein Kind, und an der Behandlung soll man, hoff' ich, das Tramontane erkennen« (WA III, 1. S. 304). Daraus wurde zwar nichts, aber viele Jahre später, 1815, als er die Italienische Reise redigierte, gab Goethe den Plan jener »Iphigenie in Delphi« bekannt. Iphigenie, Orest und Pylades sind nach Delphi gekommen und treffen dort, selbst unerkannt und ohne sie zu kennen, Elektra. Diese will die mörderische Axt, die so viel Unheil angerichtet hat, dem Gott von Delphi als Sühneopfer weihen. Ein Grieche verrät Elektra, wer die stillen Fremden sind. Die leidenschaftliche Elektra will nun Iphigenie ermorden, weil sie glaubt, diese habe auf Tauris den Mord an Orest und Pylades zugelassen. Eine glückliche Wendung verhindert die Untat und es kommt zur Erkennung der Geschwister.

Im Tagebuch notierte Goethe am 11. August 1781, er habe »Elpenor« angefangen. Das Stück war als Festspiel zur erhofften Geburt eines herzoglichen Erbprinzen bestimmt. Trotz des antikischen Kostüms ist »Elpenor« eine Erfindung Goethes. Den Stoff hatte er durch die Lektüre eines chinesischen Dramas (Die Waise aus dem Hause Chao) in der Übersetzung eines französischen Jesuiten kennengelernt. Voltaire hatte das Motiv in »L'Orphelin de la Chine« behandelt. Auf die Übernahme chinesischer Themen war die Epoche des Rokoko vorbereitet; die Chinoiserie hatte sich als europäische Mode sonderbar mit der Begeisterung für die pompejanisch-herkulanischen Altertümer verbunden: Das Nicht-Christliche dieser Weltkulturen korrespondierte der Lösung von der religiösen Orthodoxie und der Neigung zu schwärmerisch-weltlicher Humanität. Goethe hat den Stoff wie ein analytisches griechisches Drama angelegt und die literarische Form der »Iphigenie« wiederholt. Ein Knabe wächst durch Vertauschung am Hof des Vatermörders auf und will sich rächen.

Das Schauspiel blieb Fragment. Goethe verlor die Lust an der Vollendung nicht zuletzt deshalb, weil er die Anlage für verfehlt hielt. Die anderthalb Akte, kaum zwanzig Seiten, lassen nicht erkennen, wie das Ganze gemeint war, wohl aber, daß die in der »Iphigenie« so mühsam gewonnene Vollendung nicht erreicht wurde. Die Prosa geht wiederum auf hohem Kothurn: »Und du, mein Sohn, leb in das Leben wohl«, sagt Antiope zu Elpenor (HA V, S. 316). Der Bericht des Polymetes beginnt mit dem Satz: »Aus einer Stadt voll sehnlicher Erwartung kam ich, der Diener eines Glücklichen, nicht glücklich«

(HA V, S. 325). Bei der Begegnung dieses Polymetes mit Elpenor heißt es: »Du hättest sollen das Gedränge sehn, wie jeder seinen Sohn und wie die Jünglinge sich selbst mit Eifer boten, der edelsten der besten sind dir zwölfe zugewählt die deiner immer warten sollen« (HA V, S. 329, Zeile 34 f.). Es ist kein Wunder, daß Schiller, nachdem Goethe ihm das Fragment viel später als Werk eines Anonymus gesandt hatte, urteilte, es sei ein dilettantisches Produkt und lasse kein Kunsturteil zu (Gräf, S. 501 f.) und auch dabei blieb, als Goethe ihm die Autorschaft gestand.

Die zweite Reise in die Schweiz

Unter den vielen Reisen dieser Jahre ist die mit dem Herzog und dem Oberforstmeister von Wedel in die Schweiz die längste und wichtigste. Sie dauerte vom September 1779 bis Januar 1780. Der Herzog war 22 Jahre alt und sollte, da die Weimarer Verhältnisse einigermaßen gesichert waren, unter Goethes Führung eine Verwandten- und Bildungsreise machen. Auch Goethe brauchte Abwechslung und Entspannung. Die Dramen kamen nicht voran. Die geplante Biographie des berühmten Vorfahren der Dynastie, Bernhards von Weimar, war nicht zu bewältigen. Für Goethe bot die Reise Gelegenheit, die fürstlichen Verwandten des Hauses Sachsen-Weimar kennenzulernen, aber auch die eigenen Verwandten und Freunde in Süddeutschland und der Schweiz wiederzusehen. In Kassel besah man die landgräfliche Kunstkammer. Goethe besuchte den berühmten Anatomen Samuel Thomas Sömmering, seinen Briefpartner in Sachen Osteologie, und Georg Forster, den Naturforscher und Weltreisenden. In Frankfurt wohnte die kleine Gesellschaft zur Messezeit in Goethes Elternhaus, wo der Herzog auf einem Strohsack in Goethes Kammer schlief. Goethes Mutter war überglücklich, ihren »Hätschelhans« in die Arme schließen zu können, während der Vater, bereits hinfällig, eine Szene wegen der Kosten machte. In Sesenheim kam es zu einer Begegnung mit Friederike Brion. Goethes Bericht darüber ist sonderbar verschleiert. In Straßburg sah er Lili von Türckheim und in Emmendingen den Schwager Hofrat Schlosser als badischen Landrat. Die von Goethe unter dem Titel »Briefe aus der Schweiz« beschriebene Reise begann in Genf.

Goethe hat die ersten Teile bald nach der Reise bei der Herzogin-Mutter vorgelesen. Wieland vergleicht die Beschreibung des Zuges durch das Wallis über die Furka und den St. Gotthard mit Xenophons »Anabasis« und hebt die »schlaue Kunst der Komposition« hervor, während die Zuhörer mehr von der Naturschilderung begeistert waren. Die Begebenheiten der »geselligen Irrfahrt«, wie es in den Tag-

und Jahresheften (HA X, S. 432) heißt, werden wie in der »Italienischen Reise« beschrieben. Es war den Hörern kaum bewußt, daß diese im Lauf der Zeit wesentlich erweiterte Reisebeschreibung eine neue Seite von Goethes proteischem Wesen spiegelte. Zum ersten Mal wurden die Spannungen und Widersprüche seines Wesens, die melancholische und frohe Natur, in einem Prosawerk höchsten Ranges ausgeglichen. Überall schimmert das Ich des Erzählers ohne Aufdringlichkeit mit unendlicher Feinheit durch. Stets werden die Begleiter, vor allem der Herzog, mit ganz wenigen, aber charakteristischen Zügen dargestellt. Der junge Carl August ist ein edler junger Mann, der erstaunliche Strapazen erträgt. – Die Wanderung durch das menschenleere, fast schon winterliche Hochgebirge war eine sportliche Leistung, die nur kräftige Männer sich zumuten konnten; sie stellte an Geist und Körper der Reisenden höchste Ansprüche.
Aus verschiedenen Gründen erschien der Bericht erst 1796, unter dem Titel »Briefe auf einer Reise nach dem Gotthardt«, in Schillers Horen, und zwar zunächst der zweite Teil. Der einleitende erste Teil, über die Erlebnisse in Münster und Genf und die Reise durch den Jura, wurde 1808 gedruckt, also dreißig Jahre nach der Reise. Er beginnt mit einer Fiktion: »Als vor mehreren Jahren uns nachstehende Briefe abschriftlich mitgeteilt wurden, behauptete man, sie unter Werthers Papieren gefunden zu haben und wollte wissen, daß er vor seiner Bekanntschaft mit Lotten in der Schweiz gewesen« (WA I, 19. S. 195). Die Fiktion wird bald aufgegeben. An Parallelstellen aus Briefen an Frau von Stein erkennt man, daß Goethes Erlebnis der Natur nichts mehr mit Wertherischem Überschwang zu tun hatte. Sein großer Brief vom 3. Oktober 1779 aus Münster beschreibt die Landschaft mit realistischer Eindringlichkeit: »Bald steigen an einander hängende Wände senkrecht auf, bald streichen gewaltige Lagen schief nach dem Fluß und dem Weg ein, breite Massen sind aufeinander gesetzt...« (HA, Br. I, S. 275). Diese Art, die Natur zu sehen und zu beschreiben, war weit entfernt von der Art und Weise des Sturm und Drang vier Jahre früher, als Goethe mit den Brüdern Stolberg in der Schweiz gewesen war. Auch der religiöse Überschwang des Naturerlebnisses der Harzreise ist verändert zugunsten realistischer Erfahrungen. Was damals Kulisse für Empfindungen war, wurde jetzt mit den Augen des Naturforschers und Geologen

und an den Phänomenen von Klima und Wetter im Hochgebirge studiert.
Goethes Realismus ist weit entfernt von Enthusiasmus: »Frei wären die Schweizer? Frei diese wohlhabenden Bürger in den verschlossenen Städten? Frei diese armen Teufel an ihren Klippen und Felsen? Was man dem Menschen nicht alles weismachen kann!« (WA I, 19. S. 197). Die engen Städte, die rauhen Sitten, das miserable Essen und die kurzen Bauernbetten werden mit ironischem Humor akzeptiert. Oft müssen die Wanderer sich mit Wein und Brot begnügen. Der Bericht über die Schweiz stellt die Polarität des eleganten Stadtlebens zur Bergeinsamkeit höchst effektvoll dar. In Genf genießen der Erzähler, der Graf (der Herzog reiste anonym) und der Freund (von Wedel) zum letzten Mal die »schweizerische löbliche Ordnung und gesetzliche Beschränkung« (HA X, S. 154). Goethe lernte die Theorien des Genfer Geologen Horace Bénedict de Saussure kennen, eines Neptunisten wie Goethe selbst. Saussure hatte bei der Besteigung des Montblanc Beobachtungen über die Himmelsbläue, ihre Farben und Schatten angestellt, welche Goethe später in der Farbenlehre anerkennend zitieren sollte (HA XIII, S. 347).
In Lausanne machte Goethe, durch Lavaters Vermittlung, die Bekanntschaft der schönen Witwe Maria Antonia von Branconi. Sie war 28 Jahre alt, die Geliebte des Herzogs Carl Wilhelm Ferdinand von Braunschweig, des Bruders der Herzogin Anna Amalia. Goethe hatte ihr Porträt 1775 in Lavaters Physiognomik gesehen und hatte ihr, hellsichtig wie er war, unternehmende Stärke und Eitelkeit bescheinigt. Jetzt war er von ihrer Schönheit ebenso bezaubert wie von ihrem Geist. Sein Brief an sie vom 29. August 1780 ist eine der geistreichsten Liebeserklärungen aus seiner Feder. Sie siegte, wie er bemerkte, »mit Pfeilen« – während Frau von Stein »mit Netzen« siegte. Auf der Reise nach Frankfurt im Frühjahr 1780 besuchte sie Goethe in Weimar und ließ sich Grüße an seine Mutter und Dechant Dumeiz auftragen. Man möchte sich gern vorstellen, daß Goethe den Pfeilen der leichtsinnigen Antonia erlegen wäre – aber es stimmt wohl, was er an Lavater schrieb, daß solch eine Frau ihm »die Seele aus dem Leibe winden« würde, und davor war er noch jedesmal zurückgeschreckt. 1783 und 1784 hat Goethe sie auf ihren Gut Langenstein besucht.

In Genf und am Genfer See kamen die Freunde in reiche Häuser, sahen Bilder und alte Bücher, saßen am Kartentisch und beim Mariagespiel im Sinne des Rokoko. Ein Bad des Freundes im See wird zum Anlaß für die Bewunderung seines Körpers. Goethe erklärt den Fall im mythologischen Rahmen der Anekdote von Adonis und Narziß, der sich im Wasser spiegelt. Dann fährt er fort: »Noch aber fehlte mir leider Venus, die ihn zurückhält.« Diesen Genuß verschaffte eine Kupplerin: »Sollten in dieser großen Stadt nicht Mädchen sein, die sich für einen gewissen Preis dem Manne überlassen?« Solche Vergnügen waren in jener Zeit üblich und sind für Carl August einige Jahre später in Amsterdam bezeugt. Sie waren aber nicht literaturfähig – und eben das scheint Goethe gereizt zu haben. Vier Seiten lang wird die Besichtigung einer sich langsam vor einem Spiegel entkleidenden Schönen, die dem Mann keinen Blick zuwirft, beschrieben. Damit schließt der erste Teil der »Schweizer Briefe«. Man braucht sich also nicht zu wundern, daß er erst im Zusammenhang von Goethes gesammelten Werken, 1808, im Druck erscheint. Abermals viele Jahre später, im neunzehnten Buch von »Dichtung und Wahrheit« (HA X, S. 154) hat Goethe angedeutet, warum die Schilderungen ungedruckt blieben und auch nicht fortgeführt wurden. Er erzählt es im Anschluß an die Frechheiten der jungen Leute auf der ersten Schweizerreise und dem für Lavater, der sie freundlich bei sich aufgenommen hatte, damit verbundenen Ärger. Die Schweizer, fürchtete Goethe, würden mit seiner Kritik an ihrem Land nicht einverstanden sein.

Die Beschreibungen der Landschaft in der zweiten Abteilung lesen sich wie eine Abenteuerfahrt. Goethe und Carl August fuhren im Wagen von Genf über Cluses in Savoyen bis Chamonix. Hier mieteten sie ein Maultier für das Gepäck und stiegen bei einbrechendem Winter über den Col de Balme (1600 m) hinunter nach Martigny im Wallis. Sie machten einen Abstecher nach St. Maurice, einer Augustinerabtei, wo Wedel sie mit den Pferden erwartete. Die Reise ging weiter im Rhonetal nach Sion. Der schlechte Weg führte zu einem zerstörten Flußübergang, so daß sie anderthalb Stunden weit zu einer Brücke reiten mußten. Die Pferde waren so erschöpft, daß die Reisenden zu Fuß weitergingen und sehr spät in Sierre ankamen. Am folgenden Tag, dem 10. November, unternahmen sie, wiederum zu

Fuß, in Gesellschaft eines schwäbischen Metzgerknechts einen Abstecher nach Leukerbad in den Berner Alpen, 25 Kilometer bei Schneefall und mit starken Steigungen. Nachts schlief Goethe in einem verlausten Bauernbett. Man mietete wieder ein Maultier, sandte die Pferde nach Luzern voraus und wanderte auf schlechten Wegen etwa vierzig Kilometer zurück nach Brig. Von hier hätte man über den Simplon nach Italien gehen können, beschaffte jedoch zwei Pferde und ritt das Rhonetal hinauf bis Münster, immer in Sorge, ob der Furkapaß, wie Saussure versichert hatte, noch passierbar sei, und in Angst, ob die Pferde die halb verschneiten und sehr steilen Wege bewältigen könnten.
Schließlich gelangten sie mit einem Führer und Trägern für das Gepäck unter großen Schwierigkeiten in viereinhalb Stunden über die Furka (2400 m), ohne daß sie den Gipfel sahen. Dann wanderten sie in der baumlosen Höhe am Rhonegletscher entlang vier Stunden bis Realp. Die alpinistische Leistung war erstaunlich; die Bergführer gestanden, sie hätten sich erst zum Aufbruch entschlossen, nachdem sie die Touristen gemustert und kräftig genug gefunden hätten. In Realp übernachtete man bei zwei Kapuzinern, wo Goethe sich in italienischer Sprache über die Vorzüge eines dogmatisch gesicherten Christentums und das Wesen des Katholizismus belehren ließ. »Wir hörten ihm aufmerksam zu, und er schien mit unserer Art, seine Sachen aufzunehmen, sehr vergnügt zu sein. Wie sehr würde er sich gewundert haben, wenn ihm ein Geist im Augenblicke offenbaret hätte, daß er seine Peroration an einen Nachkommen Friedrichs des Weisen richtete« (WA I, 19. S. 299). Wenn nicht wahr, ist die Szene wunderbar erfunden. Am 13. November kam man nach zweiundzwanzig Kilometern Wanderung auf den Gotthard (2100 m). Hier hatte Goethe vor vier Jahren mit ganz andern Hoffnungen, Sorgen und Plänen schon einmal gestanden, als die Sehnsucht nach Lili ihn zurückgetrieben hatte. Man befand sich auf einem Kreuzpunkt, von dem aus Gebirge und Flüsse, der Rhein und die Rhone, in alle vier Himmelsrichtungen auslaufen. Mit einer geographischen Beschreibung schließt der Bericht.
Die Stilisierung als Briefe war ebenso aufgegeben wie die Fiktion des Wertherismus, die nicht mehr zu Goethes neuem Verhältnis zur Natur paßte. Die frühen Nächte und die »reine« Einsamkeit der

hochalpinen Landschaft nennt Goethe Elemente, wo das Schreiben recht gut gedeiht – »so würden alle meine angefangenen Dramen eins nach dem andern aus Not fertig«. Außer der Rede über die dogmatische Einheit des Katholizismus hörte Goethe die Geschichte des heiligen Alexius unter der Treppe. Er berichtet, eine Bäuerin habe sie erzählt, er schildert sie drei Seiten lang mit allen Details. Dann will er die Legende bei Martin von Kochem nachgelesen haben; er rühmt, daß die gute Frau alle »abgeschmackten Wendungen« dieses Schriftstellers zugunsten des »rein menschlichen Fadens« vergessen hätte. In Wirklichkeit wird hier, wie im Gespräch mit dem Kapuziner, Goethes Neigung deutlich, das Christliche in einer reinen und edlen Form darzustellen, ohne den Jargon der Theologie und ohne Martin von Kochems gefühlsbetonte Didaktik. Er befand sich hier, wie in Kloster Einsiedeln und Luzern, in einer vom Volkskatholizismus geprägten Region.

Sucht man nach dem verbindenden Element der stofflich so entgegengesetzten Schilderungen – Schweizer Leben in Stadt und Land, die erotische Begegnung in Genf, die Eindrücke einer damals menschenleeren Urwelt, die Beobachtung von Wolken, Nebel und Himmelsfarben, die scharfe Zeichnung der Menschen und die Einschübe über den Katholizismus –, dann zeigt es sich in einer aus dem Zusammentreten von Natur- und Lebensbildern entwickelten neuen Prosa. Die »Briefe aus der Schweiz« sind nicht nur in der literarischen Technik ein frühes Stadium dessen, was in der »Italienischen Reise« entfaltet wird; sie sind das Zeugnis von Goethes nun auch in der Prosa zu sich selbst gekommenem Stil. Die Reiseberichte, historischen Darstellungen, die galanten und geographischen Beschreibungen, auch Politik und Philosophie unterlagen bisher den Modellen der lateinischen und griechischen Kunstprosa. Das gilt auch für die Schriftsteller der französischen und englischen Aufklärung. Sie schreiben an antiken Mustern geschulte Perioden, syntaktisch gedehnte Sätze, mit stehenden Schmuckwörtern wie bei Homer und mythologischen Anspielungen. Das alles wird jetzt weggelassen oder ironisiert. Die Sturm- und Drang-geschwellte Pathetik und die Gefühlsseligkeit von »Werthers Leiden« sind zugunsten eines selbständigen Kunst-Stils überwunden. Die Phänomene werden exakt erfaßt: »Auch hier (in Chamonix) erschien es uns wieder so, als wenn die

Sonne die leisesten Ausdünstungen von den höchsten Schneegebirgen gegen sich aufzöge, und diese ganz feinen Dünste von einer leichten Luft, wie eine Schaumwolle, durch die Atmosphäre gekämmt würden« (WA I, 19. S. 245).

Goethe hatte bisher nach den Vorlagen Voltaires, Rousseaus und Diderots geschrieben. Jetzt kommt er in der Prosa zu einem eigenen Stil. Wort, Bild und Vergleich geben das Erlebte, Gehörte und Gesehene so wieder, wie er, Goethe, es »erlebt« hat: Die Einheit des Stils liegt nicht in der Befolgung von Regeln oder in der Nachahmung von Mustern, sondern in der Persönlichkeit des Dichters. Disparate Stoffe werden in diesem Medium verschmolzen. Zwischen Leben und literarischem Werk besteht ein sicherer, aber nie ganz durchschaubarer Zusammenhang; oft weiß man nicht, was Dichtung und was Wahrheit ist. Das wird besonders deutlich bei der galanten Begegnung in Genf und bei der Schilderung der Alexiusgeschichte durch die Bäuerin, wo Goethe sagt, er sei zu Tränen gerührt gewesen. In den zeitgenössischen Berichten wird erwähnt, daß Goethe mit dem Herzog anders gesprochen habe als mit den Freunden und Bekannten, in der Sprache der höfischen Konvention. In den »Briefen aus der Schweiz« ist der Herzog ein verläßlicher Gefährte, ohne daß der Takt je verletzt würde; ein schöneres Freundesbild läßt sich kaum denken. Entscheidend sind die Frische und Unmittelbarkeit, mit welcher der Autor schreibt. So erhebt sich der Text aus der biographischen in die literarische Zone des Kunstwerks, der Dichtung.

Die Reise ging noch weiter. In Zürich traf Goethe Lavater, den alten Bodmer und Barbara (Bäbe) Schultheß, die Brieffreundin seit 1775, aus deren Nachlaß 1910 die »Theatralische Sendung« ans Licht kam. Auch Philipp Christoph Kayser, den Klavierlehrer aus Frankfurt, sah Goethe in Zürich und bestellte bei ihm die Musik für »Jery und Bätely«. Kayser wurde allerdings nicht fertig, so daß die Operette in der harmlosen Vertonung von Seckendorff aufgeführt werden mußte. In Stuttgart und Ludwigsburg war man mit Herzog Karl Eugen zusammen. Unter den Schülern der Karlsschule befand sich der zwanzigjährige Friedrich Schiller; er hat Goethe hier zum ersten Mal gesehen. In Mannheim wohnte die Gesellschaft einer Aufführung des »Clavigo« bei; es kam zu einer rührenden Begegnung mit dem Regisseur und Schauspieler Iffland. Dann ging es über Darmstadt nach

Homburg, von dort am 6. Januar für vier Tage nach Frankfurt. Mitte Januar 1780 war man wieder in Weimar. Der 30. März war dann der »erfindende Tag« für den Tasso.

Im August dieses Jahres spielte man auf der Bühne des Sommersitzes Ettersburg eine scherzhafte Verspottung der Fahrt, eine Goethesche Variante der »Vögel« des Aristophanes, des »ungezognen Lieblings der Grazien«, wie Goethe ihn nannte. Die Bühnendekoration stammte von Oeser, der zu Besuch war und sich zu solch einer Arbeit verpflichtet hatte. Die Erfindung vom Luftreich der Vögel, hoch über dem Treiben der Menschen, wird hier »unter einem Wust von Possen« benützt, wie Seckendorff an Knebel schrieb. Es ist erstaunlich, daß Goethe sich unter den Plackereien seiner Ämter mit so viel guter Laune über sich selbst, den Herzog, Wedel und den alten Bodmer, den Uhu unter den verspotteten Kritikern, lustig machen konnte. Es hat wenig Sinn, Goethes Posse mit Aristophanes zu vergleichen. In Anlage und Ausführung blieb sie weit hinter diesem zurück und wollte auch keine moderne Variante sein. Nur in einem Punkt läßt sie sich mit Aristophanes' »Vögeln« vergleichen, das ist die helle, witzige Sprache, deren Anzüglichkeiten uns kaum noch verständlich sind, die aber Hamann, den Magus im fernen Köngisberg, in Entzücken versetzten, als Herder ihm das Stück geschickt hatte. Eine andere Frucht des Schweizer Aufenthalts war das Singspiel »Jery und Bätely«. Die Schauspieler treten in Schweizer Tracht auf und sprechen von Milch und Käse. Die Sennerin heiratet ihren Beschützer erst dann, als fremdes Vieh ihre Weiden abgegrast hat. Goethe selbst führte Regie und Corona Schröter sang die Rolle der spröden Bätely.

Tasso in Weimar

In den Tagebüchern der Tassozeit notierte Goethe fast Tag für Tag Stichworte seiner Beschäftigungen: Aktenstudium, Sitzungen des Staatsrats, Besprechungen mit Beamten, Briefwechsel, Essen in Tiefurt bei der Herzogin, Abende bei Frau von Stein, Diktate des »Wilhelm Meister« und der »Schweizerreise«, Maskenbälle bei Hof, Fahrten mit dem Herzog, Ritte in die Nachbarschaft. Im kalten Februar heißt es »schön auf dem Eis«. Bei Wieland liest er Proben seiner Singspiele. Erwähnt werden Konzerte und Theaterabende, aber auch Krankheiten, grippale Infekte, Erkältungen seiner selbst, des Herzogs und der Frau von Stein. Corona Schröter kam zu Tisch und war »sehr lustig«, so daß Frau von Stein verärgert war. Nach einem Abend mit Herder, Knebel, der vom Herzog angebeteten Gräfin Werthern und Frau von Stein bemerkt Goethe, Knebel und Herder seien in der Unterhaltung sehr bissig gewesen.
Das Tagebuch spiegelt Sphäre und Atmosphäre eines Mannes, dem auch die Verwaltungsarbeit nicht schwerfiel, der von Eifer erfüllt war. Er scheint sich dem Rhythmus Weimars angepaßt zu haben. Gelegentlich gibt es Zeichen von Überdruß, aber er fühlt sich glücklich. Nach einer Verhandlung mit Kalb, dem nicht sehr tüchtigen Verwalter der Finanzen, heißt es: »Mir schwindelte vor dem Gipfel des Glücks, auf dem ich gegen so einen Menschen stehe. Manchmal möchte ich wie Polykrates mein liebst Kleinod ins Wasser werfen. Es glückt mir alles, was ich nur angreife« (WA III, 1. S. 114).
Im Juni 1780 wurde Goethe in die Weimarer Loge »Anna Amalia zu den drei Rosen« aufgenommen; es war ein Zeichen der Integration. Im Juli las er beim Herzog aus dem »Faust« vor und stellte jenes Manuskript her, das Luise von Göchhausen abgeschrieben hat. In diese Monate fielen Besuche des Malers Adam Oeser aus Leipzig, des Schauspielers Friedrich Ludwig Schröder und des Dichters Johann Anton Leisewitz. Der Goldsmith-, Sterne- und Fielding-Übersetzer Johann Bode war aus Hamburg nach Weimar gezogen und spielte in

der Freimaurerloge eine Rolle. Intensiv beschäftigte sich Goethe mit griechischer Literatur. Soeben war Homers »Odyssee« in Johann Heinrich Voß' Hexametern erschienen, ein epochemachendes Werk. Als Tobler nach Weimar kam, las Goethe zum ersten Mal den ganzen Sophokles in dessen Übertragung. Von da kam er auf die orphischen Hymnen und die Griechische Anthologie. Zu der »herrlichen Versart« der Distichen wurde Goethe durch die von Herder übersetzten Epigramme der Anthologie angeregt. Sie eigneten sich in ihrer Kürze ebenso für Widmungen und Polemiken wie für die Spruchweisheit. An Frau von Stein:

> Frage nicht nach mir und was ich im Herzen verwahre,
> Ewige Stille geziemt ohne Gelübde dem Mann.
> Was ich zu sagen vermöchte, ist jetzo schon kein Geheimnis;
> Nur diesen Namen verdient, was sich mir selber verbirgt.

(WA I, 4. S. 120)

Die Masse der Verpflichtungen hat Goethe keineswegs abgehalten vom Schreiben; im »Tasso« heißt es ja, »Verbiete du dem Seidenwurm zu spinnen!«. Das Schauspiel wurde im März 1780 entworfen und im Sommer des folgenden Jahres vollendet.

Mit Staunen und nur mühsam unterdrücktem Neid hat Herder Goethes Arbeiten verfolgt. Die Briefe an Hamann stecken voller Bosheiten. Mit Intrigen habe sich Goethe als der neue Minister der Finanzen eingeschlichen. Er führt seine Titel an: Kammerpräsident, Direktor des Kriegskollegiums, Aufseher des Bauwesens, Hofpoet, Verfasser von »schönen Festivitäten, Hofopern, Balletts, Redoutenauszügen, Inskriptionen« und »dabei auch direkteur des plaisirs«. Er sei Leiter der Zeichenakademie und halte nicht nur Vorlesungen über Kunst, sondern auch über Knochenlehre, also anatomisches Zeichnen. Er sei Baron geworden, führe ein adliges Haus, und es sei vorauszusehen, daß sich aus seinen Lesekränzchen richtige Festversammlungen entwickelten. – Angesichts solcher Zeugnisse über Goethes Aktivitäten fragt man sich, ob die übliche Deutung, nach welcher »Tasso« ein Reflex Goetheschen Unbehagens an den Verhältnissen Weimars ist, richtig ist. Dieser Interpretation zufolge kämen in der Gestalt des Tasso negative Erfahrungen Goethes als von seiner Umgebung mißverstandenes Genie zum Ausdruck. Im Verhältnis der

Prinzessin zu Tasso erkenne man Goethes Beziehung zu Frau von Stein. Sie habe ihn mit ähnlichen Argumenten zurechtgewiesen wie die Prinzessin den psychopathologisch infizierten Tasso. Solch eine Auslegung verkennt die auf Tausenden von Zetteln, täglichen Notizen und nächtlichen Verszeilen hingekritzelten Stimmungsschwankungen Goethes in seiner Beziehung zu Frau von Stein: Er liebte sie aus der Entfernung und war hilflos in ihrer Nähe.

Die Zeitgenossen hielten Goethes Stück, nachdem es 1790 im Druck erschienen war, für unspielbar. Es habe keine Handlung, Tassos Charakter sei unleidlich, erbärmlich und auf der Bühne langweilig. August Wilhelm Schlegel urteilte: »Tasso selbst erregt nur eine mit Unmut über sein grillenhaftes Betragen gemischte Teilnahme; und die Prinzessin äußert zu matte, kränkliche Gefühle, als daß man lebhaften Anteil daran sollte nehmen können« (zit. Hinderer, S. 169). Auch Goethe scheint das Stück (»Alles geschieht darin nur innerlich«) für unaufführbar gehalten zu haben und war sehr überrascht, als die Uraufführung in Weimar, 1807, Erfolg hatte – aber dieser Aufführung lag eine Bühnenbearbeitung Goethes zugrunde, und das Weimarer Publikum war ganz auf seinen Hofdichter eingestellt. Erst Hugo von Hofmannsthal sah tiefer. Er sagte 1906 in der »Unterhaltung über Tasso«, es scheine ein unergründliches Werk zu sein, man komme aus dem Staunen nicht mehr heraus (Hinderer 170). Sieht man von Interpretationen ab, die in Tasso einen Unterhaltungsclown der Feudalgesellschaft sehen möchten, dann ist gerade die Vielfalt der Auslegungen ein Indiz gegen die Parallelisierung biographischer und literarischer Züge, dann reicht, mit andern Worten, die These von der Spiegelung des Verhältnisses Goethes zu Frau von Stein in Tasso und der Prinzessin nicht aus.

Die Prinzessin, als Figur der Angelpunkt des Dramas, ist eine anmutige, stille und kluge Frau von äußerster Zurückhaltung. Ihr gegenüber verkennt Tasso seine Situation; er schwankt zwischen Verehrung, Liebe und Begierde. Sie aber, weit entfernt, solche Begierde zu billigen, hat seit ihrer Kindheit eine schmerzliche Entwicklung hinter sich:

> Ich unterhielt
> Mich mit mir selbst, ich wiegte Schmerz und Sehnsucht

Und jeden Wunsch mit leisen Tönen ein.
Da wurden Leiden oft Genuß und selbst
Das traurige Gefühl zur Harmonie.
Nicht lang war mir dies Glück gegönnt, auch dieses
Nahm mir der Arzt hinweg: Sein streng Gebot
Hieß mich verstummen; leben sollt ich, leiden,
Den einzgen kleinen Trost sollt ich entbehren. (Vers 1808)

In der Schule des Leidensgenusses wollte sie sich finden. Da gab es weder Empörung noch Widerstand. Willig hat sie sich gefügt in den Zwang nicht nur des höfischen Systems, sondern auch des »Entsagens«. Das Schlüsselwort des späten Goethe wird hier zum ersten Mal ausgesprochen. Sie hat gelernt, was Antonio von Tasso verlangt, daß er sich durch das Leben belehren lasse. Das Wortfeld »kennen« wird ununterbrochen, fast spielerisch benützt. Die Prinzessin sagt zu Leonore, daß Tasso etwas zu suchen scheint, »das wir nicht kennen / und er vielleicht am Ende selbst nicht kennt« (Vers 149). Er lebt in der Welt seiner Träume. Den Schwärmereien Tassos von der goldenen Zeit, diesem uralten Dichtertraum, hält sie entgegen:

Mein Freund, die goldne Zeit ist wohl vorbei:
Allein die Guten bringen sie zurück. (Vers 995)

Die Guten, das sind, ohne daß die Prinzessin den Anspruch erhebt, jene Edlen und Reinen wie Iphigenie und sie selbst, die »Heiligen« in einem nicht mehr christlichen, sondern humanitären Sinn. Die Prinzessin existiert auf einer höheren Stufe der Reflexion als Iphigenie, da sie von Kind auf sich ins Leben und seine Zwänge zu fügen gelernt hat. Sie ist eine Schülerin Platons und seiner Form der Lebensbewältigung durch Einsicht (Sophrosyne) und Distanzierung. Daß man ohne Verbitterung leben konnte, hat Goethe bei Susanne von Klettenberg erlebt und bei Frau von Stein geglaubt. Wir wissen freilich nicht, ob Goethe diese Einsichten bereits im Weimarer Prosa-Tasso formuliert hatte. Die Prinzessin, so tief wie keine andere Frau von Goethe angelegt, fasziniert Tasso. Sie hält ihn fest und fern. Doch kein mildernder Zauber fängt ihn auf, der Goethe von Frau von Stein sagen ließ, »in ihren Engelsarmen ruhte die zerstörte Brust sich aus«.

Das Schauspiel ist also weit mehr als ein Bild persönlicher Verhältnisse, zumal das Drama in Italien vollendet wurde und italienisches Licht auf allen Szenen liegt. In Italien hatte Goethe Quellenwerke zur Biographie des historischen Torquato Tasso gelesen. Sie haben die Erinnerungen an die Trübnisse des Thüringer Waldes weggewischt. Der Hof von Ferrara ist ein Hof der Renaissance und einer Verflochtenheit in die päpstliche Politik, die damals Weltpolitik war. In diese Welt ist Tasso einbezogen, aber er kann sich nicht einfügen. Da spielt nicht nur das seit Plato bekannte und in Mittelalter und Renaissance immer wieder nachgesprochene Wort vom göttlichen Wahnsinn des Poeten eine Rolle. Bei Tasso kommen die politischen, sozialen und erstaunlicherweise auch religiösen Voraussetzungen des Menschen überhaupt nicht vor. Daß er an einem so konkret gezeichneten Hof, unter noblen, ihm persönlich zugewandten, ja ergebenen Gönnern lebt, hat für ihn keine Bedeutung. Ihpigenie erkannte die Familie und die Götter als verpflichtende Mächte an, obwohl die Lösung des Dramas aus dem Innern ihrer Persönlichkeit kommt und die Humanität einen Barbaren wie Thoas sich unter das Gesetz der Menschlichkeit beugen läßt. Tasso erkennt keine Instanz über sich an. Das einzig Wichtige ist die visionär sich ihm aufdrängende poetische Kraft. Der Hof erträgt ihn; man ist nachsichtig, will ihm wohl, kommt ihm entgegen und gibt durch die Krönung mit dem Lorbeer zu verstehen, daß man ihn für Vergil ebenbürtig hält, so sehr, daß dies Lob Tasso wiederum als zu hoch und unangemessen erscheint.

Tasso ist als Kunstfigur die Präsentation des freien Schriftstellers. Während die Dichter der älteren Zeit der Gesellschaft lobend, tadelnd, bewundernd oder verzweifelnd, wie Johann Christian Günther, dienten, fühlt sich Tasso einem ästhetischen Selbstverständnis verpflichtet. Dadurch ist er ein Prototyp der Neuzeit. Selbst Klopstock, der erste freie Schriftsteller der deutschen Literatur, kam bei aller Durchdrungenheit von seiner Aufgabe nie von dem Gedanken los, daß er seinem Vaterland und Gott diene, und leitete von dieser Pflicht seine Würde ab. Tasso aber fühlt sich frei; wenn Goethe diese Freiheit auf den Renaissancepoeten Torquato Tasso projiziert, ist das ebenso unhistorisch wie neu. Man mag es paradox finden, daß Goethe das Drama vom ungebundenen freien Künstler in einer Form schrieb, welche die aristotelischen Regeln der Einheit von Handlung,

Raum und Zeit so streng wie ein französisches Drama befolgte. Man hat deshalb an Racine gedacht, den Goethe seit seiner Jugend gekannt und bewundert hat. Für den Schluß des »Tasso« hat ihm vielleicht Goldonis »Torquato Tasso« vorgeschwebt, jenes Goldoni, der von Haus aus Advokat war und in Paris Prinzessinnen unterrichtet hat.

In der Figur Tassos spiegelt sich die Auffassung vom Dichter, welche Hamann und Herder gelehrt hatten: Nicht Tradition und Vernunft, sondern Leidenschaft und die Sinne bestimmen den Dichter. Ihm ist größere Einsicht zuzutrauen als dem Denker. Die Poesie ist die Muttersprache des Menschengeschlechts. Die Fülle der dichterischen Sprache macht die Bibel und Homer erhaben über jede Wissenschaft. Die Dichtung deutet das Leben des Menschen tiefer, wahrer, besser als jede Theorie. Da die alten Wahrheiten wanken und die Aufklärung die Horizonte des Wissens und Glaubens gesprengt hat, gelten die älteren Vorschriften der Dichtkunst nicht mehr: Der Dichter erhält die Würde des Genies. Dessen Schöpferkraft ist das Organ zur Deutung des Lebens.

Diese Ideen erfüllen den Protagonisten des Dramas, aber auf eine andere Weise als Prometheus und Mahomet. Tasso sieht das Genie durch den Hof und die Gesellschaft gefährdet. Er fühlt sich erstickt, bricht aber nicht aus, sondern geht wie Goethe in Italien dem Geheimnis seiner Begabung nach: Wie kann der Künstler seine Existenz retten? Wie kann er, ohne mythische Erhöhung, nur Mensch und nur Dichter sein? In Italien hat Goethe die Lösung gefunden. Sie steht in enger Verbindung mit den Einsichten in die Gesetze der Natur. Er hatte gesehen, daß dem pflanzlichen und tierischen Leben ein gemeinsamer Zug zugrunde liegt, ein Bauplan. Er erfindet die Urpflanze, das Modell des Werdens, den Entstehungsplan des Bildens. Es ist das, wodurch die Pflanze nicht Tier, das Tier nicht Mineral und der Mensch Gegenstand seines Geistes ist. Daher die eindringliche Nachzeichnung von Tassos Gefühlen, die Idiosynkrasien der Subjektivität bis an die Grenze des Wahnsinns.

Zu diesem Tasso-Bild gehören die Figuren, an denen er sich reibt; die Tasso-Dichtung ist keine psychologische Studie über einen Typus der Poesie, sondern ein Schauspiel, wo die Erwägungen über den Sinn von Kunst und Poesie gegeneinander ausgespielt werden.

Nur durch die Gunst der Musen schließen sich
So viele Reime fest in eins zusammen. (Vers 272)

Leonore ruft dem Dichter zu:

Des allgemeinen Ruhms erfreue dich! (Vers 442)

Stets wird, im Verhältnis zur natürlichen Sprache, unerhört gehoben gesprochen und eben diese im alten Wortsinn künstlich *gebildete* Sprache bestimmt den Reiz der Rede, den Stil des Schauspiels. Tasso sagt:

Wenn du mein Glück vor deinen Augen siehst,
So wünscht ich, daß du mein beschämt Gemüt
Mit eben diesem Blicke schauen könntest. (Vers 694)

Die kunstvoll gesteigerte Sprache ist das Medium nicht nur für Tassos Subjektivität, sondern auch für die Frauen, Herzog Alfons und Antonio, den Staatssekretär. Antonio ist Gegenspieler und Freund Tassos. Er vertritt den Staat, das politische Leben, die Diplomatie. Als Weltmann weiß er Tasso zu analysieren und hält dem Hof vor, daß Tassos Selbstsucht, Stolz und Mißtrauen »den schönen Kreis geselligen Vertrauens« zerstören (Vers 2109). Antonio ist kein Banause, er erkennt Tassos Rang, wenn auch innerhalb der konventionellen Auffassung vom Dichter. Er weiß mit unvergleichlicher Eindringlichkeit hervorzuheben, daß der Mensch nicht nur durch den Geist, sondern auch durch die Natur, und zwar in einem ganz einfachen Sinn, bedingt ist:

Die erste Pflicht des Menschen, Speis und Trank
Zu wählen, da ihn die Natur so eng
Nicht wie das Tier beschränkt, erfüllt er die?
Und läßt er nicht vielmehr sich wie ein Kind
Von allem reizen was dem Gaumen schmeichelt?
Wann mischt er Wasser unter seinen Wein?
Gewürze, süße Sachen, stark Getränke,
Eins um das andre schlingt er hastig ein,
Und dann beklagt er seinen trüben Sinn,
Sein feurig Blut, sein allzuheftig Wesen,
Er schilt auf die Natur und das Geschick. (Vers 2884)

Antonio entwirft ein Bild des künstlerischen Menschen, der die Vernunft, die Natur, die Sitte überschreitet. Antonio ist nicht nur Tassos Widerpart. Er ist, wenn man an Goethes Erfahrungen und Erlebnisse am Hof von Weimar denkt, auch Goethe, ein Mann der Praxis, ein erfahrener Beamter, der in die Voraussetzungen und Bedingungen des Lebens eingedrungen ist und sie akzeptiert. Antonio sagt zu Alfons:

> Wer weiß es nicht, mein Fürst, des Lebens Mühe
> Lehrt uns allein des Lebens Güter schätzen. (Vers 2948)

Antonio spricht Erfahrungen Goethes aus, die in Italien gereift waren. Wenn auf den Zusammenhang des Menschen mit der Natur hingewiesen wird, beginnend mit dem Bissen, den er zum Munde führt, zeigt sich, in welchen Tiefen die Einheit wurzelt, aus welcher alle Betätigungen des Menschen hervorgehen. »Torquato Tasso« ist das Schauspiel solcher Einheit aus der Tiefe der Natur. Aus ihr kommen das Genie des Dichters, der Fleiß des Handwerkers und Bauern, die Geschäfte der Verwaltung und die Balancekünste der Politik. Antonio zeigt, daß ohne natürliche Substrate die Welt Tassos sinn- und haltlos wäre: Antonio ist als Figur genauso Goethe wie Tasso.

Es ließ sich ja nicht leugnen, daß der Dichter Goethe durch die Fülle höfischer und administrativer Pflichten von der Literatur abgelenkt wurde. Das Strahlend-Frische und das Geistreiche seines Wesens drohten im Lauf der voritalienischen Jahre verlorenzugehen, wenn sich auch sein moralischer Charakter durch die Berührung mit der Welt, wie seine Mutter an Anna Amalia schrieb, nicht im geringsten verändert hatte. Ebensowenig läßt sich leugnen, daß Goethes dichterische Inspiration nicht aufgehalten wurde, daß er die Ausführung seiner Dichtungen mit einer Art nachtwandlerischer Sicherheit verfolgte, oft über Jahrzehnte hinweg.

Goethes größte Bewunderer waren Anna Amalia und der Herzog. Beide waren darauf bedacht, dem genialen Freund Zeit und Raum zu lassen, ihn frei zu stellen, sein Inneres zu schützen. Der Hof und die Beamten mußten, oft widerstrebend, dem Beispiel der »allerhöchsten Herrschaften« folgen. Die schwierige Doppelexistenz Goethes als Dichter und leitender Minister ist der Nährstoff des Schauspiels, das

Tassos Namen trägt. Tasso und Antonio, Gegenspieler und Freunde, stehen auf dem gleichen Brettspiel des Lebens und eines Hofes. Viel mehr als »Egmont« und »Iphigenie« ist das Tassodrama ein Spiel mit Figuren; das Hauptthema ist ihre Polarität. Sie sind aufeinander bezogen, so wie die Widersprüche der Person Goethes aus einer Einheit hervorgehen: das Rauhe und das Freundliche seines Wesens, das Offene und Verschlossene, das Fröhliche seiner Natur und das Melancholische, das Übermütige und das Steife, Herzlichkeit und Unnahbarkeit. Schlosser, der ihn lange kannte, hat gesagt, Goethe könne nie ganz glücklich werden, und Knebel, der ihn noch besser kannte, schrieb schon 1780 an Lavater: »Verkannt muß er werden, und er selbst scheint drin zu existieren. Die Schönheit, die sich unter der Maske zeigt, reizt ihn noch mehr. Er ist selbst ein wunderbares Gemisch – oder eine Doppelnatur von Held und Komödiant... Er ist so biegsam wie keiner von uns. Aber Eitelkeit hat er noch etwas, seine Schwächen nicht zu zeigen...« (Gespr. I, S. 303) Diese Spannungen wurden so stark, daß Goethe sich gewaltsam von Weimar löste und nach Italien ging. Das war nicht Flucht, sondern Ausdruck der größten Krise seines Lebens mit der Frage, ob Faust und Mephisto, Tasso und Antonio eins werden könnten.

Aufbruch nach Italien

Für Goethe war die Entdeckung des Zwischenkieferknochens im Oberkiefer des Menschen die Bestätigung seines naturwissenschaftlichen Grundgedankens, daß allem Lebendigen ein Bauplan, ein Typus, zugrundeliege. Der Gedanke war damals neu, und darum ist Goethes Entdeckung bei den Fachleuten erst spät anerkannt worden. Das Studium des Linnéschen Systema naturalis der Tiere, Pflanzen und Mineralien mit seiner Bestimmung nach Einzelmerkmalen und der Ordnung der Natur nach Familien rief Goethes Widerspruch hervor. Er glaubte an einen einheitlichen Bauplan – es war der Weg zur Urpflanze und zum Urtier. In dem Bericht über die erste Bekanntschaft mit Schiller, den Goethe später in die Fragmente mit dem Titel »Biographische Einzelnheiten« eingereiht hat, steht Schillers Antwort auf Goethes Beschreibung einer symbolischen Pflanze: Das ist keine Erfahrung, das ist eine Idee (WA I, 36. S. 251). Im Grunde befand sich Goethe aber auf dem richtigen Weg, wenn er nach den einfachsten Baustücken der Natur suchte. Zwei Generationen später haben Theodor Schwann und Matthias Jakob Schleiden nachgewiesen, daß Struktur und Wachstum der Pflanzen und Tiere aus den gleichen Elementarorganismen, den Zellen, bestehen.

Das Lesen im Buch der Natur hatte Goethe in den Jahren vor Italien den inneren Halt gegeben. An Charlotte schrieb er: »Die Blumen haben mir wieder gar schöne Eigenschaften zu bemerken gegeben, bald wird es mir gar hell und licht über alles Lebendige ... Ich bin von tausend Vorstellungen getrieben, beglückt und gepeinigt. Das Pflanzenreich rast wieder einmal in meinem Gemüte, ich kann es nicht einen Augenblick loswerden, mache aber auch schöne Fortschritte ... Es zwingt sich mir alles auf, ich sinne nicht mehr darüber, es kommt mir alles entgegen und das ungeheure Reich simplifiziert sich mir in der Seele ...« (WA IV, 7. S. 238–42).

In Weimar hatte Goethe unter dem Druck einer provinziellen Beschränkung gelitten. Sein Wunsch nach freier Entwicklung, dem

Bedeutenden, wenn auch nicht im Sinne der heroischen Entwürfe seiner Jugend, war allzusehr unterdrückt worden. Eine von den italienischen Veduten und Erzählungen des Vaters im Elternhaus genährte Sehnsucht – Schlüsselwort seines Reisewunsches – war unwiderstehlich geworden. Sie bezog sich bei »Mahomet«, »Prometheus« und »Ganymed« aufs Unendliche. Iphigenie sehnte sich nach dem Land der Griechen, Mignon nach dem Süden. Die Sehnsucht nach einem volleren, reichen und freien Leben trieb Goethe nach Italien.
Schon in Tirol trat es ihm in ungewohnten Formen entgegen. In Innsbruck gab es Pfirsiche und Trauben, dann kamen die ersten Lärchen und Zirbelbäume. Bei Bozen fiel ihm der Anbau des Weins in Laubengängen auf. Völlig fremd war ihm der Mais, das türkische Korn. Nußbäume, Quitten, Kapern, Lorbeer, Mimosen und Maulbeeren tauchten auf, später Feigen, Ölbäume und Zypressen. Der Reichtum der Gegend zeigte sich an der Steigerung von Kraft und Leben: »Man glaubt wieder einmal an einen Gott« (WA III, 1. S. 176). Die kräftigen Männer und hübschen Mädchen, besonders die schwarzhaarigen, fallen Goethe auf, und dann die »trefflichen Ochsen«, die Eidechsen, die Esel und das Glocken- oder vielmehr Schellengeläute der Heuschrecken. Die milde Luft sei unbeschreiblich. Er möchte sich mit dem Einfluß der barometrischen Höhe auf die Pflanzen beschäftigen. Angesichts der veränderten Flora muß er gestehen, die Pflanzen betreffend fühle er noch sehr seine Schülerschaft.
Goethe war am 3. September 1786 von Karlsbad aufgebrochen, ohne den Freunden Näheres über sein Vorhaben zu sagen. Eine abergläubische Scheu hielt ihn ab, darüber zu reden. Auf dem Brenner stehend erinnerte er sich, daß er schon zweimal vom Kamm des Gebirges nach Italien hinuntergeblickt hatte. Über Trient, den Gardasee, Verona, Vicenza und Padua kam er nach Venedig und rastete zwei Wochen: »So stand es denn«, heißt es im Tagebuch, »in dem Buche des Schicksals auf meinem Blatte geschrieben, daß ich den 27. September abends, nach unserer Uhr um fünfe, Venedig zum ersten Mal, aus der Brenta in die Lagunen einfahrend, erblicken, und bald darauf diese wunderbare Inselstadt, diese Biber-Republik, betreten und besuchen sollte. So ist denn auch Gott sei Dank Venedig kein bloßes Wort mehr für mich, ein Name der mich *so oft*, der ich von jeher ein Todfeind von Wortschällen bin, *so oft* geängstigt hat. Wie die erste

Gondel an das Schiff anfuhr, fiel mir mein erstes Kinderspielzeug ein, an das ich vielleicht in zwanzig Jahren nicht mehr gedacht hatte. Mein Vater hatte ein schönes Gondelmodell von Venedig mitgebracht. Er hielt es sehr wert und es ward mir hoch angerechnet, wenn ich damit spielen durfte« (WA III, 1. S. 241).

Die Eindrücke Goethes lesen sich heute wie ein Schema aller späteren Reisen deutscher Künstler, Schriftsteller und Gelehrter. Goethe hat dies Schema begründet. Er war der erste moderne Italienreisende und hat Land, Volk, Pflanzen und Tiere Italiens auf eine ganz andere Weise gesehen und begriffen als früher die Eroberer und Wallfahrer oder die mit den Vorstellungen der Renaissance und des Barock Gebildeten voriger Jahrhunderte, zu denen noch sein Vater gehört hatte. Zwar reiste Goethe mit Volkmann, dem Baedeker jener Zeit, und wie sein Vater notierte auch er gelegentlich Inschriften an Häusern und Denkmälern, im übrigen aber sah er mit eigenen Augen. Er sagt, daß er in Italien zum ersten Mal wieder persönliche Blicke auf die Welt werfe und daß sich seine Fähigkeit unmittelbarer Anschauung bewähre.

Neben den Phänomenen der Natur fesselte ihn die Kunst. In Padua erkannte er die Bedeutung Mantegnas, während er die Fresken Giottos in der Arenakapelle aus Gründen, die wir nicht kennen, nicht gesehen hat. In Vicenza und Umgebung studierte er palladianische Bauten. Sie blieben sein Leben lang sein architektonisches Ideal. In Vicenza und Venedig erlebte er das italienische Volk in seiner ungeniert öffentlichen Lebensweise; es war arm, kaum gebildet, aber unbefangen in allen Dingen. Er begriff, wie sehr dies Leben auf der Straße verschieden war von deutscher Stubenenge, wie das Volk, munter, scherzend, bettelnd, auf dem Markt, im Palast, zu Haus und vor Gericht redet, agiert, spielt und wie nah das italienische Theater dem Leben ist, so daß der Bürger im Theater immer sich selbst erkennt – sehr im Gegensatz zu Deutschland, wo die Masse am geistigen Leben so gut wie keinen Anteil nimmt.

Goethe ging nicht nur ins Theater und in die Oper, sondern auch in die Kirchen und hörte Vokalmusik, für die er eine lebenslange Vorliebe faßte. Unter den Malern erschienen ihm Raffael und Michelangelo als die größten. Immer betonte er, daß er unter dem Eindruck der Künste auflebe, zugleich aber sah er, hellsichtig und ahnungsreich, daß ein neues Zeitalter gekommen war: »Auf dieser Reise, hoff ich, will ich mein Gemüt über die schönen Künste beruhigen, ihr heilig Bild mir recht in die Seele prägen und zum stillen Genuß bewahren. Dann aber mich zu den Handwerkern wenden und wenn ich zurückkomme, Chemie und Mechanik studieren. Denn die Zeit des Schönen ist vorüber, nur die Not und das strenge Bedürfnis erfordern unsere Tage.« Es ist ein erstaunlicher Satz, enthält er doch eine fast hellseherische Kritik am modernen Leben. Im gleichen Atemzug beklagt Goethe, daß seine Bildung unzureichend sei, daß er keinen klugen Engländer zum Vater gehabt habe, der ihn auf hohe Schulen geschickt hätte, sondern »daß ich das alles allein, ganz allein habe erwerben und erobern müssen und noch muß« (WA III, 1. S. 266). Er betrachtet Italien als eine Schule, wo er das Handwerk der Kunst, Musik und Architektur lerne. Er sieht zum ersten Mal das Meer, studiert den Schiffbau und beobachtet die Lagune bei Ebbe und Flut.

Zum Abschied von Venedig notierte er: »Ich kehre noch einmal ans Meer zurück. Dort hab ich heut die Wirtschaft der Seeschnecken, Patellen (Muscheln mit *einer* Schale), der Taschenkrebse gesehen und mich herzlich darüber gefreut. Was ist doch ein *Lebendiges* für ein köstlich herrliches Ding. Wie abgemessen in seinem Zustand, wie wahr! wie *seiend*!« (WA III, 1. S. 288) In Venedig ist er so gelockert, daß er auch »das Unsinnige«, wenn es ihm sinnlich vorgestellt werden kann, mit Freuden ergreift. Er sieht die Parallelität der Künste mit der ästhetischen Seite der Religion: »Was die Mutter Gottes für eine schöne Erfindung ist, fühlt man nicht eher als mitten im Katholizismus. Eine *Vergine* mit dem *Sohn* auf dem Arm, die aber darum *santissima Vergine* ist, weil sie einen Sohn zur Welt gebracht hat: Es ist ein Gegenstand, vor dem einem die Sinne so schön stillstehn, der eine gewisse innerliche Grazie der Dichtung hat, über den man sich so freut und bei dem man so ganz und gar nichts denken kann, daß er recht zu einem religiösen Gegenstande gemacht ist« (WA III, 1. S. 282). Sein Ziel war Rom. Nur einen Tag blieb er in Ferrara, wo Ariost begraben liegt und Tasso unglücklich wurde, in Bologna drei Tage, in Florenz drei Stunden. In Assisi besichtigte er »das schöne heilige Werk, das erste der alten Zeit, das ich sah«. Er meinte den bescheidenen Minervatempel. Die Basilika San Francesco beachtete er nicht.

Goethes dichterische Kraft war in Weimar keineswegs vertrocknet. Er hatte zahlreiche Gedichte, Balladen, Singspiele, Dramen, Aufsätze zur Naturwissenschaft und ein episches Großwerk, die »Theatralische Sendung«, geschrieben. Aber die Krise war nicht zu übersehen. Weimar beschränkte ihn, die administrativen Geschäfte wurden lästig. Er wollte wieder als Künstler leben, als solcher die Ausgabe seiner Schriften in acht Bänden zustandebringen und damit eine Epoche seines Lebens abschließen. Am 10. November 1786 schrieb er aus Rom an das Ehepaar Herder: »Ich habe endlich das Ziel meiner Wünsche erreicht und lebe hier mit einer Klarheit und Ruhe, die Ihr Euch denkt weil ihr mich kennt. Meine Übung, alle Dinge wie sie sind zu sehen und zu lesen, meine Treue, das Auge Licht sein zu lassen, meine völlige Entäußerung von aller Prätension, machen mich hier höchst im Stillen glücklich ... Was mich am tiefsten freut, ist die Wirkung, die ich schon in meiner Seele fühle: Es ist eine innre Solidität mit der der Geist gleichsam gestempelt wird« (WA IV, 8. S. 50 f). Drei Wochen später heißt es: »Nun fangen an mich römische Altertümer zu freuen, Geschichte, Inschriften, Münzen pp von denen ich sonst gar nichts wissen mochte. Alles wird mir lebendig und drängt auf mich zu; wie mir's in der Naturgeschichte erging, geht mir's hier. An diesen Ort knüpft sich die ganze Geschichte der Welt an, und ich zähle einen zweiten Geburtstag, eine wahre Wiedergeburt von dem Tag da ich Rom betrat« (ebda S. 77).

In Rom gewann er neue Freunde, fast nur Künstler, wie Johann Heinrich Lips, die reiche Angelika Kauffmann und vor allem Wilhelm Tischbein, bei dem er wohnte. Tischbein führte ihn »mit den Augen eines Künstlers« durch Rom. Goethe las Livius' römische Geschichte, kaufte sich die italienische Übersetzung von Winckelmanns »Geschichte der Kunst des Altertums« und die Bände mit Winckelmanns Freundesbriefen. Die Kunstwerke Roms werden angesichts der Altertümer als wahr und richtig, in ihrer genialen Anlage überwältigend empfunden. Die Anschauung Roms hat Goethes Lebensweg eine neue Richtung gegeben. Das erste Zeugnis dafür ist die »Iphigenie«, die hier vollendet wurde. Am 13. Januar wurde das Drama an Herder geschickt, damit es in die Schriften aufgenommen werden konnte. In der Prosafassung hatte es keine Entsprechung zu solchen Versen gegeben:

So steigst du denn Erfüllung, schönste Tochter
Des größten Vaters endlich zu mir nieder! (HA V, Vers 1094 f.)

Römische Größe, römische Weite lassen ihn einen neuen Begriff der Existenz fassen: »Wer mit Ernst sich hier umsieht und Augen hat zu sehen, muß *solid* werden, er muß einen Begriff von Solidität fassen, der ihm nie so lebendig ward« (HA, Br. II. S. 19). Ihm sei zumute, fährt er fort, als habe er die Dinge dieser Welt nie so richtig geschätzt wie hier. Beifällig zitiert er einen Satz aus Winckelmanns Briefen: »Man muß alle Sachen in Rom mit einem gewissen Phlegma suchen, sonst wird man für einen Franzosen gehalten. In Rom, glaub ich, ist die hohe Schule für alle Welt, und auch ich bin geläutert und geprüft« (HA, Br. II, S. 26).

Herder verstand ihn. Der Herzog und Frau von Stein schwiegen. Niemand ahnte, daß Goethe anderthalb Jahre lang wegbleiben würde; er selbst hatte an einige Monate gedacht. Der Herzog und Frau von Stein waren verärgert, weil sich Goethe von Weimar zu lösen schien. Das war jedoch nicht seine Schuld. Er schrieb für Frau von Stein ein liebevolles Tagebuch, das später zur Grundlage des ersten Teils seiner »Italienischen Reise«, von Karlsbad bis Rom, wurde. Durch unglückliche Umstände gelangte das Manuskript erst im Januar des nächsten Jahres in ihre Hände. Sie hatte den Argwohn, Goethe habe sie verlassen – während das Tagebuch und die Briefe an sie immer von seiner Liebe, der Sehnsucht nach ihr und dem Glück sprachen, das darin läge, sie nächstens wiederzusehen: Nicht Goethe, sondern Frau von Stein hat den Grund zur Entfremdung gelegt.

Goethe war erleichtert, als der Herzog einlenkte. Er konnte den Weimarer Freunden jetzt mitteilen, wie sehr er unter den Umständen der letzten Jahre gelitten hatte, und der Herzog war der letzte, der ihn nicht verstanden hätte. Die anstehenden Fragen, darunter die finanzielle, wurden in großzügiger Art und Weise gelöst. Der Urlaub wurde zugestanden und immer wieder verlängert, so daß zu den neuen Freiheiten auch Entlastungen kamen. Es war Goethe bewußt, daß er eine neue Wachtumsstufe erreichte. Sie sollte das Hervorbrechen neuer Kräfte unterstützen. Organische, historische, künstlerische und menschliche Erscheinungen des Lebens sah er jetzt als Ergebnis einer Entwicklung, als Gestalt.

Die in Weimar ausgebildeten Organe für die Wirklichkeit mußten auch für den Dichter Folgen haben. Wenn er nun nachdachte über Tasso, die Prinzessin und Antonio, Egmont, Wilhelm Meister und seine Amazone, über Faust und Mephisto fühlte er sich nicht mehr gequält, sondern frei; so reiften die Lösungen heran. Das titanisch Geniale der Jugend wurde als überwundene Stufe erkannt, ja verworfen, und an seine Stelle traten männliche Gefaßtheit und sprachlich gebundene Formen: Jamben, Trochäen, gemischte Madrigalverse, antike Maße, Pentameter und Hexameter. Es war ein Sprechen in klassischen Maßen, ein neuer Stil und eine Phase ebenso begierigen wie geduldigen Einatmens und Ausatmens. So ist zu verstehen, daß Goethe auswählte, was er sehen wollte. Das Mittelalter, auch das staufische, und das Kirchliche hat er nicht zur Kenntnis genommen. Da mischten sich Voltairesche und protestantische Vorurteile. Im Katholizismus der Päpste sah er ein barock übertünchtes Heidentum und Pfaffentrug. Er suchte und fand in Italien ein Volk, das nicht wie das deutsche unter der Last seiner Geschichte ermüdet, sondern den Mächten der Erde, dem Chthonischen, den »Müttern« nahe geblieben war. Das Volk Italiens war sich der antiken und christlichen Überlieferungen aus zwei Jahrtausenden bewußt. Goethe aber sah das zeitlose Volk Homers – ein Urvolk. Er begriff den Anfang nicht, wie Herder, aus der geschichtlichen Entwicklung, sondern als Ursprung.

Dabei erneuerten sich Kindheitserinnerungen an ein »ewiges« Italien. Und so war es kein Wunder, daß er in Palermo die Urpflanze entdeckt zu haben glaubte: »Ferner muß ich Dir vertrauen«, schrieb er an Charlotte, »daß ich dem Geheimnis der Pflanzenzeugung und -organisation ganz nahe bin ... Die Urpflanze wird das wunderlichste Geschöpf der Welt, um welches mich die Natur selbst beneiden soll. Mit diesem Modell und dem Schlüssel dazu kann man alsdann noch Pflanzen ins Unendliche erfinden ... die, wenn sie auch nicht existieren, doch existieren könnten« (WA IV, 8. S. 232). Damit hatte Goethe die Naturwissenschaft seines Jahrhunderts hinter sich gelassen und Möglichkeiten unserer Zeit angedeutet.

Überall zeigten sich ihm Urformen des Lebens. Die siebente römische Elegie beschwört diese Welt mit fast schmerzlicher Inbrunst:

Nun umleuchtet der Glanz des helleren Äthers die Stirne;
Phöbus rufet, der Gott, Formen und Farben hervor.
Sternhell glänzet die Nacht, sie klingt von weichen Gesängen,
Und mir leuchtet der Mond heller als nordischer Tag.
Welche Seligkeit ward mir Sterblichem! Träum ich? Empfänget
Dein ambrosisches Haus, Jupiter Vater, den Gast? (HA I, S. 163)

Himmlische und chthonische Mächte hoben Goethes aufgeklärten Geist über sich hinaus. Sie gaben ihm das Glücksgefühl des Kairos, einer hohen Stunde, wo Ewigkeit erschütternd in die Zeit einbricht. Das ist einer jener Augenblicke, von denen Faust sagen wird: Verweile doch, du bist so schön ... Nie wieder wird Goethe diese Höhe erreichen und empfinden. Nach der italienischen Reise werden sein Leben und die Fülle seiner Werke zerfließen wie das Delta eines Stroms. Schon 1790, beim zweiten Mal in Venedig, war seine Liebe zu Italien erkaltet. Nie ist er wieder nach Rom gegangen, wo er sich 1788 doch ein Grab bei der Pyramide des Cestius gewünscht hatte.
Im Februar 1787 reiste er nach Neapel, wo die Eindrücke der Landschaft, des Volkes und der Kunst sich noch einmal steigerten. Er sah das Leben der großstädtischen Massen hier gemildert durch eine paradiesische Natur. Unter zum Teil lebensgefährlichen Umständen bestieg er mehrere Male den Vesuv. Pompeji, die »mumifizierte Stadt«, befremdete ihn, und in Paestum brauchte er lange, um nach dem ersten Erschrecken die Größe dieser Architektur, der wahren Antike zu erfassen. Ein sechswöchiger Ausflug nach Sizilien führte ihn in die Welt der »Odyssee«. Unterhalb Taorminas, wo das verschüttete Naxos lag, hat Goethe eine Dramatisierung geplant. Nausikaa, die kindhafte Jungfrau, ein Typus wie Mignon, soll in Liebe zu Odysseus (»Bettgenoß unsterblich schöner Frauen«, HA V, S. 69, Vers. 42), dem erfahrenen Mann, tragisch untergehen. Die erhaltenen Fragmente sind mehrdeutig. In Odysseus, dem Wanderer, der sich nicht binden mag und darf, weil das Geschick ihn treibt, sah Goethe sich selbst. Frühere Erlebnisse und die in Rom und Neapel bestätigte Gefahr, Neigungen zu erregen, von der Jugend für einen Halbgott, von gesetzten Personen für einen Aufschneider gehalten zu werden, bilden den autobiographischen Hintergrund. Die Natur Großgriechenlands, die Lektüre der »urkanonischen Bücher« Ho-

mers und das Gefühl, halb schuldig, halb unschuldig zu sein, nährten den Plan. Aber »nach meiner löblichen oder unlöblichen Gewohnheit schrieb ich wenig oder nichts davon auf« (HA V, S. 487), und so blieb es bei Fragmenten. Sie deuten die Tiefe des Ursprungs an: »Was rufen mich für Stimmen aus dem Schlaf?« (HA V, S. 69, Vers 23) Das Sehnsuchtsmotiv verbindet sich mit dem von Mignon artikulierten Bild der südlichen Landschaft:

> Frucht auf Früchte wechseln durch das Jahr,
> Pomeranze, die Zitrone steht
> Im dunklen Laube ... (Vers 109 ff)

In Rom, Neapel und Sizilien hatte Goethe höchst reale Berührungen mit der italienischen Gesellschaft. Sie waren alles andere als Substrate von Träumen, die schöne Mailänderin in Rom, die Prinzessin Filangieri in Neapel, die Sippe Biscari in Catania und die Familie des Schwindlers Cagliostro in Palermo. Sie und das frei sich bewegende Volk lehrten ihn, die menschliche Gestalt als den bedeutendsten Organismus der Natur zu verstehen. Da mußte Nausikaa verblassen. Um so großartiger sind die Eindrücke der geologischen und mineralogischen Struktur der südlichen Landschaften: Auf dem Boden der Urphänomene und Urväter überwand Goethe den Riß, den Unfrieden, die Krise seiner Existenz, in der er mit Tod und Leben gekämpft hatte. Er war wirklich ein neuer Mensch geworden.

Das Erlebnis des Südens

Die Briefe aus dem Sommer 1787 geben einen Eindruck von Goethes Glück beim zweiten Aufenthalt in Rom. Er lebte in einem Kreis deutscher Künstler und Gelehrter. Das Leben mit ihnen, schrieb er an Herder, als er ihm die fertige »Iphigenie« sandte, sei diesem Ort angemessen. »Das andre Leben ist schal wie überall und schaler womöglich« (WA IV, 8. S. 135). Er vollendete »Egmont« und versuchte sich am »Tasso«, berichtete vom Nachdenken über den Wilhelm-Meister-Roman und »Faust«. In Briefen an den Frankfurter Organistensohn Philipp Christoph Kayser, der in Zürich lebte, gab er genaue Anweisungen für die Szene und Komposition seiner Singspiele. Goethe ging musiktheoretischen Ideen und der Praxis der Textvertonung nach; Kayser weckte in ihm das Verständnis für die auf hoher Stufe stehende italienische Kirchenmusik, nicht die lateinisch-gregorianische, sondern die neuere seit Palestrina.

Viel Zeit und Eifer widmete Goethe dem Malen und Zeichnen; er hoffte, wie in der Literatur, auf eine eigene Handschrift, wurde freilich durch Philipp Hackerts scherzhaftes Wort gewarnt, es daure anderthalb Jahre, um ihn zu einem passablen Zeichner zu machen. Im Umgang mit Hackert, Tischbein, Angelika Kauffmann, Johann Heinrich Lips, Maximilian Verschaffelt und anderen Künstlern stieß Goethe auf das Problem der Farbe und Farbgebung – es sind die Anfänge seines größten und umstrittensten naturwissenschaftlichen Werks, der »Farbenlehre«. Vorerst standen die Fragen im Zusammenhang mit seinen Überlegungen zu dem alten Funktionsbegriff der Kunst als Nachahmung der Natur. Sie finden sich in seinen Kunst-Aufsätzen für Wielands »Teutschen Merkur«, wo sie nach der Rückkehr aus Italien veröffentlicht wurden.

In der Jugend stand Goethes Kunstlehre unter dem Eindruck des Genialen, Schöpferischen, Dithyrambischen und Einmaligen. In Italiens Kunststädten, besonders in Rom, hatte er ständig Gelegenheit, bedeutende Kunstwerke zu sehen, sie lange zu betrachten, sich mit

ihnen auseinanderzusetzen. Die Architektur dieser Städte bestand aus künstlerischen Bauwerken; Venedig und Rom empfand Goethe als architektonische Gesamtkunstwerke. Zu diesem Eindruck kam die historische Wirkung. In Verona und Rom lag die Nachwirkung der Antike in den erhaltenen Arenen, Tempeln und Thermen vor Augen. Diese Eindrücke verstärkten sich in den kurz zuvor ausgegrabenen Ruinenstädten von Pompeji und Herculaneum. Angesichts der frühen Tempel von Paestum erfaßte ihn, wie er schrieb, geradezu ein Schauder, und in Sizilien näherte er sich der homerischen Epoche. Hier ging ihm die historische Dimension aller Kunst auf: Kunst und Künstler unterliegen den Bedingungen der Orte und Zeiten.
Jahrzehnte später komponierte Goethe aus Briefen, Notizen und Berichten seine »Italienische Reise«. Die Leitbegriffe für die Theorie der Kunst heißen jetzt Nachahmung, Manier und Stil. Der alte Begriff der Nachahmung wurde neu gedeutet. Kunst ist nicht Abglanz der Natur, sondern eine andere Natur. Dieser Begriff stammt aus Goethes Naturbetrachtung. Er entstand parallel zu seinen morphologischen Entdeckungen: Keim, Stengel, Blatt und Frucht sind Hervorbringungen des gleichen Wachstums. Goethe benützt verwegene Formulierungen: »Vorwärts und rückwärts ist die Pflanze immer nur Blatt.« Alle Metamorphosen gehen daraus hervor. So sind auch die Kunstwerke, die Werke der Maler, Bildhauer und Baumeister zu ihrer Zeit und an ihrem Ort, Ausdruck eines in verschiedenen Formen zu allen Zeiten aufbrechenden Kunsttriebs. Deshalb kann Goethe sagen, Kunst sei eine zweite Natur. In Herders Ideen fand er ein historisches Gerüst seiner Auffassungen. Dazu kamen die gemeinsam mit Karl Philipp Moritz, seinem römischen Intimus, angestellten Überlegungen. Teile von Moritz' Schrift »Über die bildende Nachahmung des Schönen« gingen in Goethes Text ein. Im Gespräch mit Goethe, seinem Modell des großen Künstlers, hat Moritz seine Gedanken entwickelt.
Mehr als Goethe fand sich Moritz bei den Prozessionen und Kirchenfesten der Römer in das »schöne Altertum« versetzt. Dahinter steht seine Meinung, die Antike habe »die Gottheit in der Menschheit zu verehren« gesucht. Der Meißel des Phidias habe dasselbe erstrebt wie der Pinsel des Raffael, »weil jedes Werk des echten Genius, wo es sich auch findet, die unverkennbare Spur des Göttlichen an sich

trägt« (Moritz, Werke. Berlin 1981, I. 108). Moritz' Vorstellung von den Bräuchen der Antike und Gegenwart als Religion einer künstlerischen Phantasie ging in der Substanz auf Goethesche und Herdersche Anregungen zurück. Sie hat mit seiner Götterlehre (»Mythologische Dichtungen der Alten«) großen Einfluß auf die deutschen Gebildeten in der ersten Hälfte des 19. Jahrhunderts ausgeübt.
In engem Zusammenhang mit Herders Ideen und Moritzschen Ansichten von der antiken Mythe und ihrer Wiedergeburt im römischen Katholizismus hat sich Goethe weit von seinen christlichen Freunden, Lavater, Jacobi und Claudius entfernt: Er überzieht sie mit Hohn. Goethe las Herders »Gott« mit Gefühlen des Dankes und als Bestätigung seiner eigenen Gedanken aus der Verbindung spinozistischer und leibnizischer Motive. Herders Ideen über die Antike begrüßte er geradezu als das »liebenswerteste Evangelium« (12. Okt. 87. HA XI, S. 417). Auch Herders Ideen über die Humanität als Zweck der Menschheit und die Menschheit als ein Natursystem aller lebendigen Kräfte, die sich im Gleichgewicht halten, stimmte er mit kleinen Ausnahmen freundschaftlich zu.
In Rom vollzog sich, um einen Ausdruck zu benützen, den Goethe seit Weimar liebte, eine »Reinigung«. Was unter den trüben atmosphärischen und geistigen Bedingungen des Nordens oft unklar und verschwommen erschienen war, sah und erlebte er in Italien scharf, deutlich, nah und »klassisch«. Sein Lehrer im Sehen der antiken Skulptur wurde Winckelmann, obschon dieser nur wenige griechische Originale gesehen und seine Vorstellung vom Klassischen an römischen Nachbildungen und Gipsabgüssen klassischer Werke gebildet hatte. Erst jetzt hat Goethe Winckelmanns »sibyllinische Schriften enträtselt«. Nur selten sah Goethe Originale griechischer Kunst- und Bauwerke, erkannte aber mit dem ihm eigenen Sinn für Qualität den ungleich tieferen Gehalt.
In Italien traf Goethe überall auf Reste der Antike und die als »groß« empfundenen Bilder der italienischen Meister. Was ihn an Palladio faszinierte, war dessen Fähigkeit, an modernen Bauten – Kirchen und Villen – mit den künstlerischen Mitteln der antiken Architektur ein »Drittes« zu bilden. Aus ihnen bilde Palladio als Künstler (»Dichter«) seine Werke. Ähnlich hat Canaletto seine Veduten gemalt. Venedig ist als Stadt ein Kunstwerk aus schöpferischer Genialität. Allen

Kunstwerken der Malerei und Architektur Italiens und Siziliens liege Natur zugrunde, aus ihr mache der Künstler mit seinen Mitteln Kunstwerke. Goethe versteht auf diese Weise, erweitert den damaligen Schulbegriff einer Nachahmung der Natur und kommt zum Begriff des interesselosen Wohlgefallens: Schon vor Kant und Schiller taucht dieser Begriff bei Moritz auf. Auch Goethe hatte die Normen der Kunst jenseits der Geschichte entdeckt. Das Straßburger Münster war »notwendig schön wie Bäume Gottes« (HA XII, S. 7). Solche Gedanken lebten jetzt wieder auf.

Unter allen Bekannten in Rom stand Moritz Goethe am nächsten. Die Maler hatten ihm technische und der Schweizer Heinrich Meyer kunsthistorische Einsichten vermittelt. Mit Moritz kam es zu einer Symbiose. Das literarische Ergebnis war Moritz' Schrift »Über die bildende Nachahmung des Schönen« (1788). Ähnlich wie früher Toblers Fragment »Die Natur« ist sie eine Wiedergabe Goethescher Gedanken, so wie der jüngere Freund sie aufgenommen hatte, wichtig vor allem, weil sie zeigt, wie sich Goethes Kunstanschauung aus seiner Naturanschauung entwickelte. Sie bestimmte mehr als zehn Jahre sein Denken und Dichten. In den »Zweiten römischen Aufenthalt« hat Goethe einen Abschnitt der Moritzschen Schrift etwas retuschiert aufgenommen. Hier wird gezeigt, daß das hervorbringende Genie vieles gemeinsam hat mit der allumfassenden Natur. Im Kleinen erfaßt es, mehr ahnend als erkennend, ein Ganzes, und dies Ganze ist nicht von außen, durch die Sinne, hineingekommen, sondern durch eine Art von analoger Ahnung. Dadurch entsteht eine innere Unruhe, bis das intuitiv bewußt Gewordene durch die Einbildungskraft Gestalt annimmt. Die bisher schlummernde schöpferische Potenz muß die Verhältnisse der Natur nachahmen. Sie muß das Ganze wahr und richtig auf seinem Höhepunkt erfassen, da wo es ganz zu sich selbst kommt, wo es »schön« ist. Um das zu erreichen, muß die bildende Kraft des Künstlers einen sinnlich erfaßbaren Gegenstand oder den Augenblick so wählen, daß auf ihn in verjüngtem Maßstab der Abglanz des Schönen übertragen wird. Die Natur des Schönen hat außer ihren eigenen Gesetzen und Grenzen also auch die des hervorbringenden Künstlers. In diesem Sinne ist Kunst für Goethe eine andere, eine »zweite Natur«.

Palladio habe die Rotonda gemacht, »um die Gegend zu zieren«. Sie steht in der Landschaft als deren Krone. So hat Palladios Genialität etwas erfunden, was in der Landschaft selbst als Natur wirkt. Am Beispiel der Architektur hat Goethe diesen Nexus als Leistung des Genies erlebt, denn das Genie ist die höchste Erfüllung der menschlichen Natur. Solcher Betrachtung der Natur, im Reichtum ihrer italienischen Formen, entspricht beim »Zweiten römischen Aufenthalt« die Vertiefung in die bildende Kunst unter Anleitung Meyers, in die Musik mit Hilfe Kaysers. Das Volk von Neapel und Rom wird als Naturphänomen beschrieben – während die rohe Form des Volkes ja eher abstoßend und traurig war. Pflanzen, Tiere und Landschaft sah Goethe als Formen der *einen* Natur. Seine in Rom so eifrig betriebenen Versuche, diese Formen im Medium des Malens und Zeichnens zu erfassen, sind im ganzen mißglückt. Seine Landschaftsdichtungen sind ungleich selbständiger als seine Zeichnungen. Sie erheben sich in Tirol, Venedig, Neapel und Rom, besonders in den Briefen, zu Gedichten in Prosa, so am letzten Abend in Neapel: »Wir standen an einem Fenster des oberen Geschosses, der Vesuv gerade vor uns; die herabfließende Lava, deren Flamme bei längst niedergegangener Sonne schon deutlich glühte und ihren begleitenden Rauch schon zu vergolden anfing; der Berg gewaltsam tobend, über ihm eine ungeheure feststehende Dampfwolke, ihre verschiedenen Massen bei jedem Auswurf blitzartig gesondert und körperhaft erleuchtet. Von da herab bis gegen das Meer ein Streif von Gluten und glühenden Dünsten; übrigens Meer und Erde, Fels und Wachstum deutlich in der Abenddämmerung, klar, friedlich, in einer zauberhaften Ruhe. Dies alles mit einem Blick zu übersehen und den hinter dem Bergrücken hervortretenden Vollmond als die Erfüllung des wunderbarsten Bildes zu schauen, mußte wohl Erstaunen erregen« (HA XI, S. 345).

In Rom erschien die Natur Goethe als Kunst. Während der Mensch in Deutschland der Natur alles abringen muß, um Kultur zu bekommen, war die Natur in Rom sozusagen stilisiert. Das galt für Sitten und Gebräuche des Volkes, für die als Kunstwerke erkennbaren Ruinen, für die Landschaft und selbst für die Bäume und Pflanzen. Auch die Kunstwerke sind Zeugnisse des Zusammenhangs von Natur und künstlerischem Bilden, besonders deutlich bei Mantegnas »Triumphzug«, Raffaels Gobelins, Michelangelos Bewältigung unerhörter Aufgaben in der Sixtinischen Kapelle und bei Leonardos »Abendmahl« in Mailand. Goethe erkannte, daß die Künstler der Antike und Renaissance ebenso große Kenntnisse der Natur gehabt haben mußten wie Homer. Die Großen unter ihnen sind die Höhepunkte, frisch hervortretende Varianten des gleichen Phänomens. Kunstwerke sind »die höchsten Naturwerke« des Menschen, und sie werden nach natürlichen Gesetzen hervorgebracht. Alles Willkürliche oder Eingebildete fällt zusammen vor der Notwendigkeit: Wie die Pflanze nicht anders kann als sie muß, folgt der Künstler wahren und natürlichen Gesetzen der Kunst.

Diese Ansicht von den Aufgaben der Kunst ist der Grund für Goethes Ablehnung aller krassen, drastischen und süßlichen Gegenstände, etwa brutale Marterszenen in Bologna und die in Rom so häufigen Allegorien. Und da, wo ein entsetzlicher Augenblick in der Kunst festgehalten wird, wie bei der Laokoongruppe, erklärt Goethe die Ausrichtung aller Stellungen, Bewegungen und seelischen Gesten aus dem Biß der Schlange: Die Notwendigkeit des Augenblicks erkläre das Ganze, und aus ihr gehe die Einheit hervor. Leonardos »Abendmahl« sei Ausstrahlung des Worts Jesu: »Einer unter euch wird mich verraten.« Das Motiv großer Kunst ist das Ursprüngliche, das nicht weiter erklärt werden kann. Den Anreiz bildet der Formtrieb des Menschen, so wie das Wachstum der Formtrieb der Pflanze ist. Das Genie erfaßt, ohne erklärlich zu sein, solche Stoffe und macht aus ihnen Kunstwerke. In »Einfache Nachahmung der Natur, Manier, Stil« (HA XII, S. 30–40) hat Goethe nach der Rückkehr aus Italien seine neuen Ansichten über Kunst zum ersten Mal formuliert. Später hat er sie in den Zeitschriften der Weimarer Kunstfreunde, »Propyläen« und »Kunst und Altertum«, in den Noten zu Benvenuto Cellinis Leben, den Biographien Winckelmanns und Hackerts dargestellt und in seinen Sammlungen von Kunstwerken, bei Preisausschreiben und Ausstellungen immer wieder bezeugt. Die erste Frage war immer die des Motivs.

So wie Goethe Venedig als Stadt und die Arenen von Verona und Taormina aus den Bedingungen des Bodens und den Zwecken der Verwendung ableitet, kommt es darauf an, was der Künstler aus dem Motiv zu machen versteht. Auch ein Naturelement wie die Sprache, das zugleich schon Geist ist, muß geformt werden. Die antike Litera-

tur zeigt, wie man aus Sagen und Mythen, Geschichten und Anekdoten Dichtung macht. Das haben Livius für die Geschichtsschreibung, Ovid für Götter- und Heroengeschichten, die von der Antike inspirierten Autoren Ariost und Tasso für mittelalterliche Sagen und Legenden geleistet. Es ist nun jedoch nicht so, daß sich Goethe mediterranen Themen zugewandt hätte. Im Gegenteil: »Nausikaa« wurde aufgegeben, »Tasso« wollte sich der Neuformung nicht fügen, und auf der andern Seite wird die Dramatisierung des in den Niederlanden spielenden »Egmont« melodramatisch, ja opernhaft abgeschlossen. Eine so nordische Szene wie die Hexenküche des »Faust« gelingt jetzt ebenso wie der Monolog in Wald und Höhle.
In Rom entstanden so merkwürdig gegenständliche Gedichte wie »Amor als Landschaftsmaler« und »Cupido, loser eigensinniger Knabe«. Goethe hat dieses Gedicht in Frascati nach der Begegnung mit Maddalena Riggi geschrieben und als sein Leibgedicht jener Zeit bezeichnet. Es wurde in das Singspiel »Claudine von Villa Bella« und Jahrzehnte später in die »Italienische Reise« eingefügt:

> Cupido, loser, eigensinniger Knabe,
> Du batst mich um Quartier auf einige Stunden!
> Wie viele Tag' und Nächte bist du geblieben,
> Und bist nun herrisch und Meister im Hause geworden.

(HA XI, S. 478)

Goethe hat das Cupido-Gedicht zweimal ablenkend interpretiert, in der »Italienischen Reise« und später bei Eckermann. Auch hat er es nicht in seine Gedichtsammlungen aufgenommen. Die Begegnung mit Maddalena, der schönen Mailänderin, hat er mit raffinierter Diskretion behandelt. In der Italienischen Reise wird sie als Erzählung im kunstvollen Stil seines Alters novellistisch auf sechs Stellen verteilt.
War die Wirkung des Liebesgottes als Störenfried ein willkommenes literarisches Motiv, so war das für ein anderes Gebiet, das politische, kaum möglich. Eben jetzt hatte sich der Herzog als Mitgründer eines preußisch-sächsisch-welfischen Fürstenbundes gegen Kaiser und Reich auf politisches, und durch die Beförderung zum preußischen Generalmajor auf militärisches Glatteis begeben. Goethes briefliche Warnungen wurden in den Wind geschlagen. Es sollte sich zeigen,

daß er recht gehabt hatte. Das Politische war Goethe nicht fremd, aber verdächtig. Er war der Meinung, es entzöge sich der künstlerischen Darstellung, sei zu aktuell und stehe in Widerspruch zu den Idealen der Humanität. Politisch Lied, garstig Lied, heißt es im »Faust«. Es klingt wie eine prophetische Warnung, wenn Goethe 1788 im »Römischen Karneval« schreibt, »daß Freiheit und Gleichheit nur in dem Taumel des Wahnsinns genossen werden können« (HA XI, S. 515).

Ende Februar 1787 sann Goethe über den Plan zum »Faust« nach. Es war ihm klar, daß die Einheit des Stückes nicht im dramatischen Ablauf der Handlung, sondern in den Personen Fausts und Mephistos lag. Jetzt entstanden die Schlußverse der zweiten Studierzimmerszene mit der großen, später veränderten Selbstrühmung des Übermenschen Faust und Mephistos Warnung, dies Ganze sei nur für einen Gott gemacht (Vers 1781). Hier fallen Sätze, die das Italienerlebnis voraussetzen, so der enthusiastische Ausruf:

> Werd' ich zum Augenblicke sagen:
> Verweile doch! du bist so schön!
> Dann magst du mich in Fesseln schlagen,
> Dann will ich gern zugrunde gehn!
> Dann mag die Totenglocke schallen,
> Dann bist du deines Dienstes frei,
> Die Uhr mag stehn, der Zeiger fallen,
> Es sei die Zeit für mich vorbei! (Vers 1699–1706)

In den folgenden Wochen entstand die »Hexenküche«, wahrscheinlich aus der Spannung zwischen der Welt reiner Formen, wie Goethe sie in Italien erlebt hatte, und dem »tollen Zauberwesen« des »Urfaust« in der nördlichen Heimat. Als letzte Szene gelang ihm in Rom der Eingangsmonolog in Wald und Höhle. Er beginnt mit den Worten: »Erhabener Geist, du gabst mir, gabst mir alles, warum ich bat.« Er spiegelt den Ertrag der anderthalb Jahre in Italien:

> Du führst die Reihe der Lebendigen
> Vor mir vorbei, und lehrst mich meine Brüder
> Im stillen Busch, in Luft und Wasser kennen. (Vers 3225–3227)

Der Abschied von Rom fiel Goethe sehr schwer. In den Versen Ovids vor der Verbannung ans Schwarze Meer wird seine Stimmung vollkommen ausgedrückt. Aus Mailand schrieb er an Knebel: »In Rom wurde kein Stein mehr angesehen, wenn er nicht gestaltet war. Jetzt wird eine Kristallisation schon wieder wichtig und ein unförmlicher Stein zu etwas. So hilft sich die menschliche Natur, wenn nicht zu helfen ist.« Und er schließt mit der Bemerkung, er arbeite immer noch an einer besonderen Aufgabe; es war »Tasso« (WA IV, 8. S. 376).

Christiane und die Römischen Elegien

Als Goethe Mitte Juni 1788 aus Italien zurückkam, war er fast 39 Jahre alt. Die nächsten 43 Jahre seines Lebens verbrachte er in Weimar, nur gelegentlich, auf Wunsch oder Befehl des Herzogs, unternahm er größere Reisen. Den Ertrag der italienischen Epoche hat Goethe den Freunden gegenüber immer wieder hervorgehoben. Die einfachste Formel wurde in einem Brief an Carl August ausgesprochen: »Ich habe mich in dieser anderthalbjährigen Einsamkeit selbst wiedergefunden; aber als was? – als Künstler!« (HA, Br. II, S. 85) Damit meinte er den Vorrang von Dichtung, Malerei, Skulptur, Architektur, Musik, Theater und der Kunst der Antike, soweit er sie im Rahmen der Winckelmannschen Lehre aufnahm in seinem Leben. In Italien hatte er gelernt, in leibhaftigen Gestalten die Gesetze der Kunst, ihres Entstehens, ihrer »Bildung«, wie er sagte, zu begreifen. Er spricht geradezu von Wiedergeburt. Jetzt ging ihm auf, was er früher nur gewußt hatte: »Welch ein früh wissendes und spät übendes Geschöpf ist doch der Mensch.« Das galt für Pflanzen und Tiere, für Bilder und Bauwerke, für Menschen und deren überindividuelle Formen als Masse, Volk, Nation und Menschheit. Im Anschauen und Begreifen erfaßte Goethe sich selbst als eine spinozistisch-leibnizsche Monade, die sich mit der Erde als Natur vermählte und da, wo sie nicht »wissen« konnte, die Ahnung des schweigend Anzubetenden in sich hegte. Das war Goethes Religion, sein Hylozoismus, Beseelung des Stoffes. Die Kräfte der Natur »wägten sich mit leisem Gewicht und Gegengewicht hin und her«.

In Weimar fand man ihn verändert. Die äußere Gestalt, bisher schlank, war voller geworden; er wirkte »gesetzter« und in mancher Hinsicht fremd. Er fühlte sich wie ein Römer oder Grieche, als Weltmann, als Kenner großer Kunst und eines freien Lebensstils. Die römische Gesellschaft lebte in einer Stadt mit unerschöpflichen Überlieferungen, in einer herrlichen Natur, unter einem südlichen Himmel, Urformen in jedem Sinn. Dagegen war Weimar Provinz,

und Goethe war nicht bereit, Zugeständnisse zu machen. Im Grunde begann jetzt die Öde, die Einsamkeit. Die Freunde spürten seine Zurückhaltung, zugleich die Erweiterung seines Gesichtskreises und neue Interessen. Ihnen bekannte Werke erschienen in neuen Formen. Die neue »Iphigenie« gefiel ihnen nicht so gut wie die ältere; »Tasso« wurde kaum verstanden, und die »Römischen Elegien« konnten nur gekürzt in Schillers »Horen« gedruckt werden.
Weimar war durch Goethes Briefe und Berichte aus Italien auf dem laufenden gehalten worden. Die Zauberwirkung dieser Berichte war unwiderstehlich, sie waren genährt und erfüllt von Sicherheit, ja Übermut. An den Kern seiner Emotionen, die dichterische Anschauung, kommt keine Analyse heran, aber ihr Geheimnis liegt zutage: Goethe hatte keine Botschaft, doch da, wo er absichtlich dunkel bleibt, spürt man das Bedeutende, das mit Sicherheit Wahre in der vollendeten Form des Kunstwerks. Auf diese Weise wird die Tragik in »Iphigenie« und »Tasso« überspielt, und selbst Faust, der Unselige, sieht die Mächte der geheimnisvollen Tiefe in einer Vorahnung späterer Versöhnung, ja Erlösung.
Alle spürten die Veränderung in Goethes Wesen. Manche glaubten, ihm folgen zu sollen. Herder reiste auf seinen Spuren nach Italien und wurde bitter enttäuscht. Hatte Goethe bedauert, daß Italien für ihn zu spät gekommen sei – er spricht von zwanzig Jahren –, so war Herder dem Süden nicht gewachsen. Das lag nicht am Alter, er war vierundvierzig Jahre alt, sondern an seiner Natur. Sein Würdegefühl als Bischof war hoch entwickelt, doch die Boheme in Rom gab nichts darauf. Seine Ideen von Humanität wirkten beschränkt. Er, der gemeint hatte, die Zukunft eines neuen Griechenland läge in der Ukraine, fühlte sich von Rom wie betäubt; der Katholizismus stieß ihn ab und er sehnte sich nach Frau und Kindern. So lief Herders italienische Reise auf eine Enttäuschung hinaus, die sich nach der Rückkehr noch steigerte: »Der späte Herder, der das Prinzip der Coincidentia oppositorum nicht mehr hamannisch versteht, kündigt sich an« (Kantzenbach S. 170).
Die andere Italienreisende war Anna Amalia; sie war ausgeglichener als Herder und hat Goethes Italien bewundernd nacherlebt. In Weimar fehlte sie freilich als gesellschaftlicher Mittelpunkt, zumal der Herzog von einer Liebesaffäre abgelenkt wurde. Wegen einer Fuß-

verletzung mußte er seinem Regiment in Aschersleben fernbleiben, und so konnte Goethe ihn wenigstens mittags zum Essen sehen. Auf Frau von Stein hatte sich Goethe gefreut, aber sie war gekränkt und verärgert; sie glaubte sich von Goethe verlassen, vielleicht betrogen und ging den Sommer über nach Schloß Kochberg.

In Briefen klagte Goethe, sein römisches Glück sei vorüber; er bezeichnete sich als zerstreut, ja zerrissen, litt unter dem Regen des Sommers und dem früh einbrechenden Winter. Obgleich der Herzog ihn bis auf das Bergbaukommissariat für Ilmenau von Verwaltungsaufgaben entlastet hatte, fühlte er sich unfrei. Nur Knebel war ihm eng verbunden, nahm an seinen naturwissenschaftlichen Interessen Anteil und brachte ihm als Übersetzer die römischen Elegiker nahe.

In Briefen an Bekannte bemühte sich Goethe, einem jungen Mann mit Namen Vulpius eine Sekretärsstelle zu beschaffen. Am 12. Juli, kaum vier Wochen nach der Rückkehr, hatte ihm die 23jährige Demoiselle Christiane Vulpius, eine junge Frau mit dem Reiz der Unschuld, eine Bittschrift für ihren Bruder Christian August überreicht. Er kannte sie flüchtig. Ihre schwarzen Augen, der dunkle Teint und die braunen Haare erinnerten ihn an den Typus der Italienerinnen, die ihm so gut gefallen hatten. Er nahm sie mit in sein Gartenhaus. Sie kam Tag für Tag wieder. Die Nachbarn mochten glauben, sie sei in seinem Haushalt beschäftigt, doch bald sickerte die Wahrheit durch. Später hat Goethe von diesem Tag an seine Ehe mit ihr gerechnet. Christiane gehörte zum selben weiblichen Typus wie die Frau Rat. Sie war ein gewecktes Naturkind mit gesunder Sinnlichkeit und jenem Maß von Unbefangenheit, das Goethe als Urphänomen des Weiblichen zu schätzen gelernt hatte. Seine Leidenschaft war entflammt. Zum ersten Mal in seinem Leben war er einer Frau begegnet, die nicht nur dem Charme des Genies, dem Ruhm des großen Dichters oder intellektueller Ausstrahlung erlegen war, sondern dem Mann. Sie überließ sich ihm und war überwältigt; nach einigen Wochen gewann er ihr Herz. Der Bund festigte sich. Die Entrüstung der Weimaraner nannte er ein immer greulicher werdendes Fegefeuer. »Was meine Tugend betrifft, so kann ich mich nur italienisch ausdrücken: Crescono le mie virtù, ma la mia virtù cala.« Es ist ein Wortspiel, das nicht zu übersetzen ist: Meine Kräfte wachsen, doch meine Tugend sinkt (WA IV, 9. S. 59).

Das häusliche Glück spiegelte sich in vielen Gedichten, etwa in »Der Besuch« oder »Morgenklage« von 1788, wo die Schlafende gezeichnet wird (HA I, S. 238). Oft mußte Goethe sie allein lassen, in Schlesien und Polen, in Frankreich und auf der Reise nach Westfalen. In Venedig klagte er später: »Ach, ich verstehe mich wohl: Es ist mein Körper auf Reisen / Und es ruhet mein Geist stets der Geliebten im Schoß« (HA I, S. 175). Er schrieb an Herder, er könne allein nicht schlafen.

In Bildern wurde das Glück der Liebenden beschworen. Er verglich Christiane mit einer Perle, die er in einer Muschel am Meeresstrand gefunden habe. In der von Theokrits elftem Gedicht angeregten Elegie »Amyntas« wird ein alter Apfelbaum vom umschlingenden Efeu fast erstickt. Das Gedicht entstand auf der dritten Schweizerreise im September 1797. Damals schrieb Goethe an Christiane, »wenn man einmal fortgeht, so ists beinahe, als wenn man tot wäre« (WA IV, 12. S. 349). Wenn der Dichter den Baum mit dem Messer von den Ranken befreit, lispelt dieser: »O, verletze mich nicht! Du reißest mit diesem Geflechte, / Das du gewaltig zerstörst, grausam das Leben mir aus« (HA I, S. 196, Vers 23–24). Der antithetische Charakter der Liebe aus Gewalt und Genuß, Umschlingung und Tod, wird in Antinomien ausgesprochen: »Willig gezwungen«, verzehrt er sich in liebender Lust, und preist die süßeste aller Verschwendungen (Vers 44–45). Christiane ist das Mädchen in »Alexis und Dora«.

Goethe hat die Begegnung im Park an der Ilm nie vergessen. Als er 1797 bei Plinius die Episode der Begegnung des Malers Pausias mit der Blumenbinderin Glykera, der Süßen, fand, war er entzückt und schrieb den acht Seiten langen lyrischen Dialog »Der neue Pausias und sein Blumenmädchen«, eine balladisch ausgeschmückte Liebesgeschichte. Auch sonst hat er das »kleine Naturwesen«, sein »ländliches Mädchen« in Blumen- und Gartengedichten angesprochen: »Das Beet schon lockert sich in die Höh«, »Durch Feld und Wald zu schweifen«, das berühmte »Ich ging im Walde so für mich hin« und als reifstes »Die Metamorphose der Pflanzen«. Christiane hatte eine glückliche Hand bei Blumen und Sträuchern. Ihr dankte Goethe den Blumenflor im Garten an der Ilm und auf den Beeten hinter dem Haus am Frauenplan. Sie bewirtschaftete das »Krautland«, einen vom Vater ererbten Acker, und später das Gut Oberroßla.

Im Briefwechsel der beiden zeigt sich, wie sehr Goethe auf Christianes Wesen einzugehen wußte; wenn sie von Rechtschreibung und Zeichensetzung keine Ahnung hatte, sondern schrieb, wie es ihrem Dialekt entsprach, hat ihn das nicht gestört. Wohl pflegte er zu sagen, »die Kleine« habe keine Zeile von ihm gelesen und verstünde kein Gedicht, aber das war mehr scherzhaft gemeint. Christiane besaß keine Bildung außer der religiösen, aber sie war eine ungemein tüchtige Hausfrau und Köchin. Sie richtete das Haus am Frauenplan ein, nachdem der Herzog es Goethe geschenkt hatte. Bei der Bewirtschaftung des Hauses halfen ihr seit 1792 die neun Jahre jüngere Stiefschwester und ihre Tante Ernestine.
Christiane stammte aus einer Familie von Juristen und Geistlichen, was sie freilich nicht wußte. Der latinisierte Name deutet eine Gelehrtenfamilie an. Durch unglückliche Umstände war sie verarmt. Unter Christianes Kolleginnen in der Bertuchschen Blumenfabrik, einem kunstgewerblichen Betrieb nach Pariser Muster, waren Töchter von Adelsfamilien. Die Bosheiten der Frau von Stein und der Damen um Schiller haben die Biographien über Christiane dann bis zum Anfang des 20. Jahrhunderts negativ beeinflußt.
Goethe nennt seine römische Geliebte Faustina. Man hat den Namen für eine Fiktion gehalten. Tatsächlich hat ein Italiener, Antonio Valeri, sie im Jahre 1899 ausfindig gemacht, die jung verwitwete Tochter eines Weinwirts, bei dem Goethe verkehrte. Sie hieß wirklich Faustina, und als Goethe 1827 den Besuch eines Romreisenden, O. Glagau, erhielt, erkundigte er sich nach der Osteria della Campana und erfuhr, daß der Falerner, der Stuffato (eine Art Schmorbraten), die Makkaroni und Fritti sehr gut seien. »Es ist noch alles wie zu meiner Zeit«, schmunzelte Goethe und fuhr fort: »In dieser Osteria hatte ich meinen gewöhnlichen Verkehr. Hier traf ich die Römerin, die mich zu meinen Elegien begeisterte ...« Dann zitierte er aus der 15. Elegie die Verse 9–22 (Gespr. III, 2. S. 221). Goethe sagte, nur drei Personen hätten seinen Fortgang von Rom wirklich bedauert; neben Angelika Kauffmann und Tischbein war Faustina die nicht genannte dritte Person.
Von dieser Liebe gingen die »Römischen Elegien« aus. Mit der Nachahmung der antiken Formen ist nichts geleistet, wenn der Körper in diesem Kostüm kein Leben hat. Goethes Elegien sind als

Erlebnis original und zugleich antik. Die Kunst des Properz und Tibull wurde hier fortgesetzt durch einen Dichter aus den germanischen Wäldern, doch er unterscheidet sich von ihnen durch den Adel der Gesinnung, durch das Fortlassen sehnsüchtigen Schmachtens, der selbstzerstörenden Glut des Properz, schmachtender Gefühle Tibulls und modischen Weltschmerzes bei Ovid. Goethe wird durch die Liebe nicht gequält und unterjocht, sondern erheitert; er gibt zu, daß sie das süßeste Geschäft des Lebens sei. Er treibt sie lächelnd, schlau, sinnlich und offenherzig. Die Männlichkeit der Gefühle wird durch den milden Himmel Roms und durch die für den Deutschen ungewohnte Leichtigkeit des Umgangs hervorgehoben. Die Ruinen der Ewigen Stadt predigen die Vergänglichkeit aller Dinge, und gerade diese Mahnung ermuntert den Dichter, den Augenblick zu nutzen. Wenn er Götter anruft, deren Tempel noch stehen und deren Statuen ihm begegnen, so wirkt das ganz natürlich und nicht als literarische Erinnerung. In der elften Elegie sagt er:

> Euch, o Grazien, legt die wenigen Blätter ein Dichter
> Auf den reinen Altar, Knospen der Rose dazu. (HA I, S. 164)

Die Rose der sinnlichen Liebe weiht er den Grazien. Die Liebe wird durch die Naivität, mit welcher sie genossen wird, verklärt. Die sonst so scheu verhüllten Spiele der Liebe und des Umgangs der Liebenden werden als Gaben Amors, des Gottes, entgegengenommen und erhalten dadurch eine Unschuld, wie die heidnische Antike sie nicht gekannt hatte. Die Liebe der römischen Dichter war halb Qual, halb Laster; sie schilderten ihr Leiden an der Liebe, während die Liebe für Goethe vor dem Hintergrund römischer Sitte und südlichen Lebens nicht nur Genuß, sondern reines Glück bedeutete. »So sind diese Gedichte ganz heiter-antik und wehmütig-modern, sie sind plastische Kunstwerke voll Freiheit und Form und zugleich rührende Seelengemälde«, sagt Victor Hehn, der größte Deuter von Goethes Lyrik in seinem Werk »Über Goethes Gedichte« (S. 263).

In der ersten Elegie durchstreift der Dichter die ewig schweigende Roma und wartet auf »das holde Geschöpf«, das ihn erquicken soll. In der zweiten wendet er sich ab von den Damen und Herren der feinen Welt und preist den Fürsten der Liebe, Amor, den königlich schützenden. Der hat ihm gegeben, was er gesucht hat:

Mutter und Tochter erfreun sich ihres nordischen Gastes,
Und der Barbare beherrscht römischen Busen und Leib.

(HA I, S. 158)

Die dritte Elegie preist die rasche Vereinigung der Liebenden. Die Götter der Mythe hätten sich auch nicht lange besonnen, wenn es um die Erfüllung ging, ganz im Gegensatz zu modernen Bedenken, Ängsten und Gefahren. In der folgenden Elegie wird deshalb die Göttin der Gelegenheit gepriesen, welche unter immer anderen Gestalten erscheint, eine Tochter des Proteus. Sie ergibt sich dem raschen Mann, der sie zahm, spielend, neckisch und zärtlich findet. Hier wird die Gestalt Faustinas geschildert:

Einst erschien sie auch mir, ein bräunliches Mädchen, die Haare
Fielen ihr dunkel und reich über die Stirne herab,
Kurze Locken ringelten sich ums zierliche Hälschen,
Ungeflochtenes Haar krauste vom Scheitel sich auf. (HA I, S. 159)

Es ist der Typus Christianes, den Goethes Zeichnung um 1790 festhält. Die folgenden Elegien sprechen von den wohltätigen Folgen der Liebe, aber auch von den zeitlosen Gefühlen der Eifersucht der Geliebten. In der berühmten siebenten Elegie preist er das Glück, in Rom zu sein: »O wie fühl ich in Rom mich so wohl...«
Die achte und neunte Elegie entwerfen Bilder aus der Jugend und Gegenwart der Geliebten, etwa wie sie Feuer auf dem Herd gemacht hat:

Und die erwärmte Nacht wird uns ein glänzendes Fest.
Morgen frühe geschäftig verläßt sie das Lager der Liebe. (HA I, S. 163)

Die zehnte nennt die großen Toten der Vergangenheit, Alexander und Caesar, die deutschen Könige und Kaiser Heinrich und Friedrich, die in Rom waren: Gäben sie nicht die Hälfte ihres Ruhms für *eine* Nacht auf diesem Liebeslager? Die folgenden Elegien führen in das römische Leben, in eine Werkstatt, wo antike Götterbilder der Künstler stehen, in die Campagna von Rom, wo Schnitter für die Ernte danken und in der Feier der Mysterien dem Geheimnis der Liebe und den Liebenden der Antike huldigen. Die vierzehnte und fünfzehnte schildern Episoden aus dem Liebesleben mit bezeichnenden Details: wie eine Vogelscheuche im Weinberg des Mädchens den Liebenden vertreibt oder wie Schlangen und Gift unter den Rosen, moderne Geschlechtskrankheiten, dem Verliebten den Genuß verderben können. Hier ist eine grammatisch-syntaktische Form antiker Rhetorik der deutschen Sprache großartig anverwandelt:

> Wenn im schönsten Moment der hin sich gebenden Freude
> Deinem sinkenden Haupt lispelnde Sorge sich naht. (HA I, S. 170)

Hier fällt der Name der Geliebten, Faustine, »sie teilet das Lager / gerne mit mir, und bewahrt Treue dem Treuen genau«. Erst die Dauer gibt der Liebe die Erfüllung. Die beiden letzten Elegien bereiten den Schluß vor. Fama, die böse Nachrede, ist die größte Feindin der Liebe. Darum ziemt den Liebenden Verschwiegenheit; nur die Muse und Amor dürfen den Mund des Dichters lösen, so daß er sich Hexameter und Pentameter, dem elegischen Versmaß, anvertraut:

> Dir, Hexameter, dir, Pentameter, sei es vertraut,
> Wie sie des Tags mich erfreut, wie sie des Nachts mich beglückt.
> (HA I, S. 173)

Die dichterische Verklärung ging über das Erlebnis hinaus und verlieh der Liebe Dauer. Die »Römischen Elegien« sind in einem ganz anderen Sinne Kunstprodukte als die titanischen Jugendgedichte und die Liebesgedichte an Frau von Stein. Sie benützen antike Maße, anknüpfend bei Ovid und Properz' viertem Elegienbuch. Im Gegensatz zu Voß' Idyllen kommen Goethes Elegien aus antik-heroischem Geist; das elegische Versmaß ist sein natürlicher Ausdruck. So wie die Römer nach Winckelmanns Auffassung die Griechen nachgeahmt hatten, und beide, »unter einem gütigen Himmel«, das klassische Versmaß als das ihre empfanden, hatte Goethe in Rom wie ein Römer gelebt und gefühlt. Seine Elegien sind nicht Bildungsprodukte, sondern Zeugnisse seiner Leidenschaft zu Faustina in Rom und Christiane in Weimar. Faustina hatte ihn die Unwiderstehlichkeit der Gaben Amors zu preisen gelehrt, sie hatte ihn in die Kunst der Liebe, im Sinne Ovids, eingeführt. In Christiane sah Goethe, nach Weimar zurückgekehrt, ein Gegenbild zu Faustina und mehr, keine Liebschaft auf Zeit, sondern auf Dauer.

In der »Italienischen Reise« berichtet Goethe, er habe in Bologna einen Traum gehabt, den Fasanentraum (HA XI, S. 105). Er sei mit einem Kahn auf einer Insel gelandet, wo es Fasane und andere schöne Vögel wie Pfauen gegeben habe. Bündelweise habe man sie ihm ins Schiff gebracht, »mit den Köpfen nach innen, so zierlich gehäuft, daß die langen bunten Federschweife, nach außen hängend, im Sonnenglanz den herrlichsten Schober bildeten«. Als Goethe achtundzwanzig Jahre später die »Italienische Reise« schrieb, hat er diesem Traum eine künstlerisch-poetische Form gegeben. Tatsächlich muß er den Traum vor Antritt der italienischen Reise gehabt haben, denn in Briefen aus Rom an Herder und Frau von Stein sagt er, sein Fasanentraum gehe nun in Erfüllung. Offenbar war die Insel mit den Paradiesvögeln der Traum seines Wunsches nach Italien. So hat man ihn seit je verstanden. Die moderne Tiefenpsychologie, vor allem Eissler sieht darin mehr, nämlich den Wunsch nach Erfüllung bisher versagt gebliebener sexueller Befriedigung. – In der Liebe Faustinas und Christianes fühlte Goethe wie alle wirklich Liebenden das All, den Augenblick als Schwingung des Universums. Das hat er in den »Römischen Elegien« ausdrücken können. Freilich handelte es sich um eine Phase, eine Metamorphose seiner Entwicklung. Schon kurz darauf, in den »Venezianischen Epigrammen«, spricht er anders: Das Universum scheint wieder auf die triste Wirklichkeit reduziert zu sein.

Die Zeitkritik der Venezianischen Epigramme

Ende 1787, als Goethe in Rom war, wollte die Herzogin-Mutter Anna Amalia nach Italien kommen und Goethe sollte ihr Reisemarschall sein. Bei dieser Gelegenheit hätte er Zugang zu den Kunst und Prunk liebenden Höfen von Florenz und Neapel gefunden und den habsburgischen Spähern große Sorgen gemacht. Goethe ahnte nicht, daß er als Vertrauter eines Herzogs, der an der antihabsburgischen Allianz des Fürstenbundes beteiligt war, von einem Sekretär der österreichischen Gesandtschaft in Rom observiert wurde. Auch seine Post scheint man geöffnet zu haben.

Dann aber verschob sich die Reise der Herzogin, und als sie abfuhr, war Goethe längst wieder in Weimar. Im März 1790 sollte er sie in Venedig erwarten. Das war der Anlaß zu einer zweiten Italienreise Goethes, aber aus mancherlei Gründen war er verärgert. Seine literarischen Arbeiten, nicht so sehr die dichterischen als die naturwissenschaftlichen, wurden unterbrochen. In einem Versuch über »Die Metamorphose der Pflanzen« wird das, was er in Briefen und Berichten über die Urpflanze gesagt hat, systematisch dargelegt. Der Begriff der Metamorphose war bei Botanikern üblich. In seiner Monadenlehre hatte Leibniz gesagt, bei den Tieren gebe es Abwandlungen der Formen, aber nie eine Seelenwanderung. Niemand aber hatte vor Goethe im Wandel der Gestalt – bei der Pflanze von Stengel, Stengelblättern, Kelchblatt, Blütenblatt, Staubblatt und Fruchtknoten – ein Grundgesetz organischen Lebens gesehen. Im Erdgeistmonolog des Faust hatte schon der junge Goethe das Gesetz unentrinnbarer Metamorphose des gleichen Ich erkannt. Die Metamorphose bezeichnet also den Wandel der Gestalt nach den Gesetzen eines Bauplans. Den Begriff der Entfaltung benützte er auch für seine Dichtung. So stellte er fest, daß sich der Wilhelm-Meister-Roman aus Keimen langsam entwickelt habe.

Daneben beschäftigten ihn mehr als je die Botanik und die Mineralogie des Thüringer Waldes und der angrenzenden Gebiete. Vom Herzog hatte er den Auftrag zur Einrichtung eines botanischen Instituts der Universität Jena erhalten. Diese Arbeiten stockten jetzt. Auch verdroß ihn die abermalige Trennung von Christiane und dem Weihnachten 1789 geborenen Söhnchen August. Damit kam eine in Italien begonnene Entwicklung zum Abschluß, wie »Wilhelm Meisters Lehrjahre« ja auch mit der Anerkennung des Sohnes Felix einen Abschluß finden. Goethe hatte sich so an den Umgang mit Christiane gewöhnt, daß er ihn nicht missen wollte. Die Epigramme sprechen das sehr deutlich aus.

Zu diesen persönlichen Dingen kam Goethes tiefe Erregung über den Ausbruch der Revolution in Frankreich. Er war ein Mensch des achtzehnten Jahrhunderts. In dessen universalen Vorstellungen und Überlieferungen war er groß geworden. Daß nun philosophisch-religiöse Ideen wie Freiheit, Gleichheit, Brüderlichkeit zu Schlagworten der Tagespolitik wurden und das Volk nicht als idealer Begriff oder Nährboden geschichtlicher Kräfte, sondern als großstädtische Masse unmittelbar, unter Führung von demagogischen Advokaten, aktiv wurde und die Staatsweisheit von Fürsten und Räten über den Haufen rannte – das mußte Goethe wie ein »Taumel des Wahnsinns« (HA XI, 515) erscheinen. Ihm lag nichts an Aristokratie, Kirche und Königtum, aber er war ein Freund und Bewunderer der französischen Literatur und Bildung. Er war Reichsstädter, als Bürger ein Republikaner; Götz von Berlichingen war zugrunde gegangen, weil die Sache des Reiches bei der entfesselten Masse in Raub und Mordbrennerei unterging. Die Maler Brueghel und Dürer hatten auf apokalyptischen Bildern die Schrecken entfesselter Mächte dargestellt. Daß die sozialen Fragen auf diese Weise nicht gelöst werden konnten, war Goethe klar, denn die Welt wurde von unverbrüchlichen Gesetzen bestimmt, so daß Gewalt, als Widerspruch, sinnlos war. Jeder solle sein Handwerk, seinen Beruf ruhig und mit heiterer Laune treiben, dann werde sich auch das »Glück der Millionen« geben. Es sei verkehrt, den Schwärmern entgegenzukommen:

Warum treibt sich das Volk so, und schreit? Es will sich ernähren,
Kinder zeugen, und die nähren, so gut es vermag.
Merke dir, Reisender, das und tue zu Hause desgleichen!
Weiter bringt es kein Mensch, stell' er sich, wie er auch will.

(HA I, S. 176)

Goethe durchschaut den Mechanismus dogmatischer Unzulänglichkeiten; wenn sie wie Götzen verehrt werden, bringen sie allen, denen sie angeblich nützen, nur Unglück:

> Frankreichs traurig Geschick, die Großen mögen's bedenken!
> Aber bedenken fürwahr sollen es Kleine noch mehr.
> Große gingen zu Grunde: doch wer beschützte die Menge
> Gegen die Menge? Da war Menge der Menge Tyrann.
>
> (HA I, S. 180, Vers 22)

Im Gegensatz zu vielen Freunden und Bekannten, die von den Ereignissen in Paris begeistert waren, etwa Klopstock, Schiller, Herder, oder zu jenen, die nicht davon loskamen wie Georg Forster und Johann Friedrich Reichardt, der als Komponist Goethescher Lyrik den schwunglosen Kayser ablöste, hat sich Goethe nicht auf die Revolution eingelassen. Er besaß von Haus aus ein nahezu unfehlbares Unterscheidungsvermögen für Kunst und Dilettantismus, für Wahrheit und Lüge, Regel und Ausnahme. Darum hat er die damals einsetzende Politisierung des Lebens durch Berufspolitiker und Geschäftemacher für ein Verhängnis gehalten und hat später den Nationalismus der Befreiungskriege als Gegenstück des Terrors der Revolution mißbilligt. In diesem Zusammenhang lobt er Carl August als einen mustergültigen Fürsten:

> Klein ist unter den Fürsten Germaniens freilich der meine,
> Kurz und schmal ist sein Land, mäßig nur, was er vermag.
> Aber so wende nach innen, so wende nach außen die Kräfte
> Jeder: da wär' es ein Fest, Deutscher mit Deutschen zu sein.
>
> (HA I, S. 178, Vers 17)

Er sei für dies Bekenntnis nicht bestochen, aber der Herzog habe ihm gegeben, »was Große selten gewähren: Neigung, Muße, Vertrauen, Felder, Garten und Haus«. (WA I, 1. S. 315, Nr. 34b) Die »Venezianischen Epigramme« sind also eine Abrechnung mit der Zeit, ihrem Geist und Ungeist. Zwar haben auch Fürsten – man braucht nur an Friedrich II. zu denken – ihr Bild auf schlecht versilberte Kupfermünzen prägen lassen, jetzt aber »prägen Schwärmer den Stempel des Geistes auf Lügen und Unsinn« (WA I, 1. S. 180, Nr. 25).

Der allgemeinen Verirrung und Verwirrung stellt Goethe den eigenen Beruf, sein »Schicksal«, nicht elitär oder stolz, gegenüber als Aufgabe seines Metiers; er sei »fromm und treu«, wie es sich gehöre für eine Gabe, welche die Götter verleihen. Die Dichtkunst ist freilich selten und der Deutsche mag sich ungern bequemen, sie zu lernen, während Goethe sagen darf:

> Nur ein einzig Talent bracht' ich der Meisterschaft nah:
> Deutsch zu schreiben. Und so verderb' ich unglücklicher Dichter
> In dem schlechtesten Stoff leider nun Leben und Kunst.
>
> (WA I, 1. S. 314, Nr. 29)

Daß die Deutschen der Literatur fremd oder ablehnend gegenüberstehen, sah er durch den Mißerfolg der achtbändigen Ausgabe seiner Schriften bestätigt. Bei einer Auflage von 4000 Exemplaren hatte es lediglich 358 Subskribenten für 626 Exemplare gegeben; Göschen klagte über stockenden Absatz. Goethe war tief betroffen. Mußte er sich nicht für den führenden deutschen Autor halten, und nun versagte sich ihm die Nation? Hier setzt seine Kritik an den Deutschen ein und wird sich immer mehr verstärken.

In einer Reihe von Lustspielen hat Goethe versucht, die nicht mehr an Gott und König glaubende, sitten- und charakterlose, revolutionsreife Gesellschaft zu beleuchten, und zwar mit symptomatischen Ereignissen. Im »Groß-Kophta« ist es die berüchtigte Halsbandgeschichte unter den Damen und Herren der Oberschicht, im »Bürgergeneral« das Milieu des ignoranten, spießigen, kannegießenden Bürgertums, in »Die Aufgeregten«, 1793 entworfen, das Thema des Schwärmertums in Kreisen von Leuten, welche abstrakten Ideen nachjagen und das naheliegende Gute nicht zur Kenntnis nehmen. In diese Reihe gehört auch »Das Mädchen von Oberkirch«, das nicht vollendet und zu Goethes Lebzeiten nicht veröffentlicht wurde.

Die Stücke sollten das Repertoire des Theaters um aktuelle Stoffe bereichern, die typischen Gewohnheiten und Laster der Hofkreise, der Adligen, Geistlichen, Bürger und Bauern in lebendigen Dialogen, allerdings weniger in Handlungen schildern: So bleibt es beim Eindruck einer eher rhetorischen, oft pathetischen als szenischen Darstellung. Für den Groß-Kophta benützte Goethe die Figur des Schwindlers Cagliostro, dessen Familie er in Palermo besucht hatte.

Die Handlung steigert ihn zu fast mythischer Größe – und wird dadurch äußerlich spannend, aber innerlich unglaubwürdig. Die einzige Gestalt von Rang ist die Nichte. An ihr bewährte Goethe seine Psychologie des Weiblichen. Erst später, in der »Natürlichen Tochter«, hat Goethe die Revolution in der Vielfalt ihrer Symptome dramatisch-dichterisch darzustellen versucht. Die Lustspiele sind Gelegenheitsdramen mit possenhaften Zügen, in konventionellem Stil und unter Benützung theatralischer Klischees. Man merkt, daß Goethe dem welthistorischen Ereignis sehr gehemmt entgegentritt. Man darf also nicht von gegenrevolutionären Dramen reden, da das eigentlich Politische in privaten Affären steckenbleibt. Nicht Goethes Gefühle, sondern seine Gedanken waren erregt, und so wurde der Zweck, mit diesen Stücken dem Repertoire der deutschen Bühne aufzuhelfen, nicht erfüllt.
Alle Enttäuschungen des nachitalienischen Goethe schlugen sich in den »Venezianischen Epigrammen« nieder. Goethe mußte zehn Wochen warten, bis Anna Amalia mit ihrer Gesellschaft aus Neapel eintraf, und in diesen Wochen schrieb er die Epigramme, etwa 150 Stücke, die den Stil der »Römischen Elegien« nur gelegentlich aufnehmen. Venedig konnte ihn als Stadt, nachdem er Rom kennengelernt hatte, nicht mehr interessieren. So bilden Überlegungen zur Zeit, Gedanken über sich selbst und die tristen Verhältnisse Venedigs den Stoff der Epigramme. Sie sind Produkte von literarischen Absichten, zum Teil lehrhaft, zum Teil aufsässig. Sie sind nicht wie die »Römischen Elegien« Ausdruck einer neuen Stufe des Wachstums, eines Glücks, sondern von Goethes Kritik an den Bedenklichkeiten der politischen Ereignisse, des Liebes- und Wirtshausbetriebs, am Trug und Betrug der Schulmeister und Pfaffen. Nüchtern wird geschildert, wie der Fremde ausgenutzt und betrogen wird. Im Zwielicht Venedigs wird so manches angedeutet, was Goethe sonst unterdrückt, nicht nur von den flotten Frauen und Mädchen, die wie Lazerten über die Plätze huschen, sondern auch lesbische Beziehungen und Liebe zu Knaben oder knabenhaften Mädchen.
In den nicht gedruckten Nachträgen zu den Epigrammen spricht Goethe über die Unterdrückung der Sexualität durch das Christentum. Die freie, ja käufliche Liebe wird gepriesen, aber dem Ehebett gegenüber relativiert:

Glücklich ist die Beständige, die den Beständigen findet,
Einmal nur sich verkauft und auch nur einmal gekauft wird.

(WA I, 53. S. 13, Nr. 27)

Die freie Liebe hat den Vorteil, daß man über sie reden kann, wie es in der Antike geschehen ist, das Urthema der Liebesdichtung, denn:

Aus dem Ehbett darf man nicht schwätzen und Dichter sind schwatzhaft.
Freie Liebe, sie läßt uns frei die Zunge, den Mut. (WA I, 53. S. 13, Nr. 28)

Sicher hängen Goethes Gedanken über Sexualität und Liebe, die Spannung zwischen heidnischer und christlicher Auffassung mit Fragen und Bedenken Christianes zusammen, deren Geist und Seele in der Jugend mit Bibel und Katechismus genährt war. Er selbst hatte sich zwar in Italien als »Heiden«, als Griechen, zu fühlen gelernt, aber die Künstlichkeit dieses Empfindens, daß es nicht praktikabel war in den puritanisch geprägten Teilen Deutschlands, war ihm bewußt. Seine Zerrissenheit hing damit zusammen. Sie drückt sich sehr drastisch aus im 38. Epigramm der Nachträge:

Gib mir statt ›Der Sch ...‹ ein anderes Wort, o Priapus,
Denn ich Deutscher ich bin übel als Dichter geplagt.
Griechisch nenn ich dich phallos, das klänge doch prächtig den Ohren,
Und lateinisch ist auch Mentula leidlich ein Wort.
Mentula käme von mens, der Sch ... ist etwas von hinten,
Und nach hinten war mir niemals ein froher Genuß.

(WA I 53. S. 16, Nr. 38)

In den Nachträgen zu den »Römischen Elegien« sagt er, Amor sei zwar blind, aber klug und unbestechlich. Alles verschaffe er dem Verlangenden, er gewähre den Himmel. Keine Prinzessin könne dem Liebenden mehr geben als Amor ihm mit dem lieben »Kind«, in leichter linnener Hülle und dem groben Rock, gegeben habe. »Hebet am Ende / Sich ein brokatner Rock nicht wie ein wollener auf?« Den Schluß bilden die Zeilen:

Uns ergötzen die Freuden des echten nacketen Amors
Und des geschaukelten Betts lieblicher knarrender Ton.

(WA I, 53. S. 4f)

Die zweite Elegie der Nachträge klagt über das moderne Übel der Geschlechtskrankheiten, die keine Sicherheit vor giftigen Waffen gewähren. Sie schließt mit einem Gebet an die Grazien, sein »kleines artiges Gärtchen« zu schützen, wo er ohne Gefahr die Liebe genießen könne. Die dritte wendet sich an Priap, den Gott der Gärten, der die Heuchler strafen möge. Die vierte läßt den von Künstlern und Dichtern wie Philänis verherrlichen Priap sich dankbar zeigen:

Gern erblicken mich nun verständige Männer, und denken
Mag sich jeder so gern wie es der Künstler gedacht.
Nicht das Mädchen entsetzt sich vor mir, und nicht die Matrone,
Häßlich bin ich nicht mehr, bin ungeheuer nur stark.
Dafür soll dir denn auch halbfußlang die prächtige Rute
Strotzen vom Mittel herauf, wenn es die Liebste gebeut.
Soll das Glied nicht ermüden, als bis ihr die Dutzend Figuren
Durchgenossen wie sie künstlich Philänis erfand. (WA I, 53. S. 7)

Goethe kommt hier auf Dinge zu sprechen, die als Themen der Literatur äußerst gewagt sind. Aber es ist klar, daß er nicht nur als Dichter, sondern auch als Mensch von diesem Problem verfolgt wurde. Dafür gibt es zahllose Hinweise, mehr oder minder versteckt, geistreich oder amüsant umschrieben, in Versdichtungen wie »Alexis und Dora«, »Hermann und Dorothea«, »Reineke Fuchs« und dem »Tagebuch«. In allen Fällen erhält die Sexualität ihren Sinn vom Dauerverhältnis, während die Bettine von Venedig und Faustina von Rom Abenteuer aus der Gunst des Augenblicks sind.
Von Bettine, der knabenhaften Tänzerin und »Gauklerin«, die wie ein Puck durch die »Venezianischen Epigramme« geistert, wird nämlich gesagt:

Zürnet nicht, ihr Frauen, daß wir das Mädchen bewundern.
Ihr genießet des Nachts, was sie am Abend erregt. (WA I, 53. S. 14, Nr. 33)

Die andere Seite, die Klage des Christen Goethe, vernimmt man am ergreifendsten im ersten der nicht veröffentlichten Epigramme. Es steht in Kontrast zu zahlreichen polemischen Stellen über die allzu puritanische Moral und ihre Unhaltbarkeit:

> Komm noch einmal herab, du Gott der Schöpfung, und leide.
> Komm, erlöse dein Volk von dem gedoppelten Weh!
> Tu ein Wunder und rein'ge die Quellen der Freud und des Lebens.
> Paulus will ich dir sein, Stephanus wie du's gebeutst.
>
> (WA I, 52. S. 8, Nr. 1)

Goethe findet, daß im Christentum die Frage der Sexualität nicht gelöst sei. Der Mensch, auch der Christ, soll leben und Kinder zeugen. Diese Quelle der Freude des Lebens sei unrein, und der Erlöser müsse noch einmal kommen, um sie zu reinigen. Dann würde auch er, nämlich Goethe, ein Apostel der Lehre, wie Paulus und Stephanus, werden. In diesem Zusammenhang wird Lavater angegriffen, der behauptete, Christ und Mensch seien eins – während Goethe und Herder zu trennen pflegten zwischen Jesus, dem Prediger der Liebe und Verzeihung, und Christus, dem Herrn der Kirche und der moralisierenden Erstarrung. Bis in die Romane des »Wilhelm Meister« und die »Wahlverwandtschaften« wird sich dieser Gegensatz hinziehen und erst im »West-östlichen Divan« eine Lösung finden.

Krieg und Revolution

Anfang August 1792 folgte Goethe einem Ruf seines Herzogs ins Feldlager. Eine preußisch-österreichische Armee von etwa 90 000 Mann, verstärkt durch 5000 Hessen und 4500 französische Emigranten, sollte nach Paris marschieren und der revolutionären Sache den Garaus machen. Die Armee stand unter dem Befehl des preußischen Feldmarschalls Herzog Carl Wilhelm Ferdinand von Braunschweig. Er war der berühmteste Stratege der Zeit, 57 Jahre alt, der Bruder Anna Amalias und Onkel des Herzogs Carl August. Nach dem Kriegsplan sollten die Preußen, von Trier nach Verdun vorstoßend, die Maas überschreiten. Die österreichischen Truppen sicherten die Flanken im Norden und Süden; die Korps der Hessen und Emigranten standen bei der Hauptarmee.

Nach zehntägiger Fahrt traf Goethe am 23. August mit seiner Equipage im Lager der Armee bei Longwy ein: »Es ist fast anhaltender Regen, die Menschen werden weder Tag noch Nacht trocken, und ich kann sehr zufrieden sein, daß ich in des Herzogs Schlafwagen eine Stelle gefunden habe, wo ich die Nacht zubringe. Alle Lebensmittel sind rar und teuer« (HA. Br. II, 152), schrieb er an Christiane. Vierzehn Tage später wurde Verdun genommen. Das Wetter besserte sich nicht. Die Armee operierte schulmäßig in Richtung Chalons sur Marne, »das wir vielleicht nie sehen werden«, wie Goethe an Knebel schrieb. Als sie weiter vorrückte, stieß man auf die erwartete Hauptmacht der Franzosen unter Dumouriez und Kellermann. Das war eine klug geführte Truppe mit bewährten Offizieren und guter Verpflegung. Während des Marsches durch den gefährlichen Argonnerwald und auf engen nassen Wegen durch die Flußtäler blieben die Deutschen trotz Mangel an Verpflegung noch bei Zuversicht und Laune. Als man sich aber bei der berühmten Kanonade in der Nähe des Dörfchens Valmy wie in einer Riesenarena fast eingekesselt sah, wurde der Rückmarsch beschlossen.

An einer zentralen Stelle der »Campagne in Frankreich«, vor Verdun, machte Goethe im Wassertrichter eines Waldsees an den kleinen Fischen und hineingefallenen Keramikscherben eine wichtige Beobachtung. Er sah im Freien, was sonst nur in der Dunkelkammer zu beobachten war: Die Brechung des Lichtes in prismatischen Farben. Während der Beschießung Verduns unterhielt er den Fürsten Reuß, der ihn nach seinen dichterischen Arbeiten gefragt hatte, zu dessen Überraschung aufs lebhafteste mit einer Erklärung der Refraktionserscheinungen: »Denn es ging mir mit diesen Entwicklungen natürlicher Phänomene wie mit Gedichten: Ich machte sie nicht, sondern sie machten mich« (HA X, S. 206). Weder Kanonenkugeln noch Feuerbälle konnten Goethe stören. Die Stelle ist einer der schönsten Belege für seinen wissenschaftlichen Eros. Mit ihm sollte er künftig auf großes Unverständnis stoßen, obwohl die hier formulierte Parallelität des dichterischen und wissenschaftlichen Triebes für die Deutung seiner Werke überaus wichtig ist.

Goethe hat die Strapazen des Krieges mit stoischer Ruhe ausgehalten. Die Details seiner Schilderung zeigen, daß er von den Realitäten der Lage, dem Verhalten von Soldaten, Offizieren, Diplomaten, Bauern, Jägern, Förstern, Emigranten und Bundesgenossen ebenso fasziniert wie abgestoßen war. Die Mängel in der Verpflegung, im Sanitätswesen und in der Etappe erschreckten ihn. Der Krieg wird zu einem Gemälde menschlichen Elends und des Leichtsinns. Unnötige Grausamkeiten, nutzlose Verschwendung, eine durch Panik verstärkte Orientierungslosigkeit und sich daraus ergebende, aber höchst unerwünschte Improvisationen zeigen die Lockerung der Bindungen, wobei die Soldaten doch immer wieder durch Disziplin im Zaum gehalten werden. Wir sehen Goethe in der Rolle eines Helfers, Gastgebers, selbst Warners und Vermittlers – jedenfalls schreibt er sich diese Rollen zu. Da er sein Kriegs- und Reisetagebuch in Düsseldorf verbrannt hat, ist der Text der Campagne erst im Jahre 1820 mit Hilfe von Notizen auf einer Landkarte, seiner scharfen Erinnerung, des Tagebuchs seines Dieners Paul Götze und der Lektüre historischer Werke über den Feldzug entstanden.

Die Absetzung und Gefangennahme des Königs in Paris, die Septembermorde an Unschuldigen wirkten ansteckend, schreibt er. »Die reißend fließenden Blutströme« brachten bei den aus Paris zum Heer strömenden Freiwilligen »Lust zum Morden und Rauben mehr als zu einem rechtlichen Kriege mit« (HA X, S. 244). Die Enttäuschung über den Verlauf des Krieges, Niedergeschlagenheit und Scham setzten Goethe ungemein zu. Die Armee hatte kaum zweihundert Tote durch feindliche Einwirkung verloren, jetzt aber drohte eine Katastrophe. Durch Magen- und Darmerkrankungen, Ruhr und Typhus verlor die Armee fast die Hälfte ihres Mannschaftsbestandes. Goethes Diener benützte für den Tee das Wasser vom Lederdach des Wagens und berichtete, die Soldaten hätten Wasser aus den Spurlöchern der Pferdehufe getrunken. Gegen den Hunger wurde gequollene Gerste zu essen empfohlen.

Doch weiß Goethe, im Rat der Ratlosen im Zelt des Herzogs, Trost zu bringen, indem er von der verzweifelten Lage des Kreuzfahrerheeres am Nil unter Ludwig dem Heiligen berichtet. Auch erinnerte er die Anwesenden, daß nur wenige Meilen von hier, auf den Katalaunischen Feldern, Attila, der Hunne, geschlagen worden sei. Die Attila-Geschichte entnahm Goethe im Jahre 1820 Johannes von Müllers Attila-Buch aus der Weimarer Bibliothek. Die Absicht solcher Einschübe ist deutlich: Die weltgeschichtliche Bedeutung des Feldzugs mußte untermauert werden. In der Anekdote der Marketenderin wird ein Vergleich zu den Siegen Friedrichs des Großen gezogen: Fürsten und Heerführer von heute lassen sich nicht mit ihm vergleichen. Daß der Rückmarsch im Schutz der Nacht dann doch gelang, war der Härte und Improvisationskunst der Truppen zu danken. Ein Brief an Herder vom 16. Oktober 1792 läßt erkennen, daß Goethes Bericht über die Campagne in Frankreich aus Rücksichten persönlicher und ästhetischer Art geschönt war; ein böser Traum habe ihn »zwischen Kot und Not, Mangel und Sorge, Gefahr und Qual, zwischen Trümmern, Leichen, Äsern und Scheißhaufen gefangen gehalten« (WA IV, 10. S. 36). Mehrfach läßt Goethe seiner Enttäuschung und seinem Mißmut freie Bahn. Er gibt zu verstehen, daß seine Darstellung mild und mildernd sei, so zum Verhalten der Heeresführung, der Prinzen und der adligen Emigrierten.

Die »Campagne in Frankreich« wird im weiteren Verlauf ein Teil seiner Lebensbeschreibung mit deren antiromantischen Tendenzen, mit der Erklärung seines »Realismus«, den die Freunde nicht verstanden, mit dem Hervorheben seiner chromatischen Forschungen und schließlich mit Ausweitung der Erzählung auf Pempelfort, Mün-

ster und Weimar, wobei dann auch der »Groß-Kophta« und die Antirevolutionsstücke motiviert und erklärt werden. Diese Werke widerlegten Goethes angeblich nicht-nationale Einstellung. Er war Bürger einer Reichsstadt, dachte politisch im Zusammenhang mit dem römisch-deutschen Reich, und so sehr er kulturell die Franzosen und ihre Literatur schätzte, blieb er doch ein Gegner der ideologisch motivierten Revolution und der Parteiwut. Er fürchtete ihr Übergreifen nach Deutschland. Aus solchen Erregungen des »Zeitsinns« entstanden die »Unterhaltungen deutscher Ausgewanderten«, späterhin noch »Hermann und Dorothea«. Wieder in Weimar, in der »Enge, die uns allein beglücke«, liest er das alte Tierepos »Reineke Fuchs«: »Hatte ich mich bisher an Straßen-, Markt- und Pöbelauftritten bis zum Abscheu übersättigen müssen, so war es nun wirklich erheiternd, in den Hof- und Regentenspiegel zu blicken« (HA X, S. 359).
So lenkte sich Goethe von den »Welthändeln« ab, mußte aber sofort wieder dem Herzog ins Feld folgen, zur Belagerung von Mainz, wo es ähnlich traurig zuging wie in Frankreich, militärisch aber hatte man Erfolg. Die Bedrückung und Zerrissenheit Goethes legten sich nicht. Darum blieben mit Elan begonnene Werke wie »Die Reise der Söhne Megaprozons« und »Die Geheimnisse« liegen. Der Wilhelm-Meister-Roman kam nicht von der Stelle; das »Römische Jahr« blieb Projekt, und so kam es nur zu schnell niedergeschriebenen Revolutionsdramen – der »Bürgergeneral« entstand in drei Tagen. Desto größer war in diesen Jahren der Eifer des Wissenschaftlers an seinen osteologischen, mineralogischen, geologischen und optischen Studien. Die kleine Schrift »Beiträge zur Optik I« enthält die Kernpunkte der Lehre von Licht und Finsternis als Gegensätze, aus denen die unendlich flüchtigen und reizvollen Phänomene der Farben hervorgehen. Damals entstanden die ersten Teile der großen Abhandlung über die Metamorphose der Pflanzen; die Pflanze zeigt »das offenbare Geheimnis« von den unaufhörlichen Verwandlungen der Urgestalt nach Gesetzen, in deren ständigem Wechsel das Dauernde erscheint. Hier wurde ein Thema ausführlich behandelt, das mehr als zwanzig Jahre später in dem Gedicht »Dauer im Wechsel« seinen lyrischen Ausdruck fand.
Nach der unseligen Campagne in Frankreich hatte Goethe bei seiner Mutter in Frankfurt Station machen wollen. Frankfurt war aber von

den Franzosen unter Custine besetzt; sie waren durch eine Lücke der Verteidigung, bei Landau, in den Rücken der Alliierten gelangt. So entschloß sich Goethe, mit der Armee in einem Nachen die Mosel hinab bis Koblenz und dann, selbständig, auf dem Rhein bis Bonn und von dort über Düsseldorf zu den Freunden nach Pempelfort zu reisen. Er blieb fast vier Wochen dort, wurde herzlich aufgenommen und als Dichter gefeiert, mußte aber bemerken, daß man den Autor der »Iphigenie« höher schätzte als den der Versuche über die Metamorphose der Pflanzen und der Studien zur Optik.

Er klagte, niemand wolle begreifen, daß seine naturwissenschaftlichen Bemühungen aus seinem Innersten entsprungen seien. Man halte sie für einen grillenhaften Irrtum. Es kam hinzu, daß der religiöse Naturglaube Goethes in Widerspruch zu den pietistischen Überzeugungen des Jacobikreises stand. Kurz vorher hatte er aus Kants Schriften nach seiner Art alles herausgelesen, was ihn zu bestätigen schien: »Ich hatte mir aus Kants Naturwissenschaft nicht entgehen lassen, daß Anziehungs- und Zurückstoßungskraft zum Wesen der Materie gehören und keine von der andern im Begriff der Materie getrennt werden könne; daraus ging mir die Urpolarität aller Wesen hervor, welche die unendliche Mannigfaltigkeit der Erscheinungen durchdringt und belebt. Schon bei dem früheren Besuch der Fürstin Gallitzin mit Fürstenberg und Hemsterhuis hatte ich dergleichen vorgebracht, war aber als wie mit gotteslästerlichen Reden beiseite und zur Ruhe gewiesen« (HA X, S. 314).

In Pempelfort las Goethe Stücke aus seinem Märchen- und Abenteuerroman »Die Reise der Söhne Megaprozons«, fand dafür aber ebensowenig Beifall wie für den »Groß-Kophta«. Er hatte den Roman begonnen, um sich von den Gemütserschütterungen durch die Pariser Nachrichten abzulenken. Es ist ein utopischer Roman, nach dem Modell von Thomas Morus' »Utopia« und dem hellenistischen Reiseroman. Sechs Söhne werden von ihrem Vater losgeschickt, ein reiches Land zu suchen; sie finden auf vulkanisch-feurigem Grund eine gespaltene Insel, hier paradiesisch, dort höllisch. Dann bricht die Erzählung ab.

Im Dezember reiste Goethe für vier Tage zur Fürstin Gallitzin nach Münster. Er kannte sie bereits von ihrem Besuch in Weimar (1785) mit dem Münsterschen Generalvikar Franz von Fürstenberg. Unter dem geistlichen Kurfürsten von Köln, Maximilian Friedrich, einem Wittelsbacher, der zugleich Fürstbischof von Münster war, regierte Fürstenberg das Hochstift Münster im Sinne der katholischen Aufklärung. Seine Schulreform, mit neuen Methoden des Unterrichts und der Unterweisung durch einen neuen Katechismus, waren vorbildlich und wirken bis heute nach. Fürstenberg war der geistliche Freund der Fürstin; sie hatte einen Kreis bedeutender Persönlichkeiten des katholischen Westfalen um sich gesammelt. In ihrem Hause war Johann Georg Hamann 1788 gestorben.

Es war das erste Mal, daß Goethe in eine Gesellschaft hoch gebildeter Katholiken kam. Man unterhielt sich über Hamann und seine großen Eigenschaften als Schriftsteller und Mensch, die Goethe seit den Straßburger Tagen überaus teuer waren. Man kam auf das Verhältnis der christlichen Religion zur »wahren bildenden Kunst« zu sprechen, wo sich der Punkt der Sinnlichkeit als besonders schwierig erwies. Goethes Beschäftigung mit Physiognomik und Knochenlehre erregte auch hier Befremden; dafür versetzte er die Gesellschaft mit Erzählungen über die römischen Kirchenfeste, Karwoche und Ostern, Fronleichnam, Peter und Paul und, zu allgemeiner Erheiterung, über die Pferdeweihe in eine angenehme Stimmung. Goethe erzählte, er wolle ein »Römisches Jahr« schreiben, so daß man sich die Frage zuflüsterte, ob er in Rom gar Katholik geworden sei.

Diese Gerüchte kamen den Düsseldorfern zu Ohren und führten zu Rückfragen. Goethe antwortete Jacobi in einem Brief vom 17. April 1793 aus Weimar mit unnachahmlicher Ironie: »Daß ihr aber zu meiner Aufführung in Münster solche sonderbare Gesichter schneidet, daran erkenne ich die losen Weltkinder, die sich formalisieren, wenn sich unsereiner einmal in puris naturalibus seiner angebornen Tugend sehen läßt oder, nach dem schönen Gleichnisse der Kirchenmutter Lenchen (Jacobis fromme Stiefschwester) die rechte Seite der gewirkten Tapete an einem Festtage herauskehrt. Ihr werdet also künftig von eurem Unglauben und bösen Leumund ablassen und Gott in seinen Geschöpfen die gebührende Ehre erzeigen« (WA IV, 10. S. 52). Es ist möglich, daß Goethe durch die Bekanntschaft mit der Sacra familia von Münster zu seiner Darstellung der »Schönen Seele« in Dichtung und Wahrheit angeregt wurde, jedenfalls nennt er die Fürstin in Briefen, z. B. an Jacobi vom 1. Februar 1793, eine

schöne Seele. Schiller, Körner und W. von Humboldt hatten starke Bedenken gegen die Schöne Seele in »Dichtung und Wahrheit«. Die Bekanntschaft mit der starken Persönlichkeit der Fürstin hatte Goethe jedoch in seinem Vorhaben bestärkt.
Goethes poetische Vielfalt überraschte die Freunde immer wieder. Dazu gehört die Entstehung des »Reineke Fuchs« mit 4312 Hexametern von Januar bis April 1793. Er schrieb das Werk, wie er sagt, zu seinem Trost und seiner Freude, nach Gottscheds Prosa-Übersetzung des »Reinke de vos« (Lübeck 1498). Er griff also wieder auf einen Stoff des bürgerlichen Vor-Reformations-Zeitalters zurück. Justus Möser und Herder hatten das niederdeutsche Tierepos gerühmt. Der Fuchs verteidigt seinen Vorteil nicht mit Bosheit, sondern mit List und Schläue. Schon in den »Vögeln«, nach Aristophanes, 1780 dem Fräulein von Göchhausen diktiert, hatte Goethe sich mit einem Tierstaat auseinandergesetzt. Das Stück wurde in Weimar vorgelesen und auf dem Theater mit Goethe in der Hauptrolle gespielt. Unter den Gründern des Vogelstaats, der besser sein soll als ein Menschenstaat, gibt es einen witzigen Schlagabtausch:

> Treufreund: Ich glaube an Menschheit!
> Hoffegut: Unter den Vögeln?
> Treufreund: Am ersten! (WA I, 17. S. 94)

Alle politische Rhetorik war Goethe verdächtig. Da war es ihm lieber, wenn sich der Bürger einspann in Haus und Gewerbe und Freiheit für persönliche Existenz und eigene Meinung verlangte. Das sei das deutsche Bürgerideal; man sei froh, nicht wie Kaiser und Kanzler für das römische Reich sorgen zu müssen.
Im Staat der Tiere herrschen keine paradiesischen Zustände; sie sind natürlich, denn das Tier kann nicht anders sein als es ist. Das Lehrgedicht von der Metamorphose der Tiere spricht diesen Gedanken als Naturgeheimnis aus. Das Tier kann sich nicht entrinnen, seine Gestalt ist nach einem Bauplan ebenso festgelegt wie sein Charakter: Diesem Gesetz folgt Reineke Fuchs. Die Handlung des Epos war im Original vorgegeben. Aber erst Goethe gab dem Ganzen eine Anmut der Formen, eine Fülle von Worten, ein heiteres Behagen an der Welt – und eben dadurch erweist sich der abstrakte Idealismus als hohl. Goethe spricht als Realist:

Durch die Welt sich zu helfen ist ganz was Eignes; man kann sich
nicht so heilig bewahren als wie im Kloster, das wißt Ihr. (HA II, S. 368)

Reineke holt weit aus und sagt, der Staat, vertreten durch den König, sei der eigentliche Plünderer und Räuber seiner Bürger. Vor ihm ist niemand sicher:

Raubt der König ja selbst so gut als einer, wir wissen's;
Was er selber nicht nimmt, das läßt er Bären und Wölfe
Holen und glaubt, es geschähe mit Recht. Da findet sich keiner,
Der sich getraut, ihm die Wahrheit zu sagen, so weit hinein ist es
Böse, kein Beichtiger, kein Kaplan; sie schweigen! Warum das?
Sie genießen es mit, und wär' nur ein Rock zu gewinnen.
Komme dann einer und klage! der haschte mit gleichem Gewinne
Nach der Luft, er tötet die Zeit und beschäftigte besser
Sich mit neuem Erwerb. Denn fort ist fort, und was einmal
Dir ein Mächtiger nimmt, das hast du besessen. (HA II, S. 369)

Ungern vernahm die Zeit Goethes Botschaft. Christian Gottfried Körner, der edle Freund in Dresden, fand »Reineke Fuchs« eines Dichters wie Goethe nicht würdig. Schiller wußte nicht mehr zu sagen, als daß ihm der homerische Vers gefalle. Voß schrieb an seine Frau, er habe angefangen zu lesen, käme aber nicht durch. Herder jedoch sagte, dies Gedicht sei das vollkommenste Epos seit Homer. Auch Wilhelm von Humboldt erkannte den Rang und hob hervor, daß Goethe wenig am Original geändert und doch etwas anderes daraus gemacht habe: »Dasjenige nämlich, was eigentlich poetische Form daran ist, dasjenige, wodurch es zu der Phantasie des Lesers spricht und seinen ästhetischen Sinn rührt, gehört ihm ganz – und ganz allein... Wodurch Goethe das bewirkt hat, ist schwer zu bestimmen, und ich habe an einzelnen Stellen vergeblich darüber gegrübelt« (zit. HA II, S. 714 f.). Gundolf fand, Reineke Fuchs sei »nicht wirkliche Dichtung«, und dieser Meinung hingen die meisten Professoren der Literatur an.

Goethe liebte sein Werk, er hatte sich bei der Arbeit erholt und abgelenkt. Er nahm die »unheilige Weltbibel« (WA I, 35. S. 22) mit, als er im Sommer 1793 dem Herzog noch einmal ins Feld folgen mußte, diesmal zur Belagerung von Mainz, wo die Alliierten Erfolg hatten. Er verbesserte einzelne Stellen und gab den Versen noch mehr Leichtigkeit und Zierlichkeit. Mehrmals flogen ihm Kugeln und Granaten um den Kopf. Einmal unternahm er in einer leichten Chaise, mit Wein und Brezeln wohl versehen, eine Spazierfahrt um die belagerte Stadt. Er versuchte, einen wütenden Bürger, der Mainz hatte verlassen müssen, zu überreden, die Bestrafung der Mitglieder des revolutionären Jakobiner-Klubs (»Klubisten«), unter denen Georg Forster gewesen war, nicht selbst in die Hand zu nehmen, sondern den ordentlichen Gerichten zu überlassen.

Man muß bedenken, daß »Die Vögel« und »Reineke Fuchs« Übersetzungen sind und die Kunst in der anmutig-witzigen und tiefsinnig verspielten Form besteht oder, wie Goethe nobel untertreibend sagt: Alte Bekannte in einer neuen Gestalt. Ein gleicher Ausgangspunkt bestimmt die Novellen der »Unterhaltungen deutscher Ausgewanderten«. Die Stoffe dieser Novellen, der Antonelli-Anekdote, der Prokurator- und Bassompierre-Geschichten, stammen aus romanischen Sprachen, und ihre Erzählform war damals in Deutschland noch unbekannt: Mit diesen Geschichten hat Goethe die Gattung in die deutsche Literatur eingeführt. (Anders ist es mit dem aus seiner Phantasie entsprungenen Märchen am Schluß und der Rahmengeschichte.) Die Einleitung ist politisch aktuell: Zu einer vor den Franzosen flüchtenden Adelsfamilie gehört Karl; er ist ein Anhänger der Revolution und ihres Gedankens der neuen Freiheit. Dieser Idee wird alles geopfert: »Wie Liebende gewöhnlich von ihrer Leidenschaft verblendet werden, so erging es auch Vetter Karl. Sie wünschen den Besitz eines einzigen Gutes und wähnen alles übrige dagegen entbehren zu können.« Goethes psychologischer Scharfsinn erkennt die Analogie sexueller und politischer Obsessionen. Obwohl Karls Familiengüter im Besitz des Feindes sind, der »nicht zum besten daraus hauste«, kann Karl der französischen Nation nicht feind sein, die der Welt so viele Vorteile verspricht (HA VI, 127). Anders der Geheimrat. Er ist ein Mann von Grundsätzen. Ihm ist bewußt, daß sein Land das Opfer eines unglücklichen Feldzugs war und die Lage sich wieder ändern kann: »Er hatte die Willkür der Nation, die nur vom Gesetz sprach, kennengelernt und den Unterdrückungsgeist derer, die das Wort Freiheit immer im Munde führen« (HA VI, S. 129 f.). Man meint, den Geheimrat Goethe vor Mainz mit dem wütenden Bauern zu hören, wenn es heißt: »Besonders waren die daselbst (in Mainz) zurückgebliebenen Klubisten ein Gegenstand des allgemeinen Gesprächs, und jeder erwartete ihre Bestrafung oder Befreiung, je nachdem er ihre Handlungen entweder schalt oder billigte« (HA VI, S. 131).

Friedrich Schillers Weg nach Weimar

Als Goethe von den Feldzügen nach Hause kam, erwarteten ihn neue Aufgaben, die Leitung des Theaters, die Oberaufsicht über den Neubau des abgebrannten Schlosses und die Arbeiten an den botanischen Anstalten für die Universität Jena. Die Aufgaben gehörten zu seinem Kulturressort. Die Politik des Herzogs hielt er für dilettantisch und deshalb gefährlich. Eine Aufforderung des militärbegeisterten Freundes, ihm noch einmal ins Feldlager zu folgen, lehnte er ab. Die politische und militärische Bindung des Weimarer Kleinstaats an Preußen sollte sich noch bitter rächen.

Trotz vieler Mühen und des Einsatzes bedeutender Mittel mußte der Ilmenauer Bergbau nach einem katastrophalen Wassereinbruch eingestellt werden. Goethe hat das Städtchen Ilmenau oft besucht. Seine Schmieden, Mühlen und Sägewerke waren die Anfänge der späteren Industrialisierung. Auf dem Kickelhahn besaß er ein Sommerhaus, wo 1780 »Über allen Gipfeln ist Ruh« entstanden war. Jetzt nahm er den kleinen August mit und freute sich an dem Interesse des Fünfjährigen an Natur und Handwerk. Etwas später wird der kleine Felix im Wilhelm-Meister-Roman seinen weltfremden Vater zur Betrachtung der Natur veranlassen.

Noch besser als Ilmenau gefiel Goethe Jena. Er verbrachte hier Wochen und Monate. Die Stadt an der Saale, nur drei Gehstunden von Weimar, gehörte seit 1741 zum Herzogtum Weimar. In den Friedensjahren hatte die Universität einen Aufschwung genommen und konnte sich in mancher Hinsicht mit Halle und Leipzig vergleichen. Goethe liebte den akademischen Betrieb. Bei Justus Christian Loder hörte er Bänder- und Knochenlehre, verkehrte freundschaftlich mit dem Botaniker August Karl Batsch und dem Chemiker Johann Friedrich Göttling. Durch Karl Leonhard Reinhold war Jena eine Hochburg der Kantischen Philosophie. Zur theologischen Fakultät gehörten Johann Chr. Döderlein und der aus Frankfurt stammende Kirchenrat Johann Jakob Griesbach. Der bekannteste Mediziner war

Christoph W. Fr. Hufeland. Karl Ludwig von Woltmann lehrte Geschichte. An die Stelle des pensionierten Reinhold trat 1794 Johann Gottlob Fichte, dessen Wissenschaftslehre großes Aufsehen erregte. Goethe hat Fichtes Ich und Nicht-Ich wohlwollend ironisiert. Christian Gottfried Schütz, Professor für Beredsamkeit und Poesie, hatte unter Mitwirkung des Juristen Gottlieb Hufeland und Friedrich Justin Bertuchs die Allgemeine Literatur- Zeitung gegründet, ein kritisches Organ der Kant-Schule.

Im August 1787 hatte Schiller von Weimar aus einen Ausflug nach Jena gemacht. Er wohnte bei Wielands Schwiegersohn Reinhold, der ihn jetzt für Kant begeisterte und ihm einen Ruf als Historiker nach Jena in Aussicht stellte. Damals lernte Schiller, mit der ihm eigenen gesellschaftlichen Begabung, das gelehrte Jena kennen. Die bisher lose Bekanntschaft mit Goethe wurde in Jena zu einer freundschaftlichen Bindung. Auf beiden Seiten hatten Hemmungen bestanden; sie kamen aus dem Bewußtsein einer tiefgehenden Verschiedenheit der Herkunft, des Wesens, der Charaktere und der Ansichten über Literatur und Philosophie. Einig war man in der Wertschätzung der Griechen. Goethe traf Schiller zu einem für ihn kritischen Zeitpunkt. Es war ihm klar, daß die in Italien gewonnenen Ideale nicht zu verwirklichen und seiner Wirkung in Deutschland Grenzen gesetzt waren. Die Revolutionsdramen errangen höchstens Achtungserfolge. »Reineke Fuchs« und die »Römischen Elegien« stießen auf Widerstand. Man war weder in der Liebe noch in der Politik auf Goethes ungeschminkte Wahrheiten gefaßt. Dazu kamen seine Opposition gegen den Zeitgeist und ein Verdacht heidnischer Gesinnung.

Die Isolation hatte viele Gründe. Herder verstand Goethe zwar, kam aber nicht darüber hinweg, daß der Schüler ihn überholt hatte. Der Herzog stand im Bann seiner militärischen Neigungen und blieb, nach den Jahren enthusiastischer Jugendfreundschaft, ein wohlwollender Freund und Gönner. Der Jacobikreis in Pempelfort liebte und schätzte Goethe als Person, erschrak aber vor seinen Temperamentsausbrüchen: Für die Niederdeutschen blieb Goethe der Dichter des »Werther«, des »Götz« und allenfalls ein pietistischer Geistesverwandter. In Weimar waren die Adligen, Beamten und Kollegen unter Führung Anna Amalias und ihres Sohnes zur Bewunderung bereit, konnten die Genialität Goethes aber nicht ermessen, wenn er ihnen

auch kollegial und gesellschaftlich nahestand. Das galt selbst für Vertraute wie Knebel und Meyer.
Bei Schiller fand Goethe Zustimmung, Bewunderung und Freundschaft. Beide besaßen den Instinkt und Charakter zur Anerkennung der menschlichen und literarischen Bedeutung des anderen. Durch Schiller wurde Goethe aus der Isolation befreit. Schiller war zehn Jahre jünger, lebhaft und nervös. Durch ihn erfuhr Goethe die Zustimmung der jungen Generation. Schillers »Räuber« und Heinses »Ardinghello« galten dem Publikum als Fortsetzung des Sturm und Drang. Der Beifall des Publikums für die Emanzipationsdichtungen konnte Goethe nicht angenehm sein. »Fiesco« und »Kabale und Liebe« hatten sein Mißtrauen kaum mildern können.
Nun mußte er sehen, daß Schiller in Jena und Weimar freundlich aufgenommen war. Wieland und Herder hatten Entgegenkommen gezeigt. Bei den Höfen von Meiningen und Gotha war Schiller bestens angeschrieben. Auf dem engen Raum Weimars mußten sie sich bald begegnen, aber es dauerte lange, bis man ins Gespräch kam. Dabei war Schiller der werbende Teil. Aus der Bekanntschaft wurde Freundschaft, aus der Teilnahme eine Interessengemeinschaft. Erst durch ihr Bündnis wurde Weimar zu einem literaturpolitischen Begriff, und Schiller, mit dem Sinn des Emporstrebenden für den großen Namen Goethe und im Bewußtsein der eigenen Genialität, wurde jetzt für Goethe das, was Herder ihm in Straßburg gewesen war. Schillers Kunstverstand, seine Kenntnisse der griechischen und römischen Literatur und der Anschluß an die jüngste Richtung des Geistes machten ihn zum Vertreter einer neuen Epoche. Die bisherigen Gewährsmänner Goethes, von Lessing und Klopstock bis zu Nicolai und Mendelssohn, gehörten zum ablaufenden Jahrhundert. Die Franzosen seiner Bildungsjahre und die englischen Dichter und Denker der europäischen Aufklärung wirkten jetzt, im Sturm des deutschen Idealismus, altmodisch. Schillers politischer Verstand war geschärft durch seinen Kampf gegen fürstlichen Absolutismus, für ein selbstbewußtes Bürgertum und den Stand der Intellektuellen.
So erschien Schiller als moderner Mensch, erfüllt vom Geist der kritischen Philosophie, welche die Jugend und die Universitäten erobert hatte. Es war eine neue Geistesrichtung, wie Goethe sagte, und sie hatte das Denken und die Literatur verwandelt. Er las Schillers

theoretische Schriften jetzt mit brennender Teilnahme. In den Briefen über die ästhetische Erziehung fand er sich sowohl bestätigt als auch richtig eingeordnet; in dem von Schiller aufgestellten Gegensatz sentimentalischer und naiver Poesie erkannte Goethe die Wirkung seines Typus auf Schiller. Für diesen aber war Goethe, ähnlich wie für Moritz in Rom, das lebende Beispiel eines großen Dichters.
Schiller war für Goethe und sein eigenes Bewußtsein ein Dichterdenker oder Denkerdichter. Darin bestanden seine Kraft und seine Schwäche. Schiller bewunderte in Goethe den traumhaft sicheren Poeten. Was lag näher, als daß sich beide ergänzten, übereinander aufklärten, kritisierten und förderten? Goethe wiederum fand das intellektuell Helle und Klare, den zielbewußten Willen und das Moralische bei Schiller staunenswert; Schiller vertrat eine Norm, die er eigentlich ablehnte – doch in Schillers Person sah er sich von dieser Norm überzeugt. Der Kantianer Schiller hatte umgekehrt fast verächtlich und hochmütig auf Goethes naturwissenschaftlichen Empirismus herabgeblickt. Darum hatte er von der Urpflanze gesagt: »Das ist keine Erfahrung, das ist eine Idee.« Er meinte mit Idee weniger den kantischen als den platonischen Begriff, und kam damit Goethe entgegen, so daß dieser antworten konnte: »Das kann mir nur lieb sein, daß ich Ideen habe ohne es zu wissen und sie sogar mit Augen sehe.« (Biographische Einzelnheiten, WA I, 36. S. 251.)
Schiller gab sich Mühe, dem »naiven« Dichter die Vorzüge der Reflexion auch für das Dichten klarzumachen. Dies Bemühen ist der Kern aller Auseinandersetzungen geblieben, und Goethe, weit entfernt, darin eine Anmaßung zu sehen, hat Schillers Versuche, ihn »mit seinen eigenen Werken bekannt zu machen« (HA, Br. 2. S. 228), ausdrücklich ermuntert. Als einige Jahre später die jungen Romantiker, die Brüder Schlegel und Novalis, auftraten, sollte ähnliches geschehen, nämlich Kritik auf dem Niveau höchster Anerkennung oder, wie Novalis sagte, »auf den Knien«.
Die erste Auswirkung auf Goethes eigene, nun kräftig angespornte Produktion, war die Neufassung des »Wilhelm Meister«. Schiller hätte den Roman gern in den »Horen« gedruckt, aber der erste Band war soeben erschienen. Die Art und Weise, wie Schiller im Brief vom 9. Dezember 1794 (Gräf S. 39, Nr. 32) reagierte, zeigte Goethe, daß er verstanden wurde. Goethe mußte Schillers Hervorhebung der leiten-

den Ideen als einen Ariadnefaden aus dem Labyrinth des Romans empfinden, an dessen Komposition er schon verzweifelt war. Schiller schrieb: »Die kühnen poetischen Stellen, die aus der stillen Flut des Ganzen wie einzelne Blitze vorschlagen, machen eine treffliche Wirkung, erheben und füllen das Gemüt. Über die schöne Charakteristik will ich heute noch nichts sagen. Ebensowenig von der lebendigen Schilderung und bis zum Greifen treffenden Natur, die in allen Schilderungen herrscht und die Ihnen überhaupt in keinem Produkte versagen kann. Von der Treue des Gemäldes einer theatralischen Wirtschaft und Liebschaft kann ich mit vieler Kompetenz urteilen, indem ich mit beidem besser bekannt bin, als ich zu wünschen Ursache habe. Die Apologie des Handels ist herrlich und in einem großen Sinn...« (Gräf S. 40).

Schiller hat den Roman in den folgenden Jahren bis ins Detail kritisch begleitet. Goethe ist darauf eingegangen, hat aber stillschweigend auch andere Mittel und Wege benützt. Daß Schiller das sechste Buch mit den Bekenntnissen der schönen Seele ebensowenig wie Körner und Wilhelm von Humboldt gefiel, mußte er hinnehmen. Dafür hat ihm die Begeisterung Schillers für den aufgeklärten Gehalt, die Turmgeschichte und den Schluß wieder gefallen, so sehr, daß er auf Schillers Anregung zu einer »Vergeistigung« mehr eingegangen ist als diesem Schluß im epischen Sinne gut getan hat.

Das große Zeugnis dieser Freundschaft im Sinne gegenseitigen Nehmens und Gebens, der Förderung und Kritik, eines Ausgleichs beider Naturen im Sinne der Klassik von Weimar, ist der Briefwechsel zwischen Schiller und Goethe; es sind mehr als tausend Briefe vom Juli 1794 bis zum April 1805. Hier kommt alles zur Sprache, was beide verband und bewegte, die Literaturpolitik der Zeit und die humanitären Ideale der Aufklärung. Von Goethes Werken sind es, nach den »Lehrjahren«, »Hermann und Dorothea«, die klassischen Elegien und Balladen, »Benvenuto Cellini«, »Faust I«, »Elpenor«, die »Natürliche Tochter« und zahlreiche Beiträge für die »Horen«. Ein gemeinsames Werk waren die »Xenien«. Von Schillers Werken stehen zur Debatte die ästhetischen und historischen Essays, »Wallenstein«, »Maria Stuart«, »Die Jungfrau von Orleans«, die Übersetzung von Racines »Phädra« und »Wilhelm Tell«, dessen Stoff Goethe dem Freund geschenkt hat.

Daneben wird fast alles berührt, was literarisch bedeutungsvoll und wichtig war, aber auch manches bloß zeitgeschichtlich oder persönlich Wichtige. Goethe hat den dokumentarischen Wert des Briefwechsels erkannt und kam mit Schiller überein, daß er auch fortgesetzt werden sollte, als Schiller nach Weimar zog und Goethes Nachbar wurde. Goethe hat den Briefwechsel 1828–30 dann selbst herausgegeben. Er sah in ihm die Fortsetzung seiner autobiographischen Werke im Anschluß an die Belagerung von Mainz. Wegen der Absicht einer späteren Veröffentlichung haben die Briefe eine »blanke und feste Oberfläche« (G. Müller) erhalten, so daß manche Vorgänge des inneren Wachstums, der Krisen und Metamorphosen nicht aus ihnen zu erschließen sind. Für das 19. Jahrhundert und die Literaturwissenschaft hat der Briefwechsel eine ähnlich kanonische Wirkung bekommen wie Eckermanns Gespräche. Durch ihn entstand das Bild von den Weimarer Dioskuren, heroisch harmonisiert; die Gegensätze schienen verschwunden zu sein. Das änderte sich nach dem ersten Weltkrieg, als politische und tiefenpsychologische Gesichtspunkte das ideale Bild aufbrachen und wieder auflösten.

Nichts erklärt Schillers Charakter besser als sein Weg nach Weimar. Der Ruhm des jungen Dichters beruhte auf den Erfolgen der »Räuber« und der »Luise Millerin«, während »Fiesco« auf der Bühne in Mannheim gescheitert war und »Don Carlos« noch viele Stadien der Entwicklung bis zum Drama in Jamben durchmachen mußte. Die Karriere Schillers wurde begleitet und gefördert durch seine Beziehungen zu einem Schwarm von Damen, unter denen Sophie von La Roche, damals in Mannheim, die Wolzogens, Lengefelds, Charlotte Marschalk von Ostheim, die spätere Frau von Kalb in Weimar, und Minna Körner, geborene Stock, in Leipzig und Dresden ihre Rolle spielten. Im Dezember 1784 hatte Schiller vor dem Darmstädter Hof gelesen, empfohlen durch Frau von Kalb. Unter den Zuhörern befand sich Carl August von Weimar, der ihm auf seine Bitte den Titel eines Weimarer Rats verlieh.

Im März des folgenden Jahres wurde Schiller aufgefordert, nach Leipzig zu kommen, wo Körner den Ankauf der Theaterzeitschrift Thalia durch den Verleger Göschen vermittelte. Schiller schwankte damals noch zwischen einem medizinischen und juristischen Studium. Er geriet in die Gesellschaft der Schwestern Stock und war ein gern gesehener Gast im Freundeskreis der Künstler in Gohlis, mit dem Zeichner und Maler Oeser, dem Komponisten Johann Adam Hiller, dem Dichter Christian Felix Weiße und andern. Eines Tages tauchte auch Karl Philipp Moritz auf und sprach mit Schiller über seine Dramen. Im September 1785 lud Körner den bewunderten Schiller ein, nach Dresden zu kommen. Minna Stock war seine Frau geworden, und in diesem Kreis ging es mit Vorlesen, Geburtstagsgedichten, Ausflügen und Punschtrinken so hoch her, daß es Schiller fast zuviel wurde. Wieder drängte sich eine adlige Dame, Marie Henriette von Arnim, heran, während sein Mannheimer Buchhändler und Gönner Christian Friedrich Schwan mit seinen Töchtern anreiste, die sich in den Dichter verliebt hatten.

Im Sommer bereitete Schiller Vorlesungen über die Geschichte des Abfalls der Niederlande vor. Daraus entstanden später die großen Geschichtsdramen. Allzusehr bedrängt von Körners Gastfreundschaft wollte Schiller Sachsen verlassen und plante eine Reise nach Hamburg. Sie führte über Weimar, und diesmal ließ Charlotte Kalb, Jean Pauls Titanide, ihn nicht mehr los. Durch sie lernte er in kurzer Zeit das ganze höfische, literarische, künstlerische und gesellschaftliche Weimar kennen. Selbst Christiane Vulpius machte ihm einen Besuch. Auf einem Ausflug nach Jena begeisterte Reinhold den Gast für ein Studium Kants, seines Idols. Auch in Jena machte Schiller zahlreiche Bekanntschaften, darunter waren die Professoren Schütz, Griesbach und Döderlein. Im Herbst 1787 wurde er in die Redaktion der »Allgemeinen Literatur-Zeitung« aufgenommen. In Weimar suchte er vor allem Beziehungen zu Wieland, seinem schwäbischen Landsmann. Doch erst nach langem Zögern ging Wieland darauf ein, erlag dann aber Schillers Charme und wollte ihn zu seinem Nachfolger beim »Teutschen Merkur« machen. Schiller schlug vor, die »Thalia« im »Teutschen Merkur« aufgehen zu lassen, auch soll er eine Heirat mit Wielands Tochter Amalia im Sinn gehabt haben. Doch schon tauchten die Schwestern Lengefeld in seinem Gesichtskreis auf. Nach langem Schwanken entschloß er sich für Charlotte.

So war die Lage, als Goethe im Juni 1788 aus Italien kommend in Weimar eintraf. Es ließ sich nicht vermeiden, daß er mit dem neuen Stern der Gesellschaft zusammentraf, der sogar bei Frau von Stein in Kochberg zu Gast gewesen war. Doch hielt sich Goethe weltmännisch zurück. Schiller erinnerte ihn zu sehr an seine eigenen stürmischen Jahre. Daran konnte auch eine freundliche Rezension des »Egmont« in der »Allgemeinen Literatur-Zeitung« nichts ändern und, einige Monate später, die Würdigung der »Iphigenie«. Goethe förderte jedoch Schillers Berufung an die Landesuniversität. Im Mai 1789 bezog Schiller eine Wohnung in Jena. Er arbeitete täglich zwölf und vierzehn Stunden. Die Studenten waren erschrocken über seinen Gesundheitszustand: Zahnschmerzen, Katarrhe, Bronchitis und Husten setzten ihm zu. Er erholte sich auf waghalsigen Ritten, am Teetisch und beim Kartenspiel, wo er Stunden und Tage zu verbringen schien. Als Frau von Kalb, die genialisch überspannte, seine Verlobung mit der vornehm zurückhaltenden Charlotte von Lengefeld erfuhr, gebärdete sie sich wie rasend. Der Herzog gewährte Schiller ein jährliches Gehalt von 200 Talern, ein Existenzminimum, das ihn an Jena band.

Die Vollendung der Lehrjahre

In ihrem Briefwechsel sprechen Schiller und Goethe vom Strickstrumpf des Wilhelm-Meister-Romans, und Goethe meint ironisch, Meister müsse eigentlich Schüler heißen. Im übrigen aber enthält der Briefwechsel eine Fülle von Hinweisen, Winken, Lob und Kritik und zeigt, wie sehr beide verbunden waren, so daß man fast von Teamwork sprechen kann. Diese Briefe sind die erste Quelle für eine Erklärung des Romans und eine Erklärung für seine Grenzen.

Das Werk geht in Handlung und Figuren aus der »Theatralischen Sendung« hervor, unterstellt die Ausführung jedoch immer deutlicher einfließenden Leitideen. Man bezeichnet sie gewöhnlich mit den Begriffen Entwicklung, Erziehung und Bildung. Im vierten und fünften Buch, am Ende der »Theatralischen Sendung«, gerät die wandernde Truppe in große Schwierigkeiten. Sie sucht Hilfe und Zuflucht bei der Aristokratie, doch auch diese erweist sich als unzuverlässig. Dafür tauchten schon früh, noch ganz unbeachtet, andere Helfer auf, der Abbé und Jarno. Mit Serlo und seiner Schwester Aurelie wird ein sozial und künstlerisch höher stehendes, nicht mehr wanderndes, sondern großstädtisches Theater gezeigt. Serlo und seine hochbegabte, seelisch gestörte Schwester sind moderne Menschen, getrieben von elementaren Kräften wie Geschäftssinn, Geltungsdrang, Ruhm und Neid, mit der ihnen eigenen körperlich-seelischen Ausstrahlung. Dafür werden Mignon und der Harfner, in gewissem Sinn auch Philine, zurückgedrängt. Sie werden mit ihren Liedern wie durch Schleier oder Fenster sichtbar: Das Dämonische wird an den Rand der Gesellschaft gerückt und am Schluß des Romans durch plötzlichen Tod und rationale Erklärungen aufgelöst.

Im Roman tauchen immer wieder essayistische Partien auf, über das Theater im zweiundzwanzigsten Kapitel des ersten Buches, über die Bedeutung des Adels im dritten Kapitel des fünften Buches. Im elften Kapitel des dritten Buches und im fünfzehnten und sechzehnten Kapitel des vierten werden Shakespeares dichterische Kraft und

Schönheit im Gespräch Wilhelms mit Aurelie und Serlo erörtert; in dem, was sie sagen und wie sie reden, werden die Personen charakterisiert. Jarno hat Wilhelm auf die Bedeutung Shakespeares aufmerksam gemacht. Aus Wilhelm spricht Goethe: »Alle Vorgefühle, die ich jemals über Menschheit und ihre Schicksale gehabt, die mich von Jugend auf, mir selbst unbemerkt, begleiteten, finde ich in Shakespeares Stücken erfüllt und entwickelt. Es scheint, als wenn er uns alle Rätsel offenbarte, ohne daß man doch sagen kann: ›Hier oder da ist das Wort der Auflösung‹ ... Diese geheimnisvollsten und zusammengesetztesten Geschöpfe der Natur handeln vor uns in seinen Stücken, als wenn sie Uhren wären, deren Zifferblatt und Gehäuse man von Kristall gebildet hätte ...« (HA VII, S. 192). Die Stelle ist eine Deutung dessen, was große Dichtung vermag und ist ein Hinweis, wie Goethe seinen Welt-Roman verstanden haben möchte.

In der Tat ist der Roman mit seiner Fülle von Schicksalen, ihrem Auftauchen und Verschwinden, Steigen und Fallen, mit Taten und Reden, Stimmungen und Gefühlen das überragende Werk der deutschen Aufklärung. So etwas hatte es vorher nur bei den Engländern gegeben, nicht aber in der deutschen Literatur. Goethes Sprache erreicht hier die Höhen konturenreicher Schilderung und die Tiefe der Psyche vor allem der Frauen – Aurelie, Madame Melina, Philine, Mignon. An entscheidenden Stellen taucht immer wieder die Amazone als Traumbild auf. Bei Jarno und dem Abbé merkt man, daß sie besondere Bedeutung für das Ganze bekommen.

Diese Fülle von Figuren, Ansichten, Themen und Problemen wird in einer elegant-spielerischen, scheinbar leichten, syntaktisch und grammatisch festen Fügung der klassischen Prosa mitgeteilt. Im Zusammenhang der Erzählung von Serlos Jugend heißt es: »Es waren verständige, geistreiche, lebhafte Menschen, die wohl einsahen, daß die Summe unsrer Existenz, durch Vernunft dividiert, niemals rein aufgehe, sondern daß immer ein wunderlicher Bruch übrig bleibe« (HA VII, S. 270). Der erzählende Fluß scheint von allgemeinen Bemerkungen unterbrochen zu werden, das ist jedoch im Zusammenhang des Ganzen nicht der Fall. Der Goethesche Stil trägt das Einzelne und das Allgemeine, das Konkrete und das Abstrakte, so wie es bald darauf auch in »Hermann und Dorothea«, dem Epos in gebundener Sprache, der Fall ist. Die Charakterisierung der Geschwister

Serlo reißt weite Perspektiven auf. Serlo stammt aus dem Süden, wo geistliches und weltliches Drama, Musik und bildende Kunst zu Hause sind; dann kommt er zum Norden, »in den gebildeten, aber auch bildlosen Teil von Deutschland, wo es zur Verehrung des Guten und Schönen zwar nicht an Wahrheit, aber oft an Geist gebricht« (HA VII, S. 271). Goethe war an der Grenze beider Teile geboren, künstlerisch vom Süden, geistig-geistlich vom Norden geprägt.
Nur scheinbar bringen die »Bekenntnisse der Schönen Seele« einen Bruch in den Roman. Die Wendung vom Weltlichen zum Geistlichen, von der Boheme zur Askese, vom leichtlebigen Rokoko des französisch sprechenden Landadels zur pietistischen Besinnung in der Nachfolge Zinzendorfs spiegelt Goethes Erlebnisse mit dem Fräulein von Klettenberg und der Fürstin Gallitzin. Das waren keine privaten Begegnungen, sondern Raffungen von Zeittendenzen, wo sich Aufklärung und natürliches Christentum durchdrangen.
Erst wenn man das siebente und achte Buch liest, merkt man, daß die Handlung und die Personen des Romans in die »Bekenntnisse der Schönen Seele« einbezogen waren, daß der Roman in ein neues Personen- und Weltverhalten übertreten soll. Der Theater-Roman ist zu Ende; Wilhelm begreift diese Zeit als eine Zeit der Irrungen. Jarno und der Abbé sind die Boten einer Gesellschaft, die Wilhelms Leben schon länger verfolgt hat. Lothario, ein Edelmann, kennt den Krieg und die Liebe. Er hat in Amerika neue Ideen und Verhältnisse kennengelernt und möchte sie in Deutschland verwirklichen. Sie betreffen Landreform, Bauernbefreiung, Abgabefreiheit und die Verbindung des Adels mit lebenstüchtigen Personen aus dem bürgerlichen Stand.
Es ist bezeichnend, daß diese Ideen einem ständigen Werden unterworfen sind, aber nicht den absoluten Gipfel, das Paradies auf Erden bringen sollen. Auch die Stände, Bürgertum und Adel bewegen sich aufeinander zu, wie die Ehen der Protagonisten zeigen. Das erste Beispiel ist Therese, die Wirtschafterin eines Freiguts. Ihre Gegenbilder sind die Mutter und Lydie; beide sind nicht bindungsfähig: »Von der Absicht einer ernsthaften dauernden Bindung keine Spur, umso deutlicher sah ich den Hang des leidenschaftlichen Mädchens, um jeden Preis die Seinige zu werden« (HA VII, S. 456). In Therese glaubt Lothario die ideale Frau gefunden zu haben, als er aber

entdeckt, daß er mit ihrer Mutter, einem unter fremdem Namen reisenden Blaustrumpf, Umgang gehabt hat, muß er verzichten.
Während langsam die Umrisse der neuen Welt und neuen Lebens sichtbar werden, denkt Wilhelm an die Amazone. In seinen Wunschträumen sieht er sie ohne Kleider, als »Gestalt aller Gestalten«; sie ist das In-Bild seines Tiefen-Ich. Als ihre Spur deutlicher wird, hört Wilhelm, daß sie und Therese fremde Kinder erziehen. Mit unvergleichlicher Sicherheit berührt Goethe einen zarten Punkt der weiblichen Seele, »daß die junge schöne Gräfin genötigt sei, durch Wohltätigkeit den Mangel an eigenem Glück zu ersetzen« (HA VII, S. 459). Einige Zeilen weiter heißt es von der unglücklichen Lydie: »Menschen, die das ganze Jahr weltlich sind, bilden sich ein, sie müßten zur Zeit der Not geistlich sein.«
So wird der Leser zur Generaltendenz des zweiten Romanteils geleitet, daß nämlich irdische und praktische Tätigkeit ergänzt werden müssen durch eine in der Natur liegende Wendung zu einer reinen, das heißt mit schlechten und bösen Elementen nicht vermischten Sphäre. Der Harfner ist dafür verloren, er ist geisteskrank und glaubt in der Hölle zu sein. Aurelie kam bis an die Schwelle dieser Existenz, indem der Arzt ihr die »Bekenntnisse der Schönen Seele« zugänglich machte, doch dann stirbt sie in Wilhelms Armen. Dieser selbst, immer noch unsicher, ein parzivalischer Tor, sehr beredt, von Frauen verschiedenen Temperaments wegen seiner Jugend, Redegabe und Naivität geliebt, in die Schule genommen und belehrt von Mariane, Frau Retti, Madame Melina, Mignon, Philine, Aurelie, Therese – dieser Wilhelm bezeugt Goethes pädagogische Ader. Lydie geht so weit, Wilhelm vorzuwerfen, er habe keinen Charakter und werde als Werkzeug zielbewußter Persönlichkeiten mißbraucht. Von Jarno muß er hören, er solle dem Theater entsagen, zu dem er nun doch einmal kein Talent habe. Eine dritte Belehrung über sich selbst erfährt Wilhelm, als die alte Barbara ihm Marianes Brief gibt und Felix als seinen Sohn bezeichnet. Sie wirft ihm Eigenliebe vor. Es ist ein auf Goethe selbst beziehbares Prädikat.
Mit der Rückbesinnung auf den Anfang des Romans setzt eine Linienführung ein: Zusammenhänge widersprechender Art werden deutlich. Die Architektur des Romans wird durchschaut, zugleich aber kommt es zu einer Krise, indem Wilhelm Therese einen Heirats-

antrag macht und er, unmittelbar darauf, an einem Bildnis der »Schönen Seele«, Natalie, seine Amazone, erkennt und nicht erkennt: Die Schöne Seele war Nataliens Tante! Damit ist nun freilich eine Engführung erreicht, ähnlich wie die geheime Leitung und Beobachtung der Schicksale durch die Turmgesellschaft. Goethe schreibt: »Es ist eine schauderhafte Empfindung, wenn ein edler Mensch mit Bewußtsein auf dem Punkte steht, wo er über sich selbst aufgeklärt werden soll. Alle Übergänge sind Krisen, und ist eine Krise nicht Krankheit?« (HA VII, S. 504/05) Das Zitat beleuchtet nicht Wilhelms, sondern Goethes eigenes Wissen um das Phänomen morphologischer Wandlungen.

Bei der Lösung der Probleme durch eine Geheimgesellschaft läßt sich ein Unbehagen Goethes erkennen: »Vielleicht hatte ihm der Gedanke, daß er in so vielen Umständen seines Lebens, in denen er frei und im Verborgenen zu handeln glaubte, beobachtet, ja sogar geleitet worden war, wie ihm aus der geschriebenen Rolle nicht undeutlich erschien, eine Art von unangenehmer Empfindung gegeben...« (HA VII, S. 505/06). Schiller meinte, daß man Wilhelms Wesen in seiner Beschränktheit begreifen müsse. Sein unfertiger Charakter zwinge den Leser, die Probleme selbst zu durchdenken. Erst wenn sich Wilhelm gegenüber so imposanten Autoritäten wie Jarno und dem Abbé durchsetzen kann, sind seine Lehrjahre beendet.

Schiller hat den »maschinenhaften« Charakter des Turms erkannt und gemeint, damit bestimme eine höhere Macht, so wie Götter oder das Schicksal, die Handlung. In seinem Brief vom 8. Juli 1796 kritisiert Schiller seinen Vorbehalt gegen die Maschinerie; er nennt sie ein theatralisches Mittel, etwas Wunderbares und Überraschendes einzuführen, dessen der Roman aber gar nicht bedarf. Er möchte Goethe die Notwendigkeit einer philosophischen Bildung seines Zöglings einreden; doch Goethe hat sich mit Stillschweigen dagegen verwahrt. Man merkt, wie Schillers Kritik ihn einerseits ermuntert, andrerseits bedrängt hat, und daß er ihm lieber auswich. Schiller war klug genug zu wissen, daß Goethe das alles nicht brauchte: »Innerhalb der ästhetischen Geistesstimmung regt sich kein Bedürfnis nach jenen Trostgründen, die aus der Spekulation geschöpft werden müssen; sie hat Selbständigkeit, Unendlichkeit in sich... Die gesunde und schöne *Natur* braucht, wie Sie selbst sagen, keine Moral, kein Naturrecht, keine politische Metaphysik.« (HA, Briefe an Goethe, I. S. 250.) Daß ein Kind, Felix, Wilhelm in die Natur einführt, ist einer der großen poetischen Gedanken Goethes. In einem Nachtrag zu diesem Brief teilt Schiller mit, August Wilhelm Schlegel sei mit seiner Frau, Karoline Böhmer, in Jena angekommen. Für die Romantiker gehörten, wie Fr. Schlegel sich ausdrückte, »Wilhelm Meister« mit Fichtes Wissenschaftslehre und der französischen Revolution zu den Haupttendenzen der Zeit. Im Kreis der Jenaer Romantik wird Goethe von der jungen Generation in seiner Bedeutung erfaßt und beispielhaft erhoben.

Die Schlußkapitel der Lehrjahre suchen Wilhelms Leben eine andere Deutung zu geben als die triebhaften Anfänge des Mariane-Romans und die »Theatralische Sendung« vermuten ließen. Natalie war als Amazone im Sinne heidnisch-antiker Heroinen gedacht. Die Modelle dafür gab es in der griechisch-römischen Kunst. Idealität steht keineswegs in einem gedachten Raum, sie ist sinnlich vorstellbar. »Die Vorstellungen der Götter und Helden waren in allen möglichen Arten und Stellungen gebildet und es wurde schwer, neue zu erdenken, wodurch also der Nachahmung der Weg geöffnet wurde«, heißt es bei Winckelmann, und das wird gelegentlich so exakt ausgeführt, daß er das Binden der Sohlen des Theaterkothurns mit der Art verglich, wie in Italien noch heute die Stiefel der Jäger gebunden werden: »Hier will ich nur den Querriem an der Mitte der Sohle anmerken, unter welchem der Fuß konnte hineingesteckt werden.« (Winckelmann, Geschichte der Kunst des Altertums, S. 196) Solche Stellen hatten Goethe in Italien veranlaßt zu sagen, er beginne Winckelmann erst jetzt zu verstehen. So viel konkrete Anschaulichkeit hatte er nicht zu finden vermutet. In den »Lehrjahren« und »Hermann und Dorothea« gelang es ihm, Ähnliches abstrakt und zugleich konkret darzustellen.

Das achte Buch der »Lehrjahre«, in seiner abgezehrt knappen, oft körnigen Sprache und rauhen Form, bietet Beispiele, wie sich in syntaktischen Mäandern der Altersstil Goethes ankündigt: »›Ja, mein Freund!‹ sagte sie lächelnd, mit ihrer ruhigen, sanften, unbeschreiblichen Hoheit, ›es ist vielleicht nicht außer der Zeit, wenn ich Ihnen sage, daß alles, was uns so manches Buch, was uns die Welt als Liebe nennt und zeigt, mir immer nur als ein Märchen erschienen sei.‹ ›Sie haben nicht geliebt?‹ rief Wilhelm aus. ›Nie oder immer!‹ versetzte Natalie« (HA VII, S. 538).

Die Verwandlung der Amazone in ein Ebenbild der Schönen Seele, welche auf der Stufe puritanischer Reinheit am Eingang der Seligkeit steht, macht es möglich, daß der rationalistische Orden ironisiert wird: Auch er ist nur ein Stadium auf den verschlungenen Wegen des Werdens. Diese werden allmählich durchsichtig, wirken oft »romanhaft«, manchmal unwahrscheinlich und lassen doch wieder eine weitere Entwicklung der Handlung und Personen offen. Die Menschen sind nicht, wie in den »Geheimnissen«, vollendet, sondern wie Faust neuer Metamorphosen fähig. Die Humanität Winckelmanns, Herders und Goethes ist keine Idee; sie lebt in leibhaftigen Gestalten im Zusammenhang mit dem Universum, und dies Universum wird als organisch-natürlich begriffen, in sich geschlossen, und deshalb keiner Metaphysik und Religion bedürftig. Die vielen Personen in den letzten Kapiteln des Romans sind alte Bekannte in verwandelter Gestalt. Da kommt ein livrierter Kurier und überbringt einen Brief: »Wilhelm glaubte ihn zu kennen, und er irrte sich nicht, es war derselbe Mann, den er damals Philinen und der vermeinten Mariane nachgeschickt hatte, und der nicht wieder zurückgekommen war« (HA VII. S. 554). Der Kurier kündigt einen Herrn an, der aus dem Gebüsch tritt, es ist Friedrich, Philines Mann, und er ist ein Bruder Lotharios und der Natalie. Szenen dieser Art schließen Anfang und Ende des Romans aneinander und geben ihm die Konturen einer allegorisch wirkenden Einheit.

Hermann und Dorothea

In den Briefen an Schiller erwähnt Goethe im Winter 1794/95 seine Beschäftigung mit Homer. Sie wurde durch die Bekanntschaft mit den Brüdern Alexander und Wilhelm von Humboldt gefördert. Goethe hatte sie beim Besuch der anatomischen Vorlesungen Loders 1794 in Jena kennengelernt. Anfangs hatte sie nur das naturwissenschaftliche Interesse verbunden. Dann aber vermittelte Wilhelm von Humboldt Goethe die Bekanntschaft mit seinem Hallenser Lehrer Friedrich August Wolf und dessen Werk »Prolegomena ad Homerum«. Im Mai 1795 kam Wolf nach Weimar. Es sollte aber lange dauern, bis aus der literarischen Beziehung eine menschliche und schließlich eine Freundschaft wurde. In den »Prolegomena« stellte Wolf mit gelehrtem Scharfsinn die Behauptung auf, die Homerischen Epen seien zu verschiedenen Zeiten von mehreren Dichtern verfaßt und Jahrhunderte hindurch nur mündlich überliefert worden, bis Pisistratos von Athen die Teilepen zur »Ilias« und »Odyssee« habe verbinden lassen. Wolf bewies seine These durch Hinweise auf Widersprüche, zeitliche und sprachliche Unterschiede der Kulturstufen, mit Unstimmigkeiten der Komposition und Differenzen im Sprachgebrauch und Vers. Damit war Wolf der Begründer der »homerischen Frage«, die bis heute nicht eindeutig entschieden ist.

Die Auflösung der künstlerisch-ästhetischen Einheit der Epen war Goethe in tiefster Seele zuwider, aber er verdankte Wolf gründliche Belehrung in vielen Einzelheiten. Er bewunderte seine Kenntnisse und den philologischen Scharfsinn. Auch Wolfs Persönlichkeit beschäftigte ihn, vor allem sein »Widerspruchsgeist« gegen das Evangelium des absoluten Vorrangs der homerischen Epen. Wolfs Kritik befreite ihn von der Tyrannei dieser Vorbilder. Seit Italien beschäftigte ihn die Frage, ob und wie es möglich sei, mit zeitgenössischem Stoff ähnliche Wirkungen zu erreichen wie Homer und Vergil. Könnte man das Milieu der Gegenwart nicht so veredeln, daß es vom Kleinbürgerlichen und Spießigen befreit würde? Diese Fragen wurden mit Schiller und Wilhelm von Humboldt erörtert, und langsam entstand der Plan zu einer bürgerlichen Idylle. Voß' »Luise«, eben erschienen, war ein Versuch, in deutscher Sprache homerisch zu reden. Goethe hat das erkannt und geschätzt, wenn auch der philiströse Tonfall und die Enge der Vossischen Welt mit Tabakspfeife und Kaffeekanne ihn stören mußten. Im Mai 1796 entstand die elegische Idylle »Alexis und Dora«. Hier geht die Geschichte einer Verlobung aus dem Monolog des Bräutigams hervor, aus unergründlicher Tiefe der Empfindung, wie Schiller schrieb, aus einer »glücklichen Trunkenheit« und sorgenvoller Erregung. Das Gedicht war so gelungen, daß es bis heute, zuletzt von Albrecht Schöne, der Deutung immer neue Aspekte eröffnet.

»Hermann und Dorothea« ist das Epos einer vaterländischen Idylle, wo nicht Kaffee, sondern Rheinwein getrunken wird, vor dem Hintergrund der Revolution. Das Hauptereignis muß im Epos gleich genannt werden, wie der Zorn des Achill in der »Ilias« und die Irrfahrten des Odysseus in der »Odyssee«. Hier ist es die Liebe Hermanns zu dem Mädchen. »Hermann und Dorothea« spielt in Goethes Lieblingsgegenden, am Rhein und Main, wo er Liebe und Freundschaft erlebt hatte. Dort sind die Wurzeln seiner Poesie. Auf solch einem Schauplatz, einer Kleinstadt in einem Quertal des Rheins mit Gasthof, Apotheke und Kirche, spielt die Handlung an einem einzigen Tag. Die Bewohner eines linksrheinischen Dorfes sind vor den Franzosen geflohen und suchen Aufnahme bei Landsleuten und Glaubensgenossen auf dem rechten Ufer des Flusses. In einem älteren Bericht war Goethe auf die Schicksale der Salzburger Emigranten und ihre Aufnahme im »liebtätigen Gera« gestoßen. Hier fand sich auch die Anekdote von der Liebe eines Flüchtlingsmädchens zu einem Bürgersohn. Die Schicksale von Flüchtlingen vor der Furie des Krieges waren Goethe seit der Campagne in Frankreich vertraut. Details aus »Hermann und Dorothea«, wie der umgestürzte Frachtwagen und die Wöchnerin mit dem Kind, finden sich schon dort. In den »Unterhaltungen deutscher Ausgewanderten« spielen nicht nur politische Schicksale eine Rolle. Die Prokuratornovelle berichtet von der Verführbarkeit liebebedürftiger junger Frauen – bezeichnenderweise wird sie vom Hausgeistlichen erzählt. In »Alexis und Dora« wird die Verführung sehr diskret angedeutet. In »Hermann und Dorothea« bringt die Liebe zu Dorothea Hermann zu Entschlüssen, die er sonst nie gefaßt hätte.

Das Epos steht im Rahmen deutschen Bürgerlebens der Goethezeit. Familiensinn, Nachbarschaft, gegenseitige Treue und Fürsorge für die Armen gelten als Tugenden. Alte Rechte und Freiheiten, Sitten und Gebräuche bestimmen das Leben der Gemeinde. Das Politische wird als Störung empfunden. Der Italiener und Franzose lebt in der Gesellschaft, im Gewühl der Städte. Er genießt die Weltereignisse auf dem Markt, am Hafen und vor den Palästen seiner Herren. Der Deutsche fühlt sich in seinen vier Wänden am wohlsten; er lebt in seinem Haus wie auf einem Schiff im Meer, zusammen mit Kindern und Großeltern.

»Hermann und Dorothea« ist ein episches Idyll, wie Jean Paul sagte. Idyllisch ist das Einfach-Menschliche, das immer wiederkehrt in stillen Verhältnissen. Getreidefelder, Weinberge und Obstgärten umgeben die kleine Stadt. Man lebt im Rhythmus von Pflügen, Säen, Ernten, Wachsen, Gedeihen und Ruhen. In der Reflexion moderner Zeiten, sagt Hegel, wird das Einfach-Menschliche dieser Zustände in uns lebendig; bei Homer und in der Bibel gehört es zum unvergänglichen Reiz ursprünglicher Zustände: Das Leben mit den Herden, das Treffen am Brunnen, Zorn und Segen des Vaters, ausgleichendes Verständnis der Mutter und das Heranwachsen von Kindern zu eigener Entscheidung. Goethe will die Welt, aus der er kam und die er nicht verließ, verherrlichen. Alle Unruhe der Politik und Geschichte, der Anspruch der Empörer, die Gesellschaft umzustürzen und nach abstrakten Ideen zu formen, stehen für ihn im Widerspruch zu den unverbrüchlichen Gesetzen des Wachstums und der natürlichen Ordnung.

Der Stoff mußte in eine schlüssige Handlung umgesetzt und in den Einzelheiten motiviert werden. Das ist in »Hermann und Dorothea« großartiger gelungen als im »Wilhelm Meister«, wo Überlegungen und Zweifel die Ausarbeitung jahrelang gestört hatten. Jetzt, im Herbst 1796, teils in Weimar, teils in Jena, strömte Goethes dichterische Kraft frei dahin wie in den Jugendjahren. Er spürte das Gelingen, und dies Gefühl überkam ihn später jedesmal wieder, wenn er »Hermann und Dorothea« vorlas. Vor Rührung kamen ihm die Tränen. Eckermann berichtet, Goethe habe die lateinische Übertragung des Gedichts, 1822 von B. G. Fischer, besonders geschätzt, weil ihm der zeitlos-antike Ton wie in einem magischen Spiegel hier noch echter vorgekommen sei.

An zahlreichen Stellen hat Goethe seine Phantasie eingesetzt, um Orte, Personen und Vorgänge, die aus dem Leben des Alltags stammen, dichterisch zu erhöhen. Da fallen einem gleich kunstvoll gebaute Sätze auf: »Herrlich glänzte der Mond, der volle, vom Himmel herunter« oder ganz homerisch: »Und es versetzte darauf die kluge verständige Hausfrau« oder das knappe: »Aber die Tür ging auf. Es zeigte das herrliche Paar sich.« Wenn Hermann die Pferde anschirrt, glauben wir unter den Kämpfern vor Troja zu sein:

> Eilig legt' er ihnen darauf das blanke Gebiß an,
> Zog die Riemen sogleich durch die schön versilberten Schnallen
> Und befestigte dann die langen, breiteren Zügel, ... (V, 135)

Das Idyll des mit Linden bestandenen Platzes wird im fünften Gesang zum Bild des Dorfes:

> Von dem würdigen Dunkel erhabener Linden umschattet,
> Die Jahrhunderte schon an dieser Stelle gewurzelt,
> War mit Rasen bedeckt ein weiter grünender Anger
> Vor dem Dorfe, den Bauern und nahen Städtern ein Lustort. (V, 151)

Im sechsten Gesang wird die Revolution beschworen, der dämonische Hintergrund der Idylle. Daß der Weltbewegung nichts von ihrem Rang genommen wird, geht aus den Worten des Richters hervor:

> Denn wer leugnet es wohl, daß hoch sich das Herz erhoben,
> Ihm die freiere Brust mit reineren Pulsen geschlagen,
> Als sich der erste Glanz der neuen Sonne heranschob,
> Als man hörte vom Rechte der Menschen, das allen gemein sei,
> Von der begeisternden Freiheit und von der löblichen Gleichheit!
> Damals hoffte jeder sich selbst zu leben; es schien sich
> Aufzulösen das Band, das viele Länder umstrickte,
> Daß der Müßiggang und der Eigennutz in der Hand hielt. (VI, 6–13)

Die Botschaft der Verkünder ist verführerisch, weil sie Befreiung von feudaler Last und erstarrter Bürokratie verspricht. Der Krieg wird im Zeichen der Freundschaft und Befreiung ins Land gebracht:

Hoch erfreute sich da die Jugend, sich freute das Alter,
Und der muntere Tanz begann um die neue Standarte.
So gewannen sie bald, die überwiegenden Franken,
Erst der Männer Geist mit feurigem, munterm Beginnen,
Dann die Herzen der Weiber mit unwiderstehlicher Anmut.

(VI 26–31)

Um so gräßlicher ist die Enttäuschung, wenn sich zeigt, daß es um Vorteile eines »verderbten Geschlechts« geht, das unwürdig sei, das Gute zu schaffen. Mord und Unterdrückung, Plünderung und Raub treffen die Kleinen und Armen. Die Zustimmung schlägt in Haß um. Verlaufenes Gesindel und Plünderer stürzen sich auf Frauen und Kinder – und hier sehen wir das Bild der »schön erwachsenen Jungfrau« und der Mädchen, die noch halbe Kinder sind. Während das Gesindel auf die Zitternden losrennt, heißt es von dem »hochherzigen Mädchen«:

Aber sie riß dem einen sogleich von der Seite den Säbel,
Hieb ihn nieder gewaltig; er stürzt' ihr blutend zu Füßen.
Dann mit männlichen Streichen befreite sie tapfer die Mädchen,
Traf noch viere der Räuber; doch die entflohen dem Tode.

(VI, 114–17)

Nichts bezeichnet die epische Kunst mehr als rascher Wechsel der Szene, Ablenkung durch einen Botenbericht, ein ausführliches Gleichnis und Zeit für einen abschweifenden Disput. So auch hier. Der geschwätzige Apotheker und der Pfarrer erblicken das gesuchte Mädchen durch eine Zaunlücke, wie es ein nacktes Kind wickelt. An dem Stoff, mit dem das geschieht, erkennt der Pfarrer, daß es der gleiche ist, den Hermann gebracht hat. Wie bei Homer wird die gleiche Person mit den gleichen Formeln geschildert:

Denn der rote Latz erhebt den gewölbeten Busen,
Schön geschnürt, und es liegt das schwarze Mieder ihr knapp an;
Sauber ist der Saum des Hemdes zur Krause gefaltet
Und umgibt ihr das Kinn, das runde, mit reinlicher Anmut;

(VI 137–40)

Das Mädchen ist gefunden, aber die Begegnung wird nach den Gesetzen des retardierenden Stils aufgeschoben. Erst müssen sich Pfarrer und Apotheker über die Vorzüge der »rechten Gestalt« und den trügerischen Schein verbreiten, wobei sich der Apotheker auf volkstümliche Sprichwörter einläßt. Dann treffen sie den Richter und erzählen von dem Mädchen, das sie unter dem Apfelbaum getroffen hätten, wie es Kleider für Kinder verfertigte. Erst jetzt sagt der Richter, dies Mädchen sei es, von dem er die tapfere Tat erzählt habe. Zur Hervorhebung ihrer Vorzüge ergänzt er, daß sie einen alten Verwandten bis zum Tode gepflegt habe. Auch habe sie »mit stillem Gemüt« den Tod ihres Bräutigams hingenommen: »der ein edler Jüngling, im ersten Feuer des hohen Gedankens, nach edler Freiheit zu streben selbst hinging nach Paris und bald den schrecklichen Tod fand« (VI, 187–9). Auch Hermann erhält, auf harmlosere Art, heroische Züge. Wenn der Widerstand des Vaters gegen das fremde Mädchen nicht zu brechen ist, will er Soldat werden, wovor ihn bisher die Tatsache schützte, daß er der einzige Sohn seiner Eltern war. Die Mutter weiß ihn klug zu bereden, bietet sich als Vermittlerin an und macht dem Sohn die Vorzüge einer Heirat klar, und zwar mit Worten, die man von ihr am wenigsten erwartet hätte: »Daß dir werde die Nacht zur schöneren Hälfte des Tages« (VI, 199).
Der siebente Gesang beginnt mit einem Traumbild Hermanns:

> Wie der wandernde Mann, der vor dem Sinken der Sonne
> Sie noch einmal ins Auge, die schnellverschwindende, faßte,
> Dann im dunkeln Gebüsch und an der Seite des Felsens
> Schweben siehet ihr Bild; wohin er die Blicke nur wendet,
> Eilet es vor und glänzt und schwankt in herrlichen Farben:
> So bewegte vor Hermann die liebliche Bildung des Mädchens
> Sanft sich vorbei und schien dem Pfad ins Getreide zu folgen.
>
> (VII, 1–7)

Er fährt aus dem Traum auf und geht zu dem Dorf, da kommt sie ihm entgegen, Dorothea, »die hohe Gestalt des herrlichen Mädchens«. Beide gehen zum Brunnen, setzen sich auf das Mäuerchen und schöpfen zur gleichen Zeit das Wasser, »und sie sahen gespiegelt ihr Bild in der Bläue des Himmels schwanken und nickten sich zu und grüßten sich freundlich im Spiegel« (VII, 41–42). Es ist eine Erfindung des reifen Goethe, ein biblisches und homerisches Bild; man denkt an Ruth und Boas, Jakob und Rahel, Odysseus und Nausikaa, Hektor und Andromache, Ursituationen der Menschheit, die immer wiederkehren. Im »Divan« gibt es ähnliche Szenen von poetischer Anschauung.

Für jede Liebe gibt es Hindernisse. Der achte Gesang beginnt mit einer großartigen Landschaftsschilderung: Der Sommerabend mit dem Gewitter am Himmel, der rollende Donner, der in Mondlicht und Wolkenschatten liegende Weg durch die schon bekannte Gegend, der Birnbaum, unter dem Hermann um das Mädchen, an dessen Hand er nun geht, geweint hat, die Treppe des Weinbergs – das alles paßt zur Schüchternheit und süßen Ahnung der Liebenden. Ihre Gespräche sind auf liebliche Weise doppelsinnig. Dann gleitet Dorothea auf den Steinplatten aus, Hermann fängt sie auf und empfindet die Wärme ihres Körpers und den »Balsam ihres Atems«. Hermanns Beherrschung und Dorotheas Scherz machen diesen Gesang zur Krone des Epos, wenn es nicht, wie Hehn sagt, unpassend wäre, in einem Gedicht wie diesem von besonders schönen Stellen zu reden. (V. Hehn, Hermann und Dorothea, S. 82)

Alle Personen sind fest umrissen; sie sind vertraut sowohl mit dem praktischen Leben als auch mit den Fragen nach Freiheit und Gleichheit, Notwendigkeit und Zufall, über Tod und Vergänglichkeit. Der Pfarrer spricht von der doppelten Ansicht des Philosophen und Theologen über den Tod. Der Fromme sieht im Tod nicht das Ende, sondern eine Fortsetzung des Lebens auf höhere Art; der Philosoph sieht sich durch den Tod aufgefordert, die Gegenwart durch Erneuerung des Lebens auszufüllen. Vergänglichkeit ist immerwährende Erneuerung, der Untergang eine ewige Geburt. Jugend und Alter ergänzen sich und erfreuen sich »des ewigen Kreises«.

Die Hauptfigur des Epos ist Dorothea. Ist Hermann, wie die meisten Goetheschen Männer, langsam und schüchtern, bei aller Tüchtigkeit zögernd, oft schwankend, so ist Dorothea herb, zart und hilfreich. Sie kommt aus den geistlichen Kurfürstentümern Trier oder Mainz, Goethes Landschaften auf romanischem Boden, mit einem Schuß französischer Beweglichkeit des Geistes bei allen Vorzügen bäuerlicher Lebenskraft. Sie übersieht ihre Lage und deren Gefahren. Hermann und Dorothea spiegeln das Verhältnis aller Goetheschen Liebespaare: Der eher weiche und nachgiebige Mann verhält sich gegenüber der weiblichen Charakterstärke und Vollkommenheit befangen oder leidend. So ist es bei Werther, Clavigo, Egmont, Tasso, Wilhelm Meister und Eduard. Die Frauen haben bei Goethe die Züge eines Ideals, die eigentlich für männlich gehalten werden. Sie haben einen amazonenhaften und resoluten Charakter. Bei Dorothea geht das so weit, daß sie die Ochsen führt, den Säbel zur Hand nimmt, Wöchnerinnen und alten Leuten hilft und nackte Kinder wickelt. Die zeitgenössische Kritik hat darin undelikate Züge sehen wollen. Auch daß sie einen Bräutigam hatte und Hermann nicht ihre erste Liebe ist, hat man ihr vorgeworfen. Zum Goetheschen Frauenideal gehört die Abwesenheit des Schmachtenden und Exzentrischen. Nicht die romantische große Liebe war sein Ideal, sondern die Frau als Gefährtin und Helferin des Mannes, wie Goethe es jetzt mit Christiane erlebte.

Schiller und Goethe gemeinsam

Schiller hat Goethe zur Wiederaufnahme der Arbeit am »Wilhelm Meister« und »Faust« angeregt. Auf Schiller geht auch die erneute Beschäftigung mit der griechischen Antike zurück. Es war die Frage, ob »Faust«, als Universitätssatire und Drama eines nach All-Wissen drängenden Gelehrten, sich in ein klassizistisches Schema einfügen ließ. Im Meisterroman gelang die Bindung der Personen an eine idealistisch-praktische Welt – aber um den Preis des unerfüllbaren Wunschtraums von der idealen Frau. Wilhelms Amazone hatte wie die Gestalten Mignons und des Harfners eine visionäre Unbestimmtheit, darin lag ihr Reiz. Es ist möglich, daß Goethe sich vorgestellt hatte, er könne der Amazone den Charakter einer Frau von Stein geben. Immerhin fand sich im Nachlaß ein Distichon auf Frau von Stein, verfaßt in der Zeit der Entfremdung um 1796:

> Ja, ich liebte dich einst, dich, wie ich keine noch liebte,
> Aber wir fanden uns nicht, finden uns ewig nicht mehr. (HA I, S. 234)

In Italien hatte Goethe gelernt, daß die ideale Frau keine unberührbare Prinzessin zu sein brauchte, daß die Erde, die Natur, das Ursprüngliche sinnenhaft sein konnten. Mit Christiane hatte er diese Frau als göttliches Geschenk angenommen. Das Idealbild der Befreierin der »Lehrjahre« dagegen verblaßte zur Natalie der Turmloge. Nicht zufällig erhielten die Personen in den beiden letzten Büchern der »Lehrjahre« romanisch verfremdete Namen: Aus Lothar wird Lothario. Das visionäre Traumbild der Frau wurde auf Helena übertragen, das höchste Symbol für Fausts Liebe. Damals entstand ein Schema zum »Faust« und im Juni 1797 die Zueignung: »Ihr naht euch wieder, schwankende Gestalten.« In der deutschen Faustsage war Helena eine teuflische Buhlerin. Für Goethes Faust verkörpert sie, Göttin und Königin, die Frauenschönheit als solche. Der deutsche Faust taucht tief in die Welt der antiken Mythologie ein, er verliert sich aber nicht an heidnisch-klassische Elemente, sondern

wird trotz seiner Verbrechen in die himmlisch-blaue Sphäre der Engel und der Himmelskönigin aufgenommen.
Schillers Ideen über die Poesie hatten Goethes Verständnis intellektuell ungemein bereichert und gefördert, und zwar im Sinne einer Modernisierung des Denkens mit Hilfe von Kants Philosophie. So wurden ihm die Dimensionen des Ursprünglichen, Schöpferischen, Nicht-Gedachten und von der Reflexion schwer zu Erfassenden klarer. Und da, wo Goethe spürte, daß etwas Unerklärliches in den Tiefen des produktiven Geistes zurückblieb, rettete er sich Schiller gegenüber in Bewunderung. Schiller spürte das. Als Goethe ihm das Gedicht »Hermann und Dorothea« für die »Horen« schickte, schrieb er: »Die Elegie macht einen eigenen tiefen rührenden Eindruck, der keines Lesers Herz, wenn er eins hat, verfehlen kann« (Gräf S. 246). Er rühmt die Mischung von schöner Ruhe mit der leidenschaftlichen Farbe des Augenblicks.
Für derartige Komplimente revanchierte sich Goethe mit einem Dank für die »Briefe über die ästhetische Erziehung des Menschen«. (Mit ihnen begann Schiller »den Tanz der Horen«.) Goethe schrieb: »Ich schlurfte das Manuskript auf der Zunge herunter, wie uns ein köstlicher, unsrer Natur analoger Trank willig hinunterschleicht und auf der Zunge schon durch gute Stimmung des Nervensystems seine heilsame Wirkung zeigt« (HA Br. II, S. 187). Das dichterische Bild war beredter als jede Definition. Schiller gab sich in diesen Jahren Mühe, in seinen Gedichten und Dramen anschaulicher und konkreter zu werden. Er bedankte sich bei Goethe für Hinweise zu den »Kranichen des Ibykus«. Daß Wallenstein, Maria Stuart und Wilhelm Tell Menschen von Fleisch und Blut sind, dankte er Goethe. Umgekehrt machte Goethe jetzt keinen Gebrauch mehr von der Gabe Tassos, nur zu sagen, was er leide, sondern schrieb objektiv über die Phänomene des Lebens. »Tasso« hatte ihn gequält; die »Fragmentenart erotischer Späße«, die »Römischen Elegien«, behagten ihm, das heißt, sie entsprachen seiner befreiten Natur.
Schiller fühlte sich, nach Jahren des Suchens und der intellektuellen Unrast, durch das Studium der Kantischen Philosophie und das Erlebnis der Person Goethes auf einem festen Boden und wollte dem Publikum nicht mehr als Flüchtling gegenübertreten. Eine neue Zeitschrift, »Die Horen«, sollte die Nöte der Gegenwart hinter sich

lassen und den Zeitgenossen die »Ideale veredelter Menschheit« vor Augen führen. Die Monatsschrift sollte sich »über alles verbreiten, was mit Geschmack und philosophischem Geiste behandelt werden kann, und also sowohl philosophischen Untersuchungen, als historischen und poetischen Darstellungen offenstehen. Alles, was entweder bloß den gelehrten Leser interessieren oder was bloß den nichtgelehrten befriedigen kann, wird davon ausgeschlossen sein«, hieß es in der Einladung zur Mitarbeit. Wenn Religion und Politik ausgeschlossen wurden, schimmert das aufgeklärte Ideal der Belehrung und Wissenschaft durch. Der erste Jahrgang zeigt das Überwiegen des Austausches von Ideen, während die »poetischen Darstellungen«, hätte Goethe nicht Episteln und Elegien beigetragen, zu kurz kamen.
Das Konzept der »Horen« sprach von einer Gesellschaft von Verfassern und nannte Schiller als Herausgeber. Die Gesellschaft bestand aus Schiller, Goethe, Wilhelm von Humboldt und den Jenaer Universitätskollegen Fichte und Woltmann. Sie bildeten den Redaktionsausschuß. Am 15. Januar 1795 erschien in Tübingen das erste Heft in der Cottaschen Buchhandlung. In der gedruckten Einladung wurden die wichtigsten Autoren Deutschlands zur Mitarbeit aufgefordert. Herder, Jacobi, Garve, Matthison, Körner, Alexander von Humboldt, der bald auf Weltreise ging, Maler Müller, Pfeffel, Schillers Gönner Karl Theodor von Dalberg und andere sagten zu. Kant und Klopstock erklärten sich bereit, offenbar auch Jean Paul, haben aber keine Beiträge eingesandt. Goethe veranlaßte Knebel, Meyer und Einsiedel zur Mitarbeit. Zu den unaufgeforderten Einsendern von Manuskripten gehörten Heinrich Christian Boie und Friedrich Hölderlin, von dem »Der Wanderer« und »Die Eichbäume« gedruckt wurden. Sophie Mereau, damals in Jena, wurde eine der fleißigsten Mitarbeiterinnen. August Wilhelm Schlegel, 1796 nach Jena gekommen, wurde von Schiller und Humboldt sehr geschätzt. Johann Heinrich Voß bot sich selbst an und kam als Übersetzer Theokrits und Ovids zu Wort. Von Reichardt erschienen Vertonungen Voßscher Gedichte. Wilhelm von Wolzogen, Kammerherr in Weimar, Schillers Freund von der Karlsschule, wurde erst 1797 zur Mitarbeit aufgefordert. Von seiner Frau Caroline von Wolzogen, Schillers Schwägerin, erschien der Roman »Agnes von Lilien« in vier sehr langen Fortsetzungen. Der elegante Gesellschaftsroman wurde von manchen für ein Werk

Goethes gehalten. Er diente Schiller, dem die Manuskripte ausgingen, als Füller; das gilt auch für Goethes »Benvenuto Cellini«, der in den Horen vierhundert kostbare Seiten einnahm. Alle Beiträge erschienen anonym. Erst im Inhaltsverzeichnis am Ende der Jahrgänge wurden die Verfasser genannt.

Praktisch lag die ganze Redaktionsarbeit bei Schiller. Goethe nahm freundschaftlichen Anteil, hielt sich aber zurück. Das wurde besonders deutlich an den »Unterhaltungen deutscher Ausgewanderten« in den »Horen«. Die Einleitung sprach gegen die Revolution. Die folgenden Novellen sollten von der Revolution ablenken. Goethe hätte die Polemik Schiller gern überlassen, doch dieser lehnte die Auseinandersetzung mit aktuellen Fragen ab, da er glaubte, der innere Wert der Literatur, die schöne und gelehrte Welt, die »Ideale veredelter Menschheit«, sollten das Publikum die Nöte der Gegenwart vergessen lassen. Es war ein großherziger Irrtum. An dieser Fehleinschätzung sind die »Horen« verhältnismäßig schnell gescheitert. Man kam nie über 2000 Abonnenten hinaus. Die Leser hatten von einer Zeitschrift des Jenaer und Weimarer Kreises Antworten auf konkrete Fragen erwartet und wurden mit Manifesten abgespeist, in denen die Gegenwart ausgespart und eine utopische Zukunft ins Auge gefaßt wurde. Schiller glaubte, es sei möglich, »die politisch geteilte Welt unter der Fahne der Wahrheit und Schönheit wieder zu vereinigen«. Die besten Geister der Zeit sollten sich harmonisch auf dem Boden des klassischen Menschenbildes vereinigen.

Im Grunde war es ein Gedanke der Aufklärung, aber nicht mit deren verbessernden und erziehenden Zwecken, sondern aus dem Glauben an eine Vollendung der Menschheit. Schillers Idee von der Erlösung durch erhabene Schönheit, Herders Schilderung einer Hinaufentwicklung der Menschheit und Wilhelm von Humboldts von aller Zufälligkeit der Tatsachen gereinigte Totalität des Menschlichen sind Höhepunkte eines philosophisch entfalteten Traums von der natürlichen Humanität – ohne religiösen Glauben, ohne Blick auf die politische Wirklichkeit und ohne Rücksicht auf die dunklen Kräfte in der Seele im Zug der Geschichte, auf den Zwang der Verhältnisse und ohne den Gedanken des Opfers und des Scheiterns. Der erste Jahrgang der »Horen« mit ihrem Übergewicht philosophischer Aufsätze spiegelt den Versuch der Verwirklichung solcher Ideen. Schiller schrieb an Cotta, seine »Ästhetischen Briefe« würden ihn unsterblich machen. Ihre Wirkung beruhte auf Kantischen Ideen, angewendet auf die Literatur, und auf der überzeugenden Kraft der Formulierung. Man brauchte im nächsten Heft nur Wilhelm von Humboldts Aufsatz über den Geschlechtsunterschied und dessen Einfluß auf die organische Natur zu lesen, um zu bemerken, wie notwendig Schillers stilistische Verbesserungen bei diesem ebenso tiefsinnigen wie schwerfälligen Autor waren. In solcher Umgebung wirkten Goethes »Römische Elegien« wie Fremdkörper.

Das Publikum war von den »Horen« enttäuscht, es vermißte den politischen und religiösen Horizont und glaubte nicht an eine ästhetische Erziehung des Menschengeschlechts. Die besseren Mitarbeiter hielten sich zurück, schlechtere drängten sich ungebeten heran, und so hat Schiller resigniert: Die bedeutendste Zeitschrift der deutschen Klassik ging ruhmlos zugrunde. In den »Xenien« haben Schiller und Goethe ihrer Enttäuschung über das Publikum und die Kritiker der »Horen« erbarmungslos Ausdruck gegeben. Da hieß es unter dem Titel Goldenes Zeitalter:

> Ob die Menschen im ganzen sich bessern? Ich glaub' es, denn einzeln,
> Suche man, wie man auch will, sieht man doch gar nichts davon.
>
> (HA, I, S. 209, Nr. 9)

Und über den Zeitpunkt heißt es im Sinne des Vorbilds, der Epigramme des Martial:

> Eine große Epoche hat das Jahrhundert geboren,
> Aber der große Moment findet ein kleines Geschlecht.
>
> (HA I, S. 209 Nr. 8)

Solch geistreich-scharfe Form fand Beifall. Der Xenien-Almanach erlebte in kurzer Zeit drei Auflagen. Die »Xenien« übertrafen alles, was auf dem polemischen Feld seither in Deutschland erschienen ist und zeigt die Höhe und Verbreitung einer spezifisch literarischen Kultur im deutschen Sprachgebiet. In der persönlichen Auseinandersetzung, in den scharfen Hieben gegen Philister, Moralisten, Fachidioten, Kritiker, persönliche Feinde, bösartige Beobachter des Kreises von Jena und Weimar, gegen Mittelmaß und Beschränktheit, Mißverständnisse des freien Geistes, politische Rhetorik haben sie mehr erreicht als die vornehmen »Horen«. Schiller und Goethe präsentierten sich als kampfkräftige Naturen und zeigten, daß unter dem Vorgeben einer ästhetischen Erziehung sich ganz andere Ziele, Formen und Mittel boten, als die mit Nicolai endende Banalität ahnte. Darum sind denn auch die Romantiker, vor allem die Brüder Schlegel und Novalis, später Heinrich von Kleist, Arthur Schopenhauer, Grillparzer, Hebbel und Nietzsche von diesem Vorbild inspiriert worden; sie haben in der Form von Fragmenten oder Tagebüchern Politik, Wissenschaft, Kunst, Religion, Literatur und Moden ihrer Zeit angegriffen.

Die »Xenien« waren eine Gemeinschaftsarbeit, die weitaus meisten Stücke sind von Goethe. Die Weimarer Ausgabe hat unter den verschiedenen Kategorien schließlich 926 Xenien veröffentlicht. Manche Xenien sind schwer zu deuten, manche urteilen über Namen und Verhältnisse, die uns nicht mehr interessieren. Für die politischen Anspielungen braucht man genaue Kenntnis der Umstände. Dann aber stößt man auf Stücke von wahrhaft zeitloser Bedeutung in einer Form, die heute noch als Sprichwort lebt. So über Kant und seine Ausleger:

> Wie doch ein einziger Reicher so viele Bettler in Nahrung
> Setzt! Wenn die Könige baun, haben die Kärrner zu tun.
>
> (HA I, 210)

Das Zeitgericht der »Xenien« bezieht die zur Mode gewordene Griechenliebe mit ein und verhöhnt das revolutionäre Spießertum:

> Bürger Odysseus! Wohl dir! Bescheiden ist deine Gemahlin,
> Strickt dir die Strümpfe und steckt keine drei Farben dir an.
>
> (WA I, 5, 1. S. 256)

Man könnte meinen, Goethe habe den Kritikern seines »Faust« im neunzehnten Jahrhundert die Stichworte gegeben, die meinten, Faust hätte besser getan, Gretchen zu heiraten und Universitätsprofessor zu werden. Auch Selbstironie findet sich, wenn Aristoteles die Worte in den Mund gelegt werden:

Gleich zur Sache, mein Freund. Wir halten die Jenaer Zeitung
Hier in der Hölle und sind längst schon von allem belehrt.

(HA I, S. 219. Nr. 77)

Wie lebendig es damals zuging und wie gesellig und fast sportlich der Eifer bei der Entstehung der »Xenien« war, zeigt ein wenn auch etwas verzerrter Bericht in Cottas Morgenblatt, aus einer Zeit, 1838, als der Mythos von Weimar und Jena schon im Versinken war: »Besonders interessant war der Sommer des Jahrs, wo die Xenien entstanden. Es waren da in Jena versammelt: Obertribunalrat Körner aus Dresden, ein intimer Freund Schillers, mit seiner Gattin, einem sehr interessanten Weibe, ihre Schwester, eine berühmte Malerin, Mademoiselle Stock, ehemals Gesellschafterin der Herzogin von Kurland, der Graf Keßler, preußischer Gesandter am kursächsischen Hofe (ein Freund Körners), die beiden Humboldts; Goethe, Wieland und Herder kamen oft; Goethe blieb Monate lang der Tischgenosse Schillers. Da wurden die Angelegenheiten der deutschen Literatur verhandelt und bei Symposien die Xenien meist verfertigt oder veranlaßt. Alle diese Männer lebten in der innigsten Harmonie, und besonders die beiden Humboldts gaben zu der Unterhaltung reiche Beiträge (Gespr. I, S. 640).

Die Herausgeforderten und Verhöhnten setzten sich in Almanachen und Zeitschriften teils ergötzlich, teils wütend, teils witzig zur Wehr, so Reichardt ätzend scharf in seiner Zeitschrift »Deutschland«, Friedrich Nicolai mit dem »Anhang zu Schillers Musen-Almanach« in Berlin; die »Gegengeschenke an die Sudelköche in Jena und Weimar« waren eine bissige Erwiderung des Tassoübersetzers Johann Kaspar Manso aus Breslau, ebenso »Urians Nachricht von der neuen Aufklärung« von M. Claudius in Hamburg und der anonyme »Mükken-Almanach für das Jahr 1797«, aus Pest datiert.

Eine Reihe von Xenien kam aus dem Nachlaß ans Licht. Sie enthalten Goethes unerhört bittere Angriffe auf eine parasitäre Presse, die falschen Freiheitsapostel und die Gemeinplätze der Demagogie:

Was in Frankreich vorbei ist, das spielen Deutsche noch immer;
Denn der stolzeste Mann schmeichelt dem Pöbel und kriecht.

(WA I. 5, 1. S. 270)

Die »Xenien« sind polemisch und aktuell. Sie suchen das literarische und kulturpolitische Geflecht des aufgeregten Zeitgeists zu durchdringen. Zugleich weisen sie auf Goethes fast religiöse Neigung zu den Naturwissenschaften hin. In schwermütigen Distichen lösen sie sich von der Literatur und nehmen Altersweisheiten vorweg:

> Was ist das Schwerste von allem? Was dir das Leichteste dünket:
> Mit den Augen zu sehen, was vor den Augen dir liegt.

(HA I, S. 230. Nr. 155)

Erste naturwissenschaftliche Schriften

Von den vielen Schriften Goethes zur Naturwissenschaft kennt man nur die Hauptwerke, »Morphologie« und »Farbenlehre«. Beide sind Sammelwerke und bezeugen seine Studien über zwei und drei Jahrzehnte hin. Sie haben didaktische und historische Teile, wo Goethe Kultur- und Wissenschaftsgeschichte schreibt, eine Methode, der er auch als Dichter des »Westöstlichen Divan« folgte, indem er den lyrischen Büchern Noten und Abhandlungen folgen ließ. Sie gehören zum Bedeutendsten, was Goethe als Verfasser wissenschaftlicher Prosa geleistet hat – ein Vorbild für Generationen von Kulturhistorikern des kommenden Jahrhunderts.

Verfolgt man Goethes Wege zu diesen Schriften, von den Anfängen um 1784 an, so ergibt sich, daß sein Weg als Forscher ebenso vieldeutig und schwierig war wie der als Dichter. Erst allmählich gelangte Goethe zur Klärung seiner Begriffe von Gestalt, Phänomen, Typus, Entwicklung und Metamorphose. Begriffe experimentell zu beweisen, war viel mühsamer und dauerte viel länger als ihre künstlerische Anwendung etwa im Meisterroman: Der Weg führte von einer erzählerisch lebhaften, bewegten Realität und von einer ihrer selbst ungewissen Psyche des Helden zur Gestaltung fest umrissener Typen und zu einem selbstbewußten Charakter. Der Roman wuchs wie ein organisches Gebilde. Bei Kant hatte Goethe eine Bestätigung gelesen: »Genie ist das Talent (Naturgabe), welches der Kunst die Regel gibt« (§ 46 der Kritik der Urteilskraft).

Dem ersten Eindruck nach hat sich Goethe mit Pflanzen, Tieren und Farben beschäftigt wie ein in seinen Gegenstand vernarrter Autodidakt. Dieser Eindruck wurde verschärft durch das Urteil über seine Farbenlehre. Sein lebenslanger Widerspruch gegen die Thesen des hundert Jahre vor ihm forschenden Isaak Newton (1643–1727) wurde ihm von den Fachleuten der Physik, auch von dem berühmten Göttinger Georg Christoph Lichtenberg, als fundamentaler Irrtum vorgehalten. Von diesem Verdikt und Goethes eigensinnigem Festhalten am Kampf gegen Newton fiel der Ruf des Dilettantismus auf seine Forschungen.

Für den Physiker, Mathematiker und Astronomen Newton waren die optischen Untersuchungen über Reflexion, Refraktion und Farben des Lichts eher ein Nebenwerk. In Versuchen wies er nach, daß die Farben durch Brechung aus dem weißen Licht entstehen und umgekehrt die Mischung aller Spektralfarben die Farbe Weiß ergibt. Eine nähere Deutung der, wie er meinte, periodisch wechselnden Zustände im Spektrum, von Rot bis Violett, hat er absichtlich vermieden. In diese Lücke glaubte Goethe stoßen zu können. Er hielt die Newtonanhänger für eine mächtige Schule und äußerte sich über sie mehr als ironisch: »Indessen hat es doch dieser Lehre nicht an Widersachern gefehlt, und es steht von Zeit zu Zeit einer und der andere wieder auf, obgleich die meisten, gleich als hätten sie verwegen die Lade des Bundes angerührt, aus der Reihe der Lebendigen verschwinden« (WA II, 5,1. S. 8/Beiträge zur Optik I, § 11).

Newtons Naturbegriff war nicht mechanistisch. Weltanschaulich und religiös war er Platonist und stand Goethes pietistisch genährten Vorstellungen über Gott und das Universum nicht einmal so fern, nahm er doch Raum und Zeit als »Sensorien Gottes« an und sprach vom absoluten Raum und absoluter Zeit. Er hat von einer Beseelung des Alls gesprochen und erklärte den Äther mit »ätherischen Geistern«. Leibniz und Kant haben diese Ansichten abgelehnt. Newtons Vorstellungen vom absoluten Raum und absoluter Zeit sind erst durch die Relativitäts- und Quantentheorie erschüttert worden.

Goethes Naturbetrachtungen gehen nicht von einer Theorie aus, sondern von eigenen Erfahrungen, und diese Erfahrungen, gestützt durch verwickelte Versuche auf allen Gebieten, können zu Ergebnissen führen, welche unsere Anschauung und Erfahrung wiederum bestätigen. Seine Beobachtungen an Farben gehen auf Kunsteindrücke zurück, auf seine Studien an Bildern der italienischen Maler. Hier war ihm die Wirkung des Lichts auf die Tönung der Farben aufgefallen. In den »Beiträgen zur Optik« beschreibt er die Wirkung: »Ebenso wird es uns, wenn wir eine Zeitlang in dem schönen Italien gelebt, ein Märchen, wenn wir uns erinnern, wie harmonisch dort der Himmel sich mit der Erde verbindet und seinen lebhaften Glanz über sie verbreitet. Er zeigt uns meist ein reines tiefes Blau; die auf- und

untergehende Sonne gibt uns einen Begriff vom höchsten Rot bis zum lichtesten Gelb; leichte hin und wieder ziehende Wolken färben sich mannigfaltig, und die Farben des himmlischen Gewölbes teilen sich auf die angenehmste Art dem Boden mit, auf dem wir stehen. Eine blaue Ferne zeigt uns den lieblichsten Übergang des Himmels zur Erde, und durch einen verbreiteten reinen Duft schwebt ein lebhafter Glanz in tausendfachen Spiegelungen über der Gegend. Ein angenehmes Blau färbt selbst die nächsten Schatten; der Abglanz der Sonne entzückt uns von Blättern und Zweigen, indes der reine Himmel sich im Wasser zu unsern Füßen spiegelt« (WA II, 5,1. S. 4 f.).
Was Goethe in der Jugend geahnt hatte, wurde ihm in Italien zur Anschauung. Sein Naturstudium ist, in enger Verbindung mit dem Kunststudium, vom Sichtbaren ausgegangen, und so wie man in Italien das Licht, die Farben, Pflanzen und Tiere deutlicher, in höherer Qualität sieht und dadurch Zusammenhänge wahrnimmt, welche im Norden buchstäblich verdunkelt werden, treten Tiere und Menschen in Italien natürlicher und in ihrem Wesen deutlicher in Erscheinung als im Norden. Vom Sichtbaren her kam Goethe auf die Kräfte und Bedingungen des Lebens von Pflanzen, Tieren und Menschen. In Rom erweiterte er seine Kenntnisse von der menschlichen Gestalt. Die Bilder der Künstler, die Skulpturen der Bildhauer und die Winckelmannschen Beschreibungen antiker Kunstgestalten führten ihn zum Studium der Anatomie, der Lehre vom Skelett, von den Knochen und Bändern. Das Material der Bildhauer, Kalkstein und Marmor, brachte ihn zur Mineralogie und Geologie. Die italienische Landschaft veranlaßte ihn zur Beachtung der Erd- und Gesteinsschichten: Vulkane und Gewässer bedingen die Form der Berge und Täler. Über den Landschaften erhebt sich das Reich der Wolken, der Luftbewegungen und des Wetters. So kam er auf die Meteorologie.
Die Erde ist ein organischer Kosmos. Daß Goethe in der Jugend einen Roman über das Weltall schreiben wollte, wirkt wie die Vorahnung solcher Zusammenhänge. Die Erde atmet ein und aus. Diesen Vorgang nannte er Systole und Diastole, und daraus ging zuerst seine Meteorologie hervor. Die Bezeichnung Systole und Diastole wird dann auf den Menschen als das bedeutendste aller Naturwesen angewandt. Der Leib des Menschen, dies überaus komplizierte In- und Miteinander von Körper, Seele und Geist, Instinkt und Bewußtsein, hat als

Mikrokosmos die gleichen Gesetze wie der Makrokosmos. Weil der Mensch Mikrokosmos ist, kann er den Makrokosmos begreifen. Erden, Steine, Erze und Metalle sind organisch zu denken.
Diese Zusammenhänge hat Goethe im Lauf der Jahrzehnte weiter verfolgt. Die Anfänge, der Instinkt für das Ganze, sprechen schon aus den »Beiträgen zur Optik«. Goethes Naturauffassung ist anthropomorph, weil sie vom Menschen ausgeht und zu ihm zurückführt: »Es verbreitet ein Gewitter über die Gegend einen traurigen Schein, die Sonne bescheint ihn, und es bildet sich in diesem Augenblick ein Kreis der angenehmsten und lebhaftesten Farben. Diese Erscheinung ist so wunderbar erfreulich an sich selbst und so tröstlich in dem Augenblicke, daß jugendlich empfindende Völker eine niedersteigende Botschaft der Gottheit, ein Zeichen des geschlossenen Friedens zwischen Göttern und Menschen darin zu erkennen glaubten« (WA II, 5,1. S. 6). Goethe beschreibt die Farbbrechung in einem Prisma. Diese Anstalten, mit Werkzeugen und Tafeln, füllen die beiden Hefte der »Beiträge zur Optik«.
Goethe war von der Bedeutung und Richtigkeit seiner Beobachtungen überzeugt. Zu seinem Ärger mußte er entdecken, daß selbst gute Freunde wie der Jacobikreis in Pempelfort und die Fürstin Gallitzin in Münster nichts davon wissen wollten. Goethe sah die Ablehnung in größerem Zusammenhang. Er hatte die Aufsätze seinem Verleger Göschen zum Druck angeboten. Im Anhang zur »Geschichte meines botanischen Studiums« schreibt er: »Mit Herrn Göschen, dem Herausgeber meiner gesammelten Schriften (während und nach der italienischen Reise) hatte ich alle Ursachen zufrieden zu sein; leider fiel jedoch die Auflage derselben in eine Zeit, wo Deutschland nichts mehr von mir wußte noch wissen wollte, und ich glaubte zu bemerken, mein Verleger finde den Absatz nicht ganz nach seinen Wünschen. Indessen hatte ich versprochen, meine künftigen Arbeiten ihm vor andern anzubieten... Ich meldete ihm daher, daß eine kleine Schrift fertig liege, wissenschaftlichen Inhalts, deren Abdruck ich wünsche. Ob er sich nun überhaupt von meinen Arbeiten nicht sonderlich viel versprochen oder ob er in diesem Falle, wie ich vermuten kann, bei Sachverständigen Erkundigung eingezogen habe,... will ich nicht untersuchen. Genug, ich konnte schwer begreifen, warum er mein Heft zu drucken ablehnte, da er, im schlimmsten Falle, durch

ein so geringes Opfer von sechs Bogen Makulatur einen fruchtbaren, frisch wieder auftretenden, zuverlässigen, genügsamen Autor sich erhalten hätte« (WA II, 6, S. 133). So kam es, daß die »Beiträge zur Optik« erst 1791 und 1792 im Verlag des Industrie-Comptoirs in Weimar erschienen sind.

Eine Fülle anderer früherer Essays des Naturwissenschaftlers Goethe sind erst viel später, manche erst in der Weimarer Ausgabe, gedruckt worden. Goethe hatte 1790 die Absicht, seine Beobachtungen und Erfahrungen, die er seit 1784 gesammelt hatte, darunter die Arbeit über die Entdeckung des Zwischenkieferknochens, in systematischem Zusammenhang darzustellen. Fragmente davon haben sich erhalten. Das erste hieß »Über die Gestalt der Tiere«. 1795 diktierte er Max Jacobi, dem in Jena studierenden Sohn seines Düsseldorfer Freundes, die Einleitung in die vergleichende Anatomie, ausgehend von der Osteologie. Der »Versuch einer allgemeinen Knochenlehre« sollte die auf den Zwischenkieferknochen angewandte Methode auf andere Knochen des Kopfes anwenden. Ein Kapitel davon, über das Gaumenbein, von 1794, ist in der Handschrift von Herders Sohn August erhalten. Eine Reihe von Aufsätzen über Zoologie sind als Besprechungen von zoologischen Büchern der Zeitgenossen erschienen. Manche Stücke wurden erst 1820 in den »Morphologischen Heften« gedruckt.

Die osteologischen Beiträge spiegeln Goethes umfassende Kenntnis, etwa »Tibia und Fibula« (Schienbein und Wadenbein): »Beim Biber, der durchaus ein eigen Geschöpf ausmacht, entfernen sich Tibia und Fibula in der Mitte und bilden eine ovale Öffnung, unten verwachsen sie. Bei fünfzehigen, fleischfressenden, heftig springenden Tieren ist Fibula sehr fein; höchst zierlich beim Löwen. Bei leichtspringenden Tieren und bei allen bloß schreitenden verliert sie sich ganz. Am Pferde sind die Extremitäten derselben, das obere und untere Knöpfchen, noch knöchern, das Übrige tendinos (weich). Beim Affen sind diese beiden Knochen, wie sein übriges Körpergebäude, charakterlos, schwankend und schwach« (WA II, 8, S. 217). In diesem Zusammenhang kommt Goethe auf die Schwierigkeiten zu sprechen, einen Typus zu beschreiben, welcher, trotz der großen Verschiedenheiten, als Quersumme der Details ins Auge springt. Auch gibt er Irrtümer zu und gesteht, daß er sich Jahre lang auf manchen Wegen vergebens

abgequält habe. Die Masse der Forschungen erschien unter dem Sammeltitel »Zur Morphologie« 1817. Nach der »Farbenlehre« ist es Goethes bedeutendstes Werk über die Natur.
Im Jahre 1790 erschien der Aufsatz über »Die Metamorphose der Pflanzen«. Er wurde später, in »Zur Morphologie«, mit den andern Schriften vereint. Goethe hat sich in Weimar, in seinem Garten und bei der Anlage des Weimarer Parks, mit Pflanzen beschäftigt. Auch bei ihnen suchte er das Gemeinsame. Es lag auf der Hand, daß alle Pflanzen aus Keimen hervorgingen, Blätter und Stengel entwickelten, daß sie blühten, Frucht trugen, welkten und wieder vergingen. In Italien verdichtete sich die Suche nach dem Gemeinsamen zum Bildbegriff der Urpflanze. Wie eng der Zusammenhang des Suchens mit seiner Biographie war, wird immer wieder betont: »Aus Italien, dem formreichen, war ich in das gestaltlose Deutschland zurückgewiesen, heiteren Himmel mit einem düsteren zu vertauschen; die Freunde, statt mich zu trösten und wieder an sich zu ziehen, brachten mich zur Verzweiflung... Im Lauf von zwei vergangenen Jahren hatte ich ununterbrochen beobachtet, gesammelt, gedacht, jede meiner Anlagen auszubilden gesucht. Wie die begünstigte griechische Nation verfahren, um die höchste Kunst im eigenen Nationalkreise zu erfahren, hatte ich bis zu einem gewissen Grade einzusehen gelernt, so daß ich hoffen konnte, nach und nach das Ganze zu überschauen und mir einen reinen vorurteilsfreien Kunstgenuß (!) zu bereiten. Ferner glaubte ich der Natur abgemerkt zu haben, wie sie gesetzlich zu Werke gehe, um ein lebendiges Gebild, als Muster alles künstlichen, hervorzubringen...« (HA XIII, S. 102).
Der Begriff der Morphologie wird an verschiedenen Stellen erklärt. Ähnlich wie der Begriff der Metamorphose, des Wandels der Gestalt, entstammt er dem Zeitgebrauch. Die Gestalt entsteht, bewegt sich und vergeht. Die Konzeption beruht auf der Überzeugung, daß alles, was ist, sich andeuten und zeigen müsse. Dieser Grundsatz gilt von den physischen und chemischen Elementen bis zu den geistigen Äußerungen des Menschen: Alles hat Gestalt, das unorganische, pflanzliche, tierische und menschliche Leben erscheint »als was es ist unserm äußern, unserm inneren Sinn« (WA II, 6. S. 446): Die Lehre der Metamorphose ist »der Schlüssel zu allen Zeichen der Natur«.
Goethe hat die Phänomene von Gestalt und Verwandlung nicht nur

in seinen naturwissenschaftlichen Arbeiten gedeutet. Die Gedichte Prooemion (»Im Namen dessen, der sich selbst erschuf...«), mit den Versen »Was wär ein Gott, der nur von außen stieße« und »im Innern ist ein Universum auch« (HA I, S. 357), und die Gedichte über die Metamorphose der Pflanzen und Tiere sind ihr lyrischer Ausdruck. Umgekehrt sind Goethes naturwissenschaftliche Schriften mit ihren enthusiastischen persönlichen Einschüben auf weite Strecken hin Musterstücke künstlerischer Prosa.

Kraft und Freiheit der Goetheschen Verse

Die Jahrzehnte vor und nach der Jahrhundertwende, von »Hermann und Dorothea« bis zu den »Wahlverwandtschaften«, sind Jahrzehnte einer leicht aus der Quelle fließenden Lyrik in den Formen vor allem des Liedes. Die Gedichte folgen mühelos dem Rhythmus und Empfinden der Hochsprache. Bei Klopstock, dem größten Lyriker vor Goethe, klingt alles noch gezwungen und erzwungen. Das liegt zum Teil an den antiken Mustern, den Hexametern und der Odenform, zum größeren Teil aber an Klopstocks Selbstgefühl, er müsse, als großer Dichter, den deutschen Parnaß in feierlichen Schritten ersteigen. Er kannte keine Lieder aus dem Volkston. Als Autor des »Messias« unterlag er dem Systemzwang einer weihevollen Vision.

Goethe hat in Epen und Elegien antike Formen benützt. »Iphigenie« und »Tasso« sind in Blankversen geschrieben. Es gibt Oden und Sonette von ihm – aber er benützte den Vers unabhängig, frei und manchmal so willkürlich, daß Sprachmeister wie J.H. Voß, A.W. Schlegel und W. Humboldt ihm Ratschläge geben zu können glaubten. Goethe gab dem Druck ihrer Versgrübeleien nach und korrigierte seine Hexameter nach den Vorschriften ihrer Prosodie. In »Hermann und Dorothea« lesen wir mit einiger Befremdung, daß Hermanns Vater seine Frau mit »Mütterchen« anredet statt mit dem üblichen »Mutter«: »Die Gesinnung ist löblich und wahr ist auch die Geschichte, Mütterchen, die du erzählst...« Das Diminutiv ist unter Eheleuten nicht üblich; die Hausfrau redet ihren Mann mit »Vater«, nicht als »Väterchen« an. Auch in »Alexis und Dora« findet sich solch ein Vers: »Und das Mütterchen ging feierlich neben dir her.« Das klingt um so geschraubter, als das folgende Wort »feierlich« für eine Mutter angemessen, für Mütterchen aber ein Widerspruch ist. Um des Hexameters willen macht Goethe aus der Kranken eine Krankende, aus dem Saal ein Sälchen: »Tretet herein in den hinteren Raum, in das kühlere Sälchen.« Der folgende Genitiv ist altmodisch geziert: »Sorgsam brachte die Mutter des klaren herrlichen Weines.«

Auch die Verwendung des imperativischen Partizips des Passiv ist Vossische Manier: »Frisch Herr Nachbar, getrunken!« Oder im Proömium: »Noch einmal getrunken!«
Die angeblich holprigen Hexameter des »Reineke Fuchs« und der folgenden Episteln fanden keine Gnade in den Ohren der metrischen Schulmeister, und doch sind Goethes Hexameter, wie sein Freund Knebel schon 1795 schrieb, die prosodisch besten der deutschen Sprache. Und F. Schlegel, besonnener als sein Bruder, meinte, man dürfe die metrische Unbefangenheit Goethes nicht tadeln; seine Gedichte seien der Pedanterie seiner Kritiker weit überlegen.
Gegen solche Widerstände mußte Goethes Verskunst sich durchsetzen. Erst vor dem Hintergrund der klassizistischen Schule und der Suggestion der griechischen, lateinischen, italienischen, französischen und spanischen Vorbilder wird sein Rang klar. Die in jenen Sprachen verpönte und als Fehler empfundene Freiheit der Taktfüllungen innerhalb der Verse macht den Reiz der Goetheschen Prägungen aus. Er sündigt im »Reineke Fuchs« gegen den Hexameter der Schule und setzt die Akzente da, wo der Sinn liegen soll, auf den Doppel-Trochäus am Anfang: »Féstlich héiter glánzte der Himmel und farbig die Erde« (HA II, S. 285) oder mit Halbtönen auf der zweiten Hälfte des Daktylus: »Gutes Handgeld ist das, versetzte Reineke munter.« Der Bruch des Rhythmus zugunsten sinngemäßer Tongebung gibt dem Goetheschen Vers Ausdruck und Vielfalt.
Freiheit vom Schema und Zwanglosigkeit im Gebrauch selbst bei den strengen Formen der Sonette, Terzinen und Stanzen haben Goethe erlaubt, auch diese Formen mit Empfindung und gemüthafter Wärme zu füllen. Ein Muster dafür ist das Gedicht Mignons im »Wilhelm Meister«:

Heiß mich nicht reden, heiß mich schweigen,
Denn mein Geheimnis ist mir Pflicht;
Ich möchte dir mein ganzes Innre zeigen,
Allein das Schicksal will es nicht.

Zur rechten Zeit vertreibt der Sonne Lauf
Die finstre Nacht, und sie muß sich erhellen;

Der harte Fels schließt seinen Busen auf,
Mißgönnt der Erde nicht die tiefverborgnen Quellen.

(WA I, 2. S. 113)

Obgleich die Reime einfach und die Zeilen ungleich sind, in der achten Zeile ein Alexandriner vorkommt und in der sechsten die Bewegung stockt, kann sich Goethes Gedicht, wie Hehn schreibt, dennoch an süßer und rührender Schönheit jedem Sonett Petrarcas an die Seite stellen.

Goethes Verskunst ist am wirkungsvollsten, wo sie dem Leser am wenigsten auffällt, in liedartigen Balladen und jenen Liedern, die er für die geselligen Kreise von Jena, Weimar und Karlsbad schrieb: das »Stiftungslied«, »Bundeslied«, »Tischlied« (Mich ergreift, ich weiß nicht wie, himmlisches Behagen), »Vanitas! vanitatum vanitas« (Ich hab mein Sach auf nichts gestellt), »Ergo bibamus« (Hier sind wir versammelt zu löblichem Tun) und später im »Epiphaniasfest«. Der Ton ist munter, übermütig, gelegentlich hintergründig. Zwischen ihnen stehen Weltanschauungsgedichte wie »Dauer im Wechsel« und »Weltseele«. Motive der Jugend wurden aufgenommen; sie hatten sich nie ganz verloren. Das gilt besonders für die Liebe und die schöne Nacht. In Leipzig war das Mondgedicht »Schwester von dem ersten Licht« entstanden, großartig beginnend, dann rokokohaft fast lüstern schließend. Das Motiv fand in den Jahren um 1777 eine vollendete Form in den beiden Fassungen des Gedichts »An den Mond« (Füllest wieder Busch und Tal), als der Autor in den Krisen der Qualliebe zu Maria Branconi und Frau von Stein im Licht des Mondes Trost und Ruhe suchte: »Breitest über mein Gefild / Lindernd deinen Blick / Wie der Liebsten Auge, mild / Über mein Geschick« (HA I, S. 128 f.).

Zum Kult des Mondes gehört die Liebesnacht. Ihr widmet Philine ein Lied, und in »Scherz, List und Rache« singt Scapine:

Nacht o holde, halbes Leben,
Jeden Tages schöne Freundin!
Laß den Schleier mich umgeben,
Der von deinen Schultern fällt.

(WA I, 12. S. 163)

Stella sagt: »Fülle der Nacht, umgib mich!« Zu den Themen von Tag und Nacht, Sonne und Mond kommen Jahreszeiten, Tageszeiten, Jugend und Alter, und unter den Elementen immer wieder das Wasser, nicht nur symbolisch wie im »Gesang der Geister über den Wassern«, sondern auch bildlich. Im Mühlbach der Müllerin spiegelt sich das Gesicht des Mädchens. Der Bach klagt: »Mir wird, so schwer, so schwer, vom Ort / Zu fließen; / Ich krümme mich nur sachte fort / Durch Wiesen...« (WA I, 1. S. 191).
Das ist kein großes oder bedeutendes Gedicht, aber erfüllt vom Atem Goethescher Natur. Daher hat es den magisch fließenden Strom, einen lyrischen Ton, den Novalis aufnahm, Clemens Brentano weiterbildete und Eichendorff zu nie wieder erreichter Vollendung bringen sollte.
In manchen schlichten, dem Inhalt nach eher unbedeutenden Liedern wie »Ergo bibamus« und dem Rundgesang »Rechenschaft« werden die Strophen von Reim, Rhythmus, Wechsel der Figuren, Alliteration, Schlag- und Binnenreimen getragen und im Kehrreim kunstvoll verbunden. In manchen Stücken treten Goethes Naturmotive in einer einzigen Strophe gehäuft und zwanglos zu unerhörter Wirkung zusammen, so in der dritten Strophe der Ballade vom Fischer:

Labt sich die liebe Sonne nicht,
Der Mond sich nicht im Meer?
Kehrt wellenatmend ihr Gesicht
Nicht doppelt schöner her?
Lockt dich der tiefe Himmel nicht,
Das feuchtverklärte Blau?
Lockt dich dein eigen Angesicht
Nicht her in ew'gen Tau? (HA I, S. 153)

Goethes Gedichte bezeugen sein Fühlen und Empfinden in und mit der All-Natur; das lyrische Ich wird dessen Sprache und Medium. Die dichterische Kraft ist so groß, daß sie auch den, der anders organisiert ist, überzeugen kann, ein Phänomen, das sich bei lyrischen Epigonen nicht einstellt, auch wenn sie verstechnisch genauer Bescheid wußten als Goethe, etwa H. Voß und A. W. Schlegel.
Eine Quelle der Erneuerung war der deutsche Vers mit Reimen und

vier Kurztakten, bei freier Füllung der Zeilen. Untergründig hatte er weitergelebt im Volkslied und Knittelvers. Herder hatte diese Quelle erschlossen; Goethe half beim Sammeln von Texten. Im Knittelvers hatte er den »Faust« gedichtet. Klopstock fand keinen Zugang zu diesen Formen, er haßte den Reim. Goethe brachte sie jetzt zu Ehren. Außer ihm sind die Dichter des Göttinger Hains und Gottfried August Bürger zu nennen, dessen Wirkung aber rasch verging. Erst Goethe hat, aus seiner bürgerlichen Anlage, der Begeisterung für die vorbarocke Sprache des sechzehnten Jahrhunderts und aus dem Interesse an elsässischer und alemannisch-schweizerischer Liedkunst den deutschen Versformen neben den antikischen Maßen und Shakespeareschen Jamben wieder Eigenrecht gegeben. Er hatte sich keiner Richtung verschrieben, war in allen sattelfest und hat die Kluft zwischen literarischen, gelehrten und volksmäßigen Formen geschlossen. Hier gilt das gleiche wie bei den Themen und Motiven: Goethe hat sie in seinen Haushalt einbezogen. Bezeichnend für seinen Vers ist die teils naiv gefühlsmäßige, teils kunstvoll beabsichtigte Mischung, etwa des Knittelverses mit Jamben:

Mich plagen keine Skrup(e)l noch Zweifel
Fürcht mich weder vor Höll noch Teufel. (Faust, Vers 363)

Goethe hat den Knittelvers nicht im ursprünglich parodistischen Sinn gebraucht, sondern weil er zum »gotischen« Charakter des Faustdramas zu passen schien; später hat er die Faustdichtung in einer Vielfalt von deutschen und romanischen Versformen ausgeführt.

In »Iphigenie« und »Tasso« gab er dem jambischen Blankvers eine bisher von niemand erreichte Biegsamkeit und Melodik. Hier stand er in der Nachfolge Bodmers, Elias Weißes und Lessings. Den reimlosen Fünfheber hatte Lessing sehr frei angewandt. Goethes Blankverse sollen die Prosa der Urfassungen überwinden. Sie lesen sich oft wie rhythmisch geebnete Prosa; daher die Schwierigkeiten für Schauspieler unserer Theater, wenn sie Verse sprechen sollen.

Einen besonderen Rang nimmt »Das Tagebuch« ein, eine Liebeserzählung in Stanzen, zwischen 1808 und 1810 entstanden, vermutlich schon früher angeregt. Sie wurde nur nahen Freunden mitgeteilt und geheimgehalten, da »die Welt dergleichen unsittlich zu nennen pflegt«, wie Goethe Eckermann am 25. Februar 1824 erklärte. Ein

Reisender will eine günstige Gelegenheit wahrnehmen; es kommt jedoch, infolge sexuellen Versagens, nicht zum Ehebruch. Reumütig und erleichtert besteigt er am nächsten Morgen den Postwagen, der ihn zu seiner Herrin bringt. Der scherzhafte Ton und das moralische Niveau werden abgeschirmt durch ein lateinisches Motto von Tibull (I, 5. Vers 39/40), wo das Abenteuer ähnlich scheitert: »Oft hielt ich eine andre im Arm; doch bevor ich zum Genuß kam, erinnerte mich Venus an meine Herrin und ließ mich im Stich.« In der Weimarer Ausgabe (I.5,2, S. 345–350) fehlen in Zeile 135 die Worte vom »Jammerkreuz blutrünstger Christe«, die nicht ganz sicher überliefert sind, sich aber auf Iste in der folgenden Zeile reimen. Das lateinische Pronomen Iste als Vokabel für den Phallus ist eine Goethesche Erfindung. Schon in den »Venezianischen Epigrammen« hatte er geklagt, daß die Deutschen kein literaturfähiges Wort dafür besäßen. So blasphemisch der Reim von Christe und Iste klingt, bezeichnet er doch ein sexuelles Problem des Puritanismus und ein Goethesches Trauma.

Häufig hat Goethe heikle oder humoristisch zu verstehende Motive dem Leser in Anspielungen überlassen; die Sexualität hat ja traditionell auch komische Seiten. An den Strophen des »Nachgefühl« (1797) zeigt sich, wie empfindsame, ja anakreontische Themen eingeschmolzen und verwandelt werden in ein überpersönliches, fast ironisches, gelassenes Singen:

Wenn die Reben wieder blühen,
Rühret sich der Wein im Fasse;
Wenn die Rosen wieder glühen,
Weiß ich nicht, wie mir geschieht.

Tränen rinnen von den Wangen,
Was ich tue, was ich lasse;
Nur ein unbestimmt Verlangen
Fühl ich, das die Brust durchglüht.

Und zuletzt muß ich mir sagen,
Wenn ich mich bedenk und fasse,
Daß in solchen schönen Tagen
Doris einst für mich geglüht. (WA I,1. S. 57)

Es ist ein Gelegenheitslied, wie Goethe sie damals aus dem Ärmel schüttelte. Die Strophen sind kunstvoll verschlungen, so daß eine Klangeinheit entsteht. Die geringen Möglichkeiten der deutschen Sprache für den Reim werden in klanglicher Metamorphose ausgespielt. Das Nachgefühl einer treuen Liebe durchzieht die Seele wie der Einfluß der Jahreszeiten und der Wechsel des Wetters. Ähnlich ist die psychologische Wahrheit des gleichzeitig, im Musenalmanach von 1798, veröffentlichten Gedichts »Abschied« (nicht zu verwechseln mit dem gleich benannten Sonett), nur daß die Geliebte hier treulos gewesen zu sein scheint. Vielleicht beziehen sich die Anspielungen auf Frau von Stein, der Goethe damals wieder näher kam:

> Was suchst du mir dich zu verstecken!
> Sei offen, flieh nicht meinen Blick!
> Früh oder spät mußt' ich's entdecken,
> Und hier hast du dein Wort zurück. (WA I,1. S. 63)

Goethes Sprache ergeht sich wohl absichtlich in Anspielungen. Die »Weissagungen des Bakis«, Epigramme aus dieser Zeit, enthalten Andeutungen auf persönliche, politische und wissenschaftliche Ereignisse. Die Prophezeiungen liegen in einer unverständlichen Bildersprache. Goethes Neigung zum Mystischen, Geheimnisvollen und zum Verstecken schlug hier durch. Manches hat er selbst später nicht mehr verstanden. Eckermann gegenüber hat er die Sprüche des Bakis für Unsinn erklärt. Das Epigramm, eine antike Gattung, geht die Verbindung mit einer nordischen, den Sprüchen, ein. Sie sind absichtlich runenhaft dunkel. Im Alter hat Goethe seine Sprüche als Gattung zusammengestellt. Sie kamen lehrhaften Absichten entgegen und gefallen sich in einer ironischen Kürze: »In wenig Stunden / Hat Gott das Rechte gefunden« (HA I, S. 304). Hier verliert sich Goethes gesellige Form und führt zur Abbreviatur.

Die großen Balladen

Im Briefwechsel Schillers und Goethes finden sich Pläne zu nie ausgeführten Gedichten. Nach »Hermann und Dorothea« wollte Goethe ein Erzählgedicht mit dem Titel »Die Jagd« schreiben. Aus diesem Gedicht hat er in Gegenwart Jean Pauls vorgetragen, es ist aber nie zu Papier gebracht worden. Teile der Voßschen Ovid-Übersetzung wurden für die »Horen« angenommen: Man suchte die Gesetze des Epischen und Dramatischen. Schiller und Goethe befaßten sich deshalb wieder mit der Poetik des Aristoteles, und Goethe rühmte das dichterisch-literarische Verständnis dieses Autors. Bei Aristoteles glaubte er gefunden zu haben, was Kant mit seinem erlösenden Wort vom »interesselosen Wohlgefallen« am Schönen gemeint hatte, und daß die Kunst, wie K. Ph. Moritz gesagt hatte, nicht nützlich zu sein brauche. Ein Jahr vorher, im Mai 1796, hatte Goethe geschrieben, er habe Hoffnung auf ein Gedicht über Hero und Leander und fügte hinzu, »wenn mir nur dieser Schatz nicht wieder versinkt« (WA IV, 11. S. 84). Er hat den Stoff dann Schiller überlassen. Auch ermunterte er ihn zu einer Don-Juan-Ballade. In den Romanzen, wie man die Balladen nannte, verbänden sich das Dramatische und Epische zum knapp erzählenden Gedicht.

Der Satz vom Versinken eines Schatzes bezeichnet Goethes oft bezeugte Angst, daß er nie etwas fertig mache, wenn er den Plan irgend jemand anvertraut habe. Es war die Zeit des ständigen Pendelns zwischen Jena und Weimar, der Arbeiten für die »Horen« und an den »Xenien«, der Auseinandersetzung mit Friedrich Schlegel und anderen intelligenten, aber nicht unkritischen Bewunderern aus der jungen Generation.

Daß sich Goethe den Romanzen zuwandte, hing mit Schillers Almanachen zusammen. Bürgers Musenalmanach war 1784 eingegangen, und diesen Vorteil griff Schiller auf. Sein erster Almanach erschien in Neustrelitz, die folgenden vier bei Cotta. Die Auswahl der Mitarbeiter war strenger als bei den »Horen«. In den Almanachen, bei geringerem Umfang und dem Schwerpunkt auf der Lyrik, konnte der neue Klassizismus Schillers und Goethes schulmäßig vorgeführt werden. Die Mitläufer fügten sich in das Programm einer Erneuerung aus dem Geist der griechischen und römischen Literatur. Es war das erste Mal, daß sich die Deutschen nicht auf französische, italienische und spanische Vorbilder stützten, sondern unmittelbar auf antike Originale zurückgriffen. Schiller hatte Goethe als den neuen, einen deutschen Griechen bezeichnet. Klopstock, Wieland, Winckelmann und Lessing hatten den Weg gewiesen. Die in den Almanachen versammelten Autoren wandten sich dem durch Kants Ethik vertieften Humanitätsideal zu. Neuffer, Hölderlin, Conz, Matthison, Knebel und andere gehörten zu den Mitarbeitern. Wielands Versromanzen, nach dem Vorbild französischer Heldenlieder, waren eigentlich Balladen; aber ihr geistreich verfremdeter Ton, ihr Sprachwitz und ihre Anzüglichkeiten waren in diesem feierlichen Rahmen nicht zu brauchen.

Die repräsentativen Stücke der Almanache kamen von Schiller und Goethe. Bei Goethe waren die Übergänge vorerst fließend. Es gab Legenden in Erzählform (Als noch verkannt und sehr gering / Unser Herr auf der Erde ging), epische Stücke wie »Alexis und Dora«, Varianten antiker Anekdoten in Dialogform wie »Der neue Pausias«, lehrhafte Parabeln wie »Der Schatzgräber« und ironisch-sarkastische wie »Der Zauberlehrling«. Das »Blümlein Wunderschön« (Lied des gefangenen Grafen) hat die Form eines Gesprächs zwischen dem Grafen und der Rose, Lilie, Nelke und dem Veilchen. Das war die modernisierte Form eines Liebeslieds im Ton der Minnesinger, wie Körner an Schiller schrieb. Hierher gehören auch die vier Müllerin-Balladen. Goethe nannte sie einen kleinen Roman und gab sie als Nachdichtungen deutscher, spanischer und französischer Romanzen aus. Ihr innerer Gehalt ist nicht groß, doch eigneten sie sich zum Vortrag in der Gesellschaft von Weimar, Jena und Karlsbad. Dem klassischen Stil entsprachen elegische Stücke wie »Euphrosyne«, »Amyntas« und die »Metamorphose der Pflanzen«. Sie waren Gegenstücke zu Gedankendichtungen Schillers wie »Die Macht des Gesanges«, »Das Ideal und das Leben« und »Das verschleierte Bild zu Sais«.

Schillers Balladen in den Almanachen von 1797 und 1798 sind von exemplarischer Bedeutung. Hier finden sich die antiken, christlichen und deutschen Baustoffe unserer Kultur: »Der Ring des Polykrates«, »Die Kraniche des Ibykus«, »Der Taucher«, »Der Handschuh«, »Der Graf von Habsburg« und »Der Kampf mit dem Drachen«. In diesen Jahren wetteiferten Goethe und Schiller im Dichten von Balladen. Die »Braut von Korinth« und »Der Gott und die Bajadere« wurzeln tief in Goethes Vergangenheit und weisen zugleich voraus auf zukünftige Balladen, das vielschichtig-tiefgründige »Hochzeitslied«, »Groß ist die Diana der Epheser« und »Der getreue Eckart«. Die »Braut von Korinth« und »Der Gott und die Bajadere« stehen wie erratische Blöcke in der lyrischen Landschaft des Jahrzehnts. Es ist, als sei das Untergründig-Wilde, Dämonische und Magische plötzlich hervorgebrochen. Beide Stücke sind in wenigen Tagen entstanden, ihre Motive hatten Goethe jedoch seit Jahrzehnten gefesselt. Unter der humanitär geebneten Strömung waren Strudel, Tiefen und Abgründe teils verdeckt, teils sichtbar, so im »König in Thule«, den »Liedern Ossians«, im »Klaggesang von der edlen Frauen des Asan Aga«, in den Trauergedichten auf Mädchen und Frauen, mit religiösen Tönen in Gretchens Liedern und in dem frühen, von Goethe vergessenen Gedicht »Sehnsucht«, das die Fürstin Gallitzin besaß. In dem Gedicht »Meeresstille« herrscht »Todesstille fürchterlich«. Gespenstergeschichten hatte Goethe den Memoiren des Marschalls Bassompierre entnommen. Das Nachtgefühl des »Erlkönig« und der Schauder des »Totentanz« sind Zeugnisse elementarer Schrecken. Herder hatte ihm slawisch-balkanische Vampirgeschichten nahegebracht.

Goethe nennt die »Braut von Korinth« im Tagebuch vom 4. und 5. Juni 1797 ein vampirisches Gedicht. Indische Dichtung und Religion kannte er aus der zeitgenössischen Literatur. Der »Gott und die Bajadere« wird im Tagebuch vom 9. Juni 1797 eine indische Romanze genannt. Die Polarität von antiken Maßen und Formen, geselliger Liederlust und heiterer Dichtung des Tages zu den dunklen Zügen der Seele, dem Wirken von Dämonen und Göttern und der Nachtseite der Natur verdeutlicht einen Sprung in Goethes Welt. An der Stelle der griechischen Metren, die sich ans Auge und die plastische Phantasie wenden, treten der musikalische Reim und die rhythmische Bewegung.

Sage, Glaube, Aberglaube und Phantasie nähren die Balladen; die volkstümlichen Stoffe werden mit größter Kunst gleichsam destilliert und vergeistigt. Es gibt keine rationale Erklärung, die Vorgänge spotten jeder Aufklärung. In beiden Gedichten handelt es sich um ein mythisches Geschehen, um die Menschwerdung außer- und übermenschlicher Mächte. Gemäß Goethes Lehre von den unendlich vielen Möglichkeiten der Wandlung des immer Gleichen werden Tote lebendig, nehmen Geister Menschengestalt an, kommen Götter hernieder, reden tote Geister wie Lebende, werden Menschen hinab- oder hinaufgezogen durch die Elemente.

Weil die Menschheit von den Naturreligionen der All-Beseelung abgekommen ist, haben Märchen und Ballade hier erzählend, dort lyrisch die Bildwerdung dieser Gefühle übernommen und bewahrt. Wenn der Autor die gesellschaftlich gebundene Literatur und Bildung hinter sich läßt, stößt er auf diese Bereiche. Nach dem Italienerlebnis und während der Freundschaft mit Schiller neigte Goethe dem klassisch-gebundenen, geformten und in jeder Hinsicht »gebildeten« Typus des Menschen zu. Vor dem Chaos der Urnatur wich er zurück; seinem Unterbewußtsein aber blieb das Ungenügende des Menschenbildes der natürlichen Humanität gegenwärtig. Er empfand den Schauder jetzt noch bedrängender als in den Jahren des »Erlkönigs« und des »Fischers«. Der war aus der Sphäre des Elementaren, des Nebels und des Wassers gekommen. Die »Braut von Korinth« und »Der Gott und die Bajadere« suchen religiöse Urerlebnisse der Menschheit zu beschwören. Ihre Heldinnen sind schlichte Frauen, ungeistige Wesen, hier ein junges Mädchen, halb noch Kind, bereits gestorben, dort eine Tänzerin aus der Kaste der Unberührbaren, ein »verloren schönes Kind«, wohnend »in der Liebe Haus«. Ihre gesellschaftliche Sphäre ist weit entfernt von Bürgertum, Bildung und Aufklärung. Und da, wo ein religiöser Hintergrund, der frühchristliche oder hinduistische, durchschimmert, ist er die Kulisse für ein weit älteres Verhältnis zu den Mächten der Erde, für die Sage vom blutsaugerischen Vampir und die Ehe von Göttern mit Menschenfrauen, überliefert aus der Vorgeschichte und aus dem halb vergessenen Urgrund des Mythos von Ariadne und Dionysos in Alt-Europa und von Mahadöh, dem Herrn der Erde, mit der bei der Witwenverbrennung zu ihm aufsteigenden Geliebten in Indien.

Der freiwillige Opfertod wird mit ewiger Seligkeit belohnt. Kommerell meint, hinter dem indischen Motiv erschienen Christus und Maria Magdalena, der geistigste Mann mit einer käuflichen Frau. Es wundere ihn nicht, hat Goethe gesagt, daß Jesus mit Sündern und Huren gelebt habe. Dem Christen sind die Lüste des Körpers furchtbarer als dem europäisch antiken oder indisch hinduistischen Menschen. Daß die Sünde zur Bedingung der Erlösung wird, hatte Martin Luther aus eigenem Erleben hervorgehoben. Ähnlich ist es bei der »Braut von Korinth«. Das Christentum erscheint hier in einer dogmatischen Erbarmungslosigkeit, die nicht zum Urchristentum, wohl aber zur Zeit der Religionskriege und den daraus abgeleiteten Vorurteilen der Aufklärung paßt. Goethe hat sein eigenes Erlebnis, die Befreiung vom Puritanismus, zur Ballade einer religiösen Wende gefiltert.

Das Motiv einer Verbindung von Liebe und Tod, Hingabe und Opfer, extremer Sinnlichkeit und Vergeistigung stellt Sinnzusammenhänge in Urbildern dar. Das ist außer Goethe nur Bürger in seiner Ballade »Lenore« und dann nie wieder gelungen. Bürger hatte gezeigt, daß Leben und Sterben sich geheimnisvoll durchdringen: »Bei ihm, bei ihm ist Seligkeit / Und ohne Wilhelm Hölle!« Das vollzieht sich unter dem Gang der Sterne am Himmelsbogen. Bei Bürger ist die Herkunft der Ballade aus dem Bänkelsang, nach Gleims Mariannen-Romanze, deutlich. Solche selbstzerstörerische Wut hatte Goethe in Gretchens süßer Hingabe überwunden. In den großen Balladen hat er den Stoff mit viel milderen Tönen, in klaren Bildern und aufeinander abgestimmten Rhythmen bewältigt. Die Strophen sind kunstvoll gegliedert, die Sprache, weit weg vom Volkston, nimmt heroisches Pathos an:

> Soll zu Asche mir zerfallen
> Dieser Glieder Götterpracht?
> Mein! er war es, mein vor allen!
> Ach, nur eine süße Nacht! (HA I, S. 275)

Hier durchbricht Goethe die klassische Auffassung vom heiteren Genuß der Liebe. Die psychologischen Grenzen werden gesprengt, wenn die »Braut von Korinth« ein Thema berührt, das in den »Wahlverwandtschaften« zehn Jahre später seine zerstörerische Macht bekommt, der Jüngling solle in den Armen ihrer Schwester an *sie* denken:

Ach! in ihren Armen denk' an mich,
Die an dich nur denkt,
Die sich liebend kränkt; ... (HA I, S. 270)

Was früher in den schottischen Balladen, slawischen Volksliedern und Dramen der Sturm- und Dranggeneration als dumpfe Stimmung der Geister in nebelhafter Entfernung an den Grenzen des Chaos empfunden war, wird jetzt nach dem Vorbild des Äschylos und Sophokles als Mythos lokalisiert, in Gestalt von Göttern, Geistern und genau umrissenen Menschen. Jetzt bekommen die letzten Zeilen der indischen Legende den Ton einer religiösen Botschaft:

Es freut sich die Gottheit der reuigen Sünder;
Unsterbliche heben verlorene Kinder
Mit freudigen Armen zum Himmel empor. (HA I, S. 276)

Hier ist Goethe hinabgestiegen zu Mächten, die er später die Mütter nennen wird. Die Auseinandersetzung mit der Erlösungslehre war nicht ohne Absicht nach Indien verlagert, wo die Erlösung dadurch stattfindet, daß das Ich durch das Aufgehen im All überwunden wird, während es im Griechentum und Christentum als unsterblich erhalten bleibt oder auferstehen wird.

Einige Jahre später hat Goethe in Schellings Lehre von der Einheit von Mensch und Natur seine Ideen von All-Natur und All-Beseelung wiedererkennen wollen. In dem nicht ganz geglückten Gedicht »Weltseele« (»Begeistert reißt euch durch die nächsten Zonen / Ins All und füllt es aus!« HA I, S. 248), das zuerst »Weltschöpfung« hieß und nach der Jahrhundertwende entstand, hat er den Drang, sich mit dem Universum zu identifizieren, deutlich formuliert. Die Erlösung des an die unterste Kaste gebundenen Menschen hat Goethe in der dreiteiligen Ballade »Paria« in den Jahren 1821–23 noch einmal behandelt. Auch diesen Stoff hat er dreißig und vierzig Jahre mit sich getragen, und auch hier kommt die Erlösung aus Schmerz und Grauen.

Einige Jahre vor den großen Balladen, im Mai 1791, hatte Georg Forsters Übertragung der »Sakontala« Goethe den Zugang zu indischem Dichten und Denken geöffnet. Er hat das Drama der pflanzenhaft-zarten, heiteren und tiefsinnigen Szenen oft erwähnt und gelobt:

Will ich die Blumen des frühen, die Früchte des späteren Jahres,
Will ich, was reizt und entzückt, will ich, was sättigt und nährt,
Will ich den Himmel, die Erde mit *einem* Namen begreifen,
Nenn' ich, Sakontala, dich, und so ist alles gesagt. (HA I, S. 206)

Das indische Erlösungsmotiv wurde in »Der Gott und die Bajadere« jedoch hellenisiert, verchristlicht und mit eigenen Erfahrungen, der Liebe zu Mädchen aus dem Volk, gespeist. Die Verbindung von Frau und Mann wird als Mysterium von Personen dargestellt, im Unterschied zu Goethes frühen kosmischen Gedichten, zu »Ganymed«, »Mahomet« und »Prometheus«, wo nicht Erfahrungen, es sei denn das Selbstgefühl des Genies, zugrunde lagen, sondern die Form des Gebets.

In der »Braut von Korinth« spiegelt sich eine in der Renaissance aufgebrochene Spannung von heidnischer Lebensfreude und christlicher Lehre. Bei Winckelmann, Wieland und Heinse ist die Spannung deutlich. Der junge Herder hatte eine Germanisierung des Christentums vorgeschlagen, womit er die Befreiung von den puritanischen Fesseln meinte. Die Aufklärung führte zu einer natürlichen, nicht mehr christlichen Humanität, am deutlichsten bei Schiller und W. von Humboldt. Es ist bezeichnend, daß Schiller und Humboldt die »Braut von Korinth« lobten, während Herder und seine Frau sie wegen ihrer antichristlichen Tendenz scharf ablehnten. Die Klage der Braut von den »summenden Gesängen« der christlichen Priester, von der Zerstörung der Schönheit und Freiheit durch die Lehre des Evangeliums befrachtete die vampirische Ballade mit schweren Problemen. Ähnliches gibt es öfter bei Goethe, so in der Ballade von den vertriebenen keltischen Druiden in dem Gedicht »Die erste Walpurgisnacht«. Hier heißt es: »Diese dumpfen Pfaffenchristen, / Laßt uns keck sie überlisten.« Das ist eine Anspielung auf die Sage von der wilden Jagd und auf Volksbräuche mit Trollen und Hexen: »Schreckliche verhexte Leiber, / Menschen-Wölf' und Drachen-Weiber« (WA I, 1. S. 210). Die Walpurgisnächte des Faust nehmen die Themen vom vampirischen Beilager bis zu den Allegorien der Lüste dann nochmal auf.

Dritte Reise in die Schweiz und die Propyläen

Goethes dritter Besuch der Schweiz war der Ersatz für die mit Heinrich Meyer lange geplante zweite große Italienreise. Die kriegerischen Ereignisse hatten es nicht dazu kommen lassen. In Italien wollte Goethe seine Ansichten über die Bedeutung der Kunst nähren und bestätigen. Wie sehr Italien ihn auf diesem Gebiet gefördert hatte, geht aus seinen Aufsätzen über Kunst hervor. Im Dezember 1788 war Karl Philipp Moritz nach Weimar gekommen. Er hatte soeben seinen Essay »Über die bildende Nachahmung des Schönen« veröffentlicht, den Widerhall seiner Unterhaltungen mit Goethe in Rom. Unter dem Eindruck der Lektüre schrieb Goethe jetzt »Einfache Nachahmung der Natur, Manier, Stil« (HA VII, S. 30–34). Hier variierte er seinen Begriff des Gestaltwandels (»Wir wollen hier zum Beispiel Blumen und Früchte nehmen«) an den Schulbegriffen der Kunstlehre; Nachahmung der Natur als erste Stufe, »maniera« im Sinn der Renaissance als individuelle Form der Meisterschaft, und Stil als höchster Grad, den die Kunst erreichen kann. Er ruht auf »den tiefsten Grundfesten der Erkenntnis, auf dem Wesen der Dinge« (ebda. S. 32), er ist Ausdruck der Sicherheit im Wahren, korrespondiert also dem Vollkommenen, der Schönheit.

Um die gleiche Zeit arbeitete Goethe an der »Metamorphose der Pflanzen«, trieb in Jena anatomische Studien und ließ sich von dem Bergrat Abraham Gottlob Werner in die Lehre des Neptunismus einführen: Alle Formationen der Erde seien durch die Macht des Wassers entstanden – mit Ausnahme der von Vulkanen ausgespieenen Steine. Die Lehre paßte gut zu Goethes Meinung von den zur Einheit wechselnden Gestalten der Pflanzen. Ebenso bei den Tieren; das Urtier ist nicht das abstammungsgeschichtlich erste Tier, sondern die durch alle Abwandlungen bleibende Grundgestalt. Die Darstellung betont hier nicht so sehr die Wandlungen, sondern das Bleibende, nicht die Metamorphose, sondern den Typus. Das gilt auch für den Menschen. »Das römische Karneval«, später in die »Italienische

Reise« eingefügt, zeigt, scheinbar bloß Beschreibung, ein Muster menschlicher Gesellschaft: Ständig anders auftretend und sich kostümierend, bleibt der Mensch eine Variante des immer gleichen Typus. In der »Farbenlehre« werden Plato und Aristoteles als »typische« Vertreter zweier Arten, die Natur zu betrachten, angeführt.

Goethe ließ sich durch die politischen Ereignisse und die Kriegsgefahr nicht von der Naturforschung ablenken. 1792 erschienen die »Beiträge zur Optik«. Daran schlossen sich der »Versuch, die Elemente der Farbenlehre zu entdecken« und die von Kants Kritik der Urteilskraft beflügelte Abhandlung »Der Versuch als Vermittler von Objekt und Subjekt«. 1794 schrieb er die »Betrachtungen zur Morphologie«, wo sich die Gestalt- und Gestaltungskunde zum ersten Mal abzeichneten. In den Feldlagern in Frankreich und bei der Belagerung von Mainz hatte er diese Manuskripte bei sich. Die Freunde in Pempelfort hatten sich gewundert, daß der Dichter lieber von Hylozoismus (der belebten Materie) und Urpolarität aller Wesen sprach als von Poesie. So gut es ging hatte sich Goethe den militärischen und politischen Verwicklungen entzogen. Auch die 1792 übernommene Theaterleitung und die Beaufsichtigung des neuen Schloßbaus konnten ihn nicht von der Naturwissenschaft abbringen. Erst auf Schillers Drängen vollendete er »Wilhelm Meister«, wurde er in die Projekte der »Horen« verwickelt, schrieb »Hermann und Dorothea«, Balladen und Gedichte. Es schien, als sei er zur Literatur zurückgekehrt.

Unter der Drohung revolutionärer Truppen an Rhein und Main hatte Goethe seiner Mutter geraten, das Haus am Hirschgraben zu verkaufen. Sie zögerte und wollte nach Norddeutschland ausweichen. In Weimar ließ Goethe Zimmer zu ihrer Aufnahme zurechtmachen. Im Jahre 1795 verkaufte die Mutter das Haus unter dem Druck von Vermögensabgaben und bezog eine Etage am Roßmarkt. Im April 1795 brachte der Baseler Friede zwischen Preußen und Frankreich das linke Rheinufer an Frankreich. Das bedeutete Neutralität für Franken und Norddeutschland – eine Ruhe, die immerhin zehn Jahre dauerte. Goethe hoffte, die Italienreise mit Meyer machen zu können, aber diese Hoffnung zerschlug sich durch den Einmarsch Napoleons in die Lombardei und die Besetzung fast ganz Italiens durch die Franzosen. Klöster und Museen wurden systematisch ge-

plündert. 1797 begann der Transport der römischen Kunstschätze nach Paris.
Goethe und Meyer hatten ein umfangreiches Werk über Italiens Topographie, Geographie und Mineralogie, Tier- und Pflanzenwelt, Archäologie und Kunst geplant. Der Präliminarfriede von Leoben, 1797, befreite Süddeutschland und die Habsburgischen Erblande von der Kriegsdrohung. Der Tag von Leoben wurde in den Tagebüchern als wichtige Entscheidung begrüßt und unterstrichen. All das hinderte Goethe nicht, sich mit der Metamorphose der Insekten, der Anatomie der Frösche, mit Fischen und Vögeln, chemischen und optischen Versuchen, Knochenlehre und vergleichender Anatomie, dem Galvanismus, mit Würmern und Schnecken (Anatomie der Weichtiere) und grundsätzlichen Überlegungen über Erfahrung, Phänomene und mit der Fachliteratur zu befassen. Die Hoffnung auf die Italienreise ging aber wieder nicht in Erfüllung, da Meyer erkrankte und in seine Schweizer Heimat zurückkehrte.
So beschloß Goethe 1797 eine dritte Reise in die Schweiz. Vermutlich spielten auch Reiselust und Naturschwärmerei eine Rolle. Er spricht von der unwiderstehlichen Lust nach Land- und Gartenleben. Schiller kaufte einen Garten in Jena, Wieland richtete sich auf dem Gut Oßmannstedt häuslich ein, er selbst plante den Kauf des Landguts von Oberroßla. Seine Mutter klagte, Frankfurt sei leer, da alle Familien den Sommer auf ihren Landsitzen zubrächten: Noch hatten die Kriegszüge das reiche Leben Deutschlands nicht zerstören können. Für die Reise traf Goethe umfangreiche Vorbereitungen. Er machte ein Testament und setze August zum Universalerben ein, Christiane sollte die Nutznießung des Vermögens auf Lebenszeit zustehen. Am 2. und 9. Juli veranstaltete er ein Autodafé. Im Tagebuch heißt es: »Briefe verbrannt. Schöne grüne Farbe der Flamme, wenn das Papier nahe am Drahtgitter brennt« (WA III, 2. S. 75). Aus anderer Quelle wissen wir, daß er zwei Tage gezögert hat, die Briefe Mercks zu verbrennen, der vor sechs Jahren freiwillig aus dem Leben gegangen war. Merck, 1791, und Moritz, 1793 gestorben, waren die Gefährten verwandten Sinnes gewesen. Erst in Schiller hatte Goethe wieder einen kunstverständigen Freund gefunden. Jetzt reiste er mit Christiane, August und dem Schreiber Geist von Thüringen nach Franken. Streckenweise fuhr er mit der Extrapost voraus. So kam er über

Erfurt, Fulda, Gelnhausen und Hanau morgens früh um acht Uhr in Frankfurt an. Zwölf Stunden später kamen die Seinen und wurden von der Mutter mit offenen Armen empfangen.
Goethes Auftauchen in Frankfurt war eine Sensation. Gleich in den ersten Tagen führte er die Mutter in das geliebte Theater. Abraham Mendelssohn, der Bankier, schrieb an Zelter in Berlin, »er führte seine Mutter, eine alte geschminkte prätensionsvolle Person, in die Komödie« (Gespr. I, S. 676). Er zeigte den Seinen die Stadt und Umgebung, besuchte Bekannte und Verwandte, schrieb Briefe, machte Ausflüge nach Sachsenhausen, Offenburg und Bockenheim und besah die Kunstschätze des Herrn Städel. Man wohnte und aß gewöhnlich im Hotel. Nach zehn Tagen fuhr Christiane mit dem Sohn nach Weimar zurück, in dem glücklichen Bewußtsein, von Goethes Mutter als »Freundin« akzeptiert zu sein. Goethe fand Frankfurt sehr verändert. In Gesprächen mit alten Freunden, Verwandten, Ratspersonen und Patriziern wurden die Probleme der Stadt, auch die wirtschaftlichen und politischen, ausführlich erörtert. Anhand neuer Werke vertiefte er sich in die Stadtgeschichte. Am 22. August wurde ein Besuch Friedrich Hölderlins notiert. Drei Tage später reiste Goethe über Heidelberg weiter. Dann ging es über Heilbronn und Stuttgart nach Tübingen, wo er Cotta traf. Überall wurde Goethe als großer Herr und berühmter Dichter empfangen und geehrt. So kam er nach Stäfa am Zürcher See, wo er bei einem Vetter Meyers, der Gastwirt war, Quartier nahm.
Tagebuch, Briefe und Niederschriften spiegeln die ungemeine Breite und den Realismus Goethes auf nahezu allen Gebieten des geistigen, politischen, militärischen und sozialen Lebens. Sie enthalten exakte, oft intuitiv erfaßte Beobachtungen zur Topographie, über das Wetter, die Qualität des Ackerbodens und den Stand der Ernte. Selbst der Insektenbefall der Pflanzen wird bemerkt. Goethe war in der Lage, neben ständigen Besichtigungen von Schlössern, Kunstsammlungen und Gemälden an geselligen Veranstaltungen, Theater und Festessen der Honoratioren teilzunehmen. Auch dichterische Vorhaben wurden aufgezeichnet. Im Anschluß an ein Singspiel von Pasiello in Frankfurt wollte er die Müllerinlieder zu einer Operette ausweiten. Bei Schaffhausen regte ein mit Efeu bewachsener Baum ihn zu dem Gedicht »Amyntas« an.

Im Gegensatz zu früheren, künstlerisch komponierten und stilisierten Reiseberichten sind die Tagebuchtexte der dritten Schweizer Reise Zeugnisse von Goethes Realismus. Beim Rheinfall von Schaffhausen sieht er Schillers Vers legitimiert: »Es wallet und siedet und brauset und zischt.« Er notiert Spracheigentümlichkeiten der Schwaben und Alemannen, z. B. Schleiftrog für den Hemmschuh am Fuhrwerk und Tobel für Waldschlucht.

Am 20. September holte Meyer ihn in Zürich ab. Hier machte Goethe die Bekanntschaft von Johannes von Müller, des Historikers. Mit Meyer wurden die Kunstberichte und Kopien aus Italien durchgegangen. Zum dritten Mal sah Goethe die Zentralschweiz. Auf dem Hospiz am Gotthardt traf er denselben Kapuziner, mit dem er vor zwanzig Jahren theologische Gespräche geführt – oder erdichtet – hatte. Man kam zu den »Schweizer Mythenbergen« und den historischen Stätten von Uri, Schwyz und Unterwalden. Sie sahen den Rigi und Pilatus, die tiefen Seen, die grünen Matten und die Herrensitze der freien Bauern. Hier erwachte Goethes Sinn für die Heiligen, Helden, Staatsmänner und Frauen der helvetischen Geschichte. Zwischen dem Vierwaldstätter und Zuger See kamen sie an einer Kapelle zum Andenken von Geßlers Tod vorbei. Nach der Rückkehr an den Zürcher See las Goethe Tschudis Chronik wegen der Geschichte Wilhelm Tells. Vielleicht hat er jetzt schon daran gedacht, den Tellstoff für Schiller aufzuheben.

In Stäfa wurde das Tagebuch ins Reine diktiert, wurden Briefe und kleinere Aufsätze geschrieben und die gesammelten Mineralien nach Weimar abgesandt. Die regnerischen Abende vergingen mit dem Vorlesen aus Meyers florentinischer Kunstgeschichte und mit Plänen und Entwürfen für die »Propyläen«, eine neue Zeitschrift als Eingangspforte zur Kunst. Mit diesem Organ wollte Goethe die »Horen« auf einer anderen Ebene fortsetzen. In Zürich sah er, neben vielen Verehrern und alten und neuen Freunden, Barbara Schultheß, während er Lavater aus dem Weg ging. Über Stuttgart und Dinkelsbühl reiste Goethe nach Nürnberg, wo einige Tage Station gemacht wurde. Dann ging es über Bamberg, Lichtenfels und Kronach zurück, und Ende November des Jahres 1797 traf Goethe mit Meyer wieder zu Hause in Weimar ein.

Heinrich Meyer, elf Jahre jünger als Goethe, war Schüler des Malers

Johann Kaspar Füßli, und dieser war ein Freund Winckelmanns gewesen. Goethe hatte ihn in Rom als Kunstkenner schätzen gelernt. Meyers Ansichten über Kunst und Künstler waren von Winckelmann und dessen Freund Raphael Mengs bestimmt, am Vorbild der Griechen orientiert, mit einer von den Romantikern bespöttelten, aber von Goethe sein Leben lang festgehaltenen Einseitigkeit. Bei der Abfassung der »Italienischen Reise« hat Meyer ihn in allen Fragen der Kunst beraten. Die Fixierung an Meyer ist schuld daran, daß Goethe in Nürnberg und Bamberg vom Mittelalter und seinen großartigen Bauwerken unberührt blieb. Seit 1791 lebte Meyer in Goethes Haus am Frauenplan und war Professor an der Zeichenakademie geworden. In Goethes Auftrag war er nach Italien gegangen und hatte Kunstwerke für das Italienbuch studiert und kopiert. In den Jahren 1798–1800 sind dann die »Propyläen« im Namen der Weimarer Kunstfreunde erschienen. Natürlich wußte jedermann, wer die Weimarer Kunstfreunde waren. Meyer schrieb den programmatischen Aufsatz über die Gegenstände der bildenden Kunst und Essays über Masaccio und Raffael. Später hat er zu Goethes Sammelwerk über »Winckelmann und sein Jahrhundert« den Entwurf einer Kunstgeschichte des achtzehnten Jahrhunderts beigetragen. Meyer vertrat die Lehre vom unbedingten Vorrang der griechischen Antike und ihrer, wie er meinte, Wiederaufnahme in der italienischen Hochrenaissance. Gemessen an diesen »zeitlosen« Vorbildern zeigten alle andern Epochen ein Absinken der Kunst, besonders die »gotische«, also das christliche Mittelalter.

Goethe nennt das Mittelalter eine Zwischenzeit und Epoche pfäffischer Beschränkung. Sein Interesse an älteren Malern war begrenzt auf die Landschaftsmaler der Niederlande. Die römischen Paläste, die Kirchen von Florenz und Venedig hatten ihn nicht interessiert. Daß er vor dem Straßburger Münster in die Knie gegangen war, den Aufsatz über Erwin von Steinbach und die deutsche Baukunst des Mittelalters geschrieben hatte, war ihm bezeichnenderweise entfallen. Damals hatte er geschrieben: »Das Münster war notwendig schön wie die Bäume Gottes.« Damit war nicht die Polarität von Naturschönheit und Kunstschönheit gemeint, sondern die Idee einer Norm. Schon damals schwebten Goethe Normen der Kunst vor. An Mösers Tochter hatte er 1781, in Erwiderung auf die Angriffe Fried-

richs des Großen auf die deutsche Literatur und den »Götz« geschrieben: »Lassen Sie uns darüber ruhig sein, miteinander dem mannigfaltigen Wahren treu bleiben und allein das Schöne und Erhabene verehren, das *auf dem Gipfel* steht« (HA, Br. I. S. 363).
Als er das Straßburger Münster als Muster einmaliger Größe deutscher Kunst hinstellte, verwarf Goethe das frühere und spätere Mittelalter ebenso wie die Aufklärung und das Rokoko der Jugend. Sein »Götz« hatte am Mittelalter das Kräftige, Gesunde und Ursprüngliche, das Unvergängliche im Vergangenen betont, wo alle Stände, vom Kaiser bis zu den Zigeunern, ihre Funktion hatten. Auch Fausts »gotisches Zimmer« ist kein echtes Mittelalter, denn sonst dürfte es keinen Kaffee, weder Billard noch Totenschein und kein Wochenblatt geben. Trotzdem haben »Götz« und »Faust« auf die Generation von 1790 einen unauslöschlichen Eindruck vom Mittelalter hinterlassen. Dazu trugen Gretchens Gebete zur Mater dolorosa, die Domszene mit dem Dies irae und die Sagen vom Rabenstein und König in Thule bei. Der Gedanke einer Norm liegt allen Goetheschen Äußerungen über die Künste zugrunde: Die »Propyläen« haben diese Normen mit dem Akzent auf der griechischen Kunst herausgearbeitet. Goethe hat sein Leben lang dann an dieser Auffassung festgehalten.
Es ist merkwürdig, daß die Norm des Schönen in der bildenden Kunst nicht auf der Anschauung und dem Erlebnis echter Klassik, in Paestum und Agrigent (Girgenti), der Zeit des Sokrates, Sophokles und Äschylos beruht, sondern auf Kunstwerken des späten Hellenismus und Römertums. Das bedeutendste Beispiel, dem Winckelmann, Lessing und Goethe ihre Betrachtungen gewidmet haben, ist die Laokoongruppe. Sie ist zur Zeit Christi entstanden. Winckelmann, Lessing und Goethe haben nie ein Original der griechischen Antike gesehen. In Paestum war Goethe erschrocken vor der Urkraft wahrer Antike. Alles, was er als griechische Vorbilder verehrte, den Zeus von Otrikoli, den Apollo von Belvedere und die Juno Ludovisi, waren liebenswürdig geglättete oder großartig entfaltete Spätwerke. Sie haben nichts von der Herbheit und Sprödheit der alten Griechen. Sie entsprachen seinem neuen, beruhigten Lebensgefühl. Aus den gleichen Gründen zog er Euripides dem gewaltigen Äschylos vor.
Trotzdem muß man anerkennen, daß Goethes Fähigkeit, in Spätwer-

ken den Kern, die »Wahrheit« zu erkennen, größer war als die Winckelmanns, als jene fast abstrakte Stilisierung des menschlichen Körpers zum Ideal des schönen, edlen und darum mustergültigen Menschen.

Die Jenaer Romantik und Goethe

Nur allmählich legte sich der Sturm, den die »Xenien« erregt hatten, aber auf die jungen Autoren in Göttingen und Halle wirkte er wie ein Frühlingsgewitter. Plötzlich sahen sie, wie Goethe, ihr Idol, die Opposition erledigte. In diese Zeit fiel der erste Besuch Jean Pauls in Weimar. Soeben war »Hesperus«, ein Vorbote des Ruhms (1795), erschienen. Goethe hatte den Roman streckenweise gelesen, nannte ihn Schiller gegenüber einen Tragelaphen (Bockhirsch, Fabeltier) und wünschte dem Autor eine Reinigung des Geschmacks. In Weimar wurde Jean Paul, ähnlich wie früher Schiller, von Charlotte von Kalb gefördert. Herder und Frau nahmen ihn freundlich auf; als Autor wahrhaft unendlicher Gefühle und mit seinem alles assoziierenden Stil entsprach er dem Herderschen Geschmack. Herder hatte sich erbittert gegen Schillers Theorien vom Schönen gewandt. Die von Kant, der von Kunst und Literatur nichts verstand (HA Br. II, S. 363), ausgegangene Lehre der Ästhetik, wo die Griechen als ewige Muster einer Vereinigung höchster Kultur mit freier Natur hingestellt wurden, widersprach seinem historischen Spürsinn. Er wies auf den Geist des Christentums hin, im Gegensatz zur Schwärmerei. Dem Weimarer Gräzismus stellte er Händel und die barocke Oper gegenüber. Im »Titan« habe sein Freund Jean Paul den Weimarschen »Wilhelm Meister« phantastisch überboten.

Goethe las Herders »Metakritik« und die »Kalligone« mit zwiespältigen Gefühlen. Zu diesen Vorbehalten kam ein von Herders Frau vom Zaun gebrochener Streit über die, wie sie meinte, mangelhafte Unterstützung der Regierung, d.h. Goethes und des Herzogs, für die Versorgung ihrer Söhne. Goethe mußte sich entschieden zur Wehr setzen. Notdürftig wurde der Streit beigelegt; Herder und Goethe hatten sich auseinandergelebt.

Goethe, fünfzig Jahre alt, war der berühmteste Dichter Deutschlands, ja Europas. Besucher und Gäste kamen aus dem Reich, dem Baltikum, Schweden, Dänemark, England, den Niederlanden, Frankreich und Italien. Alle wollten die »Heiligen Drei Könige Weimars« – Wieland, Herder, Goethe – sehen, wollten Goethe ihre Aufwartung machen oder durch freundschaftliche Vermittlung zu einem Dejeuner eingeladen werden. Das Haus am Frauenplan galt als Sehenswürdigkeit. Es war das einzige Weimarer Gebäude in italienischem Geschmack. Beim Umbau hatte Goethe seine architektonischen Vorstellungen verwirklichen können. Das Stiegenhaus entstand nach dem Vorbild palladianischer Villen. Über ein im Boden eingelassenes »Salve« trat man in den gelben Saal, der als Speiseraum für größere Gesellschaften diente. Hier prangten Raffaels Stanzen. In dem anstoßenden Zimmer sah man unter Glas an der Mauer Heinrich Meyers Kopie der Aldobrandinischen Hochzeit. Die Abgüsse antiker Plastiken – der Juno Ludovisi, der Medusa Rondanini, des Zeus und Apoll – wurden erst später aufgestellt. Die Möbel waren bürgerlich schlicht, die Öfen teils aus Kacheln, teils aus Eisen, die Fußböden aus Brettern. Türen und Fenster waren elegant in Holz oder Stein gefaßt. Aus den Repräsentationsräumen sah man auf den Frauenplan.

Goethes Sammlungen waren am Frauenplan und im Gartenhaus an der Ilm untergebracht. Die wichtigsten Gruppen bildeten die Steine und Farben. Die Mineralien kamen im Lauf der Jahrzehnte auf 17 800 Stücke und wurden am Ende in 18 Schränken, 443 Schubladen und unter Glasstürzen aufbewahrt. Dreimal hat Goethe sie zu katalogisieren versucht. Dazu kamen Fächer mit getrockneten Pflanzen und Blättern, Knochen, Muscheln, Fossilien von Meerestieren und den Backen- und Stoßzähnen des urweltlichen Mammuts. Goethe, der Neptunist, vermutete, daß Thüringen ein tropisches Land und noch früher ein Meer gewesen sei, in dem sich Walfische getummelt hätten. In den Sammlungen zur »Farbenlehre« gab es Glasstücke mit polarisierendem Licht und Hunderte von Stoffproben aus Seide, Leinen und Brokat, die bemalt, bestickt oder gefärbt waren. Zu den naturwissenschaftlichen Sammlungen kamen die von Münzen, Medaillen, Stichen und Bildern, Büchern und Antiquariatskatalogen. Der Garten diente nicht nur als Nutzgarten mit Sträuchern und Gemüse, sondern auch als Ziergarten mit Blumen und zu Versuchen: Goethe ließ unter großen Opfern von Reisenden und Botanikern seltene Pflanzen beschaffen.

Dies Haus war der gesellschaftliche Mittelpunkt Weimars, mit Empfängen, Essen und Abendgesellschaften. Goethe war ein großzügiger Hausherr. Auf dem langen Tisch in der Mitte des Saales standen Blumenarrangements, auf Seitentischen kalte Speisen. Es gab Schokolade in Tassen, manchmal Tee, aber keinen Kaffee. Auch durfte nicht geraucht werden. Als Kenner und Liebhaber ließ Goethe seinen Gästen vorzügliche Weine kredenzen. Er unterhielt sich zwar nicht mit jedem Gast, übersah aber auch keinen.

Alle Berichte sagen, daß Goethe in Weimar zurückhaltend, vornehm und steif gewirkt habe, während er in Jena, bei den Professoren und im Kreis seiner jungen Verehrer, »ein ganz anderer Mensch« gewesen sei, wie Fritz von Stein an seine Mutter schrieb. Als Dorothea Veit, die Tochter Mendelssohns, einmal mit Schelling und den Brüdern Friedrich und Erasmus von Hardenberg in Jena spazierenging, kam plötzlich Goethe, »die alte göttliche Exzellenz«, ihnen entgegen. Sie fand, er sehe dem Wilhelm Meister ähnlich und wanderte, atemlos vor Glück, zwischen Goethe und F. Schlegel dahin. Karoline Schlegel schrieb am 15. November 1798 an Friedrich von Hardenberg (Novalis): »Er (Goethe) lebt mitten unter uns; gestern habe ich mit ihm soupiert, heute werde ich mit ihm soupieren, und nächstens gebe ich ihm selbst eine Fête. Kommen Sie dann auch!« (Gespr. I, S. 710). Novalis lebte im nahen Weißenfels. Er sah Goethe nicht nur in Jena, sondern vermittelte in Weimar, zunächst zusammen mit A. W. Schlegel, einen Besuch Ludwig Tiecks bei Goethe, der sie dann zum Essen einlud. Man scheint von Shakespeare und Ben Jonsons »Volpone« gesprochen zu haben, den Goethe daraufhin las. Bei dieser Gelegenheit war Tieck von der Persönlichkeit Goethes, den er seit seiner Jugend verehrte, überwältigt.

Bei Goethes Dejeuners ging es gemessen und mit beinah höfischer Etikette zu. Zu den ständigen Gästen gehörten Meyer und Friedrich Wilhelm Riemer, der Hauslehrer des Sohnes, die im Haus lebten, dann Karl August Böttiger, der beflissene Direktor des Gymnasiums von Weimar, Knebel, Schiller oder seine Frau – wenn sie nicht in Jena waren –, einige der höheren Beamten und gelegentlich, wenn Karoline Jagemann, seine Geliebte, sang, der Herzog. Corona Schröter wurde von Goethe bevorzugt, aber sie starb 1802; auch andere Damen und Herren des Ensembles und Gäste wie August Wilhelm Iffland und Friedrich Schröder konnte man treffen. Dazu kamen

Gelehrte aus Halle und Jena, Friedrich August Wolf und sein Assistent, der klassische Philologe Karl Simon Morgenstern, der Übersetzer und Schriftsteller Johann Diederich Gries und der Hallesche Physiker Heinrich Steffens. Er interessierte sich für Goethes Farbenlehre und war schon aus diesem Grunde willkommen.

Als die alte Sophie von La Roche in Begleitung ihrer Enkelin Sophie Brentano und der Susette Gontard, Hölderlins Diotima, ihren Jugendfreund Wieland in Weimar besuchte, wurden die Damen von Goethe zum Essen gebeten. Eine wahre Sensation war der Besuch der Frau von Staël. Sie konnte hoffen, in Wieland und Goethe – Herder war kurz vorher gestorben – die wichtigsten Vertreter des »sittlichen, geselligen und literarischen Weimar« kennenzulernen. Die geistreich-lebhafte und zielstrebig-aufdringliche »Weltfrau« ging Goethe derart auf die Nerven, daß er froh war, sich ihr zeitweilig erst durch echte, dann durch vorgebliche Krankheit entziehen zu können. Die Schilderung ihres Besuchs, in den Tag- und Jahresheften 1804 (HA X, S. 463ff.) gehört zu den Glanzstücken Goethescher Biographie.

Der Maler Schnorr von Carolsfeld beschreibt Goethes Kleidung: »Er trug ein dunkelblaues frackartiges Kleid ohne Klappen (Aufschläge), eine geblümte lange Weste; einen großen dreieckigen Hut; zwei tüchtig pomadisierte Querlocken über die Ohren – das Haar war gepudert – und einen sehr langen steifen Zopf; kurzes schwarzes Zeug-Beinkleid und große Stiefel mit braunen Stulpen. Zu allem diesen denke man sich seine große Gestalt und sein imposantes Auge! Weit eher hätte man den Dichter in seiner Erscheinung a prima vista für einen Herzoglichen Stallmeister genommen.« (Gespr. I, S. 746) Etwas anekdotenhaft, aber in der Substanz richtig, ist ein auf A. W. Schlegels Erzählung zurückgehender Bericht über das Verhältnis Goethes zu Schiller: »Goethe behandelte den kränklichen, oft launischen Dichter wie ein zärtlicher Liebhaber, tat ihm alles zu Gefallen, schonte ihn und sorgte für die Aufführung seiner Trauerspiele. Doch manchmal brach Goethes kräftige Natur durch, und einmal, als eben die Maria Stuart bei Schiller besprochen war, rief Goethe beim Nachhausegehen: ›Mich soll nur wundern, was das Publikum sagen wird, wenn die beiden Huren zusammenkommen und sich ihre Aventüren vorwerfen!‹« (Gespr. I, 747). 1799 kaufte

Goethe eine Kutsche, einen Reisewagen mit Federung und zurückschlagbarem Lederverdeck. Da Schiller nicht mehr ritt, freute er sich, wenn Goethe ihn im Wagen, im Winter mit dem Schlitten, zu Spazierfahrten abholte. Goethe hatte das Reiten nicht aufgegeben, obwohl er korpulent und ziemlich schwerfällig geworden war. Jean Paul hat sich über Goethes Appetit beim Essen gewundert und an einen Freund geschrieben: »Auch frisset er entsetzlich« (Bied. I, 644). Drei Jahre später war Jean Paul Gast bei Schillers Geburtstag. Goethe saß zwischen ihm und Herder. Auch Wieland war da, und sie tranken soviel Champagner, daß selbst der trinkfeste Jean Paul »einen Vulkan im Kopf« hatte (Gespr. I, 714) und sich durch zu vieles Reden unbeliebt machte.

Die Romantiker kamen aus allen Teilen Deutschlands. Sie hatten in Göttingen bei dem gelehrten Heyne, in Halle bei Wolf und in Jena bei Fichte und Schelling studiert. Alle bekannten sich zu Goethe als dem größten lebenden Dichter. Die älteste Verehrerin in diesem Kreis war Karoline Schlegel, geborene Michaelis aus Göttingen. In schwieriger Lage war sie von August Wilhelm Schlegel geheiratet worden. Schon als Achtzehnjährige hatte sich Karoline für den Dichter des »Werther« und »Götz« begeistert und übertrug ihren Enthusiasmus auf die hannoverschen Pastorensöhne August Wilhelm und Friedrich Schlegel. August Wilhelm, der ältere, hatte in den »Horen« geschrieben und stand als Kenner und Übersetzer der französischen, spanischen und italienischen Literatur bei Schiller und Goethe in Ansehen. Allerdings erlaubte er sich die Bemerkung, die »Horen« seien mit historischen Stoffen überladen. Karoline wurde durch ihre temperamentvollen Gespräche, ihre geistreiche Ironie und nicht zuletzt durch hausfrauliche Fähigkeiten der Mittelpunkt eines wachsenden Kreises. Neben ihr konnte sich Dorothea Veit nur mühsam behaupten; sie war Friedrich Schlegels Geliebte, seine »Lucinde«, die er 1804 heiratete. Wie ihre Schwägerin, war sie zehn Jahre älter als ihr Mann.

Goethe war der Abgott dieser Romantiker, während es mit Schiller bald zum Bruch kam, nicht nur wegen der »Horen«, sondern weil Schiller die Zeitschrift der Brüder, das »Athenäum«, schroff ablehnte. Es kam hinzu, daß seine Frau für »reinliche« Lebensverhältnisse war. Da Lotte Schiller stereotyp fragte: »Schickt sich das?« hatte sie den Spitznamen »die Dezenz«. Als Karoline Schillers Dramen ironisierte, wurde sie als Madame Lucifer ebenso komplimentiert wie beschimpft. Bei der Vorlesung von Schillers »Glocke« fiel sie vor Lachen fast vom Stuhl, und ihr Lob für »Wallensteins Lager« war ein Dolchstoß: »Schiller hat doch in Jahren zustandegebracht, was Goethe vielleicht (die Studien abgerechnet) an einem Nachmittag hätte geschrieben – und das will immer viel sagen« (Haberland/Pehnt, S. 386).

Friedrich Schlegel, der größte Kritiker seit Lessing, hat in seinem Athenäumsaufsatz über »Wilhelm Meister« Goethes Bedeutung wie nie jemand zuvor gewürdigt. Er sprach von einem göttlichen Dichter und vollendeten Künstler: »Diese wunderbare Prosa ist Prosa und doch Poesie« (Ath. I, 333). Sein Lob Goethes stand in Zusammenhang mit einem neuen Weltbild. Wieland, Matthison und Nicolai wurden von ihm verworfen. Der Verachtung der Aufklärung für das Mittelalter wurden das Lob Dantes, des Minnesangs und der großen Spanier entgegengesetzt. Obgleich die Brüder Schlegel von der Poesie der Griechen ausgegangen waren, folgten sie durchaus nicht der Kantischen Meinung vom Vorrang des Griechentums. Sie bewegten sich geistig auf einer Linie, die Herder schon zwanzig Jahre früher gezogen hatte: Sie dachten und empfanden historisch.

Wilhelm Heinrich Wackenroder, Tiecks Schulfreund in Berlin, war aus Opposition gegen den rationalen Geist des Elternhauses zum Mittelalter und seiner frommen Kunst gekommen. Novalis, herrnhutisch beeinflußt, schrieb den programmatischen Aufsatz »Die Christenheit oder Europa«, den Goethe ablehnte. Am wichtigsten war die Entdeckung der Frömmigkeit. Die Religion, sagte Friedrich Schlegel, sei die allbelebende Weltseele der Bildung, das vierte Element zu Philosophie, Moral und Poesie (Ath. III, 4). War es ein Mißverständnis, wenn die Romantiker in Goethe einen Wiederentdecker des Geheimnisvollen und »Romantischen« sahen? Nichts machte so großen Eindruck auf sie wie Mignon und der Harfner im »Wilhelm Meister«, das gotische Zimmer im »Faust«, der Dom mit Orgel und Dies irae, dem Hymnus auf das Weltgericht aus dem vierzehnten Jahrhundert, und das Ritterliche und Kriegerische aus dem »Götz von Berlichingen«. Keinem Romantiker sind solche Szenen mittelalterlichen Lebens geglückt.

Tieck und Wackenroder erhoben das mittelalterliche Bamberg und Nürnberg zu Wallfahrtsorten ihrer Begeisterung. Im Bamberger Dom überwältigte sie die Kunst der Kaiserzeit. In Nürnberg erlebten sie Dürer, Adam Kraft und Peter Vischer. Wackenroder und Tieck hatten die »Herzensergießungen eines kunstliebenden Klosterbruders«, Phantasien über die altdeutsche Malerei und das Geheimnis der Musik geschrieben. In dem Künstlerroman »Franz Sternbalds Wanderungen« poetisierte Tieck das ganze Leben zu einer Welt der Sänger, Dichter und Maler Deutschlands und Italiens. Goethe hat diese Bücher mit Kopfschütteln gelesen. Er hatte nichts gegen das Mittelalter und die Frömmigkeit, aber die sentimentalen Töne ihrer Begeisterung erregten seinen Widerwillen. Tiecks »Zerbino« hatte er gelesen, und als Tieck ihm seine »Genoveva« vorgelesen hatte, freundlich zugestimmt, aber beide Dramen wollten ihm doch nicht zusagen, obwohl die Verbindung des Märchenhaften mit dem Ritterlichen und die Welt der Volksbücher ihm vertraut waren. Tiecks »Gestiefelten Kater« hatten er und Schiller hingegen freundlich aufgenommen, zumal Iffland das Stück erfolgreich aufgeführt hatte.
Der Widerstand Goethes gegen die »neukatholische« Tendenz der Romantiker richtete sich weniger gegen die Literatur als gegen den süßlich-frommen Stil der Malerei, die sogenannte nazarenische Richtung. In dieser Zeit legte sich die Gesellschaft der Weimarer Kunstfreunde stofflich auf griechische Motive aus der »Ilias« fest. Goethe stellte den wüsten Benvenuto Cellini und einen nach seiner Ansicht heidnischen Winckelmann den christlichen Tendenzen der Romantik entgegen. Selbst in den »Faust« suchte Goethe in diesen Jahren mit Helena heidnische Elemente einzufügen. Andererseits war er sich mit Schiller, der »Maria Stuart« schrieb, einig, daß die romantischen Motive unausweichlich seien, und verteidigte die Kommunionszene der »Maria Stuart« gegen den Herzog, als dieser sie bei der Aufführung in Weimar streichen lassen wollte.
Im Kreis der Jenaer Romantiker gab Goethe seine Zurückhaltung auf. Für den Zeremonialstil des Hauses am Frauenplan hatten sie wenig Sinn, und den Teetisch der Hofrätin Schiller mieden sie. Desto freier und vergnügter ging es bei den Schlegels in Jena zu, wo Goethe in einem überschwenglichen Stil gehuldigt wurde. Karoline sagte, er habe Voltaires »Tankred« in Musik gesetzt wie Mozart den

Schikaneder. Sie lenkte Goethes Aufmerksamkeit auf Wilhelms deutschen Shakespeare, auf Friedrichs Boccaccio-Aufsatz und Tiecks Übersetzung des »Don Quixote«. Karoline hatte begriffen, daß die Leistungen der Brüder Schlegel und Tiecks in der schöpferischen Aneignung fremder Literatur lagen. In Wilhelms Übertragungen las Goethe 1802 Calderón; seither ist sein Interesse für den spanischen Dramatiker nicht erloschen. Dramen wie »Die Tochter der Luft« und »Der standhafte Prinz« hat er bewundert und entwarf 1807 sogar selbst eine Märtyrertragödie. Er verglich Calderón mit Shakespeare (HA XII, S. 305), und wenn der religiöse Gehalt der Glaubenslehre ihm reichlich katholisch vorkam, so hat er den immer unterhaltenden, »bretterhaften«, d. h. theatralisch wirksamen Kunstcharakter bewundert: »Calderon ist dasjenige Genie, das zugleich den größten Verstand hatte.« Schiller war völlig konsterniert: »Wie manchen Fehlgriff hätten Goethe und ich uns ersparen können, wenn wir den Calderon früher gekannt hätten.« Die Landschaftschilderungen unter dem Himmel und am Meer, der Traumcharakter der geschichtlich unbelasteten magischen Orte zwischen Himmel und Erde, das »kosmische Netzwerk« (Kommerell), haben Goethe im »Faust II« noch als Vorbild gedient.

1798 kam Friedrich Wilhelm Joseph Schelling, erst dreiundzwanzig Jahre alt, ein Schwabe, als außerordentlicher Professor der Philosophie nach Jena, frühreif, genialisch und mit einem von jeder Eitelkeit freien Selbstgefühl. Im Hörsaal und im Schlegelschen Salon imponierte er durch Geist und freie Rede. Goethe, der »alte Herr«, wurde auf Lebenszeit von ihm angetan und plante mit ihm das Gedicht über die Weltseele. Karoline aber hatte in Schelling den Mann ihres Lebens gefunden. Nach der Trennung von A. W. Schlegel wurde sie 1803 seine Frau. Schellings Naturphilosophie und der Dialog »Bruno oder über das natürliche und göttliche Prinzip der Dinge« hatten Goethe für ihn eingenommen. Schellings System des transzendentalen Idealismus kam Goethes Auffassung viel mehr entgegen als Fichtes Ich-Philosophie.

Damals war auch Johann Wilhelm Ritter, aus Schlesien stammender Chemiker und Physiker, in Jena und experimentierte unter schwierigsten Umständen, um den Beweis zu führen, daß ein ständiger Galvanismus den Lebensprozeß im Tierreich begleite: Es war die

Entdeckung der Elektrizität. Ritter war von Alexander von Humboldt beeinflußt worden, im Wesen aber völlig selbständig. Er überzeugte als Persönlichkeit. Selbst A. W. Schlegel als Dichter fühlte sich »verpflichtet«, bei Ritter Physik zu studieren. Zeitweilig haben Schelling, Ritter und Goethe gemeinsam mit Galvanismus und Farbphysik experimentiert. Zu einer gesellschaftlichen Beziehung mit Ritter kam es freilich nicht.

1801 kam Georg Wilhelm Friedrich Hegel, Schellings und Hölderlins Studienfreund, nach Jena und nahm anfangs dienstliche, später persönliche Beziehungen zu Goethe auf. Wenn man sich klar macht, daß Goethe im Kreis von Jena und Weimar eine entscheidende Rolle spielte und der Mittelpunkt der höfischen, gelehrten und künstlerischen Kreise war, versteht man, was mit seiner »Vielstrahlsinnigkeit« gemeint war.

Der jüngste unter den Jenaer Romantikern war Clemens Brentano. Er war nach einer gescheiterten Kaufmannslehre im Alter von neunzehn Jahren über Halle nach Jena gekommen, um Medizin zu studieren. Daraus wurde freilich nichts, da er in den Bann der Literatur geriet. Seine Großmutter, Sophie von La Roche, warnte ihn im Juli 1798 vor dem »Zauberzirkel jugendlicher Imagination« und empfahl ihn der zehn Jahre älteren »edlen Dichterin Mereau«, die er 1803 heiratete. Auch Friedrich Karl von Savigny, den Juristen, seinen späteren Schwager, lernte Brentano hier kennen. Der Enkel der Sophie von La Roche und der Sohn der inzwischen gestorbenen Maximiliane Brentano wurde im Weimar Wielands, Goethes und Herders mit offenen Armen aufgenommen, war aber nicht zu halten. Wie sein Freund Achim von Arnim führte er damals ein unstetes Leben und sammelte Bücher und Flugschriften. 1803 faßte er mit Arnim den Plan zu einer Liedersammlung. Sie erschien 1805 unter dem Titel »Des Knaben Wunderhorn, Alte deutsche Lieder«, und war Goethe gewidmet.

Ende des Jahres 1802 brachte Wielands Sohn Ludwig seinen Freund Heinrich von Kleist mit nach Weimar. Kleist blieb etwa zehn Wochen dort und verliebte sich in Wielands vierzehnjährige Tochter Luise. Wieland schrieb am 10. April 1804 an Kleists Arzt Dr. Wedekind in Mainz: »Ich glaube nicht zuviel zu sagen, wenn ich Sie versichere: Wenn der Geist des Aischylos, Sophokles und Shakespeares sich vereinigten, eine Tragödie zu schaffen, so würde das sein, was Kleists Tod Guiskards des Normannen« (Sembdner, Kleists Lebensspuren S. 59). Kleist scheint Goethe, den er wie einen Gott verehrte, weder gesehen noch gar persönlich getroffen zu haben. Eine sorgfältig vorbereitete Aufführung des »Zerbrochenen Krugs« in Weimar fand eine ungünstige Aufnahme.

So rasch wie er entstanden war, ist der Jenaer Kreis zerfallen. Es hatte mit Fichtes Weggang 1799 begonnen. Zwei Jahre später zogen die Brüder Schlegel nach Berlin und Dresden. Im April 1802 kam Schiller nach Weimar. 1803 erhielten der Mediziner Hufeland einen Ruf nach Berlin und sein juristischer Namensvetter nach Würzburg. Schelling ging mit Karoline nach Würzburg, der Theologe Paulus nach Heidelberg. Ritter wurde an die Münchner Akademie berufen. Von den berühmten Lehrern blieb vorerst nur Hegel in Jena. Goethe hatte allen Grund, sich um den Bestand der Universität Sorgen zu machen.

Als er hörte, die »weltberühmte« (Goethe) »Allgemeine Literaturzeitung«, Jenas Aushängeschild, werde mit ihrem Redakteur Chr. G. Schütz nach Halle ziehen, fürchtete er eine Auflösung der Universität und rief eine publizistische Neugründung ins Leben, die »Jenaische Allgemeine Literaturzeitung«. Sie wurde von dem Altphilologen Heinrich Karl Eichstädt geleitet. Tatsächlich hat sich die Universität nie wieder erholt – ganz abgesehen von der Besetzung, Plünderung und Brandschatzung im Verlauf der Schlacht von Jena und Auerstedt. Hegels Briefe an Friedrich Niethammer, Theologe und Schulrat im Fränkischen, später in München, schildern das ganze Ausmaß des Elends. Knebels Haus in Jena wurde geplündert. In Weimar verloren der Maler Georg Kraus und Frau von Stein alles, was sie hatten. Goethe flüchtete in sein Schlafzimmer, und es war Christiane zu danken, wenn das Haus am Frauenplan mit seinen Sammlungen verschont blieb. Goethe mußte Einquartierungen hinnehmen, glücklicherweise von Generalen. Acht Tage später ließ er sich vom Nachfolger Herders kirchlich mit Christiane trauen.

Faust und Natürliche Tochter

Der Andrang der Verehrer und Freunde, höfische Feste, regelmäßige Vorträge über Kunst, die naturwissenschaftlichen Interessen neben einer Fülle von Plänen zu neuen Dichtungen, darunter riesige wie die Einbindung des Faustthemas in einen theaterwirksamen Rahmen, ein auf acht Gesänge angelegtes Epos über Achill, die Diktate zur Cellini-Biographie – sechshundert Seiten – und der Plan einer dramatischen Trilogie, »Die natürliche Tochter«, all das mußte Goethe auf der Höhe seines Mannesalters, des »Mannes von funfzig Jahren«, in dem schon Fragen der »Wahlverwandtschaften« keimten, zur Kanalisierung und Organisierung zwingen. Er konnte erstaunlich rasch und folgerichtig arbeiten. Die 651 Hexameter der Achilleis hatte er im März 1799 seinem Schreiber Johann Geist in vierzehn Tagen diktiert. Die »natürliche Tochter«, ein Drama im Stil der »Iphigenie«, schrieb er heimlich in jenen Monaten, als Schiller über Goethes Faulheit klagte. In diesen Jahren entstanden schwierige programmatische Aufsätze für die »Propyläen«, Bearbeitungen französischer und antiker Dramen und immer wieder, obwohl nicht genau zu datieren, Teile des »Faust«, die Zueignung (»Ihr naht euch wieder, schwankende Gestalten«), das »Vorspiel auf dem Theater« aus eigenen Erfahrungen, der Prolog im Himmel, die Komplettierung des ersten Teils mit der Walpurgisnacht und als Vorgriff auf den zweiten Teil der Helenaakt.

Neben und während dieser Arbeiten war Goethe höfisch und gesellschaftlich in Jena und Weimar gebunden. Er unternahm mehrere Reisen nach Halle zu Wolf und nach Giebichenstein zu Reichardt, nach Bad Lauchstädt, zur Kur nach Pyrmont, zu den Kunstausstellungen von Kassel, nach Göttingen, wo der junge Achim von Arnim die Studenten zu einer Begrüßung aufrief, mit Wolf und dem Sohn August nach Helmstedt zu dem gelehrten Sonderling Gottfried Christoph Beireis (HA X, S. 475 ff.) und, im Juli-August 1806, nach Karlsbad, wo er die Bekanntschaft vieler »Äugelchen« machte.

In diese Jahre fallen schwere Krankheiten, vor allem 1801, 1803 und 1805. Sie lassen sich nicht exakt benennen, aber ihre Ursachen, Phänomene und Behandlungen erlauben Rückschlüsse. Im allgemeinen handelte es sich um rheumatische Erkältungskrankheiten, verursacht durch Kälte und rauhe Witterung, in Form von Katarrhen, Zahnschmerzen, Nierenkoliken, Gliederschmerzen und Verdauungsbeschwerden. Vielleicht litt er unter den Folgen der jugendlichen Tuberkulose und der Magen- und Darminfektion gegen Ende der Kampagne in Frankreich. Die Krankheiten nötigten Goethe zur Vorsicht. Er liebte leider schweres Essen und vor allem den Wein. Er brauchte warme Zimmer, hütete deshalb wochenlang das Haus und legte sich, genötigt und betreut von der Frau, tagelang ins Bett. Die kluge Christiane kannte die Wirkung der seelischen Verfassung auf die körperliche und umgekehrt. Nicht selten hat Goethe echtes oder gespieltes Unwohlsein diplomatisch zu nutzen verstanden.
Anfang 1801 überfiel ihn die grimmigste Krankheit. Im feuchten und kalten Schloß von Jena brach sie aus. Es kam zu Krampfhusten, Fieber, blutigem Auswurf, Gesichtsrose mit Verschluß des linken Auges. Wahrscheinlich war es eine Gehirnhautentzündung. Er geriet in einen Zustand neuntägiger Besinnungslosigkeit. Schiller, Frau von Stein, der Herzog, Herder und alle Freunde fürchteten, er werde sterben. Riemer zeichnete später in seinen Mitteilungen eine Erinnerung auf: »Vor allem aber würde höchst bedeutsam sein, jene an Christus gerichtete Apostrophe, wo er, nach seiner Gattin Zeugnis, das sie wiederholt ablegte, wenn das Gespräch auf diese Epoche seines Lebens kam, von Schmerz übermannt in Fieberphantasien, mit wahrhafter Begeisterung, in die beweglichsten herzergreifendsten Reden an den Erlöser ausgebrochen sei. Sie bedauerte nur, daß damals niemand daran (habe) denken können, diese aufzuzeichnen. Es würde mehr als alles andere beurkunden, was in seiner Seele für christlich-religiöse Gesinnungen gelegen, und wie sie nur bei solchen Gelegenheiten ohne Heuchelei und Rückhalt sich zu äußern veranlaßt werden« (Gespr. I. S. 791 f.).
Sobald er gesund war, erwachte die produktive Ungeduld: »Ich nahm den Faust wieder vor« (HA X, S. 451). Damals erhielt »Faust« den religiösen Rahmen. Mit dem Motiv der singenden Engel nahm Goethe Swedenborgsche Vorstellungen seiner Jugend wieder auf. (Die

theoretische Formulierung gelang erst viel später.) Die Engel sind Figuren aus den Stanzen Raffaels, deren Kopie ja hinter einem Vorhang im Speisezimmer hing. Auf einem der Medaillons wird der Ewige Vater von singenden Engeln umschwebt. Das Sein befindet sich im Zustand reiner Harmonie:

> Die Sonne tönt nach alter Weise
> In Brudersphären Wettgesang.
> Und ihre vorgeschriebne Reise
> Vollendet sie mit Donnergang. (Vers 243–246)

Die Schönheit des Kosmos wird in Bildern der Polarität und Steigerung ausgedrückt: Licht und Finsternis, äußerste Kraft und tiefe Ruhe, das sanfte Wandeln des Herrn bei Sturm und Donnerschlag, in Zeit und Ewigkeit. Faust strebt zum Höheren; Steigerung ist ein Leitgedanke seiner Existenz, der Gestalt des immer strebenden Menschen. Mephistos Menschenbild hingegen verharrt im Auf und Ab der Zwecke. Er ist der Geist, der stets verneint, in der süddeutschen Überlieferung ein antikirchlicher Dämon, der vom Menschen sagt, »Staub soll er fressen« (Vers 334) und »in jeden Quark begräbt er seine Nase« (Vers 292). Mephisto führt Faust in der Walpurgisnacht zum Hexentanz, der Phantasmagorie sexueller Leidenschaft, wo Gretchen vorbeischwebt. In solchen Zusammenhängen entstehen der Selbstmordmonolog, der Paktabschluß und, als Gegenstück, der Osterspaziergang in der vom Eise befreiten Natur. Faust rekapituliert sein Leben (»Mein Vater war ein dunkler Ehrenmann...«, Vers 1034) und drückt in »chymisch«-sexuellen Bildern aus, daß die Kombination des Widrigen ein schönes Gift, das »Bild der Königin«, ergibt:

> Da ward ein roter Leu, ein kühner Freier,
> Im lauen Bad der Lilie vermählt,
> Und dann mit offnem Flammenfeuer
> Aus einem Brautgemach ins andere gequält. (Vers 1042–1045)

Die Symbolik der Farbenlehre hat hier ihren poetischen Ausdruck gefunden; zugleich wird die Ausweitung ins Kosmische, das Geheimnis der Harmonie gewahrt.

Diese Szenen, ein Menschenalter nach dem Entwurf der Jugend, sind

Metamorphosen des Urfaustmonologs und der Erdgeistbeschwörung. Die Konzentration auf das dramatisch Wirksame und die Einbindung von Himmel und Erde, Sonnenauf- und -untergang erfolgten nicht nur aus Rücksicht auf das Theater und sein Publikum, sie erfüllten auch die poetische Forderung eines wirklich guten, nicht rührseligen oder ideologisch lärmenden Theaterstücks, wie Schiller es verlangt hatte. In den Jahren der »Natürlichen Tochter«, der Beschäftigung mit Winckelmann, dem französischen und antiken Theater, dachte Goethe immer wieder an seinen »nordischen« Faust, und wie man den Marktschreier und Zauberkünstler veredeln könnte. Schon im Volksbuch hatte sich Faust die süße Umarmung der schönsten Frau der Welt, Helenas, gewünscht, und Christopher Marlowes Faust hatte gerufen: »Helena, süße, mach mich unsterblich mit einem Kuß!« Goethe schrieb jetzt etwas mehr als dreihundert Verse in antiken Maßen über die Rückkehr der nach dem trojanischen Krieg heimgeführten Helena nach Sparta, den Anfang des Helena-Akts im »Faust II«. Die Sage hatte Helenas Heimkehr in das christliche Mittelalter der fränkischen Eroberer der Peloponnes verlegt – in ein erdichtetes Zwischenreich, wo Faust in Ritterrüstung auftreten konnte.

Goethe hatte sich intensiv mit einem Rekonstruktionsversuch der Gemälde des Polygnot im Weihtempel der Knidier zu Delphi beschäftigt. Ihr Gegenstand war die Heimkehr der Helden von Troja. Goethe beschwört Helena hier als antik-romantisches Idol: »Von Jugend auf ein Gegenstand der Verehrung und Begierde, erregt sie die heftigsten Leidenschaften einer heroischen Welt, legt ihren Freiern eine ewige Dienstbarkeit auf, wird geraubt, geheiratet, entführt und wieder erworben. Sie entzückte, indem sie Verderben bringt, das Alter wie die Jugend, entwaffnet den rachgierigen Gemahl; und vorher das Ziel eines verderblichen Krieges, erscheint sie nunmehr als der schönste Zweck des Sieges« (WA I, 48. S. 108).

Ein Gegenstück dieser Szene ist die »Achillëis«. Goethe hat sich lange mit dem Plan eines Homerischen Epos in Hexametern beschäftigt. Sehr sonderbar ist die Idee, Achill solle sich verlieben: Das heroische Epos wird zum Liebesroman. Goethe kam nicht damit zurecht. Viele schöne Stellen können nicht darüber hinwegtäuschen, daß die Lebensform des Helden ihm nicht lag. Die Verse klingen nicht frei wie in »Hermann und Dorothea«; Goethe zwängte sie in das Prokrustesbett der Metrik von W. von Humboldt, Voß und A.W. Schlegel. Voß' Strenge entstand aus der Frage, wie viele Versfüße im Deutschen möglich seien. Er hielt das deutsche Akzentuieren für kindliche Roheit und setzte ihm seine Meßkunst entgegen. Darum stehen in der Achillëis fragwürdige Verse:

> Und die Tochter versetzte des wahrhaft sprechenden Nereus:
> Grausame! Welcherlei Rede versendest du! Pfeile des Hasses!
>
> (HA II, S. 521, Vers 188)

Die »Achillëis« blieb Bruchstück; die Helena konnte Goethe erst viel später vollenden und in den dritten Akt des »Faust II« einfügen.
Die »Natürliche Tochter«, auch sie eine vom Tod bedrohte gefangene Frau, geht auf ein französisches Memoirenwerk zweifelhafter Substanz zurück. Es beschreibt die Versuche, der unehelichen Tochter eines Prinzen die Legitimierung durch den König zu verschaffen. Familiäre Intrigen, politische und finanzielle Interessen des Halbbruders, die unklare Haltung des Königs, Verzögerungen durch Revolution und Terror, nicht vollzogene Zwangsehe und Flucht ins Kloster lassen die Heldin als Opfer von Machtmißbrauch und Verbrechen erscheinen. Diesen Stoff hat Goethe von seinen historischen und aktuellen Bezügen gereinigt; nur die Revolution schimmert durch. Aus der Heldin, die in Wirklichkeit, wie sich herausstellte, eine Hochstaplerin war, hat er ein edles Mädchen mit dem symbolischen Namen Eugenie, die Wohlgeborene, gemacht.
Alle andern Personen sind namenlos: König, Herzog, Graf, Hofmeisterin, Gouverneur, Weltgeistlicher, Äbtissin, Mönch und Gerichtsrat. Von der geplanten Trilogie hat Goethe nur den ersten Teil geschrieben, 1801 begonnen und mit Unterbrechungen Anfang 1803 beendet. Die Premiere war am 2. April 1803 in Weimar. Ein Vierteljahr später brachte Iffland das Drama in Berlin auf die Bühne. Beide Aufführungen erregten Bewunderung wegen der dichterischen Substanz, aber Zweifel an der Bühnenwirksamkeit. Es gibt kaum Handlung, sondern nur den Reflex der Ereignisse in den Reden der Personen. Formal knüpfte Goethe bei »Iphigenie« und »Tasso« an; wie jene ist es ein klassizistisches Fünfaktestück in Blankversen; deutlicher als jene läßt es an griechische Vorbilder denken, an das psycho-

logische Drama des Euripides und dessen in rascher Wechselrede und arienhaften Monologen bewirkter Spannung. Ein persönlicher Gehalt wie im »Tasso« fehlt fast ganz. Man hat gemeint, Goethes Kritik an der Revolution sei der Nährstoff der »Natürlichen Tochter« gewesen. Manche Stellen deuten darauf hin:

> O, diese Zeit hat fürchterliche Zeichen,
> Das Niedre schwillt, das Hohe senkt sich nieder. (Vers 361-2)

Wie in »Hermann und Dorothea« wird die »fürchterliche Bewegung« der Revolution abgelehnt, nicht weil Goethe die Ideale der Revolution – Freiheit, Gleichheit, Brüderlichkeit – mißbraucht sah, sondern weil jede aufrührerische Gesinnung die Gesellschaft verderben muß.

In Frankreichs aristokratischen Salons war eine böse Saat aufgegangen. Egoistische Glieder des Hochadels, leichtsinnige Wirtschaft des Landadels, Korruption der Verwaltung und der elende Charakter des Königs waren die Voraussetzungen des Niedergangs. Dieser Hintergrund spiegelt sich in den Figuren des Dramas. Auch die Subalternen, der Sekretär, die Hofmeisterin, Äbtissin und Abbé, sind in dieser Sphäre gefangen. Nach Goethes Meinung war die Korruption des Ancien Régime schuld an der Revolution. Da war ein Netz ausgespannt, in dem es zugrundegehen sollte: Das Wort Netz ist eine Schlüsselmetapher des Geschehens in der »Natürlichen Tochter«.

Die Kritik an der Revolution bezieht sich also nicht auf den Dritten Stand und seine Führer, die Advokaten. Im Gegenteil: Eugenie findet Rettung in der Ehe mit einem bürgerlichen Juristen, dem Gerichtsrat. Diese Ehe bedeutet die Preisgabe aller aristokratischen Vorrechte. In der verheimlichten Ehe wird Eugenie ein anderes Leben führen als in der Welt verräterischer und egoistischer Politiker. Sie sagt zum Gerichtsrat:

> Daß ich empfinde, welch ein Mann du bist,
> Gerecht, gefühlvoll, tätig, zuverlässig. (Vers 2951)

Diese Einsicht war schwer errungen. Durch Erziehung und Herkunft gehörte Eugenie zum Adel; sie ist zart und feinfühlig, mutig und stolz. Hier steht ein Wort, das zum Leitbegriff der Ethik des späten Goethe werden wird: Entsagung der Entsagenden (Vers 2888). Die Revolution hat ihre Berechtigung, auch in Bezug auf das vom Adel und dem König, seinen Repräsentanten, preisgegebene Vaterland. Wie bezeichnend ist es doch, daß Goethe 1806 über das Ende des Heiligen Römischen Reiches kein Wort verloren hat, obwohl er den neuen Mächten des Nationalismus und der Demokratie skeptisch gegenüberstand. Die amerikanische Befreiungsrevolution hat er ausdrücklich begrüßt; hinter ihr sah er einen legitimen Willen zu demokratischer Freiheit.

Macht man sich diesen Hintergrund der »Natürlichen Tochter« klar, dann erhalten manche allegorischen Szenen eine beispielhafte Bedeutung, so gleich zu Anfang der anscheinend tödliche Sturz der reitenden Eugenie. Man fühlt sich erinnert an Goethes Plan zu einem Gedicht über die Jagd. Auch denkt man an Wilhelm Meisters Amazone: Das Heldenmädchen überlebt alle Gefahren. In Versen einer hochpathetischen Sprache huldigt Eugenie dem König:

Der freud'gen Überraschung laut Geschrei,
Bedeutender Gebärde dringend Streben,
Vermöchten sie die Wonne zu bezeugen,
Die du dem Herzen schaffend aufgeregt?
Zu deinen Füßen, Herr, laß mich verstummen. (Vers 339–343)

Die Stilisierung der Sprache geht weit über »Iphigenie« und »Tasso« hinaus, bis zur Künstlichkeit. Der ganze dritte Akt handelt von der Trauer des Herzogs über den Tod der Tochter, um so befremdlicher, als Eugenie, wie bei dem ersten Sturz vom Pferde, gar nicht tot ist. Er will ihr am Ort des scheinbaren Unglücks ein Denkmal setzen und selbst dort sein Grab finden:

O laßt mich dort, versteint, am Steine ruhn!
Bis aller Sorgfalt lichtgezogne Spur
Aus dieser Wüste Trauersitz verschwindet.
Mag sich umher der freie Platz berasen!
Mag sich der Zweig dem Zweige wild verflechten,
Der Birken hangend Haar den Boden schlagen,
Der junge Busch zum Baume sich erheben,
Mit Moos der glatte Stamm sich überziehn;
Ich fühle keine Zeit, denn sie ist hin,
An deren Wachstum ich die Jahre maß. (Vers 1584–93)

Der Schmerz des Herzogs gipfelt in der Beschwörung einer Katastrophe. Das Bild des Sturzes der Eingangsszene wird erweitert zur Vision eines Weltuntergangs, und zwar in Bildern, die an Shakespeares »Sturm« erinnern und Heinrich von Kleists Diktion vorwegnehmen:

Zerreißt die Dämme, wandelt Land in See.
Eröffne deine Schlünde, wildes Meer!
Verschlinge Schiff und Mann und Schätze. Weit
Verbreitet euch, ihr kriegerischen Reihen,
Und häuft, auf blut'gen Fluren, Tod auf Tod.
Entzünde Strahl des Himmels dich im Leeren
Und triff der kühnen Türme sichres Haupt.
Zertrümmr', entzünde sie und geißle weit,
Im Stadtgedräng, der Flamme Wut umher. (Vers 1322–31)

Der Herzog stellt keine Gegenordnung auf; er ist der stürzenden Welt verhaftet. Wohl aber will er ein Denkmal der Genesung (Vers 1570) setzen. Auf diesem Denkmal soll das Unglück der Tochter verewigt werden – und zwar in der Kunst; die Kunst, und nur die Kunst, vermag eines »dumpfen, dunklen Traumgeflechtes verworrne Todesnetze« zu zerreißen. Das wird angedeutet in dem geheimnisvollen Spruch:

Du bist kein Traumbild, wie ich dich erblicke;
Du warst, du bist. (Vers 1721–22)

Eugenie lebt, sie wird auch von diesem Sturz auferstehen, aber unter Aufgabe ihres Adels. Sie wird aufgenommen in den Stand der Bürgerlichen. Damit wollte Goethe die fragwürdige Symbiose von Reformadel und Bürgertum im »Wilhelm Meister« überwinden.

Goethe als Biograph

Unter den von Goethe herausgegebenen Biographien ist die des Florentiners Benvenuto Cellini die längste. Was konnte ihn veranlassen, sich viele Monate lang mit der Übersetzung von Cellinis Lebensbeschreibung und einem mühsam erarbeiteten kunstgeschichtlichen Anhang zu befassen? Die ersten Teile wurden in den »Horen« veröffentlicht und zeigen Cellini als einen Menschen, dessen Leben in einer wilden dunklen Welt nichts von einem Künstler im modernen Sinn hat. Er erscheint als rauflustiger Gold- und Silberschmied in einer nie in Frage gestellten Gesellschaft mit den Mächten der Politik und Kirche, Religion und Sitte. Auf einen Mord kommt es ebensowenig an wie auf die Hilfe des Teufels durch Zauberei. List, Schwindel, trügerische Redekunst, Zweikämpfe, Abenteuer mit Kurtisanen und Reisen zu großen Herren, seinen Auftraggebern, machen die Begegnungen mit Titanen wie Michelangelo und Leonardo da Vinci fast zur Nebensache.
Während die Biographien Winckelmanns, Hackerts und die Gespräche »Rameaus Neffe« von Diderot, Kunst und Künstler behandeln, arbeitete Cellini ohne Idee von Kunst. Das Italien und Frankreich der Hochrenaissance ist der wüste Schauplatz von Kunst und durchaus kein »Kunstkörper«, wie Goethe das nannte. Die Beschreibung ist ein Hohn auf den Glauben an die natürliche Güte des menschlichen Herzens, »die von einigen mit Unrecht angenommen wird«, wie es in der Einleitung heißt (WA I, 43, S. 6).
Um diese menschlich-rohe, aber vielfältig begabte Existenz in systematischen Zusammenhang zu bringen, entwirft Goethe im Anhang über Kunst und Technik jener Zeit eine Kunst- und Kulturgeschichte der Epoche in kurzen Kapiteln. Hier hat er zum ersten Mal die Technik der Noten und Abhandlungen zum »Westöstlichen Divan« angewandt. Das Interesse des Sammlers Goethe am Material der Künstler kommt zum Ausdruck, wenn er über Goldschmiedekunst, Fassung von Edelsteinen, Email, Münzen, Medaillen, Erzguß, Mar-

morarbeiten, über den Rangstreit der Skulptur und Malerei, über Restaurierungen, aber auch über die Stammtafel der Familie Medici, die letzten Jahre Cellinis und seine hinterlassenen Schriften schreibt. Damit ist jedoch immer noch nicht geklärt, weshalb er sich ausgerechnet mit Cellini befaßt. Hier stößt man auf die seit seiner Jugend bemerkbare Vorliebe für die kraftvolle Zeit vor und während der Reformation, die Zeit des Götz von Berlichingen, des Faust und Hans Sachs. Sie erfaßt jetzt den Raum der italienischen Hochrenaissance und erweitert dadurch den Gesichtskreis; er wird weltläufiger, in Anspruch und Leistung höher und ist nicht beschwert von deutscher Grübelei. Die Kunst lebt in einer profanen Welt und alles, was ihr entgegenzustehen scheint, wird rücksichtslos beseitigt. Kunst als Handwerk ist das Triebrad von Cellinis Existenz.

Der Aufsatz über Winckelmann ist als Einleitung zu einem Sammelband über Winckelmann und sein Jahrhundert 1804/05, ein Jahr vor Schillers Tod, unter schwierigen Umständen entstanden. Goethe hat hier die im Cellini-Anhang erprobte Technik der Reihung scharfgeschliffener Mosaiks zur Vollendung gebracht. Man merkt jedem Stück an, daß es aus einer immer wieder aufgeflammten Inspiration entstanden ist. Goethe erzählt nicht, er geht auch nicht von Punkt zu Punkt vorschreitend zum Ganzen der Winckelmannschen Person oder seiner Lehre über, sondern erfaßt Kernstücke seines Wesens: Antike, Heidentum, Freundschaft, das Gewahrwerden griechischer Kunst, die Wirkung Roms auf seine Natur, wobei ein Brief W. von Humboldts über Rom und nicht minder herrliche Stellen von Vellejus Paterculus und Quintilian zitiert werden. Antike Malerei und modernes Bibliothekswesen, der Einfluß des Malers Anton Raphael Mengs, die Glücksfälle der Freundschaften mit Fürsten und Kardinälen kommen ebenso zur Sprache wie das Papsttum und die Konversion zum Katholizismus.

Winckelmanns Charakter erscheint als Inbegriff des neuheidnischen Griechentums, des vollkommen schönen Menschen. Darauf sollte man nicht mit Vorwürfen reagieren. Für Goethe war die menschliche Gestalt der Höhepunkt der Natur, und *schöne* Gestalt, im Sinne vollendeter Anmut und Geistigkeit, gab es für Winckelmann und ihn in den klassischen Haltungen durchtrainierter männlicher und weiblicher schöner Körper von Göttinen und Göttern der Griechen. Die

Griechen hatten etwas gesehen, das vorher so nie gesehen war, Götter als Menschen und Menschen als Götter in marmorner Abstraktion, als wahre Bilder des Lebens. Die Kunstgestalt ist ein Vollendetes, eine »zweite Natur«. Darum ist die Schönheit der Griechen absolut. War Winckelmanns Ideal der Mann, so ist Goethes Ideal die Frau: Iphigenie, die Prinzessin, die Amazone, Eugenie, Helena, Ottilie, Suleika und Makarie. Sie stehen für das, was Goethe mit dem Begriff Heiligkeit, Berührung mit dem Absoluten, bezeichnete. Auf die Frage nach dem Heiligsten antwortete er:

> Was ist das Heiligste? Das, was heut und ewig die Geister,
> Tief und tiefer gefühlt, immer nur einiger macht. (HA I, S. 227)

Der Winckelmann-Aufsatz ist eine Verteidigung des Schiller-Goetheschen Humanismus. Winckelmann erscheint als dessen erster moderner Geist. Auch hier beruft sich Goethe auf Kant, der den Rang der Griechen behauptet hatte, und sagt über die Altertumsforscher: »Denn indem sie sich nur mit dem Besten, was die Welt hervorgebracht hat, beschäftigen und das Geringe, ja das Schlechtere nur im Bezug auf jenes Vortreffliche betrachten, so erlangen ihre Kenntnisse eine solche Fülle, ihre Urteile eine solche Sicherheit, ihr Geschmack eine solche Konsistenz, daß sie innerhalb ihres eigenen Kreises bis zur Verwunderung, ja bis zum Erstaunen ausgebildet erscheinen. Auch Winckelmann gelang dieses Glück, wobei ihm freilich die bildende Kunst und das Leben kräftig einwirkend zu Hülfe kamen« (HA XII. S. 120).

In Winckelmann wird die höchste Forderung an den Menschen erfüllt, die Verbindung von Wissen und Kennerschaft mit ästhetischem Anspruch und Sinn für das Schöne als Kategorie des Weltbegreifens. Mit Goethes Worten: »Der große Vorzug, den Winckelmann als Altertumsforscher über seine Vorgänger, Zeitgenossen und berühmtesten Nachfolger behauptet, die Ursache warum, ungeachtet einseitiger Anfechtungen, seine Schriften ernstmeinenden Freunden des Altertums immer noch vor anderen nutzbar und wert geblieben sind, besteht in dem Zusammenwirken gelehrter Kenntnisse mit lauterem Kunstsinn: Eigenschaften, die in solchem Maße sonst nie vereint wurden« (WA I, 46. S. 81).

Goethe geht so weit, in Winckelmann einen Menschen zu sehen, der sich in der Welt als einem schönen Ganzen, in einem Kosmos des Entzückens weiß. In ihm würde das Weltall, sagt er, wenn es sich selbst empfinden könnte, als an sein Ziel gelangt aufjauchzen und den Gipfel des eigenen Werdens und Wesens bewundern; denn wozu diene aller Aufwand von Sonnen, Planeten und Monden, der ganzen planetarischen Welt, »wenn sich nicht zuletzt ein glücklicher Mensch unbewußt seines Daseins erfreut?« (HA XII, S. 98).

Solche Bemerkungen, und es gibt mehrere, stellen Winckelmanns Erscheinung als klassizistisches Idol gegen die neuchristlich katholisierende Auffassung der Romantik, wo die Antike relativiert wird gegenüber der »hohen geistigen Schönheit« (F. Schlegel) der Baukunst, Skulptur und Malerei des Mittelalters. Eben damals, als Goethe, unterbrochen durch schwere Krankheit, seinen »Winckelmann«, in immer neuen Ansätzen eines inspirierten Schubes schrieb, reiste F. Schlegel mit den Brüder Boisserée durch Nordfrankreich und Belgien und hielt in Köln epochemachende Vorlesungen über mittelalterliche Philosophie und Geschichte.

Man hat viel über Goethes »Winckelmann« nachgedacht und geschrieben. Die sachlichen Fehler, das Beiseitewischen der Konversion, das Verschweigen der Beziehungen zum Wiener Hof, die Polemik gegen den Grafen Caylus und das an dieser Stelle auffällige Herunterspielen Martin Luthers (Luthersche Choräle seien Winckelmanns einzige Begegnung mit der Poesie gewesen) – all das hat Bekenntnischarakter und soll Antike, Freundschaft und Schönheit als etwas Heidnisches hervorheben; es soll den Geist der Romantik herabsetzen – was auch gelungen ist. Trotzdem ist Goethes »Winckelmann«, ein wie Achill »ewig strebender Jüngling«, zu bewundern als Muster einer den Gegenstand in knappen Formulierungen erhellenden Prosa: »So vielfach Winckelmann auch in dem Wißbaren und Wissenswerten herumschweifte, teils durch Lust und Liebe, teils durch Notwendigkeit geleitet, so kam er doch früher oder später immer zum Altertum, besonders zum griechischen, zurück, mit dem er sich so nahe verwandt fühlte und mit dem er sich in seinen besten Tagen so glücklich vereinigen sollte« (HA XII, S. 100).

Im Jahre 1804 hatte Schillers Schwager Wolzogen in Petersburg eine französische Handschrift von Klinger erhalten, Denis Diderots »Neveu de Rameau«, eine Kopie aus dem Nachlaß des französischen

Enzyklopädisten, der seine Bibliothek aus Not hatte verkaufen müssen. Mit Maria Pawlowa, der Gemahlin des Erbprinzen Carl Friedrich von Sachsen-Weimar, war das Manuskript nach Weimar gekommen; zu ihrem Gefolge hatte Wolzogen gehört. Goethe erkannte den literarischen Rang des Werkes, das in Frankreich nicht bekannt war, und machte sich mit großem Vergnügen an die Übersetzung. Nach vierzehn Tagen war sie fertig – wie das Original ein Meisterwerk.
Zu dem Text verfaßte Goethe alphabetische Anmerkungen über die Personen des Gesprächs, besonders über den von Rameaus Neffen niederträchtig kritisierten Dramatiker Palissot, über Voltaire, Rameau, die Musik Rameaus und einige Randfiguren. Sechzehn Jahre später, nach der Rückübersetzung des Gesprächs ins Französische, veröffentlichte Goethe unter dem Titel »Nachträgliches zu Rameaus Neffe« einen Essay in seiner Zeitschrift »Kunst und Altertum«. Schon 1799 hatte er in den »Propyläen« Diderots »Essai sur la peinture« übersetzt und mit Anmerkungen über Farben, Kolorit und Harmonie der Farben begleitet, eine Ergänzung seiner Farbenlehre. Goethes Übersetzung und Studien zu Diderot nehmen mehr als 300 Seiten der Weimarer Ausgabe ein (WA I, 45). »Rameaus Neffe« hatte infolge der kriegerischen Ereignisse, der Eroberung Norddeutschlands durch Napoleon, als man nichts von französischer Literatur wissen wollte, keinen Erfolg. Erst allmählich, als auch Frankreich aufmerksam geworden war, kam Diderots Text, das Gespräch des verkommenen, genialischen, hoch begabten, nichtswürdigen Neffen Rameaus aus der Pariser Boheme um 1760, zur Geltung als ein getreues Abbild jenes Geistes, aus dem die Revolution hervorgegangen war.
Die heterogensten Elemente der Wirklichkeit sind hier in ein lebhaftes, lehrhaftes, geistreiches Ganze vereinigt. Die rednerische, moralische und theatralische Absicht zeigt einen Schmeichler und Schmarotzer. Diderots Feinde und Konkurrenten werden als verlogenes Pack dargestellt, immer aus dem Munde eines Subjekts, das die Verachtung des Lesers erregt, zugleich aber als Musiker und satirisch-komischer Schauspieler faszinierende Talente besitzt. Rameaus Neffe ist, wie Goethe sagt, ein das verdorbene Geschlecht seiner Zeit darstellender Mensch und ein scharf gezeichnetes Individuum. Diderot hat die Fäden überaus kunstvoll verschlungen und die Konturen besonders dadurch deutlich gemacht, daß der Schuft im Gespräch

mit einem ehrlichen Mann vorgeführt wird und das Ganze »aus lauter wirklichen Pariser Elementen zusammengesetzt erscheint« (WA I, 45. S. 208).

In dem Gespräch und den Anmerkungen entwirft Goethe eine Kulturgeschichte der Aufklärung in Frankreich. Das Zeitalter gipfelt in Voltaire, den Goethe sein Leben lang verehrt hat, wenn er ihm auch unter zahllosen höchst erwünschten Eigenschaften Tiefe der Anlage und Vollendung in der Ausführung abspricht. Goethe kennt die Macht der Konzentration des Geistes der Nation in einer einzigen Stadt, Paris, weiß ihr aber die Zersplitterung der deutschen Kultur in zahlreiche höfische und städtische Zentren als Vorteile entgegenzustellen. Tatsächlich erscheint die Welt von Paris zugespitzt in Personalien, viel mehr als bei Cellini, Winckelmann und Hackert. Das gibt dem Gespräch mit Rameau und dem Anhang einen in der deutschen Literatur kaum je wieder erreichten Reiz des Scharfen, Geistreichen, Brillanten, aber auch eine für das Denken des achtzehnten und neunzehnten Jahrhunderts in Deutschland schwer vorstellbare Bosheit. Rameaus Neffe repräsentiert den Typus nihilistisch grinsender Niedertracht in einer profan gewordenen Welt, wie Goethe sie früher in dem Roman »Manon Lescaut« des Abbé Prévost gefunden hatte.

Von zahmerer Art ist Goethes Biographie seines Malerfreundes Philipp Hackert. Am 5. Juni 1807 erhielt Goethe in Karlsbad die Nachricht von Hackerts Tod und empfing dessen biographische Aufzeichnungen. Hackert hatte sie Goethe zur Ausarbeitung einer Biographie testamentarisch zugedacht. Sie haben Goethe im Trubel des Karlsbader Gesellschaftslebens mehrere Wochen lang beschäftigt, neben der Arbeit an der »Farbenlehre«, zwischen Aufzeichnungen zu Novellen, die in die »Wanderjahre« eingingen, und ersten Überlegungen zu den »Wahlverwandtschaften«. Außerdem notierte er Erinnerungen aus der Jugend, zeichnete und schrieb Briefe. Es ist erstaunlich, wie das Leben nach der Katastrophe von Jena fortzugehen schien; allerdings befand man sich in Böhmen, in einer militärisch und politisch trügerisch empfundenen Ruhe. Goethe mußte die Arbeit an »Hakkert« vorerst aufgeben, da die Erben die Aufzeichnungen beanspruchten und gerichtlich beschlagnahmen ließen. Erst 1810 kam es zu einer Vereinbarung, und vom November 1810 bis Anfang April 1811 konnte Goethe die Masse der Papiere ordnen, umschreiben, mit

Anmerkungen versehen und den Bericht eines Engländers über Hakkerts Sizilienreise aus dem Englischen übersetzen. Das Konvolut umfaßte 350 Seiten und erschien noch im gleichen Jahr als Buch bei Cotta.

Die Hackertbiographie ist weder inhaltlich noch literarisch mit den Werken über Cellini, Winckelmann und Diderot zu vergleichen. Zwar bot das Leben des Malers den Stoff zu einer Künstlerbiographie in Frankreich und Italien, aber es war problemlos, allzu äußerlich, allzu erfolgreich, als daß Goethe warm geworden wäre. Hackert war ein hoch begabtes Talent, aber weder ein Genie noch ein »Kerl«, und da wo sein Leben im Zentrum eines reichen, verschwenderischen absoluten Hofes gestanden hatte, in Neapel, verboten Goethe bei der verwandtschaftlichen Verfilzung Neapels mit Petersburg, Florenz, Wien und Weimar höfische und gesellschaftliche Rücksichten den vollen Einsatz. Goethe selbst war eine Zelebrität dieser von Napoleon und seinen Emporkömmlingen bedrohten und bald gestürzten alteuropäischen Welt.

Hackert war keine geistesgeschichtliche Figur wie Winckelmann und Diderot. Er genoß als Künstler die Anerkennung durch Kaiser, Papst, Könige und Fürstlichkeiten, war beliebt und erfolgreich, aber er war kein Repräsentant der Kunst wie Mengs und als Denker über Kunst kein »Philosoph«, wie man damals sagte. Goethes Interesse beschränkte sich auf den Italienkenner, den Reisenden, auf den Höfling. Selbst die Beschreibungen der Gemälde sind trocken; sie sagen nichts aus über eine Spannung zwischen den Gönnern und einem willfährigen Hofmaler. So bleibt Goethe, seiner Testamentsvollstrekker-Pflicht getreu, bei den biographischen Fakten, und da auch die Nachwelt sich nicht hat entschließen können, Hackert bedeutend zu finden, lebt sein Andenken fast nur in Goethes Biographie fort.

Pandora und Epimenides

Im Dezember 1803 war Herder gestorben. Sein Tod hat Goethe kaum berührt. Schillers Tod, im Mai 1805, hat ihn in der Tiefe seines Wesens getroffen. Er war so verstört, daß er nicht fähig war, ein Trauerfestspiel zu schreiben, was man erwartete. Wohl aber drangen die Gefühle der Wehmut unter die Bewußtseinsschwelle und stiegen von dort als Dichtungen über den Tod im antiken Mythos und in Verbindung mit der militärischen und politischen Katastrophe Deutschlands durch Napoleon wieder auf. Unter Goethes vielen Maskenzügen und Festspielen sind »Pandora« und »Des Epimenides Erwachen« verschlüsselte Dramen über den Tod. Goethes Stoizismus sah auch hier eine Verwandlung. Die Trauer soll die Zukunft nicht lähmen, sondern beflügeln. Pandoras Verschwinden muß auf Wiederkunft hinweisen; Phileros, Prometheus' Sohn, will den Tod, um wieder geboren zu werden. Epimenides wird aus tiefem Schlaf zu neuem Leben erwachen.

Beide Festspiele sind Antworten des Dichters auf tiefe Krisen. Seine Vorstellungen von Sicherheit und Ordnung waren in der Katastrophe der Schlacht von Jena zusammengebrochen. Zwar tröstete er sich mit seinen Lieblingsbegriffen vom Auf und Ab im Wechsel. Aber wie schwer ihm das fiel, erkennt man daraus, daß er mit allen Mitteln die Meldung seines Sohnes August zu den Freiwilligen der Befreiungskriege hintertrieb. Er mußte sich wieder »im Sein befestigen«. Dazu gehören jetzt die intensive Beschäftigung mit »Des Knaben Wunderhorn«, der Verkehr mit Hegel, die Freundschaft mit Zelter, die Liebe zu der scheuen Wilhelmine (Minna, Minchen) Herzlieb, die Bekanntschaft mit dem französischen Diplomaten Karl Friedrich Reinhard in Karlsbad, einem Verehrer, der Teile der »Farbenlehre« ins Französische übersetzte, und die nicht minder wichtige Beziehung zu dem Maler Philipp Otto Runge, dessen Farbentheorie Goethe als der seinen verwandt ansah und in Form eines Briefes in die Farbenlehre aufnahm. Alexander von Humboldt widmete ihm seine »Pflanzengeographie« mit dem Anhang »Naturgemälde der Tropenländer«; sie regte Goethes geologische Vorstellungen mächtig an. Er suchte Trost im Umgang mit Werken der Antike, wie Plinius' »Naturalis Historia« und Platons Dialogen. Riemer, der Altphilologe, erschloß ihm Äschylos und Euripides von ihrer dichterisch-sprachlichen und verstechnischen Bedeutung her. F. A. Wolf rühmte Goethe als Wiederentdecker des griechischen Geistes in deutscher Sprache. Doch alle Huldigungen konnten den Verlust Schillers nicht ersetzen.

So keimte in der Tiefe seines Wesens eine Wiederaufnahme des Prometheus-Themas in Verbindung mit dem Gegenstück, Prometheus' Bruder Epimetheus; dem aktiv-tätigen tritt der untätig-nachdenkende Typus an die Seite. Pandora selbst erscheint nicht. Sie lebt in Epimetheus' Erinnerung an ihre Schönheit und Vollkommenheit. In ihren Töchtern Elpore und Epimeleia leuchtet das verlorene Glück der kosmischen Harmonie auf; von Pandoras reichen Gaben bleibt nur die Hoffnung auf ihre Wiederkehr: »Pandoras Wiederkehr« sollte das Fragment ursprünglich heißen.

Die Benützung mythischer Figuren war für den Goethe der »Iphigenie« Ausdrucksmittel persönlicher Verhältnisse. Nach dem politischen und militärischen Desaster von Jena und Auerstedt wurde die Diktatur Napoleons zum Lehrstück, wurde der Kaiser eine mythische Größe. Kein Ereignis hat Goethes scheinbar fest eingerichtete Welt derart getroffen. Seit zwanzig Jahren hatte er seinen Herzog vor der engen Verbindung mit Preußen gewarnt. Jetzt wurde das Land in Preußens Niederlage hineingezogen und nach dem Beispiel des linken Rheinufers, Württembergs und Bayerns zum Vasallen Frankreichs gemacht. Das politisch und militärisch bedeutungslose Land Sachsen-Weimar hätte sich rechtzeitig dem Rheinbund anschließen müssen. Carl August hatte allerdings nicht aus »nationalen« Gründen an Preußen festgehalten, sondern als Soldat; seine Fähigkeiten wurden freilich für so gering gehalten, daß er als reaktivierter General im Kriege rückwärtige Dienste im fränkischen Hinterland zu kommandieren hatte.

Napoleon behandelte Weimar als Feindesland. Die Herzogin Luise trat ihm tapfer entgegen, aber sie mußte sich sagen lassen, daß ihr Gemahl feindlicher Offizier und ihre Familie mit dem Oberkommandierenden Herzog von Braunschweig verwandt sei. Das Land Braun-

schweig war soeben von Napoleon zum Königreich Westfalen geschlagen worden. Ein ähnliches Schicksal drohte Sachsen-Weimar. Napoleon nahm freilich, seit er sich zum Kaiser der Franzosen gemacht hatte, Rücksicht auf monarchische Verhältnisse. Die französische Oberhoheit bedeutete französische Rekrutierung, Gerichtsbarkeit und zwei Millionen Taler Kriegskontribution; für ein Land mit 120 000 Einwohnern war das eine ungeheure Summe. Goethe mußte bei der Vermögensabgabe 2000 Taler entrichten. Die Universität Jena wurde veranlaßt, die Errungenschaften französischer Kultur und der Revolution, den Code Napoleon und den französischen Katechismus, zu studieren. Hatte die angesehene Jenaer »Allgemeine Literaturzeitung« bisher über deutsche Philosophie, Literatur, Theologie und Naturwissenschaften berichtet, so bekam sie jetzt eine französische Zensur. Die politische Propaganda stand in enger Verbindung mit dem militärischen Nachrichtendienst, eine für deutsche Verhältnisse vollkommen neue und als unsittlich empfundene Form der politischen Herrschaft. Reinhards Analysen und Friedrich Gentz' Studien über das politische Gleichgewicht in Europa waren überholt. Goethe übersetzte Johannes von Müllers Gedenkrede auf Friedrich den Großen, wo zum ersten Mal Tabus der preußischen Geschichte berührt wurden.
Diese Verhältnisse boten Nahrung zur »Pandora« und den verwandten Dramen. Nicht daß sie politische Schlüsselstücke wären, aber die von Goethe schon im »Elpenor« geübte Erfindung von Varianten Euripidëischer Stücke bekam jetzt Sinn. Die kriegerische Bewegung, die Sehnsucht nach Ruhe, das Hoffnungsmotiv, die Gesänge der Schmiede über die Verwüstung des Landes (»Erde sie steht so fest! / Wie sie sich quälen läßt!« HA V, S. 338) sind entscheidende Motive. Prometheus hat den Menschen das Feuer gebracht, er freut sich, daß sie nun auf dem Amboß das harte Erz mit Hammer und Zange formen, denn »des tät'gen Mannes Behagen sei Parteilichkeit« (HA V, S. 339, Vers 218). Die Gesänge der Soldaten, »Geboren sind / Wir all zum Streit...« (Vers 904–5) sind auf Eroberung gestimmt. Die Szene ist urzeitlich: Zyklopische Mauern, Höhlen, Holzgebäude mit Baumstämmen als Säulen, Ruhestätten mit Fellen und Teppichen. Helios und Eos, Sonne und Morgenröte werden personifiziert.
Da Pandora Liebe, Schönheit und Freundlichkeit durch Öffnen der

Büchse ihrer göttlichen Mitgift buchstäblich als Rauch in die Luft hat entweichen lassen, ist das Leben auf Erden gestört. Vor allem die Schönheit fehlt, ihre Wiederkehr wird am meisten ersehnt, denn erst in der Ästhetisierung werden die Gegensätze aufgelöst: In der Kunst kommt der Prozeß der Metamorphosen des Werdens zu Ende; die dämonischen Mächte der Auflösung finden hier ihre Ruhe. Jetzt sind Mord und Tod in die Paradiese des humanen Wohlwollens und der Liebe eingebrochen. In der Frau realisiert sich die höchste Schönheit. Epimetheus findet dafür einen lyrisch überwältigenden Ausdruck:

> Wer von der Schönen zu scheiden verdammt ist,
> Fliehe mit abegewendetem Blick!
> Wie er, sie schauend, im Tiefsten entflammt ist,
> Zieht sie, ach! reißt sie ihn ewig zurück.
>
> Frage dich nicht in der Nähe der Süßen:
> Scheidet sie? Scheid' ich? Ein grimmiger Schmerz
> Fasset im Krampf dich, du liegst ihr zu Füßen
> Und die Verzweiflung zerreißt dir das Herz.

(HA V, S. 356, Vers 761–769)

Solch edler Einfachheit stehen stichomythische Gespräche und Erörterungen in artistischer Sprache mit Partizipialkonstruktionen und Inversionen gegenüber. Unausweichlich ist die Frage, wie und warum Gewalt und Verrat in die Welt gekommen sind. Der geschmückte Kosmos ist räumlich und zeitlich unendlich, nicht aber der Mensch:

> Sternenglanz und Mondes Überschimmer,
> Schattentiefe, Wassersturz und Rauschen
> Sind unendlich, endlich unser Glück nur.

(HA V, S. 348, Vers 500–503)

Die Klage der Epimeleia, Pandoras Tochter, über das verlorene Glück ist eine heroische Idylle im Stil antiker Versmaße und kunstvoll verschränkter Klänge.
Hier werden Schichten des Goetheschen Wesens in mythischer Abbreviatur vorgestellt: Liebe, Leidenschaft, Sinnlichkeit, Leiden, Glück und Qual. Im Pandora-Festspiel kommen also, hinter und

unter der politischen Maske, die Zentralmotive von Goethes Leben zu teils sinnlicher, teils gedanklich-allegorischer Repräsentation. Was früher ein Ausdruck für dramatische Fülle und Überschwang war, ist jetzt Gegenstand eines mythologischen Reigens. Die Personen entstammen einem damals allgemein verständlichen Kanon. Das Weimarer Publikum kannte die mythischen Figuren, die antiken Versmaße und die höchst kunstvoll in die deutsche Grammatik und Syntax übertragenen griechisch-lateinischen Konstruktionen:

> Doch schmückt' Hephaistos wohlbedenkend reich sie aus;
> Ein goldnes Hauptnetz flechtend erst mit kluger Hand,
> Die feinsten Drähte wirkend, strickend mannigfach.
>
> (HA V, S. 351, Vers 604–606)

Dazu kommen lyrische Partien, Gedichte, Chöre und freirhythmische Gebilde mit eigenwilligen Wortbildungen:

> Das Gehäg stürzt,
> Und ein Wald schlägt
> Mächt'ge Flamm' auf. (HA V, S. 359, Vers 847–49)

Das Festspiel »Des Epimenides Erwachen« ist oratorien- und opernhaft. Es war Textvorlage für eine Feier des Sieges über Napoleon und sollte auf allen deutschen Bühnen gespielt werden. Der Held hat die Zeit verschlafen, und ist zum Seher geworden. Das Festspiel mit Musen, Genien und Dämonen, mit den personifizierten göttlichen Tugenden Glaube, Liebe und Hoffnung, konnte freilich nicht volkstümlich werden, hatte aber mit der Musik von Bernhard Anselm Weber in Berlin und Weimar Erfolg, obwohl man die Allegorie schwer verständlich und die Musik mittelmäßig fand: Die allgemeine Hochstimmung kam den Aufführungen in Anwesenheit der Fürstlichkeiten ebenso zugute wie der nur in Berlin mögliche Aufwand einer großen Bühne: Außer dem Ballett war sogar Kavallerie aufgeboten. In Berlin kam es zu drei, in dem bescheidenen Weimar nur zu einer einzigen Aufführung. Goethe war enttäuscht. Sein politisches Ideal, »Fürst und Volk und Volk und Fürst«, die nun von den Dämonen der Zerstörung befreit seien, war vielleicht für ein patriotisches Spiel geeignet. Aber wenn der Chor singt:

So rissen wir uns rings herum
Von fremden Banden los.
Nun sind wir Deutsche wiederum
Nun sind wir wieder groß, (HA V, S. 398, Vers 955–58)

spürt man die restaurativen Tendenzen der Zeit viel mehr als Goethes Bedenken gegenüber der neudeutschen Nation. Beide Festspiele drücken Goethes Empfinden weder rein dramatisch, noch rein lyrisch, sondern in der Form von Gedankendichtung aus. Dieser Goethe steht *über* Prometheus, Werther, Wilhelm Meister, Iphigenie und Tasso; dies »über« sagt, daß er die Ereignisse nicht begeistert, sondern skeptisch betrachtete. Die historischen Vorgänge sah er wie einen Festzug mit Masken und Arien an. Das Patriotisch-Nationale oder gar Völkische lag ihm nicht, und unter Befreiung verstand er etwas anderes als die echten Patrioten wie H. von Kleist, Gneisenau und der Freiherr vom Stein.

Die Glätte des Festspiels überdeckte nur mühsam, daß Goethe mit den politischen Bewegungen seiner Zeit zerfallen war. Er wollte, wie er Jacobi schrieb, lieber seine alten Fäden fortspinnen. Im napoleonischen Protektorat konnte er ebensowenig ein neues Ordnungssystem erkennen wie in der Begeisterung der Befreiungskriege. Daß seine Mutter im September 1808 starb, nahm er wohl als Gleichnis des Untergangs der alten Welt – und schwieg darüber. Wenige Wochen darauf wurden er und Wieland vom Kaiser Napoleon beim Fürstentag in Erfurt empfangen. Einige Tage später zog ihn Napoleon in Weimar abermals in ein Gespräch. Die Berichte darüber (HA X. S. 543 ff. und Anm.) sind zahlreich und ergänzen sich zum Teil. Die politischen Aspekte der stundenlangen Gespräche – als Minister eines Rheinbundfürsten – hat Goethe nur angedeutet, die literarischen um so mehr betont.

Anfangs hatte Goethe in Napoleon den Bändiger der revolutionären Massen gesehen. Jetzt aber erkannte er in ihm jenes Dämonische, das »am furchtbarsten erscheint, wenn es in irgend einem Menschen überwiegend hervortritt« (HA X, S. 177). Daß der Welteroberer ihn nicht nur als berühmten Autor (das war Wieland auch), sondern als geistig ebenbürtige Elementarkraft, als großen Menschen erkannte, hat Goethe mehr geschmeichelt als Napoleons Vorschlag, ein Caesar-

und Brutusdrama zu schreiben. Der Kaiser war für ihn ein Urphänomen, ein kreatives Genie. Er konnte Goethes Glauben an die ästhetischen Werte das Wort entgegensetzen: »Was will man jetzt mit dem Schicksal, die Politik ist das Schicksal« (HA X, S. 546). Es richtete sich gegen die Abweichungen des französischen Dramas von Natur und Wahrheit. In Napoleon sah Goethe Weltvernunft und Geschichte in leibhaftiger Person. Ihm gegenüber versagte sein Ambivalenzempfinden. Die Verehrung für Napoleon war nicht bloß eine Antwort auf dessen Schmeichelei. Sie war der Höhepunkt der lebenslangen Franzosenverehrung, die durch den Grafen Thoranc im Elternhaus begründet worden war. Hier liegt auch der Grund für Goethes Kritik an Carl Augusts Politik und seiner Skepsis gegenüber den Befreiungskriegen. Immer wieder, auch nach dessen Zusammenbruch und Tod, hat Goethe den Kaiser gefeiert, in dem Huldigungsgedicht an die Kaiserin von Frankreich »Im Namen der Bürgerschaft von Karlsbad« (HA I, S. 261), in der Figur des Timur im »Westöstlichen Divan«, in der Übertragung von Manzonis Napoleon-Ode (WA I, 3. S. 204) und am meisten in den Gesprächen mit Eckermann.

Die Wahlverwandtschaften

Dieser Roman nimmt unter Goethes Werken eine Sonderstellung ein. Das beginnt mit dem sachlich zurückhaltenden Stil. Romanhafte Neugier wird nicht erregt und findet nur im Andeuten und Verschweigen ihre Nahrung. Es gibt weder Abenteuer noch pathetische Gefühle, weder Lust am äußeren Geschehen noch psychologische Zerfaserung, weder Seitenwege noch dekorative Ausschmückungen. Im »Wilhelm Meister« ist die geheime Führung der Personen Teil der Romanhandlung; auch die pädagogische Absicht ist deutlich. In den »Wahlverwandtschaften« sind Handlung und Personen ebenso hell wie dunkel, als sei da jenseits von Vernunft und Wissen ein Geheimnis, das dem Autor, als Gesetz der Lebensmächte, inzwischen klar geworden war. Er führt vier Hauptpersonen und eine Reihe von Statisten ein; er will ein Experiment vorführen. Es beginnt mit den Lebensumständen eines Ehepaars im Milieu des Landadels. Eduard und Charlotte verbringen viel Zeit mit dem Planen und Ausführen von Parkanlagen und darauf scheint ihr Interesse reduziert zu sein. Eduard möchte seinen Freund, den Hauptmann, einladen; Charlotte zögert mit der Zustimmung und stellt eine Bedingung: Sie möchte Ottilie, die Tochter ihrer Freundin, einladen. Jetzt zögert Eduard, aber dann stimmen beide dem Plan des andern zu. Nachdem die Gäste gekommen sind, entsteht ein Verhältnis überkreuz: »Indem nun Charlotte mit dem Hauptmann eine gemeinsame Beschäftigung fand, so war die Folge, daß sich Eduard mehr zu Ottilien gesellte« (HA VI, S. 289). An diesen vier Personen will Goethe das unsichtbare Geheimnis, ein Gesetz zur sinnlichen Anschauung bringen. Im Titel des Romans wird es angedeutet: Die »Wahlverwandtschaft« zueinander gehörender Seelen. Am Schluß des vierten Kapitels fallen dafür zahlreiche, fast scherzhaft wirkende Stichwörter. Da wird an die Verbindung von Verschiedenartigem erinnert, des Weins mit Wasser, die sich schnell vermischen, während Öl und Wasser fremd nebeneinander verharren, wenn sie nicht durch Laugensalz miteinander verbunden werden; auch die Massen des Volkes, die sich in Ständen gegenüberstehen, Adel und Bürgertum, Militär und Zivil, sie alle sind durch Sitten und Gesetze vereinbar. »Auf diese Weise können unter Menschen wahrhaft bedeutende Freundschaften entstehen; denn entgegengesetzte Eigenschaften machen eine innigere Vereinigung möglich« (HA VI, S. 273).

Solch ein Gegensatz ist auch der des Alters. Die Frage der Liebe des älteren Mannes zu einer jungen Frau war das Thema des »Mannes von funfzig Jahren«. Was dort humoristisch behandelt war, wird im Roman tragisch dargestellt, um »diese geheimnisvollen Wirkungen vor die Augen zu bringen« (ebda.). Der Roman soll demonstrieren, wie »vier bisher je zwei zu zwei verbundene Wesen, in Berührung gebracht, ihre bisherige Vereinigung verlassen und sich aufs neue verbinden« (HA VI. S. 275).

Während Goethe im »Werther«, »Wilhelm Meister« und in den Dramen eine Handlung fabulierend vorführt und die Charaktere sich entwickeln läßt, steht in den »Wahlverwandtschaften« das Ergebnis, jenes Gesetz, fest; Handlung und Personen dienen seiner Demonstration. Der Leser begreift erst langsam, wie wichtig jedes Detail und jedes Wort sind, wie alles vorbereitet und verzahnt wird, welche Rolle Verdopplungen und Parallelismen spielen, wie auch das Unscheinbare festgelegt ist und nichts dem Zufall überlassen bleibt. Die Spannung des Romans entsteht nicht durch geweckte Erwartungen oder deren Enttäuschung, sondern durch Wiederkehr von Details, die bei jedem Mal deutlicher werden, auf das Geheimnis hinweisend und es zugleich verbergend.

Der Roman wird auf dem Boden erstarrter Ehen aufgebaut. Goethe kannte die Problematik. Seine Fluchten vor der Heirat hängen ebenso damit zusammen wie die Gewissensehe mit Christiane Vulpius. Eduard und Charlotte kommen aus geschiedenen Ehen. Ihnen beiden und dem Hauptmann und Ottilie stehen der zu Besuch kommende Graf und seine ebenfalls geschiedene Gefährtin gegenüber. Früh tritt ein ehemaliger Geistlicher mit dem symbolischen Namen Mittler auf; er ahnt nicht, daß mit wohlmeinender Rede nichts mehr auszurichten ist. Die Pensionatsvorsteherin und ihr Gehilfe vertrauen auf pädagogische Einwirkung, die an der wilden Luciane, Charlottes Tochter aus erster Ehe, wie an der sanften Ottilie schon gescheitert war. Eine Welt, die Ehebruch und Scheidung stillschweigend hinnimmt, gilt für normal: Der Graf und seine Gefährtin, Luciane und ihr Verlobter sind unbefangen in dem Sinn, daß sie die Verhältnisse unreflektiert hinnehmen und als bloße Weltleute kaum schuldfähig sind. Die jungfräulich edle Ottilie geht in dieser Welt zugrunde. Sie fühlt und weiß, daß die Ehe, das Gesetz, etwas Absolutes ist. Das Tagebuch zeigt, was in ihrer Seele vorgeht, welch überlegene Bildung ihr Herz hat und wie sie Dinge ahnt, von denen ihre Vernunft nichts weiß: »In der abgesichelten Ähre liegt überschwänglich viel Nährendes und Lebendiges verborgen« (S. 376). Mit Entsetzen stellt sie fest, daß sie Eduard leidenschaftlich liebt. Auch Eduard ist ein leidenschaftlich Liebender, aber zugleich hat er kindliche, nicht unedle, aber unreife Züge. Im elften Kapitel kommt es zu der berühmten Szene, wo Eduard in Charlottes Armen an Ottilie und Charlotte an den Hauptmann denkt. Das im doppelten Ehebruch gezeugte Kind wird sterben.

Die Erzählung wird unterbrochen durch die Novelle von den wunderlichen Nachbarskindern und die Tagebuchstellen. Durch den ganzen Roman zieht sich eine Todessymbolik mit Gräbern, Kirchhöfen, Todesfällen und Unfällen durch Ertrinken. Das Wetter und die Blumen, die Musik und die Gemälde sprechen von Trauer selbst in der Natur. Dazu kommen die Identifikationen: Ottilie fühlt sich bei den Durchzeichnungen mittelalterlicher Personen bei ihresgleichen. Die Figuren der durch den Architekten ausgemalten Kapelle werden Ottilie-Porträts.

Ottilies und Eduards Liebe ist etwas Ursprüngliches, Instinkthaftes und Leidenschaftliches. Ottilie erliegt ihr wehrlos. Eduard wird Soldat und möchte am liebsten fallen, kehrt jedoch dekoriert und befördert zurück. Er weiß jetzt, daß seine Verbindung mit Charlotte keine echte Ehe war und will sie lösen. Die Liebe zu Ottilie findet keine sinnliche Erfüllung, sie beruht auf innerer Verwandtschaft. In der Unterhaltung mit dem Freund werden nebenher wichtige, ja unglaubliche Andeutungen gemacht: »Sie wiederholten das Andenken ihrer früheren Zustände, und der Major verhehlte nicht, daß Charlotte Eduarden, als er von Reisen zurückgekommen, Ottilien zugedacht, daß sie ihm das schöne Kind in der Folge zu vermählen gemeint habe. Eduard, bis zur Verwirrung entzückt über diese Ent-

deckung, sprach ohne Rückhalt von der gegenseitigen Neigung Charlottens und des Majors, die er, weil es ihm gerade bequem und günstig war, mit lebhaften Farben ausmalte« (HA VI, S. 452).
Die Hauptpersonen benützen nicht die christliche Terminologie. Das was die Romantiker unter Glaube und Heiligkeit verstanden, etwa Tieck und Arnim, die kaum Christen waren, mußte von Goethe anders ausgedrückt und neu formuliert werden. Während des Krippenspiels, wo Ottilie die Mutter Gottes spielt, denkt Charlotte an das Kind unter ihrem Herzen und weint. Das Kind wird kein Erlöser, sondern ein Bote des Todes sein. Die Gesellschaft versteht das Krippenspiel nicht christlich, sondern ästhetisch. Nanny, das Kind aus dem Volk, darf christliche Worte benützen; in ihrem Mund sind die konventionellen Formeln wahr. Diese Nanny, schwatzhaft, scheu, naschhaft, mit dem Tierblick in den Augen, ist von Ottilie nicht durch Worte, sondern durch Freundlichkeit, Lächeln und Entgegenkommen erzogen worden. Sie kann dem fassungslosen Architekten, dem Kenner des frommen Mittelalters, »mit soviel Wohlwollen und Sicherheit zusprechen, daß er, über ihre Reden erstaunt, sich zu fassen vermochte und seine schöne Freundin (Ottilie) ihm in einer höheren Region lebend und wirkend vorschwebte« (HA VI, S. 488).
Angesichts solcher Schichtungen nimmt es wunder, wie Goethe sie »verkeilen« konnte, wie er das bei der fast gleichzeitigen »Pandora« nannte. Man merkt beim Lesen erst langsam, da das eine aus dem andern hervorgeht, wie auch das Nebensächliche, das Geringe, das Anklingen von Worten und Begriffen Bedeutung haben. Man darf deshalb nichts auslassen oder überspringen: Die Technik der Schreibweise ist so dicht, daß kein Stein dieses leuchtenden Mosaiks ohne Schaden für das Ganze herausgebrochen werden darf.
Verführt durch Goethes Wort vom Bekenntnischarakter seiner Werke, hat man versucht, persönliche Verhältnisse herauszulesen. So kann man in der lauten Luciane Züge von Karoline Jagemann und mag im klassikerkundigen Hauptmann Züge Knebels finden. Für Charlotte gab es unter Goethes vielen Bekanntschaften aus dem Thüringer Adel Vorbilder: Solche Damen gab und gibt es überall. Am schwierigsten ist eine biographische Entsprechung zu Ottilie zu finden, obwohl man Charlotte von Stein, Minna Herzlieb und Silvie von Ziegesar vorgeschlagen hat. Aber es gibt genau soviele Gegengründe.

Die Liebe des reifen Mannes zu einer jungen Frau ist Goethe vertraut gewesen, aber Charlotte von Stein war älter als er und fällt als Schnittmuster eines Mädchens aus. Züge von Christiane finden sich in der tüchtigen Charlotte. Am meisten wurde Eduard mißdeutet. Er ist nicht nur ein Liebender, sondern auch ein Leidender; man erkennt an ihm die Art preußischer Offiziere. Sämtliche Personen gehören zum Geburtsadel: sie sind gut erzogen, konventionell gebildet, wohlhabend, so daß sie keine materiellen Sorgen kennen. Keiner Figur hat Goethe etwas von seiner Größe, von seinem Wissen mitgeteilt: Es sind Durchschnittsmenschen ihrer Klasse, und das sollen sie sein. Sie sind »Natur« und wie diese dem Gesetz der Metamorphose unterworfen. Sie sind wie die Übergänge der Farben bei prismatischen Brechungen, die Goethe in der »Farbenlehre« beschreibt: Das überraschende und beglückende Hervortreten von Grün und Purpur beim Überführen von Gelb und Blau über weißen Grund, von Violett und Gelbrot über schwarzen Grund. Die Netzhaut bildet sich zu jeder Farbe eine Ergänzung.

Der damals in der Chemie übliche Terminus technicus Wahlverwandtschaften meint also weit mehr als chemische Verbindungen. Er meint die Wahl seelisch und geistig verwandter Personen, eine »fast magische Anziehungskraft«, die natürliche Sympathie. Mittler, in gut gemeinter Naivität, versteht die Verschiebungen nicht; er glaubt an Wiedervereinigung der Gatten und sieht in den leidenschaftlichen Bewegungen Prüfungen ehelicher Liebe. Charlotte, die Dame, fürsorglich und selbstsicher, sieht viel schärfer. Sie will auf Eduard verzichten, will entsagen, hofft auf Beruhigung durch die Zeit und möchte Ottilie und Eduard zusammenbringen. Das scheitert am entschiedenen Widerspruch Ottilies, die als liebes, schönes, ja himmlisches Kind bezeichnet wird. Der Ausdruck klingt für uns konventionell, weist aber auf eine höhere, transzendentale Sphäre hin, welche das Gefühl von Seligkeit und Entzücken erregt. Ottilie wird schließlich eine Heilige genannt. An ihrer Bahre geschieht ein Wunder, die jähe Genesung der zerschmetterten Nanny. Ottilies Grab wird zum Wallfahrtsort. Das Motiv ist nicht das Ende des Romans, sondern es war sein Anfang: In »Dichtung und Wahrheit« erzählt Goethe von einer mit tausend Gläubigen begangenen Wallfahrt auf den Ottilienberg bei Straßburg: »Das Bild, das ich mir von ihr machte, und ihr

Name prägte sich tief bei mir ein. Beide trug ich lange mit mir herum, bis ich endlich eine meiner zwar späteren, aber darum nicht minder geliebten Töchter damit ausstattete, die von frommen und reinen Herzen so günstig aufgenommen wurde« (HA IX, S. 497).

Den Forscher Goethe hat immer wieder die Frage beschäftigt, wie das Allgemeine, die Gattung, die Pflanze, das Tier, der Mensch zugleich etwas Besonderes, ein unvergleichbares Etwas sei. Das war ihm bei Gretchen zu zeigen gelungen; das kindhaft schlichte Mädchen ist Heldin einer Tragödie. In den »Wahlverwandtschaften« kommt diese Frage an allen Personen zur Darstellung, und zwar in Stufungen. Die Hauptpersonen sind zwar milieugebunden, aber jede von ihnen hat ein unverwechselbares Gesicht. Sie stehen über denen, die nur ihren Typus repräsentieren, dem geschäftigen Mittler, dem redlichen Gehülfen, dem gewandten Grafen und seiner Baronesse, dem nicht zu gefährdenden Architekten oder der betriebsamen Luciane. Sie sind alle schicksallos, während die vom Schicksal Ergriffenen Leidende und Opfer sind. Das gilt, in jeweils steigendem Maß, für den Hauptmann, Charlotte und Eduard, vor allem aber für Ottilie, wo es extrem gesteigert wird. Das Schicksal des von Furien verfolgten Orest klingt an. In Bildern werden Esther und Ahasver und der geblendete Feldherr Belisar gezeigt. Schicksal geht für den reifen Goethe aus persönlicher Anlage, sozialen Verhältnissen mit ihrem Zwang, verständigen Überlegungen und leidenschaftlicher Getriebenheit hervor. Auch Unvernunft, Fremdeinfluß und plötzliche Reaktionen spielen eine Rolle. All das kommt zum Ausdruck in Handlungen, Urteilen und Gesprächen der Beteiligten. Goethes Kunst »dient der Entwicklung des *einen* tabuhaft vernichtenden und erhebenden Verlaufs, an dem alle vier Menschen beteiligt sind, wie die Systeme der Atmung, des Stoffwechsels, des Blutkreislaufs an der Bildung eines lebendigen Organismus« (G. Müller, Nachwort seiner Ausgabe, S. 319). Einzelne Sätze lassen sich kaum oder nur schwer als Goethes Meinung oder Lehre aus dem Ganzen herauslösen.

Die Wendung des Romans, die Deutung, beginnt mit Eduards Rückkehr und dem Tod des Kindes. Hier erkennt man die Symbolik schon im Namen. Das Kind heißt – wie Eduard mit zweitem Namen, der Hauptmann, Charlotte und Ottilie – Otto; in diesem Kind sind alle vier Personen, im Doppelsinn des Wortes, »verwandt«. Verläuft die

Handlung bis dahin wie ein pflanzlicher oder chemischer, systembedingter Prozeß, so brechen jetzt höhere Ordnungen ein, Schuldgefühle, Reue und das Gefühl, geweiht, ein Opfer zu sein. Das Kind war nur das erste unselige Opfer. Ottilie faßt ihren Entschluß zu Schweigen und Verzicht in einer Art von somnambulem Halbschlaf. Die Ähnlichkeit der Handschrift, das Miteinander-Musizieren waren Signale innerer Verwandtschaft. Ottilie verbietet eine Auflösung der Ehe Eduards mit Charlotte. Sie nimmt keine Nahrung zu sich; dies Motiv tauchte schon im Brief der Pensionatsvorsteherin auf. Ottilie gelangt entsagend zu einer Lebensform, die zur Läuterung in einer höheren Sphäre und schließlich zum Tod als Vorbedingung der Auferstehung führt.

Während in früheren Werken Goethes der große Einzelne die Gesetze nicht achten zu müssen glaubte, werden in den Wahlverwandtschaften normale Menschen geschildert, die sich den Gesetzen fügen. Dies Gesetz ist hier die Ehe. Ihre Heiligkeit hat bei Goethe drei Gründe; der eine ist die Urform menschlicher Gemeinschaft in der Naturehe, der andere die instinktive Liebesbeziehung verwandter Naturen (ein modernes romantisches Modell), das dritte die kirchliche Segnung als Bestätigung der beiden ersten Gründe. Die eigentliche Ehe vollziehen die Gatten. Goethe zeigt als Autor, wie die mikrokosmischen Formen in Widerspruch geraten zu den makrokosmischen. Da die vier Menschen als Individuen in einer brüchigen Welt leben, wo das Gesetz nicht mehr absolute Geltung zu beanspruchen scheint und ein Laisser-faire die Regel ist, baut Goethe als allwissender Autor die Handlung so auf, daß ihre Metamorphosen und Farben innerhalb des Ordnungsprinzips bleiben. Das Gesetz ist göttlich, und deshalb ist die Ehe heilig. Innerhalb des Gesetzes gibt es niedere und höhere Ränge. Ottilie sagt in ihrem Tagebuch: »Alles Vollkommene in seiner Art muß über seine Art hinausgehen, es muß etwas anderes, Unvergleichbares werden. In manchen Tönen ist die Nachtigall noch Vogel; dann steigt sie über ihre Klasse hinüber und scheint jedem Gefiederten andeuten zu wollen, was eigentlich singen heiße« (HA VI, S. 427).

Ähnlich ist es mit Raupe und Schmetterling; der Roman beginnt, indem Eduard Pfropfreiser auf junge Stämme setzt. Jedes Naturwesen, vor allem der Mensch, kann sich zu höherer Form erheben.

Dann fühlt sich der Mensch mit sich selbst in Übereinstimmung. Tatsächlich ist die Welt brüchig. Ständige Wechselfälle zeigen es. Aufgeschüttete Dämme brechen. Verschieden sind die Formen des Zusammenlebens der Geschlechter. Zeiten der Stagnation wechseln mit Zeiten wirbelnder Bewegungen. Am Schluß zwingt Ottilie sich selbst, Eduard, Charlotte und den Hauptmann zur Entsagung. Der Tod ist das Ausatmen des Lebens. Die Liebenden ruhen nebeneinander im Grab und werden »dereinst wieder zusammen erwachen«. Zweifellos sind das christliche Gedanken. Goethe hatte sich ihnen nach Schillers Tod wieder genähert durch die Lektüre mittelalterlicher Dichtung und Mystik, Hamanns und Plotins, der deutschen Volkslieder und der religiösen Dramatik Calderóns. Zugleich aber scheint der Erzähler, in seiner sachlichen, vornehmen und ironischen Zurückhaltung, die Dinge in der Schwebe zu halten. Er überläßt dem Leser das Urteil.

Nicht die bürgerliche, sondern die im Himmel geschlossene Ehe der Liebenden erfüllt das Gesetz. Darum ist sie ein Mysterium, christlich gesprochen ein Sakrament. Ottilies und Eduards Verbindung hat diese Form. Für Goethe zeigt die Natur das Gesetz, und die Wahlverwandtschaft ist ein solches, mit der Weisheit Gottes identisch. Hier sind Frömmigkeit und Heiterkeit am Platze. Der Geist siegt über den dumpfen Trieb. Die Grundideen von Polarität und Steigerung bestimmen den Roman, daher die Duplizitäten, Wiederholungen des Gleichen in anderer Konstellation, die Parallelen und Überkreuzungen. Daher auch auf der einen Seite Tod und Wahnsinn Unbeteiligter und auf der anderen Seite die nicht mit dem Verhängnis in Konflikt geratenden Fachleute, der Gärtner, der Werkmeister, der Gehilfe und der Architekt. So wird eine kunstvoll konstruierte Welt, der Kosmos, durchsichtig gemacht. Nichts ist Zufall, alles ist Signal, ist »bedeutend«, wie Goethe es im alten Sinn dieses Wortes nennt, nämlich an- und hindeutend auf die Bahn oder das Netz des Verhängnisses oder Schicksals. Hier offenbart und verhüllt sich das werdende Gesetz jederzeit als Geheimnis.

Zur Farbenlehre

Zwanzig Jahre lang hat Goethe an seinem größten naturwissenschaftlichen Werk, der Farbenlehre, gearbeitet. Die Anregungen hatte er in Frankfurt als Beobachter der Himmelsfarben auf seinen Wanderungen empfangen und später in Italien bei der Betrachtung von Gemälden. Farben bestimmten und »machten« die Kunstwerke der Malerei, und je künstlerischer die Farben mit- und gegeneinander benützt wurden, desto vollkommener war der Eindruck. Dabei spielten die von großen Malern wie Leonardo da Vinci formulierten Theorien eine Rolle. Alles was über Tönung, Stimmung, Komposition und Lichtwirkung der Bilder gesagt war, begriff Goethe als Aspekt, eine Ansicht des Ganzen. Was wir sehen, ist farbig; am farbigen Abglanz (eines Höheren) haben wir das Leben, sagt Faust (Vers 4727).

Der ästhetische Ansatz erklärt, daß es Goethe nicht um eine physikalische Theorie ging, welche durch Messen und Berechnen das Licht in einer mathematischen Formel erfaßt. Dieser Theorie kommt es nicht auf das an, was wir als Gelb und Blau, Grün und Rot bezeichnen, sondern auf Bewegungsfunktionen der Lichtwellen, und diese lassen sich mathematisch ausdrücken – auch wenn man im zwanzigsten Jahrhundert das Licht teils als Wellen, teils als Korpuskel zu deuten versteht. Heute weiß man, daß Farben und Klänge unserm Fernsinn nicht vom Ton der Glocke oder den »Farben« des Bildes vermittelt werden, sondern durch Schwingungen der Luft und, beim Bild, durch Bildträger, welche die Wellenlängen des Lichts reflektieren. Unsere Sprache läßt nicht erkennen, daß Klänge und Farben erst in unserm Gehirn kombiniert werden. Goethe wandte sich gegen ein mechanistisch-mathematisches Verständnis. In seiner »Chromatik« ging er davon aus, daß die Farben einem ständigen Wechsel unterliegen, am deutlichsten bei der Himmelsbläue. Je weiter man sieht, desto blauer erscheint der Himmel.

In das Farbenreich, schrieb er im Juli 1794 an Professor Sömmerring

in Jena, sei er nach und nach so weit hineingerückt, daß er fast den Ort nicht mehr sehe, von dem er ausgegangen sei. Er höre nicht auf zu experimentieren. Daß die Sinne trügen und die Wahrheiten den Sinnen oft, ja fast immer widersprechen, wußte er, und er wußte natürlich auch, daß die Bläue des Himmels nichts anderes als der Eindruck des Phänomens Himmel auf unser Auge ist. Was ist das Licht aber wirklich? Im Vorwort zur Farbenlehre, im Januar 1808, schrieb er: »Die Farben sind Taten des Lichts, Taten und Leiden. In diesem Sinne können wir von denselben Aufschlüsse über das Licht erwarten« (HA XIII, S. 315). In den Farben will sich die Natur dem Sinn des Auges offenbaren. Eine andere Offenbarung der Natur bedient sich des Gehörs, so daß ein Blinder das Lebendige der Natur in dem, was er hört, erfassen kann; die Musik braucht das Gehör. Weitere Wahrnehmungsweisen sind der Tastsinn, die Bewegung, das Gewicht, das Gefühl von Oben und Unten, der Zeitsinn mit dem Zuvor und Hernach in Raum und Zeit. Goethe möchte die Sprache durch die Mannigfaltigkeit der Farbphänomene bereichern.
In drei Teilen, dem didaktischen, historischen und dem aus Einzeluntersuchungen bestehenden chromatischen, wo die früheren »Beiträge zur Optik« wieder aufgenommen wurden, erschließt Goethe die Natur dem Sinn des Auges. »Das Auge hat sein Dasein dem Licht zu danken« (HA XIII, S. 323), sagt er und erinnert an die frühgriechische Philosophie, die behauptet hatte, nur von Gleichem werde Gleiches erkannt. Einen Satz Plotins bringt er in deutsche Verse:

Wär nicht das Auge sonnenhaft,
Wie könnten wir das Licht erblicken?
Lebt nicht in uns des Gottes eigne Kraft,
Wie könnt uns Göttliches entzücken? (HA XIII, S. 324)

Sie tauchen in verschiedenen Variationen immer wieder auf. Goethe war von der Malerei, dem ästhetischen Eindruck der Bilder, zur Farbenlehre gekommen. Er will die Phänomene bis zu ihren Quellen verfolgen, »bis dorthin, wo sie bloß erscheinen und sind, und wo sich nichts weiter an ihnen erklären läßt«. In diese Phänomene will er Ordnung bringen und die Überzeugung wecken, »daß ein Werdendes, Wachsendes, ein Bewegliches, der Umwendung Fähiges nicht betrüglich sei, sondern geschickt (geeignet), die zartesten Wirkungen

der Natur zu offenbaren« (HA XIII, S. 328). Er weiß, daß solch eine Farbenlehre dem Mathematiker mißfallen muß und bestreitet, daß das Phänomen in der mechanistisch-mathematischen Erklärung richtig dargestellt und erkannt werden könne.
Hier liegt die Wurzel seiner Gegnerschaft zu Isaak Newton. Der Mathematiker Newton war aus einem praktischen Anlaß zur Beschäftigung mit der Optik gekommen. Die Fernrohre seiner Zeit litten unter der Zerstreuung der Spektralfarben in Glaslinsen. An den Rändern bildeten sich bunte Farben. Newton wollte der Ursache nachgehen und kam auf die Lichtbrechung in Prismen und Spiegeln. Indem man Reflektoren in die Fernrohre einbaute, wurde die Farbenzerstreuung überwunden. Die eigentliche Ursache der Farbbrechung hat auch Newton nicht erkannt, wohl aber wollte er, ähnlich wie Goethe, einem Geheimnis der Schöpfung auf die Spur kommen: Dem Kampf Goethes gegen Newton und die Physik liegt kein »Dilettantismus« zugrunde, sondern eine weltanschauliche Differenz. Wenn man den ärgerlichen, ungerechten und geradezu theologischen Eifer (Schöne) gegen Newton nicht beachtet, erscheint Goethes »Farbenlehre« als Lehr- und Lesebuch einer in Farben zum Menschen sprechenden Welt. In den 920 Paragraphen des didaktischen Teils findet man Beobachtungen und Versuche über Licht und Schatten, Farbdifferenzen, Brechungen, die Höfe des Mondes, Lichtbrechungen im Hochgebirge auf Schnee und Eis, Anmerkungen über das Sehen, die Sichttrübungen bei grauem Star und Gelbsucht, über die Farben von Schmetterlingen und Blumen, die Spielarten der Farben, über Färberei und Bleichkunst, die Farbe der menschlichen Haut (weiß, gelb, braun, rot, schwarz) und der Haare sowie die Farben jener Kleider, welche brünetten und blonden Frauen gut oder weniger gut stehen.
Zum Schluß, in dem Kapitel »Verhältnis zur Tonlehre« über die auch von Newton bemerkte Parallelität der Farben zum Ton, findet sich ein Beispiel, wie Goethe ein gelehrtes Thema verständlich formuliert: »Wie zwei Flüsse, die auf *einem* Berge entspringen, aber unter ganz verschiedenen Bedingungen in zwei entgegengesetzte Weltrichtungen laufen, so daß auf dem beiderseitigen ganzen Wege keine einzelne Stelle der andern verglichen werden kann, so sind auch Farbe und Ton« (WA II, 1. S. 301). Er geht den Gründen der Farbenharmonie nach und führt sie auf drei Gegensätze zurück:

Gelb fordert Rotblau
Blau fordert Rotgelb
Purpur fordert Grün. (HA XIII, S. 502)

Das gilt auch für Kunstwerke. Ein Bild in Schwarz und Weiß kann in der Malerei kaum vorkommen; bei Stichen und Zeichnungen aber bestimmen Schwarz und Weiß das Werk. So wie Goethe Pflanzen und Tiere als Abwandlungen der Urpflanze und des Urtiers sah, begreift er die Schattierungen der Farben als Bezeugungen eines dem Auge anschaulichen Urphänomens. Der mechanistischen Farblehre wirft er vor, daß man in ihr »die Farbe fürs ganze Leben los wird«. Beispiele, wie man die Farben los wird, zeigt jeder Blick in ein Lehrbuch der Optik, wo nicht Rot eine Rolle spielt, sondern die Wellenlänge des roten Lichts, die man durch Messen auf Interferenzbildern bestimmt. Goethe hingegen will die Farben nicht »los werden«, sondern anschauen.

Da es sich für Goethe bei der Farbe um ein Welt-Anschauen handelt, spricht er immer mit großem Ernst von ihr. Sie »zeigt« dem Auge in Reihen von Phänomenen, die er darlegt, ein Gesetz, das auch in der Chemie, in der Elektrizität und im Magnetismus wirke. Es handle sich bei der Begegnung von Licht und Auge um den Einklang von Mikrokosmos und Makrokosmos. An entscheidender Stelle der Farbenlehre spricht er vom Verhältnis zur allgemeinen Physik: »Treue Beobachter der Natur, wenn sie auch sonst noch so verschieden denken, werden doch darin miteinander übereinstimmen, daß alles, was erscheinen, was uns als Phänomen begegnen solle, müsse entweder eine ursprüngliche Entzweiung, die einer Vereinigung fähig ist, oder eine ursprüngliche Einheit, die zur Entzweiung gelangen könne, andeuten, und sich auf eine solche Weise darstellen. Das Geeinte zu entzweien, das Entzweite zu einigen, ist das Leben der Natur« (HA XIII, S. 488).

Was Goethe über die physiologischen Farben sagt, war damals neu und ist aus seinem Verständnis der Natur als »geeinte Zwienatur« (Faust 11962) verständlich. Die optischen und farblichen Täuschungen des Auges sind nicht Täuschungen, sondern Bedingungen unseres Sehens in Kontrastfarben. Die Kunstmaler haben das immer schon gewußt. Die Qualität eines Gemäldes beruht auf dem Verhältnis der Farben zueinander, und ebenso ist es mit den Farben eines Kleides, das der Trägerin »stehen« muß. Ähnlich verhält es sich mit den Lock- und Schutzfarben der Tiere und den Schlüssen, welche wir aus der Färbung des Himmels auf das Wetter ziehen. Die von Goethe gezeichneten Farbenkreise nennt man heute Komplementär- oder Kompensationsfarben. Goethe hat begriffen, daß es sich um Gesetze, um ein System der Natur handelt. Eine Übersicht dieser mit zahlreichen Versuchen bestätigten Zusammenhänge läßt sein Werk nicht nur als Lehre über ein großes Reich der sinnlichen Phänomene erscheinen, sondern auch zur Erläuterung der geheimen Ursachen der Sinnestäuschungen dienen. Dabei sind gelegentlich Vermischungen objektiver Sachverhalte und subjektiver Vorstellungen unterlaufen, und daher rührt der Vorwurf des Dilettantismus.

Der historische Teil der »Farbenlehre« ist eine Geschichte der Naturwissenschaft von den Anfängen bei den Griechen bis zu Goethes Gegenwart unter dem Leitmotiv des Farbenthemas, angereichert mit naturphilosophischen, kunsthistorischen und kulturgeschichtlichen Darlegungen. Sie ist nicht nur ein naturwissenschaftliches Werk über ein Spezialgebiet, das Licht und die Farben, sondern auch eine Geschichte des gelehrten Europa, so wie die Noten und Abhandlungen zum »Divan« eine Kulturgeschichte des Vorderen Orients sind. »Um sich von der Farbenlehre zu unterrichten, mußte man die ganze Geschichte der Naturlehre wenigstens durchkreuzen, und die Geschichte der Philosophie nicht außer Acht lassen«, heißt es in der Einleitung. Schon was Goethe zur Geschichte der Urzeit sagt, geht weit hinaus über eine Lehre von den Materialien. Er spricht von der Freude des Menschen am Farbigen und Bunten und davon leitet er die Lust zum Färben des Körpers und der Gewänder ab. Beeren, Blut, faulende Pflanzen, farbige Erden und der Saft der Purpurschnecke machten die Färberei leicht und bequem, denn »das Mischen, Sudeln und Manschen ist dem Menschen angeboren« (HA XIV, S. 12). Bei Ägyptern, Indern und Chinesen war die Färberei hoch entwickelt und unterlag, unbekümmert um den Effekt, religiösen Gesetzen. Anders ist es bei »gebildeten Völkern«, sie benützen technisch ausgebildete Methoden und wünschen augenblickliche Wirkung, nämlich Beifall oder Geld. Die Weberei zieht das Färben der Stoffe nach sich, und solche Stoffe werden Handelsartikel.

Die ersten literarischen Zeugnisse gab es bei den Griechen. Goethe referiert Stellen der Vorsokratiker nach Theophrast, Plutarch und Diogenes Laertius. Dann folgen Plato und Aristoteles, dessen Poetik ihm 1797 so großen Eindruck gemacht hatte, weil er ein »nüchterner Kopf und kalter Gesetzgeber« sei (Gräf, S. 297). Bei diesen Arbeiten wurde Goethe von Knebel unterstützt, der die griechischen Texte ins Deutsche übertrug. In nicht weniger als 81 Paragraphen folgen sechs Kapitel aus den »Meinungen der Physiker« des Aristotelesschülers Theophrast. Die »Doxai« Theophrasts sind die älteste Geschichte der griechischen Philosophie. Mit Beifall las Goethe hier den Satz: »Die Finsternis entsteht, wenn das Licht mangelt« (WA II, 3. S. 25). Hier sah er seine Methode einer phänomenologischen nichtphysikalischen Beobachtung beschrieben: »So erzeugt sich die Weinfarbe (gemeint ist Rotwein), wenn mit reinem und leuchtendem Schwarz sich lichte Strahlen verbinden. Dies geschieht auch körperlich an den Weinbeeren; denn indem sie reifen, sind sie von weinhafter Farbe. Wenn sie sich aber schwärzen, so geht das Gelbrote ins Blaurote hinüber« (WA II, 3. S. 30).

Das wichtigste Kapitel ist die »Hypothetische Geschichte des Kolorits, besonders griechischer Maler, vorzüglich nach dem Bericht des Plinius«, eine antike Kunstgeschichte, von den Vasenbildern an, über Polygnot und Apelles zu den ionischen Malschulen, über Zeuxis, Apollodorus, Parrhasius und viele andere. Ihre Malereien sind nicht erhalten, die literarischen Zeugnisse sind jedoch so vielfältig, daß Goethe eine kritische Darstellung wagte und Vergleiche zur Entwicklung der Renaissance-Malerei bis Michelangelo und Raffael zog. Kurz vorher waren die ersten antiken Malereien aus Pompeji und Herkulanum bekannt geworden. Goethe erkannte, daß es sich nicht um Originale großer Meister handelte, aber der Umfang der Themen und Motive, die Techniken der Zeichnung, Komposition und Farbgebung und die Grade der teilweisen Zerstörung werden genau untersucht.

Endlich kommt Goethe zu einer zehnseitigen Würdigung der »Aldobrandinischen Hochzeit«; in ihr sah das achtzehnte Jahrhundert das bedeutendste Zeugnis antiker Malerei. Goethe hebt ihre Klarheit und Heiterkeit, die Rolle der Lasierung, die Harmonie der Komposition und der Tönung hervor. Er glaubt die Vorzüge der antiken Malerei gegenüber der von ihm geliebten niederländischen eines Ostade oder Ruysdael zu erkennen. Sie liegen in der kunstmäßigen Verteilung der Farben, im Fehlen des nordischen Dunkels und dem hellen Licht über der Szene. »Reines Blau ist wenig und nur in heller Mischung zur Luft und zum Untergewande der Braut gebraucht; hingegen desto öfter eine hohe Purpur- oder Lackfarbe, die aber nirgends Masse macht, sondern nur die Schatten bricht und erwärmt oder auch Changeant (ein Schillern) bewirkt, und so auf verschiedene Weise zur allgemeinen Harmonie des Ganzen wesentlich beiträgt« (WA II, 3. S. 101). Der Fries der »Aldobrandinischen Hochzeit« hat Goethe nicht wegen der inhaltlichen Aussage interessiert, sondern ästhetisch; er stellt die heilige Hochzeit (hieros gamos) der Ariadne mit Dionysos dar. Ob es sich um die Kopie eines griechischen Originals oder ein römisches Werk handelt, ist ungewiß; Goethe war überzeugt, die Kopie eines griechischen Originals vor sich zu haben. Seine Betrachtung folgte den Gesetzen der Kunstästhetik seiner Zeit, wie sie von Winckelmann, Oeser und Mengs formuliert waren. Sein Freund Tischbein sagte: »Anmutige Gefälligkeit, colerische (oder colorische?) Kraft und geistige Leichtigkeit soll ein Kunstwerk enthalten.« Für Mythos und Religion benützte Tischbein eine sehr bezeichnende Formel: »Dem Menschen bleibt vieles ein unauflösbares Rätsel« (H. Keiser, S. 11). So hat Goethe das Bild, bei aller Bewunderung, lediglich künstlerisch gewürdigt.

In weiten Teilen der »Farbenlehre« bringt Goethe die eigene Person ins Spiel. Am merkwürdigsten und wichtigsten ist die »Konfession des Verfassers« am Schluß des historischen Teils. Hier berichtet er, wie er zu seinen Untersuchungen gekommen sei. Er stellt ihre Konzeption in Parallele zur Entstehung seiner Dichtungen und formuliert wohl absichtlich umständlich: »So hatte ich selbst gegen die Dichtkunst ein eignes wundersames Verhältnis, das bloß praktisch war, indem ich einen Gegenstand, der mich ergriff... so lange in meinem innern Sinn trug und hegte, bis daraus etwas entstanden war, das als mein angesehen werden mochte, und das ich, nachdem ich es im Stillen ausgebildet, endlich auf einmal, gleichsam aus dem Stegreife und gewissermaßen instinktartig, auf das Papier fixierte...« (HA XIV, S. 252).

Goethe entwickelte seine Beziehung zur bildenden Kunst und das

Technische der Malerei im Elternhaus. Erst in Italien habe er Klarheit gewonnen, aber nicht systematisch, sondern nach Kunstgriffen und Impulsen der Maler. Man habe von Harmonie, Helldunkel, Kolorit, kalten und warmen Farben gesprochen, sei aber zu keinem Grundsatz vorgestoßen. »Indessen versäumte ich nicht, die Herrlichkeit der atmosphärischen Farben zu betrachten, vor allem beim Schirocco-Himmel und den purpurnen Sonnenuntergängen«. Dann aber hatte er, 1790, in Weimar und wie durch Zufall eine instinktartige Erleuchtung, »daß die Newtonische Lehre falsch sei« (HA XIV, S. 259). Damals begann Goethe die eigene Farbenlehre zu entwikkeln, und wenn man Albrecht Schöne folgt, entstand daraus eine gegen Newton gerichtete »Farbentheologie« mit allen Bedenklichkeiten einer Apologetik der eigenen und Verdammung der falschen, also Newtonschen Lehre. Die Erklärungen Eisslers, Goethe habe seine Farbenlehre aufgrund eines »primären Wahnerlebnisses« zu einem paranoiden System ausgebildet, stammen aus der Dogmatik der Psychoanalyse und haben für Nichtgläubige schwerlich Beweiskraft.
Je mehr sich Goethe in sein System vertiefte und je mehr er ihm Richtigkeit und Wahrheit zuerkannt hatte, desto größer mußte seine Enttäuschung über die Ablehnung bei der Fachwelt sein. Darüber beklagte er sich bitterlich und hob um so dankbarer die Schar der Anhänger hervor, Knebel, Heinrich Meyer, die Hoheiten von Weimar, Gotha und Eisenach, den Fürstprimas Dalberg in Erfurt, Schiller und die Stimmen befreundeter Gelehrter wie des Frankfurter Anatomen Sömmerring, Schellings und Loders in Jena, Georg Forsters und des Diplomaten Reinhard. Kein Physiker war darunter. Nichts hat Goethe so geschmerzt wie die Mißachtung seines, wie er meinte, bedeutendsten Werkes. Für ein Lob der »Farbenlehre« hätte er seine Dichtungen hingegeben. 1806 kam der junge Arthur Schopenhauer nach Weimar und machte Goethe seine Aufwartung. Goethe war entzückt, wie verständig sich der junge Herr benahm. 1815 schrieb Schopenhauer seinen Aufsatz über das Sehen und die Farben. Goethe nahm das Manuskript mit nach Wiesbaden – es war die Zeit der Suleika-Gedichte – und las mit einigem Verdruß, daß Schopenhauer behauptete, er habe den Gegensatz Goethe-Newton auf der höheren Ebene seines philosophischen Idealismus überwunden.
Eine unerwartete Bestätigung erhielt die »Farbenlehre« durch Hegel

und seine Schüler in Berlin. Obwohl Goethe Hegels Philosophie und ihre abstrakte Sprache ablehnte, ließ er sich die Förderung durch den berühmt gewordenen Denker gefallen und schrieb im Juli 1817: »Euer Wohlgeboren so willkommene als entschiedene Art, sich zugunsten der uralten, nur von mir aufs neue vorgetragenen Farbenlehre zu erklären, fordert meinen aufrichtigsten Dank doppelt und dreifach« (HA, Br. III. S. 397). Goethes Briefwechsel mit Hegel dauerte zehn Jahre und befaßte sich vor allem mit der »antinewtonischen« Farbenlehre.

Der Sinn der autobiographischen Schriften

Als Goethe im Anschluß an die Hackertbiographie Lust bekam, das eigene Leben biographisch darzustellen, 1808, ahnte er wohl nicht, daß die Aufgabe ihn bis an sein Lebensende beschäftigen würde. Es handelte sich um »Dichtung und Wahrheit«, die »Italienische Reise«, die »Campagne in Frankreich«, die »Belagerung von Mainz«, das »Sankt-Rochus-Fest zu Bingen«, »Im Rheingau Herbsttage«, den Aufsatz »Kunst und Altertum am Rhein und Main«, die Tag- und Jahreshefte und kleine Aufsätze unter dem Titel »Biographische Einzelnheiten«; hier steht die Unterredung mit Napoleon. Anschließend schrieb er »Zum Andenken Anna Amalias« und »Zu brüderlichem Andenken Wielands«, 1813 (WA I, 36. S. 303 und 313). Man hat diese Werke hundert Jahre lang fast nur biographisch gelesen; in der Tat gibt es keine bessere Quelle zu Goethes Leben und Werken. Sie sind aber mehr. Goethe wollte den Aufbruch aus einem nicht mehr selbstverständlichen Rahmen schildern. Für dies Neue gab es keine Vorbilder. Die ältere Memoirenliteratur hatte sich mit ihrer Welt identifiziert. Die Erinnerungen Saint-Simons z. B. zeigen den Helden in einer als Ganzes nie bezweifelten Welt: Bei aller Kritik an Ludwig XIV. hat der Schreiber das Königtum, die Kirche, den Adel und die Gesellschaft seiner Zeit nie in Frage gestellt. Der von Goethe am meisten bewunderte moderne Autor, Rousseau, hatte zwar politisch, religiös oder sozial alles attackiert, aber nicht sich selbst, den Memoirenschreiber; psychologisch geht er allen Fasern der eigenen Person nach.

Goethe wollte das Werden einer Persönlichkeit zeigen, die sich zwar unter Qualen aus der Vergangenheit löst, aber diese Welt nicht preisgibt. Der Aufbruch zu neuen Ufern sollte nicht aus Trotz und Enttäuschung, sondern mit Liebe beschrieben werden. Bei Goethe wird eine Doppelbewegung sichtbar: Einerseits ist sie ein Reflex auf die gesellschaftlichen Zwänge der Stadt Frankfurt, der Familie, der Orthodoxie, der Literatur der Aufklärung und des Universitätswesens, andererseits zeigt sie im Dialog mit diesen Mächten das Keimen und Entstehen eines souveränen Menschen.

Im Lauf der Jahrzehnte war ihm dieser Vorgang klar geworden. Er hatte sich von der Welt seiner Jugend gelöst. Den letzten Anstoß hatte die italienische Reise gegeben. Höchst kritisch sah er auf seine genialische Jugend zurück. Er sprach vom Halbunsinn in »Wandrers Sturmlied« – nicht weil er sein eigenes Gedicht nicht verstand, sondern weil er den prometheischen Trotz überwunden hatte. Über »Werther« schüttelte er den Kopf. »Faust« glaubte er nicht vollenden zu können. Er sah sich »historisch« und wollte seinen Deutschen die Darstellung seiner Existenz nicht schuldig bleiben, zumal er bemerken mußte, daß die junge Generation, unter Berufung auf ihn, den gleichen Fehler machte wie er, daß sie ihre genialischen Einfälle für Gesetze des Seins hielt; sie glaubte, die Rezepte zur Hand zu haben, Sage, Märchen, Religion des Mittelalters, das Volkslied und den Goethe besonders unangenehmen Nationalismus. Sie erwartete herrliche Zeiten; Goethe aber wußte, daß die Zeit sich auf jeweils höherer oder niedrigerer Ebene zum Kreis krümme, daß sich alles bis ins Unendliche wiederhole.

Er betrachtete sein Leben als erfüllt. Daß durch den persischen Dichter Hafis nochmals ein Prozeß schöpferischer Verjüngung einsetzen würde, ahnte er nicht. Goethe schützte die Arbeit an »Dichtung und Wahrheit« durch Verweigerung jeder Auskunft. Im Mai 1811, als er nach Karlsbad aufbrechen wollte, schrieb er an Reinhard: »Dort habe ich mir vorgenommen, allerlei wunderliche Dinge zu arbeiten, von denen ich im voraus nichts erwähnen darf: denn gewöhnlich, was ich ausspreche, das tue ich nicht, und was ich verspreche, das halte ich nicht« (HA. Br. III, S. 155). Ähnlich verhielt er sich beim Schreiben der »Italienischen Reise«. Sie ging ihm »produktiv durch den Kopf«. »Dichtung und Wahrheit« ist also weit mehr als die Chronologie einer privaten Existenz. Im Unterschied zu Karl Philipp Moritz', Jung-Stillings und Jean Pauls Biographien ist »Dichtung und Wahrheit« kein Bericht, sondern ein aus der Erinnerung gespeistes Kunstwerk.

Die Frankfurter Gretchenaffäre hat, soweit wir sie übersehen, kein reales Substrat. Die Begegnungen mit Friederike sind als Stücke eines Liebesromans komponiert. Aus der Affäre mit Lili wird fünfzig

Jahre später, unter dem Eindruck der Begegnung mit Ulrike von Levetzow, eine Novelle. Die Wirkungen Gellerts, Lenz' und Herders veranlassen Goethe zu kunstvollen Porträts. Sie stehen im Rahmen einer Geschichte der deutschen Literatur von Lessing, Klopstock und Hamann bis auf seine Zeit. In jetzt historisch empfundene Abläufe werden Erkenntnisse und Erlebnisse späterer Zeiten aufgenommen. So wurde Goethe durch Sulpiz Boisserées Begeisterung für den Kölner Dom angeregt, das Jugenderlebnis mit dem Straßburger Münster auszuschmücken: Der alte Goethe deutet den jungen. Von der Plattform des Münsters sah er das Elsaß, beschreibt es mit der Kraft des reifen Stils und verbindet damit ein ahnendes Gefühl: »Und noch haben weder Neigung noch Leidenschaft diese oder jene Stelle besonders herauszuheben; aber eine Ahndung dessen, was kommen wird, beunruhigt schon das junge Herz, und ein unbefriedigtes Bedürfnis fordert im stillen dasjenige, was kommen soll und mag, und welches auf alle Fälle, es sei nun Wohl oder Weh, unmerklich den Charakter der Gegend, in der wir uns befinden, annehmen wird« (HA IX, S. 357).

Am auffälligsten ist die Einstellung zur Geschichte, die von Zeit zu Zeit neu geschrieben werden müsse, und die Erweiterung der religiösen Vorstellungen. Sie haben dem jungen mit sich selbst beschäftigten Goethe nicht ferngelegen, aber zu Betrachtungen über das Problem der göttlichen Güte beim Erdbeben von Lissabon, die Bibelkritik, die Patriarchengeschichte oder die sieben Sakramente ist er erst im Alter gekommen. Sinn und Bedeutung der Sakramente hatte ihm Boisserée erklärt; jetzt gingen sie zum Befremden seiner protestantischen Leser in die Biographie ein. Manche Motive der Jugend blieben unausgeführt. Der Schilderung des Vaters steht kein Bericht über die Mutter gegenüber. Die väterlichen Großeltern werden nur flüchtig erwähnt. Von den kleinen Geschwistern schweigt Goethe, und über die mit ihm erzogene Cornelia gibt es nur verschlüsselte Äußerungen. Cornelias Briefe nach Leipzig hatte er vernichtet, mit ihrer Heirat konnte er sich nicht abfinden. Man braucht Eisslers freudianischen Deutungen nicht zu folgen, aber daß Goethe sein Verhältnis zu Cornelia bewußt oder unbewußt in die Nähe des Inzest-Tabus rückt, erklärt vielleicht sein Schweigen.

Goethe hatte vorgehabt, »mit dem alten Wilhelm (Meister) die Wanderschaft anzutreten, der mancherlei irdischen und himmlischen Heiligen begegnen sollte«, wie er am 10. Mai 1810 an Charlotte Schiller schrieb (HA Br. III, S. 123). Der Plan wurde zugunsten von »Dichtung und Wahrheit« aufgeschoben. Im Frühjahr des nächsten Jahres teilte Goethe Cotta mit, die neue Arbeit beanspruche ihn ganz, sie »mache sich glücklicherweise selbst und nötige sich ihm auf«. Der literarische Furor hatte ihn ergriffen. Innerhalb von zwei Jahren war das Werk bis zum III. Teil fertig und konnte 1814 in Druck gehen. Trotz vieler Beanspruchungen durch die Gesellschaft, Badekuren, Reisen, durch Besuche W. von Humboldts, der die Berliner Universität und das humanistische Gymnasium aufbaute, trotz des Maskenzuges »Die romantische Poesie«, wo Brunhild und Siegfried, Rother und Asprian, ein Minnesänger und Heldendichter auftreten – Ergebnisse seiner Beschäftigungen mit altdeutscher Dichtung, vor allem dem Nibelungenlied –, trotz dieser, wie man meinen sollte, störenden Begegnungen wuchs »Dichtung und Wahrheit« aus Goethes Nachsinnen über seine Bildung zu einem staunenswert in sich ruhenden Werk.

Selbstbewußt erklärte er, er glaube seinem Vaterland den größten Dienst zu leisten, wenn er die Umwandlungen der sittlichen, ästhetischen und philosophischen Kultur seiner Zeit »mit Billigkeit und Heiterkeit« im Medium der Beschreibung seiner ersten fünfundzwanzig Jahre darstelle. Es war die Morphologie der Kräfte, aus denen er hervorgegangen war. Die belehrende Absicht ist deutlich. In dem vertraulichen Brief an Zelter vom 30. Oktober 1808 nennt er die Vertreter der bekämpften Richtung: Zacharias Werner, Arnim, Brentano, den Dänen Adam Gottlob Öhlenschläger und etwas später die Brüder Schlegel, vor allem Friedrich, den er nicht ausstehen konnte, und Novalis, der schon tot war. Sie alle hatten sich seine Schüler genannt; Kleist nahte ihm »auf den Knien seines Herzens«. Goethe aber fand sie formlos und charakterlos: »Es ist keine Kunst, sein Talent nach individueller Bequemlichkeit humoristisch (d. h. stimmungsmäßig) walten zu lassen.« Von sich selbst sagte er, daß er aus verschütteten Samen wundersame Gestaltungen hervorgebracht habe.

Die künstlerische Form macht »Dichtung und Wahrheit« heute noch zu einem unerschöpflichen Werk. Der ursprüngliche Titel deutete die

Absicht an: »Aus meinem Leben Dichtung und Wahrheit«. Die Begriffe waren polemisch gegen die »falschen Tendenzen« seiner Zeit gerichtet. Erich Trunz hat in seinem Nachwort (HA IX, S. 606 ff.) die Vorstufen und Vorbilder der spezifisch Goetheschen Autobiographie dargestellt. Als Erzähler hatte Goethe in den Wilhelm-Meisterromanen die Erfahrungen und Begegnungen des Helden – Theater, Abenteuer, Liebesaffären – nicht aus der Umwelt, sondern aus der Existenz eines jungen Menschen erklärt, der zu sich selbst kommen will; Wilhelm gibt die Bühne und das Vagabundieren auf und wird ein Durchschnittsmensch. Goethe hatte geplant, der Frankfurter Gretchenepisode im fünften Buch eine Inhaltsangabe von Prévosts »Manon Lescaut« folgen zu lassen und Gretchen darin zu spiegeln, wie er später Motive aus Goldsmith' »Pfarrer von Wakefield« in die Friederike-Geschichte hatte einfließen lassen. Im allgemeinen wollte er keine literarischen Schnittmuster benützen, sondern Menschen schildern, die es noch nicht gab. Philine ist das größte Beispiel.
»Dichtung und Wahrheit« ist voll von einander sich überkreuzenden Hinweisen, Winken, Lockungen einer unbekannten Welt, die es in den Erzählungen der großen Engländer und deutschen Romantiker nicht gab. Als Erzähler hat Goethe in »Dichtung und Wahrheit« seine Meisterschaft bewiesen. Es ist der epische Höhepunkt der deutschen Klassik, wie »Iphigenie« und »Tasso« die dramatischen Höhepunkte sind. Die Klassik will Ruhe, Maß, Klarheit und Harmonie, im Gegensatz zum Lebens- und Kunstempfinden des Dunklen, Leidenschaftlichen, Bewegten und Grenzenlosen der Romantik. Nach seiner wilden Jugend war Goethe froh, zur Ruhe gekommen zu sein. In »Dichtung und Wahrheit« erscheint die bewegte Jugend als Vorstufe eines Strebens nach harmonischer Vollendung.
Die höchste Stufe dieser Entwicklung spiegelt die »Italienische Reise«. In Rom löst sich Goethe von den jetzt als provinziell empfundenen Stadien seiner Existenz, und zwar so sehr, daß er das Mittelalter, die Kirche, die Baukunst der Renaissance und des Barock nicht zur Kenntnis nimmt. Der große Reiz des Werkes und sein Modellcharakter moderner Italiensehnsucht und -Begeisterung sind heute noch spürbar. Der Eindruck des Goetheschen Italien ist suggestiv aus dem gleichen Grund wie bei der Autobiographie, wo Wahrheit und Dichtung in einem Verhältnis gegenseitiger Steigerung stehen. Mit Dich-

tung meint Goethe die künstlerische Wiedergabe des Erinnerten, und mit Wahrheit das Begreifen des Wesens. Nichts ist erdichtet, sondern Dichtung ist Wahrheit auf der höheren Ebene der Kunst. Goethe nennt diese Verwandlung Gestaltung; das Fertige ist die Gestalt. Den Romantikern warf er vor, nirgends so weit gekommen zu sein, sie schwelgten in historischen und religiösen Gefühlen, ohne die Härte der Realität zu kennen und ohne wirklich fromm zu sein.

Während der erste Teil der »Italienischen Reise« zum großen Teil wörtlich den Briefen an Frau von Stein und dem Tagebuch folgt und den Eindruck unmittelbaren Erlebnisses vermittelt, wird die Reise nach Neapel und Sizilien durch umfangreiche, auf Studien, etwa des Plinius, und Geschichte beruhende Passagen über Land und Leute und novellistische Erzählungen bereichert, durch Abenteuer mit Damen, Werther-Verehrern, dem Prinzeßchen und Bemerkungen über Frauen aus dem Volk. Der »Zweite römische Aufenthalt« gliedert den Stoff nach Korrespondenzen und Berichten. Es gibt eingeschobene Briefe, etwa Tischbeins an Goethe, den »Nachtrag« über die päpstlichen Teppiche nach Raffaelschen Zeichnungen, der erst 1829 verfaßt wurde. In Raffael spiegelt sich Goethe selbst im Gegensatz zu den deutschen Künstlern in Rom, den Nazarenern. Die Gemäldebeschreibungen beruhen auf Tagebuchnotizen und Briefen an mehrere Empfänger. Goethe hat sie nach der Redaktion der Italienischen Reise vernichtet.

In Neapel erzählt er von Philipp Neri, dem humoristischen Heiligen. Über ihn fügte er einen Aufsatz ein, der 1810 begonnen war und den er erst jetzt, 1829, vollendete. Während Goethe einen großen Teil seiner Korrespondenz aus Rom nicht benützt hat, nehmen nachträglich ausgeführte Berichte, etwa über seine Aufnahme in die Gesellschaft der Arkadier, großen Raum ein. Das schönste und größte unter den eingefügten Medaillons, »Das Römische Karneval«, war schon 1788 geschrieben und mehrfach erschienen, zum ersten Mal mit Kupfern nach Zeichnungen von Georg Schütz durch Georg Melchior Kraus radiert. Die Bedeutung und der künstlerische Rang dieses Aufsatzes nährt sich von Goethes Grundüberzeugung, daß dies Fest »wie ein anderes wiederkehrendes Leben und Weben seinen entschiedenen Verlauf hatte« (HA XI, S. 692). Es war ein nationales und elementares Ereignis. Wie bei seinen Natur- und Kunststudien wollte er das Werden und den Gestaltwandel des immer Gleichen da fassen, wo sich unter dem Anschein größter Freiheit ein Gesetz zeigt. Am 6. Februar 1788 wird ein zur Gewißheit gewordener Gedanke in einem Brief an Herder ausgesprochen: »Ich bin recht still und rein und, wie ich euch schon versichert habe, jedem Ruf bereit und ergeben. Zur bildenden Kunst bin ich zu alt, ob ich also ein bißchen mehr oder weniger pfusche, ist eins« (HA XI, S. 517).

So wie einen Tischbeinbrief hat Goethe einen Versuch von Karl Philipp Moritz eingefügt. Von Moritz als Etymolog war schon früher die Rede, jetzt aber wird sein Aufsatz »Über die bildende Nachahmung des Schönen« aufgenommen. Goethe empfand Moritz als seinen jüngeren Geistesbruder. Das Werk schließt mit einer Erwähnung der anmutigen Mailänderin, womit auch diese Episode ihre novellistische Abrundung erfährt. Dann kommt der feierliche Abschied aus Rom mit einer Zitierung von Ovids dritter Elegie aus dem ersten Buch seiner Tristia in Riemers Übersetzung.

Was Goethe von seinem Werk dachte, deutet ein Wort in einem Brief an Tieck vom 13. April 1828 an, als er durch Tiecks Vermittlung einen Abguß des Kolossalkopfs des Antinous erhalten hatte: Damals habe er »das Märchen meines zweiten römischen Aufenthalts zu diktieren angefangen« (zit. HA XI, S. 687). Die italienische Reise war ihm zum Märchen geworden. Die Luftgestalten seiner titanischen Jugend hatte er als Spuk zu betrachten gelernt. Man darf freilich nicht glauben, daß sich Goethe ganz von seiner Jugend lösen wollte. Der Zweck der Selbstisolierung in Italien war ja die erste Gesamtausgabe seiner »Fragmente«. Die großen Werke waren Fragmente geblieben: »Prometheus«, »Der ewige Jude«, »Tasso«, »Faust«, »Wilhelm Meister«, »Nausikaa« und andere. Ihre Entwürfe hat er desto ausführlicher in »Dichtung und Wahrheit« besprochen. Die Absicht des Werkes ist auch in diesem Punkt pädagogisch: Man soll sehen, wie das große Individuum zu sich selbst kommt. Darum hieß die »Italienische Reise« in der Erstveröffentlichung 1816 und 1817: »Aus meinem Leben. Zweiter Abteilung Erster und Zweiter Teil.« Erst die letzte Ausgabe, 1829, hieß »Italienische Reise«.

Der »Zweite römische Aufenthalt« ist weniger enthusiastisch. Nicht das Ich steht im Mittelpunkt, sondern das was geschildert wird, was in dichterischer Gestalt *Form* geworden ist. Nur die Einschübe sind

Arbeiten früherer Zeit. So gehen Jugend- und Altersstil eine Verbindung ein, ohne daß man sagen dürfte, die dichterische Imaginationskraft habe sich geändert oder nachgelassen. Trotz erschütternder Erlebnisse war der Nährboden des Gedächtnisses fruchtbar bis ins hohe Alter. Es hat nur sehr selten getrogen; und wenn Details manchmal nicht stimmen, so ist das Ganze doch immer wahr und konnte die Qualität des Märchens beanspruchen.

Die autobiographischen Werke sind nicht nur aus großem zeitlichen Abstand, sondern auch aus Goethes Freiheit gegenüber dem Stoff entstanden. Goethe benützte zur Formulierung dieses Sachverhalts den Begriff des Dämonischen. Er ist ebenso vieldeutig wie unklar. Mit ihm wird beim »Egmont« eine Klammer um die Dialektik von Freiheit und Schicksal gelegt; im »Wilhelm Meister« erklärt er die Fülle der Lebensmächte. In »Dichtung und Wahrheit« wird der Begriff philosophisch erweitert; er soll die Spannung zwischen einem Individuum und den Zeitmächten, fremden Personen und sinnlichen Einflüssen andeuten; aber er reicht nicht aus. Die Spannung liegt in dem als Identität begriffenen Gegensatz von Geist und Leben, Kultur und Natur, Goethes Lebensfrage. »In uns selbst liegt das Rätsel, die wir Ausgeburt zweier Welten sind«, heißt es in den Maximen und Reflexionen (HA XII, S. 513, Nr. 1049).

Der West-östliche Divan

Während der Arbeit an »Dichtung und Wahrheit« und der Beschäftigung mit den Erinnerungen an Italien fiel Goethe die Hafis-Übersetzung des Wiener Orientalisten Joseph von Hammer-Purgstall in die Hände. Es war im Juni 1814, kurz nach der Einnahme von Paris durch die Alliierten. Der Orient, Indien und China waren nicht zuletzt im Zusammenhang mit dem Vordringen europäischer Mächte in den nahen und fernen Osten Weltmode geworden. Goethe hat sich wiederholt mit China und Indien befaßt. Der »Gott und die Bajadere« ist nur das bedeutendste Zeugnis, später folgten das Pariagedicht und die Chinesisch-deutschen Jahreszeiten. Sie gehören in den Zusammenhang von Goethes Weltliteratur-Idee. Als er jetzt Hafis las, fühlte er sich auf viel vertrauterem Boden, bei den Patriarchen der Bibel. Chinesisches Denken war ihm fremd und der Hinduismus Indiens stieß ihn ab. Die Beschäftigung mit Hafis und der arabisch-persischen Kultur ergriff ihn jetzt so sehr, daß er sich produktiv verhalten mußte, »weil ich sonst vor der mächtigen Erscheinung nicht hätte bestehen können«, wie es in den »Tag- und Jahresheften« heißt (WA I, 36. S. 91).

So wenig wie die Italienreise war die Wendung zum Orient eine Flucht Goethes, sie war eine Befreiung. Er trat über in eine Zone des Glücks, der Reife, einer geistesverwandten Denkweise und Sinnlichkeit. Hafis ist ein gesteigertes Ich des Dichters. Bezeichnend für die Liebesdichtung des Ostens ist die Benützung von Metaphern: Locken als Fesseln, Augen – wegen ihres Glanzes – als Narzissen, Wimpern als Pfeile, Wangen als Tulpen. Die Rose symbolisiert die unnahbare Geliebte, die Nachtigall den schluchzenden Gesang des Liebhabers. Anfang August lernte Goethe in Wiesbaden Marianne Jung, die damals dreißigjährige Adoptivtochter des Bankiers Johann Jakob Willemer kennen. Sechs Wochen später wurde sie Willemers dritte Ehefrau. Sie ist die Suleika der Divangedichte. Suleika und Hatem-Goethe sind im Wechsel von bildlichem und persönlichem Sinn die

Liebenden schlechthin. Die Liebe kann kosmisch bis ins Weltall erweitert werden. Wie Hafis spielt Goethe mit den literarisch festliegenden Begriffen. Der Liebende ist einerseits arm, ein Bettler, andererseits reich, ein König. Die grammatische Person wechselt von der ersten zur dritten und vom Singular zum Plural. Die Thematik der Alterslyrik reicht vom Gefühl des Herzens bis zum Aussprechen von Gesetzen des Seins. So kommt es zu einem Abrücken vom Ich und zu einer Objektivierung der Gesetze. Darin liegt der Weisheitscharakter des »Divan«, aber auch die Schärfe seines Tadels.

Die ersten Gedichte entstanden im Hochsommer 1814. Ende August konnte Goethe Riemer mitteilen, er habe dreißig Hafis-Gedichte geschrieben. Eins der ersten war »Phänomen«. Eine Naturerscheinung wird mit eindringlicher Gewalt beschrieben, doch es endet mit einer ironisch getönten Lebensweisheit:

Wenn zu der Regenwand
Phöbus sich gattet,
Gleich steht ein Bogenrand
Farbig beschattet.

Im Nebel gleichen Kreis
Seh' ich gezogen,
Zwar ist der Bogen weiß,
Doch Himmelsbogen.

So sollst du, muntrer Greis,
Dich nicht betrüben:
Sind gleich die Haare weiß,
Doch wirst du lieben. (HA II, S. 13)

Zu den neuen Gedichten gehört »Selige Sehnsucht«. Die ins Licht stürzende Mücke ist ein Lieblingsmotiv der persischen Literatur und findet sich auch bei Hafis. Ihm verwandt ist das Bild der in ihrem Licht verbrennenden Kerze. Schon die scholastische Philosophie (Anselm von Canterbury) benützte es für die sich in Liebe zu Christus verzehrende Seele. In »Selige Sehnsucht« setzt Goethe den Flammentod der Schmetterlinge der Begattung als Selbstopfer des Lebens entgegen. Schmetterling, Mücke und Kerze sind Sinnbilder für die Verwandlung der Liebe durch das Feuer zur Reinheit. Die Liebe wird sublimiert, »vergeistigt«, auf eine höhere Stufe der Natur gehoben. Die Flamme der Liebe und Reinheit ist mit dem göttlichen Licht, das der Mystiker sucht, wesensgleich (H. H. Schaeder, S. 87). In der »Seligen Sehnsucht« fallen die Motive zu einem rational unbegreiflichen Gedicht zusammen.

Sagt es niemand, nur den Weisen,
Weil die Menge gleich verhöhnet,
Das Lebend'ge will ich preisen,
Das nach Flammentod sich sehnet.

In der Liebesnächte Kühlung,
Die dich zeugte, wo du zeugtest,
Überfällt dich fremde Fühlung,
Wenn die stille Kerze leuchtet. (HA II, S. 18)

Ganz abgesehen von Goethes Liebe zu Marianne von Willemer, der Suleika des Zyklus, tritt der Dichter in die Paradiese des Liebens, Zechens, Singens ein, wie Hafis, die Dogmatik des Islam überspringend, es lehrte. Hafis' Lieder singt das Volk noch heute »mit Entzükken / von des Maultiers hohem Rücken, / singt, die Sterne zu erwekken / und die Räuber zu erschrecken« (HA II, S. 8). So auch Goethe. Die einfache Syntax und die zum Herzen sprechende Metapher wirken wie die Offenbarung alter Mythen:

Gottes ist der Orient!
Gottes ist der Okzident!
Nord- und südliche Gelände
Ruht im Frieden seiner Hände. (HA II, S. 10)

Die Bildideen haben die Form von Gebeten. Sie werden ständig variiert und sind keineswegs auf den Islam beschränkt. Sie sind Goethes Erbe aus der Mystik, von Jakob Böhme und Paracelsus bis zu Oetinger und Hamann.

Auf der anderen Seite erlaubt das islamische Kostüm dichterische Freiheiten, für die gelegentlich der Koran, meistens aber Hafis die Anregung gibt, so die Motive der Seligkeit im Wein – der Eilfer ist freilich ein deutscher Jahrgang – und in der Liebe. Nirgends hat Goethe einer Frau so gehuldigt wie Suleika; aber wie bei Frau von

Stein liegt der Schlüssel nicht im undurchdringlichen biographischen Detail, sondern in dem, was der Dichter daraus gemacht hat. Goethe kommt hier zu einem nicht mehr qualvollen, sondern feierlich-frohen Selbstbewußtsein, das bis in den Sternenhimmel reicht:

Daß du nicht enden kannst, das macht dich groß,
Und daß du nie beginnst, das ist dein Los.
Dein Lied ist drehend wie das Sterngewölbe,
Anfang und Ende immerfort dasselbe. (HA II, S. 23)

Goethe nennt sich Hafis' Zwilling; wie Hafis will er lieben und trinken. Wie das Zechen nicht zur Dumpfheit, sondern zur Beflügelung führt, so vermittelt die Liebe einen Zugang zum Paradies und der Schöpfung. Durch Zeugen und Zeugung tritt der Mensch neben Gott, ist er göttlich. Was dem Menschen im »Plunder« des Alltags Qual und Zwiespalt bringt, wird wiedergefunden auf der Ebene der Seligkeit. »Wiederfinden« heißt eins der großartigsten Gedichte des »Divan«; Goethe hat es später in die Reihe »Gott und Welt« aufgenommen, es geht in einen biblisch-urchristlich getönten Schöpfungsmythos über. Der Gedanke der Erschaffung der Welt aus Nichts ist mosaisch.

In der Liebe wird der Grund der Schöpfung des Kosmos erkannt, der an Gottes Brust lag, bevor der sein »Es werde!« sprach. Der Text benützt Stellen aus den Psalmen (»Mit morgenroten Flügeln«, Ps. 139,9) und mit Anklängen an die Farben- und Tonlehre. Das Leben der Natur und das Leben des Geistes sind nicht unterschieden: Geist ist der höchste Ausdruck des Lebens, erhebt sich über die »ängstliche Autochthonenmenge« der Dumpfen, Schlaffen, Trüben, der Dummen, der Groben und Grobiane. Die Schöpfung ist Offenbarung des Lichts:

Stumm war alles, still und öde.
Einsam Gott zum ersten Mal!
Da erschuf er Morgenröte,
Die erbarmte sich der Qual;
Sie entwickelte dem Trüben
Ein erklingend Farbenspiel,
Und nun konnte wieder lieben.
Was erst auseinander fiel. (HA II, S. 83)

Die Farbenlehre dient zur Erklärung der Schöpfung. Aus dem Trüben der Atmosphäre, der am meisten beweglichen Materie, geht die Morgenröte hervor, ähnlich wie das Phänomen des Regenbogens, ein Farbenspiel in Korrespondenz zur Lehre von den Tönen. Das Hören ist geistiger als das Sehen. Goethes durch Jahrzehnte sich hinziehende Überlegungen zur Sphäre der Töne, der Musik, verdichteten sich nach dem Abschluß der »Farbenlehre« zu einer freilich nie ausgeführten Tonlehre. Das Sein hat sich im Werden aus dem Chaos entwickelt. Die Morgenröte entsteht aus Licht und Nichtlicht. In der Mitte der Farbenskala liegt das Rot, die Farbe der Liebe. Das Gedicht kehrt dann zum erotischen Anfang zurück. Nichts auf Erden kann die Liebenden trennen, sie sind musterhaft in Freud und Qual.

Der »West-östliche Divan« ist thematisch in zwölf Bücher gegliedert. Sie sind nach Länge und Gewicht verschieden, gehen in den meisten Fällen über die bezeichneten Themen hinaus, bleiben manchmal aber auch unter dem allgemeinen Niveau, besonders im »Buch des Unmuts«. Hier stehen vor und hinter großartigen Spruchweisheiten wie »Übers Niederträchtige / Niemand sich beklage; / Denn es ist das Mächtige, / Was man dir auch sage« (HA II, S. 47) angestrengte Wortspielereien: »Wohl! Herr Knitterer er kann sich / Mit Zersplitterer vereinen, / Und Verwitterer alsdann sich / Allenfalls der Beste scheinen!« (HA II, S. 46). Eine Art Symphonie aller Themen ist das erste Buch. Es spricht vom Sänger und führt den Leser in die orientalisch-islamisch-arabische Welt der Nomaden der Wüste. Goethes Erinnerungen an die biblische Patriarchenzeit spielen eine große Rolle, zugleich werden meteorologische Motive kunstvoll mit griechisch-antiken und politisch-modernen gekreuzt. Der Grundtenor lautet: Das Ich des Dichters findet sich in Hafis wieder: Liebe, Wein und Waffenklang sind die Elemente des »echten Liedes«, sie bedingen die Gefühle von Haß und Liebe.

Den irdischen Büchern des Divan, Hafis, Timur, Suleika und Schenkenbuch, folgen – nach Sprüchen und Parabeln – die Bücher des Parsen und des Paradieses, wo das Unvergängliche dem Vergänglichen als Gleichnis gegenübergestellt wird. Auch hier werden die Sinne nicht entwertet. Leiblichkeit ist das höchste Gleichnis des Ewigen. Die im Kampf für den Glauben gefallenen Helden leben nach Mohammeds Lehre mit edlen Frauen und den Huris des Paradieses zusammen. Die Huri spricht, »um einem Deutschen zu gefallen«, in Knittelreimen. In ihr sieht der Dichter in traumhafter Erinnerung an irdische Tage seine Suleika. In dem Gedicht »Selige Sehnsucht«, dem letzten im »Buch des Sängers«, erscheint die Idee der Liebe dann als ein verschwiegenes und eigentlich zu verschweigendes Geheimnis. Das Goethesche Stirb und Werde begreift seine Grenzen:

Keine Ferne macht dich schwierig
Kommst geflogen und gebannt,
Und zuletzt, des Lichts begierig,
Bist du, Schmetterling, verbrannt. (HA II, S. 19)

Die Leidenschaft für Marianne/Suleika hat mehr im Dichter aufgerührt als er ihr persönlich hat sagen können; darauf spielt das Wort vom Geheimnis wohl an. Damals hatte er im Doppelblatt des Gingo biloba auf der Heidelberger Schloßterrasse ein Symbol erkannt: Im Doppelsinn des Wortes waren Hatem und Suleika ineinander verwachsen.

Im Glauben der Parsen an die Lehre Zoroasters (Zarathustras), mit lichten reinen Geistern aus Sonne, Feuer und Glut, fand Goethe den ihm seit Jugendtagen so teuren Gedanken der Reinheit wieder. In einem nächtlichen Gespräch machte Boisserée ihm klar, daß der Kult der Sonne und des Lichtes in der Liturgie der alten Kirche fortlebe, wenn am vorösterlichen Morgen des Karsamstag aus einem Funken Licht und Feuer geschlagen werde, und in Christus der Sol invictus der antiken Kulte eine letzte und höchste Gestalt gefunden habe. (Dazu Beutler, WÖ Divan, S. 709–730). Der »Westöstliche Divan« zeigt Goethes Souveränität in einem glücklichen Augenblick. Reflexion und Gefühl, die Berauschung durch den Wein und die Liebe, die Freiheit des Wanderers und fromme Gesinnung durchdringen einander. Goethe ist geistreich und tiefsinnig, nonchalant und ironisch-witzig.

Die Gedichte finden ihre Ergänzung in den »Noten und Abhandlungen«, einer Serie von Essays über arabische, hebräische und moslemische Zeit und Geschichte, dargestellt an den großen Autoren der persisch-arabischen Literatur mit ihren Formen und Dichtarten, den Urelementen orientalischer Poesie und den historischen Formen unter Kalifen, Dichterkönigen und Despoten. Geschichte und Literatur ergänzen einander. Das Alttestamentliche wird in einem Aufsatz Goethes aus früherer Zeit, »Israel in der Wüste«, dargelegt. Die »Noten und Abhandlungen« schließen mit einem Überblick über die Entdeckung des Orients seit den Tagen der Kreuzzüge und Marco Polos bis zu den Mitlebenden in Goethes Zeit, den gelehrten Orientalisten Heinrich Friedrich Diez, Hammer-Purgstall und Silvestre de Sacy in Paris.

Die »Noten und Abhandlungen« zum Divan sind keine Erläuterungen zu den Gedichten, sie beschreiben den von Goethe als Dichter entdeckten Kontinent der Weltliteratur. Nie, weder früher noch später, ist die islamische Welt so tief erfaßt und dargestellt worden wie hier. Mögen manche Details nicht stimmen und mag die Religiosität dieser Gedichte aus alt- und neutestamentlichen Quellen des Christentums genährt sein – der Geist des Ganzen stellt die größte einem Europäer mögliche Auffassung des alten Orients dar. Im doppelten Medium der Dichtung und Essayistik ist der »West-östliche Divan«, nach der überwundenen Rezeption des Sturm und Drang und der Aufnahme der antik-klassischen Welt in den Geist des deutschen Idealismus, eine der größten Leistungen Goethes, das nie wieder erreichte Muster kulturgeschichtlicher Kunstprosa in deutscher Sprache.

Erstaunlich ist die scheinbare Lässigkeit, ja Verspieltheit der so leicht hingesagten Strophen. Man muß sich klarmachen, daß der Orient nicht nur arabisch-persisch war, sondern zu Hafis' Zeit Nordafrika, Sizilien und Spanien umfaßte:

> Herrlich ist der Orient
> Übers Mittelmeer gedrungen;
> Nur wer Hafis liebt und kennt,
> Weiß, was Calderon gesungen. (HA II, S. 57)

Die Verwandtschaft des persischen mit dem spanischen Dichter, des Ostens und Westens beruht auf dem arabischen Substrat, das weiträumiger war als das antike und christliche; es reichte bis Indien. Aber nicht die geographische Weite ist entscheidend, sondern das Daseinsgefühl einer neuen Geburt und Verjüngung. »Unter Lieben, Trinken, Singen / soll sich Chisers Quell verjüngen« (HA II, S. 8). Chiser ist der unsterbliche Wanderer. Das Gedicht aber heißt »Hegire, Hedschra, Flucht«. Wie der prophetische Poet verläßt der Dichter die Welt Europas und kehrt in kunstvollen Schlagreimen zu Erlebnissen der Jugend zurück:

Will mich freun der Jugendschranke:
Glaube weit, eng der Gedanke,
Weil das Wort so wichtig dort war,
Weil es ein gesprochen Wort war. (HA II, S. 7)

In »Dichtung und Wahrheit« erzählt er: Wenn es draußen noch so wild und wunderlich herging, »so flüchtete ich gern nach jenen morgenländischen Gegenden, ich versenkte mich in die ersten Bücher Mosis und fand mich dort unter den ausgebreiteten Hirtenstämmen zugleich in der größten Einsamkeit und in der größten Gesellschaft« (HA IX, S. 140).

Der »Divan« blieb lange unverstanden. Noch zu Anfang des zwanzigsten Jahrhunderts wurden die Druckexemplare der ersten Auflage ausgeliefert. Außer den Freunden in Frankfurt, Weimar und Karlsbad hat nur Hegel in Berlin begriffen, was der Divan bedeutete, wenn er seine studentischen Hörer immer wieder auf dies Werk Goethes hinwies. Dann haben erst Konrad Burdach in der Weimarer Ausgabe und die anschließenden Forschungen von Beutler, Kommerell, Hans Heinrich Schaeder und Max Rychner die Tiefe und den Sinn, die Gründe und Hintergründe dieses unerschöpflichsten aller Goetheschen Zyklen dem Verständnis nahegebracht.

Kunsttheorien im Widerstreit, Weltliteratur

In einem Brief an den befreundeten Naturforscher Joachim Dietrich Brandis in Kopenhagen stellte Goethe im März 1811 fest, daß seine Art, die Natur zu erforschen, nicht akzeptiert würde. Resigniert merkte er an: »Es sollte nicht sein. Eine abstrakte Behandlungsart griff ein, der wir bis jetzt manches Gute schuldig sind, die aber auch zu manchem Mißbrauch Gelegenheit gegeben hat. Die Zeit muß lehren, ob auf diese Weise die Naturwissenschaft zur Reife gedeihen kann« (HA, Br. III, S. 151). Prophetische Worte solcher Art finden sich an vielen Stellen. Sie hängen mit Goethes Ahnungen zusammen, jener Gabe, die er seinen Textorschen Vorfahren zuschrieb. Dieser Enttäuschung stand eine Bekehrung zur romantischen Kunst gegenüber. Sie beschränkte sich nicht auf Runge und C. D. Friedrich, die ja moderne Maler waren. Die geschichtlichen Neigungen der jungen Zeichner begannen Goethe zu fesseln, und es ist merkwürdig, daß sie anknüpfen, wo auch er einst historisiert hatte, in der Verehrung Dürers und bei Faust.

Anfang Mai 1811 hatte Goethe den Besuch des Kölner Kaufmannssohns Sulpiz Boisserée erhalten. Der war damals sechsundzwanzig Jahre alt, ein Schüler Friedrich Schlegels und tief verwurzelt in den künstlerischen und religiösen Überlieferungen seiner Heimat. Er war ein Kenner und Verehrer der Kunst des Spätmittelalters. Auf einer großen Reise in die vom Feind befreite Heimat fuhr Goethe jetzt, 1814, mit seinem neuen Diener und Schreiber Karl Wilhelm Stadelmann in der eigenen Kutsche. Es war ein herrlicher Sommer. In Eisenach entstand das Gedicht »Phänomen« und in den folgenden Wochen schrieb er Divangedichte in ununterbrochener Folge. Mitte August war er zum Sankt Rochusfest in Bingen; es war nicht nur ein kirchliches, sondern auch ein vaterländisches Ereignis, da der Rochusberg zwanzig Jahre lang für Wallfahrten gesperrt gewesen war. Zwei Jahre später hat Goethe der Kapelle ein von ihm entworfenes Altarbild des heiligen Rochus gestiftet (WA I, 49, S. 358). Als er bei

Mondschein an seinem Elternhaus in Frankfurt vorbeiging, hörte er die alte Hausuhr schlagen. In Wiesbaden traf er Zelter und andere Bekannte. Am 19. August 1814 schrieb Goethe aus Wiesbaden an Christiane in Weimar: »Zuvörderst also wirst du abermals gerühmt, mein liebes Kind, daß du mich in diese Gegend zu gehen bewogen. Erde, Himmel und Menschen sind anders, alles hat einen heiteren Charakter und wird mir täglich wohltätiger« (HA, Br. III, S. 272). Die weinfrohe Stimmung fand ihren Niederschlag im »Schenkenbuch«. Im September sah er Sulpiz Boisserée auf der Frankfurter Herbstmesse wieder. Anschließend besuchte er Willemer und Marianne auf der Gerbermühle bei Frankfurt. Hier entstanden die Gedichte des »Buches Suleika«. Einige von ihnen schrieb Marianne, nachdem Goethe ihr einen Hafis-Band geschenkt hatte. Den Besuch Boisserées auf der Gerbermühle hatte er sich verbeten, da er Wahlverwandtschaften aus dem Wege gehen wollte.
Zusammen mit seinem Bruder Melchior und ihrem gemeinsamen Freund, dem Maler Johann Baptist Bertram, sammelte Boisserée religiöse Bilder. Sie waren durch die Aufhebung der Kirchen und Klöster zum Teil in den Trödel geraten. Er war beeinflußt von den Ansichten und Lehren Wackenroders und Tiecks über die Kunst des frommen Mittelalters. Boisserée war im Umgang zurückhaltend, aber selbstsicher, ein Weltmann, der mit F. Schlegel in Paris gewesen war und Goethe durch seine humoristisch getönte Liebenswürdigkeit gewann. In seinem Gepäck befanden sich Aufrisse des Kölner Doms und Zeichnungen des jungen Peter Cornelius zum »Faust«. Goethe bewunderte Cornelius' geistreiche Behandlung des Themas, schrieb ihm freundlich, lobte die »Reinlichkeit und Leichtigkeit« seiner Zeichenfeder und ermunterte ihn fortzufahren, seine »Einbildungskraft in diese Regionen hinzuwenden« (HA, Br. III, S. 136).
Tatsächlich hat Boisserée den »Heiden« und Griechenverehrer Goethe zu einer fast andächtigen Verehrung vor den Bildern van Eycks und Memlings gebracht. Goethe erkannte die spirituellen Nährwurzeln dieser Kunst und verfolgte sie bis zu den byzantinischen Ikonen, was um so erstaunlicher ist, als es dafür keine wissenschaftlichen Voraussetzungen gab und er sich ganz auf seine Intuition verlassen mußte. Goethe hat die Theorie vom Modellcharakter und der Zeitlosigkeit der griechischen Antike zwar nie aufgegeben und bei den

Wettbewerben der Weimarer Kunstfreunde klassizistische Themen vorgeschrieben, aber er sah, daß auch Dürer, Wohlgemut und Altdorfer strenge Regeln der Kunst erfüllt hatten. Alles was seit dem »Wunderhorn« Arnims und Brentanos, der Entdeckung Calderóns und bei den Besuchen des berühmten religiösen Dramatikers Zacharias Werner in ihm geweckt war, lebte jetzt wieder auf. Er studierte die burgundisch-niederländische und kölnische Malerei und beschrieb sie, einer kulturpolitischen Anregung des Freiherrn vom Stein folgend. Die Briefe und Tagebücher Goethes und seines Kölner Kunstfreundes zeugen von Respekt vor den metaphysischen Überzeugungen des andern. Boisserée hat die Bilder, gemäß F. Schlegels Ideen zur Weltkunst, im Zusammenhang der Kultur Europas gesehen. Im Gegensatz zu den Nazarenern lag ihm jeder doktrinäre Zug fern.

1816 erschien in Goethes neuer Zeitschrift »Kunst und Altertum« der von ihm selbst verfaßte zweihundert Seiten lange Aufsatz über die Kunstfreunde am Rhein und am Main. Er lobte die nach den Kriegen unter neuen Bedingungen in Gang gekommenen Bemühungen, Altertümer, Bilder, Bücher und Naturalien zu sammeln. Einen Höhepunkt bildeten die Boisseréeschen Gemälde in Heidelberg. Das reiche Frankfurt wurde hervorgehoben. In Mannheim und Karlsruhe hatte er naturhistorische Sammlungen gesehen, die Gartenanlagen gepriesen, und plötzlich heißt es, in der Konzentration des Goetheschen Altersstils: »Wünschen wir sodann dem Oberrhein Glück, daß er des seltenen Vorzugs genießt, in Herrn (Johann Peter) Hebel einen Provinzialdichter zu besitzen, der von dem eigentlichen Sinne seiner Landesart durchdrungen, von der höchsten Stufe der Kultur seine Umgebungen überschauend, das Gewebe seiner Talente gleichsam wie ein Netz auswirft, um die Eigenheiten seiner Lands- und Zeitgenossen aufzufischen und die Menge ihr selbst zur Belustigung und Belehrung vorzuweisen...« (WA I, 34, 1. S. 193). Am Ende seiner Darlegungen rühmt Goethe die teilweise Rückgabe der Heidelberger Bibliothek, der Palatina, durch den Papst: »Jeder Deutsche fühlt den Wert dieser Gabe zu sehr, als daß wir noch etwas Weiteres hinzusetzen dürften.« (ebda. S. 200) Das war seine Art von Patriotismus.

Damals hat Goethe die für den deutschen Kultur- und Literaturbetrieb des neunzehnten Jahrhunderts bestimmende Festlegung auf den Klassizismus und dessen Theorie gesprengt. Die deutsche Schulbildung übersah, daß Schiller und Goethe ihre Werke nicht wegen, sondern trotz der klassizistischen Theorie geschrieben haben. So kam die Lehre auf, Kunst sei etwas Machbares und Gemachtes; der vitale Trieb zur Gestaltung wurde übersehen. Ein schönes Beispiel für die Natürlichkeit, Zwanglosigkeit und spielerische Überlegenheit von Goethes Wesen sind die Briefe an Karl Friedrich Zelter. Er hat geglaubt, der Briefwechsel mit Zelter könne den mit Schiller ergänzen. Der tüchtige Berliner, ausgebildet als Maurermeister und später Leiter der Singakademie, war freilich kein bedeutender Künstler. Er hat Goethe in Weimar mit Nachrichten über Kunst und Theater der Großstadt versehen. Für den alten Goethe wurde er ein vertrauter Brieffreund. (Görres, der boshaft scharfsinnige, hat ihn Goethes Bauchredner genannt.) Der Briefwechsel füllt die Lücke zwischen Schillers Briefen und Eckermann. Ohne ihn wüßten wir über den Menschen Goethe, seine Sorgen, Beschwerden, Enttäuschungen und Belustigungen allzuwenig. Im Briefwechsel spricht Goethe unbefangen aus, was er sonst gern verbarg. Er schreibt von Reisen, Landschaften, Gedichten, Plänen, von seiner Liebe zur Musik, vor allem Mozarts, er empfiehlt Lektüre, z.B. Stendhals Italienbücher von 1817, und freut sich über Zelters nie nachlassende Begeisterung für ihn. Er gesteht seine Enttäuschung, daß die Deutschen zwanzig Jahre gebraucht hätten, bis sie »Tasso« – und zwar in Berlin – auf die Bühne brachten. Schließlich fühlte er sich durch schwere Schicksalsschläge – Tod der Frau und Tod des Sohnes – mit Zelter verbunden. In ihren Ansichten über Kunst waren beide gleich befangen. Sie verfluchten alles Moderne. Während aber Goethe sich jederzeit darüber erheben konnte und seine Werke gegen die eigene Theorie schrieb, hat Zelter selbst in seinem Fach, der Musik, die Modernen, Carl Maria von Weber und Franz Schubert, kaum zur Kenntnis genommen und war von Beethoven befremdet.

In der »Italienischen Reise« lobt Goethe den Einfluß Meyers auf seine Kunstauffassung und sagt, er habe ihn in das »eigentliche Machen initiiert« (HA XI, S. 446). Das Wort ist mißverständlich, denn mit jenem Machen meint Goethe nicht das Handwerk, sondern den Verstand und die Konsequenz der großen Meister Italiens. Er wußte durchaus, daß der schöpferische Prozeß sich in der Tiefe vollziehe und es ungeheurer Kraft bedürfe, ihm eine malerische oder sprachliche

Form zu geben. Der sonderbar verklausulierte Stil des Alters mit seinen Schnörkeln und Limitationen ist ein Zeugnis dafür.
Der Aufsatz über »Kunst und Altertum am Rhein und Main« gab der Zeitschrift Goethes den Titel. Sie wurde bis 1832 in unregelmäßiger Folge fortgesetzt, sechs Bände mit je drei Heften. Goethe war ihr einziger Autor, wenn man von Heinrich Meyers stock-konservativem Aufsatz über »Neu-deutsche religiös-patriotische Kunst« absieht. Die Zeitschrift geht weit über den bezeichneten Rahmen hinaus und wurde, wenn auch ohne publizistischen Erfolg, ein Arsenal Goethescher Kunst- und Literaturansichten. Er schrieb über Sprache, Redensarten, Volksdichtung im Dialekt, über Friedrich Rückerts orientalische Dichtungen und Johanna Schopenhauers Roman »Gabriele«. Er druckte die mit Schiller gemeinsam verfaßte Studie über epische und dramatische Dichtkunst, eine sechzig Seiten lange Inhaltsbeschreibung der »Ilias« und den Aufsatz über »Deutsche Baukunst«, womit er die gotische meinte, und ihre Neuentdeckung.
Dem Unverständnis der Leser zu Hilfe kommend schrieb Goethe eine Erklärung seiner »Urworte Orphisch«, der »Harzreise im Winter« und des Helena-Akts im »Faust«. Es gibt Buchbesprechungen und Miszellen über Homer, Euripides, Plato, Shakespeare, serbische, griechische und böhmische Gedichte sowie »Chinesisches«. Auch bespricht er die Übersetzung seines »Faust« ins Französische durch Friedrich Albert Stapfer und die Illustrationen von Delacroix. Aufmerksam verfolgte er seine und Schillers Wirkung in Frankreich. Paris galt noch immer als Schaltstelle kritischer Aneignung. Man nahm die deutsche Romantik um so mehr zur Kenntnis, als die deistische Aufklärung als zu eng empfunden wurde und man von den Deutschen eine Auffrischung der literarischen Kultur erhoffte.
Goethe seinerseits wollte die Augen Deutschlands auf die Literatur der fremden Völker richten, darum seine Besprechung von Manzonis Tragödie »Der Graf von Carmagnola«, seine eigene Übertragung von dessen Napoleon-Ode, ein Lob des jetzt als kongenial empfundenen Laurence Sterne und der Hinweis auf Lord Byron. Andere Aufsätze, auch wenn sie vorerst ungedruckt blieben, zeigen den Umfang seiner Interessen: Althochdeutsche und mittelhochdeutsche Literatur, vor allem das Nibelungenlied, Walter Scott und die Fragment gebliebenen »Studien zur Weltliteratur«. Unter diesem Begriff wurden die

wechselseitigen Beziehungen zwischen deutscher, französischer, englischer, italienischer und spanischer Literatur dargestellt.
Freilich hat Goethe nur ein Schema der Weltliteratur entworfen und sich selbst als den deutschen Integrationspunkt gesehen. Die Romantiker und Madame de Staël entdeckten und verkündeten, er sei der Held der neugeschaffenen deutschen Nationalliteratur. Im »Divan« hatte er den westlichen und östlichen Weltkreis wie niemand vor und nach ihm verbunden. In Calderón erkannte er den Shakespeare ebenbürtigen Genius, wo Sinnliches und Übersinnliches, Antikes und Modernes, Mythisches und Orientalisches einander durchdringen. Den verblüfften Weimarern hatte er dies obendrein katholische Phänomen förmlich aufdrängen müssen. Seine Literaturauffassung bezog Antike, Orient, China und Indien ein, und zwar auf einer höheren Ebene, als die Franzosen die Antike und den Orient erfaßt hatten.
In »Kunst und Altertum« erschien ein großer Essay über Philostrats Beschreibungen antiker Gemälde. Ihm folgten Bemerkungen über die Fresken von Pompeji, Herkulanum und Stabiae, über Leonardo da Vinci, über Zeichnungen Mantegnas und Taddeo Gaddis, den er für Giotto hielt, und Tizian. Ihre Zeichnungen wurden damals in prachtvollen Bänden populär. Er schrieb über Münzen und Gemmen, das Straßburger Münster, den Kölner Dom und die Externsteine. Die erste Zusammenstellung der »Maximen und Reflexionen« wurde hier veröffentlicht. Nur Politik wurde nicht behandelt: In den Jahren der Karlsbader Beschlüsse war die Zensur unerbittlich.
Eine desto größere Rolle spielte die Kulturpolitik. In Meyers Angriff auf die religiöse Kunst der Romantik wurde, wie schon zehn Jahre früher, Wackenroders »Herzensergießung« angegriffen und für den »altertümelnden christkatholischen Kunstgeschmack« verantwortlich gemacht. Die von Goethe und den Weimarer Kunstfreunden geschätzten Maler Philipp Otto Runge, Caspar David Friedrich und Peter Cornelius lehnte Meyer ab: Runges allegorische Tageszeiten seien ein Labyrinth dunkler Beziehungen; sie erregten dem Beschauer durch ihre Unergründlichkeit geradezu Schwindel. Der tadelnde Begriff des Christlich-Mystischen taucht hier als Deckwort auf für religiösen Tiefsinn, unklare Linienführung, rätselhafte Symbole und befremdliche Allegorien. Gemeint waren die Nazarener von Rom, Wien und München. Sulpiz Boisserée ging im Juni 1817 brief-

lich auf diese Vorwürfe ein und bemerkte kühl, jedes Volk und jede Zeit könnten sich nur an das halten, »was ihnen, um mit den lieben Heiden zu reden, die Götter und das Schicksal zugeteilt haben«. Was das antike Modell angehe, so sei nicht zu leugnen, daß unsere Zeit und unsere Verhältnisse von denen des alten Griechenland verschieden seien.

Der alte Goethe

Nach den Heidelberger Tagen haben sich Goethe und Marianne/ Suleika nicht wiedergesehen. Als Mensch ertrug er den Schmerz der Trennung, als Autor hat er sich im Gedicht von ihm befreit. Suleika steht, ins Zeitlose entrückt, als Musterbild des Liebens da. Marianne, die Österreicherin, hat die Tage auf der Gerbermühle am Main nie vergessen; sie ist an der Trennung fast zerbrochen und hat sie ihr Leben lang nicht überwunden. Auch hier hat sich Goethe, um es vornehm auszudrücken, dem platonischen Grundzug seiner Lebenshaltung nicht entzogen. Auch den Aufsatz über »Kunst und Altertum« sah er schon bald mit Vorbehalten an, und vom »Westöstlichen Divan« sagte er, es handle sich hier um eine Dichtart, die seinem Alter, seiner Denkweise, Erfahrung und Umsicht zusage, »wobei sie erlaubt, in Liebesangelegenheiten so albern zu sein als nur immer die Jugend« (HA, Br. III, S. 345).

Er stürzte sich in neue Arbeiten und übernahm die Oberaufsicht über Theater, Wissenschaft und Künste des zum Großherzogtum erhobenen Landes. Carl August hatte sich beim Wiener Kongreß durch den Anspruch, führende Macht des protestantischen Deutschland zu sein, eher lächerlich gemacht. Längst hatte Preußen diese Rolle übernommen. Goethe mußte wieder einmal sehen, daß seine politischen Warnungen in den Wind geschlagen wurden. Er arbeitete weiter an Farbenstudien, der »Italienischen Reise« und der schwierigen Gesamtausgabe seiner Werke. W. von Humboldts Übertragung des »Agamemnon« von Äschylos regte ihn zu eindringlicher Beschäftigung mit dem Stoff an. Mit Bewunderung las er den zweiten Band der Calderóndramen und schrieb an Johann Diederich Gries, den Übersetzer: »In ein herrliches, meerumflossenes, blumen- und fruchtreiches, von klaren Gestirnen beschienenes Land versetzen uns diese Werke, und zugleich in die Bildungsepoche einer Nation, von der wir uns kaum einen Begriff machen können« (HA Br. III, S. 355). Kurz darauf las er Gedichte von Lord Byron. Seine Bewunderung stieg in den nächsten Jahren bis zum Enthusiasmus. In Byrons wildem, doch sprachlich geregelten Talent verband sich wütende Verzweiflung über Europa mit poetisch-politischer Aktivität. Goethe hat seine Byron-Übersetzungen als Beitrag zur Vermittlung von Weltliteratur verstanden.

Unmittelbar darauf traf ihn ein vernichtender Schlag. Am 6. Juni 1816 starb Christiane nach einem »letzten furchtbaren Kampf ihrer Natur«. Noch ein Jahr vorher hatte sie ihn, leicht erkrankt, nach Karlsbad begleitet. Nichts hat ihn persönlich so getroffen wie Christianes Tod. Sein privates Leben, das Gefühl, ein Zuhause, eine Heimat zu haben, war aufgehoben. Während der Wochen mit Marianne hatte er ihr noch geschrieben, wie unerquicklich sein Leben fern von ihr sei, und wie sehr er es entbehre, nicht mit ihr sprechen zu können. In fassungslosen Versen drückte sich seine Trauer aus:

> Du versuchst, o Sonne, vergebens,
> Durch die düstren Wolken zu scheinen!
> Der ganze Gewinn meines Lebens
> Ist, ihren Verlust zu beweinen. (HA I, S. 345)

Mit Christianes Tod endeten die Jahrzehnte der in Italien begonnenen Neugeburt. Innerhalb weniger Jahre wurde Goethe ein alter Mann, mürrisch und gebückt, ein zahnloser Greis. Ein Versuch, die Haushaltsführung der Schwiegertochter, Ottilie von Pogwisch, zu überlassen, scheiterte schnell. Ottilie war eine Salondame, Anglomanin und deutsche Patriotin; sie verstand nichts von Küche und Keller, nichts vom Umgang mit dem Personal. August, ihr Mann, tüchtig als Gehilfe des Vaters, führte eine schwierige Ehe. Goethe mußte die Schlüssel selbst in Verwahrung nehmen, was aber nicht seine Sache war. Das erklärt, weshalb er Wochen und Monate im geliebten Jena, im Brückenhaus hoch über der damals noch wild strömenden Saale, und in den böhmischen Bädern verbrachte.

Die »entelechische Monas«, die produktive Anlage, wirkte freilich weiter. Er wandte sich chromatischen, mineralogischen, geologischen und chemischen Studien zu. In den drei Bänden der »Schriften zur Morphologie« stellte Goethe die Bildung und Umbildung organischer Naturen dar. Hier finden sich die großen Essays »Zur Metamorphose der Pflanzen«, zuerst 1790, überarbeitet und entfaltet zur Physiologie

der Pflanzen. Er setzte sich mit zeitgenössischen Theorien, darunter der Physiognomik der Gewächse von A. von Humboldt auseinander. Dazwischen erzählte er die Geschichte seines botanischen Studiums. Den Abschluß bildet die vergleichende Anatomie, ausgehend von der Knochenlehre der Menschen und Tiere, wo der von ihm entdeckte Zwischenkieferknochen beschrieben wird.
Goethe wurde gedrängt, zur Dreihundertjahrfeier der Reformation eine Art Oratorium zu schreiben; Zelter wollte es vertonen. Alle Pläne zerschlugen sich aber, und abschließend schrieb Goethe an Knebel: »Denn, unter uns gesagt, ist an der ganzen Sache nichts interessant als Luthers Charakter und es ist auch das einzige, was der Menge wirklich imponiert« (HA, Br. III, S. 400). Er ließ sich nicht mehr auf fremde Pläne ein; er sprach von sich selbst wie von einem Dritten. Im Umgang mit Freunden kam steife Förmlichkeit auf. Er nannte sich den alten Merlin und behauptete, er sei der letzte und einzige Christ im Sinne Jesu. Über andere sprach er entweder hellsichtig wach oder mit verletzender Nachsicht; er behauptete, er sei »nicht mehr kommunikabel«, werde nicht verstanden und sei wohl auch unverständlich. Die lehrhaften Züge seines Wesens traten hervor. Er formulierte Ordnungsprinzipien des menschlichen Zusammenlebens, ganz deutlich in den »Wanderjahren« und jenen Sprüchen, die in die »Maximen und Reflexionen« eingingen. In ihrer Kürze haben sie unmittelbare Evidenz:

> In wenig Stunden
> Hat Gott das Rechte gefunden, (HA I, S. 304)

oder die Mahnung an sich selbst:

> Bilde, Künstler! Rede nicht!
> Nur ein Hauch sei dein Gedicht. (HA I, S. 325)

Er schrieb eine Trilogie zur Wolkenlehre des englischen Naturforschers Luke Howard, mit dem er Briefe wechselte. Die Gedichte sind auf einen allegorisch betrachtenden oder melancholischen Ton gestimmt, wie in den Chinesisch-deutschen Jahres- und Tageszeiten oder den Dornburger Gedichten, etwa an den Mond:

Willst du mich sogleich verlassen?
Warst im Augenblick so nah!
Dich umfinstern Wolkenmassen,
Und nun bist du gar nicht da. (HA I, S. 391)

Die Fülle seiner Erfahrungen und Einsichten schlug sich in Lehrgedichten wie »Vermächtnis« (»Kein Wesen kann zu Nichts zerfallen!« HA I, S. 369), in »Eins und Alles« und in den Widmungsgedichten an hunderte von Personen in Weimar und Karlsbad aus Vergangenheit und Gegenwart nieder. Die »Maximen und Reflexionen« fanden ebenso wie die »Zahmen Xenien« ihre Prägung. Gelegentlich verdichten sich seine Lehren zu orphischen Urworten, so dunkel und vieldeutig, daß wir durch die Schale kaum zu ihrem Innern kommen. An Willemer schrieb er im Herbst nach Christianes Tod: »Nur soviel kann ich meinen werten Freunden, die mir das Beste wünschen, versichern, daß nur ununterbrochene Tätigkeit nach innen und außen mich lebendig erhält, und daß ich nichts mehr wünsche, als ihnen möge daraus auch etwas Erfreuliches erwachsen« (HA, Br. III, S. 374).

Die Aufenthalte in Tennstedt und den böhmischen Bädern Marienbad, Franzensbad, Teplitz und vor allem – und zwar monatelang – in Karlsbad gingen auf ärztliche Gebote zurück. Das Karlsbader Wasser tat seine Wirkung innerlich und äußerlich. Goethe erholte sich vom »kimmerischen« Klima Weimars und den dadurch entstandenen katarrhalischen, rheumatischen und bronchitischen Attacken und von den durch schweres Essen verursachten Verdauungsbeschwerden. Etwas anderes kam hinzu. In den böhmischen Bädern traf sich die Welt des Adels, der Diplomatie, der Kunst und der Wirtschaft. Während der monatelangen Aufenthalte traf Goethe mit alten und neuen Bekannten zusammen. Man riß sich um ihn als europäische Berühmtheit, ob es die kaiserliche Familie aus Wien, der Hochadel des alten Reiches, der Weimarer Hof oder sonstige Prominenz war. Goethe hatte seinen Schreiber bei sich und zog sich immer wieder zum Arbeiten zurück. Er war bereit, in größerer und kleinerer Gesellschaft vorzulesen: Er fand hier »sein« Publikum und wollte, daß seine Werke von dieser Gesellschaft propagiert würden.

Er wußte, daß er als Autor nicht populär, nicht volkstümlich werden konnte, und ersetzte die fehlende Breitenwirkung durch den persönlichen Eindruck auf die schmale aber einflußreiche Oberschicht. Die Zeugnisse dafür finden sich in Gesprächen und Briefen, Interviews und in Berichten über manchmal lästige Besuche. Aufsätze und Bücher über sich nahm er zur Kenntnis, ließ sich wohl auch zu Winken und Hinweisen herbei. Wenn ihm etwas nicht paßte, etwa Adolf Müllners Drama »König Yngurd«, 1818, antwortete er geheimrätlich verschnörkelt: »Ich bin so alt, daß ich alles was begegnet nur historisch betrachten mag und also auch jedes Musen-Erzeugnis nur dem Lustrum (Jahrfünft) aneignen darf, wo es entstanden. In diesem Sinne schätze ich Ihre Arbeiten« (HA, Br. III, S. 426). Am liebsten kapselte er sich ab. Es ist bezeichnend, daß er in der Kunst jetzt eine Bestätigung seiner Winckelmannschen Ansichten fand. 1817 tauchten Bildbände mit den Münchner Ägineten und den Elginschen Marmorkunstwerken vom Tempel von Bassae auf. Goethe war begeistert. Selbst in den Briefen an Boisserée heißt es, Winckelmanns Weg sei durchaus der rechte gewesen (HA, Br. III, S. 413). Er wehrte sich gegen »ägyptische und indische Fernen« und gegen Georg Friedrich Creuzers romantische Mythendeutung. Er befaßte sich wieder intensiv mit einschlägiger Literatur, und aus Einsichten in die diffuse Struktur der Antike entstanden die »Urworte orphisch«, die er in »Kunst und Altertum« ausführlich interpretierte (HA I, S. 403 ff.). In diesen Stanzen wollte Goethe die bestimmenden Kräfte des Individuums »poetisch, kompendiös, lakonisch« vortragen: »Der Dämon bedeutet hier die notwendige, bei der Geburt unmittelbar ausgesprochene, begrenzte Individualität der Person, das Charakteristische, wodurch sich der einzelne von jedem andern bei noch so großer Ähnlichkeit unterscheidet« (HA I, S. 403). Er verstand die Stanzen als eine Morphologie des Menschen. Deshalb erschienen sie 1820 im ersten Band seiner Schriften zur Morphologie.

Als Reichs- und Weltbürger hielt Goethe nichts vom Haß auf den französischen Erbfeind, von den Umtrieben der republikanisch-nationalistischen Burschenschaftler, vom Wartburgfest und hysterischen Praktiken wie der Bücherverbrennung. Als die Jenaer Professoren Luden und Oken, tüchtige Fachleute, aber politische Dilettanten, die Pressefreiheit mißbrauchten, trat er nicht für Bestrafung oder Verwarnung, sondern für Druckverbot ein. In seiner Denkschrift für

den Herzog schrieb er: »Des Herausgebers Unternehmen ist catilinarisch und wer hätte Lust, den Cicero zu spielen, der schlechten Dank verdiente, daß er die Stadt rettete« (HA, Br. III, S. 373). Goethe war ein Mann der Freiheit, aber als Kulturbürokrat mußte er die Ausnützung der Pressefreiheit durch eine wilde und freche Agitation um so mehr mißbilligen, als ihre Vertreter intelligent waren. Freiheit, Gleichheit und Brüderlichkeit im Namen des Volkes hatten in der französischen Revolution zum Terror geführt. Um seine Vorstellungen von demokratischer Freiheit zu nähren, griff Goethe nach Literatur über die Vereinigten Staaten von Amerika. Sie schlug sich in den »Wanderjahren« nieder. Als er schrieb »Amerika, du hast es besser« (HA I, S. 333), meinte er das freilich weniger politisch als wissenschaftlich, da sich der Streit zwischen Neptunisten und Vulkanisten in der Frage der Basalte totzulaufen schien.
In Karlsbad kam er in einer hochpolitischen Gesellschaft mit Metternich und Blücher zusammen. Zu seiner Genugtuung wurde er, als Naturforscher, zum Mitglied der Kaiserlich Leopoldinischen Akademie in Wien ernannt. Daß er nicht zu den politisch Führenden gehörte, wurde beim Besuch der Zarin, der Mutter der Erbprinzessin Maria Paulowna, in Weimar besonders deutlich: Sein Maskenzug wurde aufgeführt und belohnt, bei den politischen Gesprächen aber durfte er höchstens zuhören.
Er stürzte sich, unterstützt von seinem Sohn, in die Durchsicht und Ordnung seiner Papiere, redigierte den Briefwechsel mit Schiller, schrieb die »Campagne in Frankreich«, die ausstehenden Teile seiner Autobiographie, gelegentlich am »Faust«. Der Druck des »Divan« und die Arbeit an den »Noten und Abhandlungen« zogen sich bis 1819 hin. Laufend entstanden weitere Gedichte. Sie wurden 1827 in das »Buch des Paradieses« eingefügt. An Zelter schrieb er: »Diese mohammedanische Religion, Mythologie, Sitte geben Raum einer Poesie wie sie meinen Jahren ziemt. Unbedingtes Ergeben in den unergründlichen Willen Gottes, heiterer Überblick des beweglichen, immer kreis- und spiralartig wiederkehrenden Erdetreibens, Liebe, Neigung zwischen zwei Welten schwebend, alles Reale geläutert, sich symbolisch auflösend. Was will der Großpapa weiter?« (HA Br. III, 477). Die Anspielung auf den Großpapa hatte Ursachen, denn kürzlich war Goethes erster Enkel geboren. Im Jahr darauf, 1820,

erschien der erste Teil der »Wanderjahre«. Einem Antrag aus Berlin, Hamanns Schriften herauszugeben, entzog sich Goethe mit dem Hinweis auf die geänderten Verhältnisse: Was vor fünfzig Jahren bei Hamann als äußerste Verwegenheit erschien, der Kampf gegen die Aufklärung und Kant, hätte sich durch die neue Zeit erledigt.
Goethe hat die Gesamtausgabe seiner Werke und die Sicherung des Nachlasses damals als Hauptgeschäft bezeichnet. Dazu gehörte die Verarbeitung der Aufsätze in den morphologischen Heften von 1822. Die Zustimmung Schopenhauers, Hegels, des Arztes Karl Gustav Carus, des Physiologen Johannes Müller, des Königsberger Anatomen Carl Friedrich Burdach und anderer zur »Farbenlehre« und seinen naturwissenschaftlichen Arbeiten erfüllte ihn mit Genugtuung. Aus dem Nachdenken über Erfahrung und Idee, die Polarität von einmaliger Natur und ewiger Gottheit entstanden die Abhandlungen über den Bildungstrieb, »Bedenken und Ergebung« und »Anschauende Urteilskraft«. Der Aufsatz über die Lepaden erweiterte die Betrachtung zur Naturphilosophie, das Regellose regle sich selbst im Kleinsten wie im Größten der »durchaus Gott- und menschenähnlichen Natur« (HA III, S. 206). Auch die Neuordnung der Bibliotheken von Jena und die Eröffnung neuer zoologischer und botanischer Institute beanspruchten seine Arbeitskraft.
Während er mit dem Schillerbriefwechsel beschäftigt war, besuchte ihn ein junger Mann, Johann Peter Eckermann aus Winsen an der Luhe, einunddreißig Jahre alt. Goethe entdeckte in ihm eine enthusiastische Aufgeschlossenheit und Hingabebereitschaft. Geschickt zog er ihn an sich. Bald wurde Eckermann für die Redaktion der Gesamtausgabe unentbehrlich. Nach Goethes Tod wurde er mit Riemer der Herausgeber des Nachlasses, und 1836 erschienen die ersten beiden Bände seiner »Gespräche«, ein dritter Teil zwölf Jahre später. Nietzsche hat Eckermanns »Gespräche« das beste deutsche Buch genannt. Kein Autor hat, in seinen Grenzen, mehr für Goethes Ruhm und Erfolg beim deutschen Bürgertum getan als dieser bescheidene, kluge, treue und geschickte Partner. Nur bei Eckermann gibt es die Atmosphäre des alten Goethe, einsame Größe neben schlichter Menschlichkeit, abgründiges Wissen und heitere Umgänglichkeit. Die jetzt wieder stärker hervortretenden Züge aufgeklärter Rationalität kreuzen sich mit religiösen Bekenntnissen. 1822 tauchte ein zwei-

ter junger Mann auf, der welschschweizer Prinzenerzieher Friedrich Soret. Vor allem als Naturwissenschaftler genoß er Goethes Vertrauen. Seine »Gespräche« und die des Kanzlers Friedrich Theodor von Müller muß man mit und neben Eckermann lesen.

Eine ganz andere Freundschaft hatte Goethe im Juni und Juli 1822 in Marienbad mit der Familie von Levetzow geschlossen. Im Juli und August des Jahres darauf trafen sie sich wieder. Man ging spazieren, unterhielt sich auf der Badepromenade, und die Heiterkeit und Liebenswürdigkeit des sonst für steife Zurückhaltung bekannten Dichters erregten allgemein Aufsehen. Was im einzelnen geschehen ist, wissen wir nicht; Goethe warb brieflich um die anmutig spröde Ulrike, und kein geringerer als der Großherzog trat als Freiwerber um ihre Hand auf. Ulrike, siebzehn Jahre alt, lehnte nach kurzem Schwanken ab. Sie hat nicht geheiratet und ist als Stiftsdame erst 1899 gestorben. Im September 1823, auf der Rückreise nach Weimar, auf Schloß Hartenberg und in Eger, schrieb Goethe die »Marienbader Elegie«, das letzte Zeugnis einer großen Liebe. Aber nicht nur Liebe ist der Inhalt des Gedichts, sondern das Gefühl der Leidenschaft als ein kosmisch-ewiges Ereignis. Noch einmal gab ihm ein Gott zu sagen, was er leide – aber nun auf der Hochebene fast verzweifelten Alters. Er steht in einem Strudel von Finsternis und Licht, und das beseligt ihn. Das Ende sind jetzt nicht Wahnsinn, Selbstmord oder Tod, sondern das Glücksempfinden, für einen Augenblick besessen zu haben, was Ewigkeit bringen kann. Das Spiel der schönen polnischen Pianistin Maria Szymanowka hatte ihm in Marienbad über die elegischen Spannungen hinweggeholfen. Er lud sie nach Weimar ein und sprach seinen Dank aus, »daß ihr seelenvolles Klavierspiel seinem Gemüte zuerst wieder Beruhigung schaffte, als die Trennung von Levetzows ihm eine so tiefe Wunde schlug« (Kanzler von Müller, 22. Okt. 1823). Zelter führte Felix Mendelssohn-Bartholdy in Weimar ein; der junge Pianist spielte Beethoven, den Goethe in Teplitz kennengelernt hatte. Auch jetzt war der Dichter überwältigt; er meinte, das Haus müsse einstürzen.

Unter den vielen Besuchern jener Zeit war der preußische Staatsrat Christoph Friedrich Schultz, ein Brieffreund. Er brachte aus Rom einen Abguß der von Goethe so hoch geschätzten Juno Ludovisi mit. Zwei Dichter der übernächsten Generation machten Goethe ihre

Aufwartung, Franz Grillparzer und Heinrich Heine. Grillparzer kamen die Tränen, als er Goethe im Oktober 1826 sah; er wagte die Einladung zum Essen am folgenden Tag nicht anzunehmen. Zwei Jahre zuvor, 1824, hatte Heine um eine Audienz gebeten. Er schmeichelte Goethe in Ausdrücken höchster Verehrung und war verärgert, daß die Exzellenz eisig-kalt blieb, als er erzählte, er wolle ein Faustdrama schreiben. Er fühlte sich genötigt, sich dem Benehmen und der Sprache seines Idols zu fügen. In Wirklichkeit erschrak er. »Das Gesicht gelb und mumienhaft, der zahnlose Mund in ängstlicher Bewegung, die ganze Gestalt ein Bild menschlicher Hinfälligkeit... Nur sein Auge war klar und glänzend. Dieses Auge ist die einzige Merkwürdigkeit, die Weimar jetzt besitzt«, schrieb er an seinen Freund Rudolf Christiani. In Goethes Tagebuch finden sich unter dem 2. Oktober 1824 nur drei Worte: »Heine aus Göttingen«. Aus Heine spricht, unerbittlich und wuchtig, nicht nur unerwiderte Liebe, sondern die Einstellung einer Generation, die Goethe achtungsvoll in Vergessenheit versenken wollte.

Goethe hatte damals eine schwere Krankheit hinter sich. Das fünfzigjährige Regierungsjubiläum Carl Augusts und sein eigenes Amtsjubiläum, am 7. November 1825, wurden als Staatsakte gefeiert. Trotz solcher und vieler anderer Ehrungen in allen deutschen Städten übersah Goethe nicht, daß die Nation ihn ablehnte. »Öde und Einsamkeit« nannte er als Grund, daß er »Faust II« dem Nachlaß überließ. Zu Wilhelm von Humboldt und andern Freunden sagte er das Gleiche, was er am 6. Juni 1825 an Zelter schrieb: »Eigentlich ist es das Jahrhundert für die fähigen Köpfe, für leichtfassende praktische Menschen, die, mit einer gewissen Gewandtheit ausgestattet, ihre Superiorität über die Menge fühlen, wenn sie gleich selbst nicht zum Höchsten begabt sind. Laß uns soviel als möglich an der Gesinnung halten, in der wir herankamen; wir werden, mit vielleicht noch wenigen, die Letzten sein einer Epoche, die so bald nicht wiederkehrt« (HA, Br. IV, S. 146).

Das Aggregat der Wanderjahre

Die Entstehung der »Wanderjahre« zog sich über Jahrzehnte hin. Das ebenso kunstvolle wie künstliche Gewebe einer Rahmenerzählung um einen Kranz von einzelnen Erzählungen entstand in mehreren Schüben. Die Stufen lassen sich in den Tagebüchern und aus Briefen verfolgen. Erich Trunz hat die wichtigsten in der Hamburger Ausgabe zusammengestellt. Goethe selbst hat das Werk als rätselhaft bezeichnet, es sei eine Vereinigung disparater Elemente, ein sisyphischer Stein, der immer wieder auf den Autor zurückgerollt sei. Gegenüber dem Kanzler von Müller hat er den Roman als Aggregat bezeichnet. Der Leser müsse bei der Lektüre aktiv werden. So modern das klingt, so altmodisch war es gemeint: Die Lektüre setze ein agglutinatives Gedächtnis voraus, der Leser müsse die Bezüge der Novellen zum Rahmen selber finden.

Die ersten Kapitel, von der heiligen Familie, der Flucht nach Ägypten, der Heimsuchung und Ruhe auf der Flucht irritieren den Leser. Hier wird die Geschichte eines harmonischen Daseins erzählt. Die dialektische Spannung entdeckt man erst, wenn in den anderen Erzählungen zerstörte Lebensverhältnisse zur Sprache kommen. In Sankt Joseph der Zweite kommt Goethes Ironie zum Ausdruck; es ist eine Täuschung oder ein Spiel mit Zeit- und Raumdimensionen über achtzehnhundert Jahre. In der Episode von Marias erstem im Kriege gefallenen Mann entdeckt man ein Motiv aus »Hermann und Dorothea«; Dorotheas erster Mann war im Krieg gefallen. Auch in der »Novelle«, die ja in den Kranz der Wanderjahre gehört, werden Tiger, Löwe und der orientalische Wächter in Zeit und Raum der Gegenwart versetzt. Ähnliches geschieht mit Helena im »Faust«. Solche Willkür nennt Goethe wundersam. Im »Divan« waren Timur und Napoleon, Suleika und Marianne, Euphrat und Main, Orient und Okzident ineinandergespiegelt.

Auf Zeitenfolge und Realismus legt der Autor keinen Wert. Unbefangen setzt er sich über Wahrscheinlichkeitsfragen hinweg. Er spielt mit eigenen Dichtungen und Ideen. Im dritten Kapitel, auf dem Gipfel des Berges, taucht ein Mineraloge auf. Felix erkennt ihn als Jarno, doch jetzt heißt er Montan. Der alte Goethe hat eine Vorliebe für Namenwechsel und sprechende Namen. Er appelliert mit Hersilie und Felix an die lateinische, mit Lenardo und Odoardo an die italienische Literatur, mit Makarie ans Griechische des Platon. Gern gibt er den Namen französische Formen und deutet dadurch weltliterarische Zusammenhänge an.

Montan tritt lehrhaft auf, er erklärt, daß man hier auf dem ältesten Gebirge, dem frühesten Gestein der Welt sitze. Das Thema war Gegenstand von Goethes Aufsatz über den Granit. Dann folgt eine Auslegung der Natur als Schrift: Spalten und Risse des Gebirges müsse man wie Buchstaben lesen. Etwas später, auf der Sternwarte, wird von der Schrift der Gestirne am Himmel, und noch später, beim Eislauf, von der Schrift der Schlittschuhe auf dem Eis gesprochen. Die Stellen erinnern an Goethes Wort, Kunst sei eine zweite Natur, es gebe »eine zweite Natur durch die Künste« (HA, Br. III, 337). Das Buch der Natur ist ein christlicher Begriff. Bei den Kirchenvätern tritt es als Beweis göttlicher Schöpfung neben die Bibel. Für Goethe sind die Künste zweite Natur nicht im Sinne der alten Nachahmungstheorie, sondern als schöpferische Leistung; der Künstler ist Gott ähnlich. Im Gebirge treffen Wilhelm und Felix den kleinen Fitz, ein schlaues Naturkind. Er führt sie zu jenem Kästchen, das eine geheimnisvolle Rolle spielt. Dessen merkwürdigen Schlüssel zeichnet Goethe als einen Pfeil mit Widerhaken. Das Kästchen ist nicht größer als ein Oktavband, so daß man es bequem einstecken kann, »scheinbar« von Gold und schön verziert. Die psychoanalytische Deutung hat Gründe, sich intensiv mit ihm zu befassen. Von einem Riesenschloß in der Wildnis gelangen die Wanderer zu einer paradiesischen Besitzung. Das klug bewirtschaftete Landgut des Oheims ist ein Vorklang der utopischen Welt, geschmückt mit Prospekten vieler Reiche und bedeutender Städte. Felix verliebt sich in Hersilie, eine Nichte des Besitzers – das alles wird weniger erzählt als referiert. Vorm Schlafengehen lesen sie das Manuskript über die pilgernde Törin. In der Rahmenerzählung tauchen der Vetter Lenardo und die Tante Makarie auf.

Während der Oheim bald wieder verschwindet, werden Lenardo und

Makarie zu Hauptpersonen des Werkes. Lenardo wird die Fahrt der Auswanderer nach Amerika organisieren. Hersilie ist eins der klugen und witzigen jungen Mädchen, die Goethe wie kein anderer darzustellen weiß. Was sie von Wilhelm und Felix denkt, erfährt man nicht. Die Wanderer betreten realitätsfernen Boden: »Vater und Sohn waren, von einem Reitknecht begleitet, durch eine angenehme Gegend gekommen, als dieser, im Angesicht einer hohen Mauer, die einen weiten Bezirk zu umschließen schien, stillehaltend, bedeutete, sie möchten nun zu Fuße sich dem großen Tore nähern, weil kein Pferd in diesen Kreis eingelassen würde. Sie zogen die Glocke, das Tor öffnete sich, ohne daß eine Menschengestalt sichtbar geworden wäre, und sie gingen auf ein altes Gebäude los, das zwischen uralten Stämmen von Buchen und Eichen ihnen entgegenschimmerte« (HA VIII, S. 114).

Sie betreten die pädagogische Provinz. Die neuen Kapitel sind jedoch keineswegs Zeugnisse für einen neuen Stil oder eine neue Gesinnung. Diese Welt einer Harmonie des Lebens und einer sittlichen Existenz fällt, gemessen an Utopien wie Novalis' »Ofterdingen« und Hölderlins »Hyperion«, zurück in das Schema aufklärerischer Erziehungsliteratur und ist partienweise, bei Gebärden und Gesängen, unfreiwillig komisch: Felix äfft sie nach. Wir erfahren keine Namen der Lehrer, Felix bleibt der einzige Zögling, und seine Erziehung scheitert. Die Gestalt Makaries, nach geheimtuerischer Vorbereitung, hat keine literarische Evidenz. Goethe hat bis zuletzt gezögert, sie in den Roman einzuführen. Mit ihren astronomisch-astrologischen Bezügen ist sie eine Personifizierung seiner Vorstellungen von Mikrokosmos-Makrokosmos. Astronomie und Mathematik sind Wissenschaften auf unbestreitbarer Grundlage und schreiten »mit voller Sicherheit immer weiter durch die Unendlichkeit« (Kanzler von Müller, 16. Dez. 1812). Die Vorbehalte hat Goethe selbst im verklausulierten Stil seiner Alterssyntax ausgedrückt: »Unsere Freunde haben einen Roman in die Hand genommen, und wenn dieser hie und da schon mehr als billig didaktisch geworden, so finden wir doch geraten, die Geduld unserer Wohlwollenden nicht noch weiter auf die Probe zu stellen« (HA VIII, S. 118). Man erinnert sich, daß Goethe keine öffentliche Schule besucht hat und Sohn und Enkeln deren Besuch, zu ihrem Nachteil, verwehrt blieb.

Das Wohlwollen des Lesers wird abermals auf die Probe gestellt, wenn er liest, daß die vier Hauptfiguren aus der Erzählung des »Manns von funfzig Jahren« zusammen mit Wilhelm und einem Kunstmaler zum Lago Maggiore, in Mignons Heimat, kommen. Der Künstler malt Lebensstationen des »Scheinknaben« und stimmt Lieder Mignons und des Harfners an. »Es gibt dafür nur eine Erklärung«, sagt Staiger, »er hat Wilhelm Meisters Lehrjahre gelesen« (Staiger III, 153). Der Maler singt: Kennst du das Land, wo die Zitronen blühn, im dunklen Laub... (HA VIII, S. 239). Soll hier die Wiederkehr des Gleichen gefeiert werden, so wie Goethe in den »Römischen Elegien« und in »Hermann und Dorothea« das Glück der Wiederkehr in der Transposition antiker Muster in neuzeitliches Gewand verherrlicht hatte? In den »Wanderjahren« geschieht es nicht unter dem Aspekt der Kunst und Literatur, sondern der Weisheit, der Lehre. Sie führt nicht zur Bildung, sondern zu einer mit rationalen Mitteln ökonomisch befriedeten Wirtschaftswelt – als ob dem Fortschritt in Amerika die von Goethe sonst beklagte Aggressivität genommen werden könnte. Sein Interesse für wirtschaftliche und sozialpolitische Probleme war in den Jahren der administrativen Tätigkeit erwacht. Bei Sankt Joseph war der Beruf als wandernder Handwerker durch die Axt über der Schulter ausreichend bezeichnet. Bei den frommen Garnarbeitern geht der Autor auf technische Details ein, die den Leser eher langweilen.

Der linear verlaufenden Rahmenerzählung steht die Lebensvielfalt der eingeblendeten Novellen gegenüber. Die längste Erzählung, »Der Mann von funfzig Jahren«, wirkt wie ein Gegenstück zu den »Wahlverwandtschaften«. Liebesverhältnisse von älteren Männern zu jungen Mädchen (Goethes zu Ulrike Levetzow) gibt es auch in der »Pilgernden Törin«. In der Lucidorgeschichte »Wer ist der Verräter?« werden sie angedeutet. Über-Kreuz-Verhältnisse von jeweils zwei Paaren gibt es im »Mann von funfzig Jahren«, im »Lucidor« und, als Verwechslung sich herausstellend, im »Nußbraunen Mädchen«. Mehrfach kommt eine Rivalität von Vater und Sohn bei einer Geliebten vor.

Erstaunlich ist der Qualitätsunterschied der Geschichten. Die schönste, geschlossenste und spannendste Geschichte ist »Die pilgernde Törin«, Goethes Übersetzung aus einer unbekannt gebliebenen französischen Quelle. Der »Mann von funfzig Jahren« wird durch das jähe Auftreten Flavios fast gesprengt, und zwar nicht nur kompositorisch, sondern auch stilistisch: Der klassisch ruhigen, freundlich ironischen Ausdrucksweise des Ganzen steht der abrupte Stil der Flavioszenen gegenüber. Dann aber steigert sich die Erzählung zu einem Höhepunkt dichterischer Prosa in der Beschreibung des nächtlichen Eislaufs im Mondschein. Die Lucidorgeschichte gibt sich heiter, aber der Wechsel von Monolog, Bericht und Dialog zerstört die epische Einheit. In der »neuen Melusine« verbindet Goethes psychologischer Scharfblick das Motiv des verführerischen Naturwesens sehr glücklich mit dem des leichtsinnigen Burschen, der alles verspielt. In »Nicht zu weit« führt der exaltierte Charakter des Odoard zu Verirrungen bei der Partnerwahl.

Die Personen der Novellen sind Gegenbilder der Entsagenden oder sie selber werden durch widerwillig hingenommene Schicksalsschläge zu Entsagenden. Fast immer sind es normale, tüchtige, brave oder gehemmte, grüblerische, unruhige, närrische oder närrisch wirkende Durchschnittsmenschen: Sie verfehlen ihre höhere Bestimmung. Man fühlt, daß sie Goethe nicht so liegen wie die Varianten der Schönen Seele in den Porträts der Frauen. Die Figuren der Novellen gehen freilich nicht in ihren Geschichten auf. So wie Felix in die heilige Familie eintritt, treten die Figuren anderer Erzählungen in die Rahmengeschichte über oder umgekehrt, etwa wenn Lenardo das nußbraune Mädchen heiratet. Stellenweise hat der Roman den Charakter eines Puzzles. Nicht nur, daß die Namen der Personen wechseln oder ein Spiel mit Namensgleichheiten gespielt wird, wie Nachodine-Valentine, Lucidor-Lucinde. Hauptpersonen wie Wilhelm und Felix verschwinden streckenweise, und Montan und Lenardo, im Hintergrund Makarie, übernehmen die Leitung.

Das Werk hat die Form eines Kreises, alles taucht in verschiedener Stärke wieder auf; erzählerische Bündigkeit ist offenbar nicht beabsichtigt. Wilhelms Charakter erscheint biedermännisch: Das reformerische Genie der »Theatralischen Sendung« wird ein nützlicher Wundarzt. Es hat dem Höhenflug als reifer Mann entsagt. Wilhelm möchte den pädagogisch ungezähmten Sohn liebend auf die Ebene der Einsicht und des Einverständnisses mit der Welt bringen: Das ist der Sinn der Schlußszene, wo Felix, fast ertrinkend, gerettet wird, nackt auf dem Boden liegt, zugedeckt wird und in des Vaters Armen bitterlich weinend zu sich kommt: Nicht die Handlung ist wichtig, sondern der symbolische Gehalt. Die Szene wird mit Kernstellen der Heiligen Schrift charakterisiert: Das Bitterlich-Weinen wird von Petrus gesagt, der den Herrn verraten hat. Wilhelm (»unser Freund«) sieht auf den in einen kräftigenden Schlaf gefallenen Sohn herab und ruft: »Wirst du doch immer aufs neue hervorgebracht, herrlich Ebenbild Gottes!« (HA VIII, S. 460).

Auf diese Szene folgt, als erster Satz aus Makariens Archiv, das Generalthema der »Wanderjahre«: »Die Geheimnisse der Lebenspfade darf und kann man nicht offenbaren; es gibt Steine des Anstoßes, über die ein jeder Wanderer stolpern muß. Der Poet aber deutet auf die Stelle hin« (ebda.).

Die Sprüche, ursprünglich als zweiter Teil des Lehrbriefs gedacht, stammen aus dem Jahrzehnt 1820–29, als die »Wanderjahre« ihre endgültige Form erhielten. Reihen dieser Sprüche sind Hippokrates, Plotin, Laurence Sterne und der englischen Sammlung »The Koran« entnommen, die Goethe Sterne zugeschrieben hat. Vermutlich werden auch andere Autoren zitiert.

Goethe hat mehrfach vom Prinzip der gegenseitigen Spiegelungen gesprochen, wenn er etwas aussprechen wollte, was unserer Erfahrung nicht direkt zugänglich ist. So hat er sein Verhältnis zu Friederike Brion in dem Aufsatz »Wiederholte Spiegelungen« zu erklären versucht: Ein im Grunde unfaßbares Phänomen soll sich in den Stadien der Verwandlung offenbaren. Ähnliches gilt von den »Wahlverwandtschaften« und »Faust II«. Vor allem in den »Wanderjahren« wendet er diesen Kunstgriff an. Daß das Leben im Grunde rätselhaft ist und immer rätselhafter wird, je länger man es betrachtet, muß zu dem Ergebnis führen, daß es geheime Zusammenhänge gibt. Das in der Rahmenhandlung unerklärliche Motiv des Kästchens hat in der Melusinengeschichte einen legitimen Reiz, da im Märchen alles stimmt, was der psychologischen Intelligenz verschlossen bleiben muß.

Überhaupt läßt sich fragen, warum Goethe die Liebesgeschichte der »Wanderjahre« verschlüsselt hat und warum die Wanderergeschichte in die Utopie führt. Die vom Kanzler Müller für den alten Goethe bezeugte Vielstrahligkeit der Interessen hat in der Enge der pädagogischen Provinz keinen Ausdruck gefunden. Staiger meint, die dichterische Erfindung habe versagt – und das zur Zeit der wahrhaft protëischen Vielfalt der poetischen Ausführung des »Faust zweiter Teil«.

Maximen und Reflexionen

Immer wieder hat Goethe im Lauf seines Lebens Sprüche und Aussprüche notiert. In verschiedenen Gruppen hat er sie in den »Wanderjahren«, »Wahlverwandtschaften«, in der »Farbenlehre« und seinen Zeitschriften sowie in »Zur Naturwissenschaft überhaupt, besonders zur Morphologie« gesammelt. Von seinen vierzehnhundert Aphorismen hat er achthundert veröffentlicht. Eckermann und Riemer haben dann aus dem Nachlaß, in der Ausgabe letzter Hand, unter dem Titel »Sprüche in Prosa« zahlreiche ungedruckte Stücke veröffentlicht, aber erst Max Heckers Edition nach den Handschriften, 1907, hat den Bestand der Maximen und Reflexionen geklärt und erläutert. Die Ausgabe von Günther Müller, 1944, hat sie unter sechs Kategorien neu geordnet und um die von Hecker übersehene Gruppe aus der Farbenlehre bereichert. Auf ihr beruht auch, mit anderer Zählung, die Hamburger Ausgabe von Hans Joachim Schrimpf.

Die »Maximen und Reflexionen« konnten also erst im zwanzigsten Jahrhundert neben den »Wanderjahren« und »Faust« als drittes großes Alterswerk Goethes gewürdigt werden. Sie bestehen aus eigenen Prägungen Goethes, zum geringeren Teil aus Zitaten, die nicht immer als solche erkennbar sind und deren Quelle in manchen Fällen nicht entdeckt werden konnte.

Das Goethesche Denken hat eine besondere Form. Er sagt: Denken ist interessanter als Wissen, aber nicht als Anschauen (HA XIII, S. 398, Nr. 242). Ähnliche Bemerkungen gibt es öfter. Ein Kennzeichen seines Denkens und Sprechens in den »Maximen und Reflexionen« ist die Paradoxie: Wenn sie wüßten, wo das liegt, was sie suchen, so suchten sie ja nicht (HA XII, S. 398, Nr. 239) oder: Was man nicht versteht, besitzt man nicht (Nr. 241). An vielen Stellen fallen charakterisierende Stichworte: Gegenständliches Anschauen, Anschauen sei Denken; Goethe spricht von gegenständlichem Denken und anschauender Urteilskraft. Mit solchen Begriffen setzt er sich gegen die logisch und mathematisch bestimmte Begriffswelt des Aristoteles und Kants ab. Nach der Rückkehr aus Leipzig hatte er Paracelsus und Spinoza als Vorbilder oder Vorläufer seiner Art zu denken gesehen. Seine Vorstellungen von Monas und zielgerichteter Entwicklung formten sich. Bei Herder und Hamann wurde er darin bestärkt. Diese Vorstellungen fanden ihren großartigsten Ausdruck im Urfaust-Monolog:

Daß ich erkenne, was die Welt
Im Innersten zusammenhält,
Schau alle Wirkungskraft und Samen
Und tu nicht mehr in Worten kramen. (HA III, S. 367, Vers. 29–32)

Für Goethe ist der Begriff keine Worthülse, sondern etwas Anschauliches, buchstäblich ein Be-Greifen. In der »Geschichte seines botanischen Studiums« sagt er von seinen frühen Dichtungen: »Hie und da mag sich ein Anklang finden von einem ernsten Drange, das ungeheure Geheimnis, das sich in stetigem Erschaffen und Zerstören an den Tag gibt, zu erkennen, ob sich schon dieser Trieb in ein unbestimmtes, unbefriedigtes Hinbrüten zu verlieren scheint« (HA XIII, S. 149).

Goethes Aphorismen sind nicht so elegant und geistreich wie die der Franzosen, haben jedoch einen größeren thematischen Umfang und eine ganz andere Absicht. Die Franzosen stehen ihrer Welt kritisch oder zynisch gegenüber und schreiben, besonders La Rochefoucauld, aus einer tief schmerzlichen Enttäuschung und Unzufriedenheit. Sie vermeiden es, über sich selbst zu sprechen. Goethe tritt der Welt als Einzelmensch gegenüber, erfaßt sie liebend und will das unbekannte Gesetzliche im Objekt ebenso begreifen wie das unbekannte Gesetzliche im Subjekt: In diesem Punkt ist er ein durchaus moderner Mensch, ein Zeitgenosse Kants. Er weiß, daß die Gegenstände der Erfahrung, durch Beobachtung erschlossen, mit den Ansichten über sie korrespondieren. Die Erfahrung verhält sich zur Natur wie der Menschenverstand zum praktischen Leben. Er sagt geradezu: »Die Erscheinung ist vom Beobachter nicht losgelöst, vielmehr in die Individualität desselben verschlungen und verwickelt« (HA XIII, S. 435, Nr. 512). Die Entsprechung innerer und äußerer Natur wird mit fast biblischen Worten ausgesprochen: »Suchet in euch, so werdet ihr alles finden, und erfreut euch, wenn da draußen, wie ihr es immer heißen möget, eine Natur liegt, die ja und amen zu allem sagt, was ihr in euch gefunden habt« (HA XIII, 435, Nr. 511).

Goethes Denken ist immer ein Vorstellen gewesen. Als junger Mensch hatte er Lavaters Physiognomik bejaht, weil er wußte, daß ein gezeichnetes Gesicht den Charakter besser wiedergibt als eine Beschreibung mit Worten. Aus diesem Instinkt heraus hat er die Systematik des bewunderten Linné abgelehnt und das Urbild, das Gemeinsame aller Details, bei Tier und Pflanze gesucht. Er sagt: Die meisten Menschen fragen bei einer neuen Entdeckung oder Erscheinung, was sie nutze, und sie haben nicht unrecht, da der Nutzen den Wert einer Sache allgemein verständlich macht. Die wahren Weisen aber fragen, wie sich die Sache in sich selbst und zu andern Dingen verhält, unbekümmert um den Nutzen. Den Nutzen werden scharfsinnige, lebenstüchtige und praktische Menschen über kurz oder lang schon von selbst entdecken. Goethes Widerstand richtet sich gleichermaßen gegen die Romantiker wie die mathematische Naturwissenschaft: Sie interessieren sich nicht für das Licht, sondern für seine Zerlegung in Farben, nicht für die Kunst, sondern für den interessanten Fall. Nahezu unauflösliche Fragen weiß Goethe paradox zu beantworten: »Das Besondere unterliegt ewig dem Allgemeinen; das Allgemeine hat sich ewig dem Besonderen zu fügen« (HA XIII, S. 433, Nr. 492).

Goethes naturforschende und theoretische Schriften gehen auf eine gemeinsame Wurzel mit den Dichtungen zurück. Das Anschauen des Gegenstandes setzt sich bei ihm nicht unmittelbar in Worte um, sondern führt zu einem Bild von symbolischer Bedeutung. Stolz bescheiden macht er darauf aufmerksam, es habe »einiger Beobachtung der Natur bedurft«, daß Mephisto in der ersten Walpurgisnacht sagen konnte:

> Wie traurig steigt die unvollkommne Scheibe
> Des roten Monds mit später Glut heran. (HA III, S. 122, Vers 3851 f.)

Beobachtung, Anschauung und Denken sind eins; diese Einheit bildet die Denkform der »Maximen und Reflexionen«. Das Geheimnis der Kunst gleicht dem der Natur, wo die Zustände von Raupe, Puppe und Schmetterling aufeinander folgen. In der italienischen Kunst, fand Goethe, löse sich der Schmetterling von der Puppe, und fährt maliziös fort: »Sollen wir ewig als Raupen herumkriechen, weil einige nordische Künstler ihre Rechnung dabei finden?« (HA XIII, S. 485, Nr. 850)

Als Grundeigenschaft lebendiger Einheit begreift er: »Sich zu trennen, sich zu vereinen, sich ins Allgemeine zu ergehen, im Besonderen zu verharren, sich zu verwandeln, sich zu spezifizieren und, wie das Lebendige unter tausend Bedingungen sich dartun mag, hervorzutreten und zu verschwinden, fest zu werden und zu schmelzen, zu erstarren und zu fließen, sich auszudehnen und sich zusammenzuziehen« (HA XIII, S. 367, Nr. 21). Hier kommen Kernvorstellungen Goethes zum Ausdruck: Metamorphose, Polarität, Systole-Diastole, Allgemeines und Besonderes. Das Sein wird als Werden begriffen.

Das Geheimnis des Lebens der organischen Natur spricht aus Knochen, Pflanzen und Mineralien, Gestein und Witterung. Es offenbart sich vor allem dem Auge und dem Ohr. Höchstes Sinnbild des Lichts ist der Regenbogen. An ihm zeigt sich für jeweils wenige Minuten ein Phänomen, das Goethe immer wieder in Worte zu fassen suchte, am präzisesten, wenn Faust in der ersten Szene des zweiten Teils, auf blumigen Rasen gebettet, von Geistern umsungen, vom ungeheuren Getöse des Sonnenaufgangs aus dem heilenden Tiefschlaf erwachend, von dem über dem Wassersturz des Felsenriffs sich bildenden Regenbogen sagt:

> *Der* spiegelt ab das menschliche Bestreben.
> Ihm sinne nach, und du begreifst genauer:
> Am farbigen Abglanz haben wir das Leben.
>
> (HA III, S. 149, Vers 4725–27)

Es ist eine Erleuchtung in buchstäblichem Sinne, wo eines der Rätsel der Existenz Faust klar wird.

Goethe hat der Farbenlehre eine Klanglehre zur Seite setzen wollen. Er war hochmusikalisch, Mozart begeisterte ihn, und wenn sein Verständnis moderner Musik sich in Grenzen hielt – man braucht nur die Namen von Kayser, Reichardt und Zelter zu nennen –, so war das Ohr für ihn doch ein Organ der Offenbarung des Kosmos. Auf die Nachricht von der Berliner Aufführung von J. S. Bachs Matthäuspassion durch Felix Mendelssohn-Bartholdy sagte er: »Es ist mir, als wenn ich von ferne das Meer brausen hörte. Dabei wünsch ich Glück zu so vollendetem Gelingen des fast Undarstellbaren« (HA, Br. IV, S. 323). Ähnliche Empfindungen hatte er beim Anhören Beethovenscher Musik. Wie zu Auge und Ohr spricht die Ordnung der Natur auch aus den Empfindungen für Raum und Zeit, für das Nach-, Hinter- und Übereinander der Phänomene. Das meint er mit dem Begriff der Natursprachen.

In den historischen Anhängen der »Farbenlehre« und des »Divan« hat Goethe sein Verständnis der Geschichte am Beispiel bedeutender Gestalten dargelegt. Sie widersprachen den Ideologien seiner Zeit, etwa Rousseaus. Sie wollten sagen, was war und wie es war. Leopold Ranke hat gemeint, Goethe hätte ein großer Geschichtsschreiber werden können (zit. Schaeder, S. 93). In dem unerschöpflichen Aufsatz »Geistesepochen«, 1817, wendet sich Goethe gegen die Zerstörung des Lebensgeheimnisses durch Konstruktionen, sei es der Symbolik und Mythologie der alten Völker durch Friedrich Creuzer, sei es religiöser Urgefühle durch Popularisierung oder die optimistische Konstruktion eines Fortschritts. Wenn man Goethe vorwarf, er habe den Tendenzen seiner Gegenwart fremd gegenübergestanden, so hängt das mit seiner Vorstellung vom naturhaften und kulturhistorischen Zusammenhang der Menschheit zusammen: Nationen, Sprachen, Völker und Künste sind Teile eines Ganzen, das man nicht auseinanderreißen darf. Auch seine Abneigungen gegen die Presse, politische Parteien, die Majorität, die Masse, »die nachtrollt, ohne nur im mindesten zu wissen, was sie will« (HA XIII, S. 382, Nr. 136), die Orthodoxien der Juden, Christen und Muselmanen hängen mit seinem Widerwillen gegen eine Verhärtung der Meinungen zusammen.

Im zweiten Teil des »Faust« hat Goethe das Eingehen des Menschen in den Kreislauf von Natur und Geschichte, in Zeit und Ewigkeit vorgeführt. Faust will das Geheimnis der Welt begreifen und muß scheitern. Die Welt ist das organische Gewebe des Lebens; wie jeder Mensch ist Faust eine Erscheinung des »Ewig Lebendigen« und sucht darin zu wirken nach dem Gesetz, nach dem er angetreten. Das ist die Wirkung der entelechischen Monade. In den spätesten Maximen, um 1830, heißt es: »Das Höchste, was wir von Gott und der Natur erhalten haben, ist das Leben, die rotierende Bewegung der

Monas um sich selbst, welche weder Rast noch Ruhe kennt; der Trieb, das Leben zu hegen und zu pflegen, ist einem jeden unverwüstlich eingeboren, die Eigentümlichkeit desselben jedoch bleibt uns und andern ein Geheimnis« (HA XIII, S. 396, Nr. 227).
Goethes unvergleichliche Nähe zum Leben und zum Geist gründet in jahrzehntelangen Erfahrungen und Beobachtungen. Das unterscheidet seine Aphorismen von den Fragmenten des Novalis und Friedrich Schlegel. Sie haben das Erbe der Antike und Aufklärung mit der Vernunft analysiert, ohne Ehrfurcht vor den Phänomenen der Metamorphose und der Verbindung von Geist und Sinnen. Die Sinne trügen nicht, sagt Goethe, das Urteil trügt (HA XIII, S. 406, Nr. 295). Er sieht das Geheimnis des Lebens auch im Kleinen und Niedrigen: Märkische Rübchen schmecken gut, am besten gemischt mit Kastanien, und diese beiden edlen Früchte wachsen weit auseinander (HA XIII, S. 502, Nr. 966). Und dann der Blick in die Höhe, eine Maxime der Farbenlehre: Um zu begreifen, daß der Himmel überall blau ist, braucht man nicht um die Welt zu reisen (HA XIII, S. 547, Nr. 1379).

Allegorische Figuration in Faust II

Zahllos sind die Auslegungen und Erklärungen zu »Faust II«, besonders zur klassischen Walpurgisnacht. Sie reduzieren das Werk auf einen »Sinn« und eine »Deutung« und sind selten der Gefahr entgangen, über dem philologisch oder philosophisch ermittelten Sinn die Sicht auf das Ganze einzuengen. Goethe hat dem »Faust II« eine Fülle an dichterischem Gehalt, an Allegorien und Symbolen gegeben. Der Gesamtkomplex ist die Wahrheit einer Dichtung aus dem Wechselspiel der Kräfte, und diese ist größer als die Beschränkung auf Sinn und Deutung.

Beide Teile des »Faust« sind Ergebnisse von lebensgeschichtlichen Bezügen und literarischen Erfahrungen aus mehr als sechs Jahrzehnten. Während sich Goethe von Stoffen wie »Götz«, »Werther«, »Clavigo«, den »Unterhaltungen deutscher Ausgewanderten«, auch von »Iphigenie« und »Tasso« löste und sie als Stadien auf dem Lebensweg verstand, hat er »Elpenor«, »Nausikaa«, die »Geheimnisse«, den »Ewigen Juden«, »Pandora« und »Prometheus« nie aus den Augen verloren; er gab die Hoffnung nicht auf, sie würden eines Tages eine endgültige Form finden. Mit besonderer Liebe hing er an der Trilogie der »Natürlichen Tochter«, konnte die Metamorphosen des Stoffs sprachlich aber nicht über das erste Drama hinaus fixieren. Das gelang nur mit zwei Großwerken, den Meisterromanen und »Faust«.

Der Faustkomplex hatte ihn seit der Jugend beschäftigt, und zwar nicht nur das, was als »Urfaust« und der Tragödie erster Teil fertig wurde, sondern auch »Faust II«. Dessen Kernstück, der Helena-Akt, wurde schon 1800 geschrieben. Die »Klassische Walpurgisnacht« auszuführen entschloß sich Goethe im Januar 1827, als er Eckermann gegenüber bemerkte, er habe gar kein Verhältnis mehr zu den Liedern des »Divan«. Sehr langsam, unter steten Gedanken an künstlerische und naturwissenschaftliche Dinge, unter Erinnerungen an die klassische Mythologie und in der Auseinandersetzung mit deren Umdeutung durch Schelling, Creuzer und Görres, sowie ermuntert durch Gespräche mit dem Sohn, Riemer und dem Herzog, wagte Goethe dem Helena-Akt die Hinführung und Einstimmung der »Klassischen Walpurgisnacht« voranzusetzen. Am 18. Mai 1827 heißt es im Tagebuch: »Griff das Hauptgeschäft an (so bezeichnete er jetzt den Faust) und brachte es auf den rechten Fleck.« Am Abend des 1. Oktober las Goethe dann Eckermann die Szene vor, wo sich Mephisto als Narr beim Kaiser eindrängt.

Im übrigen sind die Daten zur Entstehung spärlich. Goethe wollte wohl absichtlich einen Schleier darüber breiten. Nur Eckermann wurde eingeweiht, und ihm verdanken wir eine Reihe wichtiger Selbstzeugnisse Goethes über den Sinn des »Faust II«. Nur sehr gelegentlich, und an versteckten Stellen, wurde der Schleier gelüftet. Am 24. Mai 1827 kritisierte Goethe in einem Brief an den Naturforscher Nees von Esenbeck »die grenzenlose Empirie unserer ästhetischen Versuchereien« als »Seifenblasen der spielenden Kinder« und läßt erkennen, wie undurchsichtig für ihn selber die Wandlungen des Stoffes bis zur Vollendung im Sinne der ästhetischen Autonomie waren, und wie sehr er sich hütete, einen Stoff ohne »genialen Entschluß« anzugreifen: »Wie ich im stillen langmütig einhergehe, werden Sie an der dreitausendjährigen Helena sehen, der ich nun auch schon sechzig Jahre nachschleiche ... Es liegen so manche Dinge, die ich selbst wert achten muß, weil sie sich aus einer Zeit herschreiben, die nicht wiederkommt, lange Jahre vor mir da und bedürfen eigentlich nur einer gewissen genialen Redaktion ... So habe ich voriges Jahr die Helena endlich zum übereinstimmenden Leben gebracht; wie vielfach hatte sich diese in langen, kaum übersehbaren Jahren gestaltet und umgestaltet, nun mag sie im Zeitmoment solidesziert (verfestigt) endlich verharren« (WA IV, 42. S. 196 f.).

Im Jahre 1823 hat Goethe einen kleinen Aufsatz geschrieben, der in »Zur Morphologie« veröffentlicht wurde: »Bedeutende Förderung durch ein einziges Wort«. Der Leipziger Psychiater Joh. Chr. Heinroth hatte Goethes gegenständliches Denken gepriesen. Dies Wort griff Goethe auf und sagte, er denke nicht nur gegenständlich, sondern dichte auch so: »Mir drückten sich gewisse große Motive, Legenden, uraltgeschichtlich Überliefertes so tief in den Sinn, daß ich sie vierzig bis fünfzig Jahre lebendig und wirksam im Innern erhielt; mir schien der schönste Besitz, solche werte Bilder oft in der Einbildungskraft erneut zu sehen, da sie sich denn zwar immer umgestalteten, doch ohne sich zu verändern, einer reineren Form, einer entschiednern Darstellung entgegenreiften« (HA XIII, S. 38). Als Beispiele nannte er die »Braut von Korinth«, den »Gott und die Bejadere«, die »Italienische Reise«, die Idee der Pflanzenmetamorphose, den Neptunismus und die Entdeckung, daß der Schädel aus Wirbelknochen bestehe. – Denken und Dichten seien immer gegenständlich gewesen. Im Sinne eines Begriffs von Gottfried Benn möchte man von einem Doppel-, ja Vielfachleben Goethes sprechen: Die klassische Welt ist zerbrochen und mit ihr der klassische Kanon der Literatur.

Die Faustdichtung ist aus einer Folge von Metamorphosen hervorgegangen. Es bedurfte offenbar zur Überführung der »werten Bilder« aus der stets lebendigen Einbildungskraft in eine feste Form, in die endgültige Sprachgestalt, eines Entschlusses, einer genialen Redaktion. Am unmittelbarsten tritt die dichterische Kraft in den zahlreichen lyrischen Stücken der allegorischen Maskenzüge des ersten und zweiten Akts hervor, auch und gerade wenn es sich um Rollengedichte der Masken handelt (Lied der Mutter und des Trunkenen, Chor der Gnomen und Nymphen, die Lieder der Sirenen, Peneios' »Rege dich, du Schilfgeflüster«, Chirons Mythologie »Im hehren Argonautenkreise«, Chor der Kraniche, Gesang des Anaxagoras und das Lied der Psyllen und Marsen).

Jeder Leser fühlt sich bei »Faust II« unter dem Eindruck einer hypnotischen Urgewalt, und die meisten empfinden sie anziehend; sie ahnen einen Autor, dessen Adel und Bedeutung mit seiner Sprachkraft eins war. Dazu gehören auch das Derbe bei Mephisto und die eigentümliche Strahlung, welche von Helena ausgeht. Im »Faust II« ist der Umkreis ungeheuer und rührt an die äußersten Grenzen der Dichtung. Alles Einzelne – Szenen, Figuren, deskriptive und lyrische Ausführung – sind Teil und Wirkungsmittel eines höchst lebendigen Ganzen. Bewunderung und Mißbilligung der späteren Zeiten stehen im Bann dieses Zaubers. Das Klassische, die errungene Form wird gesprengt. Goethe mochte der Nachwelt nicht zutrauen, »Faust II« als Ganzes begreifen zu können und hat das Konvolut in versiegeltem Zustand hinterlassen. Denn Gegenstand der Dichtung ist nicht die Vergangenheit und nicht die Gegenwart, sondern die von Goethe so mißtrauisch beobachtete moderne Zeit, die Zukunft.

Faust erwacht unter dem Gesang von Geistern in paradiesischer Landschaft aus dem Heilschlaf des Vergessens. Er ist verjüngt, fühlt sich frisch und unternehmungslustig und möchte sich mit Mephistos Hilfe in der Politik bewähren. So tritt er in die Welt der Märkte und Finanzen ein. Goethe hielt Mathematik und das Maschinenzeitalter für Werkzeuge unmoralischer Manipulationen. Zu Eckermann sagte er, er sehe eine Zeit kommen, in der Gott die Freude an der Menschheit verliere »und er abermals alles zusammenschlagen muß zu einer verjüngten Schöpfung« (Eckermann 23. Okt. 1828).
Faust und Mephisto kommen am Kaiserhof in eine scheinbar historische, tatsächlich zeitlos konkrete Welt der Politik, wo sich alles um den Mangel an Geld dreht. Im Gewand des Narren gibt Mephisto seine Ratschläge. Unmittelbar darauf beginnt die Mummenschanz, ein karnevalistischer Maskenzug in Form einer Allegorie mit sprechenden Dingen, personifizierten Lastern und Tugenden und mythologischen Figuren. Goethe schöpfte aus einem florentinischen Werk der Zeit Lorenzos des Prächtigen, 1559, wo Händler, Fischer, Gärtnerinnen, Mütter mit heiratslustigen Töchtern, Holzhacker, deutsche Trunkenbolde, die Figuren der »Commedia dell'arte« und ein Aufzug des Plutus und Pan mit ihrem Gefolge beschrieben waren. Er hat den Zug mit Gnomen, Parasiten, sprechenden Blumen, Grazien und Furien bereichert. Alle sind verkleidet.
Goethe mochte an seine harmlosen Maskenzüge für die Weimarer Hofgesellschaft denken. Hier aber soll die Mischung aus Liedern, Musik, Tanz und Erotik zum Kauf der Dinge auf dem Markt animieren – es ist Goethes Ausdeutung des Geistes der neuen Zeit, wie er ihn 1797 in Frankfurt, der Finanz- und Handelsstadt, wahrgenommen hatte: Nicht die Dinge und Personen, sondern ihr Markt- und Putzwert, die jeweilige Mode und die Zwecke bestimmen die Welt. Auch die Werke der Kunst haben Marktwert, die Händler benützen die Poesie als Reklame. Der künstlerische Ausdruck dafür ist die Allegorie: »Die Figuren dienen der Illustration von Abstrakta«, sagt Heinz Schlaffer, der den allegorischen Charakter der Goetheschen Maskenzüge beschrieben hat und eine Kritik an der modernen (»kapitalistischen«) Welt herausliest. Mephisto erkennt, daß die Klugheit imstande ist, die Furcht zu bannen, so daß es sich auch in der Welt der Technik und Industrie wird leben lassen.

Im antik stilisierten Triumphwagen kommt Plutus, der Gott des Reichtums, die Abstraktion des Geldes. Das Fahrzeug wird vom Knaben Wagenlenker gesteuert; er sagt von sich selbst:

> Bin die Verschwendung, bin die Poesie;
> Bin der Poet, der sich vollendet,
> Wenn er sein eigenst Gut verschwendet.
> Auch ich bin unermeßlich reich
> Und schätze mich dem Plutus gleich. (HA III, S. 173, 5573–77)

Die Poesie verherrlicht nicht nur die Fürsten, sondern sie gibt der Flucht der Erscheinungen eine Form von Dauer. In einer berühmten Erklärung in »Dichtung und Wahrheit« hat Goethe die Poesie als heitere Befreiung von irdischen Lasten, als »Luftballon«, der uns in höhere Regionen trage, als ein »weltliches Evangelium« bezeichnet (HA IX, S. 580). Der Dichter ist ein von Gott Ergriffener. In seinem Aufsatz über Julius Caesars Triumphzug, gemalt von Mantegna (HA XII, S. 182–202), hat Goethe auf die römischen Vorbilder verwiesen. Den Triumphwagen des Kaisers lenkt ein Knabe, ein Putto als Figuration des Genius. Als Eckermann am 20. Dezember 1829 nach der Bedeutung des Wagenlenkers fragte, antwortete Goethe: »Daß in der Maske des Plutus der Faust steckt, und in der Maske des Geizes der Mephisto, werden Sie gemerkt haben. Wer aber ist der Knabe Lenker? Es ist der Euphorion.« Eckermann wunderte sich, weil Euphorion doch erst im dritten Akt geboren wird, und erhielt die Antwort: »Euphorion ist kein menschliches, sondern nur ein allegorisches Wesen.« In ihm sei die Poesie personifiziert, die an keine Zeit, an keinen Ort und keine Person gebunden sei, und deshalb, fährt Goethe fort, sei er den Gespenstern ähnlich.

Die lyrischen Einlagen der Fruchtallegorien, der Holzhauer und Gärtner, das Lied der Mutter, welche die Tochter auffordert »Liebchen, öffne deinen Schoß« (5197), die Verse des Trunkenen, der Parzen, Furien und Grazien gehören zu den festspielhaften Offenbarungen Goethescher Erfindungskunst, vergleichbar Shakespeares Sommernachtstraum. Die kluge Dorothea Schlegel hatte aus den Schlußszenen des »Faust I« Calderóns Geist herausgehört (an Fr. Schlegel, am 24. Juni 1808). Vor Goethes Aufsatz über Calderons Tochter der Luft, 1822 in »Kunst und Altertum« veröffentlicht, steht ein Zitat in lateinischer Sprache von Jakob Balde: Die ernste Wahrheit menschlicher Possen sehe man auf den Brettern der Bühne. Dann heißt es: »Die Haupthandlung geht ihren großen poetischen Gang, die Zwischenszenen, welche menuettartig in zierlichen Figuren sich bewegen, sind rhetorisch, dialektisch, sophistisch. Alle Elemente der Menschheit werden erschöpft, und so fehlt auch zuletzt der Narr nicht...« (HA XII, S. 304, 6–10) Wie Shakespeare und Calderón hat Goethe zahlreiche Ereignisse, Gefühle und Reflexionen verarbeitet, zubereitet und sublimiert: »Der Dichter steht an der Schwelle der Überkultur, er gibt eine Quintessenz der Menschheit.« Und dann heißt es: »Wir empfangen abgezogenen, höchst rektifizierten Weingeist, mit manchen Spezereien geschärft, mit Süßigkeiten gemildert; wir müssen den Trank einnehmen, wie er ist, als schmackhaftes köstliches Reizmittel, oder ihn abweisen« (HA XII, S. 304).

Ähnlich kühn läßt Goethe Faust und Mephisto in einer finsteren Galerie beraten, was zu tun sei, um des Kaisers finanzielle und erotische Wünsche nach dem schönsten Mann und der schönsten Frau, Paris und Helena, zu erfüllen. Mephisto fühlt sich überfordert, weiß aber Rat. Er enthüllt Faust die Existenz eines »höheren Geheimnisses«: In einsamer Tiefe thronten die Mütter. Sie sind keine allegorischen Figuren, sondern ähnlich wie der Erdgeist im ersten Teil und die mit Makarie ins Kosmische gesteigerte Schöne Seele der »Wanderjahre« eine Personifizierung ewiger Mächte. Mephisto warnt Faust, seine Verse weisen auf den Quellgrund zeit- und ortloser Gewalten hin. Die Beschreibung des Nicht-Raums gehört zu den größten Einfällen Goethescher Spekulation:

> Kein Weg! Ins Unbetretene,
> Nicht zu Betretende; ein Weg ans Unerbetene,
> Nicht zu Erbittende. Bist du bereit? –
> Nicht Schlösser sind, nicht Riegel wegzuschieben,
> Von Einsamkeiten wirst umhergetrieben.
> Hast du Begriff von Öd' und Einsamkeit?
> (HA III., S. 191, 6222–27)

Ein Schlüssel, das »kleine Ding«, welches Mephisto dem Faust übergibt, deutet auf jene auszuwitternden Stellen hin, die zu den Müttern führen. Der Schlüssel der Verse 6220/21 hat ähnlichen Symbolwert wie das Kästchen in den »Wanderjahren«: Die psychoanalytische

Deutung bietet sich an. Sie erklärt jedoch nur eine Seite jener Gefühle, auf die der Mensch mit Schaudern reagiert, Sexualität und Religion, die nie und nirgends abzuwehrenden Mächte der Tiefe. Faust in seiner immer noch hybriden Geistesverfassung benützt den Schlüssel zur gewaltsamen Heraufführung Helenas. Ohne Übergang soll sie aus dem Bereich der Geheimnisse an den Tag treten. Das muß scheitern. Eine Explosion wirft Faust zu Boden.

Im zweiten Akt liegt Faust abermals im Tiefschlaf, und zwar in seinem alten Studierzimmer. In wunderbar gefüllten madrigalischen Versen wird die Verbindung zum ersten Teil hergestellt. Die Szenen mit dem Famulus, Baccalaureus und Wagner sind Karikaturen der gelehrten Wissenschaften. Hier ist Mephisto in seinem Element. Die Großsprecherei, »wir passen nun ganz anders auf« (6740), klingt wie ein Hohn auf die superklugen jungen Leute um 1820. Sie wollen Menschen machen. Der aus der Phiole entspringende Homunculus, schon von Paracelsus projektiert, deutet die Träume des schlafenden Faust. Sie kreisen um Griechenland, die Antike und vor allem um Helena. Die Verse gehören zum Kernbereich der Helenahandlung. Homunculus, nichts als Geist, begründet den Wunsch nach einer Rekonstruktion der Antike. Es ist nicht die Klassik Winckelmanns, F. A. Wolfs, W. von Humboldts und der Freunde in Jena und Weimar, sondern Neuschöpfung aus dem »wunderwürdigen« und heiligen Bereich der Poesie. Die »Klassische Walpurgisnacht« wird angekündigt.

Antike Geister werden als Gespenster auftauchen. Homunculus kann dem nordischen Mephisto den Süden im Appell an die phallische Erwartung schmackhaft machen:

> Thessalische Hexen! Wohl! das sind Personen,
> Nach denen hab' ich lang' gefragt.
> Mit ihnen Nacht für Nacht zu wohnen . . . (HA III, S. 214, 6979–81)

Goethe dachte beim Heraufrufen der Antike nicht an das eigene und Schillers klassizistisches Modell, sondern an Fichte, Hegel und den jungen Schopenhauer. Sie hatten die Welt aus dem Ich konstruiert. Nun soll die Klassische Walpurgisnacht, Goethes eigene Schöpfung, die mythologische Welt im Bewußtsein Fausts, Mephistos und des Homunculus erschaffen. Sie ist keine Rekonstruktion gelehrten

Buchwissens, wie sie Wagner vorschwebt, sondern originale Dichtung aus der Tiefe jener Bereiche, wo sich Poesie und Sexus begegnen. Helena ist ihr Inbild.

Die Unverständlichkeit vieler Figuren und Anspielungen war Goethe klar. In einem Paralipomenon sagt er: »Wer schildert solchen Übermut, wenns nicht der Dichter selber tut« (WA I, 15, 2. S. 196. Nr. 117). Die Walpurgisnacht soll das Erscheinen Helenas aus der Unterwelt vorbereiten. Sie spielt auf blutgetränktem Boden in Pharsalien, wo Pompejus und Caesar gefochten haben. Faust, von Helena träumend, durchirrt mit Mephisto und Homunculus die Sagen- und Geschichtslandschaften Griechenlands. Die Dichtung will aber unendlich viel mehr; die entelechische Monas Helenas soll in einer gedichteten Welt wiedererweckt und als Scheinfigur auf die Erde kommen. Ursprünglich hatte Goethe die Walpurgisnacht als Intermezzo, als Skizze, veröffentlichen wollen. Diesen Entschluß gab er zugunsten der weitläufigen Ausführung auf: Die Mythologie soll »selbst in moderner Maske weder Charakter noch Gefälligkeit« (vor Vers 5299) verlieren. Die Heraufbeschwörung Helenas aus der Schattenwelt steht in Parallele zur Scheinwelt des Papiergelds, Mephistos trügerischer Erfindung. Helena bezeichnet sich selbst als Idol (8870). Sie hat in vielen Scheinbildern auf Erden gelebt. Die Walpurgisnacht soll die Antike nicht im Sinne der Klassik reproduzieren und multiplizieren, sondern aus der Universalität von Goethes Geist.

In Wilhelm Emrichs Buch über die Symbolik von »Faust II« sind die Details im Zusammenhang mit Goethes Weltbild für die Wissenschaft geklärt. Die Fülle der Bezüge stört den normalen Leser der Walpurgisnacht aber ebenso wie die Mühe, dem unablässigen Strom der Bilder, Bezüge, Streitgespräche und Allegorien zu folgen. Alle Prämissen von Goethes Denken sind hier Anlaß einer wahrhaft originellen Dichtung geworden, und der Dichter selbst befand sich dabei in schöpferischer Laune. Man hat es mit einer Antike jenseits von Klassik und Biedermeier zu tun. Die europäische Überlieferung hatte soeben, bei Schelling, Görres und Creuzer, überraschende Aspekte entdeckt, vorweisend auf Bachofen und Nietzsche, das Wilde, Ursprüngliche und Orgiastische. Wie Pompejus und Caesar hatten die Pariser Revolution und Napoleon den Umsturz aller Werte, das Heraufkommen einer Neuzeit vor Augen geführt.

In einer traumhaften Mondlandschaft, wo nichts zu sehen, alles zu hören ist, landen Mephisto und Homunculus als Luftfahrer - was könnte moderner sein? - mit dem schlafenden Faust. Der ruft, kaum berührt er den Boden: »Wo ist sie?« nämlich Helena. Dann formuliert Mephisto Goethes Absicht, die Antike mit neustem Sinn zu bemeistern und mannigfaltig modisch zu überkleistern (7083/4).
Die Walpurgisnacht faßt auf fünfzehnhundert Zeilen Maskeraden von mythologischen, philologischen und moralischen Figuren zu sprechenden Allegorien zusammen: Die Greife ereifern sich etymologisch. Mephisto streitet mit der Sphinx. Chiron macht sich über die Philologie lustig. Die Seherin Manto billigt Fausts Begierde nach Helena mit einem Zitat gewordenen Ausspruch: »Den lieb ich, der Unmögliches begehrt« (7488). Mephisto freundet sich mit Dämchen an, die überall auf Erden gleich sind und Gleiches wollen, so daß er feststellen kann: »Vom Harz bis Hellas immer Vettern« (7743). Zahlreiche Anspielungen gelten der zeitgenössischen Literatur. Der Generalissimus beginnt mit Schillers Pfeil und Bogen aus »Wilhelm Tell«, und gleich darauf krächzen die Kraniche des Ibykus. Aus Shakespeares »Sommernachtstraum« erscheint der Esel. Sich selbst verspottet Goethe in den Metamorphosen (7759). Da Thales die Entstehung der Welt aus Wasser behauptet hatte, wird er Vertreter des von Goethe verfochtenen Neptunismus, während Seismos in den Tiefen der Erde brummt und die Anerkennung des Vulkanismus verlangt. Aus der Herrlichkeit des belebenden Wassers, aus dem Meer kommt schließlich Galatea. Urgespenster der Vorzeit, Lamien und Kabiren, werden nach den sonst von Goethe kritisierten romantischen Theorien eingeführt, ebenso die Sphinxe, nicht weil sie aus Ägypten kommen, sondern weil sie aus dem von Goethe gepriesenen Urgestein der Welt, aus Granit bestehen.
Die Welt der Walpurgisnacht ist vorhuman, nicht vernünftig und wild, selbst Mephisto erschrickt vor ihr; aber da, wo sie spielt, in den Felsbuchten des Ägäischen Meers, reiten die Elementarwesen auf Delphinen, und Nereus, der Meergreis, stimmt spöttisch zu. Hier kann Thales, der alles aus dem Urstoff des Wassers hat hervorgehen lassen, als Kronzeuge von Goethes Neptunismus singen:

Vom Schönen, Wahren durchdrungen...
Alles ist aus dem Wasser entsprungen!! (8434–5)

Nereus sieht seine Tochter Galatea auf ihrem Muschelwagen aus den Tiefen kommen. Hier hatte Goethe Raffaels Galatea aus der Farnesina in Rom vor Augen. An diesem Wagen zerschellt die Phiole des Homunculus; er wird frei und fließt ins Meer als Feuer, »als wär es von Pulsen der Liebe gerührt« (8468). Homunculus, künstlich im Labor erzeugt, wird im Element der holden Feuchte entbunden zu einer wahren und schönen Existenz: Der Geist der Antike lebt – frei von gelehrtem Buchwissen – in Schönheit auf. (Faust nimmt an diesem Fest nicht teil. Er wird im vierten Akt die Natur ökonomisch vergewaltigen und das Meer dem Verkehr des Handels unterwerfen.) Die Sirenen singen: »So herrsche denn Eros, der alles begonnen!« (8479). Die folgenden Verse, »Heil dem Wasser...«, sind vielleicht ironisch gemeint; der naive Naturkult jener Zeit, süßlich wie Opernarien, war Goethe mehr als peinlich. Doch nun wird Helena am Meeresstrand erscheinen.

Helena

In einem Brief vom März 1826 an den Physiologen Purkinje in Breslau bedankte sich Goethe für das Studium seiner »Farbenlehre« und sagte, alles, was ihm bei einem beharrlichen Wandeln in dem Reiche des Sehens, Schauens, Beobachtens, Erinnerns und Imaginierens vorgeschwebt habe, sei ihm durch die anerkennenden Worte Purkinjes »zum Bewußtsein gesteigert« worden (WA IV, 40. S. 327). Goethe gab sich jetzt ganz dem »Hauptgeschäft« hin. Es war ihm unmöglich, die Iphigenie-Aufführung des Jahres 1827 zu sehen; die Erinnerung an Zeiten, wo er anders gefühlt und gedacht hatte, störte ihn. Er konzentrierte alle Kräfte auf das ungleich herbere, gegenständlichere und wuchtigere Werk. Er habe, wie er im Mai 1826 an Reinhard schrieb, viel zu tun, wenn er »sein eigenes Positive bis ans Ende durchführen« wolle und fuhr fort: »Glücklicherweise bleibt uns zuletzt die Überzeugung, daß gar vieles nebeneinander bestehen kann und muß, was sich gerne wechselseitig verdrängen möchte: Der Weltgeist ist toleranter als man denkt« (HA, Br. IV. S. 189).
Nur Riemer wußte, daß es sich bei dieser Arbeit um »Faust« handelte. Am 26. Juni 1826 war die »Eindichtung« der Helena vollendet. Im Jahr darauf wurde sie im 4. Band der Ausgabe letzter Hand veröffentlicht und in »Kunst und Altertum« als selbständiges Drama im zweiten Teil des »Faust« angekündigt.
Im Helena-Akt sind die Versformen ein Zeugnis der Metamorphosen des Sprachstils. Jambische Trimeter und freirhythmische Chorstrophen gehen gereimten Kurzzeilen und Gesangstrophen des Lynkeus voraus und führen wieder zu Trimetern und achtfüßigen Trochäen.
Im ersten Teil des »Faust« hatte Goethe den deutschen Knittelvers erneuert. Im zweiten Teil benützte er drei antike Versformen und die Dantesche Terzine. Dabei ging er nicht so puritanisch vor wie die gelehrten Übersetzer seiner Zeit, Johann Heinrich Voß und A. W. Schlegel, sondern mit bezeichnenden Freiheiten der Füllung des Schemas. Den von Shakespeare übernommenen Blankvers fanden

Schiller und Goethe um die Jahrhundertwende reichlich abgebraucht. Goethe sagt im achtzehnten Buch von »Dichtung und Wahrheit«, der fünffüßige Jambus ziehe die Poesie zur Prosa herunter; Schiller schrieb, er habe keine Lust mehr an den »lahmen Fünffüßlern«. Die Konsequenz zog Goethe, indem er im Jahre 1800 die Urfassung der Helena in 265 schweren jambischen Sechshebern mit männlichem Schluß schrieb:

Vom Strande komm ich, wo wir erst gelandet sind,
Noch immer trunken von der Woge schaukelndem
Bewegen, die vom phrygischen Gefild uns her,
Auf straubig hohem Rücken, mit Poseidons Gunst
Und Euros Kraft, an heimische Gestade trug. (WA I. 15, 2. S. 72)

In der endgültigen Fassung stellte er eine überschriftartige Zeile als Selbstankündigung voran und verstärkte den kunstvollen Tonfall:

Bewundert viel und viel gescholten, Helena,
Vom Strande komm' ich, wo wir erst gelandet sind,
Noch immer trunken von des Gewoges regsamem
Geschaukel, das vom phrygischen Blachgefild uns her
Auf sträubig-hohem Rücken, durch Poseidons Gunst
Und Euros' Kraft, in vaterländische Buchten trug.
(HA III, S. 257, 8488–93)

Mit diesen Versen, einer Variante des antiken Trimeters, hat sich Goethe vom Hexameter seiner Manneszeit gelöst. Auch Erichtho stellt sich zu Beginn der »Klassischen Walpurgisnacht« überaus machtbewußt und großartig in Versen der klassischen Tragödie vor und kritisiert den ewigen Wandel der Historie, während sie später in Phorkyas' Mund salopp und parodierend klingen (9012–16).
Faust, eben erwachend, spricht seinen Monolog in Terzinen, dem italienischen Elfsilber Dantes, eine nicht durch die Strophe, sondern durch den Reim fortlaufende Kette von Versen nach dem Schema: a b a b c b c d c . . .

Des Lebens Pulse schlagen frisch lebendig,
Ätherische Dämmerung milde zu begrüßen;
Du, Erde, warst auch diese Nacht beständig

Und atmest neu erquickt zu meinen Füßen,
Beginnest schon, mit Lust mich zu umgeben,
Du regst und rührst ein kräftiges Beschließen,
Zum höchsten Dasein immerfort zu streben. –

(HA III, S. 148, 4679–85)

Aus der gleichen Zeit, 1826, stammen die Terzinen des großen Gedichts »Bei der Betrachtung von Schillers Schädel«.

Durch das Studium der W. von Humboldtschen Übertragung des »Agamemnon« von Äschylos war Goethe angeregt worden, sich mit dem Stil des antiken Dramas und der Funktion des Chors zu beschäftigen. Goethes Chor durchzieht den ganzen Helena-Akt, nach antiker Art die Handlung interpretierend, stellenweise im Dialog mit Phorkyas. Es sind freirhythmische, im Dialog langzeilige Gebilde, mit Strophen und Gegenstrophen, manchmal rhetorisch, indem sie sagen, was eigentlich jeder weiß. Goethe hat sich nicht an Humboldts komplizierte (und falsche) Versmaße gehalten. Er folgte seinem rhythmischen Gehör:

Verschmähe nicht, o herrliche Frau,
Des höchsten Gutes Ehrenbesitz!
Denn das größte Glück ist dir einzig beschert,
Der Schönheit Ruhm, der vor allen sich hebt.

(HA III, S. 257, 8516–19)

Der Wechsel der antik-klassischen Maße Erichthos und Helenas mit den gereimten Strophen ist besonders in der Begegnung mit Lynkeus sehr eindrucksvoll.

Das gestalthaft selbstbewußte Reden Helenas, der Erichtho und des Chors bedeutet eine Wiedergeburt der Antike in deutscher Sprache wie seinerzeit die »Römischen Elegien«. Goethe hat dabei nicht an Euripides gedacht, sondern an Äschylos, und bei Phorkyas' zynischen Versen dachte er an Aristophanes. Man braucht nur den ersten Akt des »Agamemnon« zu lesen, um den Ton zu vernehmen. Hier wie dort wird ein historisches und Mythos gewordenes Ereignis aus der Erinnerung als Wirklichkeit des eigenen Lebens erfaßt. Paris und Helena werden als »herrliche verwegne Phantasei« (6418), nicht körperlich, sondern immateriell heraufbeschworen. Sie sind Schattenbilder aus dem Hades, und das ihnen entsprechende Medium ist die Musik. Der Astrolog beschwört Paris:

> Und nun erkennt ein Geister-Meisterstück!
> So wie sie wandeln, machen sie Musik.
> Aus luft'gen Tönen quillt ein Weißnichtwie,
> Indem sie ziehn, wird alles Melodie.
> Der Säulenschaft, auch die Triglyphe klingt,
> Ich glaube gar, der ganze Tempel singt.
> Das Dunstige senkt sich; aus dem leichten Flor
> Ein schöner Jüngling tritt im Takt hervor. (HA III. S. 198, 6443–50)

Die Handlung ist wie eine antike Tragödie von genialer Einfachheit. Helena, ihrer königlichen Hoheit gewiß, kommt mit den gefangenen Frauen und Mädchen nach Sparta und will in den Palast einziehen. Phorkyas, die Schaffnerin, eine Sklavin des Menelas, eröffnet ihr, daß sie als Opfer geschlachtet, die Mägde am Dachboden aufgehängt werden sollen. Höhnisch hält sie ihr die Wandlungen ihrer historisch-mythischen Existenz vor. Sie erzählt, daß ein neues Geschlecht von goldgelockten Räubern und Kriegern aus dem Norden das Land erobert und die uneinnehmbare Burg über dem Tal des Eurotas gebaut habe.

Nebel verbreiten sich. Helena und ihr Gefolge finden sich im inneren Burghof vor phantastischen Gebäuden des Mittelalters, Faust erscheint in ritterlicher Hofkleidung als Herr der Burg und erkennt Helena; kniend huldigt er ihr und bietet seine Schätze und das Heer zur Befreiung von Menelas' Rache an. Zeiten und Räume gehen mit großartiger Unbefangenheit ineinander über. Helena gibt sich ihm; sie ergänzt seine Verszeilen mit deutschen Reimen, eine ebenso zarte wie sprechende Allegorie der Vereinigung antiken und deutschen Wesens. Der ersehnte »Augenblick« aus dem ersten Teil, »werd ich zum Augenblicke sagen, verweile doch, du bist so *schön*« (1699), ist da. Der Arkadientraum des jungen Goethe wird deutlich: Werther las im Homer vom patriarchalisch herrlichen Leben. Das Prometheus-Fragment beschwor die Urzeit. Im »Jahrmarktfest zu Plundersweilern« lebte Adam im Paradies. In »Hermann und Dorothea« leuchtete es auf. Tasso klagt um die verloren goldene Zeit. In Italien fühlte sich Goethe in Arkadien. Die »Römischen Elegien« besingen sein

Glück. Beim Anblick der Geliebten der »Marienbader Elegie« heißt es:

> So warst du denn im Paradies empfangen,
> Als wärst du wert des ewig schönen Lebens. (HA I, S. 382)

Dies Land entbietet der Helena »seinen höchsten Flor«. In vielen Strophen wird das Glück beschrieben. Selbst Phorkyas, die »den Ton der aristophanischen Komödie« (Staiger) anschlägt, scheint gerührt zu sein.

Faust und Helena treten mit Euphorion auf, ihrem Sohn, der gipfelstürmenden Poesie. Er stürzt ab; die Musik hört auf. Euphorion ist Lord Byron. Sein genialisches Leben war soeben, 1824, in Missolunghi zu Ende gegangen. Noch einmal umarmt Helena den Faust, dann verschwindet sie. Im Proszenium richtet sich Phorkyas riesenhaft empor, legt Maske und Schleier ab; darunter steckt Mephisto. Die Maskerade der Zeit- und Raum-Rekonstruktion dreier Jahrtausende wird als Phantasmagorie aus Wunschträumen und gelehrter Arbeit im Labor gedeutet. Die Chorführerin, jetzt bei Namen genannt, Phantalis, die treue, folgt Helena nach, während sich die Teile des Chors unter achthebigen Trochäen auflösen in die Natur der Bäume, Quellen, Nymphen des Weinstocks und Bacchantinnen. Die schöne Natur fällt in ihren wuchernden Urzustand zurück.

Wenn es noch eines Beweises bedurft hätte, daß Goethe Tragödien großen Stils schreiben konnte, ist es Helena. Sie ist keine Kurtisane, kein Symbol der Sehnsucht, Traum und Wirklichkeit. Auch ist sie nicht die Verkörperung einer bestimmten Idee oder der Klassik. Es geht vielmehr um die Entfaltung von Urphänomenen im zeitlichen Wandel der Einflüsse. Mit und an Helena erfährt Faust »Verkörperlichung« und Wirklichkeit wie die Erfüllung eines Traums. In der Gretchentragödie ging es um die Tragik einer Kindsmörderin. Im Helena-Akt wird Faust, dem deutschen Gelehrten, nicht erkennbar, was die Welt theoretisch zusammenhält; wohl aber erlebt er mit Helena die höchste Steigerung des Daseins. Nach der Begegnung mit ihr sinkt er zurück in die Welt der Politik und Wirtschaft.

Für Goethe ist Schönheit die Sicherheit im Wahren. Die Kunst, als äußerste Potenz des höchsten Naturwesens, des Menschen, verleiht, wie Goethe oft dargelegt hat, den immer sich wandelnden Verwirklichungen des Seins Festigkeit und Dauer. Die Mythen und Ereignisse waren in der Mummenschanz allegorisch vorgebildet; in der »Klassischen Walpurgisnacht« hatte der mythologische Apparat eine allegorische Verwirklichung unter modernen Gesichtspunkten – als Maskenzug – gefunden. In der Helenatragödie sind, entgegen der historischen Logik, alle Zeiten präsent: Das Reich der Persephone, das Sparta des Menelaos, die Schlacht bei Pharsalus und die Gegenwart in Euphorion. Das Schöne, seiner selbst unbewußt, ist zeitgebunden-zeitlos wie die griechische Kunst. Für Winckelmann war der schöne Mensch die höchste Steigerung der Naturgestalten. In einer Maxime sagt Goethe: »Das Schöne ist eine Manifestation geheimer Naturgesetze, die uns ohne dessen Erscheinung ewig wären verborgen geblieben« (HA XII, S. 467, Nr. 719).

Der Faust des zweiten Teils und des Helena-Akts lebt nicht in der Antike, auch nicht im Spätmittelalter seines Kostüms, sondern in der Zeit des alten Goethe. Deshalb erträumt oder besitzt er die Erfüllung der drei Wünsche des modernen Menschen: Das sexuelle Glück, die sentimentale Begeisterung für die Natur und das intellektuelle Erlebnis lebendiger Schönheit. »Doch die Hoffnung, die Bedeutung der Mythen, die ihren Lebenszusammenhang verloren haben, wissenschaftlich auszumachen, geht am Ende ebenso leer aus wie die poetische Selbsttäuschung« (Heinz Schlaffer, S. 115). Goethe hat die mythologischen Spekulationen der Romantik über die Kabiren – Götter, die »niemals wissen, was sie sind« (8077) – verspotten wollen. Schon Plato hatte die Mythen als homerische Lügen denunziert; sie sind ohne Wert für das Leben und taugen nur zur Allegorie. Das ist der Grund für den Zweifel Helenas an ihrer eigenen Identität. Sie sinkt in die Unterwelt zurück, aus der sie gewaltsam heraufgeholt worden war. Damit ist das Verfahren der Philologie des Altertums als künstlich entlarvt, so wie das »Papiergespenst der Gulden«, die Inflation, das Werk Mephistos, das moderne Wirtschafts- und Handelswesen als Trug und Betrug entlarvt hatte. Eine frühe Notiz (WA I, 15, 2. S. 184, Nr. 84) deutet an, daß Helena, der wohlgebildete heidnische Mensch, von der Christenheit nicht anerkannt wird.

Sind Wissenschaft, Schönheit und Geldwirtschaft nichts als Trug? Sind sie verwerfliche Elemente des Lebens? Sind nicht, wie Phorkyas sagt, alle Sterblichen Gespenster von flüchtiger Erscheinung? Dage-

gen spricht die Form der Goetheschen Tragödie: Als Kunstwerk ist sie ebensowenig Trug wie die Dramen der griechischen Antike, wie die als Traumerinnerungen an das Paradies sich gebenden Werke Dantes, Calderóns und Goethes selbst.
Fausts Zweifel über die Realität des Erlebten: »Sind's Träume? Sind's Erinnerungen?« (7275) lösen sich auf in der unwiderstehlichen Kraft der Vergegenwärtigung Helenas und seines Glücks mit ihr. Dafür gibt es ein überwältigendes Argument: Die entelechische Monas, der Kern der Persönlichkeit Helenas, ist unzerstörbar, lebe sie nun als Schatten im Hades, in der Historie als Ursache zum Trojanischen Krieg, im Mythos als Tochter des Zeus und der Leda, als Geliebte etlicher Männer, als Traumgespenst des Fabelreichs (7055) oder als Figur der Weltliteratur. Sie lebt in einer überaus sinnlichen ja sexuellen Gestalt mit Eros und Zeugung. Wenn sie der Gefangenschaft in Fausts Burg entkommt und sich schließlich im Hochgebirg des vierten Aktes in Wolken auflöst, so ist auch das eine Metamorphose ihrer Entelechie.
Für den Menschen Faust sind Einst und Jetzt in Helena verkörpert; sie ist Traumidol und Urphänomen. Goethe hat den Helena-Akt als Höhepunkt der Faustdichtung bezeichnet; erst von diesem Gipfel aus könne das Ganze verstanden werden. Die nächsten Akte zeigen dann Fausts Scheitern an realen politischen und ökonomischen Zwängen.

Fausts Vollendung

Die beiden letzten Akte der Tragödie erinnern an Fausts großen Monolog in der »Nacht« des ersten Teils, wo er, »Ich Ebenbild der Gottheit«, sich vermaß gottgleich zu sein, aber begreifen muß, daß der Höhenflug in Trug und Wahn endet. »Fremder Stoff« drängt sich an. Die Flüge der Phantasie scheitern. Der Mensch ist ein Wurm, er gleicht dem Staub. Faust ist verzweifelt und will sich umbringen. Doch als er die Schale mit Gift an den Mund setzt, ertönen Glocken und ein Chor der Engel singt: »Christ ist erstanden...« Die Ereignisse dieser Szene wiederholen sich in den Schlußakten. Sie führen den Ratgeber, Staatsmann, Fürsten und Menschheitsbeglücker Faust in Sorge, Verzweiflung, Blindheit und Tod. Dann aber heben, analog zum Ostermorgen des ersten Teils, die Mächte der Erlösung Fausts Unsterbliches in den Himmel. Mephisto geht leer aus.

Fausts Charakter, ein hybrides, selbstquälerisch vergiftetes Ich, hat Goethesche Züge von hypochondrischer Lebensangst, Schwermut und Sorge. Die Realität erweist sich als stärker als die Ideale der Jugend mit ihrem strahlenden Selbstgefühl. Auf dem Gipfel äußerer Macht stehend, ist Faust durch ein in Verwesung übergegangenes Gefühl der Verfehlung wie gelähmt. Er begreift, daß die Ahnungen, Wünsche und Hoffnungen der Jugend nicht erfüllt werden können. Zu stark und grausam war die Wirklichkeit. Im Kampf mit diesen Widerständen gibt der Mensch allmählich auf und betrügt sich selbst mit der Behauptung, das Bessere sei Trug und Wahn. Schönheit, Glück und Tugenden erklärt der im Leben allzu tüchtig Gewordene für Illusionen der Jugend (Stöcklein, S. 95). Da die Disharmonien nicht aufzulösen sind, zermürben sie den Menschen. Faust erlebt den Zusammenbruch seiner mit Magie erreichten Stellung. Er vertreibt Philemon und Baucis von ihrem Alterssitz, um seine Projekte verwirklichen zu können. Wie ein absolutistischer Herrscher bewohnt er einen Palast in der Mitte eines geometrisch angelegten Parks.

Angesichts des Scheiterns muß man fragen, warum der Kern von

Fausts Person von der Sorge benagt und zerstört werden konnte. Der Faust des ersten Teils fand Genesung beim Hören der mächtigen und gelinden »Himmelstöne«:

O tönet fort, ihr süßen Himmelslieder!
Die Träne quillt, die Erde hat mich wieder! (Vers 783–4)

Damals löste die Gabe der Tränen den Krampf der Bitterkeit und Verzweiflung; wer weinen kann, gewinnt das Leben wieder. Die Tränen sprengen den Panzer des Ich und heilen es. »Der Tränen Gabe, sie versöhnt den grimmigsten Schmerz; sie fließen glücklich, wenn's im Innern heilend schmilzt«, heißt es in der Pandora (HA V. S. 358). Der alte Faust hat keine Tränen und keine Gemeinschaft. Die letzte seiner titanischen Leistungen besteht darin, dem Ozean Land zu entreißen und Land der Zukunft, ein Paradies zu entwikkeln. Hier nimmt er die Worte von jenem Augenblick auf, der so schön sei, daß es sich lohne, die Seele für ihn zu verschenken. Es ist die letzte Beschwörung des arkadischen Traums:

Grün das Gefilde, fruchtbar; Mensch und Herde
Sogleich behaglich auf der neusten Erde,
Gleich angesiedelt an des Hügels Kraft,
Den aufgewälzt kühn–emsige Völkerschaft. (11565-68)

Dann fährt er fort:

Das ist der Weisheit letzter Schluß:
Nur der verdient sich Freiheit wie das Leben,
Der täglich sie erobern muß.
Und so verbringt, umrungen von Gefahr,
Hier Kindheit, Mann und Greis sein tüchtig Jahr.
Solch ein Gewimmel möcht'ich sehn,
Auf freiem Grund mit freiem Volke stehn.
Zum Augenblicke dürft' ich sagen:
Verweile doch, du bist so schön!
Es kann die Spur von meinen Erdetagen
Nicht in Äonen untergehn. -
Im Vorgefühl von solchem hohen Glück
Genieß' ich jetzt den höchsten Augenblick. (11574–86)

Faust sinkt zurück; die Sorge, ewige Begleiterin des Reichtum raffenden Menschen, hat ihm das Augenlicht genommen. Er hört die Lemuren mit Schaufeln und Spaten und glaubt, daß sie an seinem Werk arbeiten - es ist sein Grab. Das Faustdrama endet nicht mit der Verwirklichung einer Freiheitsvision und Volksbeglückung, sondern mit der Erhebung zu »höheren Sphären«.
Faust sinkt zurück und stirbt. Während Mephisto schon den Höllenrachen beschwört, tut sich »Glorie von oben rechts« auf. Die Himmlischen Heerscharen vertreiben den Teufel, und Engel entführen »Fausts Unsterbliches«. In einer andern Handschrift sprach Goethe von »Faustens Entelechie« (HA III. Anm. zu 11934 ff.). Über den Bergschluchten singen Engel und Heilige von der Idee der erlösenden Liebe. Wie das zu verstehen ist, hat Faust in seinem Monolog zu Beginn des vierten Akts in Anspielungen angedeutet. (Erich Trunz im Kommentar, HA III, S. 609 f.). Das leichteste aller Gebilde, die Wolke, wird zum religiösen Sinnbild der befreienden Ereignisse, der Liebe zu Helena und Gretchen. Die Zirruswolke ist Symbol der christlichen Liebe. Gretchen erscheint, überirdisch gesteigert, im Glanz des Äthers. Die Engel und Heiligen zeigen diese Sphäre in teils naturgemäßen, teils theologisch abstrakten, teils symbolischen Bildern. Die Seelen der Entrückten sind von Geisterchören umgeben. Mit höchster Emphase spricht Goethes Doctor Marianus in mystischer Verzückung von der Jungfrau und Mutter Gottes in Bildbegriffen der Farbenlehre:

Höchste Herrscherin der Welt!
Lasse mich im blauen,
Ausgespannten Himmelszelt
Dein Geheimnis schauen. (11997–12000)

Die Mater gloriosa wird in Gebeten angefleht. Über ihr, in unzugänglicher Höhe, ist Christus, der Heiland der Welt. Die Szene folgt Bildern in landschaftlicher Steigerung: Die Vertikale bestimmt die Motive mit Wald, Berg, Einsiedelei und schwebenden Engeln. Damit sich die Vorstellungen nicht ins Unbestimmte auflösen, greift Goethe auf christliche Malerei und Dichtung zurück, wie sie ihm seit der italienischen Reise vertraut waren. Was die Engel und Heiligen singen und preisen, bezieht sich auf die letzte Seinsform des Kerns der

Persönlichkeit unter einem der Natur zugeschriebenen Drang der Liebe: »Daß ja das Nichtige / Alles verflüchtige, / Glänze der Dauerstern, / Ewiger Liebe Kern« (11862–65). Der Goethesche Gedanke des Reinen, der Reinigung, erfährt hier die Erhöhung ins Geistige, als Lösung von aller Materie: Fausts Unsterbliches wird aufgenommen in die Gemeinschaft der Heiligen. Gretchen nimmt ihr Gebet vor dem Andachtsbild der Mater Dolorosa in der Zwingerszene »Ach, neige, du Schmerzensreiche« (3587) mit den gleichen Worten auf: »Neige, neige, / Du Ohnegleiche...« (12069).
Der Rückgriff auf altkirchliche, spezifisch katholische Vorstellungen mit Engeln und Heiligen, wobei Bibelstellen angeführt werden (etwa von 12037 und von 12045), bedingt auch die Form: Aus dem Vorrat von Bildern, Chören und Gebeten ergibt sich die Anlehnung an das mittelalterliche Mysterienspiel. Hier fanden Goethes Gedanken über Totalität, Polarität und Steigerung ihre höchste Ausformung. Schon früher hatte Goethe alte Legenden zur Charakterisierung seiner Figuren benützt; Mignon ist ein Engel, Ottilie und Natalie werden Heilige genannt, die Heilige Familie von Nazareth bot Schnittmuster für den Anfang der »Wanderjahre«, die Josephsgeschichte für »Dichtung und Wahrheit«. In diesen Sphären gelten nicht die Gesetze des Marktes, des Handels, der Politik und des Geldes, sondern das Geschenk der Gnade.
In dem oft düster genannten Streben Fausts hatte sich eine gewaltige Kraft entladen: Jetzt tritt er, ohne genannt zu werden, in die Welt des Schauens und der Seligen Knaben. In Knaben, also Kindern, zeigt sich, wie an den jüngeren Engeln, die Verjüngungstendenz. Sie ist Voraussetzung jeder Erneuerung. Sie sind »reinlich«, während die älteren Engel von Fausts Entelechie sagen, ihr hafte ein Erdenrest an (Emrich S. 415). Noch gilt das Gesetz des Wandels, eines Strebens zu höheren Regionen, und das unterscheidet Goethes Geisterreich, ganz abgesehen von der antiken Idee eines triadischen Kreislaufs, von dem der Theologie: Es ist ein Swedenborgscher Himmel. Die Belehrung des Pater Seraphicus, »Steigt hinan zu höherm Kreise, / Wachset immer unvermerkt...« (11918 und folgende), hängt weniger mit christlicher Mystik als mit Swedenborgschen Traumphantasien zusammen, die auf nicht ganz klare Art auf biblische Vorstellungen zurückgehen. Goethe hat seine Ahnungen einer höheren Existenz,

eines Fortlebens nach dem Tode in verwandelter Form, in Gesprächen und Briefen oft ausgesprochen. Dabei spielte der Gedanke der Reinigung immer wieder eine Rolle. Die »vollendeteren Engel« singen deshalb: »Uns bleibt ein Erdenrest / Zu tragen peinlich« (11954 f.), und zu den großen Büßerinnen Maria von Magdala, der samaritanischen Frau und der Maria Ägyptiaca tritt als geläuterte Sünderin Gretchen. Helena hat hier nichts zu suchen, aber man erinnert sich, daß einer der Orte, an denen sie gelebt haben sollte, die Wüste der Maria Ägyptiaca war.
Fausts »Unsterbliches« schweigt, und ohne Zweifel ist das seinen Aufstieg in die »höheren Sphären« (12094) begleitende Mysterienspiel eine Allegorie seiner Umartung, vielleicht im Sinne der Spiraltendenz, die Goethe damals in der Natur zu erkennen glaubte. Dann aber deutet der Doctor Marianus, wenige Zeilen vor dem Ende, eine Reue an. Faust war ja ein unbußfertiger Frevler. Seine Hybris bestand in der Ablehnung der Gnade. Faust hat nie eine Umkehr erwogen – eine der bedenklichsten Seiten seines Charakters. Es wird nur hier, und in einem Adjektiv, angedeutet, daß er unter der Bedingung der Reue Gnade finden kann:

Blicket auf zum Retterblick,
Alle reuig Zarten,
Euch zu seligem Geschick
Dankend umzuarten. (12096–9)

Die Schlußverse des Chorus Mysticus, »Alles Vergängliche ist nur ein Gleichnis«, und das Wort von der Unbeschreiblichkeit des Göttlichen sind Ausdrücke von Goethes Mystik. Mit der christlichen Gnade teilt Fausts Erlösung nur das Wort. Gemeint ist Entpuppung im Sinn der Metamorphose, ein Wiederfinden der ersten Jugendkraft in Erinnerung an das Wort Jesu, wenn ihr nicht werdet wie die Kinder. In den Worten vom Ewig-Weiblichen, das uns hinanziehe, Maria und Gretchen, wird Goethes Überzeugung von der Liebe als Grund des Seins noch einmal ausgesprochen, in Vers und Rhythmus ein Echo Dantes und der Hymnendichtung des Mittelalters (s. HA III, S. 639 f.). Die Einheit des fünften Akts und seiner Einleitung zu Beginn des vierten Akts besteht in den Entsprechungen der Monologe Fausts, Lynkeus', Mephistos und der Engelchöre der Bergschluchten.

Goethe hat sich über den Schluß des Faust ungern ausgesprochen. Bezeichnend dafür ist eine Notiz des Berliner Hofrats Friedrich Förster vom Jahre 1828: »Ich erhielt nur ausweichende Antworten; ich erinnere mich nur, daß, als ich die Vermutung aussprach, die Schlußszene werde doch wohl in den Himmel verlegt werden, und Mephisto als überwunden vor den Hörern bekennen, daß ›ein guter Mensch in seines Herzens Drange sich des rechten Weges wohl bewußt sei‹ - Goethe kopfschüttelnd sagte: ›Das wäre ja Aufklärung! Faust endet als Greis, und im Greisenalter werden wir Mystiker‹« (Gespräche III, 2. S. 295, Nr. 6187).

Goethe hat den fünften Akt früh entworfen, Mitte der zwanziger Jahre große Teile ausgeführt und das Ganze in den Jahren 1831 und 1832 vollendet. Der vierte Akt entstand zuletzt, 1831. Hier wird Faust im praktischen Leben gezeigt, im gesellschaftlichen Gefüge, als sich selbst betrügender Idealist im Krieg, im Kampf mit den Elementen der Natur und im Widerstand gegen ihre vulkanische Erklärung. Polarität und Unrast, Genialität und Brutalität bestimmen Fausts Leben bis zuletzt. Die Versmaße spiegeln die Charaktere. Faust spricht in antiken Trimetern, Mephisto im Madrigalvers mit Reimen, Kaiser, Kanzler und Kurfürsten in Alexandrinern. Alexandriner sind Verse eines festen Gefüges, einer fürstlichen Sprache, Äquivalent der Herrlichkeit des alten Reiches. Die Sprache der letzten Akte ist nicht als Sprache des Alters zu verstehen. Goethe war mit Madrigalversen und Alexandrinern aufgewachsen. Wieland hatte alle Versmaße im Sinne eines dem Ohr gefälligen Wohlklangs abgewandelt und geschmeidigt. Die Stanzen seines »Oberon« sind frei gereimte Verse. Trotz der Kritik an den Jamben um 1800 ist Goethe ihnen sein Leben lang treu geblieben, wobei er es mit Hebungen und Senkungen nicht genau nahm: In der beweglichen Silbenzählung liegt die Freiheit der madrigalischen Jamben. Sie können mit vier Takten in den Knittelvers, mit sechs in den Alexandriner übergehen. So erklärt sich, wie Andreas Heusler sagt, daß große Teile des »Faust« den madrigalischen Jambus verewigt haben (Versgeschichte III,186).

Wohl aber erklärt das Alter manche Lässigkeiten. Sie stehen unvermittelt vor und hinter den kunstvollsten Gebilden. Mephisto liebt eine ins Parlando übergehende jambische Sprechweise:

Mir brennt der Kopf, das Herz, die Leber brennt,
Ein überteuflisch Element!
Weit spitziger als Höllenfeuer! – (11753–55)

Zu Faust sagt er im Hohn auf alles Edle, Schöne und Schwärmerische:

Ich suchte mir so eine Hauptstadt aus,
In Kerne Bürger-Nahrungs-Graus,
Krummenge Gäßchen, spitze Giebeln,
Beschränkten Markt, Kohl, Rüben, Zwiebeln;
Fleischbänke, wo die Schmeißen hausen,
Die fetten Braten anzuschmausen;
Da findest du zu jeder Zeit
Gewiß Gestank und Tätigkeit. (10136–43)

Faust drückt sich gelegentlich in einem Gemisch von Spreizung und Lässigkeit aus, wo Goethe um der Prägnanz willen kauzig und grammatisch abstrakt wird:

Gebirgesmasse bleibt mir edel-stumm,
Ich frage nicht woher und nicht warum.
Als die Natur sich in sich selbst gegründet,
Da hat sie rein den Erdball abgeründet,
Der Gipfel sich, der Schluchten sich erfreut...
(10095–99)

Daß die Gebirgsmasse edel-stumm genannt wird, deutet auf den Anthropomorphismus hin, die Gebirge verrieten aus Vornehmheit nichts vom Geheimnis ihrer Entstehung. Das mag uns sonderbar erscheinen. Wie objektiv komisch aber drückt sich Lynkeus aus, wenn er durchs Sprachrohr meldet:

Ein großer Kahn ist im Begriffe
Auf dem Kanale hier zu sein. (11145–46)

In der Phantasmagorie des Krieges und der Politik sagt der Kaiser Banalitäten, die ihn als schwachen Kopf charakterisieren sollen, dem Leser und Hörer aber das Gefühl abgründiger Ironie über das politische Treiben geben:

Was ich euch zugedacht in dieser ernsten Stunde,
Vernahmt ihr mit Vertraun aus zuverlässigem Munde.
Des Kaisers Wort ist groß und sichert jede Gift,
Doch zur Bekräftigung bedarf's der edlen Schrift, ... (10925–28)

Man muß den Tönen dieser »kleinen Welt« die großartig kraftvollen Verse der Grablegung entgegenhalten, wo Mephisto mit seinem Schein schon triumphieren möchte: »Ich zeig' ihm rasch den blutgeschriebnen Titel.« (11614) Goethe soll seinen Plan, hier ein Gegenstück zum Prolog im Himmel einzuschieben, zugunsten der Grablegung und Bergschluchten aufgegeben haben. Mephisto verschwindet, im »Himmel« hat er nichts zu suchen. - Obwohl Goethe im Tagebuch den Abschluß des Hauptgeschäfts feststellte, ließ das Werk ihn nicht los. Er wollte die Hauptmotive »in Rücksicht größerer Ausführung« noch einmal vornehmen, kam aber nicht mehr dazu. Ähnlich wie bei den »Wanderjahren« ging es um Dauer und Wechsel, Kreisläufe und Steigerungen, Metamorphose und Polaritäten nicht nur im Sinne der vertikalen Tendenzen, sondern um Durchblick und das Begreifen der Organe »dieser sehr ernsten Scherze«, wie er in seinem letzten Brief, wenige Tage vor dem Tode, an Wilhelm von Humboldt schrieb.

Letzte Zeit und Tod

Die erstaunliche Aktivität und Produktivität des letzten Jahrzehnts, die volle Entfaltung seines schriftstellerischen Genies hing bei Goethe mit der Befreiung von seinen vielen Ämtern zusammen. Er war Schauspieldirektor, Stadtplaner, Architekt, Ratgeber in wirtschaftlichen Fragen, dreißig Jahre lang Bibliotheksvorstand, Kurator der Universität Jena und lange Jahre Finanzminister des Fürstentums gewesen. Jetzt hatte er diese Posten aufgegeben und konnte ohne die Plackereien der Staats- und Finanzverwaltung leben. Es ist wahr, die meisten Bürden hatte er freiwillig übernommen und gewußt, was auf ihn zukam. Aber der Verwaltungsalltag, der Kleinkram, die Korrektheit, mit der er seinen Amtsgeschäften nachkam - eine Ausnahme in jenen Jahrzehnten -, also das, was Schiller und er, ohne beleidigenden Nebensinn, »das Gemeine« genannt hatten, war nicht nur hemmend, sondern auch förderlich gewesen. Der vierte Akt des »Faust II« gibt ein etwas ironisches, aber auch kenntnisreiches Bild dieser Tätigkeiten. Man kann nicht einmal sagen, daß Goethe sie als negative Kehrseiten seines Lebens ansah, denn die bürgerliche Existenz, die tägliche Bewährung, gab seinem Leben Stetigkeit, Mut und Gradsein; ohne sie hätte er die genialen Schübe seines Wesens vielleicht nicht ertragen, und es wäre ihm womöglich wie Lenz, Hölderlin und Kleist ergangen. Man hat den Eindruck, daß Unterbrechungen und Ablenkungen dem Entstehen der Spätwerke zugute kamen. Der sonore Stil, die langen Satzperioden und das vom Amtsstil und der Philosophie beeinflußte nüchtern-genaue Bewußtsein bestimmen die Ausdrucksweise. Diktierend und korrigierend war Goethe stets bei der Sache, woraus man schließen muß, daß sein Unterbewußtsein produktiv blieb, auch wenn der Alltag ihn beanspruchte.

Goethe war der am umfassendsten gebildete und reifste Mensch jener Epoche, die wir die Goethezeit nennen. Gesprächspartner und Besucher stellten fest, daß er mehr wisse und kenne als alle Professoren der Universität Jena zusammen. Sie bewunderten die Fülle und Vielfalt seiner Interessen, sein stupendes Gedächtnis und seine meistens untrügliche Urteilskraft. Der Tod der engsten Vertrauten, des Herzogs, 1828, der Frau von Stein und des Sohnes setzten ihm mehr zu als er sich merken ließ, konnten sein inneres Gleichgewicht aber nicht erschüttern. Auch die Krankheiten traten nicht so heftig auf wie früher. Er fuhr sogar im thüringischen Winter bei Eis und Schnee spazieren. Die Witwe seines Sohnes, in praktischen Dingen nicht mit Christiane zu vergleichen, war sehr um ihn besorgt, und die kindlichen Spiele der Enkel machten ihm Freude.

Goethe nährte den Geist ununterbrochen durch Lektüre. Er studierte Saint-Simon, Walter Scotts »Geschichte Napoleons« und las regelmäßig französische Zeitschriften wie den »Globe«. In Byron sah er ein freies keckes Genie, das sich dem »Gemeinen« nicht unterwarf und den eigenen Untergang provozierte; er schrieb zwei Gedichte und einen Nachruf auf ihn. Zur deutschen Ausgabe der poetischen Werke Manzonis verfaßte er, unter Benützung früherer Aufsätze, ein Vorwort. Die immer wieder aufgenommene Beschäftigung mit dem Nibelungenlied gipfelte in einer Besprechung von Simrocks Übersetzung. Zu Thomas Carlyles Schillerbuch schrieb er eine Einleitung, und Carlyles Übersetzung der »Lehrjahre« würdigte er als einen Beitrag zu seiner Idee der Weltliteratur. Er verfolgte die Übertragung seiner Werke, auch des »Faust«, durch Friedrich Stapf und andere in die französische Sprache und bewunderte die Faustillustrationen von Delacroix in einer französischen Prachtausgabe.

In den Jahren 1825–30, als er die »Helena« und die letzten Teile des »Faust II« schrieb, mußte Goethe seine Ausgabe letzter Hand in vierzig Bänden überwachen, ergänzen und einzelne Werke dafür vollenden. Er diktierte den vierten Teil von »Dichtung und Wahrheit«, vollendete die »Italienische Reise« und schob Ergänzungen wie »Das römische Karneval« ein. Zugleich arbeitete er nach einem neuen Schema an den »Wahlverwandtschaften«, warf die »Zahmen Xenien« in Augenblicken kritischer Inspiration hin, verfaßte Aufsätze über Naturphilosophie und Mathematik und eine auf abermalige Studien der Poetik zurückgehende »Nachlese zu Aristotoles' Poetik«, Byron gab einer allgemein verbreiteten Meinung Ausdruck, wenn er 1823 aus Livorno an Goethe schrieb, er sehe in ihm »den seit fünfzig

Jahren unbestrittenen Herrscher der europäischen Literatur« (Burschell, Briefe und Tageb. S. 166).
Es gibt keine Erklärung für Goethes Produktivität im hohen Alter. Wohl aber gibt es eine Reihe von Zeugnissen seiner Arbeitsweise. Johann Christian Schuchardt, neben Friedrich Kräuter und Johann August John in diesen Jahren Goethes Schreiber und Sekretär, erzählt, Goethe habe ihm zur Ausgabe seiner Werke Neues und Umgearbeitetes fließend und sicher, auch die »Wanderjahre«, ohne Benützung von Notizen diktiert. Dazwischen kamen der Barbier, der Friseur (Goethe ließ sich alle zwei Tage das Haar brennen), der Bibliotheksdiener und der Kanzlist. Sie durften unangemeldet eintreten. Wenn der Kammerdiener einen Fremden anmeldete, unterhielt sich Goethe mit ihm. Auch die Familienmitglieder hatten jederzeit Zutritt. Schuchardt schreibt: »Wie beim Anklopfen das kräftige ›Herein!‹ ertönte, beendigte ich den letzten Satz (des Diktierten) und wartete, bis der Anwesende sich wieder entfernte. Da wiederholte ich soviel, als mir für den Zusammenhang nötig schien, und das Diktat ging bis zur nächsten Störung fort, als wäre nichts vorgefallen. Das war mir doch zu arg, und ich sah mich überall im Zimmer um, ob nicht irgendwo ein Buch, ein Konzept oder Brouillon (Entwurf) läge, in das Goethe im Vorübergehen schaute. Während des Diktierens wandelte nämlich derselbe ununterbrochen um den Tisch und den Schreibenden herum, aber niemals habe ich das Geringste entdecken können« (Gespräche, III, 2. S. 301, Nr. 6193). Als Schuchardt Meyer seine Verwunderung darüber ausdrückte, erzählte ihm dieser, Goethe habe ihm auf einer langsamen Fahrt von Jena nach Weimar die ganzen »Wahlverwandtschaften« so fließend erzählt, als habe er ein gedrucktes Exemplar vor sich - doch sei damals noch kein Wort des Romans niedergeschrieben gewesen.
Man muß annehmen, daß die Variationsbreite der Goetheschen Schriften und Dichtungen dieser Jahre auf einer gegenseitigen Stimulation von Lesen und Diktierlust beruhte. Es war eine Bestätigung seiner Lebenserfahrung von Ein- und Ausatmen, Systole und Diastole, wobei jede Ruhe die Polarität schöpferischer Unruhe provozierte. Daß auch bei den formell, gedanklich und thematisch schwierigen Partien des »Faust II« dieser Rhythmus eingehalten werden konnte, ist fast unbegreiflich. Daß niemand des Produktiven eigent-

lich Herr sei, hat Goethe mehrfach ausgesprochen: Man müsse es »nur so gewähren lassen«. Produktivität im Alter , heißt es in den »Maximen und Reflexionen«, sei ein seltener Fall (HA XIII, S. 535, Nr. 1264).

Nach dem Abschluß der Hauptwerke wandte sich Goethe wieder der Naturwissenschaft zu. Die in den Zeitungen verfolgten politischen Entwicklungen, vor allem in Frankreich, ließen ihn kalt. Er war durchaus kein Anhänger der monarchischen Restauration. Als die Nachrichten von der Julirevolution am 2. August 1830 nach Weimar gelangten und alles in Aufregung versetzten, erzählt Soret, habe Goethe gefragt, was er von der großen Begebenheit, dem Ausbruch des Vulkans, denke. Als Soret erklärte, man habe bei einem solchen Ministerium nichts anderes erwarten können als die Vertreibung der königlichen Familie, erwiderte Goethe: »Wir scheinen uns nicht zu verstehen, mein Allerbester. Ich rede gar nicht von jenen Leuten, es handelt sich bei mir um ganz andere Dinge. Ich rede von dem in der Akademie zum öffentlichen Ausbruch gekommenen, für die Wissenschaft höchst bedeutenden Streit zwischen Cuvier und Geoffroy de Saint-Hilaire!« Der Akademiestreit in Paris, ob gewisse Mollusken als Wirbeltiere betrachtet werden können, mußte Goethe aufregen. Mit Cuvier stand er seit einigen Jahren in Briefwechsel. Cuvier hatte er seine von Soret besorgte Übersetzung der »Metamorphose der Pflanzen« ins Französische gesandt. Goethe behandelte den Streit der Pariser Wissenschaftler in einem zweiteiligen Aufsatz mit dem französischen Titel »Principes de Philosophie zoologiques« (HA XIII, S. 219–250). Er schildert die Entwicklung seiner naturwissenschaftlichen Ansichten und bemerkt, daß die Franzosen es inzwischen weiter gebracht hätten als die Deutschen.

Bei der Darstellung seines eigenen Weges zur Naturwissenschaft stellte Goethe grundsätzliche Erwägungen an, etwa daß die Regel zwar fest und ewig, aber zugleich lebendig sei, oder daß Sondern und Verknüpfen zwei unzertrennliche Lebensakte sind, daß es unerläßlich sei, aus dem Ganzen ins Einzelne zu gehen, und je lebendiger diese Funktionen des Geistes, wie Ein- und Ausatmen, sich zusammen verhalten, desto besser wird für die Wissenschaften und ihre Freunde gesorgt sein. (ebda. S. 233 f). Ähnliche Zusammenfassungen und bis zu Kernsätzen verdichtete methodologische Erfahrungen enthält der große, nicht vollendete Aufsatz über die Spiraltendenz in der Vegetation. Die Hypothese stammte von Karl Martius und kam Goethes Metamorphose-Vorstellungen entgegen: Die Spirale schlinge sich um die nach oben strebende Tendenz des Wachstums und gebe dem Ganzen seine Stütze (HA XIII, S. 133). Die Theorie hat sich nicht halten lassen, gab Goethe aber Gelegenheit zu naturphilosophischen Darlegungen über die Vertikaltendenz beim männlichen und der Spiraltendenz beim weiblichen Geschlecht. Die ganze Vegetation gipfle in einer geheimen androgynen Vereinigung.

Den Höhepunkt dieser Studien zu seinen biographischen, botanischen und naturphilosophischen Überlegungen bildet, im Rahmen der Morphologie, die Geschichte seines botanischen Studiums (HA XIII, S. 148–168), wo er nachweist, daß seine Dichtung und die Lehre von der Metamorphose der Pflanzen aus einer gemeinsamen Quelle hervorgehen. Er spricht »von einem Drange, das ungeheure Geheimnis, das sich in stetigem Erschaffen und Zerstören an den Tag gibt, zu erkennen, ob sich schon dieser Trieb in ein unbestimmtes, unbefriedigtes Hinbrüten zu verlieren scheint« (ebda. 149). Goethe unterscheidet die Natur nördlich und südlich der Alpen und betont, wie wichtig für ihn die Kenntnis der Forst- und Gartenkultur Thüringens geworden sei, wo er mit Fachleuten darüber sprechen konnte. Auch hier gibt es großartige Zusammenfassungen der Tendenzen: »Das Wechselhafte der Pflanzengestalten, dem ich längst auf seinem eigentümlichen Gange gefolgt, erweckte nun bei mir immer mehr die Vorstellung: die uns umgebenden Pflanzenformen seien nicht ursprünglich determiniert und festgestellt, ihnen sei vielmehr, bei einer eigensinnigen, generischen und spezifischen Hartnäckigkeit, eine glückliche Mobilität und Biegsamkeit verliehen, um in so viele Bedingungen, die über dem Erdkreis auf sie einwirken, sich zu fügen und darnach bilden und umbilden zu können« (ebda. 163, 19–27).

In einem Brief an Reinhard vom 7. September 1831 entschuldigt sich Goethe, daß er allen Feiern zu seinem Geburtstag, wie er es gewöhnlich tat, ausgewichen sei: »Deshalb verfügte ich mich mit meinen beiden Enkeln nach Ilmenau, um die Geister der Vergangenheit durch die Gegenwart der Herankommenden auf eine gesetzte und gefaßte Weise zu begrüßen.« Die Angst vor der Vergänglichkeit war

ja seit seinen prometheischen Tagen fest in ihm verwurzelt. Dann fährt er fort: »Die jungen Wesen drangen ohne poetisches Vehikel in die ersten unmittelbarsten Zustände der Natur. Sie sahen die Kohlenbrenner an Ort und Stelle, Leute, die das ganze Jahr weder Brot noch Butter noch Bier zu sehen kriegen und nur von Erdäpfeln und Ziegenmilch leben. Andere, wie Holzhauer, Glasbläser sind in ähnlichem Falle, aber alle heiterer als unsereiner, dessen Kahn sich so voll gepackt hat, daß er jeden Augenblick fürchten muß, mit der ganzen Ladung unterzugehen« (HA, Br.IV, S. 444). Das ist eine der Stellen, wo Goethes Protest gegen die unwürdige Existenz der Lohnabhängigen ihren Ausdruck fand. Wenige Tage vorher hatte er auf dem Gickelhahn bei Ilmenau die Inschrift des Liedes »Über allen Gipfeln ist Ruh« rekognosziert und schrieb an Zelter. »Nach so vielen Jahren war denn zu übersehen: das Dauernde, das Verschwundene. Das Gelungene trat vor und erheiterte, das Mißlungene war vergessen und verschmerzt. Die Menschen lebten vor wie nach, vom Köhler bis zum Porzellanfabrikanten.« Er schließt mit der Feststellung, daß »sich immer neue Probleme entwickeln, welche die neusten Weltschöpfer mit der größten Bequemlichkeit aus der Erde aufsteigen lassen« (HA, Br.IV, S 442).
Goethe hatte sich damit abgefunden, daß er sozial und politisch keinen Einfluß nehmen konnte. Er hatte die Notwendigkeit einer Fachausbildung statt Gesamtbildung erkannt, den eigenen Sohn allerdings ganz anders als in der pädagogischen Provinz erzogen. Aufgewachsen in den Formen und Ständen des heiligen Reiches, hielt er nichts von Demokratie und Republik. Doch nahm er großen Anteil an der aus Frankreich kommenden Literatur. Unter den ständigen Zusendungen hatte ihn besonders eine Kiste des französischen Bildhauers Pierre David d' Angers mit Gipsmedaillons von berühmten Persönlichkeiten gefreut. Sie enthielt auch Bücher von Sainte-Beuve, Victor Hugo, Stendhal, Balzac, de Vigny, Deschamps, der die »Braut von Korinth« übertragen hatte, Mérimée, Béranger und anderen Autoren. Mit Eckermann unterhielt Goethe sich ausführlich über moderne französische Literatur. Er lobte Bérangers große Persönlichkeit, seinen Kampf gegen die Restauration, seine Bewunderung Napoleons und den typisch französischen Witz. »Ich bin im Ganzen kein Freund von sogenannten politischen Gedichten«, schloß er, »allein

solche, wie Béranger sie gemacht hat, lasse ich mir gefallen« (14. März 1830). Von der Literatur-Revolution des Gräßlichen (des Realismus und Sozialismus) erwarte er, aufs Ganze gesehen, doch eine gute Wirkung. – David hatte 1831 die Ausführung seiner Kolossal-Büste Goethes in Marmor, »dieses ungeheure Gebilde«, vollendet. An Goethes Geburtstag, dem 28. August 1831, wurde sie in Weimar feierlich enthüllt. Ein nicht minder berühmt gewordenes Goethebild hatte Joseph Stieler im Auftrag König Ludwigs I. von Bayern im Jahr 1828 gemalt. Als Kenner der »Farbenlehre« hatte Stieler Goethes Herz gewonnen.

Der Abschluß der Hauptwerke ließ Goethe an Vermächtnisse denken. Den Höhepunkt der Goetheschen Altersweisheit, frei von orphischer Verhüllung, findet man in dem Gedicht »Vermächtnis«. Es sollte ursprünglich die »Wanderjahre« abschließen und spricht, gleichsam in Stichworten, Goethes Einsichten in den organischen Zusammenhang aller Dinge und des Seins aus:

Kein Wesen kann zu Nichts zerfallen!
Das Ew'ge regt sich fort in allen,
Am Sein erhalte dich beglückt!
Das Sein ist ewig; denn Gesetze
Bewahren die lebend'gen Schätze,
Aus welchen sich das All geschmückt.

Das Wahre war schon längst gefunden,
Hat edle Geisterschaft verbunden,
Das alte Wahre, faß es an! (HA I, S. 369, 1–9)

Hier hat Goethe etwas ähnliches erreicht wie das, was er an Horaz und Ovid bewunderte, was er als den fast unerreichbaren Rang der klassischen Sprachen ansah: sinnliche Prägnanz auch für die Gedanken. Eine Prägung wie »am Sein erhalte dich beglückt« verbindet das zum philosophischen Terminus technicus gewordene substantivierte Hilfsverbum »sein« mit dem Partizipialadverb »beglückt« zu einer allgemein verständlichen Aussage von tiefsinniger Einfachheit. Derartiges hat auch Goethe selten erreicht. Mit solchen Qualitäten hängt die überzeitliche Gültigkeit antiker Dichtungen zusammen. Klopstock hatte sie gewollt, Hölderlin hat sie auf andere Weise erreicht, und später findet man Spuren bei Mörike und Hofmannsthal. Mit Goethe war die apollinische Zeit unserer Klassik untergegangen. Ein neues Zeitalter zog herauf.

Was sich im »Vermächtnis« als Gedankenlyrik gibt, was er im zweiten Teil des »Faust« und in den »Wanderjahren« dramatisch oder erzählerisch dargestellt hatte, hat Goethe in den lyrischen Gedichten der chinesisch-deutschen Jahres- und Tageszeiten mit einer überwältigenden Sprachkraft lyrisch ausgedrückt:

Dämmrung senkte sich von oben,
Schon ist alle Nähe fern;
Doch zuerst emporgehoben
Holden Lichts der Abendstern! (HA I, S. 389,1–4)

Chinesisch ist daran nur die zart getuschte Natur der Blumen, der Vögel und des Äthers. In den Dornburger Gedichten ist sie so geisterhaft wie in den Versen des Hochgebirgs zu Beginn des vierten Akts des »Faust II«. Die Naturauffassung ist nicht mystisch oder nicht *nur* mystisch, sie beruht auf Beobachtung der Licht- und Luftmassen. Das ganze Gedicht ist ein einziger Satz, ein einziger Atemzug:

Früh, wenn Tal, Gebirg und Garten
Nebelschleiern sich enthüllen,
Und dem sehnlichsten Erwarten
Blumenkelche bunt sich füllen,

Wenn der Äther, Wolken tragend,
Mit dem klaren Tage streitet,
Und ein Ostwind, wie verjagend,
Blaue Sonnenbahn bereitet,

Dankst du dann, am Blick dich weidend,
Reiner Brust der Großen, Holden,
Wird die Sonne, rötlich scheidend,
Rings den Horizont vergolden. (HA I, S. 391)

Goethes Produktivität hing in diesen Jahren mit seinem körperlichen Wohlbefinden eng zusammen. Eckermann, Soret, der Kanzler Müller, Riemer und der Baumeister Coudray wunderten sich über die Rüstigkeit des alten Herrn. Viele Abende verbrachte er in ihrer Gesellschaft. Wenn er allein war, umsorgte ihn die Schwiegertochter. Sie war eine gute Zuhörerin und Vorleserin. Nur ein Thema wurde ungern berührt: Goethe verdrängte den Gedanken an den Tod, vertraute Zelter aber an: »Schon seit einiger Zeit trau ich dem Landfrieden nicht und befleißige mich, das Haus zu bestellen« (WA IV, 48. S. 31). An die Willemers schrieb er, von seinen Zuständen könne er »das Beste versichern«, wenn es ihm auch nicht beschieden sei, ein seinem Alter und seinen Kräften gemäßes behagliches Leben zu führen.

Nicht ganz unerwartet also meldete sich Mitte März 1832 die alte Krankheit mit einem Blutsturz. Im Bett schrieb Goethe einen letzten Brief an W. von Humboldt und zog noch einmal Grundlinien des eigenen Lebens nach: »Je früher der Mensch gewahr wird, daß es ein Handwerk, eine Kunst gibt, die ihm zur geregelten Steigerung seiner natürlichen Anlagen verhelfen, desto glücklicher ist er... Das beste Genie ist das, welches alles in sich aufnimmt, sich alles zuzueignen weiß« (HA, Br. IV, S. 480). In der Nacht vom 19. auf den 20. März setzte die Krankheit ihm mit starken Brustkrämpfen zu. Das Gesicht verzerrte sich, die sonst so strahlenden Augen verloren den Glanz, der Blick drückte gräßliche Angst aus. Der Patient dämmerte vor sich hin und schlief zeitweilig ein. Doch um zehn Uhr morgens des 22. März 1832, während er, um besser atmen zu können, im Sessel saß, kam das Ende. Der Baumeister Coudray war Zeuge: »Mit hochklopfendem Herzen bemerkte ich nun, wie er von Minute zu Minute schwächer ward und schwerer atmete; er drückte sich endlich noch einmal bequem in die linke Seite des Armstuhls, nach und nach sanft erlöschend, bis um 11½ Uhr der große Geist seiner irdischen Hülle entfloh« (Gespr. III, 2. S. 885).

Register

Namen

Sachen (auch Ortsnamen)

Goethes Werke

(nach Überschriften oder Stichworten, Artikel manchmal nachgestellt)

Gedichte

Dramen und Versepen

Erzählende Prosa

Geisteswissenschaften

Naturwissenschaften

Literatur

Goethes Werke, hrsg. im Auftrag der Großherzogin Sophie von Sachsen, 143 Bände, Weimar 1887–1919
Fotomech. Nachdruck dtv München 1987
Johann Wolfgang von Goethe: Werke in 14 Bänden, seit 1948 in Hamburg, später München. Hrsg. und kommentiert von Erich Trunz und anderen.
Identischer Text in 14 Bänden dtv München 1982
Goethes Briefe in 4 Bdn. Hrsg. und mit Anm. von Karl Robert Mandelkow. Hamburg 1962–67, seit 1972 München
Briefe an Goethe, 2 Bde. Hrsg. von Karl Mandelkow, München 1982
Briefe von und an Goethe, 6 Bde., dtv Dünndruck, München 1988
Textidentisch mit den beiden genannten Briefausgaben
Goethes Gespräche. Aufgrund der Ausgabe von Biedermann hrsg. von Wolfgang Herwig. 5 Bde. Zürich 1965–87
(Nach diesen Ausgaben wird zitiert mit WA, HA, HA Br. und Gespr. Faust, Iphigenie, Tasso, Hermann und Dorothea, Reineke Fuchs und Natürliche Tochter werden auch mit Verszahlen zitiert.)

Beutler, Ernst: Essays um Goethe. 2 Bde. Wiesbaden 1947
Beutler, Ernst (Hrsg.): Goethe, West-östlicher Divan. Unter Mitwirkung von Hans Heinrich Schaeder hrsg. und erläutert von E. B. Wiesbaden 1948
Bode, Wilhelm (Hrsg.): Goethe in vertraulichen Briefen seiner Zeitgenossen. 3 Bde. Berlin 1917–23. Neuauflage Berlin und Weimar 1982
Buchwald, Reinhard: Schiller, Leben und Werke. Frankfurt M. 1959
Burschell, Friedrich (Hrsg.): Byron, Briefe und Tagebücher. Frankfurt 1960
Carletta, Antonio: Goethe a Roma. Roma 1899
Conrady, Karl Otto: Goethe, 2 Bde. Königstein 1982–85
Curtius, Ernst Robert: Kritische Essays zur europäischen Literatur. Darin: Goethe als Kritiker, Goethes Aktenführung und Grundzüge seiner Welt. Bern 1954
Damm, Sigrid: Cornelia Goethe. Frankfurt M. 1988
Eissler, K. R.: Goethe, 2 Bde. München 1987
Emrich, Wilhelm: Die Symbolik von Faust II. Königstein 1961
Fambach, Oskar: Goethe und seine Kritiker. Düsseldorf 1953
Fischer, Paul: Goethe-Wortschatz. Leipzig 1929
Flitner, Wilhelm: Goethe im Spätwerk. Bremen 1957
Friedenthal, Richard: Goethe. München 1963
Gajek, Bernhard (Hrsg. zus. mit Franz Götting und Jörn Göres): Goethes Leben in Daten und Bildern. Frankfurt 1966
Goethe, Johann Caspar: Reise durch Italien im Jahre 1740 (Viaggio per l'Italia, deutsch von Albert Meier). München 1986
Gräf, Gerhard und Albert Leitzmann (Hrsg.): Der Briefwechsel zwischen Schiller und Goethe. Neudruck Frankfurt 1964
Gundolf, Friedrich: Goethe. Berlin 1916
Haberland, Helga und Wolfgang Pehnt: Frauen der Goethezeit. Stuttgart 1960
Hahn, Karlheinz (Hrsg.): Goethe in Weimar (Bildband). Leipzig/Zürich/München 1986

Hecker, Max (Hrsg.): Der Briefwechsel zwischen Goethe und Zelter. 3 Bde. Leipzig 1913–1918
Hehn, Viktor: Gedanken über Goethe. Berlin 1895
–: Über Goethes Gedichte. Stuttgart/Berlin 1912
–: Hermann und Dorothea. Stuttgart/Berlin 1913
Heusler, Andreas: Deutsche Versgeschichte, Bd. III. Berlin 1929
Heisenberg, Werner: Schritte über Grenzen, darin: Das Naturbild Goethes und die technisch-naturwissenschaftliche Welt. München 1971
Hildesheimer, Wolfgang: Mozart. Frankfurt 1980
Hinderer, Walter (Hrsg.): Goethes Dramen, neue Interpretationen. Stuttgart 1980
Hof, Walter: Goethe und Charlotte von Stein. Frankfurt 1979
Hofmiller, Josef: Wege zu Goethe. Hamburg 1947
Hohoff, Curt: Jakob Michael Reinhold Lenz. Hamburg 1977
Kantzenbach, Friedrich: Herder. Hamburg 1970
Keiser, Herbert W. (Hrsg.): Joh. Wolfgang von Goethe: Wilhelm Tischbeins Idyllen. Bildband, München 1970
Kommerell, Max: Geist und Buchstabe der Dichtung. Frankfurt 1940
–: Gedanken über Gedichte. Frankfurt 1943
–: Essays. Aus dem Nachlaß hrsg. von Inge Jens. Olten und Freiburg i. B. 1969
Lukacs, Georg: Goethe und seine Zeit. Berlin 1950
Migge, Walter (Hrsg.): Joh. Wolfgang von Goethe: Die Leiden des jungen Werthers (Faksimile-Druck). Frankfurt 1967
Moser, Dietz Rüdiger: Aspekte einer süddeutschen Fausttradition. In »Literatur in Bayern«, Heft X, 1987
Müller, Günther: Kleine Goethebiographie. Bonn 1948
– (Hrsg.): Goethe, Maximen und Reflexionen. Neu geordnet, eingeleitet und erläutert. Stuttgart 1947
Nicolay, Wilhelm: Goethe und das katholische Frankfurt. Frankfurt 1933
Petersen, Julius (Hrsg.): Goethes Briefe an Charlotte von Stein. 4 Bde. Leipzig 1923
Petsch, Robert (Hrsg.): Goethes Faust, kritisch durchgesehen, eingeleitet und erläutert. Leipzig 1925
Rychner, Max (Hrsg.): Goethe, West-östlicher Divan, Vorwort und Erläuterungen. Zürich 1952
Schabert, Ina (Hrsg.): Shakespeare-Handbuch. Stuttgart 1972
Schaeder, Hans Heinrich: Goethes Erlebnis des Ostens. Leipzig 1938
Schlaffer, Hannelore: Wilhelm Meister. Das Ende der Kunst und die Wiederkehr des Mythos. Stuttgart 1980
Schlaffer, Heinz: Faust, zweiter Teil. Die Allegorie des neunzehnten Jahrhunderts. Stuttgart 1981
Schöne, Albrecht: Götterzeichen, Liebeszauber, Satanskult. München 1982
–: Goethes Farbentheologie. München 1987
Schüddekopf, Carl (Hrsg.): Briefe von Goethes Eltern, Berlin o. J. (1912)
Staiger, Emil: Goethe. 3 Bde. Zürich 1952–59
Stöcklein, Paul: Wege zum späten Goethe. Hamburg 1960
Urzidil, Johannes: Goethe in Böhmen. Zürich 1962
Wachsmuth, Andreas B.: Geeinte Zwienatur. Aufsätze zu Goethes naturwissenschaftlichem Denken. Berlin/Weimar 1966
Zeller, Bernhard (Hrsg.): Schillers Leben und Werk in Daten und Bildern. Frankfurt 1966